エコノミック・ステイトクラフト

国家戦略と経済的手段

デヴィッド・A・ボールドウィン
佐藤 丙午【監訳】
国際経済連携推進センター【訳】

産經新聞出版

エコノミック・ステイトクラフト

国家戦略と経済的手段

デヴィッド・A・ボールドウィン

ハロルド・スプラウトとジェイコブ・ヴァイナーを偲んで

ECONOMIC STATECRAFT: New Edition
by David A. Baldwin

Japanese translation published by arrangement with Princeton University Press
through The English Agency (Japan) Ltd.

目　次

図表一覧

表

図

新版序文

エコノミック・ステイトクラフトは、近年生まれた戦略ではない。少なくとも古代ギリシア時代にはすでにあった。それほど歴史がある措置なのに、本書の初版が刊行された1985年当時は、そんな手法は役に立たないばかりか逆効果だというのが大半の学者の意見だった。現在ではこの「社会通念」は以前ほど受け入れられてはいないが、その痕跡はあちこちに残っている[1]。エコノミック・ステイトクラフトは、以前は国際関係の教科書でも注目されず、無視されているテーマだった。しかし現在の教科書では、エコノミック・ステイトクラフトを含めた経済全般の問題が扱われる傾向が強いようだ。

世界情勢もさまざまに変化し、外交政策としての経済的技法の利用にも影響が及んでいる。これについては後跋で触れられるが、例えば、冷戦の終結によって、国連は経済制裁を発動しやすくなった。一国全体ではなく、特定の個人や団体、業界を対象にした制裁もより頻繁に利用されるようになっている[2]。さらに、経済制裁の発動自体も増えた[3]。中国は、1985年に国際舞台の主役に躍り出て以来、エコノミック・ステイトクラフトの利用を拡大し続けている。本書では、こうした変化については特に議論していないが、ここで論じている分析的枠組みはそうした変化にも簡単に適用できる。

議論を振り返る……………………………………………………

本書には大きく3つの目的があった。1つ目は、社会の基本概念や仮定、論理、裏付けとなる証拠を批判的に検討すること。2つ目は、当時——そ

---

1. Jonathan Kirshner, "Review Essay: Economic Sanctions: The State of the Art," *Security Studies* 11, no. 4（2002）：160-179.
2. 部分的制裁の概要については、以下参照。Daniel W. Drezner, "Sanctions Sometimes Smart: Targeted Sanctions in Theory and Practice," *International Studies Review* 13（2011）：96-108.
3. 以下参照。Benjamin J. Cohen, *Currency Statecraft*（Chicago: University of Chicago Press, 2019）.

して現在もなお――十分な注目を浴びてこなかったエコノミック・ステイトクラフトというテーマへの興味を駆り立て、研究を促進すること。そして３つ目は、ステイトクラフトの経済的技法の有用性を評価するための分析的枠組みを作ることだ。

このアプローチには、３つの重要な制約があることを強調しておこう。第１に、本書が焦点を置くのは、エコノミック・ステイトクラフトについて何を考えるかではなく、いかに考えるかということだ。そのため、経済制裁が例えば35％の確率で機能するか否かを見極めるつもりはない。また特定の関係者によるエコノミック・ステイトクラフトの行使が増えるように、あるいは減るように助言するつもりもない。そして、エコノミック・ステイトクラフトの正しい使い方といった「ルール」を生み出すつもりもない。第２に、エコノミック・ステイトクラフトを利用する国の内政は、基本的に本書の対象とはしない。この理由は、本書のテーマを扱いやすくするためであり、内政問題は重要ではないと主張するつもりはない。第３の制約は、実例選択の戦略から生じるものである。本書が重要視するのは、失敗例として最も頻繁に引用される例、いわば最も困難な例である。これは社会通念を批判的に検討するにはふさわしいが、典型例を一般化するには適していない。広範囲の統計分析のために一連の比較可能な事例を生み出すことは、一般的に考えられている以上に難しいようだ（第８章参照）。

アプローチの基本原理……………………………………………

普遍的適用可能性

分析的枠組みの最も重要な側面は、普遍的に適用できることだ。つまり、軍事、外交、象徴等々、あらゆるステイトクラフトの技法の有用性評価に使えるということである。そうでなければ、さまざまな技法間の比較は不可能だ。残念ながら、この基本原理は十分に注目されておらず、技法間の比較もほとんどなされてこなかった。

複数の目標と対象

国の能力を見定める際に最も重要なステップは、影響力を行使する試みの目標と対象の設定である[4]。外交政策立案者が他国（あるいは非国家主体）に関して、一度に一つの目標しか定めないことは稀だ[5]。私はいまだに、外交政策立案者は一度に一つの目標を達成するよう考えるべきだという本格的な学者の議論も見たことはない。もちろん、複数の目標が存在するからといって、それらが常に矛盾なく成立するとは限らない。人は「一挙両得」を望みがちだが、ある程度の犠牲はつきものだ。複数の目標や対象を考慮に入れると、当然ながら分析は複雑になるが、そもそも外交政策の分析とは複雑なものなのだ。筆者の主張は、複数の目標や対象の設定に十分着目してこなかったことは、エコノミック・ステイトクラフト研究の唯一最大の弱点であるということである。

成功は程度問題

エコノミック・ステイトクラフトの分析では、排中原理（訳注：互いに矛盾する２つの命題のうちどちらかだけが真理であり第３の選択肢はあり得ないとする）の傾向が広まっている。学者でさえ10点満点制で成否を判断し、６点以上の事例は成功、５点以下は失敗と分類する。だが、外交政策の実際の取り組みでは、完全な成功も完全な失敗もほぼ存在しない。

効果と効率

この２つの言葉は区別なく使われることが多いが、実はまったく意味が異なる。効率とは、目標達成の効果とそれにかかったコストの両方を考慮に入れたものだ。例えばアメリカを基盤にする多国籍企業のエンロンは、非常に効果的に収益をあげていたので、投資家たちは事業が成功していると信じてしまった。ところがコスト（負債）が判明すると、エンロンの失敗が明らかになった。同じように、ステイトクラフトの手段の成功や失敗を効果のみに基づいて判断すると、誤解を招く可能性が非常に高くなる[6]。

---

4. 能力分析については、以下参照。David A. Baldwin, *Power and International Relations* (Princeton: Princeton University Press, 2016).
5. 個人でさえ、一度に一つの目標しか追求しないことは稀である。
6. 効果を成功の指標にする傾向については、以下参照。Dursun Peksen, “When Do Imposed Economic Sanctions Work: A Critical Review of the Sanctions Effectiveness Literature,” *Defence and Peace Economics* 30, no. 6 (2019): 635-647.

代替策が重要

経済制裁が成功する確率が35%なのか、あるいは5%なのかなどという疑問に答えるために、膨大な努力が費やされてきた。しかし、こうした数字に意義があるのかどうかさえ明白ではない。政策立案者は複数の代替策のなかから選択を迫られる——どの選択肢も成功の見込みは薄いという場合であっても選択する必要がある。そのため、彼らは他の政策と比較してどの程度の成功の見込みがあるのかにしか関心がない。

イメージが重要

国が発するシグナルや指標[7]は些細な問題ではない。これはどちらも戦略的相互作用の本質だ。そのような状況では、一方のグループにとっての最善の戦略は、他方のグループが採用すると思われる戦略に左右される。そのため国は他国のイメージを監視すると同時に、自らのイメージも絶えず管理している。もちろん、情報発信は経済的手段特有の活動ではない。外交、プロパガンダ、軍事作戦もこのために利用される。

難易度が重要

実際の取り組みの成否について判断する際は、課題の難易度を考慮すべきだ。例えばオリンピックの飛び込み競技では、選手は難易度の高い技に成功すると加点される。さまざまなステイトクラフトの技法の成否を評価する際にも、これに匹敵する得点調整が行われるべきである。

根源的な課題

エコノミック・ステイトクラフトの文献では、２つの根本的な分析課題が扱われている。それは成功の定義の曖昧さと、選択の論理の含意である。経済制裁が「機能する」か否かという議論を扱った文献は数多くある

7. Robert Jervis, *The Logic of Images in International Relations* (Princeton: Princeton University Press, 1970).

が、その文脈で「機能する」とはどういう意味なのか、明白にしようとする動きはほとんどなかった。

成功とはつかみどころのない概念だ。富や権力は人々が手に入れたいと追い求める目標だが、成功は単なる目標に留まらない。人間の行動に目的がある限り、誰もが成功を追い求めていると言ってもいい。これは成功という言葉が、好ましい、あるいは願い通りの成果と定義されるためだ。この定義からも、言葉を使う際の暗黙のルールからも、コストは成功という概念の重要な一部だと考えるべきだろう。つまり成功する事業とは、過剰なコストがかからないのだ。そうなると、人類を破滅に導くとわかっていながら核戦争を起こして勝利したり、従属を強いるために経済制裁を課して標的国が経済破綻したりしたら、それは成功した取り組みとは言えそうもない。「手術は成功したが、患者は亡くなった」というのは、意味不明の結果である。これは「成功」という言葉の誤用を示唆する皮肉な表現だ。成功を政策のもたらす成果という観点で定義するなら、実際の取り組みの成功の評価においてはコストとベネフィットの両方を考慮する必要がある。

経済制裁が「機能する」か否かという疑問は繰り返し提起されるが、ステイトクラフトの他の技法に対して同じ疑問が投げかけられることはめったにない。つまり「軍事力は機能するのか」、「外交交渉は機能するのか」、「プロパガンダは機能するのか」といった疑問だ。軍事的な取り組みの成否を判断するにあたっては、しばしばコストが考慮に入れられていない。スモールとシンガーは[8]、戦争の勝者と敗者をコーディングする際にコストを無視しているが、これが２人のアプローチにおける弱点になり得ることだけは認めている。しかし他の専門家、例えばワンとレイは[9]、それすら認めていない。さらに、「ピュロスの勝利であろうとも（訳注：多大な犠牲を払った末の割に合わない勝利）、国や連合が議論や戦争で『勝った』場合は成功とみなす」と力説する一部の専門家も存在する[10]。しかし、

8. Melvin Small and J. David Singer, *Resort to Arms: International and Civil Wars* (London: Sage, 1982), p. 182.

9. K. Wang and James Lee Ray, "Beginners and Winners: The Fate of Initiators of Interstate Wars Involving Great Powers Since 1495," *International Studies Quarterly* 38, no. 1 (1994): 139-45.

10. Frank W. Wayman, J. David Singer, and Gary Goertz, "Capabilities, Allocations, and Success in Militarized Disputes and Wars, 1816-1976," *International Studies Quarterly* 27, no. 4 (1983): 500. Italics mine.

「ピュロスの勝利」とは勝利の種類を表す言葉ではない。勝利に見えるが実は失敗でしかない状況を嘲笑する表現なのである。戦争がもたらすであろう壊滅的なコストを考えれば、コストを無視した戦争の成果の分析は誤解を招くだけでなく無責任なことなのだ。

経済制裁がどれほど機能するかという疑問は、それを発動すべきか否かの問題としばしば混同される[11]。そのため、専門家のなかには35％の成功率を非常に低いとみなし、経済制裁を選択した政策立案者は愚か者か、さもなければ無知だと指摘する者もいる[12]。外交政策立案者は、さまざまな代替策のなかから政策を選ばなければならない。そのため、助言する側がある一つの代替策の成功率にだけ詳しくても助けにはならないだろう。選択の論理の観点から考えると、成功する政策選択とは、与えられた状況で政策立案者の有用性を最大化する選択だ。この観点に立つと、成功する政策の代替策を特定するには、経済制裁を使った場合のコストとベネフィットのみならず、代替策のコストとベネフィットも考慮する必要があるとわかる。政策立案者が本当に知りたいのは、どの目標と対象に関して、どれほどのコストで、そしてどの代替策との比較において、制裁がどれほど効果的かということなのだ。こうした問題すべてに答えていない学者の議論は政策立案者への助言にはならないし、助言のように見せかけている場合は大きな誤解を招く可能性がある。

選択の論理の視点が暗示する重要な点は、最も問題となるコストは経済制裁とは無関係かもしれないということだ。軍事的な代替策のコストは、大抵経済制裁のコストよりも大きい――しかも桁違いに大きい場合も珍しくない。アメリカのイラク侵攻前の数カ月間、多数の専門家が経済制裁を継続した場合のコストを誇張する一方、軍事介入のコストを軽視したり少なく見積もったりした[13]。ところが5年後の2008年になると、この戦争のコストは3兆ドルと推計された[14]。イラク侵攻以前に出された最も大き

11. 以下参照。Kirshner, "Review Essay: Economic Sanctions: The State of the Art."

12. 具体例は、以下参照。George Tsebelis, "Are Sanctions Effective? A Game-Theoretic Analysis," *Journal of Conflict Resolution* 34, no. 1（1990）：3-28；および T. Clifton Morgan and Valerie L. Schwebach, "Fools Suffer Gladly: The Use of Economic Sanctions in International Crises," *International Studies Quarterly* 41, no. 1（1997）：27-50.

13. 具体例は、以下参照。Kenneth M. Pollack, The Threatening Storm: *The Case for Invading Iraq*（New York: Random House, 2002）.

14. Joseph E. Stiglitz and Linda J. Bilmes, *The Three Trillion Dollar War: The True Cost of the Iraq Conflict*（New York: Norton, 2008）.

い見積もりをはるかに上回る数字だ。圧倒的大多数の事例において、経済的措置の発動を支持する最も強い論拠は、経済的措置がうまく機能する可能性よりも、軍事介入の潜在的コストとの関連が深い。

エコノミック・ステイトクラフト分析の落とし穴…………………

先述したように、本書は外交政策の経済的ツールについていかに考えるかに焦点を当てる。この主題への別のアプローチは、そうした問題についていかに考えないかに焦点を当てることだ。次に紹介するのは、エコノミック・ステイトクラフト分析において避けるべき数々の落とし穴である。

単一の目標／単一の対象

一つの目標だけに焦点を当てると、制裁措置の実例に対する深刻な誤解を生む可能性があり、実際頻繁にそのような結果に至っている。その代表例が、1941年のアメリカの対日本石油禁輸措置だ（これについては第8章で触れる）。この措置の目標を日本との戦争抑止という観点のみで語ると、制裁は失敗したばかりか、戦争の可能性を拡大したという意味で逆効果ですらあったという結論に達する。つまり、経済制裁は無益で逆効果であるという見解を立証する典型例の一つになる。しかし、政策-有事の枠組みに当てはめれば、結論はまったく異なる。当時アメリカでは、日本との戦争の可能性は広く認識されていた。だから石油に代表される決定的な軍需物資が潜在敵国の手に渡らないようにする案は、間違いなく多くの外交政策立案者の念頭にあっただろう。石油禁輸は日本との戦争の可能性を拡大したかどうかは不明である。しかし、戦争に欠かせない軍需物資を奪う政策によって日本の軍事能力を弱めたことは明らかである。

第8章および第9章で触れる他の事例も、単一の目標に焦点を当てることの含意を浮き彫りにする。アメリカの対キューバ禁輸措置の成否をカストロ政権存続の観点のみで評価したり、1979年のイランへの経済制裁の成否を人質になった大使館員の救出のみで評価したり、また1979年のカーター元大統領による対ソ連穀物禁輸措置の成否をソ連軍のアフガニスタン撤退の視点のみで評価したりすると、それぞれの事例の本質がわからなくなるほど問題が単純化されてしまう。単一の目標／単一の対象に基づくと、こうした事例について妥当な判断を下すことができない。

一括りの中で成功を評価する

目標が一つしかない影響力を行使する試みは、皆無ではないにせよ成功することは稀であるばかりか、むしろ完全に失敗する。複数の目標や対象を設定すると、そのうちのいくつかは成功する割合が高まる。経済制裁を成功と失敗に二分する傾向があることほど、排中原理という誤った考えを知る上でわかりやすい実例はない。古典的な例を挙げるとすれば、1960年代のアメリカによる対キューバ禁輸措置があげられる。この事例は、カストロ政権打倒に失敗したのだから不成功と片付けられがちだ。しかし、それが制裁の主要な目標だったかどうかはわからず、唯一の目標でなかったことは極めて明らかなのだ（第8章参照）。目標には、カストロ政権の輸出能力を弱めること、西半球に共産主義の前哨基地が存在することにアメリカが不快感を抱いているというシグナルを送ること、そしてソ連に代償を支払わせることも含まれていたし、そのすべてがかなりの割合で達成された。それゆえ、この事例をぶざまな失敗と分類すると、深刻な誤解を招くのである。

単独の因果メカニズム

経済制裁は純粋に経済現象として扱われることが多い。そのため、経済制裁は経済的技法として描写され、経済的因果メカニズムを通して経済的目標へ向かって機能すると言われる。実際そのような手段は経済的技法と定義されるし、経済的因果メカニズムを通して機能することも珍しくなく、経済とは無関係の因果メカニズムによって機能することもある。例えば石油禁輸措置は、対象国の経済力と軍事能力を同時に動揺させることもできるし、標的国へ軍事的脅威を伝えたり、他国へメッセージを送ったりもできる。そのため、経済的技法は複数の因果メカニズムによって機能することが可能であり、多くの場合は実際そうなっているのだ[15]。

15. この点については、以下参照。Drezner, “Sanctions Sometimes Smart,” p. 105.

コストを無視する

経済制裁に関する文献は、目標達成の過程における経済制裁の効果のみで成功を定義することが多い。目標達成のためのコストが考慮されることもあるが、それは成功の定義においては何の役割も果たしていない。次の文章から「成功した」経済制裁が一般的にどう見られているかがわかるだろう。「制裁が成功するとは何を意味するだろうか。大抵私たちが興味を持つのは、（制裁を課す側の）意図した通りの政策変化を標的国に生み出した経済制裁が、どのような条件下で機能したのかということだ」[16]。この成功の概念では、コストが何の役割も担っていないのは明らかだ。問題になるのは効果だけなのである。

この成功評価のアプローチを仮想の製造会社の場合と比較してみよう。この会社の目標は、可能な限り多くの製品を売ることだ。そのため、製品が売れれば売れるほど成功したと言える。しかし、企業の総合的な目標は利益の最大化なので、コストが考慮されなければならない。製品を生産するコストが販売によって生じる収益を上回っていたら、一見成功に思えるビジネスも実は失敗なのだ。同じように、経済制裁の総合的な目標は有用性の最大化であって、政策転換ではない。そのため、もし制裁が成功したのであれば、その度合いの評価ではコストも考慮に入れなければならないのだ。ベトナム戦争中、北ベトナムを核兵器で壊滅状態にする選択肢もあった——標的国の振る舞いを効果的に変える作戦だ——しかし実行されなかった。それはなぜか。コストがかかりすぎたからだ。コストを無視して効果のみで成功を評価すると、誤解を招く恐れがある。

代替可能性

経済制裁は軍事力の代替策や代替手段になり得るかという疑問がしばしば持ち上がる——多くの場合は否という答えも同時に示される[17]。しかし、

---

16. Morgan and Schwebach, "Fools Suffer Gladly," p. 28.

17. 具体例は、以下参照。Robert A. Pape, "Why Economic Sanctions Do Not Work," *International Security* 22, no. 2（1997）：90-136；および Stephanie Ann Lenway, "Between War and Commerce: Economic Sanctions as a Tool of Statecraft," *International Organization* 42, no. 2（1988）：397-426。

それが意味するところは明確ではない。経済制裁は、政策立案者の取り得る選択肢のリストに掲載されているという意味では軍事力の代替策だ。もちろん、経済制裁が軍事力とまったく同じ状況で使われれば、まったく同じ効果を発揮するという意味ではない。しかし、経済制裁を軍事力の代替策と述べたところで、政策立案者が軍事力のどの程度の代替策として制裁を選んだかについては不明である。たとえ経済制裁を利用するために充てられる資源（例えば資金、時間、人材）が軍事力に使われる資源と比較して小さいとしても、軍事力のために費やされたはずの資源を制裁に充てたという点では代替策なのである。

経済制裁を次善の策、あるいは軍事力より劣る代替策とみなすと誤解を生む。ハーバート・サイモンは「低コストで小さな成果」をもたらすA案か、「高コストで大きな成果」を期待できるB案かという選択肢を提示するのは妥当ではないと指摘する。そうではなく、A案の代わりに第3のC案を提示すべきなのだ。「A案はもちろん、AとBのコストの違いによって可能になる代替のシナリオ」も含まれているのがC案だ[18]。2003年にイラクに対する制裁の維持（低コストで小さな成果＝A案）と、イラク侵攻（高コストで大きな成果＝B案）で二者択一がなされた際も、実はC案が提案されるべきだった。その場合の選択肢は、イラク侵攻（＝B案）に対して、経済制裁の維持に加えて3兆ドルの費用で可能になったはずのあらゆるシナリオ（＝C案）である。

行動を起こさない利益

ときおり「何もしない」、「現状維持」の選択肢が経済制裁発動の代替策として提示される。しかしそのような言い回しは、誤解を招きかねない。ある国にとって「何もしない」ことが何を意味するのかが明確ではないからだ。ごく一般的な解釈では、国は、問題が起こらなければしていたであろうことをそのまま実行するべきだという意味だろう。この仮定の状況を表すためにしばしば使われるのが「いつも通りのふるまい」をするという言い回しだ。1979年にソ連がアフガニスタンに侵攻したとき、アメリカは穀物の一部禁輸措置に踏み切った。これに対して、アメリカは少なくとも穀物輸出に関しては「何もしない」べきだったとの批判があった（第9

18. Herbert A. Simon, Administrative Behavior (New York: Free Press, 1976), p. 179.

章参照）。しかしアメリカは、すでに2500万トンの穀物を1980年に輸出するとソ連と合意していた。そのため、この状況で「何もしな」ければ、ソ連と過去最大量の穀物取引をしていたかもしれない。1966年、イギリスの植民地ローデシアが独立を宣言したとき、イギリスは経済制裁を発動した。もしイギリス政府が行動を起こさなければ、ローデシアを支配する少数派の白人政権を容認していると解釈されたかもしれない。政策立案者が経済制裁を使うか否かを検討する場合、問題となる現状とは、決断が下される時点の状況ではなく、まったく行動を起こさなかったら、あるいは異なる行動を起こすことで実現する未来の現状なのである。

象徴的な用法

経済制裁を手段とみなす専門家もいれば、シンボル（象徴）と考える専門家もいる[19]。つまり、手段としての制裁には外交政策の目標を進めることが意図される一方で、象徴的な制裁は（ときに「表現的」と呼ばれる）、外交政策の目標とは無関係という意味だ。ほとんどの場合[20]、この二分法は誤りだ。制裁が他国へのシグナルとして――つまりメッセージを送るために――使われるのなら、制裁は影響力行使となり、船首へ向けての発砲や他の武力行使が影響力行使である場合とまったく同じ意味を持つからである。他国の考え方を変えようとする試みは、使用される手段が何であれ、影響力行使である。シグナルを送るために制裁を課すことは、ステイトクラフトの手段としての制裁の代替策ではない。意図の伝達自体が政策なのである。

粗末で有名な政策のツール

経済制裁は、政策のツールとしては粗末であり成功率は低いと言われ、評判が悪かった。しかし、選択の理論の観点に立つと、そのような見解にはほとんど意味がない。例えば、岸辺へたどり着くために船から水に飛び込んで泳ぐのはへたな手だと言う人がいるかもしれないが、もう一つの選

19. 具体例は、以下参照。Morgan and Schwebach, “Fools Suffer Gladly,” p. 28.
20. 「ほとんどの場合」という表現は、故意に用いている。私は「表現的な」目的のみを意図した制裁の可能性を認めたいのだが、説得力のある実例はいまだに目にしていない。外交政策立案者は大抵複数の目的を念頭に置いている。

択肢が船の沈没だったら非常に魅力的な手段に思える。経済制裁の成功率35％を低いとみなす人もいるかもしれないが、比較できる代替策の政策に関するデータがなければ、こうした評価にはほとんど、あるいはまったく意味がない。野球をよく知らない人が打率３割５分と聞くと低いと思うかもしれないが、野球をよく知っている人ならそうは思わないだろう。経済制裁の成功率を評価する際に重要なのは、「どの代替策と比較してどうなのか」という点だ。例えば代替策に軍事力を選択したら、成功の確率は上がるだろうか下がるだろうか。あるステイトクラフトの技法だけを分析しても役に立つこともあるかもしれないが、それでは、いつ、どこで、それを使うべきか、あるいは使わないべきかについては何もわからない。それができるのは比較分析だけなのだ。

控えめな目標の下での成功

政策立案者に、経済制裁成功のカギは控えめな目標設定だと助言してきた専門家がいた[21]。だがそのようなアドバイスは成功の幻想を生むことはできても、目標達成の役には立たない。論理的に考えると、目標達成の基準の明確化は、実際の取り組みの成功の条件を明確化するより先に行われるからだ。成功のための手段に関する意見はどれも、成功の概念が前提となる。例えば、次の例で成功について考えてみよう。「この川の対岸へ行きたいなら、泳ぐか橋を見つけなければならない」。この場合の成功の定義は、川の対岸へたどり着くことだ。泳ぐことと橋を見つけることは、この目標達成のための２つの代替策だ。だから川を渡るという目標を川のこちら側にとどまるという控えめな目標に変えればいいと助言しても、それは成功の秘訣にはならない。成功の再定義である。このように巧妙に意味をごまかす手口を成功のためのアドバイスと解釈してはいけない。何をしているにせよ、成功を明確化していない人を成功を追求していると評してもほとんど意味がないのだ。将来有望な学生に、大学で成功するにはどうしたらいいかと助言を求められたら、目標は良い成績をとることなのか、それともしっかりした教育を受けることなのかをまず確認しなければなら

21. 具体例は、以下参照。David Leyton-Brown, *The Utility of International Economic Sanctions* (New York: St. Martin's, 1987), p. 309；およびGary Clyde Hufbauer, Jeffrey J. Schott, Kimberly Ann Elliott, and Barbara Oegg, *Economic Sanctions Reconsidered*, 3d ed. (Washington, D.C.: Peterson Institute for International Economics, 2009), pp. 162-163.

ない。目標が前者なら「楽なコースをとる」ことが良いアドバイスだろうが、後者が目標なら「難しいコースをとる」ことがより適切なアドバイスになるだろう。同じように、外交政策立案者に経済制裁を成功させる秘訣を助言する際は、まず目標を確認しなければならない。成功はそれに基づいて定義される。控えめな目標を追えと言ったり、身の程知らずのことをするなと言ったりすることは、この事前の目標の明確化という基本原則に反する。力に余ることを決してやらなければ、へまをすることもないだろう。だが、それでは己の力を最大限に発揮することもできないのだ。「できる範囲のことしかしない」のは、大きな目標を達成するための妙案でも何でもない。それは、最大限の力に比べてどの程度力を緩めるべきかという問題をもはぐらかしてしまうのである。

相手が傷つく以上にわれわれが傷つく

経済制裁の実例の成否を判断する際の基準は、対象国が背負い込むコストが発動国のコストより大きいか否かだとよく言われる。国際政治をゼロサムゲームと解釈すれば、完全に筋が通っている主張だ。ゼロサムゲームなら、一方のチームの得点が相手チームの失点になるからだ。しかし、国際政治を各国のさまざまな動機が入り混じるゲームと解釈すると、このような比較は見当違いである。混合動機ゲーム（訳注：相手との相互協力で利益を得られるが、相手を裏切ればさらなる利益が得られる）では、成功は制裁発動側の価値観で測られる。合理的な政策立案者が重視するコストは、代替策となり得る政策に関連するコストだ。場合によっては、可能な代替策すべてが相手国以上に自国を傷つけることもあるだろう。それでも、政策立案者には最も有用性が高い代替策を選ぶ責任があるのだ[22]。

今後の研究……………………………………………………

1985年以降、エコノミック・ステイトクラフトの分野では過去1000年分を超える多くの研究がなされてきた。今後の研究では、ステイトクラフトの経済的技法への理解と、研究成果と政策の関連性を深めるために、5

22. 第7章の考察参照。混合動機ゲームについては、以下参照。Baldwin, *Power and International Relations*；および Thomas C. Schelling, *The Strategy of Conflict*（Cambridge, Mass.: Harvard University Press, 1960).

つのポイントが重要になるだろう。

第1に、経済制裁が「機能する」か否かという問題は、使われるべきか否かという問題から切り離さなければならない。そのような手段の適用に関心がなければ、それが果たして「機能する」のかという疑問はおそらく生まれないだろう。そして、その手段が使われるべきか否かという疑問には、それが機能する蓋然性を考慮しなければ答えられない。そのため、この2つの疑問は切り離し可能だが、連動もしている。成功の公算が低い経済的措置の適用を選択するのは愚かな政策立案者だけだという考えは、捨てなければならない。そのような手段を使うという決断は、期待される有用性が高いか低いかではなく、その代替策に比較して高いか低いかによって決定されるからだ。

第2に、成功の抽象概念とその運用には細心の注意が必要だ。対象国の行動を変えるというのは、明白な政策変更のみならず、信条、認知様式、能力、行動傾向をも変えるに等しい。明白な政策変更に限定された運用定義は、もちろん理にかなっているが、抽象概念と使用される政策の違いを明らかにする説明が必要だ。さらに、成否判定の際はコストが考慮されなければならない。エンロンのビジネスは成功ではなかったし、ピュロスの勝利は実は勝利ではないのだ。

第3に、政策手段の比較評価が求められる[23]。経済制裁の発動が妥当かどうかは、ステイトクラフトの技法の代替策のコストとベネフィットから切り離して研究しても判断できない。制裁が使われるべきか否かという疑問に答えるためには、ミリタリー・ステイトクラフトや外交術といった代替策の考え得る有用性に言及する必要があるのだ。同じように軍事力についても、代わりの政策手段の知識がなければそれを行使すべきかどうか判断のしようがない。そのため、同じ問題を掲げ、同じ成功の概念を共有するあらゆるタイプのステイトクラフトの研究が必要である。本書で扱う分析的枠組みは、こうした実際の取り組みを助ける手段になるだろう[24]。

第4に、ミリタリー・ステイトクラフトのコストは特に大きな注目に値する。学者はコストを無視したり過小評価したりすることが多く、勝利と

---

23. そうした研究に対する近年の需要の高まりは、以下参照。Peksen, “When Do Imposed Economic Sanctions Work”；および Yoshiharu Kobayashi, “Economic Sanctions as Foreign Policy,” ***Oxford Research Encyclopedia, Politics***（Oxford: Oxford University Press, 2019), p. 14.

24. 分析的枠組みには、積極的制裁も消極的制裁も含まれる――いわばアメとムチだ。「積極的制裁」という言葉は多少混乱を生んできたので、広く採用されてはいない。もしこれからこの本を執筆するなら、「積極的制裁」の代わりに「積極的誘因」という言葉を使うだろう。

敗北を判断する際にコストを考慮しないこともあった。これは軍事力に関しては特に重要な問題だ。というのも、軍事的手法の潜在的コストには、この地球上で誰もが目の当たりにしているように、生命への脅威が含まれるからだ。政策立案者が軍事的な取り組みのコストを軽んじたり曖昧にしたりする傾向を踏まえると、熟考の必要性はさらに大きくなる。

第5に、本書では国内政治の議論は控えたが、もちろんそれも重要な分野だ。エコノミック・ステイトクラフトの実例のなかには、国内政治の情報がなければ理解できないものもある——目下のアメリカの対キューバ禁輸措置はその好例だ。発動国と対象国それぞれの国内政治の流れをより深く理解すれば、研究者にとって得るところが大きいだろう[25]。

エコノミック・ステイトクラフトの研究は、1985年以来長い道のりをたどってきた。しかし、まだまだやるべきことは残っている。

デヴィッド・A・ボールドウィン
ニュージャージー州プリンストン
2020年2月[26]

---

25. 具体例は、以下参照。Helen V. Milner and Dustin Tingley, ***Sailing the Water's Edge: The Domestic Politics of American Foreign Policy*** (Princeton: Princeton University Press, 2015).

26. 本書が出版された1985年以来、学者たちはジェンダーがしみ込んだ言葉にいっそう敏感になっている。これからこの本を執筆するなら、「statesman（政治家）」ではなく「政策立案者」や「外交政策立案者」といった言葉を選び、男女の区別のない性的に中立な代名詞を使うだろう。

初版序文

本書の発端を特定するのは難しい。25 年以上にわたり外交政策と国際関係を研究するなかで、私は経済学と政治学の分野を統合しようと試みてきた。エコノミック・ステイトクラフトの概念を初めて公式に主張したのは、国際関係学会でその分野の部会を編成し、議長を務めた 1969 年のことだ。1969 ～ 70 年にこの研究に専念したが、エコノミック・ステイトクラフトの概念と矛盾しないパワー分析をする際に、理論的にも方法論的にも難しい問題に直面した。この分析に対外援助を入れなければならないのは明らかだった。それにもかかわらず標準的な政治学でパワーを扱うときは、罰を与えるネガティブな制裁に焦点を当てることが多く、相手国を奨励するポジティブな制裁を基準にパワーを考える可能性については無視されたり否定されたりしがちだったのだ。また、貿易もエコノミック・ステイトクラフトの範疇に入ったが、相互にベネフィットをもたらす交換関係はパワーの視点で解釈できるし、実際そうすべきだという事実は否定されることが多かった。エコノミック・ステイトクラフトのコストも考慮すべき重要事項であることは間違いない。しかしパワー分析ではコストの役割がしばしば無視された。そのため、私は 10 年間、ポジティブな制裁や国力のコスト、そして貿易の概念を育て、発展させることに集中した。その大部分は、社会的権力に関する文献の見解や考察を国際関係学の分野へ移植する作業だった。国際関係学は、長年パワーを強調してきたにもかかわらず、1950 年以降のパワー分析における大変革からは比較的孤立していた。

1960 年代に私が国際政治経済学を研究していたことをよく知る友人や仲間には、しばしばこう尋ねられた。その分野がまさに流行りの研究テーマになろうとしている 1970 年代になって手を引いたのはなぜなのか。答えはいつも同じだった――私は国際政治経済学への興味も、エコノミック・ステイトクラフトへの興味も失っていない。1970 年代に私が書いたパワーに関する論文はすべて、本書の基礎を築くためだったのだ。政治経済学が富と権力に関する学問ならば、政治経済学者を名乗る者はこれまで以上に真剣にパワー分析をする責任がある。

多くの意味で、これはどちらかというと時代遅れの本だ。研究はチームワークの賜物ではないし、インタビュー、調査、統計分析もほとんど、あるいはまったく役割を果たしていない。参考文献も何年も前に書かれた作品が多い。ここで古い文献を重視した3つの理由を明らかにしておこう。(1) このような文献は非常に質が高いことが多い。例えば経済学者ジェイコブ・ヴァイナー、法学者クインシー・ライト、政治学者ハロルド・スプラウト、経済学者アルバート・O・ハーシュマン、経済学者エリ・ヘクシャーらの名声は、その学識の深さから永久不変であり、いまだにそれを上回る研究者は現れていない。(2) 1970年代に育った世代で、なりたてほやほやの、あるいは最近鞍替えしたばかりの国際政治経済学者は、国際政治経済学の古い伝統などほぼ眼中になく、この分野は1970年以前は存在しなかったか、マルクス主義者が占めていたと信じるような傾向があった[1]。学術の専門家が「経験を積む」ためには、専門分野の文献に精通しなければならない。国際政治経済学の場合、1970年代の世代が信じさせられてきた以上に、経験を積むためのハードルは高いのだ。(3) 過去から累積してきた知識をさらに発展させるには、現代の学問を過去の学問と結びつけるための努力が必要である。現代の社会科学者のなかで、累積する知識を声高に擁護する者が、10年以上古いものをとにかく無視するのは、なんとも奇妙だ。

本書が時代遅れと言えるもう一つの理由は、学問分野の境界線に無頓着であることだ。私は国際関係学の伝統的研究はもちろん、経済学、政治学、哲学、心理学、史学、法学、社会学も役立ててきた。各分野の専門家から見れば、私の分析には間違いなく難点があるだろうが、こうした分野統合がそのような反論を相殺するに足る価値があることを願っている。国際政治経済学も国際関係学も、伝統的にさまざまな学問を組み合わせた研究分野だったのだ。

本書の執筆中は、3つの疑問をかなり頻繁に投げかけられた。おそらく誰もが疑問に思うことなのだろう。第1に、冒頭の数章で「舞台設定」に過度に注目するのはなぜか。草稿へのコメントを求めたときに最も多かった反応は、エコノミック・ステイトクラフトの概念の明確化と、ひとつの

1. 1969年、初めてこのプロジェクトについてスーザン・ストレンジと議論したとき、主に国際政治経済学に関心を持っているアメリカの学者を教えてほしいと言われた。自分自身以外では、クラウス・クノールしか思いつかなかった。おまけに彼の1960年代の研究は経済学というより軍事的だと認めざるを得なかった。他の研究者もいたはずだが、1969年に関しての私の答えは今でも同じだ。もっとも、この状況は1970年代に急速に変化しようとしていた。

カテゴリーに多数の外交政策ツールの集合体を当てはめることに対する納得のいく説明を求めるものだった。そのため、このような要望に応えるために冒頭の数章を割いたのである。第2に、自分と他の学者のアプローチの違いをなぜわざわざはっきりさせるのか。私は科学的探究の精神には――さらに言えば、一般的な学問探求の精神には――自説を別の学者たちの説と比較して提示する義務があると信じている。この義務は、評価して当然のものを認めるだけでなく、批判すべきは批判することも意味する。ところが学者は、この後者の責任よりも前者の責任を果たすほうが得意らしい。そのため、意見の異なる研究は無視されたり、「反対派の意見」や「通説」などと曖昧に言及されたりすることが多く、その学者が正確にはどのように考えていたのか不明のまま終わってしまう。本書では、この学問上の義務から逃げることはしない。他の学者の見解とぶつかる意見を伝えるときはいつでも、なぜ、どのように、私の見解が他の学者とは異なるかについて正確に述べるよう努めた。このアプローチは、論争や敵対関係を煽っているかのような印象を与えるかもしれないが、そのようなことは意図していないし望んでもいない。こうした印象が生まれる原因は、国際関係学や社会科学全般において専門家の批判が相対的に欠如しているためだろう。他の学者の研究を正面から受け止め、批判の対象にすることは、不敬の表れではなく、むしろ学者が他の学者に表し得る最高の敬意のしるしなのだ。このアプローチを単なる論点の非難として矮小化してはいけない。これは科学的プロセスの核心なのだ。政治学者モートン・カプランはこのアプローチを次のようにずばりと要約している。

> 個々の偉人たちも、目を見張る科学の進歩に寄与するかもしれないが、科学の発展にはコミュニティが必要だ。(中略)ある分野にたずさわる者たちが同じ問題に取り組まなかったら、あるいは正真正銘の比較ができる方法で取り組まなかったら、過去の成果の上に努力を重ねていくことも、現在の成果の欠陥を発見することも不可能だ。過去の否定は、過去からの発展と同じく、科学的プロセスには不可欠な要素なのだ。公式化と批判は、科学という同じコインの表裏なのである[2]。

2. Morton Kaplan, *Toward Professionalism in International Theory* (New York: Free Press, 1979), p. 1.

第3に、なぜこれほど多くのデータを脚注に盛り込んだのかという疑問だ。脚注は読者の「邪魔」になるから最小限にするべきだという主張も知っているが、私はその主張が学問に健全な影響を与えてきたとは思っていない。学問では、読みやすさよりも真実が勝るのだ。脚注がある主張を補填したり、関連箇所を詳述したりするために必要なら、私は読者の思考過程を躊躇なく「邪魔」するつもりだ[3]。本書は速読派の読者ではなく学者へ向けた本である。脚注を少なくしようとする努力は、脚注を巻末に置くことで製作費を削減したいという出版社の願望を後押ししてきた。しかし、この変化は迷惑であるばかりか、議論の土台となる資料の検証を妨害するという点で科学の精神に反するものだ。脚注は学者の資料の検証を妨害するよりむしろ促進するはずだという前提に立ち、本書では資料を引用したページ内に掲載する。

このプロジェクトでは、執筆途中で多くの人々の意見に助けられた。それによってあちこち考え直し、意味を明確にし、削除し、補強することができた。名前をあげると、チャールズ・W・ボールドウィン、デヴィッド・ディーズ、マーガレット・ドクシー、ヘンリー・アーマン、フランク・W・フェター、アレクサンダー・ジョージ、ロバート・ギルピン、アルバート・O・ハーシュマン、ピーター・カッツェンスタイン、ロバート・O・ケオハン、ジーン・ライオンズ、ジェームズ・メイオール、ジョン・オデル、リチャード・スチュアート・オルソン、ロバート・パールバーグ、ロバート・パケナム、ローレンス・ラドウェイ、バーナード・シーガル、スーザン・ストレンジ、そしてオラン・ヤングだ。しかし、最終原稿の責任はいつものように筆者のみが負う。初期の研究の大半が行われたロンドン・スクール・オブ・エコノミクス・アンド・ポリティカル・サイエンスの国際関係学科の刺激的な雰囲気への感謝の気持ちも記しておきたい。ジャン・バリーとゲイル・パッテンはタイピング・アシスタントとして力を発揮し、エミリー・ボールドウィンとレベッカ・ボールドウィンは校正と翻訳、コピーを受け持ち、筆者を和ませてくれた。

ダートマス大学は、私をファカルティフェローとして受け入れ、研究を支援してくれた。また、アメリカのジャーマン・マーシャル基金の奨学金のおかげで原稿を完成させることができた。エコノミック・ステイトクラ

3. 学術的脚注に関するウィットに富んだすばらしい擁護は、以下参照。Jacob Viner, *The Long View and the Short* (Glencoe, Ill.: Free Press, 1958), pp. 376-377.

フトの一つ——マーシャル・プラン——を記念するための基金がこの研究の最終段階の資金援助の手段になったことは、どこか必然にも感じられる。

本書は２人の恩師に捧げたい。彼らには国際政治経済学の考え方——いや、それ以外のことでも大きな影響を受けた。２人には共通点が多かった。例えば、学問とは細部まで気を配って実践すべき仕事であるという見解、個人の専門研究の歴史に精通することが重要だという信念、学問分野に境界線を引くことに対する健全な軽視、そして何より、学者の最も重要な責務は自分が真実だと信じるものを語ることという見識である。

日本語版に寄せて

「経済安全保障」が頻繁に語られるようになっている。だが「経済」と「安全保障」という二つの概念は相性が悪い。今日の経済学の教科書で、安全保障が語られることはまれだ。アダム・スミスが自由市場経済を擁護したことは高校生でも知っているが、そのアダム・スミスが『国富論』の中で「国防は豊かさよりもはるかに重要」として、代表的な重商主義的政策とされる航海法を高く評価したことを知っている人は多くはないだろう。またリカルドの比較優位論はどの国際経済学の教科書にも載っているが、そのリカルドが、戦争などによる貿易途絶の可能性に言及し、食料輸入による脆弱性にも検討を加えていることを語っている国際経済学の教科書も少数派だろう。

それでは戦争と平和の政治学であるはずの国際政治学はどうか。国際政治学者の間でも、経済問題に注目する国際政治経済学（IPE：International Political Economy）と呼ばれる分野は、1970年代以降活発になり、もはや確立した領域だ。しかしここでの議論の焦点はどちらかといえば、経済摩擦や開発問題といった経済問題をめぐる政治学の色彩が強く、伝統的な戦略的対抗の問題よりも国際協力や国際制度に注目する傾向が強い。

そもそも冷戦下では厳しい対抗関係にあった東西陣営の間の経済的交流は限定的だったから、国際経済問題はさしあたって戦争の起こる可能性を度外視できる、アメリカの同盟諸国間の出来事が主要なものだった。また、グローバル化に特徴づけられた冷戦終結後の時代には、市場経済とアメリカの優越が支配的条件だったので、国家間の戦略的対抗関係は表面化しにくかった。

しかし、国家間の関係には常に戦略的対抗関係が潜在している。本書は、国家の権力行動における経済的手段、つまりエコノミック・ステイトクラフトを正面から論じたもので、1985年に初版が出版されて以来、今日に至るまで欧米の大学のIPEの講義シラバスの文献リストに必ずあげられる古典的著作だ。とはいえこの訳書の底本になっている改訂版が出されるまで40年近くたっているのは、IPEの中でもエコノミック・ステイトクラフトの研究が傍流だったという歴史的条件と無縁ではないだろう。

ヨーロッパの主要エネルギー供給国であるロシアが露骨な武力行使を繰り返し、経済規模がアメリカを追い越そうかという中国が、戦後の国際的な規範や制度に挑戦している昨今、国際経済に潜在していた安全保障との関係性が表面化していることは明白だ。にわかにエコノミック・ステイトクラフトへの関心が、政策担当者やジャーナリズムの世界で高まっている。純然たる学術研究である本書では細かな概念規定や政策評価の基準について、多くの紙幅が割かれて細かく論じられている。これに戸惑う読者がいるかもしれないが、経済と安全保障という独自の力学を持つ二つの分野が交錯する問題だけに、本書の内容に触れて、一筋縄ではいかない両者の関係を深く問い直すのは、研究者のみならず実務家にとっても意味のあることだろう。

国際大学特任教授・
慶應義塾大学名誉教授
田所　昌幸

第1章
はじめに

今日、平和研究の世界に対する最大の貢献は、国際社会の紛争をよりよく理解できるようにすること以上に、対立状況で国家が軍事力の行使を行う前の段階で採用可能な行動の政策の選択肢を政治家に提示することだろう[1]。

AがBに対してパワーを行使するという概念を社会科学者が用いる主な目的の一つは、Aの選択可能な政策を説明することである[2]。

クインシー・ライトは、彼の代表的著書『The Study of International Relations（国際関係研究)』で、「経済学と政治学の分野は重なり合う」と述べている。資源不足は政治的対立を生むが、その一方で、ある集団が別の集団に対し「経済的見返りを与える、または経済的優位性を留保する」手段によって相手に影響力を及ぼすことが可能であり、「政治は経済の道具になり得るし、また経済は政治の道具になり得る」[3]。本書の目的は、政治的手段としての経済の研究を行うことにある。歴史を通じ、自国の国益を追求する目的で、さまざまな経済的な手法（エコノミック・ステイトクラフト）が用いられてきた。このエコノミック・ステイトクラフトが、近年改めて注目を集めている。例えば、1973年にはアラブ産油国が、イスラエルを支持する国々への石油禁輸措置を行った。1979年には、アメリカが大使館人質事件の報復措置としてイランの資産を凍結し、1980年には、同じくアメリカが、ソビエト連邦のアフガニスタン侵攻に抗議してソ連への穀物の輸出を禁止した。国際関係で事態が発生した際に、このような措置をとっても効果はほとんど得られないという学者に共通の見解を引き合いに出し、政府による政治選択の違いを指摘するのが一般報道機関の常である。「経済は政治の道具になり得る」というライトの主張を否定する学者はほぼ皆無とはいえ、多くの人々は「あまり有用な道具ではない」と補足を付け加えるのだ。

ここで一つの謎が生じる。エコノミック・ステイトクラフトには効果がないと「誰もが知っている」のに、なぜ政治家たちはそれを選択し続けるのだろうか。これもまた、蓄積された知見を考慮に入れなかったために、

1. Johan Galtung, "On the Meaning of Nonviolence," *Journal of Peace Research*, no. 3 (1965): 251.
2. John C. Harsanyi, "Measurement of Social Power, Opportunity Costs, and the Theory of Two-Person Bargaining Games," *Behavioral Science* 7 (January 1962): 69.
3. Quincy Wright, *The Study of International Relations* (New York: Appleton-Century Crofts, 1955), p. 239.

誤った政策決定につながった例でしかないのだろうか。政治家たちは国民の要求に行動で応えるために、無駄だと判明している政策を採用しているのだろうか。この謎を説明するのに、上記の問いかけはいずれも妥当だが、第３の問いも考慮に入れる必要がある。例えば、社会通念が間違っている可能性はないだろうか。つまり、外交政策における経済的技法の採用は、一般に考えられているよりも効果を発揮しているという可能性はないだろうか。政治家たちは外交政策の手段と目的を合致させるために、多少なりとも合理的な努力をしている可能性はないだろうか。確かに、「誰もが知っていること」は「誰もが当然だと考えていること」になりやすい。「誰もが当然だと考えていること」だからこそ、誰もそれを批判にさらすべきだとは思わなくなってしまっているのである。

本書の研究の目的

本書の研究には３つの主な目的がある。第１の目的は、エコノミック・ステイトクラフトに関する社会通念を批判的に検証することである。この研究においては、基本概念や仮定、論理、裏付けとなる証拠をすべて検証する。ステイトクラフトの経済的技法の有用性は、1945年以降、多くの研究者によって体系的に過小評価されてきたというのが私の主張だ。第２の目的は、エコノミック・ステイトクラフトには多くの形態があるという認識を深め、それらについての思考を喚起することである。外交政策における経済的技法の研究は、他の政策ツールの研究に比べておろそかにされてきたと考える。そして第３の目的は、ステイトクラフトの経済的技法の有用性を再評価するための分析の枠組みを構築することである。1950年以降に発表された社会的パワーに関する先行研究は、この研究の有用な枠組みになると私は考えている。

研究の構成

この研究では、外交政策における経済的技法は、影響力を行使するための他の手段と同様に分析および評価されるべきだというアプローチをとっている。しかし、この研究に共感を持つ読者にさえ、その主張を自明であるとは考えないであろう。そこでもう少し具体的に言い換えてみよう。例えば、影響力を行使するための「他の手段」はどのように研究されているのだろうか。ステイトクラフトにはさまざまな形態があるとしても、具体的にどのような形態があり、エコノミック・ステイトクラフトと非経済的ステイトクラフトをどのように区別するのだろうか。さらに、これまでエコノミック・ステイトクラフトはどう認識されてきたのか。他の外交政策の手段と同じように分析および評価されてこなかったのはなぜなのだろうか。第2章から第7章までは、以上のような点について論考し、第8章では、エコノミック・ステイトクラフトが失敗したと考えられている有名な事例をいくつか紹介する。実際、第8、9、10章で取り上げる事例のほとんどは、まさに失敗例として広く認知されているという理由から選んでいる。すなわち、これまでのエコノミック・ステイトクラフトに対する社会通念を裏付ける重要な事例であることを選択基準とした。また、エコノミック・ステイトクラフトの評価基準は有用性だけではない。そこで第11章では、エコノミック・ステイトクラフトに関係する法的規範や道徳的規範を概説する。

研究の限界

本書で扱わないものは何かを明確にしておくことも重要であろう。第1に、本書では、外交の政策立案者がどのような見識を持って外交目標を選択するのかについてはほぼ扱わない。ある特定の事例でエコノミック・ステイトクラフトが「成功した」と言う場合、それは政治家が手段を目的に合致させたという意味であり、その目的の善悪や賢愚とは完全に無関係である。第2に、特定の国々に対して具体的な政策を提案することはない。本書は、外交政策の中身ではなく、方法論を考えることに重点を置いている。第3に、エコノミック・ステイトクラフトを発動する国の内政に関しては、本書ではほぼ無視している。これは、エコノミック・ステイトクラフトを理解するうえで、内政が重要でないと示唆するつもりはない。内政を含めて考えたとしても、本書の論考の基本的な部分に基本的に影響を与えず、説明が長く複雑になるだけである。内政の費用と便益は、政策立案者の費用便益分析の中に組み込んだとしても本書の論考の基本構造を変えることはない。本書で内政に触れないもう一つの理由は、外交目的を達成するための経済的手段の有用性を強硬に否定する人々でさえ、内政への有用性をしばしば認めているためだ。したがって実証すべきは、内政を考慮しなくても外交目的達成のための経済的技法に効果はあるという点になる。

第4に、本書で選択した事例は必ずしも網羅的でない。失敗例として最も頻繁に引き合いに出される事例、すなわち、最も困難な事例に焦点を当てて、社会通念に対して批判的な評価をすることはできるが、そこから他の事例にも通用する一般論を導き出すのは難しい。そのような一般化は、比較可能な事例を広く取り上げて比較研究するか、無作為に選んだサンプル事例を研究することを通じて行われるべきである。しかし、後で（特に第8章で）述べる理由から、統計分析に適した比較可能な事例群を特定する作業は、一般に考えられているよりも困難であろう。

研究が示唆するもの

政治家が利用可能な経済的技法が全て認識されているかどうか、あるいはその有用性が過小評価されているかどうかが判明したとしても、それはどのような意味をもたらすのだろうか。当然ながら、選択できる政策の多様性を理解したからといって、よりよい政策につながる保証はない。それでも選択される政策によっては、全世界に壊滅的な影響を与える可能性がある。そういう世界においては、危険性がより低い代替策を明らかにするために、多大な努力を払う価値はあるだろう。人類が戦争を回避することは不可能だとしても、代替策を見つけられなかった結果、あるいは代替策の選択にあたりその有用性を誤って判断したばかりに、戦争を引き起こす、ということは回避すべきである。

エコノミック・ステイトクラフトの有用性を評価するのに社会科学は必要であろうか。実は、これに関する統一的見解があるわけではない。著名な学者や実業家、ジャーナリスト、元政治家で構成される「American Committee on East-West Accord（東西融和に関するアメリカ委員会）」（訳注：現在は「American Committee on US-Russia Accord」と名称を変更）は、対ソ貿易に関するアメリカの政策を「常識」で決めるべきだと提言している[4]。この委員会は、東西関係の緊張緩和、合意、共存を支持する傾向があり、その方向へ舵をとる一歩としてソ連との貿易拡大を提唱している。このアプローチは好感を持てるものではあるが、「常識」に頼ることには慎重であるべきだ。例えば、この委員会が提示する「常識」に

4. Margaret Chapman and Carl Marcy, eds., *Common Sense in U.S.-Soviet Trade*（Washington, D.C.: American Committee on East-West Accord, 1983).

基づいた自明の理には次のようなものがある。

> ボイコットは絶対に成功しない。：経済戦争は効果が期待できない武器である。現代においては一度も効果を発揮したことがない[5]。

> 穀物禁輸は重大な過ちである。（中略）穀物禁輸は自滅的で、海外では逆効果を生む。「ソ連への通告」手段としても決して有効なものではない[6]。

> アメリカの対ソ経済制裁については、何よりも重要な点が2つある。1つ目は、それが機能した実績がない点。2つ目は、それが機能し得ないという点だ[7]。

> 過去10年間の出来事を振り返ってみると、禁輸などの経済的な「脅し」を用いても、結果的には当該国への影響力や支配力を高めることはできなかった。常識や歴史的なデータに照らし合わせても、逆効果でしかないことを示している[8]。

「常識的」な知識を備えていれば、極端な発言を巧妙に避けることは可能だが、上記の例は節度があるとは言いがたい。対ソ経済制裁が「機能した実績がない」「機能し得ない」とまで主張するのは、最重要の政策課題に対してあまりに極端なものだ。仮にこのような主張が「常識的」であったとしても、十分に裏付けがあるのか自問すべきだ。リスクが高く、複雑な問題を扱う場合は、正確を期した分析が必要で、善意や常識に基づくというだけでは通用しない。医療においては、カール・ドイッチュが「善意ある無知な人間は医者などではなく、ヤブ医者だ」と指摘している。国際政治においては、善意があっても十分な情報に基づかない政策提言は、医療分野とは比較にならないほど悲惨な結果を招くだろう。「したがってわれ

---

5. 脚注4と同、p. 24に掲載のHarold B. Scott, "U.S.-Soviet Trade 1970-1982: Twelve Years a Hostage to Politics and Unrelated Foreign Policy".
6. 同上p. 124に掲載のWalter B. Saunders, "Soviet Agriculture and World Grain Trade".
7. 同上pp. 140-141に掲載のFred Warner Neal, "Economic Sanctions: How to Damage Ourselves Without Hurting the Soviet Union".
8. 同上pp. 163に掲載のCarol Brookins, "Misconceptions in U.S.-Soviet Trade".

われは、時間と資源が許す限り深く、細心の注意を払い、そして責任を持って国際関係を学ばなければならない」[9]。American Committee on East-West Accord が対ソ貿易の拡大を主張するのは正しいのかもしれないが、そのような政策提言において「常識」だけで十分に正当化されると考えるのは間違っている。

---

9. Karl W. Deutsch, *The Analysis of International Relations*, 2d ed. (Englewood Cliffs, N. J.: Prentice-Hall, 1978), p. 5.

第2章
ステイトクラフトの技術

政治学を学ぶ者なら、何らかの統治形態や政策を採用した場合に権力が生む効果について、適当な事由を証明できることを期待されている[1]。

国際経済政策は、法律、経済、国際機関、または国際システムの観点から研究することができる。しかし、こうした手段をステイトクラフトの技法として扱うには、これらのいずれとも異なる観点を取り入れることになる。エコノミック・ステイトクラフトを理解する前に、ステイトクラフトの考え方とは一般的にどのようなものなのか、またそれが何を示唆するのかを明らかにする必要がある。したがってこの章では、ステイトクラフトとは何か、なぜこの論題は学術的に蔑ろにされているのか、ステイトクラフトの技法はどう分類されるのか、ステイトクラフトの視点は外交政策、国際政治、政策科学の視点とどのように関わり合っているのかに焦点を当てる。さらに、ステイトクラフトの位置づけに対する反対意見もいくつか検討する。

ステイトクラフトの本質 ……………………………………

ステイトクラフトは、従来、国家の政策の手段と定義されてきた。もちろん、このような定義は公共政策の対外および国内の両方を含み得るが、現代では、ステイトクラフトという用語は国内問題の研究者の間で使われることは少ない[2]。外交政策や国際政治の研究者の間では、この用語は外交政策の意思決定プロセス全体を指すものとして使われることもあるが、むしろ外交政策の目標を追求するための手段全般を指すことが多い。したがってハロルドおよびマーガレット・スプラウトは、「ステイトクラフトとは、政治家が自国の大切な価値観を守り、望ましい目標を達成するために他国や国際機関に対して行う全活動を包括するもの」だと述べている[3]。

---

1. Harold D. Lasswell, ***Politics: Who Gets What, When, How***（New York: Meridian Books, 1958）, p. 187.
2. この抜粋の前後を確認したい場合は、以下参照。Charles W. Anderson, ***Statecraft: An Introduction to Political Choice and Judgment***（New York: John Wiley, 1977）.
3. Harold Sprout and Margaret Sprout, ***Toward a Politics of the Planet Earth***（New York: Van Nostrand, 1971）, p. 135.

同様にK・J・ホルスティは、「ステイトクラフトとは、政策立案者が設定した目標を達成するために、国際関係全体または特定の国家の政策や行動を変えさせる目的で、政府がとる組織的な行動」と定義している[4]。このように、ステイトクラフトを国際システムの他のアクターに向けて影響力を行使する政府の試みと定義するならば、本書で採用するステイトクラフトの概念と一致する。ただし異なる点もある。本書が定義するステイトクラフトは、スプラウト夫妻の定義とは異なり、影響力を行使する相手として、国際機関に加えて非国家主体も含んでいる。またホルスティの定義とも異なり、ステイトクラフトは、行動を変えさせるだけでなく、信念、態度、意見、期待、感情、または行動傾向を変えることも含まれるものと考えている[5]。

見過ごされてきたステイトクラフト研究

ステイトクラフトの研究は、権力を行使する目的で政策立案者が使う手段、すなわち、圧力をかけられなければしないようなことを他者にさせる手段の考究である。したがって、この取り組みによって政策と権力という政治学の伝統的な２つの研究テーマが結びつけられている。逆説的にいえば、政策や権力の研究者も、政策立案者が影響力を行使するための手段や技法にあまり注意を払ってこなかった[6]。外交政策および国内政策の研究者は政策決定プロセスにのみに着目し、政策の内容やアウトプットを無視する傾向があった。政策研究者たちは「政策がどのようにして作られるのか」に関心を奪われ、「どのような手段で政策が実施されるのか」には関心がなかった。オースティン・ラニーは「少なくとも1945年以降、アメリカの政治学者の大多数が公共政策の策定のプロセスに主眼を置き、政策の内容にはほぼ無関心だった」と1968年に指摘している[7]。ラニーは、「1945年以降の政治学でプロセスにのみ焦点が当てられてきたことに対して（中略）政治学者の間で不満が高まっている兆候」を目にし、「政策の内容にもっと注目するよう求める声が高まっている」のを耳にしたと主

---

4. K. J. Holsti, "The Study of Diplomacy," in *World Politics*, ed. James N. Rosenau, Kenneth W. Thompson, and Gavin Boyd (New York: Free Press, 1976), p. 293.
5. この点については、以下参照。Jack H. Nagel, *The Descriptive Analysis of Power* (New Haven: Yale University Press, 1975), p. 12.
6. 「権力」および「影響力」という言葉は本書全体を通して同義に使用される。
7. Austin Ranney, ed., *Political Science and Public Policy* (Chicago: Markham, 1968), p. 3.

張する[8]。政策の内容にもっと目を向けるべきだという要望が高まっていると楽観視したラニーは、1975年に、『Handbook of Political Science（政治学ハンドブック）』全8巻のうち1巻を割いて、『Policies and Policymaking（政策とその策定）』を出版している[9]。だが残念なことに、この巻に収録されている論文でも政策の手段について十分に着目していない。

外交政策の研究者も同じように政策決定プロセスを重視し、政策内容を無視する傾向がある。1968年の『International Encyclopedia of the Social Sciences（社会科学国際百科事典）』に掲載された「Foreign Policy（外交）」という論文では、政策がどのように作られるのかに主眼が置かれ、政策手段を事実上無視している[10]。また、『Handbook of Political Science』に収録されている同様の論文でも、「政策決定プロセスに注目し、政策のアウトプットを軽視している」のは「外交政策研究における主要な欠陥の一つ」だという指摘がある[11]。

ステイトクラフトの技法が学術的に見過ごされてきた事実は、たとえ言及されたとしても申し訳程度であった。その重要な例外は、ジェームズ・N・ロズノウの『International Politics and Foreign Policy: A Reader in Research and Theory（国際政治と外交政策：研究と理論に関する論文集）』である[12]。ロズノウは、「ステイトクラフトのツールや技法」に関する文献目録を参考文献集から除外した理由として、そのようなトピックスは全般的に扱われているため、除外は「理論上または方法論上重要な問題にはならない」と弁明している。

> 国家行動の形態は、その目標とは異なり、明確で分析しやすいことがわかっている。例えば、外交上の行動の性質、意味合い、意義については膨大な文献が存在し、その内容が議論や混乱を招くこともない。外交の

8. 脚注7と同、p. 13。
9. Fred I. Greenstein and Nelson W. Polsby, eds., *Handbook of Political Science*, vol. 6, *Policies and Policymaking* (Reading, Mass.: Addison-Wesley, 1975).
10. Bernard C. Cohen, "Foreign Policy," *International Encyclopedia of the Social Sciences*, vol. 5 (New York: Free Press, 1968), pp. 530-535.
11. Bernard C. Cohen and Scott A. Harris, "Foreign Policy," in *Handbook*, vol. 6, *Policies*, pp. 382-383.
12. James N. Rosenau, *International Politics and Foreign Policy: A Reader in Research and Theory*, rev. ed. (New York: Free Press, 1969), pp. 167-174.

目的や種類、限界はきちんと分類されており、外交上の行動やプロセスの研究を妨げるような方法論上の大きな問題を生じさせない。「ステイトクラフト」の他のツールや技法についてもほぼ同じことが言える。プロパガンダ、破壊工作、経済的措置、軍事行動（または軍事的示威活動）や他の技法が十分に研究されてきたなかで、解決不可能な本質的問題や手続き上の問題には行き当っていない。

本書が主に着目するのはステイトクラフトの経済的技法だが、ロズノウの発言は外交に関してさえも疑わしいことを一応指摘しておく。ロバート・ジャーヴィス[13]やトーマス・シェリング[14]はその著書で、ステイトクラフトの研究における理論的、方法論的な問題点を数多く指摘し、ステイトクラフトの技法について新たな見識を多数導き出している。彼らは外交におけるステイトクラフトの研究には重大な理論的、方法論的問題があると指摘しており、例えば、権力資源を他のものに転換しにくい点、極秘行動や策略を誘発しやすい点、戦略的交渉の巧妙な駆け引きなどを挙げている。だが、これらはほんの一部に過ぎない[15]。ロズノウが編んだ参考文献集は、何世代にもわたって大学院生たちに国際政治と外交政策の全体像を教える書物として有用ではあったが、ステイトクラフトの「性質、意味合い、意義」の研究に取り組むべき知的課題がないと示唆したために、学生たちに大きな誤解を与えてしまった[16]。

---

13. Robert Jervis, *The Logic of Images in International Relations*（Princeton: Princeton University Press, 1970）and *Perception and Misperception in International Politics*（Princeton: Princeton University Press, 1976）.

14. Schelling, *The Strategy of Conflict* および *Arms and Influence*（New Haven: Yale University Press, 1966）. 次も参照のこと。Alexander L. George, David K. Hall, and William R. Simons, *The Limits of Coercive Diplomacy*（Boston: Little, Brown, 1971）.

15. 影響力行使の意義や成果を議論しようとすると、社会科学における最も困難な方法論的問題の一つである反実仮想条件を考慮する必要がある。また、ポジティブな制裁——実際の報酬、または約束された報酬——を影響力行使に含めることは、交換関係と力関係の結びつきの考察につながり、社会科学全体のなかで最も根深い概念的問題の一つとなっている。以下参照。David A. Baldwin, "Power and Social Exchange," *American Political Science Review* 72（December 1978）: 1229-1242.

16. 皮肉なことに、ロズノウはステイトクラフトの技法を研究することの重要性を軽視しているにもかかわらず、このテーマに関して非常に価値ある論文の一つを書いている。この論文は、もっと注目されるべきだ。James N. Rosenau, *Calculated Control as a Unifying Concept in the Study of International Politics and Foreign Policy*, Research Monograph No. 15, Princeton University Center of International Studies (February 10, 1963). 実践せずに説き勧める学者がいる一方で、ロズノウは説くより実践を好むようである。

政策研究者たちは、影響力を行使する技法などは国際社会の権力関係を研究する者たちが考えるべきことだと主張して、自分たちがそうした手段を無視するのを正当化しようとするだろう。残念なことに、政策手段への無頓着ぶりという点においては、権力研究者も政策研究者と大差がない。ロバート・ダールは、彼の有名な論文「The Concept of Power（権力概論）」で、「そもそもの課題は（中略）権力の有無を判断することではなく、権力を比較することだ」と指摘している[17]。ところが、ダールをはじめとする大半の政治学者にとって、これは技法の比較ではなく、アクターの比較を意味する。ほとんどの権力研究者たちは、「どういう手段で統治するのか」よりも「誰が統治するのか」に多くの関心を向けてきた。影響力を行使するとき、どのような手段が最も成功する確率が高いのか。ムチよりもアメのほうが効果的なのか。経済援助よりもナパーム弾のほうが有効なのか。経済的技法である禁輸のほうが軍事的侵略行為よりも効果を発揮するのかなど、これらの問いに対し、政治学者たちは明確な回答を持っていなかった。

比較外交政策の分野に「科学的発見」を導入したパトリック・J・マクゴーワンとハワード・B・シャピロは、「使用される外交政策ツールの効果を調べる研究はこれまで疎かにされてきた」ことを解明した[18]。2人はこの研究結果に驚きと懸念を示し、「外交政策は何らかの結果をもたらすために実施されるのだから、（中略）意思決定者たちが目的を達成するために採用する手段について無関心なのであれば、外交政策を研究する価値はないのではないか」と疑問を投げかけた。この問題提起は熟考に値する。

本書はステイトクラフトの技法について、その性質、意味合い、結果に関する研究の必要性を満たすことを目的としていない。だが、その方向へと一歩を踏み出すことを意図している。これまで研究が進んでおらず、誤解されてきたステイトクラフトの技法である経済的な手段の基本概念をいくつか明らかにし、その分析の枠組みを構築し、ある程度掘り下げていくことを試みる。

---

17. Robert Dahl, "The Concept of Power," *Behavioral Science* 2（July 1957）: 206.

18. Patrick J. McGowan and Howard B. Shapiro, *The Comparative Study of Foreign Policy: A Survey of Scientific Findings*（Beverly Hills, Calif.: Sage, 1973）, p. 193. 10年近くが経過しているが、状況はあまり変わっていないことを示唆する同じような論評がある。以下参照。Patrick Callahan, Linda P. Brady, and Margaret G. Hermann, eds., *Describing Foreign Policy Behavior*（Beverly Hills, Calif.: Sage, 1982）, p. 257.

技法の分類

外交政策の立案者は、影響力の行使によって目標を実現させるにあたり、幅広い代替策のなかから方策を選ぶことになる。政策立案者が定めた一連の目標を追求する際に利用可能な方策を、外交政策の「ツール」、「手段」、「道具」、「梃子」、「技法」などと称し、本書ではこれらの用語を同義に使っている[19]。多様なステイトクラフトの技法を確認しやすくするためには、大まかな種類別に分類して参照できるようにしておくと便利だ。しかし、その分類はまったく恣意的に行うのではなく、定められた基準に沿って進める必要がある。

本書では以下の通り、統一した考え方のもとに整理を進めることとする。

1. 系統だった基準によって、各カテゴリーが相互排他的であり、全てのケースを網羅していること。
2. 一般的な用法から不必要に逸脱しないこと。理想的なのは、門外漢、学者、政策立案者が共通して使えるカテゴリーである。
3. 現代の政治家たちにとって政策代替策が特定しやすく、明確であること。政策立案者を圧倒するほどの膨大な数のカテゴリーを作らずに、豊富で多様な入手可能な技法を用意することが重要となる。

学者のなかには、ステイトクラフトのあらゆる技法を戦争と外交という2つにまで整理する人もいる。例えば、レイモン・アロンとハンス・モーゲンソーは、他国との関わりを持つ手段のうち、戦争以外のすべてを「外交」と呼んでいる[20]。そのようなアプローチは、先ほど提示した基準1と2にはある程度合致しているかもしれないが、3つ目の基準との関係では

19.「権力資源」「権力基盤」「能力」という言葉も、本文中で述べた言葉と同じように使われることがあるが、本書では、ステイトクラフトと国際政治についてのセクションで説明する理由から、同義には使用していない。

20. Raymond Aron, *Peace and War: A Theory of International Relations*（Garden City, N. Y.: Doubleday, 1966）, pp. 5, 24；および Hans J. Morgenthau, *Politics Among Nations*, 3d ed.（New York: Alfred A. Knopf, 1964）, pp. 539ff. 同様の外交の概念については、以下参照。Adam Watson, *Diplomacy*（New York: McGraw-Hill, 1983）；および Hedley Bull, *The Anarchical Society*（New York: Columbia University Press, 1977）, p. 162.

重大な欠陥がある。政策立案者に戦争か外交かの2つの選択肢しか提示しないのでは、あまり役に立つとは言えない。多忙を極める政治家でも、こんな二分法は単純すぎて、あまり有用ではないと考えるだろう。必要なのは、政策立案者が容易に理解できるものであるが、列挙されていなければ検討されることもなく無視されかねない代替策を含む程度の複雑さをもつ選択肢を提示することである。

チャールズ・F・ハーマン[21]は、外交政策の手段を外交、内政、軍事、インテリジェンス、経済、科学技術、宣伝活動、天然資源の8つのカテゴリーに分類する方法を考案した。この示唆に富む分類法は、アロンやモーゲンソーが提案した単純な二分法よりは有用だが、相互排他的でないものが含まれている（例えば、「経済」と「天然資源」）。さらに、カテゴリー数が多すぎて政策立案者にとっては利用しづらい点も問題だ。困惑を招くほど複雑なのも、単純化しすぎるのも、望ましいものにはならない。

もし普遍性を持つ分類法が望ましいと考えるのであれば、古くから存在する分類法のほうが最近のものより使いやすいかもしれない。なぜなら、時間の経過とともにそのカテゴリーは受け入れられてきたためだ。ハロルド・ラスウェルの名著『政治：動態分析』では、政策手段の研究に適した分類方法が示されている[22]。1958年に書かれたこの本の「あとがき」のなかで、ラスウェルは、「ある集団の対外関係を考えるときには、政策手段をインテリジェンス、外交、経済、軍事（言語、交渉、物資、武器）の4つに分けて考えると非常に便利だ」と述べている[23]。ラスウェルのこの分類法を基に、本書では次のようにステイトクラフトの技法を分類する。

1. プロパガンダ：言語表現の意図的な操作を主たる手段として影響力を行使する試み
2. 外交：主に交渉によって影響力を行使する試み
3. エコノミック・ステイトクラフト：主に、貨幣換算可能な資源を用いて、影響力を行使する試み（このカテゴリーについては第3章で詳しく説明）
4. ミリタリー・ステイトクラフト：主に暴力、武器、軍事力によって

21. Charles F. Hermann, "Instruments of Foreign Policy," in *Describing Foreign Policy Behavior*, ed. Callahan, Brady, and Hermann, pp. 159-161.
22. Harold Lasswell, *Politics: Who Gets What, When, How* (New York: McGraw-Hill, 1936).
23. 同上 p. 204-205。Harold D. Lasswell, *World Politics Faces Economics* (New York: McGraw-Hill, 1945), p. 9と対照のこと。

影響力を行使する試み

もちろん、国家が実際に影響力を行使する場合には、これらの要素がそれぞれ異なる程度、複数活用される場合が多いが、主要な手段が何であるかを合理的に理解することは容易である。例えば言語は、外交、経済、軍事のいずれのステイトクラフトにも利用されるが、だからといってそのような影響力行使の試みを全てプロパガンダに分類しなければならないわけではない。他の分類法について言えることだが、分類の境界が曖昧になる事例はあるので、分析者の判断が重要となる。ある程度の想像力と判断力を持っていれば、相互排他的で全事例を網羅しなければいけないというカテゴリーの要件は、完全ではないにしても、ある程度満たせるといえるだろう。

この４つのカテゴリーは、門外漢にも理解しやすく、学者の間で一般に使われている分類法に近いという利点がある[24]。また、この分類法は多くの国の政府の組織構成とも合致している。ほぼ全ての国の政府も外交や軍事のステイトクラフトを実施する専門組織を持ち、経済問題を扱う組織も持っている。つまり、この分類法は政策立案者が通常触れるカテゴリーにも対応している。

４つというカテゴリー数は理解しやすい数に抑えられているし、政策立案者に幅広い代替策があることを理解するのにも十分であろう。さらに細分化したものが必要なのであれば、各カテゴリーを使用条件の有無、協力国の存在（単独か多国間によるものか）、制裁の種類（懲罰か褒賞か）、公開性の有無、などを用いて分析すればよいだろう。

---

24. 通常はラスウェルが提案した４つのカテゴリーが使われるが、学者によってはこれに１つか２つのカテゴリーを追加する人もいる。具体例は、以下参照。William T. R. Fox and Annette Baker Fox, "International Politics," *International Encyclopedia of the Social Sciences*, vol. 8（New York: Free Press, 1968）, pp. 50-60；K. J. Holsti, *International Politics: A Framework for Analysis*, 4th ed. (Englewood Cliffs, N. J.: Prentice-Hall, 1983), pp. 161-310；Harry Howe Ransome, ed., *An American Foreign Policy Reader*（New York: Thomas Y. Crowell, 1965）；U.S. Senate, Committee on Foreign Relations, *United States Foreign Policy*, "Economic, Social, and Political Change in Underdeveloped Countries and Its Implications for United States Policy," a study prepared by the Center for International Studies, Massachusetts Institute of Technology, Committee Print, 86th Cong., 2d sess., 1960, pp. 4-6；Howard H. Lentner, *Foreign Policy Analysis: A Comparative and Conceptual Approach*（Columbus, Ohio: Charles E. Merrill, 1974）, pp. 216-220；および Myres S. McDougal and Florentino P. Feliciano, *Law and Minimum World Public Order*（New Haven: Yale University Press, 1961）, pp. 27-33.

本書は、ステイトクラフトの経済的技法に主眼を置いている。それなのに、なぜ経済以外の技法に留意する必要があるのだろうか。それは、政策形成の特質、なかでも外交政策の形成の特質に回答の一部がある。政策形成には意思決定が伴い、意思決定には複数の手段の候補の中からの選択が伴う。一般的に、代替策として挙がっているさまざまな政策の長所と短所は、他の政策と比較することによって意味を持つ。したがって、意思決定者は常に、いかなる意思決定の局面においても、考え得るそれぞれの代替策の費用と便益について比較可能な情報を望む。しかし、企業と国家とでは、選択肢を評価する際の基準に重要な違いがある。企業の場合、今ある選択肢の費用便益比に対して不満を持つ場合、いつでもそのビジネスから撤退し、有益な別の方法で資産を活用できる。国家の場合も、厳密にいえば消滅するという選択肢はあるが、そんな代替策は外交政策の意思決定者たちにとっては考えられないことであり、実際にはあり得ない。いかなる苦境を強いられようとも、いかに不愉快な状況にあっても、どの代替策も不満足な結果しかもたらさないとしても、政治家は普通、「政治の放棄」を選択することはできないのだ。

それゆえ、政治家は考え得る行動方針の代替策のなかから選ばなければならない。それがいかに不愉快な策であってもだ。そうした意思決定者の立場からすると、ステイトクラフトの一技法（またはそのカテゴリー）単体の費用と便益の情報だけでは不十分で、技法の代替策（またはカテゴリー）の長短に関し、どんな仮説でも情報に接しておきたい。実際、費用と便益の計算は、他の選択肢の存在を前提とする。誰もが欲しいものを欲しいだけ選べるような世界では、政策決定は不要だ。それは、欲しいものがあるのに選ぶことができない世界でも同様である。つまり、費用と便益の考え方は、他に選択肢がある状況でしか意味を持たない。例えば、80代のある人に老齢を楽しんでいるかと尋ねたとする。するとその人は「死ぬという代替策と比較するならば、私は老齢を非常に楽しんでいる！」と答えた。ステイトクラフトの技法の有用性を評価するにあたっては、この返答を心に留めておくとよいだろう。ある局面におけるエコノミック・ステイトクラフトの有用性（または有用性のなさ）についての結論を急ぐ前に、代替策の検討が必要なのである[25]。

---

25. 行動方針の代替策を考えることの重要性については、以下参照。Herbert A. Simon, *Administrative Behavior*, 3d ed.（New York: Free Press, 1976）, pp. 61-67, 178-180 など。

ステイトクラフトと外交政策：目的、手段、対象

本書の主なテーマの一つは、ステイトクラフトの経済的技法は、他のステイトクラフトの技法を分析する際と同じ思考の枠組みを使って説明および評価されるべきだということである。また、本書での主な分析視点は外交政策であって、国際機関や国際法、国際経済ではない。したがって、外交政策の特性についての一般的な補足説明が必要なのである。

外交政策は一般的に、目的のある行為、すなわち、ある目標や対象、狙いを持って行われる活動だと考えられている。つまり、外交政策とは「手段を通じた活動」であり、これは、外交そのものが目的なのではなく、外交によって期待される結果を得るための活動なのである[26]。経済制裁は「技法として」の行動ではなく、「意思表明」の行動として見たほうが理解できるとする分析者は、他の多くの外交政策の分析者とは異なる分析視点を採用している[27]。「主流の視点」を捨てるのは一つの方法だし、ときには啓発的でもあるが、主流から離れるならば、なぜそのような考えに至ったのかを説明し、正当化する責任がある。一般的なパラダイムから軽く、あるいは思いついたように離れることは、学術的な行動として問題がある。

手段-目的分析は複雑だと言われる。だが、それは目的自体に究極の、または最終的な意義があることが少なく、多くの場合は、それが中間地点であったり、ある意味で手段でもあったりするからだ。したがって、同じ活動なのに、ある状況では手段とみなされ、別の状況では目的とみなされることがある。だが、絶望する必要はない。分析する特定の状況において何が目的で何が手段なのかを明確にしておけば、手段－目的分析というアプローチは非常に有用であるはずだ[28]。

---

26. 以下と比較のこと。同上 pp. 62, 182；Sprout and Sprout, ***Toward a Politics of the Planet Earth***, p. 109；Graham T. Allison, ***Essence of Decision***（Boston: Little, Brown, 1971）, pp. 1-38, 252-257；　お　よ　び James N. Rosenau, “Comparative Foreign Policy: Fad, Fantasy, or Field?” ***International Studies Quarterly*** 12（September 1968）: 323-324.「手段としての」目標と「内在的な」目標との違いについては、以下参照。Harold D. Lasswell and Abraham Kaplan, ***Power and Society***（New Haven: Yale University Press, 1950）, pp. 16-17, 240.
27. 具体例は、第６章参照。
28. 目標手段分析に関する論考については、以下参照。Simon, ***Administrative Behavior***, pp. 61-73；および Vernon Van Dyke, ***Political Science: A Philosophical Analysis***（Stanford: Stanford University Press, 1960）, pp. 10-13, 154-157.

このように手段-目的分析には、常に困難がつきものなので、学者たちは手段と目的の区別を「分析のために用いる便利な道具に過ぎない」と説明することが多い[29]。しかし、政策やステイトクラフトの技法の効果や効率、有用性、あるいは合理性に関心のある者にとっては、この区別は「分析のために用いる便利な道具」以上の重要な意味を持つ。グレアム・アリソンが述べているように、問題解決の選択肢の有用性を分析するには、この基本的な枠組みの他に選択肢はないのである[30]。

影響力行使に関する分析において、その対象（または領域）と目標（または範囲）は区別することが有用である[31]。すなわち、誰に（対象）、どのような方法（範囲）で影響を与えるのかを区別するということだ。対象と目的は、数、具体性、重要性において多様である。影響力を行使する場合でも、国家は通常複数の対象に対して複数の目的を追求することが可能で、またそうするのが一般的な姿だ。政策立案者が抱く目的のイメージは、国連総会で安保理決議412に賛成投票を行う、などのように具体的なものもあれば、将来にわたって敬意を示すような一般的なものもある。同様に、政策立案者が対象に対して抱くイメージは、ブラジル政府のように具体的なものや第三世界のように一般的なものである場合もある。すべての目的や対象が等しく重要なわけではないが、重要でないものもない。したがって、影響力行使を行う場合、第1、第2、もしかしたら第3まで目的や対象を整理しておくと便利でよいかもしれない。けれども、こうした整理をする際に、それぞれの分類の内容は一定していると仮定するのは間違いだ。ジェームズ・バーバー[32]が経済制裁の目的を第1、第2、第3に分けているのは、目的は複数あり、各目的の重要性が異なることに注意を喚起している点では貢献度が高いが、ある種の目的や対象が常に同じカテゴリーに仕分けされているのが残念だ。禁輸の相手国は、影響力を行使し

29. Peter J. Katzenstein, "Domestic Structures and Strategies of Foreign Economic Policy," *International Organization* 31（Autumn 1977）: 882.

30. Allison, *Essence of Decision*, p. 268.

31.「範囲」および「領域」という言葉は以下から引用。Lasswell and Kaplan, *Power and Society*, pp. 73-76.

32. James Barber, "Economic Sanctions as a Policy Instrument," *International Affairs* 55（July 1979）: 367-384.

たい主要な対象である場合もあれば、そうでない場合もある[33]。普通、誰かを「見せしめ」にするときは、眼前の対象よりも周辺の対象のほうが重要であるケースが多い。例えば教師が素行の悪い生徒を「見せしめ」にするとき、教師はその生徒に罰を与えて得られる効果よりも、他の生徒たちへの抑止効果のほうに関心を持っていたりする[34]。禁輸措置をとる場合、その状況を注視している他の国々の認識や態度に影響を与えることよりも、その対象国に行動を変えさせることが肝心で、それが重要と考えることが多いが、その逆の事例も存在する。対象と目的の相対的な重要性を判断する作業は、実験によって立証する問題として扱われるべきである。直接的な対象の行動に関わる目的を最重要視し、第三者の認識あるいは国際システムの構造や運営に関わる目的を二の次にするのは、概念的な枠組みのなかでそうしなければならないと勝手に思い込んでいるに過ぎない。対象や目的の数、具体性、相対的な重要性はすべて研究可能なトピックスで、外交政策の研究者はこの研究に取り組むべきなのだ。

ある特定の影響力の行使にも、そこには複数の目的や対象があって、その具体性や重要性もそれぞれ変わるものと認識することは、ステイトクラフトのさまざまな技法、特に経済的技法の有用性を評価するための重要な第一歩である。経済制裁の事例研究でも、例えば、単一の対象への単一の目標だけを取り扱ったものには特に注意すべきだ。もちろん、どんな事例研究であろうと複雑な状況をすべて把握することはできないが、あまりにも単純化されたものだと大きな誤解を招く可能性がある。エコノミック・ステイトクラフトの事例研究の多くが、経済学者、国際法や国際機関の専門家によって行われているという事実が、外交政策の研究者側に警戒心を

---

33. ヨハン・ガルトゥングは、広く引用されている論文のなかで、経済制裁を「送り手」と「受け手」に分けて定義している。前後関係からして、「受け手」が経済制裁を直接的に受ける側であるのは明らかだ。ただし、制裁対象国以外に、あるいは制裁対象国に加えて、対象が存在するかもしれない可能性は考慮されていない。Johan Galtung, “On the Effects of International Economic Sanctions: With Examples from the Case of Rhodesia,” *World Politics* 19（April 1967）: 378-416, 特に 379.

34. “Throughout history, and especially for the great powers since 1945, states have often cared about specific issues less for their intrinsic value than for the conclusions they felt others would draw from the way they dealt with them. This is often not understood”（歴史を通して、特に 1945 年以降の大国の場合、国家が特定の問題に関心を持つのは、その問題に本質的な価値があるからではなく、大国がその問題をどう対処したのかを見た他国が導き出すであろう結論に期待しているからであることが多い。この事実はあまり理解されていない。）（Jervis, *The Logic of Images in International Relations*, p. 7）

抱かせるのもやむを得ないだろう。外交政策立案者の観点から、ステイトクラフトの技法の有用性を判断するのに必要な詳細な事実は、世界の経済的繁栄を最大限に伸ばし、国際法秩序を強化し、あるいは国連の存在意義を高めることに関心のある学者にとっては、ほぼ重要ではないからだ。

ステイトクラフトと国際政治

政治家が他のアクターに影響力を行使する試みとしてステイトクラフトの技法を吟味するのは、そうした行為が政治的行為だからだ。政治学の分野では、政治的プロセスはパワーや影響力の観点から定義され、ある者が他者の行動や傾向を何らかの形で変える状況を指している[35]。

パワーの分析は、何世紀にもわたって政治思想家たちの関心事だった。それにもかかわらず、ロバート・ダールは「パワーをめぐる関係についての体系的な実証的研究は驚くほど新しい」という見解を主張し[36]、パワーの概念を「明確にして大幅に改善できた」のは、「この数十年の間に、おそらく過去数千年にわたる政治思想にはなかった、この問題に関する複数の概念を結びつけるための体系的な努力が見られた」からだと述べている[37]。思想史のなかで起きた数々の転換点について正確に指摘するのは難しいが、パワーの概念については、1950年のラスウェルとカプランの共著『権力と社会：政治研究の枠組』の出版が分岐点であり、それまでは直観的で曖昧なものとして扱われてきたパワーが、それ以降は明確かつ詳細に扱われるようになったと見なされている[38]。それ以来、ハーバート・サイモン、ジェームズ・マーチ、ロバート・ダール、ジャック・ネーゲル、フレデリック・フレイ、フェリックス・オッペンハイムらがパワーをめぐる分析を発展させ、社会のパワーに関する研究を残してきた。今でも彼ら

---

35. 以下参照。Robert A. Dahl, *Modern Political Analysis*, 3d ed. (Englewood Cliffs, N. J.: Prentice-Hall, 1976), pp. 1-41；Lasswell and Kaplan, *Power and Society*, 特に pp. xii-xiii, 53, 75；および Wright, *The Study of International Relations*, 特に pp. 130-131。

36. Robert Dahl, "Power," *International Encyclopedia of the Social Sciences*, vol. 12, p. 414.

37. Dahl, *Modern Political Analysis*, p. 26.

38. ハーバート・A・サイモンは、初期に発表した影響力のある論文のなかで、自分の論考を「ラスウェルとカプランによる影響力と権力の分析に一連の脚注をつけたものだ」と述べている。Simon, "Notes on the Observation and Measurement of Political Power," *Journal of Politics* 15（November 1953）：501. この点については、以下参照。Jack H. Nagel, "Some Questions About the Concept of Power," *Behavioral Science* 13（March 1968）：129.

の研究は、現代社会科学の最高の成果の一つに数えられている[39]。

国際的な領域でパワーの問題を考察する際、これら業績の特徴の全て、あるいは一部を受け入れる必要はないが、完全に無視することはできない。残念ながら、国際政治や外交政策の研究者たちは、ラスウェルとカプランがパワーに関する分析で起こした革命にほとんど関心を示してこなかった[40]。現代の社会的権力を分析するための基本概念と分析ツールをステイトクラフトの技法の研究に導入し、そのようなツールを一部活用するだけでも、ステイトクラフトの経済的技法の有効性への理解は大幅に深まる。それを示すことも、本書の主な目的の一つである。

ここに、後に適用されるパワーに関する分析の原理の初期的な確認をしておくのは有用かもしれない。以下に挙げる項目に完全には納得できないパワーに関する研究者もいるかもしれないが、多くの人にとって既知なリストとなっており、社会のパワーに関する文献全般と矛盾しないと感じるはずである[41]。

1. パワーは関係性概念である：パワーの行使には、必ず２人以上の人間が関与している。誰か１人だけということはない。（実際の、あるいは潜在的な）権力関係について有意義な発言をするには、誰が影響力をふるっているのか（影響力をふるう立場にあるのか）、その影響力は誰に対

---

39. Herbert Simon, ***Models of Man***（New York: Wiley, 1957）；James G. March, "An Introduction to the Theory and Measurement of Influence," ***American Political Science Review*** 49（June 1955）：431-451；Dahl, "Concept of Power" and "Power"；Nagel, ***Descriptive Analysis of Power***；Frederick W. Frey, "On Issues and Nonissues in the Study of Power," ***American Political Science Review*** 65（December 1971）：1081-1101；および Felix E. Oppenheim, ***Political Concepts: A Reconstruction***（Chicago: University of Chicago Press, 1981）, pp. 1-52. コンセンサスと健全な知的論争の両方を反映した、権力に関する文献の優れた評論は以下の通り。Darwin Cartwright, "Influence, Leadership, Control," in ***Handbook of Organizations***, ed. James March（Chicago: Rand McNally, 1965）, pp. 1-47；Dahl, "Power"；James T. Tedeschi and Thomas V. Bonoma, "Power and Influence: An Introduction," in ***The Social Influence Processes***, ed. James T. Tedeschi (Chicago: Aldine-Atherton, 1972), pp. 1-49；および Nagel, ***Descriptive Analysis of Power***.

40. この点については、以下参照。Rosenau, ***Calculated Control***, pp. 2-3；David A. Baldwin, "Inter-Nation Influence Revisited," ***Journal of Conflict Resolution*** 15（December 1971）：471-486；および "Power Analysis and World Politics: New Trends Versus Old Tendencies," ***World Politics*** 31（January 1979）：161-194.

41. これらの原則ついてのさらなる論考は、以下参照。Baldwin, "Money and Power"；"Inter-Nation Influence Revisited"；"The Power of Positive Sanctions," ***World Politics*** 24（October 1971）：19-38；"The Costs of Power," ***Journal of Conflict Resolution*** 15（October 1971）：145-155；"Power and Social Exchange"；"Power Analysis"；および "Interdependence and Power: A Conceptual Analysis," ***International Organization*** 34（Autumn 1980）：495-504.

して（領域）、何に関して（範囲）行使されるのかを（明示的に、または暗示的に）特定する必要がある。

2. 広義には、パワーとは、ある人が他者に対し影響力を行使し、圧力をかけられなければしないようなことをその他者にさせる、あらゆる関係を含むと定義できる[42]：このような広義の定義はある種の研究には適していないが、政策立案者の取り得る政策選択肢の有効性の評価に着目するなら有用である。各方策の有効性を評価することが本書の主な目的の一つなので、「パワー」と「影響力」という言葉はこの広い定義で同義に使われる。

3. ポジティブな制裁（実際の報酬、または報酬の約束）とネガティブな制裁（実際の懲罰、または懲罰の脅し）は、どちらも権力を行使するための手段である：ここで重要なのは、他者に影響力を行使する手段として見過ごされがちなポジティブな制裁を含めている点だ[43]。政治学者全般、なかでも国際政治の研究者は、ポジティブな制裁の役割を無視しがちだ。

4. パワーは複数の基盤の上に立脚し得るもので、一つのパワーの形態が他のパワーの基盤にはならない：ラスウェルとカプランはこの点を強調している。

> 政治学は、パワー全般およびパワーが発生するあらゆる形に関心がある。しかし、パワーが複数の基盤をよりどころにしており、基盤ごとにパワーの及ぶ範囲が異なることを認識しなかったために、パワーそのものの概念が混乱して歪められてしまい、さまざまな方法で行使されるパワーの条件や結果についての研究が遅れてしまった（後略）。
>
> 特に、パワーは複数の基盤をよりどころにしていて、文化ごとに異なるだけでなく、同じ文化のなかでも権力構造はそれぞれに違うということを認識するのは極めて重要である（後略）。
>
> 要するに、影響力とパワーの概念は極めて普遍的なものであり、広範

---

42. ダールは『現代政治分析』の初版（1963年）の p. 401 で同様の表現を用いて、影響力の「常識的な概念」について言及している。それに対し、批評家たちは観察可能な行動に焦点を当てると、信念、態度、意見、期待、感情、そして行動傾向における変化が除外されてしまうのではないかと指摘している。こうした批判があるのもわかるが、これらは単に「行動」という一般的な言葉で括ってしまえばよい。本書では、特に断りのない限り、あるアクターが他のアクターの言動に与える影響に言及する場合、これらを含むものと解釈していただきたい。以下参照。Nagel, *Descriptive Analysis of Power*, p. 12.

43. 以下参照。Baldwin, “Positive Sanctions.”

囲の対人関係が関与している。目前の問題にどの程度の精密さが求められるのかによって、必要なレベルまで分析を行うことは可能だ。ところが、パワーは常にどこでも変わらない（暴力だろうが経済力だろうがまたは（中略））という一元的な概念によってもたらされる誤った単純化によって、政治的現象は理解不能に陥りやすい。あらゆるパワーと影響力の力関係に共通しているのは、政策への影響だけである。何がどんな基準に基づいて影響を受けるのかは変数であり、これらの変数はある状況における具体的要素に依存するので、その状況にいるアクターたちの過去の経験や慣例を調査しないことには判断できない[44]。

ラスウェルとカプランの主張は、「最終的には、影響力は武力行使の意志に依存する」[45]、「国際関係におけるパワーの最終手段は戦争である」[46]、「結局は、武力がパワーの究極の形だ」[47]、「つまるところ、パワーの研究とは戦争を仕掛ける能力の研究だ」[48]などのような、一般的に聞く見解とは対照的である。これらの主張は、少なくとも国際政治においては、軍事力が他のパワーの基盤と比べ、根本的な存在であることを示唆している。軍事力が他のパワー資源よりも重要だと考える状況が数多く存在することは認めるが、本書においては、ラスウェルとカプランに倣ってパワーの相対的重要性を決めつけることなく、特定の事例それぞれにおいて答えを出すべきものとして議論していくつもりだ[49]。

5. パワーは多元的である：パワーは、それが及ぶ範囲、重み、領域、コストなど複数の次元で多様な形態を持つ。したがって、単純な二分法を用いたり、一元的に影響力行使の成果を分析することは、政治家が一つの対象に対して一つの目標を追求するという異例の状況においてすら誤解を

---

44. Lasswell and Kaplan, *Power and Society*, pp. 85, 92.
45. J. B. Condliffe, “Economic Power as an Instrument of National Policy,” *American Economic Review* 34（March 1944）: 308.
46. Edward Hallett Carr, *The Twenty Years' Crisis: 1919-1939*, 2d ed.（London: Macmillan, 1946）, p. 109.
47. Robert Gilpin, *U.S. Power and the Multinational Corporation*（New York: Basic Books, 1975）, p. 24.
48. Ray S. Cline, *World Power Assessment: A Calculus of Strategic Drift*（Boulder, Colo.: Westview, 1975）, p. 8.
49. 国際政治を学ぶ者たちが権力の軍事的基盤の重要性を誇張する傾向があることについては、以下参照。Sprout and Sprout, *Toward a Politics of the Planet Earth*, pp. 167-168；および Baldwin, “Power Analysis,” pp. 180-183.

招く恐れがある。

6. パワー競争は必ずしもゼロサムゲームではない：あるアクターのパワーが増大すれば、必ず別のアクターのパワーが低下するとよく言われる[50]。ある国家の利得は別の国家の損失という解釈になる。しかし、パワーの多元的な性質がわかっていれば、このような見方が誤りであることは自明である[51]。2つのアクターがそれぞれに似たような行動をとったり、あるいは異なる行動をとっても、同時に互いの力を強めることは十分に可能で、しばしばそういうことは起きる。相互に影響し合う状況はどこにでも起きるのだ。政治はゼロサムゲームで、経済はポジティブサム（訳注：互いが利益を得る）ゲームだとよく言われるが、こうした誤った考えを持たないようにすることは、エコノミック・ステイトクラフトを学ぶ者にとって極めて重要だ。権力争いはゼロサムゲームだとする考え方については後ほど議論するが、これはエコノミック・ステイトクラフトについての有意義な思考を妨げると言える。

7. 国家のパワー分析では、常に反実仮想条件を考慮する必要がある：ある者が他者に、圧力をかけられなければしないようなことをさせるのが権力関係なのだとしたら、圧力をかけなければ何が起きていただろうかという疑問を無視することはできない。この反実仮想条件を考える必要があるからこそ、国家のパワー分析は本質的に厄介で難しく、フラストレーションを招きやすい。「経済的技法が使用されなかったとすれば、あるいは他の技法が使われていたとしたら、どうなっていただろうか」という疑問に向き合わずして、ステイトクラフトの経済的技法の有用性について重要な考察は不可能である。このような議論は、せいぜい「研鑽を積んできた者たちの推測」にしかならないだろうが、反実仮想条件への疑問を無視するより好ましい。

以上、7つの原則を挙げた。1番目に記した関係性概念は、あまり認識されていないが、ステイトクラフトの技法を分析するうえで特に大きな意

---

50. 具体例は、以下参照。Albert O. Hirschman, ***National Power and the Structure of Foreign Trade***（Berkeley: University of California Press, 1945）, p. 6；R. G. Hawtrey, ***Economic Aspects of Sovereignty***（London: Longmans, Green, 1930）, p. 27；Gilpin, ***U.S. Power and the Multinational Corporation***, pp. 22-25, 34；Gilpin, ***War and Change in World Politics***（Cambridge: Cambridge University Press, 1981）, p. 94； および Charles P. Kindleberger, ***Power and Money: The Economics of International Politics and the Politics of International Economics***（New York: Basic Books, 1970）, p. 20.

51. 以下参照。Baldwin, "Money and Power," pp. 605-606；"Power Analysis," pp. 186-187；および "Power and Social Exchange.".

味合いを持つ。この意味合いとは、「関係性概念」と「固有概念」の違いで説明できるものだ[52]。ある国の人口や地理的領域、富はすべて固有なものであり、他国に言及しなくても定義および計測することができる。同様に、政策や意思決定、影響力を行使する試みや意図、ステイトクラフトの手段もある国の固有の条件であり、その説明において他国の条件を考慮する必要はない。こうした国家の特性は、ある意味、その特性を持つ国が所有し制御している。これらの特性とは対照的なものとして、「影響力」、「能力」、「権力基盤」、「権力資源」などの言葉がある。こうした言葉は、2つ以上のアクターの実際または潜在的な関係の存在を前提とする意味で相関的である[53]。アクターBの価値観を考慮せずアクターAの能力を説明することは不可能である。例えば、Aが銃を所有していたら、AがBに影響力を行使する目的で使用することができる。ところが、実際にAがBに影響力を与えられるかどうかは、Aの一存で決まるわけではなく、Bの価値観にも左右される。世の中には銃を恐れる人もいるが、恐れない人もいるからだ。銃が権力資源になるかどうかは状況に左右される。表2.1は、国際政治や外交政策を学ぶ者がよく使う用語を固有概念と関係性概念の観点から区別して分類したものである。

国家の能力（権力資源、権力資産、権力基盤）を関係性概念ではなく、あたかも固有概念のように扱う傾向があるために、ステイトクラフトの技法の研究は複雑化し、混乱をきたす。政治家が自分たちの「能力」や「権力基盤」を一国の所有物であるかのように「採用している」または「用いている」と表現されがちなのもそのせいだ[54]。そして、ステイトクラフト

表 2.1　国際関係で用いられる関係性概念と固有概念

固有概念	関係性概念
外交政策	国際政治
梃子	レバレッジ
武器	戦争
政策	権力
意図	能力
実際の取り組み	成果（社会へのインパクトを含む）
影響力を行使する試み	影響力
意思決定	結果
政策の手段	権力基盤（または権力資源）
ステイトクラフトの手段	影響力を行使する手段

52. 詳しい論考については、以下参照。Oppenheim, *Political Concepts*, pp. 4-8.
53. 以下参照。Baldwin, "Power Analysis," pp. 163-175.

の技法もどのような「権力基盤」が「採用されている」かによって、例えば経済、軍事、プロパガンダ、外交などに分類されることが多い。その結果、経済的技法は経済力を行使すること、そして軍事的技法は軍事力の行使と理解されることになる。

もし影響力の行使が常に成功し、ステイトクラフトの経済的技法の成功が常にパワーの経済基盤のみに依存するのであれば、経済的技法とは経済力を行使するものと考えることが正しいのかもしれない。だが、影響力の行使はしばしば失敗に終わる。しかし、もしこうした行動がラスウェルやカプランが考えたような「権力基盤」や「基盤的価値」に基づいているのだとすれば、失敗は論理的に不可能だ。ラスウェルとカプランが定義した「影響力基盤」とは、有効性に影響を与える因果条件を指す。したがって、定義上、効果のない影響力行使に「影響力基盤」を用いることはあり得ない。ラスウェルとカプランがこの概念を考案したのは、なぜある影響力行使は成功するのかどうか説明するためだったので、問題がなかった。ところが、「影響力基盤」という同じ用語を使って影響力を行使する試み自体を説明および分析しようとすると、支障が生じる。要するに、ラスウェルとカプランが成果を説明しようとしていたのに対し、彼らのあとに続いた学者たちは、実際の取り組みを説明するのに同じ「影響力基盤」という概念を使おうとしたのだ。

成功を決める因果条件、すなわち権力基盤から独立した政策手段の概念を規定することが明らかに必要である。したがって、政策の手段やステイトクラフトの技法は一国家の特性として扱われるべきであり、実際にある特定の技法を使って影響力を行使しようと試みたときに、どのような効果を期待できるかは、まったく別のものとして議論されるべきである。つまり、政策の手段という概念は政策分析の領域に属するものであり、能力分析ではない。実際の取り組みと成果をはっきりと区別しなければならないのと同じ理由から、影響力を行使する試みの基盤と影響力の基盤も明確に

---

54. 具体例は、以下参照。Hermann, "Instruments of Foreign Policy," p. 154；Klaus Knorr, *The Power of Nations: The Political Economy of International Relations*（New York: Basic Books, 1975), p. 6；および Richard L, Merritt, ed., *Foreign Policy Analysis*（Lexington, Mass.: Lexington Books, 1975), p. 1. 1958 年版の『Politics: Who Gets What, When, How』の「あとがき」で、ラスウェルも権力基盤と政策基盤を区別していない。先に述べた政策手段の分類法は、ラスウェルの分類法から発展したものであって、同一のものでない。

区別しなければならないのである[55]。

影響力の基盤と影響力を行使する試みを区別する理由はもう一つある。この２つを区別しないと、影響力が機能する過程の作用が不明瞭になる。ステイトクラフトの経済的技法は、経済力（成功の因果的条件が経済的な基盤的価値である権力）を行使するために用いられることが多い。しかし、ステイトクラフトの経済的技法は、経済の形ではないパワーを行使する場合がある。したがって、経済制裁が効果的だとする場合、経済的な効果の有無とは無関係であり、実際の経済的インパクトはゼロかもしれない。それよりもむしろ、制裁を課す国がどういう意図を持っているのかを示すためのシグナルを相手に送ることで、経済制裁が効果を発揮することになるのである。

例えば禁輸は、「これを遵守しなければ軍事力を行使する」という遠回しの脅しとして対象国に解釈されることがある。このような状況では、成功の因果条件（影響力の基盤）は、経済的というより軍事的なものになる。しかし、影響力を行使する試みが実際に成功したのは、武力行使の脅威が相手に認識された（あるいは誤って認識された）ためであり、初期段階で経済的な政策手段は用いられなかったのだと主張すると、誤解を招く恐れがある。ステイトクラフトの技法がどのように機能するかを理解したいのであれば、政策の選択肢の説明と成功の因果条件の説明は別個にするのが最善となる。つまり、影響力を行使する試みに用いられる政策の手段は、成功の確率や成功の因果条件については何も示唆しない形で説明されるべきである。試みることと、成功することは別問題なのだ。

ステイトクラフトと政策科学……………………………………

ステイトクラフトの研究は、実験や統計的な研究アプローチよりも、事例研究に基づくことが圧倒的に多い。しかしそれは、事例を科学的なアプ

55. 外交政策分析と能力分析、取り組みと成果を明確に区別することの重要性については、以下参照。Harold Sprout and Margaret Sprout, *The Ecological Perspective on Human Affairs: With Special Reference to International Politics* (Princeton: Princeton University Press, 1965), C£ Rosenau, Calculated Control, pp. 36-37.

ローチで分析できないという意味ではない[56]。科学的に特定の事例にアプローチすることは、その事例を特異な歴史的現象としてではなく、むしろより一般的な事例のカテゴリーのなかから選んだ特定の例として扱うことを意味する。したがって、アメリカの対キューバ禁輸措置は、ネガティブな経済制裁という大枠のカテゴリーに入る具体的事例とみなすことができ、ひいては、ステイトクラフトの技法全体のなかの一種である、ネガティブな制裁という技法のカテゴリーに分類することができる。アメリカによる対キューバ禁輸措置をこのように整理すると、以下の問いの基盤となる。例えば、もし禁輸が失敗しているように見える場合、その措置の効果について結論を引き出す前に、一般に国際舞台で影響力を行使する場合の成功率はどの程度か考察してみる。禁輸措置をとったものの、国民がキューバ政権支持に回ったのであれば、そうした国民感情は経済制裁をとったときに表れる特異な副作用だろうと推察する前に、ネガティブな制裁を軸にして外国に影響力を行使するときは、こういう国民感情が副作用として表れるのが普通だろうかと問うてみる。また、禁輸にコストがかかっているようであれば、経済制裁の有用性を判断する前に、ステイトクラフトの他の技法をとった場合のコストはどれくらいなのかと考えてみる。このように検討してみるだけでも、エコノミック・ステイトクラフトについて書かれた著作の多くに潜む知的弱点が明らかになる。これらの著作のほとんどは、このような疑問に答えることはおろか、そうした疑問の存在を認めることすらしていない。特定の事例を扱った研究は、そのステイトクラフトの技法についての理解は深められるが、それは、ある事例の重要性を判断するための全般的な枠組みがある場合に限られる。事実は自明ではないのだ。

一般化を重視するのは理論構築に関心がある人だけで、政策立案者に助言を与えることに関心を持っている人には関係がないと言われることもあ

56. 科学的手法および事例研究に関する有用な論文には次の２つがある。以下参照。Alexander L. George, "Case Studies and Theory Development: The Method of Structured, Focused Comparison," in ***Diplomacy: New Approaches in History, Theory, and Policy,*** ed. Paul Gordon Lauren（New York: Free Press, 1979）, pp. 43-68；および Harry Eckstein, "Case Study and Theory in Political Science," in Handbook of Political Science, vol. 7, Strategies of Inquiry, pp. 79-137.

る。だが、政策科学という概念は、理論上の知識と政策決定に関連した知識を厳密に区別しない[57]。研究者はある問題に対策を講じるための具体的な提言をしなくても、理論や分析ツールを提供して、政策立案者が政策の目標を明確にし、どのような政策選択肢があるのかを確認し、さまざまな手段の有用性を評価する手伝いをすることができる。

ステイトクラフトのさまざまな技法の有効性についての研究は、ウィリアム・H・ライカーが「レシピのような」と呼ぶ因果関係の概念に基づいて、ある効果を発揮させるための運用技法に焦点を当てている。ライカーはこの「レシピのような」因果関係を、「必要条件および十分条件のような因果関係」と対比させ、後者の因果関係は運用技法というより、むしろ効果の「完全な説明」をするための技法だと述べている[58]。後者の因果関係の概念のほうが、科学の種類によっては優れているというライカーの主張は正しいかもしれないが、政策科学においては前者の概念のほうが有用だ。したがって、本書では前者の概念を採用する。

政治を科学的に研究しようと努力しても、概念的な問題に不満を感じ、政策の運用や効果測定に集中する傾向にある。そしてそのうち、概念的な問題は「単なる意味論」に過ぎないと脇に置かれ、仮説の検証という重要な作業に取りかかろうとする。その結果、そもそもあまり明確ではなかったものに正確性を求めるという、誤った印象を持つことにつながる。

本書の主要な目標は、科学的に妥当で、しかも政策立案者のニーズに合った方法で、ステイトクラフト全般について、特にエコノミック・ステイトクラフトについて思考を促すための基本概念を構築し、分析の枠組みを作り上げていくことである。エコノミック・ステイトクラフトに関する壮大な理論を展開することや、特定の過去の事例をくまなく研究することは、本書の目的ではない。キューバ危機を分析したグレアム・アリソンの『決定の本質』には、アリソンが一つの理論を構築したことや、他の研究者たちが見落としていた歴史的詳細を明らかにしたことにそれなりの価値

57. ラスウェルとカプランは政治学という学問全体を「政策科学の一つ」と考えていた（『Power and Society』p. xii）。国際関係における「政策関連の理論」の必要性についてのより近年の議論は、以下の付録に収録されている。Alexander L. George and Richard Smoke, *Deterrence in American Foreign Policy: Theory and Practice*（New York: Columbia University Press, 1974）, pp. 616-642. 次も参照のこと。Harold Sprout and Margaret Sprout, *Foundations of International Politics*（Princeton: D. Van Nostrand, 1962）, pp. 28-29.

58. William H. Riker, "Some Ambiguities in the Notion of Power," *American Political Science Review* 58（June 1964）：346-348.

はあるのだが、それよりもむしろ、分析の枠組みが理論構築と政策決定の両方に多大な影響を与えていると示したことに大きな価値がある。本書において概念的な枠組みに特に注意を払っているのは、この精神に則っているからだ。

なぜステイトクラフトを研究するのか……………………………

君主が目標を明確にし、政策の選択肢を確認し、さまざまな行動方針の有用性を吟味するのを助けたとする。それは科学的には尊敬に値するかもしれないが、はたして価値のあることなのだろうか。現代の君主にそのようなハンドブックは必要だろうか。君主を助けるという分析的視点で研究すると、無益な目的のためのシニカルで、マキャヴェッリ的な外交政策の操作に支配されることになるのだろうか。また、そうした行いを承認することになるのだろうか。そして、世界秩序、平和、あるいは正義を守る義務へのコミットメントを疑われるのだろうか。それとも、国際政治について「感情に左右されることのない現実主義的な」見方をすることになるのだろうか。

ステイトクラフトで君主を助けるという視点に対して、グローバリストやマルクス主義の観点からの批判はあるだろう。グローバリストは、ステイトクラフトの研究は政治家の視点から世界を見ていて、政治家が考える「国益」と、その国益を追求する効果にのみ注目していると主張するかもしれない。つまり、国家の目標だけを狭く捉えており、人間の幸福や安全、正義といった世界共通の価値への配慮がなされていない、あるいは国家の目標とそうした価値とは相容れないという議論だ。だが、国家の利害が世界全体の利害と一致しているなら、一致した部分の性質を政策立案者に理解してもらいやすくすることで、ステイトクラフトという視点が世界共通の価値を促進するのに役立つはずだ。相互依存の高まる世界では、国家間には相互利益も相反する利害もある。実際のところ、従来、相互依存とは国家間に共通する利害があること、と定義されてきた[59]。しかし、相互依存が高まったからといって、国益に基づく視点を放棄する必要はな

59. 相互依存の概念の進化については、以下参照。Baldwin, “Interdependence and Power.”

い。相互依存が高まったからこそ、むしろ国同士の利害が重複する部分を考慮して、国益を考える視点を発展させる必要がある[60]。

一方、マルクス主義者の立場からすると、政治家が自分たちの目標を効率良く追求する潜在能力を高めることには、あまり価値があるとは思えない。結局のところ、政策立案者が下層階級の搾取に執心している支配階級の手先に過ぎないのであれば、政策立案者の活動の効率性を高めることは、道徳的にあまり歓迎すべきものではないだろう。しかし、マルクス主義者であっても、相互依存の世界で生きていかなければならない。実行される政策に国の生存がかかっているような状況だとしたら、政治家が自らの政策選択肢やそれぞれの政策による結果を誤解して国が危険にさらされたりしないように、誰もが関心を持つべきであろう。世界には邪悪な政治家が跋扈していると信じる者でさえも、情報に疎い政治家よりも情報通の政治家を好むはずだ。

ステイトクラフトの研究においてパワーを強調することに異議を唱える人もいるかもしれない。だが、パワーに注目しながらステイトクラフトを研究するからといって、ステイトクラフトの目標としてパワーの重要性を示すものではなく、政治家によるパワー追求を認めるべきだと言いたいわけでもない。私は、影響力は社会生活のいかなる領域からも排除できず、あらゆるところに見られる現象だという考え方から、この研究アプローチをとっている。かつてプラトンやアリストテレスが指摘したように、人間は政治的な動物であり、国家が存在し続ける限り、政治家は影響力を行使しようとする。それゆえ、相互に依存し、危険にあふれている世界では、さまざまなステイトクラフトの技法の能力と限界をより深く理解することが必要なのである。

先に述べた、ステイトクラフトの研究を君主のためのハンドブックとすべきだとする考え方には、反民主主義的なニュアンスがあり、本書の研究に適用すべきではない。民主主義国家では、国民は君主の為政者としての仕事ぶりに定期的に評価を下さなければならない。そして国民は、政治家が追求する目標だけでなく、その目標がどのように達成されるのか、その効率も評価する必要がある。したがって、目標を明確にし、政策の選択肢を特定し、さまざまな目的に合わせた選択肢の有用性を評価する研究は、

60. 反対の議論については、以下参照。Miriam Camps, *The Management of Interdependence: A Preliminary View* (New York: Council on Foreign Relations, 1974), pp. 7, 63-64 およびその他のページ。

政策立案者に役立つだけでなく、現職の政策立案者たちを在職させておくべきか、あるいは他の人に交代させるべきかを決めなければならない人々にとっても有益なのだ。ステイトクラフトの理解を深めることは、民主的な政治プロセスを正しく機能させるために、学者が貢献できる最も価値のあるものの一つなのである。

第3章
エコノミック・ステイトクラフトとは何か

新たな手段の導入、または変化した条件下で手段が行使される場合には、影響力の概念を変更するか再構築する必要がある。世界が急速に発展していく時代には、知的努力が時代の変化に合致しているかどうかを再評価する必要がある[1]。

スプラウト夫妻は「ステイトクラフトは用語としてきちんと正確に定義されてこなかった」と述べている。彼らはこの状態を「語義上の混乱」とみなし、その混乱の収束には楽観的でない。

> ステイトクラフトの運用はいかに不正確で不十分であっても、主に一般的な用語で説明されており、今後もそれを用いて説明され続けるだろう。研究者にできることといえば、(中略) 読者に対して曖昧な点をいくつか指摘し、既存の用語を少し整理し、顕著な概念をより正確に示すために新たな用語をいくつか取り入れ、説明と比較をしやすくするためにステイトクラフトのプロセスと形態をより明確にするよう、いくつかのわかりやすい分類と類型を提案することくらいだ[2]。

ステイトクラフトに用いられる語彙のなかでも、経済的技法に関する用語は特に概念的な整理が必要となる。アメリカの対外経済政策が専門のある研究者は、対外経済政策をテーマに論文を執筆する人の多くが「概念を構築する研究者というよりも、出来事の語り手」になっていて、「定義が不明確であるが多用されている重要な用語が存在している」と断言している[3]。

論文の執筆者のなかには概念分析を嫌う人もいる。例えば、シドニー・ワイントラウプは、概念上の問題を「語義に関する嗜好」の問題だとしている。彼は「語義の違いに流されないように」と願いつつ、自分の著書で事例を説明する際には「ステイトクラフトでどの程度の説得力、圧力、威圧が用いられたのかは事例が物語っている」と主張している[4]。アンジェラ・ステントも同様の考え方で、西ドイツ・ソ連関係におけるエコノミッ

---

1. Lasswell, *Politics*, pp. 7-8.
2. Sprout and Sprout, *Toward a Politics of the Planet Earth*, p. 136.
3. Robert A. Pastor, *Congress and the Politics of U.S. Foreign Economic Policy, 1929-1976* (Berkeley: University of California Press, 1980), pp. 7, 26n.

ク・ステイトクラフトを研究するうえでの２つの中心的概念である「経済的梃子」と「政治的梃子」を定義するのを明確に拒否している。この２つの用語を定義したとしても、「この分析の目的に用いるには抽象度が高い」とし、「経済的梃子と政治的梃子は具体的な文脈で区別する」と主張している[5]。抽象的な基準によらずに、「具体的な文脈」のなかなら用語の区別が可能だと示唆するのは、「事実そのものに雄弁に語らせる」と言うのに等しい。しかし、事実は決して「雄弁に物語る」ことはなく、むしろ研究者が用いる概念的な枠組みのなかで解釈されなければならない。概念分析は不可能なことでも、単なる嗜好の問題でもない。エコノミック・ステイトクラフトについて明確に考察するために必要な第一歩なのである。

本書の研究のためにエコノミック・ステイトクラフトの概念を選定するにあたり、特に重要な選択基準が２つある。第一に、政策の選択肢を識別し、評価するのに概念が有用かという基準。第二に、用語の一般的用法から不必要に逸脱せずにすむ概念かどうかという基準だ[6]。ただし、ここでいう「用語の一般的用法」は必ずしも世間一般に浸透している言葉の定義を指すわけではなく、むしろ「言葉をある状況で用いるときに、世間一般が暗黙のうちに従う一連のルール」を意味する[7]。

第２章では、ステイトクラフトの経済的技法を、政府が「主に、相当程

---

4. Sidney Weintraub, ed., *Economic Coercion and U.S. Foreign Policy: Implications of Case Studies from the Johnson Administration*（Boulder, Colo.: Westview, 1982）, pp. x, 4.

5. Angela Stent, *From Embargo to Ostpolitik: The Political Economy of West German-Soviet Relations, 1955-1980*（Cambridge: Cambridge University Press, 1981）, p. 16. ステントは彼女の見解を擁護するために、以下から引用している：Albert O. Hirschman, *A Bias for Hope: Essays on Development in Latin America*（New Haven: Yale University Press, 1971）, p. 12. しかし、ステントが引用した箇所では、ハーシュマンはある状況の経済的側面と政治的側面を切り離すのは困難であることが多いと主張している。ハーシュマンは政治的側面と経済的側面の概念を区別することの可能性や、そうすることが望ましい点を否定していない。ステントのような見方をすれば、純粋な独占も純粋な競争も現実世界には存在しないので、抽象的なレベルでの経済と政治という２つの概念を区別しても意味がないという結論が導かれるだろう。

6. 一般的な概念分析と、言葉の従来的な用法の基準については、以下参照。Rev. T. R. Malthus, *Definitions in Political Economy, preceded by An Inquiry into the Rules Which Ought to Guide Political Economists in the Definition and Use of Their Terms; with Remarks on the Deviations from these Rules in their Writings*（London: John Murray, 1827）；Fritz Machlup, *Essays on Economic Semantics*（Englewood Cliffs, NJ.: Prentice-Hall, 1963）；Alfred Marshall, *Principles of Economics*, 9th（variorum）ed., vol. 1（New York: Macmillan, 1961）, p. 51；および FelixE. Oppenheim, "The Language of Political Inquiry: Problems of Clarification," in *Handbook of Political Science*, ed. Greenstein and Polsby, vol. 1: *Political Science: Scope and Theory*, pp. 307-309.

7. Oppenheim, "Language of Political Inquiry," p. 307.

度、貨幣換算可能な資源にって影響力を行使する試み」と定義した。前章ではステイトクラフトの技法を、影響力の行使という観点から定義する根拠を説明したが、「経済的（エコノミック）」という言葉を金銭面での数字の観点から定義する理由については、この章で説明することにする。

ただ、誰もがこれを定義することに価値があると考えるわけではない。例えば、クラウス・クノールはパワーと影響力の概念を進展させることに注力し、経済的概念を実質的に無視している。彼は「経済現象の概念化は（中略）非常に標準化されていて、優れた教科書にあたれば説明されているので、特に注意を払う必要はないだろう」と主張し、自分が経済的概念を無視していることを擁護している[8]。おそらくクノールは、「経済力」を「経済政策」という言葉で定義するとき[9]、経済政策と非経済的政策を区別するための基準を確認するには、「優れた教科書」をただ参考にすればよいのだから問題はない、と主張しているのだろう。だが、この点においては最も有名な教科書であっても不十分である。ポール・A・サムエルソン著の『経済学』には、6種類の経済学の定義が挙げられ、この定義の数は「何倍にも増やせる」と書かれている[10]。『経済学』で説明されている定義を見ると、ステイトクラフトの経済的技法と非経済的技法とを区別するためには、明らかに受け入れがたい定義もある。例えば、貨幣が使われるかどうかにかかわらず、人と人との間の交換取引を伴う活動を経済活動と定義するなら、一般には「経済」とは考えられない社会生活のさまざまな領域が経済活動に含まれることになる。社会的交換理論の研究者は、地位、好意、敬意、愛情、友情などが社会生活のいたるところで交換されていることを実証してきた[11]。しかしながら、経済学者であるかは無関係に、このようなものの交換を「経済」とみなす者はごく少数である。同様

---

8. Knorr, *The Power of Nations*, p. x.
9. 同上 pp. 79-80。
10. Paul A. Samuelson, ***Economics***, 10th ed. (New York: McGraw-Hill, 1976), p. 3. この文献の索引に「経済政策」という言葉は出てこない。また、チャールズ・J・ヒッチの著作には、「経済学者たちの一般的な満足が得られるように経済学の内容を定義した人はおらず、その結果、何が『経済的』な問題であり、何がそうでないのか、あるいは、ある問題の『経済的』側面とは何かについて、ある程度の意見の相違が存在する」という警告もある（"National Security Policy as a Field for Economics Research," *World Politics* 12［April 1960］: 435）。
11. 以下参照。Peter M. Blau, *Exchange and Power in Social Life*（New York: John Wiley, 1964）; George C. Homans, ***Social Behavior: Its Elementary Forms***, rev. ed.（New York: Harcourt, Brace, Jovanovich, 1974）; および Baldwin, "Power and Social Exchange".

に、経済学を「社会を改善するための研究」[12]と定義すると、広義的すぎてエコノミック・ステイトクラフトを定義するのに参考にならない。他にも、一部の経済学者に好まれている、「経済学は目標と手段に代替策がある場合の人間の行動を研究する科学」とする広範な定義もあるが[13]、それでは、手段目的分析の分野全体を経済学に含めることになり、やはりステイトクラフトの経済的技法と非経済的技法を区別する作業に貢献しない。他の分野の知的欲求と同様に、エコノミック・ステイトクラフトや経済力を定義するにあたり、基本概念に関して合意の存在を所与のものとするのは危険である[14]。

社会生活の「経済的」側面を、数字で表すことが可能な富の生産と消費の面で定義することは、経済学の名著といわれる数々の教科書[15]で長年用いられてきたものと一致し、多くの現代経済学者たちの関心事を示している。しかもこの定義は、一般人から政策立案者までの誰もが考える経済活動の基本的かつ直観的な概念をよくとらえてもいる。

常に、分類が困難な境界事例は存在する。例えば、軍備品の売却や供与は、エコノミック・ステイトクラフトとミリタリー・ステイトクラフトのどちらに分類されるべきだろうか。一般的に妥当な区別は、武器の使用（または武器使用の脅し）と、武器の売却（または売却の約束）である。軍備品であってもそれに市場価格が存在する限り、その取引はエコノミック・ステイトクラフトと呼べるだろう。一方、核爆弾のように「現行市場

---

12. Samuelson, ***Economics***, p. 3.

13. J. M. Letiche, "The History of Economic Thought in the ***International Encyclopedia of the Social Sciences***," ***Journal of Economic Literature*** 7（June 1969）: 424.

14. 私の考えでは、クノールは物事を取り違えている。過去 30 年間、概念的な問題に注意を払ってきたのは国力分析の分野であって、経済学は概念分析を軽視する傾向にあった。現在の経済学者は、フリッツ・マハループを除き、抽象的な基本概念の詳説にはほとんど関心を示さない。政治現象と経済現象との概念的な区別は、経済学の文献よりも政治学の文献のほうが役に立つだろう。具体例は、以下参照。Robert A. Dahl's ***Modern Political Analysis***, 3d ed.（Englewood Cliffs, N. J.: Prentice-Hall, 1976）および Quincy Wright's ***The Study of International Relations***。

15. 具体例は、以下参照。John Stuart Mill, ***Principles of Political Economy***, new ed.（London: Longmans, Green, 1923）, pp. 1-3, 9；および Marshall, ***Principles of Economics***, vol. 1, pp. 1, 14, 22, 27, 49, 57. 次も参照のこと。Kindleberger, ***Power and Money***, pp. 3, 14；および H. Van B. Cleveland, "Economics as Theory and Ideology," ***World Politics*** 6（April 1954）; 295-296。政治的生活と経済的生活を見事に比較し、経済的生活の顕著な特徴である貨幣に焦点を当てた議論については、以下参照。G. E. G. Catlin, ***The Science and Method of Politics***（New York: Alfred A. Knopf, 1927）.

価格」がない場合は、ミリタリー・ステイトクラフトに分類するのが妥当かもしれない。また、武器の供与はミリタリー・ステイトクラフトと密接に関係しているため、これもミリタリー・ステイトクラフトとして扱いたいと考える者もいるかもしれない。研究関心次第で、どちらに分類するのか判断が変わる場合もあるだろう。このように、どちらとも言えそうな例があるとはいえ、エコノミック・ステイトクラフトの概念の価値が大きく揺らぐことはまずない。

ここまで輪郭を描いてきたエコノミック・ステイトクラフトの概念には、次の3つの基本要素がある。

1. 影響力の行使において用いる政策手段の種類（経済など）
2. 影響力を行使しようとする領域（他の国際的なアクターなど）
3. 影響力を行使しようとする範囲（対象の行動における特定の側面―信念、態度、意見、期待、感情、行動の傾向など）

このような概念がエコノミック・ステイトクラフトを必然的に政治的行為にしてしまうことは前章で述べた通りだ。経済的技法を軸にした影響力の行使は、対象国の行動のあらゆる側面が範囲になり得ることを改めて強調しておきたい。その手段の政治的な質の特徴は、行使しようとしている影響力の大きさに依存し、影響力を行使しようとしている範囲に内在する価値には依存しない。したがって、他国の関税水準、経済成長率、民間による外国投資に対する態度、経済的繁栄などに影響を与えることを目的とした影響力の行使は、政治的行為といえる。繰り返しになるが、こうした行為の政治的な質は、総合的な（実際のまたは潜在的な）力関係のなかで生まれるものであり、影響力を及ぼす範囲とは関係がない[16]。

---

16. この点は誤解され続けているが、実に多くの学者たちの見解と呼応している。具体例は、以下参照。「The ends of politics may be anything（政治の目標は何でもよいのだ）」（ライト著 *Study of International Relations*, p. 132）；「The goals that might be pursued by nations in their foreign policy can run the whole gamut of objectives that any nation has ever pursued or might possibly pursue（国家が外交政策において追求するかもしれない目標には、あらゆる国がこれまでに追求してきた、または今後追求する可能性のある、ありとあらゆる目標がある）」（モーゲンソー著 *Politics Among Nations*, 3版 p. 9）；「A' s decisions may affect, say, . . . [B' s] shaping and enjoyment of economic values（Aの決定は、例えば（中略）［Bの］経済的価値を方向づけ、その享受の仕方に影響を与える可能性がある）」（ラスウェル、カプラン著 *Power and Society*, p. 76）。

代替概念

政策の選択肢と同じように、特定の概念の妥当性は代替策との比較でその価値が評価される。エコノミック・ステイトクラフトが手段として定義されるのに対し、代替概念は、ある政策が実現した効果や意図した効果、あるいはその政策が作られた過程として規定される。

対外経済政策

「対外経済政策」という言葉は、本書における「エコノミック・ステイトクラフト」とほぼ同義に使われることもある。しかし、他の使用法があることに留意すべきである。ベンジャミン・コーエンとロバート・パスターは、「対外経済政策は国際経済に影響を与えることを意図した政府の行動である」と定義している[17]。だが、この考え方には重要な欠陥がある。政治家が国際社会の非経済的側面に影響力を与えたいと考える場合、例えば、ローデシア（訳注：旧イギリス植民地で現ジンバブエ共和国）政府の正統性について国際世論に影響を与えたいと考えたとき、コーエンとパスターの定義に照らし合わせると、対外経済政策を選択肢としては考慮できないことになる。外交政策の策定においては、特定の目的の観点からいくつかの選択肢を定義したところで、手段を目標に合理的に合わせられるわけではない。彼らの定義への反論はもう一つある。用いられる手段についての言及がまったくないため、暴力による脅しなどの非経済的な技法をとっても、対外経済政策とみなされる可能性が残されている点である。そのような可能性が生じた場合、用語の一般的用法から不必要に逸脱してしまうので、エコノミック・ステイトクラフトの概念を選ぶための重要な基準の一つに合わなくなる。

I・M・デスラーは「『対外経済政策』は政府の行動が対外的懸念および経済的懸念に与える実際のインパクトだ」と定義している[18]。この定義は、使用する手段や意図する効果については一切触れず、意図したかどうかに関係なく、実際に生じる効果に焦点を当てている。デスラーの定義に従う

---

17. Benjamin J. Cohen, ed., *American Foreign Economic Policy: Essays and Comments* (New York: Harper and Row, 1968), p. 10；および Pastor, *Congress*, p. 12.
18. I. M. Destler, *Making Foreign Economic Policy* (Washington, D.C.: Brookings Institution, 1980), p. 7.

と、核戦争が対外経済に抜き差しならない副作用をもたらすのであれば、これも「対外経済政策」に仕分けされることになる。対外経済政策を考えるにあたり、核攻撃と貿易制限とを区別できないような定義では、一般的用法とは絶望的にかけ離れていると言わざるを得ない。手段と目標の両方を無視して「政策」を考えたところで、政策の合理性の評価には有用ではない。

国際経済政策

スティーブン・D・コーエンは、一般的に使われている「対外経済政策」という言葉よりも、「国際経済政策」の言葉のほうが適切であると考え、「国際経済政策は、外交政策や国内経済政策の担当者たちによって使われるツールではなく、独立した現象としてみなさなければならない」と主張する。コーエンの見解は以下のようにまとめることが可能である。(1)「国際経済政策」という言葉は、「この分野での政策決定を『対外的』だと考えるには（中略）あまりにも多くの国内政策の問題を考慮しなければならないので、（中略）この言葉のほうが適切である」。(2)「『対外経済政策』という言葉には、一般的に外交政策全体の一分野であるという意味合いがあるために、あまりにも単純化されている」。(3) 国際経済政策を独立した政策分野として受け入れることが、「国際経済政策における経済学の力」や「アメリカの国際経済政策の世界的な政治的影響」についての理解を深めるための「最善かつ最短の方法」である[19]。しかし、コーエンの見解への反論として、次の点を指摘したい。(1) 外交政策は伝統的に外国に対する影響力の行使として定義され、政策作りの際に考慮すべき要因としては定義されていない。国際経済政策を立てるにあたり、国外と国内の政治的および経済的要因を考慮する必要があるという事実からすると、伝統的に対外経済政策と考えられているものとの差が存在しない。(2) 対外経済政策を外交政策全体の一分野として扱うのは「行き過ぎた単純化」だというが、その理由が明らかでない。コーエンは、この主張を裏付ける証拠や論拠をほとんど示していない。それどころか、先験的な見方をすれば、国際経済政策をより大きなものの一部として扱うよりも、それ自体を

19. Stephen D. Cohen, *The Making of United States International Economic Policy: Principles, Problems, and Proposals for Reform* (New York: Praeger, 1977), pp. xvii-xxiii.

考察するほうが単純なように思われる。より多くの変数を扱うと、必要以上に複雑になることはあっても、単純化されることは稀である。(3) コーエンのアプローチが「国際経済政策における経済学の力」や「アメリカの国際経済政策の世界的な政治的影響」についての理解を深めるための「最善かつ最短の方法」であるかどうかは、代替アプローチを検討したうえで回答を出すのが最も望ましいが、コーエンはその点にほぼ無関心である。実際彼は、「他国との経済関係は、アメリカの中長期的な外交目標を追求するための主要な手段となっている」、「軍事対決の代わりに、経済戦争の道具に頼ることが多くなってきている」と認めており、外交政策と国際経済政策を別々のテーマとして扱うという考えに疑問を投げかけている。

経済外交

「経済外交」という言葉は、本書で使われている「エコノミック・ステイトクラフト」とほぼ同じ意味で使われることがある[20]。このような定義の主要な欠点は、「外交」の概念を拡大しすぎて、経済的技法の外交的代替策を考えるのが難しくなる点である。

経済的レバレッジ

クラウス・クノールは、「国策を成功させるための手段として」経済的要素をどのように利用できるかについて議論するのに、「経済的レバレッジ」という言葉を使っている[21]。この言葉の用法は、「エコノミック・ステイトクラフト」の概念に似ているように見える[22]。「lever（梃子）」と「leverage（レバレッジ）」の差は、影響力行使のダイナミクスを理解するうえで欠かせない。「梃子」は固有概念であり、「レバレッジ」は関係性概

---

20. Pastor, *Congress*, p. 9；および John Pinder, "Economic Diplomacy." in ***World Politics: An Introduction***, ed. James N. Rosenau, Kenneth W. Thompson, and Gavin Boyd（New York: Free Press, 1976）, pp. 312-336.
21. Klaus Knorr, "International Economic Leverage and Its Uses," in ***Economic Issues and National Security***, ed. Klaus Knorr and Frank N. Trager（Lawrence: Regents Press of Kansas, 1977）, p. 99.
22. クノールの「レバレッジ」の概念と本書で使用する「影響力」の概念の根本的な違いは、純粋な交換関係にはレバレッジもパワーも含まれないという彼の主張に起因する（"International Economic Leverage and Its Uses", p. 101）。この点については後述する。

念なのだ。梃子には、レバレッジの行使を認めるものもあれば、そうでないものもある。第２章で理由を説明したように、政策手段は関係性概念というよりも固有概念として扱われるべきなのだ。

経済制裁

「経済制裁」という言葉には、少なくとも３つの一般的な意味があると考えられる。１つ目は、国際法の履行強化の目的で経済的措置をとることであり、比較的狭い概念である。２つ目は、対象国で意図的に薄める、または強化する価値の種類である[23]。そして３つ目は、本書で使われているステイトクラフトの経済的技法の概念と一致する。

１つ目の意味は、非常に法的な用法であるため、外交政策全般の分析には適していない。２つ目の意味は、意図した効果を達成するための手段よりも、意図した効果を重視している。難しいのは、前章で論考した政策の手段のいずれか、またはすべてが、制裁対象国の経済的価値に影響を与えるために使用可能な点である。例えば、外交的な圧力を使って他国に制裁対象国との貿易を中断させることが可能であり、またプロパガンダを用いて対象国の通貨の信頼度を下げることもできる。軍事攻撃を仕掛けて生産工場を破壊することも可能だ。したがって、制裁対象国にどのような影響を与えるつもりでいるのか、意図を基準に経済制裁を考えたところで、ステイトクラフトの経済的技法と非経済的技法との区別の考察には何も貢献しない。

「経済制裁」という言葉はあまりにも多義的に使われているので、使用の回避を検討すべきとの意見も出される。しかし、残念ながら、この言葉はエコノミック・ステイトクラフトに関する先行研究に深く浸透しているため避けられない。したがって、後の章では「経済制裁」を使用するが、ここにおける第３の意味に限られる。

経済戦争

「経済戦争」については、手段を重視する考えもあれば、効果を重視する考えもある。そのため、第二次世界大戦中の産業拠点を標的にした爆撃

23. 具体例は、以下参照。Galtung, “On the Effects of International Economic Sanctions.”

を経済戦争だと言う人もいる[24]。こうした見方は、クノールが「標準的」だと主張する[25]考え方であり、前章で確立した分類法に従えば、経済戦争はミリタリー・ステイトクラフトの一形態に分類されることになる。実際、軍事アナリストは産業拠点を標的とする攻撃を経済戦争と考えるかもしれないが、世間一般の率直な直感からいえば、銃を発砲し、爆弾を投下するのは軍事的な行動以外のものではない。

呉元黎は経済戦争を（実際のまたは仮想の）「敵国」に比して自国の「強み」を高める、「国際的な経済的措置」だと考えている[26]。呉の議論の流れを考えると、国の「強み」は戦争遂行の潜在能力にあると考えているのが明らかだ。もちろん、その潜在能力は戦われる戦争の種類によってさまざまな形をとる。呉は第二次世界大戦を念頭に置いており、彼の著書の第二次世界大戦に関する章には「The Test of Economic Power（経済力の評価）」という副題がつけられ、その著書全体を貫く論調がにじみ出ている。ステイトクラフトの技法の有用性は、政策-有事の枠組みによって異なるため[27]、誰が、誰に対し、いつ、どこで、どのように影響を与えようとしているのか、ある状況のみの想定に基づいて、総合的にある技法の有用性を評価することはできない。呉が論じた「国際的な経済的措置」は、本書で論じている「ステイトクラフトの経済的技法」に類似しているが、特定の戦争を推進する際の経済的技法の有用性に絞り込んで議論しているため、彼の分析は他の状況に適用しようとしても限定的で難しい[28]。

ロバート・ローリング・アレンは「経済戦争」を「国の経済的、軍事的、政治的地位を相対的に向上させることを目的とした、国家による国際

---

24. Margaret P. Doxey, *Economic Sanctions and International Enforcement*, 2d ed.（New York: Oxford University Press, 1980）, p. 13.
25. Knorr, *The Power of Nations*, p. 139.
26. Yuan-li Wu, *Economic Warfare*（New York: Prentice-Hall, 1952）, pp. 1-2, 6, 366.
27. 能力分析の文脈における政策-有事の枠組みの概念に関する議論については、以下参照。Sprout and Sprout, *Toward a Politics of the Planet Earth*, pp. 176-178；および Baldwin, “Power Analysis”.
28.「戦争経済の結果と手法を、経済団体の形態の本質的合理性を批判する根拠として用いる場合は、最大の注意を払わなければならない。戦時においては、経済全体が原則として一つの明確な目標に向けられる。（中略）したがって、戦時および戦後における調整の経験が経済のさまざまな形態を分析するうえでいかに啓発的であっても、戦時中に見られた経済形態を振り返って、恒久的平和時の経済においてもその形態が適合するかどうかについて結論を導くことは賢明ではない」。Max Weber, *The Theory of Social and Economic Organization*, trans. A. M. Henderson and Talcott Parsons, ed. Talcott Parsons（New York: Free Press, 1947）, p. 209.

経済関係への干渉」と定義している[29]。アレンは、定義に「経済的」という言葉を使いながらも、呉と同様に、何をもって経済的とするのかは定義せずに放置している。アレンは経済戦争を国家間の「パワーの階層」において自国の相対的地位を向上させようとする場合に限定しているため[30]、アレンの概念も呉のものと同様に、エコノミック・ステイトクラフトを軸にした影響力の行使全体には適用できない。政策立案者は、「パワーの階層」における自分たちの（自分たちが認識している）相対的地位を向上させる目的でエコノミック・ステイトクラフトを用いることもあれば、別の目標を追求する目的で経済的技法をとることもある。「パワーの階層」（だと思っているもの）における自国の地位を向上させることは、国際関係においてパワーを行使することと同義ではない。経済的技法を用いたあらゆる影響力行使を分析する上で、呉と同様、アレンの「経済戦争」の概念も限定的である。

「エコノミック・ステイトクラフト」の概念に最も近い「経済戦争」の概念は、トーマス・シェリングが提唱している。彼はそれを「他国に損害を与えるため、あるいは損害を与えると脅して他国に圧力をかけるためにとる経済的手段」だと定義している[31]。シェリングは、経済的損害を負わせる目的で用いる軍事的手段をこの定義から明確に除外したうえで、経済的目標のみならず、広範にわたる外交目標を追求するために経済戦争を用いることは可能だと明確にしている。「経済戦争」の他のどの概念よりも優れているとはいえ、シェリングの概念にはネガティブな制裁を目的とした技法しか含まれていないという点で、「エコノミック・ステイトクラフト」の代替の概念としては限定的すぎる。

---

29. Robert Loring Allen, "Economic Warfare," *International Encyclopedia of the Social Sciences*, vol. 4, p. 467.

30. 同上 p. 468。単一の世界権力秩序という概念の有用性を疑問視する人もいるだろう。この点については、以下参照。Baldwin, "Power Analysis," pp. 192-194；および Kjell Goldmann, "The International Power Structure: Traditional Theory and New Reality," in *Power, Capabilities, Interdependence*, ed. Kjell Goldmann and Gunnar Sjostedt（London: Sage, 1979）, pp. 7-36.

31. Thomas Schelling, *International Economics*（Boston: Allyn and Bacon, 1958）, p. 487. 国際経済の外交政策的側面に重点を置いたシェリングの著書は、経済学の教科書のなかでも特に称賛に値し、出版時期は早いが、エコノミック・ステイトクラフトを学ぶ者にとって貴重な文献となっている。

経済的強制

「経済的強制」という概念が、この言葉を使用する者によって説明されることは稀だ[32]。例外はクノールの研究で、彼の研究は称賛に値する[33]。ただし、彼の提唱する「強制」の概念は、この言葉の従来の用法とは大きくかけ離れている。一般に「強制」といえば、影響力を行使する相手が取り得る（と考えている）行動の代替策に、強く制限をかけることを意味すると直観的に考えるだろう[34]。もう少し正確に説明すると、アクターＡが、アクターＢの持つ費用便益比を操作することによって、アクターＢが愚かにもＸ以外の代替策を選ぶように陥れることを「強制」という。この場合、Ｘはある代替策のこともあるし、代替策のあるカテゴリーということもある。アクターＡが強制力を加える方法として、(1) 懲罰を与えると脅す、(2) 報酬を約束する、(3) 実際に懲罰を与える、(4) 実際に報酬を与える、(5) 代替策の費用便益比に関する正しい情報、または誤った情報をアクターＢに伝える、と基本的に５つある。よく知られる強制の例としては、「金か命かどちらか差し出せ！」「溺れるか泳ぐかだ！」「降参するか死ぬかだ！」「これは断れないオファーだ！」「喉が渇いて死にそうな者には水を与えてやれ！」などがある。そして、他者を強制する方法として最も見落とされがちなのは、実際に報酬や罰を与える方法である[35]。けれども、Ｘという行動を選択させるために、アクターＢの持つ能力を増強したり減じたりするのも、強制の有効な手段となり得る。一般的な表現では、「Ｘをせざるを得ないほど弱い」、「Ｘをする誘惑に抗えな

---

32. 具体例は、以下参照。Weintraub, *Economic Coercion and U.S. Foreign Policy*, pp. ix-28；Anna P. Schreiber, "Economic Coercion as an Instrument of Foreign Policy: U.S. Economic Measures Against Cuba and the Dominican Republic," *World Politics* 25（April 1973）：387-413；および Richard Stuart Olson, "Economic Coercion in World Politics: With a Focus on North-South Relations," *World Politics* 31（July 1979）：471-494.
33. Knorr, *The Power of Nations*, pp. 4-5, 14-15 およびその他のページ。
34. 以下参照。Dahl, *Modern Political Analysis*, pp. 48-49；および Lasswell and Kaplan, *Power and Society*, pp. 97-99.
35. この点については、以下参照。John C. Harsanyi, "Measurement of Social Power, Opportunity Costs, and the Theory of Two-Person Bargaining Games," *Behavioral Science* 7（January 1962）：71；Robert A. Dahl and Charles E. Lindblom, *Politics, Economics, and Welfare: Planning and Politico-Economic Systems Resolved into Basic Social Processes*（New York: Harper and Row, 1953）, pp. 98-106；および Baldwin, "Inter-Nation Influence Revisited," pp. 476, 481-482.

いほど強い」といった言い回しが、強制が機能していることを暗に示している。クノールの強制の概念は、アクターAの脅しによってアクターBの選択が左右される状況のみに触れていて、懲罰を用いた威圧を明らかに排除している。このためクノールは「潜在敵国の軍事力の一部」を破壊する行為は強制ではないと主張する[36]。だが世間一般にとっては、降伏か全滅かの二者択一しかないところまで敵を爆撃するのが「強制」の典型的な例だろう。その論理は湖に誰かを投げ込む例と同じだ。「このまま沈んでいくか、それとも泳ぐか」とわざわざ聞かれなくても、湖に投げ込まれた側は「溺れるか、泳ぐか」が自分に与えられた究極の代替策だと認識し、相手に泳ぐ選択を強いられていると感じるはずだ。言葉の一般的用法から大きく乖離していても、その定義に従来の用法に固執する場合には得られない重要な利点があるのなら、正当化できるかもしれない。しかし、その利点が実証されない限り、エコノミック・ステイトクラフトを研究する者はクノールの「経済的強制」の概念には慎重であるべきだ。

ステイトクラフトの技法を研究するうえで、「経済的強制」の概念の最大の欠陥は、それが固有概念ではなく関係性概念であることだ。したがって、「経済的強制」を外交政策の手段として扱おうとすると、実際の取り組みと成果の区別が曖昧になってしまうだろう。ある影響力行使を「強制的」だと表現する場合、アクターAの政策選択だけでなく、アクターBの認識や価値観についても多くを伝えることになる。例えば、アクターAがアクターBへの援助を停止する、あるいはアクターBとの貿易を停止する道を選ぶとする。しかし、そうした行動の強制性はアクターAだけでなくアクターBにも依存している。強制は関係性概念として、実際の取り組みを説明するより、成果の説明に役立つことになる。

「エコノミック・ステイトクラフト」の概念の選択は、単に嗜好の問題ではない。かといって、嗜好の問題には議論の余地がないと示唆しているわけでもない。概念によっては、政府の影響力行使を分析するのに適したものもある。他の概念と比較して「エコノミック・ステイトクラフト」にはいくつか利点がある。そのなかでも重要度が高いものは、以下のようにまとめることができる。

1.「エコノミック・ステイトクラフト」は目的よりも手段を重視する。

---

36. Knorr, *The Power of Nations*, p. 5.

目的の観点からエコノミック・ステイトクラフトを定義するよりも、一般的な用法に近く、理解しやすい。図書館を爆撃するのを文化戦争とは言わないし、住宅を爆撃するのを住宅戦争とは言わない。また、原子炉を（原子爆弾ではない通常の爆弾で）爆撃するのを核戦争とは言わない。それと同じで、工場を爆撃するのを経済戦争と呼ぶべきではない。

2. 「エコノミック・ステイトクラフト」は、経済的手段で追求できる目標の範囲を制限しない。つまり、政策立案者が経済的手段を用いて広範な非経済的目標を追求することがあるという、経験的に否定できない事実を概念的に説明することが可能になる。
3. 「エコノミック・ステイトクラフト」は政策の手段を固有概念として扱うため、実際の取り組みと成果の区別を明確にし、その区別を維持しやすい。
4. 他の概念とは異なり、「エコノミック・ステイトクラフト」の定義には「経済的（エコノミック）」の定義が含まれている。したがって、ステイトクラフトの経済的技法と非経済的技法を区別するための基準がある。

エコノミック・ステイトクラフトの形態……………………………

本書で採用されているエコノミック・ステイトクラフトの概念は、意図的に広く定義されている。それというのも、外交政策の立案者が他国または非国家主体に影響力を行使しようとするときに用いる経済的手段のすべてを含めるには、定義を広範に規定しなければならない。ステイトクラフトの経済的技法は無数の形態をとるが、その一部を表3.１と表3.２にまとめている。これらの表は、経済的技法がいかに広範に及んでいるのかを説明するためのものであり、すべての経済的技法を網羅しているわけではない。表3.1には、脅しを用いたり、実際に懲罰を与えたりする政策の手段の一般例をまとめ、表3.２には、報酬の約束をしたり、実際に報酬を与えたりする政策の手段の一般例をまとめている。

禁輸：輸出を禁止する。貿易の全面禁止を指して用いられることもある。
ボイコット：輸入を禁止する。
関税引き上げ：対象国からの輸入品への関税を引き上げる。

表 3.1　エコノミック・ステイトクラフトの例：ネガティブな制裁

貿易	資本（金融）
禁輸	資産凍結
ボイコット（輸入禁止）	資本流出入の規制
関税引き上げ	援助の停止
差別関税（割増関税）	収用
「最恵国待遇」の取り消し	課税強化
ブラックリスト（取引禁止）	国際機関への分担金の留保
輸出入の割当制	上記の措置の脅し
輸出入許可の取消	
ダンピング	
買い占め	
上記の措置の脅し	

表 3.2　エコノミック・ステイトクラフトの例：ポジティブな制裁

貿易	資本（金融）
差別関税（特恵関税）	援助の供与
「最恵国待遇」の付与	投資保証
関税引き下げ	民間の対外投資または外資導入の奨励
直接購入	課税の優遇
輸出入の補助金	上記の措置の約束
輸出入の許可	
上記の措置の約束	

差別関税（割増関税）：対象国からの輸入品への関税を他国に比して不利益に扱う。

「最恵国待遇」の取り消し：ある国からの輸入品を他国からの似たような輸入品目と同等に優遇する措置をとりやめる。

ブラックリスト：対象国と取引のある企業とのビジネスを禁止する。

輸出入の割当制：特定品目の輸入または輸出の量を制限する。

輸出入許可の取消：特定品目の輸入または輸出を許可しない。

ダンピング：意図的に、製造コストを下回る価格で輸出品を販売すること。目的は、主要輸出品の世界的な市場価格を下げて対象国の経済をかき回すため、世界市場でシェアを広げるためなど。

買い占め：ある商品を買い占めて、対象国にその商品が行き渡らないようにする。

資産凍結：資産の囲い込み。対象国の所有する銀行口座や他の金融資産へのアクセスを不能にする。

資本流出入の規制：海外から、または海外への資本移動に関して、誰が、いくら、何のために移動できるかを制限する。
援助の停止：支援提供の縮小、終了、または遅延。
収用：対象国に帰属する資産を差し押さえる。
課税強化：対象国の資産に差別的な税金を課す。
国際機関への分担金の留保：国際機関への分担金を払わない、支払いを遅延させる、または過去に合意された額より減額して支払う。
上記の措置の脅し：対象がある行動をとらなければ、上述のいずれかの措置をとると脅す。
差別関税（特恵関税）：対象国からの輸入品の関税を優遇する。
「最恵国待遇」の付与：対象国からの輸入品を、他の国からの同様の輸入品と同様に優遇すると約束する。
関税引き下げ：輸入品全般または特定品目の関税を引き下げる。
直接購入：サービスや商品に対する支払い。（例：アメリカ政府による仏領ルイジアナの購入）
輸出入の補助金：対象国への輸出、もしくは対象国からの輸入に補助金を交付する。（例：第三世界諸国への武器販売、あるいは1960年以前のアメリカによるキューバ産砂糖の市場価格より高い価格での購入）。
輸出入の許可：特定品目の輸入または輸出を許可する。
援助の供与：贈与（訳注：資金等を返済の義務を課さずに供与すること）や借款の形で二国間援助または多国間援助を拡大あるいは継続する。
投資保証：民間の海外投資家がとるリスクの一部を政府が保証する。
民間の対外投資または外資導入の奨励：民間の対外投資または対内投資（外資導入）を奨励するための、さまざまなインセンティブ。
課税の優遇：海外からの投資に特に優遇した課税を行う。
上記の措置の約束：対象国がある種の行動をとることを条件に、上記の措置のいずれかをとると約束する。

ブラックリストや買い占めに関しては、影響力を行使する対象と、実際の制裁措置を直接受ける対象とを区別することを考察する上で、意味深い事例である。アラブ産油諸国がイスラエルを支援する日本企業をブラックリストに含めたことや、鉄マンガン重石がナチスドイツの手に渡るのを防ぐため、アメリカがスペインからそれを買い占めたことなどを説明する場合は、日本やスペインという中間対象に注目するより、イスラエルやドイツが対象だと説明するほうがわかりやすい。

表3. 1と表3. 2に記載されている政策の手段はいずれも、そのときの状況に応じて正、あるいはネガティブな制裁として用いられる可能性がある。この2つの表は、一般にどんな技法が採用されているかを列挙しているに過ぎない。このような技法は、これまでさまざまな外交目標を追求するために政治家によって採用されてきたし、今後も次のような外交目標の追求に採用されるだろう。それには1）他国のリーダーシップを弱体化または強化する、2）他国の政治体制を変える、3）他国の国内政策および外交政策を変える、4）他国の能力を変容させる、5）特定のイデオロギーを推進する、6）戦争を抑止する、7）同盟国を獲得する、または同盟関係を維持する、8）他の国々が結んでいる同盟関係を弱体化または強化する、9）現在進行中の戦争を停戦に導く、または激化を抑える、10）他国の関税政策に影響を与える、11）他国の経済成長率を変化させる、12）他国の経済システムを変える、13）他国の商品やサービスへのアクセスを獲得する、14）他国が別の国の商品やサービスにアクセスするのを拒否する、15）他国の経済的繁栄のレベルを変える、16）他国で起きた戦争からの経済復興の速度に影響を与える、などが考えられる。ある国が他国または非国家主体の実際の行動や潜在的な行動に影響を与えようとする限り、これらはどれも政治的行為なのである。

明示的な形をとらない
エコノミック・ステイトクラフト

エコノミック・ステイトクラフトの形態のなかでも、禁輸や対外援助などは、明らかに経済的手段として、従来の「経済的」という言葉の用法に合致している。一方で、それほど明白ではなく、一般的な「経済的」という言葉の用法から乖離しているものもある。明示的でない形態のものについては、精査が必要だ。

購入

経済的交換は、売り手と買い手、そして第三者の3つの視点から見ることができる。第三者の視点で考察すると、経済的交換とは、各当事者が自発的に価値あるものを手放して、別の価値のあるものと交換する関係を指す。各々が利得を得るので、どちらも強制されているとは感じないはずだ。この関係は、パワー関係はゼロサムゲームであるという一般的な理解（または誤解）とは相容れない。ゼロサムゲームには必ず被害者と勝利者がいて、アクター同士の関係は不平等である。影響力を受ける側のアクターから見れば、搾取や強制がまかり通る、不愉快な関係である。もちろん、パワー関係のなかにはゼロサムゲームの形をとるものがあり、それは一般的な経済的交換関係とは区別されるべきである。しかし、すべてのパワー関係がゼロサムゲームなわけではないし、パワー理論の研究者によって明らかにされたパワーの直観的にわかりやすい基本概念が、経済的交換の社会通念と必ずしも相容れないわけでもない。実際、パワーの概念というのは常識的に考えて理解すれば、あらゆる交換関係はそのパワーの概念で説明可能なはずである[37]。その証拠に、直接的な金銭の支払いは、金銭を受け取らなければしないようなことを相手にさせるための普遍的な方法の一つである。

クノールは、「純粋な経済的交換」には政治もパワーも関与しないと主張し[38]、次のように述べている。

> われわれの主張では、厳密に言うと、独占市場の力の影響を受けない限り、商業的交換には（中略）経済力は関与しない。例えば、貿易をしようとしている２つの国が輸出品の交換を交渉するとき、相手の行動に影響を与えるような脅しや甘言を差し挟まない限り、パワーは行使されない。アクターは政府だが、取引は民間企業間の商業契約と変わらない。アメリカが1803年にフランスからルイジアナ領を1200万ドルで、1819年にスペインからフロリダを500万ドルで、1917年にデンマークからヴァージン諸島を2500万ドルで購入した際に、アメリカは富を利用したのであって、経済力を行使したわけではなかった[39]。

---

37. これらについての論考は、以下参照。Baldwin, "Power and Social Exchange"；"Money and Power"；および Oppenheim, *Political Concepts*, pp. 40-43.
38. Knorr *The Power of Nations*, p. 80.
39. 同上 p. 81。クノールは、経済的交換に似た他の２つの状況、すなわち「報酬の力」と「力によらない影響」について論じている。さらに、経済的交換をこの２つのカテゴリーのいずれからも除外している（*The Power of Nations*, pp. 7, 310-311）。クノール自身は「経済力」を、他国に利得のある経済政策や金融政策をとることで、自国の利益を生む能力だと定義し、経済的交換を除外していない。彼の「経済力」の定義では触れられていない２つの追加要件を織り込まない限り、彼は経済的交換には政治または力が関与することを否定できない。アクターが「平等でない」ことと、弱い立場のアクターが取引によって「傷つけられる」ことがその追加要件になる。

ルイジアナの購入に政治や権力は絡んでいなかったと主張する利点については、解説が必要だろう。もしトマス・ジェファーソン大統領がフランスからこの領地を獲得することを希望する場合、軍事力に訴えることも含めて、複数の政策オプションがあったのは明らかだ。直接購入もそのなかの一つで、ルイジアナの所有権をアメリカに譲渡するという、それがなければフランスは選択しなかったことをさせている。ルイジアナ購入をこのように説明すると、社会的パワーを論じる者たちが採用する標準的なパワーの概念と合致する。しかも、ジェファーソンにどのような政策オプションがあったのかを明らかにするのにも役立つ。この2つの利点を考えると、直接購入をエコノミック・ステイトクラフトの一形態としてとらえれば、外交政策を考えるうえで深い分析をもたらす可能性がある。

また、買い手と売り手のどちらかの視点で見れば、こうした取引を影響力行使とみなすのは容易だ。買い手は売り手に売らせようとし、売り手は買い手に買わせようとしているからである。売り手と買い手の交換が完結するのは、両者の影響力行使が成功した場合に限られる。200年前、ベンジャミン・フランクリンは、領土獲得の手段としては戦争よりも購入が望ましいという立場をとった。今から40年前、ニコラス・ジョン・スパイクマン著の『世界政治における米国の戦略』が出版され、以来広く読まれているが、そのなかの「パワー・ポリティクスと戦争」という章に、「友人を獲得し、人々に影響を与えるための実に多種多様な技法」の一つとして「購入」が挙げられている[40]。しかしながらこの考え方は、その後の国際政治や外交政策の研究では無視されてきた。実際、近年の研究は、購入を影響力を行使する技法とみなすことを明確に否定している。エコノミック・ステイトクラフトを研究する者にとって、このような否定は研究を誤った方向へ進めることにつながる。

自由貿易

自由貿易政策は、エコノミック・ステイトクラフトの一技法なのか、そ

---

40. Gerald Stourzh, *Benjamin Franklin and American Foreign Policy*, 2d ed. (Chicago: University of Chicago Press, 1969), p. 240；および Nicholas John Spykman, *America's Strategy in World Politics* (New York: Harcourt, Brace, 1942), p. 12.

れともそれとは対置されるべきものなのだろうか[41]。自由貿易は経済戦争の「武器の一つ」[42]、あるいは帝国主義的な外交政策の目的を推進するための手段だと表現する者もいる[43]。その一方で、「自由貿易主義は（中略）政治的目的のために経済的手段を用いることの有効性を否定している」と主張し、自由貿易政策を軍縮になぞらえる者もいる[44]。クノールは次のように述べている。

> 第二次世界大戦後、世界の主要貿易国が、（中略）特に非経済的な目的を支援するために、（中略）相互の貿易力を尊重して軍縮に合意した点は理解しておくべきだ。主要貿易国は力による経済力の行使を排し、1947年にGATT（関税及び貿易に関する一般協定）を創設して差別性を排した最恵国待遇の原則のもとに、より自由な貿易を共同で目指すという国際経済秩序を作り上げた。経済力を背景とした貿易システムは本質的に差別的なものになる[45]。

軍事的であれ経済的であれ、軍縮はステイトクラフトを放棄するということを意味しない。第2章でステイトクラフトの軍事的技法を、主に暴力や武器、軍事力による影響力の行使と定義した。軍事的技法の本質は、他のアクターに影響を与えることを意図して、暴力や武器、軍事力に対して政策的にどういうスタンスをとるかである。したがって、他のアクターに影響を与えることを目的として、先制攻撃をしない、ある種の武器を使用しない、あるいは完全な軍縮を約束するのであれば、その関与は軍事的技

41.「自由貿易政策」とは、厳密にいえば、貿易障壁がまったくなく、外国の供給者間において差別がないことを示唆する。大雑把にいえば、貿易障壁を低くし、差別を減らすことで、より自由な貿易を目指す政策を指す。本書では後者の定義を採用しているが、ステイトクラフトの一技法としての自由貿易に関する意見は、純粋な自由貿易政策にも同様に当てはまる。

42. P. J. D. Wiles, ***Communist International Economics***（Oxford: Basil Blackwell, 1968）, p. 473.

43. Bernard Semmel, ***The Rise of Free Trade Imperialism: Classical Political Economy, the Empire of Free Trade, and Imperialism, 1750-1850***（Cambridge: Cambridge University Press, 1970）；および John Gallagher and Ronald Robinson, "The Imperialism of Free Trade," ***Economic History Review*** 6（1953）：1-15.

44. Pinder, "Economic Diplomacy," pp. 313-314. 同様の意見については、以下参照。「政府が自由放任主義（レッセフェール）をとっている限り、経済的手段による政治的な外交政策を強化することはできなかった」（J. Henry Richardson, ***British Economic Foreign Policy***（[London: George Allen and Unwin, 1936], p. 11）。

45. Knorr, ***The Power of Nations***, pp. 159-160.

法を使ったステイトクラフトといえる。軍事的、経済的に軍縮することは、必ずしもステイトクラフト放棄のシグナルとはならない。トーマス・C・シェリングが指摘したように、武器と影響力の関係を高度に理解するためには、核抑止などのような、ある種の影響力を行使するうえで、例えば先制攻撃用の兵器のような特定の武器を自らが放棄することが成功確率の上昇につながるという認識が必要だ[46]。また、ジーン・シャープが示したように、非暴力への積極的な関与は、暴力への積極的な関与と同じように政策の手段となり得る[47]。暴力を「利用する」ためには、暴力を利用しないと誓うのも一つの方法なのである。ただ、この関係性は、「利用」という言葉の意味のせいで、矛盾を感じても不思議ではない。

第二次世界大戦後のアメリカは、さまざまな外交政策の目的を達成するために、戦前ほど差別的ではなく、貿易障壁も低い自由貿易政策を採用した。例えば、軍事同盟の強化、戦争で疲弊した西ヨーロッパと日本における経済復興の促進、戦略的に重要な原材料へのアクセス、貧困国の経済発展の振興、アメリカの輸出品を売るための市場の創出、そして平和と安全に寄与する国際的な雰囲気作り、といった外交政策の目的を持っていた[48]。アメリカは自らが軍縮するのではなく、自由貿易政策を利用して第二次世界大戦後の国際政治と経済秩序を形成していった。

貿易障壁も差別もない、国家間の取引だけで成り立つ世界経済を想像することはできるが、自由貿易という概念は、しばしば私企業の存在を強調する。この意味での自由貿易は、「非政治的」または「非政治化された」貿易として描かれがちである。キンドルバーガーが、「自由貿易のすばらしさは、貿易に関する決定を非政治的なレベルにまで分散させることだ」[49]と主張したのもこれが理由となる。だが、民間の国際貿易は主権国家の政府が定め整備する法律と政策の枠組みのなかで行われる。そして、この法的かつ政治的枠組みを操作して国際貿易の流れに影響を与えようとする政

---

46. Schelling, *The Strategy of Conflict*, pp. 207-254.
47. Gene Sharp, *The Politics of Nonviolent Action*, 3 vols. (Boston: Porter Sargent, 1973). 次も参照のこと。Johan Galtung, "On the Meaning of Nonviolence," *Journal of Peace Research*, no. 3 (1965) : 228-257.
48. 戦後アメリカの貿易政策目標についての論考は、以下参照。Clair Wilcox, *A Charter for World Trade* (New York: Macmillan, 1949) ; Commission on Foreign Economic Policy, *Staff Papers* (Washington, D.C.: U.S. Government Printing Office, 1954) ; および David A, Baldwin, *Economic Development and American Foreign Policy: 1943-62* (Chicago: University of Chicago Press, 1966).
49. Kindleberger, *Power and Money*, p. 132.

治家たちの試みは、エコノミック・ステイトクラフトだとみなすことができる。自由貿易政策はエコノミック・ステイトクラフトの経済的技法だとは明言できないかもしれないが、重要な技法になり得るし、これまでも重要な役割を果たしてきた。

関税

関税はエコノミック・ステイトクラフトの一形態なのだろうか。その回答は明確にはできない。エコノミック・ステイトクラフトを研究する者たちは、関税（少なくともある種の関税）を外国の行動に影響を与える手段とみなすべきではないと、改めて否定することが多い。そこで次の例を検討してみよう。

呉元黎は経済戦争を「自国の経済的影響力の範囲拡大を長期的目的とするあらゆる対外経済政策」だと定義した直後に、「経済戦争と保護貿易政策との違い」について議論をしている。貿易障壁の存在を支持する最近の議論では、国内の賃金水準の保護、国内の雇用増加、自給率の向上が挙げられていることに触れ、「明らかに経済戦争に関連しているものがあるとしたら、最後の論点だけだ」と述べている[50]。

クラウス・クノールは、経済力を「経済政策を意図的に用いて他国の行動や能力を変容させる力」だと定義した直後に、次のような願望を述べている。

> パワー行使の手段としては適していても、国内の利益を満たすためだけに採用される対外経済政策の使用は除外したい。保護主義的な輸入関税措置は、政治的影響力を持つ国内生産者の利益のため、経済力と軍事力を伸ばす目的で国内の生産能力を高めるため、あるいは国内の失業者数を減らすために導入される可能性がある。他国への影響は偶発的にしか過ぎず、国際社会に権力を行使しようという意図はない[51]。

---

50. Wu, *Economic Warfare*, pp. 6, 8-9. 呉に対して公平を期すためにも、経済戦争の手段としての関税についての議論は含まれていることを指摘しておく。呉が排除しているように思えるのは、ある種の保護関税だけである。自給自足力だけが経済戦争に関係するという呉の結論は、彼自身の定義からしても正当化されていない。賃金や雇用の水準が国の経済的影響力に影響を与えるシナリオは容易に想像できる。労働力の士気は、その国の経済的権力基盤を評価するうえで何かしらの参考になるだろう。

51. Knorr, *The Power of Nations*, p. 80.

ロバート・ローリング・アレンは、経済戦争を「国家が自国の経済、軍事、政治における相対的地位を向上させる目的で国際経済関係に干渉すること」だと定義した直後に、「国内に限定された経済的または政治的目標を達成するための国内産業の支援」を主目的とした関税を除外している[52]。

ヘンリー・ビーネンとロバート・ギルピンは、「政治的目的のために経済関係を操作する」という共通点を持つ国家行動を複数挙げた直後に、そのリストから、「国内の経済的利益を守るため、他国が築いた貿易障壁に報復するため、あるいは他国から経済的譲歩を強制的に引き出すため」の関税を除外している。ビーネンとギルピンによると、このような国家行動の主目的は、「政治的というよりも経済的」なのである[53]。

上記に挙げた著者たちに共通しているのは、主に国内の目的のために講じられる関税措置は、ステイトクラフトの技法、すなわち外国への影響力行使としてみなすべきではないという点だ[54]。であれば、このような関税措置の外国への影響は偶発的で意図されたものではなく、それを望ましいものとも考えていなかっただろう。ただ、こうした主張が難しい理由は2つある。一つは、手段目的分析の性質上、目的に上下関係を作ってしまわざるを得ないこと、もう一つは、国内目的のために課した関税なのだとレトリックで脚色を加え真相をわかりにくくしているということだ。

第2章で、人間の目的は手段としての側面を持つため、手段目的分析が複雑になることを指摘した。つまり、ある者にとっては目的であるものが、別の者にとってはより高次の目的を達成するための手段とみなされることがある。例えば、自動車に課す関税の目的は次のように階層的にとら

---

52. Allen, "Economic Warfare," pp. 467-468.

53. Henry Bienen and Robert Gilpin, "An Evaluation of the Use of Economic Sanctions to Promote Foreign Policy Objectives, with Special Reference to the Problem of Terrorism and the Promotion of Human Rights," report prepared for the Boeing Corporation, April 2. 1979, p. I,2. この報告書のページは順番に付番されていないため、ここに記すページ番号および第4章以降の脚注で使用するページ番号はアラビア数字で、章はローマ数字で記すことにする。この報告書は未刊行だが、次の出版物や議会証言を通じて世間に知られるようになった。*New York Times*（January 13, 1980）；*Forbes*（February 18, 1980）；およびギルピンの議会証言（U.S. Senate, Subcommittee on International Trade of the Committee on Finance, *U.S. International Trade Strategy*, 96th Cong., 2d sess., 1980, pp. 160-161）。

54.「対外貿易障壁に対する報復」や「他国に経済的譲歩を迫る」ための関税であっても、「政治的目標で経済関係を操作する」ことにはならないというビーネンとギルピンの主張については、ここでは触れない。このような行為は明らかに外国に影響を与えようとするものであり、ほとんどの著述家がそう考えているはずである。

えることができるだろう。

1. 日本にアメリカへの自動車の輸出台数を減らさせる。これが、
2. アメリカ国産車の価格を崩させないという目的のための手段となる。さらにこれが、
3. アメリカ国内の自動車産業が生き残れるようにするという目的のための手段となる。さらにこれが
4. アメリカの「国益」を推進するという目的のための手段となる。さらにこれが
5. 無神論的な共産主義の災いから世界を救うことで神の意志に奉仕するという目的のための手段となる。さらにこれが
6. 来世での魂の安らぎを確保するという目的のための手段となる。

もちろん、この目的の階層には「正しい」レベルもなければ、「間違っている」レベルもない。レベル１、４、５は、外交政策的な色合いが濃いのに対し、レベル２や３では、国内的側面が強調されている。レベル６ともなると来世的な雰囲気が付きまとう。適切な分析のレベルを選ぶために数式化された正確な方法はないものの、レベルを恣意的に選ぶ必要もない。いくつかのレベルは「経験則」や、弁護士が言うところの「合理性原則」を用いて除外できる。また、分析にレベル１を含めたからといって、保護関税を外国への影響力行使として扱うことが「間違っている」わけでも、「ありそうもない」わけでもない。しかし、これが最も重要な点かどうかは疑問の余地がある。当然、どの経験則を採用するのかは、どのトピックスに光を当てようとしているのかによって変化する。ここでは、政策立案者が何を行おうとし、なぜそうするのかを理解することが重要である。ただし、いかなる経験則を採用するにしても、同じルールを用いてあらゆる政策手段を分析する必要がある。

確かに、政治家が外国の行動に影響を与えることのみを目的として関税を選択することはほぼ皆無であるか、あるとしても稀だが、これはほぼどの外交政策の取り組みにも言えることだ。他国に自動車の輸出台数を減らさせる、核攻撃をさせない、ある国連決議を支持させる、軍事同盟に加盟させるといった外交目標が最終目標であることはまずない。つまり、最終目標はそれ自体として追求されることがない。実際、ほぼすべての外交政策の目的は、国内の人々やその一部の人々の幸福な生活や安全を確保する

ための手段であると言ってよい。アメリカの外交政策立案者は、一般的に言って、外国に恐怖心を植え付けたいというどこか加虐的な願望だけで、あるいはそれを主目的にして、ソ連を核攻撃で脅すことはしないだろう。アメリカがその選択をするのは、善し悪しは別にして、ソ連に対して核の脅威をちらつかせることで、アメリカ国民をより安心させられると信じているからだ。要するに、アメリカは「国内的な理由」で脅威をちらつかせているのである。したがって、保護関税が外国への影響力行使であることを否定する論理に従えば、それ以外の外交の取り組みもみな外国への影響力行使には分類できなくなる。そうするとほぼ全ての措置が「国内問題」になってしまい、「外交政策」といえるものは何も残らなくなるだろう。

それでは合理的に議論を進めていくためには、ある手段が通常どのような効果を持つことになるのか、それを政策立案者が知っていたと思われる理由があるのか、またはそうした効果が意図されたものであったのか検討すべきである。効果が意図されたものかどうか判断するためには、通常想定される効果を説明された後であっても政策立案者たちが同じ選択をするかどうか考えてみればよい。もし国が戦争をすれば、死傷者が出るのは当然である。したがって、戦争を選択した政策立案者たちは死傷者が出る可能性を認識していたと考えるのが妥当だ。死傷者が出るのは偶発的で、まさかそんな副作用が出るとは思いもせずに国を戦争に突入させる政治家がいたとしたら、その政治家は嘘つきか、愚か者か、あるいはその両方だとみなされるはずである。

では、関税を選択する政策立案者は自分たちが何をやっているのかを理解している、と考えるのは妥当なのだろうか。関税は「通常、関税収入を生み出し、国内生産を保護し、輸入品の消費量を抑え、輸入を減らす」[55]。最初に挙げた関税収入を除き、これらの効果は外国の行動に影響を与えずに発生するものではない[56]。関税によって、「アメリカが日本から輸入する自動車台数が減る」のは、「日本がアメリカへ輸出する自動車台数が減る」のと同じことである。この２つの言い回しのどちらか一方を主張し、他方に反対するのはナンセンスだ。しかし、アメリカが講じる自動車への

55. W. M. Corden, "Tariffs and Protectionism," *International Encyclopedia of the Social Sciences*, vol. 8, p. 114. ステイトクラフトの技法として関税を議論したものについては、以下参照。Wilcox, *Charter for World Trade*, pp. 3-4.

56. ただし、価格弾力性が高く、関税収益のすべてが国内の輸入業者によって支払われるような特殊事例は例外とする。

関税措置は、その取り組みの本質をわかりにくくする曖昧な言い回しによって擁護されがちである。政治家たちは、「アメリカの労働者を助けたい」とは言うが、「日本の労働者に害を与えたい」とは言わないし、「アメリカの貿易条件を改善したい」と言っても、「日本の貿易条件を悪化させたい」とは言わない。また、「アメリカの輸入を減らしたい」と発言しても、「日本の輸出を減らしたい」とは発言しないし、「アメリカ国内の雇用を増やしたい」と公言しても、「日本の雇用を減らしたい」とは公言しない。ある関税の意図的効果（例えば、国内自動車産業の保護を意図しているとする）が外国に影響力を行使することによって**のみ**達成される場合、その取り組みを外国に対する影響力の行使だとみなすのは妥当だろう。4人で一つのパイを分け合うとき、4人のうち１人が「自分は半分欲しい」と主張し、それは100％「個人的な理由」からで、他の３人のパイの取り分を減らそうという意図や願望は皆無であると主張したとしよう。この人は、自分の「個人の意思」でパイの半分を欲しいと決めたのだから、結果的に他の３人のパイの取り分が減るのは偶発的で、意図的どころか、そんなことは望んでもいないと主張する。だが、他の３人やこの一件を傍観していた人々には、この人の主張は額面通りには受け取られないだろう。本当に偶発的に起きたことだけを「偶発的な副作用」だと言うのが最善だ。外国に対する効果が確実に生じる保護関税の成功の証を単に「偶発的な副作用」だと正当化することは困難である。

もちろん、関税は本質的に外国に影響を与える性格があることを政策立案者が理解していない可能性はあるが、その可能性を否定できる理由が2つある。一つは、世界中の他の地で生産されていない製品に関税が課せられることは、稀であり、まずないという点だ。これは、関税が外国に与える影響が意図しない偶発的な副作用以上のものであることを示唆しているように思われる。まさに「保護関税」という言葉自体が、外国に対抗して自国製品を保護することを匂わしている。もう一つは、公式なものではないとはいえ、ジャーナリストや「一般人」が保護関税とは何かを説明する場合、外国に対する影響力の行使として説明することが多い点だ。アメリカの自動車産業で最低賃金で働く労働者でさえ、自動車への関税を「日本への報復」だと考えるだろう。実際、政府の巧妙な説明は別にして、保護関税をこのようにとらえない者は学者くらいだ。

ステイトクラフトの他の技法と同様に、関税の目的は多岐にわたり、また、これらの目的には国内への意味合いが多分に絡んでいる。そのため、国内問題を強調し、関税を国内の目標を達成するための手段として描くのは合理的である。だが、関税には必ずといっていいほど外国への影響力行使が伴うことを否定するのは妥当ではない。関税を「国際的に権力を行使する意図」をまったく伴わない国内的な取り組みとしてのみとらえるより、世界情勢を明確に理解する観点からは、それをステイトクラフトの技法として扱う方が望ましい。

第4章
エコノミック・ステイトクラフトの考察

経済学を独立した科学として考えるのは非現実的で、これを実用的なガイドとして用いると判断を誤らせる恐れがある。経済学はパワーの学問という一つの、しかし非常に重要な構成要素である[1]。

本書の目的の一つはエコノミック・ステイトクラフトについて考えることだが、エコノミック・ステイトクラフトについての思想の流れを考察することも目的にしている。本章では、国際関係の研究史において、これまでエコノミック・ステイトクラフトがどのように扱われてきたかを振り返り、その明確化を阻んできたさまざまな障壁を考察し、エコノミック・ステイトクラフトについて考察することがなぜ有益なのかという課題に答える。

エコノミック・ステイトクラフトに関する先行研究………………

エコノミック・ステイトクラフトに関する先行研究には明確な特徴が2つある。一つは先行研究の希少さ、もう一つは、エコノミック・ステイトクラフトの外交政策における手段としての有用性を過小評価する傾向が、ほぼ世界共通だった点である。経済学と政治学の2分野は非常に密接に絡み合っているため、研究者の関心はそこへ一極集中しているのが現状だ。エコノミック・ステイトクラフトに関する研究の少なさは、こうした背景を踏まえて考えるべきである。バートランド・ラッセルが経済学を説明するとしたら、「パワーの科学」の一部だと説明するかもしれないが、その説明に同意する経済学者はあまりいないだろう。例えば、K・W・ロスチャイルドは、「過去100年にわたる経済理論の主流を見ると、特徴として、パワーに関する考察が奇妙にも欠けている事実に気づく。（中略）パワーの問題全体が経済学の先行研究では必要以上に軽視されており、体系的に扱われたことがない」と述べている[2]。この点に関しては、古典派経

1. Bertrand Russell, *Power: A New Social Analysis* (New York: W. W. Norton, 1938), p. 135.
2. K. W. Rothschild, ed., *Power in Economics: Selected Readings* (Middlesex: Penguin, 1971), pp. 7, 16. ロスチャイルドが特徴づけた経済学に同意する人もいれば、アルバート・O・ハーシュマン、ジョン・ケネス・ガルブレイス、ジョン・C・ハーサニ、クラウス・クノール、トーマス・C・シェリング、ピーター・ワイルズ、チャールズ・キンドルバーガー、ケネス・ボールディング、呉元黎などの例外を指摘する人もいる。

済学とケインズ経済学との間に大きな違いはない。しかしP・J・D・ワイルズは、「ケインズとその信奉者たちは、経済戦争に関してはほとんど考察も行ってこなかった」と述べ、「経済学者たちの間には、伝統的に狭量で非科学的な『純粋さ』があり、経済学者は経済学だけが答えを持っている問題のみを問うべきだと考えてきた」ことがその原因だと考えている[3]。経済学者たちが軽視してきたのは、権力の問題だけではない。彼らは外交政策の問題も軽視してきた。そこでベンジャミン・J・コーエンは、「対外経済政策は一国の全体的な外交政策の一部であるため、外交政策の目標をある程度目指している」にもかかわらず、「この観点から議論されることはあまりない」と指摘している[4]。コーエンの指摘は、『International Encyclopedia of the Social Sciences』によって裏付けられている。この事典には「International Trade Controls（国際貿易統制）」と題された5本の論文が掲載されているが、いずれも外交政策の枠組みのなかで対外経済政策を扱ってはいないし、外交政策全体の目的を追求するための手段として経済政策を用いることを論じてもいない[5]。

第2章で述べたように、政治学においてエコノミック・ステイトクラフトが軽視されているのは、政策決定プロセスに焦点を当て、政策の技法や成果を無視する傾向にあることが一因となっている。政治学の分野全般がそうであったように、国際政治学の関連分野の研究でさえ、ステイトクラフトの技法にはあまり関心が向けられてこなかった。近年まで、国際政治の経済的側面に注目する研究者はごく少数であり、経済的技法は二重に蔑ろにされてきた。例えば、『Journal of Conflict Resolution（紛争解決ジャーナル）』の1巻から12巻の中に、「国際紛争を国際貿易や国際金融

3. Wiles, ***Communist International Economics***, pp. 6, 455. ある教科書の著者は、大胆にも（あるいは愚かにも）「この分野で唯一の実質的な研究」と評されるたった1本の未発表の博士論文を頼りに貿易戦争の章を執筆した。この教科書の1969年版では、この章は完全に割愛されている。以下参照。Murray C. Kemp, ***The Pure Theory of International Trade***（Englewood Cliffs, N. J.: Prentice-Hall, 1964）, pp. 208-217；およびHenry York Wan Jr., "A Contribution to the Theory of Trade Warfare" (Ph. D. dissertation, Massachusetts Institute of Technology, 1961).

4. Cohen, ed., ***American Foreign Economic Policy***, p. 1.

5. 以下参照。"International Trade Controls," ***International Encyclopedia of the Social Sciences***, vol. 8, pp. 113-139. この事典に収録されている論文には、通常、事典内の関連トピックスへの相互参照がついているが、国際貿易統制に関する論文はどれも、「Economic Warfare（経済戦争）」という題の論文を相互参照していない。経済学者たちは、国際貿易統制と経済戦争との間にはほとんど関係がないと考えているようである。

に結びつける論文はほとんどない」と指摘されている[6]。また、1970年にはスーザン・ストレンジが論文で、「対外経済政策全般の研究は軽視されているが、特に経済戦争についての研究は深刻なほど蔑ろにされている」と指摘している[7]。以来10年が過ぎ、国際政治経済学の分野において対外経済政策の研究に再び火がついたが、そのなかでもエコノミック・ステイトクラフトはほとんど注目されてこなかった。

第2章では、ジェームズ・N・ロズノウが、ステイトクラフトの形態は「明らかにして分析することが容易」であり、経済的技法は「膨大な先行研究の対象」になっているので、「徹底的な議論」は「標準的な教科書」にも見ることができると主張したことを紹介した[8]。少なくともエコノミック・ステイトクラフトに関しては、こうした主張は先行研究の実情について誤解を招くような印象を与える。ロズノウがこの主張を展開した時点で、印刷され流通していた16冊の教科書のうち、エコノミック・ステ

---

6. Elizabeth Converse, "The War of All Against All," *Journal of Conflict Resolution* 12 (December 1968) : 486.

7. Susan Strange, "International Economics and International Relations: A Case of Mutual Neglect," *International Affairs* 46 (April 1970) : 308-309.

8. James N. Rosenau, *International Politics and Foreign Policy: A Reader in Research and Theory*, rev. ed. (New York: Free Press, 1969), pp. 169, 174.

9. Aron, *Peace and War* ; Cecil V. Crabb Jr., *Nations in a Multipolar World* (New York: Harper and Row, 1968) ; Ivo D. Duchacek, *Nations and Men*, 2d ed. (New York: Holt, Rinehart, and Winston, 1971) ; David V. Edwards, *International Political Analysis* (New York: Holt, Rinehart, and Winston, 1969) ; Fred Greene, *Dynamics of International Relations* (New York: Holt, Rinehart, and Winston, 1964) ; Frederick H. Hartmann, *The Relations of Nations*, 3d ed. (New York: Macmillan, 1967) ; K. J. Holsti, *International Politics: A Framework for Analysis*, 3d ed. (Englewood Cliffs, NJ.: Prentice-Hall, 1967) ; W. W. Kulski, *International Politics in a Revolutionary Age*, 2d ed. (New York: J. B. Lippincott, 1968) ; Hans J. Morgenthau, *Politics Among Nations*, 4th ed. (New York: Knopf, 1967) (『国際政治：権力と平和』モーゲンソー著、原彬久監訳、岩波書店、2013年) ; Norman D. Palmer and Howard C. Perkins, *International Relations*, 3d ed. (New York: Houghton Mifflin, 1969) ; Norman J. Padelford and George A. Lincoln, *The Dynamics of International Politics*, 2d ed. (New York: Macmillan, 1967) ; A. F. K. Organski, *World Politics*, 2d ed. (New York: Knopf, 1968) ; Herbert J. Spiro, *World Politics: The Global System* (Homewood, III.: Dorsey Press, 1966) ; John W. Spanier, *World Politics in an Age of Revolution* (New York: Praeger, 1967) ; John G. Stoessinger, *The Might of Nations*, 4th ed. (New York: Random House, 1973) ; および Vernon Van Dyke, *International Politics*, 2d ed. (New York: Appleton-Century-Crofts, 1966). エコノミック・ステイトクラフトについて独立した章を持つ教科書の著者には、ヴァン・ダイク、ストウシンガー、パデルフォードとリンカーン、パルマーとパーキンス、ホルスティがいる。また、1章分にはならないが、かなりのページを割いてこのテーマを扱っている教科書の著者には、クルスキー、ハートマン、アロンがいる。

イトクラフトについて独立した章を設けていたのは5冊にとどまる。また、独立した章はないものの、章のなかでエコノミック・ステイトクラフトについて十分なページを割いた教科書が3冊、そしてこのテーマについてほとんど、あるいはまったく扱っていないものが8冊だった[9]。ステイトクラフトの技法のなかで、論じられる割合が高かったのは軍事的技法と外交的技法で、経済的技法は最低だった。また、ステイトクラフトの経済的技法についての議論が含まれた教科書であっても、その内容は分析的あるいは理論的な深みが欠けていた。そのような深みがあるかどうかを判断するのに便利な指標がある。それはアルバート・O・ハーシュマンによる、対外貿易と国力の関係についての優れた研究を引用しているかどうかなのである。これに合格したのは1冊のみだった[10]。ロズノウの主張に反して、標準的な教科書にはエコノミック・ステイトクラフトについての記述は少なく、あっても完全ではない。

エコノミック・ステイトクラフトに関する先行研究は、包括的で理論的というよりも、トピックスが狭く絞られたものになる傾向がある。そのトピックスの典型的な例としては、「進歩のための同盟」（訳注：アメリカが提唱した、ラテンアメリカ経済社会発展のための10年計画）、インドへの対外援助、「兵器」としてのアラブの石油、ローデシアへの制裁、アメリカの政策手段としての食糧規制、ソ連への技術移転の規制などが挙げられる。1970年にストレンジは、「国際経済関係においては、どのような問題や課題に取り組んでいようと、経済分析よりも政治分析が優先され、より包括的に分析を行った研究が明らかに欠落している」と述べている[11]。この状況は1970年以降ほとんど変わっていない。注目すべき例外は、ク

10. モーゲンソーは、ハーシュマン著の『国力と外国貿易の構造』を参考文献に挙げている。同書への言及は、学術誌におけるエコノミック・ステイトクラフトへの関心度を測る指標としても有用だ。『国力と外国貿易の構造』の引用は、1948年から1970年までの *World Politics*（世界政治）では3回のみにとどまり、そのうち1回は私が引用している。1950年から1970年までの *International Organization*（国際機関）では引用は一度もなかった。また、1960年から1970年までの *International Studies Quarterly*（世界国際関係クォータリー）では一度だけ言及があり、それも私の論文での引用である。現在出版されている教科書に理論的な深みを持たせたい場合は、原理を扱った理論的に重要な参考文献に、ハーシュマンの『国力と外国貿易の構造』、シェリングの『国際経済学』、呉の『経済戦争概論』などを加えるとよいだろう。ホルスティのエコノミック・ステイトクラフトの扱い方は比較的洗練されているが、それですらハーシュマンについての言及があるだけで、それが追加されたのも1983年のことである。以下参照。Holsti, *International Politics*, 4th ed., p. 239.

11. Strange, “International Economics,” p. 308.

ノールが著した『国際関係におけるパワーと経済』のみである[12]。対外援助などさまざまな技法が研究されてはいるが、それぞれは個別に研究されており、エコノミック・ステイトクラフトの経済的技法として総括的に扱われることはまずない。プロパガンダや外交の包括的な研究はあるし、軍事力の包括的な研究も豊富に存在する。それに対して、エコノミック・ステイトクラフトの研究が同じように扱われることは稀なのだ[13]。

---

12. 経済的技法について全般的に知りたい場合は、呉の『経済戦争概論』、ワイントラウプの *Economic Coercion and U.S. Foreign Policy* 冒頭から数章、およびシェリングの *International Economics* の数章も参照のこと。クノール、呉、ワイントラウプ、シェリングはいずれも経済学者なので、彼らの研究で経済分析よりも政治分析が優先されていると批判するのは適切ではない。彼らはそのような批判に直面しながらも、自分たちの理論に政治的側面を取り入れるために真剣に努力している。

13. プロパガンダに関する包括的な研究は、以下参照。Martin L. John, ed., *Propaganda in International Affairs*（Philadelphia: Annals of the American Academy of Political and Social Science, 1971）；Terence H. Quaker, *Propaganda and Psychological Warfare*（New York: Random House, 1962）；および Harold D. Lasswell, Daniel Lerner, and Hans Spier, eds., *Propaganda and Communication in World History*, 3 vols.（Honolulu: University Press of Hawaii, 1979, 1980）.

外交に関する包括的な研究は、具体例は、以下参照。Fred C. Iklé, *How Nations Negotiate*（New York: Harper and Row, 1964）；Harold Nicolson, *Diplomacy*, 3d ed.（New York: Oxford University Press, 1963）；および Watson, *Diplomacy*.

軍事力の包括的な研究については、具体例は、以下参照。Bernard Brodie, *War and Politics*（(New York: Macmillan, 1973）；Thomas C. Schelling, *Arms and Influence*（New Haven: Yale University Press, 1966）；Oran Young, *The Politics of Force*（Princeton: Princeton University Press, 1968）；Robert E. Osgood and Robert W. Tucker, *Force, Order, and Justice*（Baltimore: Johns Hopkins Press, 1967）；Fred S. Northedge, *The Use of Force in International Relations*（New York: Free Press, 1974）；Klaus Knorr, *On the Uses of Military Power in the Nuclear Age*（Princeton: Princeton University Press, 1966）；Carl von Clausewitz, *On War* , ed. and trans. Michael Howard and Peter Paret（Princeton: Princeton University Press, 1976）；および Robert Gilpin, *War and Change in World Politics*（Cambridge: Cambridge University Press, 1981）.

1930 年代に The Twentieth Century Fund（20 世紀基金）（訳注：1919 年創業のシンクタンク。現在は「The Century Fund」と名称変更）が出資して経済制裁に関する大規模な研究が行われた。「広範にわたる研究が行われれば、どのような種類の経済的圧力を最も効果的に用いることができるのか、また、各圧力からどのような結果が期待できるのかについて、ある程度妥当な結論を導き出すことができるだろう」と期待を込めて一連の事例研究の実施を提言し、この研究は終了した。Evans Clark, ed., *Boycotts and Peace*（New York: Harper, 1932）, p. 260. このような研究が行われていたとしても、国際関係学の研究者にはあまり知られていない。30 年以上経ってから、ヨハン・ガルトゥングが「国際社会で経済制裁が体系的に研究された例を知らない」と述べている（"On the Meaning of Nonviolence", p. 247）。また、ワイルズは「この分野にはかなりの量の記述的な先行研究はあるが、（中略）理論の説得力は非常に弱い」と述べている（"Communist International Economics", p. 455）。

広義に定義されたエコノミック・ステイトクラフトは、経済制裁、経済戦争、対外援助の３分野に大別でき、この３つには重なる部分がある。経済制裁に関する研究では、多国間での影響力行使に焦点を当てる傾向があり、著者の国際法や国際機関への関心を反映している。内容は、停戦や抑止のためにネガティブな制裁を用いることに重点を置いているのが特徴である。また、経済戦争に関する研究の多くは、第一次世界大戦と第二次世界大戦の経験を中心に、そして一部は冷戦を中心に執筆されている。これらの研究は、敵にネガティブな制裁を課し、戦争の勝率を高めるために経済的技法を用いることに注目する傾向がある。３つ目の対外援助に関する研究は、経済学者や元政府高官によるものが多く、第三世界の経済発展を促進するためにポジティブな制裁として援助を用いることを強調している。エコノミック・ステイトクラフトの下位概念であるこの３分野では、いずれも外交政策や国際政治の研究者たちが主たる役割を果たしていない。このため、この３分野を結びつける包括的な概念の枠組みが欠ける状況になり、経済制裁、経済戦争、対外援助の研究を、あえて主流である外交政策や国際政治学の研究、あるいは社会科学全般の研究に統合する試みにつながらなかったのだろう[14]。

エコノミック・ステイトクラフトに関する研究の第２の特徴は、その技法の有用性を否定的に捉える傾向にあることだ。以下、代表的な研究をあげる。

ブレッシング：「一般的に、援助の停止は、被援助国の行動を変える手段として十分な効果を発揮しなかったと言えるだろう。贈与も経済制裁の使用も、被援助国の行動に変化を生む効果的なメカニズムではないことを示す研究は他にも多く存在し、この研究の結論は、それらの研究の結論と概ね一致している」[15]。

ビーネンとギルピン：「これらの事例を分析した結果、経済制裁を用い

14. エコノミック・ステイトクラフトの先行研究に含まれる一分野として従属論（訳注：1960年代にラテンアメリカで提唱された経済開発理論で、従属理論ともいう）に関する先行研究を省いたのは意図的だ。従属論の先行研究は、経済的要因を踏まえて権力を考察してはいるが、国や地方の行動が組織的に決定されることに重点が置かれている。この決定論的で組織的な考え方とステイトクラフトの視点との折り合いをつけるのは難しい。ステイトクラフトは、政治家の行動を組織的に決定する要因よりも、政治家の選択肢を重視するからである。

15. James A. Blessing, “The Suspension of Foreign Aid: A Macro-Analysis,” *Polity* 13 (Spring 1981) : 533.

たとしてもその目的を達成できるのは稀であり、むしろ深刻な逆効果を生む可能性が高いという結論が、研究者たちの間で大した異論もなく支持されている」[16]。

ウォレンスティーン：「国際システムに影響を与える手段として、経済制裁は効果を発揮していないというのが全体像だ」[17]。

キンドルバーガー：「ほぼ全ての制裁には効果がない」[18]。

タウベンフェルド夫妻：「少なくとも現代においては、非交戦国に対して経済制裁を課しても、制裁を課す側が掲げた目的を達成しているとは思えない」[19]。

クノール：「全体として、他国を強制する目的で、あるいは他国に対して不均等な影響力を行使する立場を確立する目的で対外援助を行う場合、援助は不確かな効果しか発揮しないと考えるのが一般的で、有用性は著しく低い。貿易政策がこうした目的のために利用される場合も、われわれは同様の結論を出している」[20]。

ストラック：「制裁は政策目標を達成するための手段としては効果がないだけでなく、制裁を課す側が望む結果をもたらさず、機能していない、あるいは逆効果を生んでいる可能性があるというコンセンサスが研究者たちの間にはあるようだ」[21]。

ワイントラウプ：「経済的強制は多くの場合成功しないと主張している理論家がほとんどだ」[22]。

---

16. Bienen and Gilpin, "An Evaluation of the Use of Economic Sanctions to Promote Foreign Policy Objectives, with Special Reference to the Problem of Terrorism and the Promotion of Human Rights," pp. III, 2-3. 次も参照のこと。Bienen and Gilpin, "Economic Sanctions as a Response to Terrorism," *Journal of Strategic Studies* 3（May 1980）：89.
17. Peter Wallensteen, "Characteristics of Economic Sanctions," *Journal of Peace Research*, no. 3（1968）：262.
18. Kindleberger, *Power and Money*, p. 97.
19. Rita Falk Taubenfeld and Howard J. Taubenfeld, "The 'Economic Weapon'：The League and the United Nations," *Proceedings of the American Society of International Law* 58（1964）：203-204. タウベンフェルド夫妻は、「非の打ちどころなく適用された包括的な経済的措置であっても、それが攻撃的であるか否かにかかわらず、国家の目標達成能力を大いに妨げると期待できるかどうか」という問題を提起している。彼らの議論の背景を考えれば、明らかにその答えはノーである。
20. Knorr, *The Power of Nations*, pp. 205-206.
21. Harry R. Strack, *Sanctions: The Case of Rhodesia*（Syracuse, N. Y.: Syracuse University Press, 1978）, pp. xi-xii.
22. Weintraub, *Economic Coercion and U.S. Foreign Policy*, p. 23. なお、ワイントラウプはこういう見解があることを指摘しただけで、それを支持しているわけではない。

アドラー＝カールソン：「禁輸は外交政策の有効な手段だと主張する人々には明らかに立証責任がある。経験からいうと、現実は彼らの主張の正反対のように思える」[23]。

ホルスティ：「外交における影響力を行使する手段としての援助に実績があっても、賛否が分かれる実績しかないのであれば、それは他の経済的技法と大差ない。（中略）過去の経験から、援助という手段を用いても十分な成果が得られないことは、暗黙のうちに認められている」[24]。

ドクシー：「この研究で分析されたどの事例においても、経済制裁は望ましい政治的結果をもたらしてはいない」[25]。

ウィルキンソン：「次に政策の経済的手段に目を向けると、行動ツールとしての直接的な有用性は非常に限られていることがわかるはずだ」[26]。

オルソン：「経済制裁はほとんど効果がないというのが、この研究のコンセンサスであることを最初に指摘しておく」[27]。

ガルトゥング：「この論文では、経済制裁から得られそうな効果について、結論は概ね否定的だ」[28]。

ロスマン：「ここで研究された３つのボイコットは、これまでのところ政治的目標を達成できていない。そして今後も経済的措置だけではその目的を達成できないだろうと思われる」[29]。

---

23. Gunnar Adler-Karlsson, *Western Economic Warfare, 1947-1967: A Case Study in Foreign Economic Policy*（Stockholm: Almqvist and Wiksell, 1968）, p. 10.

24. Holsti, *International Politics*, 3d ed., p. 239. 同様に悲観的な意見を含んだ教科書については、以下参照。Robert L. Wendzel, *International Politics: Policymakers and Policymaking*（New York: John Wiley, 1981）, pp. 239-263.

25. Doxey, *Economic Sanctions and International Enforcement*（1971）, p. 139.

26. David O. Wilkinson, *Comparative Foreign Relations: Framework and Methods*（Belmont, Calif.: Dickenson, 1969）, p. 47.

27. Richard Stuart Olson, "Economic Coercion in World Politics: With a Focus on North-South Relations," *World Politics* 31（July 1979）: 473. ワイントラウブと同様に、オルソンもこのコンセンサスに触れているが、支持しているわけではない。

28. Galtung, "On the Effects of International Economic Sanctions," p. 409. 他の研究者たちとは異なり、ガルトゥングは「これまで述べられてきたことはどれも、経済制裁がうまくいく条件などないと暗に言っていると受け止められるべきでない」と読者にあえて警告している。

29. Donald L. Losman, *International Economic Sanctions: The Cases of Cuba, Israel and Rhodesia*（Albuquerque: University of New Mexico Press, 1979）, p. 140.

国際関係の先行研究のなかでは、エコノミック・ステイトクラフトの経済的技法の有用性を否定的に捉える声が優勢である。これら主張以外の、広く受け入れられている見解を見つけるのは難しいだろう[30]。このような明解なコンセンサスが形成されている理由を、ステイトクラフトの経済的手段に弱点が内在しているのではないかと説明する研究者もいれば[31]、研究対象となる事例の選択に偏りがあるのではないかと指摘し、コンセンサスの根拠を疑問視する研究者も少数ではあるが存在する[32]。ところがさらに、こうした結論に達する分析の枠組みからコンセンサスを説明するのが最適と考える第3のアプローチがある。本書では、ステイトクラフトの経済的技法の有用性が構造的に過小評価されてきたのは、主に分析の枠組みに問題があったためであると主張する。ワイントラウブとオルソンは、事例の選択に偏りがあると指摘した点では正しいが、コンセンサスの根拠たる「社会通念」を細部まで検証していない。社会通念の裏付けとして一般的に引用される事例であっても、適切な分析方法に基づいて考察すると、その理解が不十分であることがわかる。そこで、第5章以降では、新たな事例研究を展開するよりも、社会通念を裏付けるとされ、「圧倒的な歴史的証拠」になっている過去の事例をいくつか再検討することにする[33]。

エコノミック・ステイトクラフト理解への障壁

論理的に考えると、エコノミック・ステイトクラフトについて何を考えるべきかに先立って重要なのは、それをどのように考えるべきかという問

30.「効果」と「有用性」の違いは重要なため、あとで説明する。脚注15から29で引用した著者のうち、この2つの概念を明確に区別している人は皆無に近く、ほぼどの著者もこの用語を同義に用いている。経済的技法の効果は低いが有用性は高いと考える著者は稀である。例外については、以下参照。Herbert S. Levine, Francis W. Rushing, and Charles H. Movit, "The Potential for U.S. Economic Leverage on the USSR," *Comparative Strategy* 1 (1979) : 371-404.

31. 具体例は、以下参照。Taubenfeld and Taubenfeld, " 'Economic Weapon,' " pp. 187-188, 194.

32. 具体例は、以下参照。Olson, "Economic Coercion in World Politics," p. 473 ; および Weintraub, *Economic Coercion and U.S. Foreign Policy*, pp. 23-24.

33. 以下と比較のこと。Knorr, *The Power of Nations*, pp. 181, 183 ; および Bienen and Gilpin, "An Evaluation of the Use of Economic Sanctions to Promote Foreign Policy Objectives, with Special Reference to the Problem of Terrorism and the Promotion of Human Rights," p. IX, 3.「重要事例」に焦点を当てることの科学的な有用性については、以下参照。Harry Eckstein, "Case Study and Theory in Political Science," in *Handbook of Political Science*, vol. 7, *Strategies of Inquiry*, pp. 113-123.

題であろう。この問題を明らかにするには、エコノミック・ステイトクラフトについての理解を妨げる、知的な障壁を特定することが一つの方法となる。

経済的自由主義

ステイトクラフトの外交的、軍事的技法を政府が独占的にコントロールすることは、国民国家体制が始まって以来、一般に認められてきた。ところが経済的技法はそうではない。政府と経済の適切な関係を考える議論は、３世紀以上にわたり活発に繰り広げられている[34]。第３章で述べたように、論理上は、自由貿易政策はエコノミック・ステイトクラフトの一技法として捉えることができ、またそうすべきであろう。ただし、少なくとも20世紀においては、この考え方が自由放任主義（レッセフェール）の経済理論の下で納得されてきたわけではないない。むしろ、経済と政治は切り離すことができ、また切り離すべきであり、政府が経済関係を管理するのは最小限にとどめるべきとの考えが存在するため、それがエコノミック・ステイトクラフトについて深く探究することを妨げている。ステイトクラフトの一技法のみに固執する学説は、それがどんな学説であろうと、他の代替策の存在に対する思索を促すことがなくなる。

経済的自由主義が誕生した国、イギリスでは、「外交政策における伝統的な外交および安全保障上の関心事と、対外経済政策とを切り離すことが（中略）深く浸透していた」、そして「対外経済政策の大部分は外交政策の手段としては不適切、あるいは利用できないと当然のように考えられ、外交政策と密接につなげて考えられていなかった」のである[35]。世界中の多くの国が次第にこの学説を放棄していったが、アメリカはその後もさらに

34. 国際関係のための経済的自由主義の意味合いについては、以下参照。Carr, ***The Twenty Years' Crisis***, pp. 43-46, 113-132；Anthony Harrison, ***The Framework of Economic Activity: The International Economy and the Rise of the State***（London: Macmillan, 1967）；Wiles, ***Communist International Economics***, pp. 1-8, 495；Baldwin, ***Economic Development and American Foreign Policy: 1943-62***, pp. 8-10, 25-27, 51-57, 101-105, 146-152；Gilpin, ***U.S. Power and the Multinational Corporation***, pp. 25-43；Cleveland, "Economics as Theory and Ideology," pp. 289-305；および David S. McLellan and Charles E. Woodhouse, "The Business Elite and Foreign Policy," ***Western Political Quarterly*** 13（March 1960）：172-190.

35. William Wallace, ***The Foreign Policy Process in Britain***（London: Royal Institute of International Affairs, 1975）, pp. 156-157. 次も参照のこと。J. Henry Richardson, ***British Economic Foreign Policy***（London: George Allen and Unwin, 1936）, p. 11.

数年この学説に固執し、イギリスと同じように概念的な議論が受容されない状態に陥って、エコノミック・ステイトクラフトの研究が遅れる結果につながった。アメリカの国家安全保障会議に加わっていたサミュエル・P・ハンティントンは、その任務を終えて間もなく、「経済力を外交目標に利用する」上での「いくつかの恐るべき障壁」について論じている。その障壁の一つが、「軍事力とはまったく対照的に、経済力を政府に従属させるよりも独立させることを神聖化するイデオロギーが浸透している」事実だった[36]。この背景を踏まえれば、イギリスとアメリカでエコノミック・ステイトクラフトが学術的に注目されてこなかったのは理解できる。

異質性

経済的自由主義という学説は、エコノミック・ステイトクラフトを「異質」な行動として説明する傾向を生み、それを助長する。例えば、ロバート・ローリング・アレンは、経済戦争の概念は「経済学者たちが『正常な』国際経済関係だと考えるものを背景にして理解するのが最善だ」と指摘している。つまりそれは、理想的な経済的自由主義の世界の存在を意味する[37]。また呉元黎は、「平和や世界の繁栄を正常な状態と考えているわれわれにとって、(中略) 経済戦争は正常な国際経済関係を否定するものだ」と述べている[38]。ワイントラウブは、「経済的強制の道具として貿易を利用する場合、対象国に経済的圧力をかける目的で、通常実施されていない形の貿易を行われなければならない」と主張しているが[39]、通常の形の貿易とは何を指すのか、それをどのように特定するのかについては満足いく指針を示していない。正常性の概念を経済分析に結びつける傾向を示す例は、まだ他にも存在する。例えば、キンドルバーガーは、「経済学は法と秩序によって特徴づけられ、政治によって確立された枠組みのなかで進展する。ただし、それが異常と考えざるを得ない状況下以外、経済的生活は、戦時中であっても、革命時や無政府状態であっても続く。」と主張している[40]。

---

36. Samuel P. Huntington, "Trade, Technology, and Leverage: Economic Diplomacy," *Foreign Policy*, no. 32 (Fall 1978) : 71.
37. Allen, "Economic Warfare," p. 467.
38. Wu, *Economic Warfare*, pp. 3-4.
39. Weintraub, *Economic Coercion and U.S. Foreign Policy*, p. 15.
40. Kindleberger, *Power and Money*, p. 15.

「経済学は何らかの政治的秩序を前提とする」[41] というカーの主張は疑いなく正しいが、彼はこの政治的秩序が法と秩序によって特徴づけられるとは主張していない。国際関係を特徴づけるものは、戦争や革命、無政府状態であることが多く、法と秩序によって特徴づけられることは皆無に等しい。したがって、キンドルバーガーの主張を国際舞台に当てはめると、彼の主張は説得的ではない。彼らのような論理を展開していけば、国際秩序は無秩序であるがゆえに、あらゆる国際経済関係は病的なのだという結論を導くこともできる。

「正常な国際経済関係」という概念は、エコノミック・ステイトクラフトを分析するための前提として、最善どころか、20 世紀におけるそうした政策手段の役割を理解するうえでは、想像し得る限り最悪ですらある。前章で自由貿易を論考した際に示唆したように、「通常の貿易」はステイトクラフトの一技法として、歴史的に見ても使用されてきた。しかし現実的には、ステイトクラフトの一技法として、「通常の貿易」を用いるということが一番理解されていない。このためさらなる解明を必要としているのだが、エコノミック・ステイトクラフトについては実りある考察はなされていない。これは「国際貿易と『権力政治』との密接な絡み合いから何とか逃れ、貿易を『正常で有益な経済的機能を果たす状態』に回復させるのは可能だ」[42] という信念が広まっているためである。ハーシュマンが論証したように、そんな信念は妄想に過ぎない。国際経済関係にはパワーをめぐる問題がついて回るのが常だ。これを否定し、正常という概念を持ち出してもあまり役には立たない。人口の爆発的な増加、1945 年以降に誕生した 100 を超える新国家、前例のない規模で展開していく多国籍企業、第三世界での期待の高まり、変化の激しい軍事技術、新たな通信・輸送手段の登場、記録的なレベルに達した貿易量と生活水準など、世界は革命的な変化にあふれている。そのような世界では、「正常」という概念は大きな誤解を招くことになる。エコノミック・ステイトクラフトは奇妙でも異常でもない。また非日常的でも、特別でも、稀な出来事でもなく、むしろ正常で普通に繰り返される、日常的でありふれた活動だ。パワー関係は社会生活のあらゆる側面に浸透している。そこで国際経済関係を例外とする理由など、どこにも見当たらないのだ。

---

41. Carr, *The Twenty Years' Crisis*, p. 117.

42. Hirschman, *National Power and the Structure of Foreign Trade*, p. 78.

ハイ・ポリティクスとロー・ポリティクス

「ハイ・ポリティクス」と「ロー・ポリティクス」の区別も、エコノミック・ステイトクラフトを考える際の障壁になっている。外交や軍事に関わる「ハイ・ポリティクス」のほうが、日常的で一般社会の事象である貿易や投資などを扱う「ロー・ポリティクス」よりも重要だと考えられる傾向がある。「ロー・ポリティクス」を外交政策とみなすべきでないと考える研究者もいるくらいだ。例えばT・B・ミラーは、対外貿易政策が外交政策に「なる」のは、「国の安全保障や世界で友好関係を築く能力に、何らかの明白な影響が認められる場合」に限られると主張している[43]。「ハイ・ポリティクス」と「ロー・ポリティクス」とが区別されていること自体、対外経済政策は重要ではない、あるいは一般に外交政策の範疇にあるとは考えられていないことを暗示している。したがって、エコノミック・ステイトクラフトについて研究する動機が生じない。

「ハイ・ポリティクス」と「ロー・ポリティクス」を区別するのは通常、外交や軍事の専門家たちだ。他方、経済学者たちの間では、経済活動は厳密な営みであり、政治のほうがうわついていて、経済に無責任に干渉していると考えられている。この考え方もまた、エコノミック・ステイトクラフトの研究の障壁になっている。例えば、国際経済関係の政治的側面を、キンドルバーガーは「幼稚で政治的にばかげたこと」だとか、「全員に褒美が与えられる子どものパーティー」みたいなものだと評しているし[44]、タウベンフェルド夫妻は「世界貿易や一方的な経済援助を利用した政治的駆け引き」だと指摘している[45]。研究者たちの意図がどうであれ、このような主張は、「ハイ・ポリティクス」と「ロー・ポリティクス」の区別と同様、エコノミック・ステイトクラフトの有用性について客観的に考える際の邪魔になる。エコノミック・ステイトクラフトを研究する者は、経済と政治の両方を真面目で重要なものだと考えなければならない。

---

43. T. B. Millar, "On Writing About Foreign Policy," in ***International Politics and Foreign Policy: A Reader in Research and Theory***, ed. James N. Rosenau, rev. ed. (New York: Free Press, 1969), p. 57.
44. Kindleberger, ***Power and Money***, pp. 12, 132.
45. Taubenfeld and Taubenfeld, "Economic Weapon," p. 194.

経済的な手段と目的

経済的手段には経済的目的が必要と明言されることは少ないが、そう示唆されることは多い。例えば、経済学者のジョセフ・A・ペックマンは、『Handbook of Political Science』に寄稿した論文のなかで、「経済政策」とは何かを明確に定義せずに、経済政策には経済的目的があるかのような印象を与えている[46]。しかも、ペックマンの言葉は、このハンドブックの読者である政治学者たちに向けられているにもかかわらず、政治学の世界では、政策全般の、特に外交政策の非経済的目的が十分に考慮されていない[47]。このように、経済的手段には経済的目的が存在するという暗黙の前提があるために、ペックマンや彼に賛同する経済学者たちは、自分たちの政策提言への反対意見を普通に理解できない。それをペックマンは、「経済学者は効率性を強調するため、彼ら［経済学者］が他人を説得しようとしても困難に直面することになる」と言っている。だが、それは間違っている。何を追求すべき目的にしているのかについての前提が違うことから、説得が難しくなっている可能性のほうが高い。無駄を好んで、効率性に反対する人を通常見ることはないが、外交政策を効率良く実行するには、物品の生産や流通の効率性を犠牲にする場合もある。重要なのは、「何をするうえでの効率性なのか」である。

経済学者であれば、経済制裁や経済戦争に注目する際にも、経済的目的を考慮しないことはない。その証拠に、モリス・ボーンスタインは「経済制裁の目的は、制裁の対象国から（中略）物品やサービスを奪うこと」と主張しているし、リチャード・C・ポーターは、経済制裁を「対象国の経済的繁栄を低下させる目的」で課すものと考えている。また、M・C・ケンプは「貿易戦争」を、ある国が「貿易戦争によって自国の所得が深刻なレベルにまで落ち込まないことを条件に、貿易戦争の被害者の所得を最大

---

46. Joseph A. Pechman, “Making Economic Policy: The Role of the Economist,” in ***Handbook of Political Science***, vol. 6, ***Policies and Policymaking***, pp. 23-78.

47. ペックマンは、一部の経済学者が近年、「貧困の撲滅、教育機会の拡大、差別の撤廃、生活の質の向上、貧困層の税負担軽減、困窮している州政府や地方政府の財源増加などの主要な社会問題」に関心を持つようになったと述べているが、このリストには外交政策の目標が欠けている点が顕著だ（同上、p. 59)。***International Encyclopedia of the Social Sciences*** の“International Trade Controls”と題した５本の論文も参照のこと。５本とも非経済的外交目標を追求するための技法の使用については論考していない。

限に引き下げる」試みとして扱っている[48]。エコノミック・ステイトクラフトの目的のこのような説明は、額面通りに受け取ると大きな誤解を招く恐れがある。対象国に経済的損害を与えることは、影響力を行使するうえでの手段としての目的（または中間的な目的）であって、それ自体が最終目標になることはほとんどない。政策立案者が政策を実行しようとしている状況を考えれば、多くの場合、目的は複数存在し、そのなかに上下があり、より次元の高い目標が存在する。

外交政策の目標が最終目標であることは稀であり、経済制裁の目的を経済効果の有無に着目して考えることに反対するのは屁理屈のように見える。結局、ほとんどの目的は中間的なのだ。だが、これに対する反論が2つある。第一に、政策の目標を伝えるときは、複数ある目標のなかで、具体性のある下位目標にある程度触れたうえで、より高次の目標を述べるのが望ましい[49]。経済制裁の目的を「国益の推進」、「権力の最大化」、「正当な行為」などと曖昧に伝えただけでは、政策の理解にはあまり役立たない。経済制裁は経済的損害を与えるための手段ではあるが、その背後のより高次な外交政策の目標の存在を示すことが不可欠だ。例えば、少数の白人が支配するローデシアに黒人の多数派勢力が存在することに触れずに、国連がとったローデシアに対する制裁を説明したり、イスラエルに言及することなく、1973年のアラブの石油禁輸を説明したりすると、なぜこのような影響力の行使が試みられたのか、その理由が誤って理解されてしまう。

第二に、制裁の直接的な経済効果だけを重視すると、政策立案者がどういう関心を持って制裁に踏み切ったのかが不明確になり、制裁の取り組みの有用性を評価できなくなる。例えば、直接的な経済効果だけを重視すると、「アラブによるアメリカやオランダに対する石油禁輸は、この2国が他国経由で石油を入手するようになり、禁輸としての効果はなかった」という結論になる[50]。しかしこの制裁が、アメリカとオランダに対してイスラエルの政策を強硬に支持する立場を考え直させることが目的であったと

---

48. Morris Bornstein, "Economic Sanctions and Rewards in Support of Arms Control Agreements," *American Economic Review* 58（May 1968）: 417；Richard C. Porter, "Economic Sanctions: The Theory and the Evidence from Rhodesia," *Journal of Peace Science* 3（Fall 1978）: 93；および Kemp, *Pure Theory of International Trade*, p. 209.
49. この点については、以下参照。Simon, *Administrative Behavior*, p. 176.
50. Weintraub, *Economic Coercion and U.S. Foreign Policy*, p. xiv.

すれば、この禁輸が失敗だったとは言い切れない。同様に、ローデシアに経済的効果がなかったことを示すだけでは、「ローデシアに対する制裁は明らかに失敗だった」[51]という結論を裏付けることはできない。実際に、イスラエルの政策を支持する声が弱まり、ローデシアの白人少数派が黒人多数派勢力に歩み寄ったのであれば、禁輸は失敗だったと結論づける前に、禁輸が少なくとも経済以外の政策に影響を与えた可能性を考慮しなければならない。禁輸は、対象国に恥を意識させ、国際社会から孤立していると感じさせるだけでない。今後さらに過激な手段を用いる用意があるというシグナルを対象国に送る、あるいは単に、対象国が現在とっている政策を見直すよう促す効果を発揮する可能性を持っている。したがって、これらの効果のいずれか、またはすべてが、対象国に一切の経済的影響を与えることなく発生する可能性がある。経済制裁は、経済効果がゼロであっても、外交的、心理的、政治的、軍事的効果などをもたらす場合がある。この事実を無視すると、外交政策手段としての経済制裁の利得と損失を正確に評価できなくなってしまう。

研究者のなかには、単に中間的な経済目的を重視するのでなく、対象国に経済効果が発生しないと、エコノミック・ステイトクラフトが成功したと判断しないと主張する者もいる。例えばロスマンは、経済制裁の政治的効果と経済的効果を区別し、政治的効果は経済的効果の前提条件になると主張している[52]。つまり、対象国に経済的ダメージを与えることは政治的成功の必要条件ではあるが、十分条件ではないと考えているのだ。このような主張は検証されるべき経験的仮説として扱えるかもしれないが、経済的技法が非経済的な因果条件と連関して成功する可能性を初めから排除するのは賢明ではないだろう。

経済的手段には経済的目的がなければならないと考える傾向は、経済を比較的独立した領域だとみなす経済的自由主義によって投影されたイメージなのだろう。このような姿勢は、キンドルバーガーの「政治と戦争との関係についてのクラウゼヴィッツの有名な言葉によって経済学を特徴づけることはできない」とした考えに集約されている[53]。クラウゼヴィッツの

---

51. Porter, "Economic Sanctions," p. 107.
52. Losman, *International Economic Sanctions*, pp. 1, 125, 128, 139.
53. Kindleberger, *Power and Money*, p. 15.　同様の見解については、次も参照のこと。Frank D. Graham, "Economics and Peace," in *The Second Chance: America and the Peace*, ed. John B. Whitton（Princeton: Princeton University Press, 1944）, p. 115.

言葉の意味はよく誤解されるが、主要な点は、戦争は戦うことそのものが目的ではないということである。つまり「戦争は広い意味での国策から離れた独立領域ではない」と主張している。

> （前略）その［政治と戦争の］一体性というのは、戦争は政治の一部であり、したがってそれだけで独立に存在するものではないという観念にほかならない。
>
> 言うまでもなく、我々は戦争が諸国の政府および国民のあいだの政治過程の中で発生するものであることを知っている。ところが戦争の開始と共に交戦国間の政治的交渉は断絶し、そしてこうした状況は、法的な制約ではなくそれぞれの判断が優先されるようになる。
>
> これに対して我々はこう主張したい。すなわち戦争は異なる手段を取り入れた政治的交渉の延長にほかならない。「政治的交渉とは異なる手段を交えた」と言ったのは、政治的交渉が戦争によって断絶するものでもなければ、まったく別のものに転化するものでもないことを明らかにするためである。たとえこの場合に政治的交渉に用いる手段がいかなる種類のものであるにせよ、本質的には交渉は続く、ということである。（中略）戦争は、かかる政治的関係を政府および国民がどのように考えているかということを、外交文書とは異なる文書と言葉とをもって表現したにすぎないのではなかろうか。戦争がそれ自身の文法を有することは言うまでもない。しかし戦争はそれ自身の論理をもつものではない。
>
> それだから戦争は、とうてい政治的交渉から切り離され得るものではない。もしこの２つを分離して別々に考察するならば、両者をつなぐさまざまな関係の糸はすべて断ち切られ、そこには意味もなければ目的もないおかしな物が生じるだけだろう[54]。

---

54. Clausewitz, *On War*, p. 605. クラウゼヴィッツの言葉で最も頻繁に引用されるのは、「戦争は政治的手段とは異なる手段をもって継続される政治にほかならないということである」という第１章にある短い段落だ。本文に引用した箇所は本書後半にも登場し、クラウゼヴィッツの言葉を正しく解釈するための前後関係が説明されている。クラウゼヴィッツの言葉に関するよくある誤解については、以下参照。Brodie, *War and Politics*, pp. 1-11。呉はクラウゼヴィッツを引用していないが、呉の論理はクラウゼヴィッツに驚くほど似ている。「経済戦争は、他のあらゆる形態の戦争と同様に、それ自体で戦争に勝つことを目的としていない。戦争は特定の目的のために戦われるものであり、戦争に勝つための方法が、その目的の実現を妨げないようにすることが重要なのだ」。(*Economic Warfare*, p. 3)。

クラウゼヴィッツの言葉は、正しく理解すれば、軍事分野だけでなく経済分野にも当てはまる。したがって、軍事活動も経済活動も、価値観と優先順位を組み合わせて包括的に検討し、評価しなければならない。戦争も経済活動（生産、消費、貯蓄、投資など）も、社会生活から切り離された、それぞれに独自の目的を持った領域として扱われるべきではないのだ。戦争も経済も政治から切り離すことはできず、より高次の政治目標を達成するための手段として評価されなければならない。経済的手段には経済的目的がなければならないという誤った考え方は、「戦争には目的がある」という誤った考え方とまさに似通っている。この意味で、クラウゼヴィッツの言葉は、経済学を特徴づけるものとして用いることができ、またそうすべきなのである。エコノミック・ステイトクラフトの概念は、このクラウゼヴィッツの見解と一致している。経済政策の手段は経済的目的の追求に用いられるかもしれないが、経済的目的だけに限定されるわけではない。戦争に特有なのは「手段の特異性」だけだとクラウゼヴィッツは主張する[55]。同様に、エコノミック・ステイトクラフトの際立った特徴はその目的にあるのではなく、むしろ「その手段の特異性」にある。

エコノミック・ステイトクラフトについてなぜ考えるのか………

関税、対外援助、禁輸、買い占め、投資保証、直接購入などの経済的措置は、エコノミック・ステイトクラフトという広い概念で考えるべきなのだろうか。なぜわざわざこれらを包摂して考える必要があるのだろうか。仮に、経済的技法に注目する必要があると認められたとしても、それぞれの経済的技法を引き続き個別に扱う方が好まれる可能性はある。これほど抽象化された形で概念的に経済的技法を集約させたところで、何が得られるというのだろうか。こうした集約が可能だと示すことと、集約させることが望ましいと示すことは別問題だ。

エコノミック・ステイトクラフトという広い概念として考察する必要がある理由は、(1) そのように試みている研究が存在する、(2) 経済的技法が特異である、(3) ステイトクラフトの他の技法が包括的に扱われている、と少なくとも３つある。通常の考え方では当てはまらない活動がエコノミック・ステイトクラフトの概念に含まれるとすれば、概念の使い方の

55. Clausewitz, *On War*, p. 87.

特異性について十分な説明が求められるだろう。ところが、エコノミック・ステイトクラフトの場合は、そのような説明義務が存在しない。社会科学においても日常言語においても、社会生活の経済的側面（ここでの「経済」は大まかに定義されている）は、経済という一つのカテゴリーとして扱われ、分析されることが多いからだ。「経済」、「経済システム」、「経済活動」、「経済団体」などの言葉は一般的に浸透し、ここで使われる「経済」という言葉には広い意味があるが、不自然に広いわけではない。日々発行される新聞、社会科学の教科書、図書館の目録、日常会話、あらゆるレベルの政府機関で、さまざまな情報が「経済」という総合的なカテゴリーに分類されている。学問の専門分野を分ける場合も同様である。対外援助、国際貿易、海外投資、税制だけを扱う学部はほとんどなく、これらは全て経済学部でまとめて学べるようになっている。むしろ、他分野では当たり前のように用いられている分類法を、外交政策の技法を考える場合には使わないと主張する人々には、なぜそれを使わないのか立証する責任がある。

エコノミック・ステイトクラフトを広い概念で考えるべき第２の理由は、ステイトクラフトの経済的技法が、非経済的なステイトクラフトとは一線を画す、特別な特徴を共有しているからである。貨幣も市場も特異な制度である。この点をギルピンは、「現代世界に独特なのは、市場経済の台頭により、社会生活の経済的側面がそれ以外の側面とはより明確に区別されるようになった点だ」と主張している[56]。また、アルフレッド・マーシャルは、「経済問題として一括りにされている問題は、貨幣価格で測定可能な動機に触発された人間の行動に関係しており、かなり同質なグループが形成されることがわかっている」と述べている[57]。貨幣や市場が特異なものであるならば、この２つと密接に関連するステイトクラフトの経済的技法も、ある程度の特異性を共有している可能性が高い。その特異性が何かを明らかにすることも本書の目的の一つである。

他方、経済的技法をもっと包括的に考えるべきだとする論拠として最も説得力があるのは、それ以外の技法が総合的に扱われているという点であ

---

56. Gilpin, *War and Change in World Politics*, p. 68.
57. Marshall, *Principles of Economics*, vol. 1, p. 27. 経済活動の顕著な特徴としての貨幣交換については、以下参照。Blau, *Exchange and Power in Social Life*, pp. 8, 93-95, 253-282；Catlin, *The Science and Method of Politics*, pp. 206-279；および Baldwin, “Power and Social Exchange,” “Money and Power”.

る。例えばチャールズ・F・ハーマンは、ステイトクラフトをプロパガンダ、軍事、外交、対外援助の４つの手段に「大別」している[58]。この４つから分かることは、最初の３つが最後の一つよりもはるかに包括的である点である。プロパガンダ、軍事的手段、外交とは異なり、対外援助はカテゴリーとして比較的狭い。そして、対外政策のツールとしての包括性も、他の３つとは比較にもならないほど低い。

政策立案者の立場から考えると、また合理的な政策分析を行うという視点で見ると、政策手段の特性で重要なものは、政策手段を選択するのに役立つかどうか**しか**ない。ある技法（またはカテゴリー）の有用性は、他の技法を代替策として比較することで明らかになり、推測も可能になる。したがって、一技法のみ（またはそのカテゴリーのみ）の有用性について情報を提示しても、意思決定においてはまったく何の意味も持たない。政治家にとっては、政策手段の相対的な有用性だけが重要なのである[59]。政治家によるさまざまな技法や、合理的な政策選択に関する比較検討は、多くの技法やそのカテゴリーについてそれらを同一レベルで包括的に検討する作業が必要となる。戦争と政治についてブロディ著の『戦争と政治』が存在するように、他にもエコノミック・ステイトクラフトと政治についての本が必要となる。さらに武器と影響力についてシェリング著の『軍備と影響力：核兵器と駆け引きの論理』が存在するように、経済的技法と影響力についての本が必要だ。また武力政治に関しヤング著の『The Politics of Force』があるように、エコノミック・ステイトクラフトの政治に関する著作も充実させる必要がある。また、国際関係における武力行使についてノースエッジ著の『The Use of Force in International Relations（国際関係における武力行使）』のように、それに匹敵するエコノミック・ステイトクラフトの成果も必要だし、核時代の武力行使に関しクノール著の『核時代の軍事力』のように、核時代の経済力行使についての成果があっても当然である。武力、秩序、正義についてオズグッドとタッカー著の『Force、Order, and Justice（武力と秩序、そして正義）』のように、エコノミック・ステイトクラフト、秩序、正義に関する本も何冊か必要で、戦争と世界政治の変遷についてギルピン著の『War and Change in World

58. Hermann, "Instruments of Foreign Policy," p. 155.
59. 厳密に言えば、相対的有用性の概念は余分だ。しかし、触れるものすべてを金に変える能力を手にしたミダス王が、それればかり頼って失敗したものの失敗から学んだように、真実を知るためには必要なのである。

Politics（戦争と世界政治の変遷）』のように、エコノミック・ステイトクラフトと世界政治の変遷の研究があって当然である。ステイトクラフトの技法としての軍事力の有用性を、その代替策の有用性と比較せず一般化するのは、それがどのようなものであろうと、知的な誤解を招くだけでなく、社会的にも無責任だと言える。ミリタリー・ステイトクラフトを非常に包括的にとらえた研究が数多く存在しているのに、そのほとんどが軍事的技法以外の代替策を真剣に検討していない。そう考えると、ステイトクラフトの他の技法を軍事的技法と比較検討できるように包括的に研究していない研究者たちは社会的責任を怠っていることになる。もちろん、核戦争や従来型の戦争、ゲリラ戦争などの違いを強調し、もう少し具体的にミリタリー・ステイトクラフトを研究すべきだと主張することは可能だ。包括的に軍事力を扱った研究が十分に揃っていないのであれば、これは説得力のある主張かもしれない。だがミリタリー・ステイトクラフトは包括的に研究され、著書もすでに出版されている。このような現実を覆すことはできない。したがって、研究者たちが社会的責任を果たすには、代替策についても同じように包括的な研究をする必要がある。そうして初めて、軍事力の相対的なメリットを、公正かつ客観的に評価することができるのである。

以上、エコノミック・ステイトクラフトを広い概念で考えるべき理由を3つ議論したが、これらは、エコノミック・ステイトクラフトへのアプローチはどの程度抽象的であるべきかの議論だった。ところが、もう一つ論点がある。この第4の論点は概念レベルの分析ではない。むしろ、ステイトクラフトの経済的技法については、あらゆるレベルでもっと考える必要があるとする議論だ。研究者のなかには、ステイトクラフトの経済的技法の重要性は今後さらに高まると主張する人たちがいる。例えば、1962年にスプラウト夫妻は「ステイトクラフトの経済的技法は重要になったし、今後もさらに重要になっていくだろう」と主張した[60]。さらに1966年には、クノールが「経済的支援と拒否の使い方」と、実は「国際的影響力の非軍事的基盤が（中略）価値を増してきている」と結論づけた[61]。彼らの主張を裏付けるように、国際経済関係の重要性は高まる一方なのに、軍事力の有用性は低下してきている。ギルピンは、「相互依存度が非常に

60. Sprout and Sprout, *Foundations of International Politics*, p. 437.
61. Knorr, *On the Uses of Military Power in the Nuclear Age*, p. 171.

高い世界市場経済の拡大」に伴い、国際関係における経済的要因が重要になっていくのを長期的な傾向だと見て、この傾向が「ステイトクラフトの手段としての経済力の役割を強化している」と指摘している[62]。

ミリタリー・ステイトクラフトの有用性が低下したという意見は、ステイトクラフトの軍事的技法の目的とコストに変化が起きているのではないかという主張に基づいている。世界で領土獲得の動きが後退し、経済やイデオロギー、政治に絡んだ目標が重要になってくると、軍事力の有用性は薄れていくと言われている。ところが、軍事的手段の有用性が低下したと言われる最大の理由は、軍事コストの著しい増加なのだ。そのなかで、武器製造にかかる費用の重要度は、おそらく考えられている以上に低いだろう。最大コストは、軍事力の正統性を主張するのが近年急激に難しくなったことと、核兵器の驚異的な破壊力に伴うリスクが高すぎることの２つである[63]。

つまり、ミリタリー・ステイトクラフトの有用性が低下した結果、エコノミック・ステイトクラフトの有用性が増したという主張が出てきたのは、ミリタリー・ステイトクラフトにかかるコストが激増しているからにほかならない。今後も政治家たちが他国や非国家主体に影響力を行使したいと考えていると仮定するなら、彼らはステイトクラフトのなかでも、経済的技法などの非軍事的技法にますます魅力を感じるはずだ。もしこれが真実であれば、こうした政策手段の能力と限界について、さらに理解を深めていくことが望ましいだろう。

ステイトクラフトにおける軍事的技法と経済的技法の有用性を比較した、バランスのとれた思慮深い議論は稀だ。軍事力にはまったく価値がないとか、経済的技法が軍事的技法を完全に駆逐したとかいう主張は、極端すぎて、反論するのも簡単だ。また、真剣な議論に値する、より穏健な意

62. Gilpin, *War and Change in World Politics*, pp. 68-69, 218.

63. これらについては、以下参照。Knorr, *On the Uses of Military Power in the Nuclear Age*、および Quincy Wright, *A Study of War*, 2d ed. (Chicago: University of Chicago Press, 1965)。前者は、ミリタリー・ステイトクラフトの有用性に関する研究のなかでも最も洗練されている。また後者は、あらゆる言語で書かれたどの論文と比べても、戦争について研究し尽くした包括的な論文で、戦争研究の金字塔である。*A Study of War* の第２版が刊行されたとき、ライトは「1942 年以降の戦争についての補足」を加筆し、ミリタリー・ステイトクラフトの有用性が低下している理由をいくつか示唆している。この研究は、軍事関係を研究する現代の学者たちからもっと注目されてしかるべきである。ステイトクラフトの研究では、必ずしも新しければよいというわけではない。

見があるのに、このような極端な見解が注目を集める。どちらの見解にも、政策手段の代替策の有用性を比較して、十分体系的に評価できる分析の枠組みを構築する必要がある。核の時代においては、軍事力に代替する手段の能力と限界を理解することが特に重要であり、必要不可欠でもある。慎重を期した研究以外を基にして結論を出すには、あまりにもリスクが高すぎる。軍事的技法の有用性を評価するといいながら、そのコストを無視し、非軍事的な代替策に表層的な注意を払うような研究では、役目を果たすことはできない[64]。

64. コストを考慮せずにミリタリー・ステイトクラフトの有用性を評価する試みの一例としては、以下参照。Barry M. Blechman and Stephen S. Kaplan, ***Force Without War: U.S. Armed Forces as a Political Instrument***（Washington, D.C.: Brookings Institution, 1978).

第5章
世界でエコノミック・ステイトクラフトがどう考えられてきたか

思索を必要とし、激しい論争が起きる科学を確立させるには、権威者が複数いたほうが望ましい。自分の気に入った著述家の言葉や比喩を教師が教え込もうとしたり、生徒が機械的に暗記しようとしがちな誤った傾向については、「隷属への道」に陥った古代ローマ人の忠誠心を分裂させることでしか修正できない。それゆえ理論の歴史は、哲学同様、政治経済学でもためになる。

（フランシス・イシドロ・エッジワース）

エコノミック・ステイトクラフトの理論は何世紀も前に構築され、実践されてきた。外交政策の目標と経済的資源との関係は、プラトン、アリストテレス、マキャヴェッリ、ロック、ベーコン、モンテスキュー、ヒューム、スミス、カント、ハミルトン、リスト、ジョン・スチュアート・ミル、ウッドロー・ウィルソン、ジョン・メイナード・ケインズなど多くの識者によって議論されてきた。本章では、エコノミック・ステイトクラフトの思想史を包括的にまとめたり、詳しく説明したりするのではなく、過去25世紀を振り返り、この主題に関する思想を概観する。

古代および中世の思想

「古代ギリシア・ローマの名著には、各国の自然条件が異なるゆえに、国同士の貿易が相互に有益になるのだという教えがある」[1]。だが、古代ギリシア人は、外国との交易を通じて利益を得ることは、必ずしも望ましいこととされなかった。自給自足を実践する独立都市国家（independent entities）を理想とした古代ギリシアでは、外国との交易は積極的に機会を追求すべきものではなく、耐えるべき必要悪だという考え方が隆盛だったのだ。アルフレッド・ジンメルン卿は、このような古代ギリシア人の考え方を次のようにまとめている。

> 古代ギリシアの都市は、外国の要求に屈しない、完全に独立した主権国家としての伝統を持ち、それを誇りにしていた。彼らの強靭な独立精神は何世紀にもわたる孤立のなかで育まれ、（中略）市民の最大の武器の一つだった。しかし、この独立精神を政治的な意味だけで解釈してしまうと、19世紀の交易商人や開拓者たちの覆轍（ふくてつ）を踏むことになる。独立精神は、その由来と本質において政治的であると同時に経済的であ

1. Jacob Viner, *Studies in the Theory of International Trade* (New York: Harper, 1937), p. 100.

り、古代ギリシアだけに顕著だったのではない。どこの国でも独立精神とはそういうものだった。昔の素朴な人々にとっては、政治と経済、つまり国家の統治と財政は同じ物事の２つの側面に過ぎなかったからだ（われわれにとってもそうであるべきだが）。したがって、独立精神は何世紀にもわたり、ギリシアの経済政策の基盤をなしていた。独立国家であるためには、自分たちのやり方で国を統治するだけでなく、自力で食糧や衣服を手に入れなければならない。自治のみならず自給自足が当然なのだ。自治と自給自足という２つの言葉は（中略）、ギリシアの伝統的な考え方ではほぼ同義に用いられる。この伝統がどれほど揺るぎないものであったかは、古代ギリシアの商人たちが東西から物資を次々と輸入するようになってから何年も経ったあとも、哲学者たちによる政治経済の論議に記録されていたことからもうかがえるだろう[2]。

古代ギリシアで自給自足の伝統が育まれたのは、軍事安全保障のためや、国内の生産者の保護ではなく、外国勢力により国内状態に腐敗的影響が及ぶことを恐れたためである[3]。

このような考え方は、古代ギリシアの哲学者プラトンとアリストテレスの著作にも現れている。両者とも国家が自給自足を維持するのは望ましいことだとし、関心を主に内政に向け、対外関係を二の次に考えた[4]。ただし、プラトンは自身の著作『国家』において、「輸入品をまったく必要としない地域にわれわれの都市を建設するのは不可能に近い」[5]という理由から、対外貿易の必要性を不本意ながらも認めている。また、もう一つの著作『法律』では、外国との交易を嫌うあまり、貿易商を惹きつけるような良港から離れた内陸部に理想国家を築くべきだと考えた。つまり、「交易や通商は欲を刺激し、狡猾な商法を助長するため、国内だけでなく国外に対しても誠実さがなくなり、有害であるとみなされる」のである[6]。

一方のアリストテレスも、外交問題を軽視するプラトンを批判するもの

---

2. Sir Alfred Zimmern, *The Greek Commonwealth*, 5th ed.（London: Oxford University Press, 1931）, pp. 286-287.
3. 同上 pp. 323-324。
4. George H. Sabine, *A History of Political Theory*, rev. ed.（New York: Henry Holt, 1950）, pp. 123-129；および Frank M. Russell, *Theories of International Relations*（New York: D. Appleton-Century, 1936）, pp. 51-74.
5. *The Republic of Plato*, trans. F. M, Cornford（New York: Oxford University Press, 1945）, p. 57.
6. Russell, *Theories of International Relations*, p. 67.

の、外交観はプラトンの考えと大差がない。アリストテレスは「秩序の保たれた国家にとって、海とのつながりが利益になるのか、それとも不利益になるのかは、大いに議論されている問題だ」[7]と言いながら、軍事安全保障だけでなく、「必需品の供給を途絶えさせないため」輸入も促進するには、沿岸部に理想国家を築くのが望ましいと述べている[8]。プラトンと同様に、アリストテレスも（ほぼ）自給自足が可能な国作りに固執していたが、プラトンと比べると、「他国との節度ある、規制された交易」にはやや寛容な姿勢を見せていた[9]。

対外経済政策は国内政治の自律性の維持を考慮して策定されるべきだという考えは、歴史上の遺物ではなく、20世紀の国際社会において、どのような相互依存関係を戦略的に築いていくのかを議論する際にも重要な要素なのだ。

プラトンやアリストテレスの著作に見られる交易への熱意の欠如は、中世の思想にも現れている。中世の超俗的な精神世界においては、人々が通商に現（うつつ）を抜かすと、物質的豊かさを求めすぎて精神生活が損なわれると考えられがちだった。ところがその中世に、ピエール・デュボアという特筆すべき人物がいた。彼はフランス国王の顧問官で、近代の平和計画に見られるような要素を一部含んだ、キリスト教国家の連合体の建設を提案していた。特に注目すべきは、その連合体への参加国に戦争を仕掛ける別の参加国には経済ボイコットで対抗するという案で、「国際連盟の制裁に関する協定」に6世紀以上も先駆けて提唱されていた[10]。

重商主義の時代：1500年から1750年まで …………………

「重商主義」は、19世紀のドイツの学者らが作った言葉で、およそ1500年から1750年の間にヨーロッパ諸国に広がっていた国際経済政策と、その実践を指している。重商主義は18世紀にアダム・スミスにより『国富

---

7. *The Politics of Aristotle*, trans, Earnest Barker（London: Oxford University Press, 1958）, pp. 57-58.
8. 同上 p. 294。
9. Russell, *Theories of International Relations*, p. 69,
10. Sylvester John Hemleben, *Plans for World Peace Through Six Centuries*（Chicago: University of Chicago Press, 1943）, p. 3. 次も参照のこと。Russell, *Theories of International Relations*, pp. 106-110；および F. Melian Stawell, *The Growth of International Thought*（London: Thornton Butterworth, 1929）, pp. 63-68.

論』で徹底的に批判され、その批判が19世紀のスミス派の学者たちに受け継がれたため、多くの経済学者が重商主義を「よしとしないだけでなく、一笑に付すようになった」[11]。今でも「重商主義」という言葉には軽蔑的な意味合いがある。したがって、現代国家の政策を「新重商主義」と呼ぶ人々はだいたい、重商主義的な慣行を否定していると考えてよいだろう。

重商主義者には、無名に近い政治冊子の執筆者から、有名なところでは、モンテーニュ、モンクレティアン、ベーコン、ロックなどがいる[12]。重商主義というと強権国家のイメージがあるため、政府の権力を限定的にしか認めなかったロックがこのなかに入っているのは意外に思えるかもしれない。もっと意外なのは、現実主義的な政治学の祖として「権力政治」を唱えたマキャヴェッリが重商主義者に数えられていない点だ。

これほど多くの学者たちが長年にわたって重商主義について執筆してきたのだから、その内容が論争の的になるのも不思議ではない。ジェイコブ・ヴァイナーは重商主義を次の５つの論点でまとめている。

> (1) 政策は厳密にナショナリスティックな観点からのみ構成され、実行されるべきである。つまり国益のみが重視されるべきである。(2) 国策または対外貿易に絡んだ要素を評価するときは、その要素が国の貴金属の保有量に与える直接的または間接的影響を常に重視すべきである。(3) 国内に金や銀の鉱山がない場合、できる限り高い水準の輸出超過を達成することを国家の主要な目標に掲げるべきである。なぜなら、これが貴金属の国内保有量を増やす唯一の手段だからだ。(4) 自国に「有利な」貿易収支は、当局による直接的な輸出促進策と輸入制限策によって、または輸出入に間接的に作用する他の措置によって追求されるべきである。(5) 経済的外交政策と政治的外交政策は、「富」と「権力」(「権力」には安全保障も含む) のどちらにも対等に常に注意を払いなが

---

11. Joseph A. Schumpeter, ***History of Economic Analysis*** (New York: Oxford University Press, 1954), p. 336.

12. 重商主義者の見解についての議論は、以下参照。Eli F. Heckscher, ***Mercantilism***, trans. Mendel Shapiro, rev. ed., 2 vols. (New York: Macmillan, 1955); Jacob Viner, "Power Versus Plenty as Objectives of Foreign Policy in the Seventeenth and Eighteenth Centuries," ***World Politics*** 1 (October 1948): 1-29; Viner, "Economic Thought: Mercantilist Thought," in ***International Encyclopedia of the Social Sciences***, vol. 4, pp. 435-443; および Edmund Silberner, ***La Guerre dans la Pensée Économique du XVIe au XVIIIe Siècle*** (Paris: Librairie du Recueil Sirey, 1939), pp. 7-122.

ら追求されるべきである。また「富」と「権力」は、互いが他方の目標を達成するための手段となるような、一般に相互に支え合う国家目標である[13]。

以上５つの論点は、「重商主義理論の揺るぎない核をなしていて、1750年代以前には経済問題を扱う著述家たちの間でもほとんど異論がなかった」[14]とヴァイナーは述べている。重商主義者は、触れるものをすべて金に変える能力を使って、金を集めることに固執したミダス王に例えられて非難されることもあるが、他方で、貴金属獲得を他の目標の手段とみなしていたのだと指摘されることもある。例えば、重商主義者は貴金属が「陸軍や海軍の資金調達と装備、外国人傭兵の雇用、潜在敵国への賄賂、同盟国への補助金」に利用できることを十分に理解していた[15]。

また、重商主義と戦争との関係も論争の的になっている。エリ・ヘクシャーとエドモンド・シルバーナーは重商主義を、経済よりも戦争の準備を優先させ、おそらく軍備を整えることによって戦争の可能性を高める理論だと説明している[16]。またヴァイナーは、重商主義の戦争を見越した貨幣準備を否定はしないものの、富も目指していると主張し、どちらかの目標に明確な優先順位があるわけではないと述べている[17]。他方で、ジョセフ・シュンペーターは、重商主義時代に国民国家が競い合ったのは、国家の社会構造に起因するという別の議論を展開している[18]。この系統の主張は、国家が好戦的であるから重商主義政策を採用したのであり、重商主義政策をとったから好戦的になったわけではないと示唆する。要するに、重

---

13. Viner, “Mercantilist Thought,” p. 436.
14. 同上。
15. 同上 p. 438。
16. 次も参照のこと。Frank D. Graham, “Economics and Peace,” p. 116；および Edward Mead Earle, “Adam Smith, Alexander Hamilton, Friedrich List: The Economic Foundations of Military Power,” in *Makers of Modern Strategy: Military Thought from Machiavelli to Hitler*, ed. Edward Mead Earle（Princeton: Princeton University Press, 1943）, pp. 118-119.
17. Viner, “Power Versus Plenty.” 富とパワーの優先順位を決める問題は、重商主義者たちにはあまり関心のないことだった。というのも、彼らはこの２つの目標は両立するもの、または互いに切り離せないものだと考えていたからだ。以下と比較のこと。Hirschman, *National Power and the Structure of Foreign Trade*, pp. 4-5. ロビン・レンウィックは、重商主義者たちの目標が政治的というより経済的であったと主張する唯一の著者のようだ（Robin Renwick, *Economic Sanctions* [Cambridge, Mass.: Harvard University Center for International Affairs, 1981], p. 4）。
18. Schumpeter, *History of Economic Analysis*, p. 146.

商主義者たちが軍備に関心を持っていたことはほぼ間違いないが、戦争を見越した目標が、他の目標に比べてどれだけ重要なのか、重商主義政策が戦争勃発の確率にどれほどの影響を与えるのかという問題は解決されていないのだ。

1500年から1750年までは、重商主義的な思想が広がっていたことから、「重商主義者の時代」と呼ばれている。しかし、他の思想を持つ著述家たちがエコノミック・ステイトクラフトに関して沈黙していたわけではない。外交官や国際的な法律家、世界平和計画の推進者たちも、エコノミック・ステイトクラフトを論じていたのである。

この時代に書かれた最も有名なステイトクラフト論といえば、マキャヴェッリの『君主論』である。重商主義者たちがパワーや国益を重視していたことを考えれば、マキャヴェッリは彼らの意見を受け入れていたのだろうと思うかもしれないが、そうではない。マキャヴェッリは種類を問わずエコノミック・ステイトクラフトにはほぼ無関心だったらしく、『君主論』を書く少し前に、友人に向け次のように書いている。

> 運の定めにより、製糸技術や羊毛技術、あるいは利益や損失について論じる術(すべ)を知らない私には、国家について論じるのがふさわしい[19]。

この言葉から、アルバート・ハーシュマンは「マキャヴェッリは経済と政治のつながりをまったく見抜けなかった」との解釈を引き出している[20]。マキャヴェッリは政治学の先駆者だったかもしれないが、明らかに政治経済学の先駆者ではなかった。

『君主論』の内容は、ハーシュマンのマキャヴェッリ観を裏付けている。マキャヴェッリはミリタリー・ステイトクラフトに魅了され、国家の強さをどう測るべきかについて、一貫して軍事的な観点から議論を展開している[21]。例えば、君主の義務として、「戦争と軍事組織と規律以外の（中略）目的や考えを持たぬように。命令を下す人に必要な能力はそれだけだか

19. Hirschman, *National Power and the Structure of Foreign Trade*, p. xv から引用。
20. 同上。次も参照のこと。Albert O. Hirschman, *The Passions and the Interests*（Princeton: Princeton University Press, 1977）, p. 41.
21. Niccolo Machiavelli, *The Prince and the Discourses*（New York: Modern Library, 1950）, pp. 39-41（『君主論』は1513年に書かれたが、出版は1532年）.

ら」と君主に助言している[22]。ステイトクラフトの軍事的技法がマキャヴェッリの思想を支配しているのは明らかである。

当時は重商主義者たちの間で「貨幣は戦争の軍資金」という考えが広く受け入れられていた。だが、マキャヴェッリは『ローマ史論』のなかで彼らの見解を強く批判している。例えば、「これほど誤った意見はない」と主張し、「金(きん)だけでは優秀な兵士は調達できないが、優秀な兵士は必ず金(きん)を調達できる」のだから、戦争においては金(きん)よりも優秀な兵士が重要だと主張している[23]。つまり、マキャヴェッリは重商主義者ではなかっただけでなく、当時最も広く受け入れられていた重商主義の原理の一つにあえて異議を唱えていたのだ。

マキャヴェッリの著作ほどは知られていないが、フランソワ・ド・カリエールによるステイトクラフトについての論説が1716年に出版されている。主に外交について書かれたものだが、貨幣活用方法についても言及があり[24]、実際、外国高官への賄賂の渡し方について一節が割かれている。またカリエールは、交渉が力関係の不均等な当事者同士で行われる場合の本質的な難しさを論考し、力が強いほうの国家が「多額の金をばらまく」のは、「当事者たちの利益を調和させる」のに有効な技法になり得ると示唆している。

国際法学の先駆者で思想家のフランシスコ・デ・ヴィトーリアやフーゴー・グロティウスも、自身の著作のなかでエコノミック・ステイトクラフトについて触れている。ヴィトーリアは1532年に、「平時に他国との貿易を断つことを正当化するものは何もない」と述べ[25]、通商権を主張している。だが、もしその主張を貫けば、エコノミック・ステイトクラフトの発動は著しく制限されるだろう。ヴィトーリアは、16世紀には、「各地域に限定された、多様な産物を神が人間に与えたのは、人類に交易を奨励し、世界経済を通じて互いに愛し合うことを学ばせるためである」と一般に考えられていたことから[26]、この原則を導き出したのかもしれない。

---

22. 脚注21と同、p. 53。マキャヴェッリが軍事に多大な関心を示していた点については、以下参照。H. Butterfield, *The Statecraft of Machiavelli* (London: G. Bell, 1940), pp. 93-94.

23. Machiavelli, *The Prince and the Discourses*, pp. 308-312.

24. François de Callières, *On the Manner of Negotiating with Princes*, trans. A. F. Whyte (Notre Dame, Ind.: University of Notre Dame Press, 1963).

25. Janice Catherine Simpson, “The Position in International Law of Economic Measures of Coercion Carried on Within a State's Territory” (Ph. D. dissertation, University of Chicago, 1935), p. 13. 次も参照のこと。Russell, *Theories of International Relations*, pp. 139-140.

ヴィトーリアに続き、17世紀初めにはグロティウスが、国際通商は神の承認を得たものであるから、交易を妨害することは自然の摂理を妨げることだと主張した。ただし、彼が主張したのは外国へ物を売る権利ではなく、外国から必需品を買う権利のみだった。自由貿易と平和、国際的調和は相互に関係しているというこの考え方は、18世紀から19世紀にかけて重要な役割を果たすことになる[27]。

また、17世紀と18世紀に出された世界平和に関する２つの提案は、それぞれがエコノミック・ステイトクラフトの思想史において重要な位置を占めている。1623年には、エメリック・クルーセが普遍的平和の達成に関して統治者に助言することを表向きの目的に執筆した、『Le Nouveau Cynée（新キニアス論）』が出版されている[28]。これは、平和を主要な目標とする、普遍的な国際機関の構築計画を提唱した初めての著作である。国際経済の相互依存という構想（クルーセが実際に使用した用語がこれでないとしても）が世界平和のカギになるという考え方は、クルーセの主張に深く浸透していた。彼は軍人の美徳を讃える傾向を軽蔑し、商人が社会に貢献しているとして商人階級を美化している。シルバーナーはクルーセが平和を推進する方法として自由貿易または自由に近い交易を提唱したことに触れ、クルーセの貢献を、「スミスよりも１世紀半前、コブデンよりも２世紀以上も前の18世紀から19世紀にかけて、自由主義派の重鎮たちを巻き込んだ思想を展開した。戦士に代表される古い封建的な理想と対比して労働者に代表される近代のブルジョワ的な理想を掲げた」[29]と総括している。自由貿易と平和を結びつける考えは当然20世紀にも引き継がれ、ノーマン・エンジェル卿、ウッドロー・ウィルソン、ラムゼー・ミュア、コーデル・ハルらの思想に現れている。

クルーセの思想を受け継いで、1713年、アベ・ド・サン・ピエールは

---

26. Viner, ***Studies in the Theory of International Trade***, p. 100. 次も参照のこと。Jacob Viner, ***The Role of Providence in the Social Order***（Philadelphia: American Philosophical Society, 1972）, pp. 27-54；および Hirschman, ***Passions and Interests***, p. 60.

27. 以下参照。Simpson, "Economic Measures of Coercion," p. 14；Russell, ***Theories of International Relations***, pp. 151-152, 294；および Hirschman, ***Passions and Interests***, pp. 79-81.

28. Émeric Crucé, ***The New Cyneas***, trans. Thomas Willing Balch（Philadelphia: Allen, Lane and Scott, 1909）；Russell, ***Theories of International Relations***, pp. 163-169；Hemleben, ***Plans for World Peace Through Six Centuries***, pp. 21-31； および Silberner, ***La Guerre dans la Pensée Économique du XVIe au XVIIIe Siècle***, pp. 128-138.

29. Silberner, ***La Guerre dans la Pensée Économique du XVIe au XVIIIe Siècle***, p. 137.

『永久平和論』を出版し、貿易をゼロサムゲームだと考える重商主義に異論を唱えた。サン・ピエールは「国際交流は普遍的平和のための有利な条件を作り出す」という考えも支持していた[30]。このように、1500年から1750年までは重商主義が支配的だったが、エコノミック・ステイトクラフトについて別の思考方法が知られていなかったわけでもない。その一部は18世紀後半になると、重商主義者たちの間にあったコンセンサスが崩れた後、大きく支持を集めることになる。

経済的自由主義………………………………………………………

重商主義をエコノミック・ステイトクラフトの理論として説明することに異論を唱える学者はまずいないだろうが、経済的自由主義の自由貿易論をエコノミック・ステイトクラフトの理論として説明するとなると、眉をひそめる学者もいるはずだ。重商主義は経済的手段による外交政策の目的（すなわち富とパワー）の追求に関心を持っていたのは明らかだが、その重商主義のアンチテーゼだとされる経済的自由主義も同じように説明できるのではないだろうか[31]。国家は経済活動に積極的に介入すべきだと考える重商主義者と、そのような国家介入を排除しようとする経済的自由主義者とを対比して考えると、経済的自由主義は、政治と経済が社会生活のなかでそれぞれに独立した領域であることを自明の理であるかのように仮定している。政治と経済の重商主義的なつながりを断ち切ったのはアダム・スミスで、彼は「国同士の対立や国力の競争」といった「あさましいこと」の研究と「国富の研究」とを明確に区別した[32]。この区別に基づくと、「自由貿易の原理は（中略）政治的目標のために経済的手段を用いることの妥当性を否定している」と主張するのは容易である[33]。

しかし、重商主義はエコノミック・ステイトクラフトと同義ではない。

30. 脚注29と同、pp. 160-170。引用はp. 163から抜粋。次も参照のこと。Russell, *Theories of International Relations*, pp. 188-196；およびHemleben, *Plans for World Peace Through Six Centuries*, pp. 56-82.

31. 以下と比較のこと。Silberner: “In all its doctrinal elements liberalism is opposed to mercantilism” *La Guerre dans la Pensée Économique du XVIe au XVIIIe Siècle*, p. 125. p. 265も参照のこと。

32. William Cunningham, *The Growth of English Industry and Commerce in Modern Times*, 3d ed., vol. 1 (Cambridge: Cambridge University Press, 1903), p. 594n.

33. John Pinder, “Economic Diplomacy,” in *World Politics: An Introduction*, ed. James N. Rosenau, Kenneth W. Thompson, and Gavin Boyd（New York: Free Press, 1976）, p. 314.

特定の政策の手段と特定の目標を強調する一つの原理に過ぎず、エコノミック・ステイトクラフトの多種多様な形態の一つに過ぎない。エコノミック・ステイトクラフトは、国家が経済に介入する度合いや介入の種類については何も示唆していない。その根本的特徴は、国家の外交政策の目的（それが何であれ）を促進することを意図して経済政策が策定されるという一点に尽きる。

自由主義に基づいた自由貿易の原理と外交政策の目的を結びつけるものとしては、「貿易は平和を促進する」という主張が最もよく知られている[34]。自由主義者のなかでも強硬派は、世界的な自由貿易の必然的な結果として平和がもたらされると力説するが、穏健派は自由貿易によって戦争の可能性が低くなるとしか言わない。当然、自由主義者が戦争を望ましいものだと考えていたとしたら、このような考察は必ずしもエコノミック・ステイトクラフトの一理論としては成立しなかっただろう。しかし実際は、自由主義者たちには戦争回避を望ましい外交政策の目的だと考える傾向があるのだから、彼らが実践可能あるいは実践すべきだと考えたエコノミック・ステイトクラフトがどういう種類のものだったかは明らかだ。つまり、自由主義者は平和が目標で、自由貿易が手段だと主張していたのだ。

自由貿易が戦争を防ぐ手段になるという主張は、次の３つの考えに基づいている。第１に、重商主義的な思想とその実践が戦争を引き起こす主な原因と考えていた。したがって、重商主義的な原理や政策がないだけで、平和の可能性は高まることになる。第２に、貴族に比べれば好戦的ではないとされる中産階級の影響力を強めることで、国家は好戦的な政策を採用しにくくなる[35]。そして第３に、戦争は貿易を妨げる可能性が高いため、自由貿易によって国際経済の相互依存度が高まると、平和の維持が既得権益となる。

第３の論考（国際経済の相互依存関係がもたらす平和への影響）はクルーセにまでさかのぼることができ、それが今でも貿易と平和は関係して

---

34. 以下参照。Russell, *Theories of International Relations*, pp. 179-203, 282-313；Hirschman, *National Power and the Structure of Foreign Trade*, pp. 6-10；Silberner, *La Guerre dans la Pensée Économique du XVIe au XVIIIe Siècle*, pp. 125-269；および Edmund Silberner, *The Problem of War in Nineteenth Century Economic Thought*, trans. Alexander H. Krappe (Princeton: Princeton University Press, 1946).

35. 19世紀の多くの自由貿易主義者とは異なり、アダム・スミス自身は平和主義者ではなかった。実際、彼は「好戦的な精神」の衰退を「通商の弊害」だと考えていた。(Hirschman, *Passions and Interests*, pp. 105-106).

いると主張する場合の強力な論拠になっている。一部ではあるが、この点に関する有名な意見を引用しよう。

> 通商は自然に平和をもたらすものである。取引し合う２つの国は相互に依存している。一方が買うことに関心があれば、他方は売ることに関心があるため、すべての合意は互いの必要性に基づいている[36]。

> 自然は賢明にも、諸民族を分離させているのである。他方で、また自然はたがいの利己心を通じて、諸民族を結合させているのであり、これなしにコスモポリタンの概念だけで民族の間の暴力と戦争を防止することはできなかっただろう。これが商業の精神であり、これは戦争とは両立できないものであり、遅かれ早かれすべての民族はこの精神に支配されるようになるのである。というのは、国家権力のもとにあるすべての力と手段のうちで最も信頼できるのは財力であり、諸国は道徳性という動機によらずとも、この力によって高貴な平和を促進せざるをえなくなるのである。
>
> そして世界のどこでも、戦争が勃発する危険が迫ると、諸国はあたかも永続的な同盟を結んでいるかのように、仲裁によって戦争を防止せざるをえなくなるのである[37]。

> 通商は、戦争とは相反する個人的利益を強化し増大させることで、戦争を加速度的に時代遅れなものにしてきた。また、国際貿易が急速に拡大しているのは、世界の平和を何よりも保証すると同時に、人類の思想や制度、そして人類の特性の絶え間ない進歩のための重要な永続的保障でもあると言えるだろう。これは決して誇張ではない[38]。

20世紀のノーマン・エンジェル卿（1914年）、フランシス・デライシ（1925年）、ラムゼー・ミュア（1933年）の著作にも、類似の一節が見ら

---

36. Charles-Louis de Montesquieu, ***De l'Esprit des Lois***（1748）, book XX, chap. II.　Hirschman の ***National Power and the Structure of Foreign Trade***, p. 10n.
37. Immanuel Kant, "Essay on Eternal Peace"（1795）. C・J・フリードリッヒ著 ***Inevitable Peace***（Cambridge, Mass.: Harvard University Press, 1948, pp. 264-265）の付録に転載されたもの。
38. John Stuart Mill, ***Principles of Political Economy***（1848）, p. 582.

れる[39]。

重商主義と経済的自由主義を、エコノミック・ステイトクラフトの理論という大枠の下部理論群に属するものとして説明するならば、この２つの間には必然的に類似性があるはずだ。ところが実際は、一般に重商主義と自由主義の違いを強調する傾向があるため、この２つがエコノミック・ステイトクラフトの下の大きな理論群に属しているとは考えにくくなっている。例えばロバート・ギルピンは、「経済関係の本質、経済活動の目標、国際経済関係のなかのアクターたちの本質だと考えられるもの、経済と政治の関係」において、重商主義と自由主義を区別し[40]、その違いを「根本的」「決定的」「重要」だと主張している[41]。彼は海外投資戦略に関し、現代における理論的な見方を明らかにしようとしている。そのために彼が設定した基準は、エコノミック・ステイトクラフト全般に関し、重商主義と自由主義の歴史的変遷を整理して論じるうえで便利な枠組みとなっている[42]。ここで新たな疑問が生まれる。ギルピンによる重商主義と自由主義の議論が、エコノミック・ステイトクラフトの歴史的変遷を理解するうえで、どの程度役立つのだろうか。

経済関係の本質

自由主義と重商主義において経済関係の本質がどのようにとらえられているかについて、ギルピンによれば、自由主義は貿易を「ポジティブサムゲーム（訳注：互いが利益を得るゲーム）」だとみなし、重商主義では「本質的にゼロサムゲーム」だとみなすという違いがあるという[43]。この説明は２つの主義の重要な（おそらく最も重要な）違いを正確に表してい

---

39. Sir Norman Angell, ***The Foundations of International Polity*** (London: William Heinemann, 1914)；Francis Delaisi, ***Political Myths and Economic Realities*** (London: Noel Douglas, 1925)；および Ramsay Muir, ***The Interdependent World and Its Problems*** (Boston: Houghton Mifflin, 1933). 次も参照のこと。Baldwin, "Interdependence and Power."

40. Robert Gilpin, "The Political Economy of the Multinational Corporation: Three Contrasting Perspectives," ***American Political Science Review*** 60 (March 1976)：185；および Gilpin, ***U.S. Power and the Multinational Corporation***, pp. 25-43.

41. Gilpin, "Political Economy," pp. 185-186； および Gilpin, ***U.S. Power and the Multinational Corporation***, pp. 26, 28. ギルピンはマルクス主義も論じている。

42. ギルピンの議論を参考にしたもう一つの理由は、これらの学説をギルピンがどう特徴づけたのかが、国際関係論者の間で非常に大きな影響力を持っているからである。

43. Gilpin, ***U.S. Power and the Multinational Corporation***, pp. 26-27.

るように思われるが、違いはあっても、両方をエコノミック・ステイトクラフトの形態として分類することは可能だ[44]。この違いは自由主義者と重商主義者が問題を定義する方法に影響を与えるが、エコノミック・ステイトクラフトの問題としての基本的性質には影響を与えない。どちらの主義も、経済的手段を用いて外交政策の目的を推し進める可能性を排除しないからだ。

自由主義の特性である「利益の調和」が経済領域に限定されているのであれば、それを疑問視する理由はほぼ見当たらない。自由主義者は貿易を相互に利益をもたらすもの（あるいはもたらす可能性があるもの）と考えていたが、重商主義者はそうではなかった。とはいえ、自由主義者たちが、生活のあらゆる領域において、あらゆる利益が常に完全調和すると考えていたわけではない。アダム・スミスは、「隣国の富」が「貿易においては明らかに都合の良いもの」であっても、「戦争や政治においては危険になる」可能性があると考え、経済的観点から見れば相互利益をもたらすものが、政治的観点からは違うことを明確に認識していた[45]。

経済活動の目標

ギルピンは、自由主義的な目標を「世界全体の利潤の最大化」、重商主義的な目標を「国益の最大化」だと説明している。また、自由主義が「世界の希少資源の効率的な活用」を目指すのに対し、重商主義は「国民国家間の雇用、産業、軍事力の配分」を目指すとしている[46]。ギルピンは別の著作でも、重商主義を「経済的手段によって安全保障を追求する」考えと説明している[47]。学者たちの間ではヴァイナーの次の一節がよく引用されており、ギルピンはそれと比較して自分の見解をまとめているのである。

---

44. ヴァイナー、ヘクシャー、ハーシュマンは、ギルピンの意見に同意しているようである。以下参照。Viner, "Power Versus Plenty as Objectives of Foreign Policy in the Seventeenth and Eighteenth Centuries," p. 10；Heckscher, *Mercantilism*, vol. 2, pp. 316-324； および Hirschman, *National Power and the Structure of Foreign Trade*, pp. 4-10.
45. Adam Smith, *An Inquiry into the Nature and Causes of the Wealth of Nations*（1776）, ed. Edwin Canaan (New York: Modern Library, 1937), p. 461.
46. Gilpin, *U.S. Power and the Multinational Corporation*, p. 27 から引用。シルバーナーの考えはギルピンの考えと似ている。以下参照。Silberner, *La Guerre dans la Pensée Économique du XVIe au XVIIIe Siècle*, p. 265.

国策目標としてのパワーと富の役割に関して、重商主義の理論と実践をどう解釈すればよいのだろうか。時代や国、個人の地位にかかわらず、実質的に重商主義者は全員、次の主張のすべてに同意していたと私は考える。(1) 安全保障のためであれ、侵略のためであれ、富はパワーに絶対不可欠な手段である。(2) 富の獲得や維持のための手段として、パワーは不可欠あるいは重要である。(3) 富とパワーはそれぞれ国策のしかるべき最終目標である。(4) その最終目標は長期的に調和されていくが、状況によっては、軍事安全保障のため、ひいては長期的繁栄のために、一時的に経済的犠牲を払わねばならないことがある[48]。

上記の引用も、その引用元である論文も、重商主義者の目標が自由主義者の目標とは根本的に異なるのだという主張を裏付けてはいない。ヴァイナーは、ヘクシャーの重商主義の解釈が、重商主義政策の目標としてのパワーの重要性を誇張し、富の役割を軽視していることを批判していた。だからこそ、上記引用の３つ目の主張で、国富と権力の両方が「国策のしかるべき最終目標である」と唱えたのだ。彼の主張は、ヘクシャーが自由主義と重商主義の目標の違いを誇張していたことを暗に示している。18世紀の愛国的な市民たちは、重商主義者だったかどうかにかかわらず、パワーと富をしかるべき政策目標だとみなしていたとヴァイナーは指摘している。そして「アダム・スミスは重商主義者ではなかったが、『どの国においても、政治経済の重要な目標は国の富とパワーを増大させることだ』と述べたとき、重商主義者の意見のみならず自分自身の意見も述べていたのだ」と考察している[49]。また、重商主義者は軍事力に、自由主義者は世界の経済的繁栄に、それぞれ関心を持っているとの考え方については、ヴァイナーの次の言葉が参考になる。「『富裕であることよりも防衛が重要だ』という言葉を浸透させたのは、重商主義者ではなく、反重商主義の経

---

47. Robert Gilpin, "Economic Interdependence and National Security in Historical Perspective," in ***Economic Issues and National Security***, ed. Klaus Knorr and Frank H. Trager（Lawrence: Regents Press of Kansas, 1977）, p. 28.

48. Viner, "Power Versus Plenty as Objectives of Foreign Policy in the Seventeenth and Eighteenth Centuries," p. 10 を引用したもの. Gilpin, ***U.S. Power and the Multinational Corporation***, p. 37 から引用。

49. Viner, "Power Versus Plenty as Objectives of Foreign Policy in the Seventeenth and Eighteenth Centuries," p. 13. 以下と比較のこと。Smith, ***An Inquiry into the Nature and Causes of the Wealth of Nations***, p. 352.

済学者アダム・スミスだったことは重要な意味を持っている」[50]。実際ヴァイナーは、「穏健な重商主義者の意見は自由放任主義を穏健に提唱しているように聞こえることがあるものだ」という立場をとっていた[51]。

重商主義と自由主義の目標には根本的な違いがあると考えたギルピンと比べると、ヴァイナーとヘクシャーの考えに大差はない。次の引用を見ると、ヘクシャーですら自由主義と重商主義の目標の違いを決定的だとは考えていなかったことがわかる。

> 確かに、重商主義と自由放任主義の重要な違いの一つは、目標にあった。重商主義は国家権力の基盤としての富を特に重視したが、自由放任主義では主に、富は個人にとって価値があり、だからこそ望ましいと考えられていた。しかし実際には、この違いは予想よりもはるかに小さかったのかもしれない。というのも、どちらの理論にしても、富そのものが関心の中心にあり、経済的な思考や取引を同じ程度に支配していたからだ。最終的に富をどう利用するのかの考え方に違いがあっても、現実的にはそれほどの違いはなかった。ここまでの範囲では、重商主義と自由放任主義の目標についての考え方は一致していたのだ[52]。

> 重商主義と自由放任主義が経済政策に関して正反対の立場をとったわけではない。むしろ、両者が本質的に異なっていたのは、目標に対して何が適切な手段なのかについての見解に大きな隔たりがあったためだ。「国家はどのようにして強大になるのか」「国家に繁栄と幸福をもたらすには何をすべきか」「『国の隆盛と衰退』を引き起こすものは何なのか、『国富』を生み出すものは何なのか」などの疑問に注目していた点においては、重商主義者も、自由放任主義的な政治家や経済学者も、足並みが揃っていた。しかし、これらの問題に取り組むとなると、両者はまっ

50. Viner, "Power Versus Plenty as Objectives of Foreign Policy in the Seventeenth and Eighteenth Centuries," p. 17. 実は、ヴァイナーはスミスの言葉を誤って引用している。スミスの言葉はヴァイナーが示唆する以上に強く、「しかしながら、富裕であることよりも防衛がはるかに重要だ」と述べている（Smith, *An Inquiry into the Nature and Causes of the Wealth of Nations*, p. 431.）。

51. Jacob Viner, "The Intellectual History of Laissez Faire," *Journal of Law and Economics* 3（October 1960）: 46.

52. Heckscher, *Mercantilism*, vol. 1, p. 25.

たくの正反対ではないが、非常に開きのある解決策を提示したのだ[53]。

重商主義をナショナリスティックな制度だと考えるのは、至極正当である。

しかし、この考え方では、重商主義の本質を根本的には説明できないことを指摘しておかなければならない。（中略）見方によっては、自由貿易と重商主義は極めて対照的だ。その一方で、逆説的に思えるかもしれないが、重商主義と同じく、自由貿易も、第１の前提は自国の利益を最優先に考えることである。ただし、その影響はコスモポリタニズムの視野に立って考えられていた。（中略）経済政策の観点から、（中略）最も留意すべき重要な点は、自由貿易論者が他国との自由な交換を要求したのは、自国の利益を懸念していたからだということである。（中略）自由貿易のもとでも、重商主義のもとでも、政策決定の決め手は自国の利益だった。ただ、自国の利益を確保したのちに何を目指すのかが両者の間で異なっていたのだ[54]。

確かに、重商主義者のなかには、彼らが活躍した時代の特殊な事情を考慮して、パワーへの関心を経済分野に向けるべきだと考えた人もいた。（中略）しかしこの点に関しては、重商主義も後継の政策と根本的には同じだったと言えるだろう。この点はアダム・スミスの言葉に顕著に表れている。スミスは権力政治的な政策に深く賛同する立場を表明したが、彼の一般的態度に照らし合わせれば、こうした政策は経済的な理由以外では認めなかったはずだ[55]。

ヘクシャーは重商主義者の目標と自由主義者の目標を再三比較しているが、そのたびに、この２つの違いは本質を突いた根本的なものではなく、表面的で誤解を招くものだと結論づけている。自由主義者の目標は経済重視で世界的、重商主義者の目標は政治的でナショナリスティックという対比で説明すると、両者の理論を歪めることになる。どちらも国力と国富を重視していたからだ。両者の根本的な違いは、目標ではなく手段にあった。ヴァイナーとヘクシャーは、重商主義の解釈を異にしていたが、ギル

53. 脚注 52 と同、p. 26。
54. 同上、第２巻 pp. 13-14。
55. 同上 pp. 15-16。

ピンの説明する重商主義と自由主義の目標には、2人ともまったく同意しなかったはずだ。

アクターたちの本質

ギルピンは、重商主義者は国民国家について「国際経済関係における現実のアクターであり、（中略）国益が外交政策を決定する」と考えており、この重商主義的な見方を、「個々の消費者や企業、あるいは企業家」を重視する自由主義的な見方と対比させている[56]。重商主義の目標は国益の観点から定義され、自由主義の目標は世界全体の幸福の観点から定義されていると主張しているので、両者のこの違いは自然に導き出されている。

もしアダム・スミスの著作のタイトルが「消費者、企業、起業家にとっての富と、富の追求の動機に関する研究」だったとしたら、当然、ギルピンの指摘にも重みが出るだろう。だが実際のタイトルは、ギルピンの自由主義の説明には馴染まないものになっている。前節で目標について論考したときに引用したヴァイナーとヘクシャーの言葉は、ここでも重要な意味を持つが、繰り返す必要はないだろう。国家は国際経済関係の重要なアクターであって、政策は国益の観点から定義されるべきであり、富と権力はともに国益の重要な構成要素であるという点で、重商主義者と自由主義者の意見は一致していた。国益が正しく定義されていると仮定して、その国益がどの程度対立し得るのか、また国益の追求にはどのような国策が最適かという点で、重商主義者と自由主義者とでは意見が異なっていた。「国民国家は経済主体としては意味を持たない」[57]という考えは、現代の一部の「経済学者、（中略）実業家、アメリカの政府高官」[58]の見解を特徴づけているかもしれないが、アダム・スミスをはじめとする古典的な経済的自由主義の考え方ではなかった。

政治と経済の関係

ギルピンによれば、政治と経済は「比較的分離可能な、独立した活動領

---

56. Gilpin, *U.S. Power and the Multinational Corporation*, p. 28.

57. 同上 p. 25。

58. 同上 p. 28。ヴァイナーの国際貿易理論における国民国家の役割に関する論考は、以下参照。*Studies in International Trade*, pp. 594-601.

域」で、「経済的合理性が政治的関係を決定すべきだ」と考えるのが自由主義で、これに対して「重商主義的視点の本質」は、「経済が国家とその利益の手段であること」だ。彼のこうした見方は２つの理論の定型的なイメージを表しているわけだが、そのような見方には注意をしたほうがよい。そもそも、自由主義派が「富の追求が政治秩序の本質を決定する」と考えていたという命題には、ギルピンが示した以上の考証が必要になる[59]。結局のところ、「富の追求が政治秩序の性質を決定すべきだ」という考えと、アダム・スミスの「統治者が留意しなければならない第一の義務は、（中略）他の独立した社会からの暴力や侵略から自分の社会を守ること」[60]だという主張はあまり馴染まないのだ。スミスは、「『社会全体』の物質的幸福は、あらゆる人が利己心に従うことが許されるときに前進する」[61]と考えたが、政治秩序よりも物質的幸福を優先しなければならないほど、それが重要だとは考えていなかった。スミスは結局のところ、「防御よりも富裕であることのほうが重要だ」とは言わなかったのである。また、政治家を低く評価していたかもしれないが、以下に示すように、政治的秩序よりも実業家たちの意見を優先させようともしていなかった。

> 前世紀から今世紀にかけて、国王や大臣の気まぐれな野心は、ヨーロッパの平安にとって、商人や製造業者の不謹慎な嫉妬より致命的なものではなかった。支配者の暴力と不正は古来の悪行であり、残念ながら、人間社会の本質からして、改善策を見つけることは極めて難しい。しかし、支配者ではなく、そうなるべきでもない商人や製造業者の卑劣な強欲さや独占欲は、正すことはできないだろうが、それらが彼ら以外の人々の平穏を乱すことは非常に容易に防げるだろう[62]。

「経済が国家とその利益の手段であること」が自由主義と異なる重商主義の特徴であるかどうかという問題に関しても、慎重に考えたほうがよい。重商主義者は国家による経済への広範な介入が国益にかなうと考えたが、自由主義者はそうではなかったという事実だけで、自由主義者は国益に無関心だったとは言えない。両者の主な違いは、国益のために国の経済

59. Gilpin, *U.S. Power and the Multinational Corporation*, pp. 25, 29.
60. Smith, *An Inquiry into the Nature and Causes of the Wealth of Nations*, p. 653.
61. Hirschman, *Passions and Interests*, p. 111.　次も参照のこと。pp. 104-113.
62. Smith, *An Inquiry into the Nature and Causes of the Wealth of Nations*, p. 460.

政策を合わせるかどうかではなく、どのように合わせるかにあった。ほとんどの自由主義者は、自由放任主義(レッセフェール)が国の最大の利益になると考えていたのだ。ヴァイナーが次の一節で指摘しているように、国家介入をどうみなすかについて、自由主義者と重商主義者の違いは誇張されるべきではない。

> 重商主義者は例外的に経済を放任する正当な理由がない限り、政府は経済に介入すべきだと強調する。それに対し、自由放任主義者は例外的に政府が介入すべき特別な理由がない限り、政府は経済を放任すべきだと主張する。過激な重商主義者と過激な自由放任主義者とを比べても、明言されている一般原則において、違いはこの一点だけかもしれない[63]。

実際、経済よりも国益あるいは政治を優先させることに関して、自由主義の立場をはっきりさせることは困難だ。政治的利益と経済的利益を調和させるという自由主義的な前提が可能だったのは、紛争が起きた場合に、どちらを譲歩させるべきかという問題に直面したことがほとんどなかったためである。19 世紀の多くの自由主義者にとって、自由貿易は経済的繁栄と国家の安全保障の両方を実現するための最良の政策だった。ギルピンは、重商主義を「経済的手段によって安全保障を追求する」[64] 思想だと説明しているが、その説明だと、自由貿易こそが国家の安全保障を確保するための最善の手段だと考える自由主義者の考えと何ら変わるところがない[65]。重商主義者も自由主義者も、自分たちの提唱する政策が国家の経済的繁栄と軍事安全保障に役立つと考えていたのである。

経済的目標と政治的目標の間に対立が起きた、あるいは起きるかもしれないと自由主義者が認識した状況が起きた数少ない事例において、彼らは経済よりも政治を優先させることで対立を解消するのが常だった。例えば、1776 年にはアダム・スミスが、1848 年にはジョン・スチュアート・ミルが、それぞれの著作のなかで、国家の安全保障を理由に貿易を制限す

---

63. Viner, "Intellectual History of Laissez Faire," p. 56.
64. Gilpin, "Economic Interdependence," p. 28.
65. 以下参照。Russell, *Theories of International Relations*, p. 295 ; Silberner, *La Guerre dans la Pensée Économique du XVIe au XVIIIe Siècle*, p. 282 ; および Hirschman, *National Power and the Structure of Foreign Trade*, p. 6.

る航海条例を認めている[66]。エドワード・ミード・アールは、スミスの立場を次のように明確に述べている。

> アダム・スミスの重商主義派との関係を判断するうえで問うべきは、重商主義の財政・貿易理論が健全か否かではなく、必要に迫られれば、国家の経済力をステイトクラフトの一手段として育て、利用すべきか否かである。この問いに対するスミスの答えは明らかに「イエス」であり、経済力はそのように使われるべきだと考えた[67]。

アダム・スミスには、彼が最重要と考えた政治的利益があれば、それを経済より優先させるつもりがあった。彼のそうした考えは、19 世紀に自由貿易を提唱した多くの人々の意見と何ら変わらない。しかし、自由貿易主義者の多くは平和主義者だったが、スミスはそうではなかった。したがって、彼が考えた優先すべき政治的利益は、必ずしも自由貿易主義者たちが考えたものとは一致しなかった。「19 世紀前半の自由貿易主義者や国際主義者のなかで最も傑出した人物」[68]と評される、平和主義者のリチャード・コブデンもまた、紛争が起きたときには、経済よりも政治を優先させることを厭わなかった。「軍備増強目的で外国政府へ融資する場合など、自由貿易が平和と相反する場合、コブデンは自由貿易に反対した。彼は『自滅行為に及んでまで自由貿易を求めない』」という意見の持ち主だった[69]。実際、コブデンをはじめとするマンチェスター学派の思想家たちにとっては、国際政治の秩序が何よりも重要だった。「コブデンの経済思想はすべて、平和主義に近いものから生まれた対外関係の理論に従属していた。彼は平和を望むから自由貿易に取り組んだのであって、自由貿易を望むから平和に取り組んだのではない」[70]。自由主義者にとって、「政

---

66. Silberner, *The Problem of War in Nineteenth Century Economic Thought*, p. 63；および Earle, "Adam Smith, Alexander Hamilton, Friedrich List: The Economic Foundations of Military Power," pp. 121-122.

67. Earle, "Adam Smith, Alexander Hamilton, Friedrich List: The Economic Foundations of Military Power," pp. 123-124.

68. Russell, *Theories of International Relations*, p. 296.

69. F. H. Hinsley, *Power and the Pursuit of Peace* (London: Cambridge University Press, 1963), p. 97. 次も参照のこと。Silberner, *The Problem of War in Nineteenth Century Economic Thought*, p. 62.

70. Hinsley, *Power and the Pursuit of Peace*, p. 96. 以下と比較のこと。Schumpeter, *History of Economic Analysis*, p. 398.

治経済は平和を追究する卓越した科学だ」とシルバーナーは書いている[71]。要するに、19世紀の自由貿易主義者は、平和な国際政治秩序が国益になると考え、経済関係よりも国益を優先すべきだと考えていたのだ。だから彼らは自由貿易を提唱したのだが、それはあくまでも、彼らが考える望ましい政治秩序と自由貿易が対立した場合を除いてのことだった。アダム・スミスも、また19世紀の自由貿易主義者もほぼ全員、重商主義者たちと同じように、経済よりも政治を優先させる意思はあった。彼らは政治的秩序に真に貢献する具体的な政策は何かという点において、意見を異にしていただけなのだ。

ヴァイナーは、1948年に著作のなかで、一般に浸透している型にはまった意見を無批判に受け入れることに警鐘を鳴らしている。

> 19世紀の経済学が外交政策にどのような意味合いを持っていたのかは、重商主義が何を目指していたのかと同様に研究が必要だと私は考える。このような研究が体系的に行われるまでは、自由主義を重商主義と比較して両学説が実際どのような位置づけにあったのかを理解しようとすると、誤解を招く結果になった[72]。

ここまでの論考は、ヴァイナーが求めていた類の厳密な分析に代わるものではないが、彼の発していた警告が当時だけでなく現在でも有効であることを示唆している。ギルピンが主張するように、重商主義と自由主義の違いは根本的で、重要で、決定的だった。しかし、その違いは、経済活動の目標や国際経済関係のアクターの本質、経済よりも政治的秩序を優先することとは無関係だ。重商主義と自由主義とでは、主に、それぞれの学説の根底にある社会的因果関係と、国益追求の手段としては何が最適なのかという考えが違っていた。この2つの学説の違いは、エコノミック・ステイトクラフトを実践するかどうかではなく、それをどのように実践するかにあったのだ。

---

71. Silberner, *The Problem of War in Nineteenth Century Economic Thought*, p. 282.
72. Viner, "Power Versus Plenty as Objectives of Foreign Policy in the Seventeenth and Eighteenth Centuries," p. 6n.

保護主義

自由主義は、19 世紀において唯一のエコノミック・ステイトクラフトの理論ではなかった。1800 年、ドイツの哲学者ヨハン・ゴットリーブ・フィヒテは『封鎖商業国家論』を発表し、国際経済関係における完全な経済的自給自足状態(アウタルキー)を主張した[73]。フィヒテは、重商主義も、自由貿易を提唱する自由主義も否定し、通商的な競争が戦争の原因となると考え、経済的に完全に独立することが平和への道だと主張した。

しかし、最もよく知られ、最も洗練された、保護主義についての声明といえば、1791 年にアメリカ議会に提出されたアレクサンダー・ハミルトンの『製造業に関する報告書』と、1841 年出版のフリードリッヒ・リストの『政治経済学の国民的体系』である。ハミルトンの見解は、他のアメリカ人の見解とともに本章後半で検討するので、ここではリストに焦点を当てて議論する[74]。

リストはしばしば重商主義者として描かれるものの[75]、実際は重商主義と自由主義が混ざり合った思想を持ち、ドイツ特有の視点もある程度見られる。国際経済や国際政治の対立的側面を重要視し、軍備に固執する点においては、重商主義者的な考えの持ち主だ。また、逆説的ではあるが、自由貿易に基づく平和で調和のとれた世界を目指す、自由主義的なビジョンも持っている。リストにとって、保護主義は最終的に自由貿易と平和へ移行していくための暫定的段階なのである。したがって、国際関係の対立的性質については重商主義的な見解を示していても、国際関係は本質的に対立的であるとか、対立すべきだとは思っていない。あくまでも国際関係史のなかの一段階に過ぎないのだ。

---

73. フィヒテの見解の論考については、以下参照。Russell, *Theories of International Relations*, pp. 213-217；Silberner, *The Problem of War in Nineteenth Century Economic Thought*, pp. 164-166；および Michael A. Heilperin, *Studies in Economic Nationalism*（Geneva: Librairie E. Droz, 1960）, pp. 82-96.

74. リストの見解の論考については、以下参照。Silberner, *The Problem of War in Nineteenth Century Economic Thought*, pp. 131-171；Earle, "Adam Smith, Alexander Hamilton, Friedrich List: The Economic Foundations of Military Power," pp. 139-154；および Marcello de Cecco, *Money and Empire*（Oxford: Basil Blackwell, 1974）, pp. 9-13.

75. 具体例は、以下参照。Gilpin, *U.S. Power and the Multinational Corporation*, pp. 25, 31；および Earle, "Adam Smith, Alexander Hamilton, Friedrich List: The Economic Foundations of Military Power," p. 153.

リストは、古典派経済学者が経済的繁栄を重視するあまり政治を軽視している、また、世界の繁栄に関心を寄せすぎて国民国家を蔑ろにしているとも非難している。リストの古典派経済学への批判は公平を欠き、誤解を招きがちだ。しかし、アダム・スミスが「富裕であることよりも防衛が重要だ」と認めたことで、少なくとも原理上、条件によっては数々の保護主義的な政策に道を開くことができるというリストの主張は確かに正しい。実際、その条件を特定すれば、リストと古典派経済学者との共通点や相違点を理解しやすくなる。リストは戦争の可能性を予測し、国家間で産業の発展レベルに差があることが軍事的にどのような影響を与えるかを懸念しているうちに、産業保護に関心を持つようになった。国家の安全保障にも関心があった古典派経済学者と、対外経済政策に関するリストの見解との相違は、どう説明できるだろうか。リストが戦争の起きる確率を高く見積もるのに対し、古典派経済学者は低く見積もる傾向がある。また、リストがドイツなどの国の安全保障問題を強調しているのに対し、古典派経済学者の見解はイギリスの安全保障問題を反映している。明示的とは言えないにしても、古典派経済学者には、イギリスの経済的利益と軍事的利益は他国とほぼ変わらないと想定する傾向があった。その認識は甘かったのかもしれないが、少なくともコスモポリタン的であると同時に、イギリスの偏狭性を示している。リストと古典派経済学者との違いは、重商主義者と自由主義者の違いと同様に、エコノミック・ステイトクラフトを実践するかどうかではなく、どのように実践するかという方法論に由来している。アールはこの見方を次のように端的にまとめている。

> アダム・スミス、アレクサンダー・ハミルトン、フリードリッヒ・リストの思想は、彼らがそれぞれイギリス人、アメリカ人、ドイツ人であることにより条件づけられていた。ところが、ステイトクラフトの根幹において、彼らの考え方は驚くほど似ている。彼らはみな、軍事力が経済的基盤の上に成り立っていることを理解していて、各々が自国の必要性に最も適した国家経済システムを提唱していた[76]。

76. Earle, "Adam Smith, Alexander Hamilton, Friedrich List: The Economic Foundations of Military Power," p. 154.

アメリカ人

アメリカの政治思想におけるエコノミック・ステイトクラフトの役割は、初期のアメリカの外交政策を「孤立主義」と見るか、「理想主義かつ国際主義」あるいは「現実主義かつナショナリスト」と見るかによって、解釈が分かれてきた。孤立主義的に解釈する場合は、アメリカが国際政治とは距離を置き、関与しようとしない姿勢を強調し、初期アメリカの政治の理論と実践においてはエコノミック・ステイトクラフトを拒絶していたと示唆することが多い。それゆえ、アメリカの外交史を孤立主義的に解釈するのが一般的だった第二次世界大戦中には、２人の学者がそれぞれの著作のなかで、貿易と政治は切り離すことができ、切り離すべきだという信念はアメリカの建国の父たちから始まったと述べている。

ワシントンも、ジェファーソンも、貿易と政治を切り離し、他国との緊密な貿易関係、つまり相互依存関係を持ちながらも、政治的な関わりを避けることは十分可能だと考えた[77]。

国際貿易と「パワー政治」との密接な関係から何とか逃れ、貿易を「正常で有益な経済機能」に戻すことができるという信念が広まっている。この信念がとりわけアングロサクソンの伝統にどれほど深く根付いているのかは、「諸外国に対するわれわれの行動の大原則は、通商関係を拡大するにあたり、彼らと政治的なつながりをできる限り持たないことである」[78] というワシントンの退任挨拶の有名な一文を見ればわかるだろう。

一方で、「孤立主義的解釈は一面的で不完全だ」という意見もある。そうした意見を持つ人々は、アメリカの外交政策に具現化された思想の多くが、ヨーロッパの啓蒙思想に由来していることを指摘している[79]。啓蒙思想家たちは孤立主義者ではなく、自由貿易こそ平和な国際秩序を促進する方法として、当時の伝統的な「権力政治」外交を自由貿易に置き換えよう

77 Graham, “Economics and Peace,” p. 119.

78. Hirschman, *National Power and the Structure of Foreign Trade*, p. 78.

79. Felix Gilbert, *To the Farewell Address: Ideas in Early American Foreign Policy* (Princeton: Princeton University Press, 1961), p. 72.

とした。したがって「権力政治」の放棄とは、18世紀の外交政策の取り組みを象徴する秘密外交や軍事同盟の拒絶を意味し、他国の行動を変える試みを放棄することではなかった。それどころか、啓蒙思想家たちは「通商は新たな平和の時代をもたらす重要な道具になる」と考え、「国際社会から同盟関係や力の均衡を保つことが目的の政治的外交の必要性がなくなる」と考えていた。この論法でいくと、アメリカの外交政策は「孤立主義的なだけでなく、理想主義的で国際主義的でもあった」[80]のだ。

また、3番目の解釈として、初期のアメリカ外交政策において通商政策が重視されていたことが、「現実主義かつナショナリスト」ともとらえられる。おそらく、経済的手段によって国益を促進したいという願望があって、それが、少なくとも理想主義的かつ国際主義的な目標と同じくらいに重要だったのではないだろうか。ある研究者は、「経済は政治の道具になる可能性があり、また実際にそうであることが非常に多い」と述べたうえで、アメリカの政策は必ずしも「勢力均衡」を目指す政治を暗に拒絶していたわけではなく、当時のアメリカの能力を評価すると、勢力の均衡を保とうとする政策を現実的に実践していたと、それなりに解釈できると述べている[81]。

「理想主義かつ国際主義」的な見方と「現実主義かつナショナリスト」的な見方は、アメリカの政策目標を多少異なる言葉で説明しているものの、その目標を達成するために経済的手段が使われていたという点では意見が一致している。ワシントンの退任挨拶は、エコノミック・ステイトクラフトを思ったほどはっきりと拒絶したものではない。「理想主義かつ国際主義」的な解釈と「現実主義かつナショナリスト」的な解釈はどちらも、特定の種類のエコノミック・ステイトクラフトの実践を奨励するものと理解するのが妥当だろう[82]。

初期のアメリカの外交政策を考えると、ベンジャミン・フランクリン、トマス・ペイン、アレクサンダー・ハミルトン、トマス・ジェファーソンの思想に、エコノミック・ステイトクラフトの重要性が表れている。初期のアメリカで活躍した外交官の1人、フランクリンは、初めは重商主義者

80. 脚注79と同、pp. 68-69, 72。

81. Stourzh, *Benjamin Franklin and American Foreign Policy*, pp. 129-132.

82. ワシントンの辞任挨拶の解釈については、以下参照。Burton Ira Kaufman, ed., *Washington's Farewell Address: The View from the 20th Century*（Chicago: Quadrangle Books, 1969）.

だったが、後にその考えを捨て、自由貿易を支持した[83]。しかし、思想を転向させたからといって、フランクリンが経済的手段を通じて国家目標の達成を推進することへの関心を失ったわけではない。国家目標に最も適した経済政策は何なのかについて、考えを変えただけのことである。フランクリンは、アメリカにとって最重要の外交目標である安全保障と領土拡大を追求するためには、経済的手段が有用だと考えた。また、ヨーロッパが原因でアメリカの安全保障が脅かされる可能性が高いことを認識しており、ヨーロッパ諸国との友好関係を得るために、通商関係を築くことを検討すべきだとアメリカ国内で提案した。そして、「この提案がアメリカという新国家の初期段階の外交を支配する」と表明したのである[84]。フランクリンの領土拡大への思いは、彼の平和への思いと相反する可能性があった。だが、フランクリンはステイトクラフトの一手段としての戦争の有用性を非常に低く評価しており、領土拡大や通商的利益のための戦争は「無益であり、人的資源と資金の無駄だ」と考えていた[85]。それゆえに、軍事力で他国を征服して領土を獲得するのではなく、領土の購入を提唱したのだ。具体的にはカナダ購入を提案し、「さらに南部のスペイン領についても同様に購入を構想していた」[86]。フランクリンがアメリカの外交政策を考えるうえで、エコノミック・ステイトクラフトが重要な役割を果たしたことは明らかだ。

トマス・ペインは「アメリカの孤立主義の伝統の祖」[87]として描かれることもあるが、彼をエコノミック・ステイトクラフトの提唱者とみなすべき十分な理由がある。彼が書いた有名な政治冊子『コモン・センス』は、ヨーロッパとの政治的同盟を戒め、貿易を重視する内容で、ワシントンの「退任挨拶」の伏線になっていた。

> われわれの計画は通商であり、通商に精力を注げば、全ヨーロッパの平和と友好を確保できる。なぜなら、ヨーロッパ諸国がアメリカを自由な港とみなすことは全ヨーロッパの利益になるからだ。アメリカの貿易

---

83. ここでのフランクリンの思想についての考察は、ストウズの優れた著作 *Benjamin Franklin and American Foreign Policy* に基づいている。
84. 同上 p. 116。
85. 同上 p. 240。
86. 同上 p. 251。
87. Arnold Wolfers and Laurence W. Martin, eds., *The Anglo-American Tradition in Foreign Affairs*（New Haven: Yale University Press, 1956）, p. 130.

> は常にアメリカを守るだろう。（中略）ヨーロッパがわれわれの貿易の市場である以上、ヨーロッパのどの地域とも不公平なつながりを持つべきではない。ヨーロッパの争いに巻き込まれないようにすることが、アメリカの真の関心事なのである[88]。

この一節は、アメリカは国際政治から手を引くべきだと言っているのではなく、国際政治のなかで、ヨーロッパ諸国を互いに対抗させるためにエコノミック・ステイトクラフトを用いることを提案していると解釈できる。つまり基本的には、ヨーロッパ諸国がアメリカの港へ平等にアクセスできるようにすることで、ヨーロッパ各国に利害関係が生まれ、アメリカの独立を脅かさないよう、各国が相互に防止するという考え方なのだ。

ペインがエコノミック・ステイトクラフトの有用性を信じていたことは、加盟国が中立を守らなければ経済制裁を受けるという条件で組織される国際機関を提案した点にも表れている。ペインは、軍事力で中立権を守ろうとするのは「不便で、高額な費用がかかり、効果がない」ことが多いと指摘したうえで、中立を守らない交戦国に対しては経済制裁や金融制裁を科すという「はるかに容易で、より強力な手段」をとることを好んだ。中立国が組織的にこのような措置をとれば、イギリスは「中立国を苦しめようという気を起こさないし、フランスも同じことをしないだろう」とペインは主張した[89]。

アメリカの建国の父たちが全員、自由貿易が国家の安全保障を強化するという意見を支持していたわけではない。例えば、アレクサンダー・ハミルトンは、「通商の精神は、人間の態度を和らげ、戦争を煽りがちだった激しやすい気性を落ち着かせる傾向がある」という主張をきっぱりと退け、通商のライバル関係が「領土や支配」をめぐる争いと同じくらい多くの戦争を引き起こしてきたと示唆した[90]。ハミルトンにとって、軍事力は国家の安全保障を強化する主な手段だったが、だからといってエコノミック・ステイトクラフトを無視したわけではない。それどころか、彼は「通

---

88. Stourzh, *Benjamin Franklin and American Foreign Policy*, p. 117 から引用。次も参照のこと。Gilbert, *To the Farewell Address*, pp. 42-43.
89. Paine, "The Eighteenth Fructidor," in Wolfers and Martin, eds., *The Anglo-American Tradition in Foreign Affairs*, pp. 136-138. エコノミック・ステイトクラフトの有用性を高く評価していたペインが、トマス・ジェファーソンにルイジアナ買収を勧めたのは驚きではない（Joseph Dorfman, *The Economic Mind in American Civilization*, vol. 1 [New York: Viking Press, 1946], pp. 457）。

商は権力闘争の武器だ」[91]と考える人々を代表して、エコノミック・ステイトクラフトを講じることを強く提唱していた。

アメリカ独立直後の共和制が確立されていった時期には、「関税は国内問題でしかなかった」とよく言われる[92]。だが、この意見は、1791年にハミルトンがアメリカの議会に提出した有名な『製造業に関する報告書』の内容とは合致していない。この報告書は、「アメリカの政治家が保護主義的な計画を強く前面に打ち出した」[93]と言われるもので、関税の問題を外交政策の文脈で正面からとらえている。したがってこの報告書では「軍需品などの重要物資に関し、諸外国からの独立性を志向する」[94]製造業を発展させる手段に焦点を当てている。ハミルトンはこの報告書の後半で次のように考察している。

> 国富のみならず、独立や安全保障も、製造業の繁栄と密接につながっているように思える。あらゆる国はこうした重要な目標を視野に入れ、国内供給力の確保に不可欠な要素を保持するべく努力しなければならない。（中略）先の戦争中、アメリカが軍需品を国内生産できずに困窮を極めた経験は、今でも強く記憶に残っている。国内生産能力がいまだに著しく欠けている状況では、時宜にかなった、大胆な変革によってその状況を変えない限り、今後の戦争においても、国内生産能力がないことの弊害と危険を再び実証してしまうことになりかねない[95]。

ハミルトンにとって、国内産業の保護という問題は、国家の独立と安全保障という外交政策の問題と表裏一体の関係にあった。この視点は、エドワード・ミード・アールによるハミルトンの評価にも表れている。

---

90. *The Federalist*, no. 6. ハミルトンの外交政策に関する考えについては、次も参照のこと。Earle, "Adam Smith, Alexander Hamilton, Friedrich List: The Economic Foundations of Military Power," pp. 128-138；Wolfers and Martin, eds., *The Anglo-American Tradition in Foreign Affairs*, pp. 139-154；および Gilbert, *To the Farewell Address*, pp. 111-136.
91. Gilbert, *To the Farewell Address*, p. 131.
92. Charles P. Kindleberger, "U.S. Foreign Economic Policy, 1776-1976," *Foreign Affairs* 55 (January 1977)：396.
93. F. W. Taussig, *State Papers and Speeches on the Tariff* (Cambridge, Mass.: Harvard University Press, 1893), p. iv.
94. 同上 p. 1。
95. 同上 pp. 55-56. 以下と比較のこと。Carr, *The Twenty Years' Crisis*, pp. 121-122.

> 政治とステイトクラフトを経済と結び付けた人物として、（中略）ハミルトンは近代の偉大な政治家に数えられる。彼は実際、アメリカではコルベールやピット、あるいはビスマルクのような存在だ。彼の思想の力とその効果は、後世のアメリカ人にしっかりと刻み込まれ、統治と産業の領域においては、ジェファーソンを除き、同時代のどの人物よりも顕著な影響力を持っていた[96]。

ハミルトンとジェファーソンの2人はライバルであり、政治的には正反対の立場をとることが多かった。こうした理由から、ジェファーソンは1789年にイギリスに高い関税を課すことを提唱し、アメリカの貿易業者を優遇しようとしたが、ハミルトンはこれに異議を唱えた[97]。だが、これは目の前の特定の問題に関する論争であり、エコノミック・ステイトクラフトが重要な外交政策の技法となり得るという一般原則に関しての根本的な意見の相違を示すものではない。ジェファーソンも彼なりにエコノミック・ステイトクラフトに熱心で、その点はハミルトンと同様である[98]。ジェファーソンは、経済制裁を課すことで他国に平和的な圧力をかけられると考え、大統領時代には、アメリカの海運業を保護し、イギリスとの戦争を避けるために禁輸措置をとった。ジェファーソンの最も成功したエコノミック・ステイトクラフトの行使とされる1803年のルイジアナ購入は、ハミルトンも支持していた。ジェファーソンは、ハミルトンの『製造業に関する報告書』に示された保護主義的な考え方に反対していたものの、やがて、かつての政敵で、すでに故人となっていたハミルトンの考えを継承するような立場をとるようになる。1815年、フランスの経済学者ジャン＝バティスト・セイに宛てた手紙に、戦時中の「経済交流の遮断は（中略）敵の手中にあっても強力な武器となる」と書き、「外国依存に陥らないように」国を守るための手段として保護主義を称賛した[99]。ハミルトンとジェファーソンの意見は対立していたかもしれないが、2人の論争には、外交政策の目的の追求に経済的手段を用いることが可能かどうか、あるい

---

96. Earle, "Adam Smith, Alexander Hamilton, Friedrich List: The Economic Foundations of Military Power," p. 138.
97. Jerald A. Combs, "Embargoes," in *Encyclopedia of American Foreign Policy*, ed. Alexander de Conde, vol. 1 (New York: Charles Scribner's, 1978), pp. 310-314.
98. 以下参照。Wolfers and Martin, *The Anglo-American Tradition in Foreign Affairs*, pp. 163-164.
99. Earle, "Adam Smith, Alexander Hamilton, Friedrich List: The Economic Foundations of Military Power," p. 137.

は用いるべきかどうかという論点は含まれていなかった。この点に関しては、フランクリン、ペイン、ハミルトン、ジェファーソンとの間では意見が一致していたのだ。

約一世紀後に活躍したウッドロー・ウィルソンも、外交目標を達成するためには経済的手段が適切であるという考えを持っていた[100]。ウィルソンのエコノミック・ステイトクラフトに対する姿勢は、彼の外交政策が「ドル外交を激しく糾弾した」ものであったために、誤解されることが多い[101]。だが、ウィルソンがドル外交を拒絶したのは、この政策の手段よりも目標を懸念していたからだった。次の一節は、ドル外交の目標に対するウィルソンの反論をまとめたものである。

> 外国におけるアメリカの経済的活動が、特にわれわれに対抗するだけの力を持たない国で、その国の国民の多くに押し付けたり搾取したりする形になるならば、それは抑制されるべきであり、奨励されるべきではない。私は、アメリカ人のためなら貨幣と経済活動で得られることを何でもしたいと思っているが、他人の権利を踏みにじることはできないし、同胞に対して行使してはならないパワーを金で買おうとする人を助けるつもりはない[102]。

ウィルソンは、ドル外交を外交政策における経済的手段の誤用だと考えていたが、アメリカの外交政策立案者の政策レパートリーからそのような手段を排除しようとはしなかった。それどころか、彼はエコノミック・ステイトクラフトを、自分が適切であると考える外交政策の目的を推進するための有効な手段とみなしていた。自由貿易は平和を促進するという 19 世紀の考え方に強い影響を受けたウィルソンは、エコノミック・ステイトクラフトの結果として、人権の搾取や侵害が生じたとしても、それは必然あるいは当然のものと考えていた。アメリカには「民主主義の理想と制度を世界の発展途上国に広める特異な使命がある」[103]と信じ、貿易をこの使命を達成するための仕組みだと考えていた。したがって、アメリカの貿

---

100. ここでの論考は次の著作を基にしている。William Diamond, ***The Economic Thought of Woodrow Wilson***（Baltimore: Johns Hopkins University Press, 1943）, pp. 131-192.
101. 同上 pp. 141-142。
102. 同上 p. 142 から引用。
103. 同上 p. 136。

易を促進することは、アメリカの経済的繁栄を高める手段というだけでなく、世界全体に平和と民主主義を広めるという政治的で、イデオロギーに絡んだ目標を追求する手段でもあったのだ。

大統領としてのウィルソンは、国際連盟が正当と認めた経済制裁を除き、経済戦争のない戦後の世界を構想した。だからこそ、「14カ条の平和原則」の第3条では、「すべての経済障壁の可能な限りの除去と貿易条件の平等性の確立」[104]を謳ったのだ。ただしウィルソンは、戦争に勝つための手段として、また、戦後の世界を組織する目的で自分の計画を他国に受け入れさせるための手段として、経済的圧力の行使を検討することを厭わなかった[105]。フランクリン、ペイン、ハミルトン、ジェファーソンに劣らず、ウィルソンも経済的手段で外交政策の目標を追求することを好んだのである。

エコノミック・ステイトクラフトの理論も実践も、20世紀に特有のものではない。過去25世紀の間、孤立主義者、国際主義者、ナショナリスト、好戦者、平和主義者、そしてイデオロギー闘争をする活動家が、各々の目標を追求し、エコノミック・ステイトクラフトを提唱してきた。外国の悪影響から国内の社会を守る、軍備を進めて国家の安全保障を強化する、軍備の必要性を抑えることによって国家の安全保障を強化する、国家の経済的繁栄を促進する、侵略者に懲罰を与える、世界に民主主義を広める――これらはみなエコノミック・ステイトクラフトの適切な目標として提案されてきたものだ。ジョン・メイナード・ケインズは、「経済学者や政治哲学者の理念は、それが正しかろうとそうでなかろうと、一般に理解されているより強力だ。実際、世界が理念以外のものによって支配されることはほとんどない」と考察した[106]。ケインズの考察を記憶にとどめつつ、言葉を変えて言い直すならば、現代の実践的な政治家たちは、何らかの形態のエコノミック・ステイトクラフトを提唱するにあたり、自分たちはいかなる知的な影響もまったく受けていないと信じているのだろうが、今は亡き政治経済学者たちの理念に囚われていることが常だと付け加えておこう[107]。

---

104. 脚注103と同、p. 165。

105. 同上 pp. 138, 166。

106. John Maynard Keynes, *The General Theory of Employment, Interest, and Money* (New York: Harcourt, Brace, 1936), p. 383.

107. 同上と対照のこと。

第 6 章
国際交渉における
エコノミック・ステイトクラフト

さまざまな個人やグループの政治的な関わりは影響力やパワーにかたどられ、シンボルとして現れ、またシンボルの影響を受ける。そして、特徴ある政治的実践のなかで安定する[1]。

国際的な交渉プロセスには、単なる外交交渉以上のものが含まれている。トーマス・C・シェリングによれば、交渉とは、「交渉参加の目的を達成する能力が、相手の選択や意志決定に多くの部分を依存している状況」である[2]。シェリングは次のように述べている。

分析的に考察すると、（中略）交渉の本質とは、意図の伝達や認識、何を受け入れ、何を拒否するのかの期待の操作、威嚇、提案や保証の提示、決意の表明と能力の証明、できることに制約があることの伝達、妥協点の模索と双方が望ましいと思える取引、理解と合意を強化するための制裁措置の策定、説得とインテリジェンス提供のための真の努力、そして、敵意、友好関係や相互尊重、作法の醸成である[3]。

禁輸、最恵国待遇、援助計画、援助の停止、関税、投資保証などはすべて、この意味での駆け引きに使うことができる。本章では、交渉の一形態としてのエコノミック・ステイトクラフトに焦点を当てる。

イメージと象徴

シェリングが「交渉の本質」だと説明するものの多くは、エコノミック・ステイトクラフトの象徴的利用に関わっている。象徴的に経済的技法を用いると、「国家としての未熟さの表れだ」、「本質よりもイメージを重視しすぎている」、「独りよがりな義憤だ」、「無駄なジェスチャーだ」、「国が癇癪を起こしている」、「なすすべがないとわかったうえでフラストレーションをまき散らしている」などと揶揄されることが多い。

行動には表現型と手段型があり、この区別はエコノミック・ステイトクラフト（特にネガティブな経済制裁）の象徴的利用を説明する目的で使用されることが多い。ある説明では、手段型の行動は他のアクターに影響を与えることを目的としているのに対し、表現型の行動は国内で高まる緊張を解消させることのみを目的にする[4]。したがって、手段型の行動は何らかの目標を達成するための手段としての行動なのだが、表現型の行動はそれ自体が目標になる。表現型の行動をエコノミック・ステイトクラフトに

1. Lasswell and Kaplan, *Power and Society*, p. 53.
2. Schelling, *The Strategy of Conflict*, p. 5.
3. Schelling, *Arms and Influence*, p. 136n.

当てはめて考えると、政策立案者が表現型の行動をとったときは、それを手段とみなしたのではなく、国内世論をなだめるためと推察することができる。

確かに、ミリタリー・ステイトクラフトと同様、エコノミック・ステイトクラフトもヨハン・ガルトゥングが言うような意味での表現型の行動で用いることは可能かもしれない。しかし、象徴的に経済的技法を用いるからといって、それが何かの目標を達成するための手段にならないわけではない。経済制裁が表現型の行動に分類されがちな傾向は、ステイトクラフトの経済的技法の有用性を過小評価する傾向と密接に関わっている。したがって、研究者がエコノミック・ステイトクラフトの手段型としての効果を見出せなければ、こうした手段は感情の表現という目的を果たすだけだと結論づけられてしまう危険がある。この本が主張してきたように、手段型としての効果を見いだせない理由が分析の枠組みに由来するものだとすれば、表現型の行動による成果が誇張されがちになる。政治家は普通、他人の目を意識して行動をとる。つまり、自分の行動が自分を見ている人々に与える影響を考慮に入れている[5]。研究者は外交政策上の行動（と思われるもの）を表現型の行動だと断定する前に、その行動が手段型だと合理的な仮説を立て、その立証に努力すべきである。

ガルトゥングは、「何らかの理由で軍事行動に踏み切れない」状況や、「何もしないのは共犯も同然とみなされる」状況、あるいは「少なくとも［経済制裁を受けた］国の行いを非難していると明確に判断できるシグナルを送るために」何かをしなければならない状況が存在することを正しく指摘している[6]。だが、こうした状況で経済制裁を用いると、手段型というよりも表現型になるわけではない。経済制裁は、今後同様の行為を繰り返すとさらに厳しい罰が待っていると違反国や他国に警告することを意図して用いられている可能性がある。国家（特に大国）が、自らの価値観や意図を他国に対してわざわざ表明する場合、その行動はばかげたもので

---

4. エコノミック・ステイトクラフトの議論に最もよく引き合いに出されるのが、ガルトゥングの論文 “On the Effects of International Economic Sanctions（国際的な経済制裁の効果）” だ。表現型の行動と手段型の行動の区別に関するガルトゥングの意見を理解するには、以下参照。“Pacifism from a Sociological Point of View,” *Journal of Conflict Resolution* 3（1959）：69-72；および Talcott Parsons and Robert F. Bales, *Family, Socialization and Interaction Processes*（Glencoe, Ill.: Free Press, 1955）, pp. 45-47.
5. 幼い子どもたちですら、１人になったからといって癇癪を起こさない。
6. Galtung, “On the Effects of International Economic Sanctions,” pp. 411-412.

も、無意味なものでもない。

ピーター・ウォレンスティーンは、ガルトゥングの表現型の行動と手段型の行動の区別を用いて、負の貿易制裁に関わる事例を10件分析している[7]。ウォレンスティーンは手段型の行動と表現型の行動の概念の運用を試みているが、そこでは象徴的なエコノミック・ステイトクラフトの手段型利用を無視する傾向があることがうかがえる。例えば、制裁を課す国が制裁解除の条件を曖昧にしている場合、ウォレンスティーンはその行為を表現型に分類している。だが、具体的な要求をするよりも、漠然とした要求しか突きつけないような影響力行使の方が効果的だと主張する人もいる[8]。多くの場合、漠然とした要求のほうが対象国にとっては従いやすい。制裁を課した国がさらに国交断絶などの負の行動をとると脅した場合、ウォレンスティーンはその行動を表現型に分類しているが、別の見方をとる論者もいる。シェリングは「船を少し揺らしておけば、『妥協が得られないのなら、さらに激しく船を揺らすぞ』との脅しの信頼性を高められる」と述べており[9]、彼と同じように、経済制裁を脅しの信頼性を高めるための有効手段だと考える人もいるだろう。一方、ウォレンスティーンは、制裁の発動が対象国への非難を伴うものであれば、それも表現型の行動に分類する。ネガティブな制裁は非難の表明に用いられることが大多数である。したがって、ウォレンスティーンが分析した事例10件のうち8件がとった行動が手段型ではなく表現型だったという「発見」につながったのも大した驚きではない。手段型と表現型を分類するためにウォレンスティーンが用いた基準では、制裁を課す国の行動が何かの手段になっているという見方が排除されている。彼の基準に従えば、経済制裁を伴う行動はほぼ常に表現型であり、経済制裁のような措置は影響力行使の手段としてはあまり成功しないと結論づけられるのも当然である。このような分析の枠組みでは、異なる結論を想像するのは難しいだろう。

エコノミック・ステイトクラフトにおいて経済的技法が場面によっては「表現型」として利用されるからといって、多くの場合は象徴と手段の両方の目的で利用されている事実から目をそらすべきではない。政治の象徴

---

7. Wallensteen, "Characteristics of Economic Sanctions," pp. 252-253.
8. Schelling, *Arms and Influence*, pp. 84-85 ; Robert Jervis, *The Logic of Images in International Relations* (Princeton: Princeton University Press, 1970), pp. 123-130 ; および David A. Baldwin, "Thinking About Threats," *Journal of Conflict Resolution* 15 (March 1971) : 75-76.
9. Schelling, *The Strategy of Conflict*, pp. 195-199.

的側面は単なる飾りではない。ハロルド・D・ラスウェルとエイブラハム・カプランは、『権力と社会：政治研究の枠組』のなかで「政治過程における象徴の役割」に着目し、特に「非言語的な象徴」が政治のなかで重要な役割を果たす可能性が高いことを指摘している。この２人によれば、政治的象徴は「パワーを行使するときに直接的に作用し、権力行使の地盤をかため、権力行使の慣行を変容させる、あるいは維持する役割を果たす」[10]のである。

外交政策の分野でも象徴は重要だ。ジェームズ・N・ロズノウは、外交政策には「他の政治状況とは比較にならないほどの象徴の操作が必要だ」と主張している[11]。ロズノウが正しければ、エコノミック・ステイトクラフトの象徴的側面を過小評価されがちな傾向は理解しがたい。政府がイメージの維持や「体面の維持」にこだわるのは、必ずしも過剰なプライドの表れではない。政府の政治的主体としての評判にかかってくる可能性があるためだ。1万5000人の軍隊を残し、キューバからソ連のミサイルを撤去したことは、ソ連の「敗北」だったのか、それともアメリカの「敗北」だったのか[12]。ベトナム戦争のテト攻勢は、北ベトナムにとって「敗北」だったのか、あるいは「勝利」だったのか。こうした疑問に対する答えは、これらの出来事をどう認識するかによって大きく変わる。「体面維持」のために戦うことに意味はあるのだろうか。シェリングは、国の行動に対する評価がかかっている限り、「この種の体面は、戦ってまで守ろうとする価値のある数少ないものの一つだ」と主張している[13]。

象徴的行動は、表現型の目的のためだけではなく、手段型の目的としても用いられる。アクターが自分のイメージを気にするのは、パワーに無関心だからではない。ロバート・ジャーヴィスによれば、「望ましいイメージは、軍事力や経済力の大幅な増強よりも役立つことが多い。逆に、望ましくないイメージは、通常用いられるパワーをどれだけ行使しても回復できないコストを伴う。悪いイメージがついて回ると、ほぼ克服不可能なハンディキャップになりかねない」[14]のだ。ジャーヴィスはエコノミック・

---

10. Lasswell and Kaplan, *Power and Society*, pp. xviii, 10-11, 103-141. 次も参照のこと。Harold D. Lasswell, *World Politics and Personal Insecurity*（New York: McGraw-Hill, 1935）.
11. James N. Rosenau, "Comparative Foreign Policy: Fad, Fantasy, or Field?" *International Studies Quarterly* 12（September 1968）: 328.
12. Schelling, *Arms and Influence*, pp. 93-94.
13. 脚注 12 と同、p. 124。
14. Jervis, *The Logic of Images in International Relations*, p. 6.

ステイトクラフトに特に関心があるわけではないが、彼の分析の多くは、ステイトクラフトの経済的技法の象徴的利用を理解するのに役立つ。

歴史を通して、特に1945年以降の大国は、個別の問題を検討するにあたり、問題の本質的な価値ではなく自分たちが問題をどう処理するかを見て他の国が導き出すと思われる結論を重視していた。この点は誤解されがちである。ある国が、小さな問題に関しては和解の態度を示し犠牲を払うこともあれば、他国の一時的な弱みにつけ込まないこともある。冷徹な現実主義者であることを誇る観察者ならば、そういう対応を見ると具体的で価値ある利益を犠牲にしてまで一時の善意を示そうとするのは愚かだと主張するかもしれない。また別の状況では、ある国が小さな象徴的勝利を得るために、高い代償やリスクを負うのも厭わない姿勢を見せることもある。そのような政策は無駄で、非現実的な威信を追求しているだけだと批判を浴びるかもしれない。あるいは、ある国が些細なことで意見の撤回や軍の撤退を拒否することもある。このような場合、国家自体が「国家の名誉」だと声高に叫んだり、評論家のような第三者が「体面を保つ」ことに必死な国家に対し遺憾を表明したりするかもしれない。

しかし、善意や威信、体面の維持は、国内の支持を得ようと躍起になっている政治家や、権力の重要な役割を理解していない愚かな政治家が追求する一時的な目標ではないことが多い。むしろ、これらは国家のイメージに絡んでいる部分があって、他の目標の追求に大きく貢献する可能性を秘めている（後略）。

もちろん、善意や威信を示すための、あるいは体面を保つための努力が水の泡になる、不要になる、または過度のリスクを伴うことを否定するわけではない。だがこうした努力を単に国内の選挙に勝つため、もしくは国際社会で短期的な支持を得るために貴重な資源を犠牲にするだけだ、とはねつけることはできない。というのも成功すれば、他の意思決定者たちの心理や政策に影響を与え、コストに比して非常に大きな成果が得られるからだ[15]。

経済制裁を評価するときは、このジャーヴィスの主張を念頭に置くべき

15. 脚注14と同、pp. 7-8。

であろう。特に経済制裁が単に相手国に対して非難を表明する手段として説明され、手段としての価値に触れていない場合や、国内世論をなだめるための努力に過ぎないかのように描かれている場合、あるいは経済制裁の擁護派による最後の防御としての象徴的機能を強調する議論には気をつけたほうがよい[16]。

ステイトクラフトの軍事的技法の有用性を考える議論では、実際の武力行使の有用性だけが取り上げられているのではない（それが主眼ですらないだろう）。戦争の可能性を認識することによって、武力行使もあり得るのだと常に相手に脅威を感じさせるのも有用だと指摘されることも多い。戦争に突入するかもしれないという暗黙の脅威が、国際政治の根底やステイトクラフトが実行される心理状況に浸透していると言われるのもそのためである[17]。政治家たちの間に軍事安全保障への関心が根強く残っていることを否定はしないが、国民の経済的繁栄を維持し、向上させたいという願望もまた、国際的に拡がっていることを認識すべきだ。戦争の可能性が常に政治家の心の奥に潜んでいるという主張があるからといって、ステイトクラフトの本質は軍事力だという結論にはならない。彼らの心の奥にはそれ以外の、例えば主権国家が経済協力を推進したり、あるいは協力関係から手を引くこともできるという意識もあるはずだ[18]。曖昧で得体のしれない、暗黙の脅しが詰まったパンドラの箱を開けてみると、箱の中身は軍事的領域にとどまらず、非軍事的な脅しや約束にまで広がっていくのは当然のことだ。

国力の指標……………………………………………………

イメージは重要である。政治家たちは他国の政策立案者が自分たちの能力や意図をどのように受け止めているかを気にしている。経済的手段は、そうしたイメージに影響を与える目的で利用できるし、これまでも利用されてきた。例えば、17 世紀から 18 世紀にかけては、貴金属（特に金）の

---

16. 以下と比較のこと。Bienen and Gilpin, "An Evaluation of the Use of Economic Sanctions to Promote Foreign Policy Objectives, with Special Reference to the Problem of Terrorism and the Promotion of Human Rights," p. IX.3.

17. Schelling, *Arms and Influence*, pp. 33-34；および Osgood and Tucker, *Force, Order, and Justice*, pp. 27-28.

18. この点については、以下参照。Hirschman, National Power and the Structure of Foreign Trade, pp. 15-17, 77-78.

蓄積が国力の重要な指標として認識されていた。ところが20世紀に入ると、経済統計データがより組織的に広範囲から収集されるようになり、国力を象徴するのは国民総生産（GNP）になった。外国の政策立案者たちが、GNP成長率や1人当たりのGNP成長率を操作する象徴的重要性に気づかなかったはずがない。第二次世界大戦以降、アメリカの政策立案者たちは自国の経済システムの優位性を他国に示し、このモデルが模倣される可能性を高めるために、アメリカ国内の経済成長を刺激すべきだと指摘してきた[19]。エドワード・バンフィールドは、「ナショナリズムが最も強い」新興国では、経済発展は「それ自体に価値があるのではなく（本来は望ましくないと考えられることさえある）、国威発揚の手段として価値が置かれている」と論じている[20]。また、ソビエト連邦では、圧倒的経済力を見せつけて他国にその模倣を促すことに、少なからずの関心があったようだ。

為替レートにも、国際的な経済交流を促す目的以上に、象徴的な意味合いが込められている。チャールズ・P・キンドルバーガーは、「一国の為替レートは単なる数字ではない。それは、世界においてその国がいかに重要であるかを示す象徴であり、一種の国際的なステータスシンボルなのだ」[21]と指摘している。P・J・D・ワイルズは、経済戦争の技法としての「兌換権の濫用」について、1873年から1914年までは「社会ダーウィン主義（訳者注：社会進化論）と健全な通貨との奇妙な取り合わせにより、国家は通貨の強さだけでなく、外国からの借入利率によっても判断される時代だった。これは、単にその国の外交力の指標になるだけでなく、国民の繁栄の指標にもなると考えられていた」[22]と述べている。多くの国の債務処理能力の判断基準は現代でもあまり変わらず、ワイルズが説明した第一次世界大戦以前の考え方が今も続いていることを示唆している。

---

19. 以下参照。Sprout and Sprout, *Foundations of International Politics*, pp. 426-449 およびその他のページ；U.S. Senate, Committee on Foreign Relations, *United States Foreign Policy*, "Worldwide and Domestic Economic Problems and Their Impact on the Foreign Policy of the United States," a study prepared by the Corporation for Economic and Industrial Research, Committee Print, 86th Cong., 1st sess., 1959, pp. 2, 5, 35, 39, 49；その他にも、1950年代半ば以降にアメリカ議会の経済合同委員会が発表した数多くの米ソ経済比較も参考にしている。次も参照のこと。W. W. Rostow, *The Stages of Economic Growth: A Non-Communist Manifesto* (Cambridge: Cambridge University Press, 1960).
20. Edward C. Banfield, *American Foreign Aid Doctrines* (Washington, D.C.: American Enterprise Institute, 1963), p. 20.
21. Kindleberger, *Power and Money*, p. 204. 通貨下落の心理的意味合いについては、次も参照のこと。Wu, *Economic Warfare*, pp. 124-125.
22. Wiles, *Communist International Economics*, p. 461.

意図の表示

国の能力を示す目的でエコノミック・ステイトクラフトを用いるのは重要だが、国の意図を伝える目的で経済的技法を用いるよりも、巧妙でも複雑でもない。経済的手段は、限定的だがはっきりした意図をシグナルとして送るのに使われることもあれば、外交政策全般の方向性を示すのに使われることもあり、どちらの場合も、自国の行動に対する他者の確認に影響を与えようとするものである。他国への経済援助は、特定の政策や行動の承認を求めるものではないが、被援助国に対する肯定的、あるいは支持を期待するためのものと考えられる。一方で、他国との経済交流を拒否すれば、その国に対し非難や敵意を持っているかのようなイメージを与える[23]。もちろん、政策の全体的な方向性を漠然と示すだけでは意図が曖昧に見えるが、それこそが狙いなのかもしれない。

何に積極的に関与するつもりなのか、コミットメントを明確にすることが有用な場合もあれば、曖昧にしておくのが望ましい場合もあるが、エコノミック・ステイトクラフトには、どちらの目的にも有用である可能性がある。例えば、「われわれはあなた方を支持している」という言葉に対外援助が伴った場合、その意図が曖昧にならず、より具体的だとみなされる。同様に、「われわれは賛成しない」という言葉は、援助の停止とセットで行われた方が意図をより明確に伝えることになる[24]。

コミットメントを明確にするためにエコノミック・ステイトクラフトを用いるのは決して珍しいことではないと広く認識されている。だが、意図的にコミットメントを曖昧にすることを目的とする用法は十分に認識されていない。例えば、政策立案者がある約束をしたいが、あまりはっきりとは確約したくない場合がある。そのような場合のコミットメントは、「ソ

---

23. このような幅広い外交政策の方向性を「心情（affect）」という観点から説明する著者もいる。以下参照。Margaret G. Hermann, Charles F. Hermann, and Gerald L. Hutchins, “Affect,” in ***Describing Foreign Policy Behavior***, ed. Callahan, Brady, and Hermann, pp. 207-222. 国のイメージに影響を与えるための国際的な通商関係の利用については、次も参照のこと。Richard L. Merritt, “Transmission of Values Across National Boundaries,” in ***Communication in International Politics***, ed. Richard L. Merritt（Urbana: University of Illinois Press, 1972), pp. 3-32；および Robert E. Klitgaard, “Sending Signals,” ***Foreign Policy***, no. 32（Fall 1978）：103-106.

24. 外交政策における「具体性」の研究については、以下参照。Dean Swanson, “Specificity,” in ***Describing Foreign Policy Behavior***, ed. Callahan, Brady, and Hermann, pp. 223-241.

フトな」、「否定可能な」、「曖昧な」、「条件つきで」などと修飾されることもある[25]。「ある程度までは支援する」と言うのと、「あなた方が何をやろうとも全面的に支援する」と言うこととの間には大きな開きがある。ステイトクラフトの技法は多種多様で、どの技法を用いるかによって国家がどの程度まで曖昧で限定的なコミットメントを行えるのかが決まってくる。例えば、アメリカがエルサルバドル政府に対し支援を表明する場合において、コミットメントの曖昧さの観点からさまざまな方法をランクづけしてみよう。

1. 言葉による支援（最も曖昧で制限も多い）
2. 経済援助
3. 軍事援助
4. アメリカ軍の軍事顧問の派遣
5. アメリカ軍の戦闘部隊の派遣
6. 軍事同盟
7. 上記のすべて（最も曖昧さが少なく、制限も少ない）

このランクづけには議論の余地があるが、コミットメントをどう表明するのかが重要だという本質を示している。たとえ反論の余地はあっても、大抵の人は経済援助は宣言のみによる支援よりも曖昧さが少なく、経済援助よりも戦闘部隊の海外派遣のほうが曖昧でないと同意するはずだ。

アメリカはその多岐にわたる外交政策の方向性を提示するために、エコノミック・ステイトクラフトを利用してきた。以下はその例である。

1. 共産主義への反発

対キューバ禁輸措置、トルーマン・ドクトリン、共産主義国との貿易禁止など。

2. 国際貿易の無差別原則へのコミットメント

イギリスへの借款（1946年）、関税及び貿易に関する一般協定（GATT）による関税削減の推進、第三世界からの関税優遇措置の要求への抵抗（1948～1965年）など。

---

25. 次の論考を参照のこと。“Signals and Ambiguity” in Jervis, *The Logic of Images in International Relations*, pp. 113-138.

3. 人権へのコミットメント

国連による対ローデシア制裁の支持、人権問題の改善を条件とした援助、ユダヤ人移民の扱いを改めることを条件としたソ連の最恵国待遇など。

4. 国民主権国家へのコミットメント

「進歩のための同盟」が恐らくその代表的な事例。

5. 第三世界の窮状への関心と配慮

開発援助がその代表的な事例。

6. 武力行使の意志

対日制裁（1940 年）、在イランアメリカ大使館人質事件の際の対イラン制裁、カーター政権による対ソ穀物禁輸、駆逐艦・基地協定、レンドリース法（武器貸与法）などは、いずれもアメリカの決意を示すための第一歩という意味合いを持っていた。

7. 国際法や国際機関への支援

国連による対ローデシア制裁への参加や、国際機関への分担金の支払いなど（もちろん、アメリカが国際機関への不支持表明のために分担金を払わなかったこともある）。

8. 友好国や同盟国へのコミットメント

マーシャル・プランや、欧州統合によるアメリカへの貿易上の区別措置の助長などが顕著な例である。

9. 民間企業へのコミットメント

政府がリスクを保証した民間による海外投資の促進や、政府の対外援助計画が民間の投資と競合しないようにする試みなどがあげられる。

10. 直接行動ではなく緊張緩和へのコミットメントの表明

在イランアメリカ大使館人質事件の際の対イラン制裁も、対キューバ制裁も、アメリカが直接行動に出ずに緊張緩和を目指したと解釈することができる。

ステイトクラフトに経済的技法を用いるのは、政治的手腕の弱さや小心の表れなのだろうか、それとも確固たるコミットメントの表れなのだろうか。個々の事例の象徴的な重要性を判断するには、それぞれ固有の状況がカギになる可能性が高いため、一般的なルールに照らし合わせてこの疑問に答えを出すことはできない。例えば、自国の首都を爆撃している国に対し、自国からの経済援助を停止すると脅しても強い決意は伝わらないだろうが、国連の演説で自国の名前を間違えられたときに同様の対応をしたら、性急で過剰な反応だと受け取れられるはずだ。

また、エコノミック・ステイトクラフトの実行によってコミットメントの程度がどれだけ表明されているのかを判断するには、複数の目標（あるいはさまざまな動機）が関係するため、さらに複雑なものとなる。経済制裁を「厳しさ」の点で考えると、戦争と宥和政策との間にあるため、強硬派と穏健派の双方から糾弾されることが多い。「柔軟路線」を支持する人々は経済制裁を威圧的で対決的すぎると批判し、「強硬路線」を支持する人々は経済制裁ぐらいでは実効性がないと思うだろう。そうなってしまうのも無理はない。経済制裁は宥和と敵対という2つの要素をあわせ持ち、意図的に積極的関与と抑制を同時に表明することが多いからだ。このような理由から、経済制裁は誤解されやすい。また、外交的技法を使った抗議活動よりは強いが、軍事攻撃よりは弱い。合理的で断固とした考えの政策立案者には響くが、弱腰な人や好戦的な愛国主義者には響かないだろう。経済制裁は、措置として勇ましくもなければ高潔でもない。しかも、相手に思いとどまらせると同時に、安心や自信を与えるように設計されていることが多い。政策立案者が毅然とした態度を示しつつ、バランス感覚や自制心も持ち合わせていることを相手に伝えられる手法は、特に核保有国には非常に有用である。

経済制裁（またはステイトクラフトにおけるそれ以外の経済的技法）の象徴的な利用を理解するには、複数の決意が混在していることを認識する必要がある。したがってフレデリック・ホフマンは、経済制裁を相手を「破壊する極端な決意」を持つ政策立案者には説得力がないが、「『何か』をする必要があるが、『やりすぎ』はよくない」と感じる人々からの支持を集める、と指摘するのは正しい[26]。ところがホフマンは、後者を政策立案者の決意が「低い」状況だと説明しており、これが誤解を招く原因になっている[27]。相手を破壊しようとする意志の強弱が、決意を測る唯一の基準であってはならない。制裁を用いる人々の決意を「低い」と片付けるよりは、「複雑」と言うほうが適切だろう。実際、ホフマンが説明する2つの状況では、経済制裁が合理的な政治家にとって非常に魅力的な代替策に映るはずである。相手を打ちのめしたい一心で政策を講じる政治家は責

26. Fredrik Hoffmann, "The Functions of Economic Sanctions: A Comparative Analysis," *Journal of Peace Research*, no. 2 (1967) : 154.

27. 同上 p. 155。

任ある統治者とは言えない。「何かをする」が「やりすぎ」にならないようにする分別を失わないのが、合理的な意思決定者なのである。合理的な政治家ならば、「何かをすること」（利益の獲得）と、「やりすぎないこと」（過剰なコストの回避）の両方に真剣にコミットするはずである。このような政策立案者を「決意に欠けている」と評するのは公平さに欠け、誤解を招く恐れがある。

ある研究は、国際連盟が行った対イタリア制裁の「基本的な失敗」として、「もし成功した場合イタリアが怒って戦争に訴える可能性がある、何も行動しないということを含む各種措置の検討が限定的であったこと」[28]を挙げている。ここでもまた、制裁を課す側の動機には、イタリアに圧力をかけたいという思いと、イタリアが武力行使に出るような刺激を与えるのは避けたいという思いが入り混じっていたようだ。このように複数の動機が入り混じるなか、国際連盟の制裁はその目的の限りにおいては大いに目的を果たしたのである。

ヘンリー・ビーネンとロバート・ギルピンは、経済制裁を使用すると「外国のアメリカに対する認識に悪影響を与える」と正しく指摘している[29]。彼らは経済制裁を用いることによって、信頼できる貿易相手国というアメリカのイメージを損なう場合と、仮にアメリカが台湾を放棄した場合に信頼できる軍事同盟国というアメリカのイメージを損なう場合とを適切に比較している[30]。しかし、このような考察は、経済制裁という政策がアメリカのイメージに与える影響を総合的に評価するものではない。信頼できる貿易相手国としてのアメリカの評判は、重要ではあるものの、アメリカのイメージを作り上げる一要素に過ぎない。アメリカは、国連の対ローデシア制裁に参加したことで、ローデシアからの貿易相手国としての信頼は失ってしまったかもしれないが、人種差別に反対し、第三世界に友好的で、国際機関を支持する国だというイメージは強化されたことだろう。同様に、台湾を放棄すれば、信頼できる軍事同盟国としてのイメージを弱めることになるかもしれないが、他方で、アメリカは柔軟性に欠けているわけではなく、過ちを認める意思があり、中国と妥協する必要性を慎重なが

---

28. Taubenfeld and Taubenfeld, “The ‘Economic Weapon,’ ” p. 186.
29. Bienen and Gilpin, “An Evaluation of the Use of Economic Sanctions to Promote Foreign Policy Objectives, with Special Reference to the Problem of Terrorism and the Promotion of Human Rights,” p. VII,4.
30. 同上 p. VII,7。

らも認識しているのだと示せる可能性もある。当然、このようなシナリオがいくつも検討され、最終的にアメリカのイメージアップになるのか、イメージダウンになるのかが議論されるだろうが、アメリカのイメージのさまざまな側面にどのような影響を与えるのかを総合的に考える必要があることは言うまでもない。海外でアメリカのイメージを向上させるのは、ある失敗を他方面での成功で相殺するような、複数の動機をうまく操るゲームのようなものだ。経済制裁を用いると海外でのアメリカのイメージにどのように影響するのか、その全体的なインパクトを評価しようとするなら、必ずイメージの多面性を考慮しなければならない。

経済制裁を用いるときには、大抵、その根底にはさまざまな動機がある。ワイルズはこの動機が混在する状態を、ソ連やアメリカが経済制裁を用いた場合を例にとり、「道徳的に世界からのけ者にされている国に対する、威厳を保ちながらも自制した」対応と説明している。この説明で注目すべきは、道徳的に非難すると同時に、他方で緩和を目指そうとする意図がある点だ。経済制裁は、「ナショナリズムがオブラートに包まれ、軍事戦争の発生の危機が少なくなっているイデオロギーの時代に最も適した形態だ」とワイルズは主張している[31]。

エコノミック・ステイトクラフトとコミットメントの技術…………

主権国家にとって国の信頼性のイメージを定着させることは容易ではない。合意を強制できるような支配的な権限のないなかで、政治家が自分の発言の意図するところを他者に納得させるのは困難なことが多い。トーマス・シェリングの著作によると、コミットメントに信頼性を持たせることは一種の技術であり、それを巧みに行う場合もあれば、不器用にしかできない場合もあると示唆している[32]。シェリングの主な関心事は軍事問題だが、彼の洞察の多くはエコノミック・ステイトクラフトにも当てはまる。コミットメントという手法には、(1) 自己拘束性、(2) 相互依存性、(3) 敵対者のコミットメント回避、という3つの側面がある。以下は、この3つについて検討していく。

アメリカの政策立案者たちは、本気で共産主義の蔓延に反発しているのだろうか、アフリカにおける多数派支配を本当に支持しているのだろう

31. Wiles, *Communist International Economics*, p. 496.
32. *Schelling, Arms and Influence* および *The Strategy of Conflict*.

か、他国がその国の国民をどのように扱っているかを本気で懸念しているのだろうか、第三世界の貧困を真摯に心配しているのだろうか、アフガニスタンでのソ連の行動に心底立腹しているのだろうか。アメリカのこのようなコミットメントの信頼性を高めるために、そのためのコストは逆説的な役割を果たしている。この事実はほとんど認識されていないし、評価されてもいない。費やしても回収できないコストならば可能な限り最小化するべき必要悪と考えるのが普通だが、代替政策によってはコストが大きいことが望ましい状況もある。特に、自分たちを信頼してもらいたくてシグナルを送ろうとする場合がこれに該当する。ビーネンとギルピンはこの点を無視し、「経済制裁が敵対的な政府への非難を表明する手段として他の手段よりも有効であることを示唆する証拠はほとんどない」[33]と主張している。ただ、有効であることを示す証拠は十分に存在しており、それは日常的な言い回しの中にも埋め込まれている。例えば、「口で言うだけなら簡単だ」、「本当なら賭ける気はあるか」、「口で言うだけでなく、行動で証明してみろ」、「高価な贈り物をくれたのだから、こちらのことを相当気に入ってくれているに違いない」などがそうだ。これらの表現はいずれも、コストをかけることで単なる口頭での約束の信頼性が高まるという意味合いがある。コストは決意の固さを示す代表的指標として広く認知されている。ステイトクラフトにおいては、「口頭の約束のコストは低く、敵対者から発せられた言葉に本質的な信頼性はない。（中略）行動も何かを証明する。重要な行動は、通常は何らかのコストやリスクが伴うため、そのこと自体が信頼性の証拠となる」[34]とシェリングは考察している。

---

33. Bienen and Gilpin, "An Evaluation of the Use of Economic Sanctions to Promote Foreign Policy Objectives, with Special Reference to the Problem of Terrorism and the Promotion of Human Rights," p. IX,3.

34. Schelling, *Arms and Influence*, p. 150. シェリングは、ベトナム戦争に関して次のリンドン・ジョンソン大統領の言葉を引用している。「今は銃や戦闘機を使って伝えなければならないことであるが、それを言葉で説得できていたならばと思う」。そして、フルシチョフに関しては、次のケネディ大統領の言葉を引用している、「あの野郎はどんな言葉にも耳を傾けない。お前が動くのを見ないと気がすまないんだ」(p. 150)。シグナルの信頼性を高めるためのコストの価値については、ジャーヴィスの *The Logic of Images in International Relations* も参照のこと。トゥキュディデスによれば、ペリクレスはこの原理をよく理解していたという。アテナイが敵に投影すべきイメージについて、ペリクレスはこう述べる。「そして、もし私があなたを説得できるのなら、外に出て、自分の手で財産を荒らし、ペロポネソス人にそれを見せ、こんなもののためにあなた方が彼らに降参するわけがないと訴えるよう強く要請する」(*The History of the Peloponnesian War*, trans. Rex Warner [New York: Penguin, 1972], p. 122. 国際関係の文献の中に、国家の決意の認識を強めるために、あえて自らコストを払うことについて、『歴史』のこの一節ほどはっきりと言及しているものはまず見当たらない。

他の技法と比較すると、エコノミック・ステイトクラフトは賛意または非難の表明に特に効果を発揮しやすい。経済的技法は一般にプロパガンダや外交よりもコストがかかるため、そもそも信頼性が高い要素がある。もちろん軍事的技法のほうが高いコストを伴い、それだけ信頼性も高くなるが、コストが高くなりすぎる可能性をはらんでいる。経済的技法はコストを十分にかけて効果を発揮させる要請と、他方で許容される範囲にコストを抑える要請の双方の組み合わせを可能にする手段としやすい。これまで書かれてきた多くの考察に反して、エコノミック・ステイトクラフトのコストは自国をただ不利な状況に追い込むのではなく、むしろ、不利と見せかけて実は利得をもたらすことが多い[35]。

宣伝・広報はネガティブな経済制裁の効果を減少させると指摘されることが多い[36]。制裁対象国を気まずくなるほど非難し、かえって要求に従わせにくくするのならば、そのような議論は成り立つ。ところが、喫緊の問題に絡んで相手に具体的な要求に応じさせることは、外交政策上、最重要ではない場合がある。例えば、エルサルバドルやキューバの政府が自ら「マルクス主義」を標榜するのは、西半球でのアメリカの圧倒的支配に対して、象徴的な挑戦を突きつけるという意味では重要だが、アメリカの利益に直接的な打撃を与える意味ではあまり重要ではない。また、こうした状況での経済制裁の発動は、アメリカが決意を持って共産主義に抵抗しているのだというイメージ強化を主要な目的としており、具体的な要求に応じさせるのは二次的な意味しか持たないだろう。したがって、アメリカは宣伝活動と経済制裁を組み合わせることにより、自分たちが送っているシグナルの信頼性を高めることができる。ビーネンとギルピンが、ボイコットは「制裁する国と制裁される国の両方の威信」をかけた大々的な宣伝活動だと指摘したのは正しいが、これをステイトクラフトの技法としてのボイコットが「非常に有害である」ことの証拠として説明するのは間違ってい

---

35. エコノミック・ステイトクラフトの研究者たちの著作のなかでは、信頼性あるシグナルを送るためのコストが大きいことのメリットはあまり認識されていない。唯一の例として筆者が行き当った文献は以下の通り。Klitgaard, "Sending Signals," p. 106；Galtung, "On the Effects of International Economic Sanctions," p. 412；および Patrick Callahan, "Commitment," in *Describing Foreign Policy Behavior*, ed. Callahan, Brady, and Hermann, pp. 177-206.

36. 以下参照。Weintraub, ed., *Economic Coercion and U.S. Foreign Policy*, pp. 19-20, 50-54.

37. Bienen and Gilpin, "An Evaluation of the Use of Economic Sanctions to Promote Foreign Policy Objectives, with Special Reference to the Problem of Terrorism and the Promotion of Human Rights," p. II,7.

る[37]。「制裁の当事者たちの威信や信頼」に関わることだからこそ、ボイコットがイメージの投影に一役買う可能性があるからだ。ボイコットは、それを用いる者の威信と結びつかなければ、象徴的な目的を達成する手段としての価値はない。事実、大々的に宣伝されたボイコットは当事者国の威信に関わるのだから、ステイトクラフトの技法としてのボイコットは、状況によっては有利または不利に働く特徴を持っていると指摘されるべきだろう。ボイコットは必然的に有害だと示唆するのは、ある政策-有事の枠組み特有の欠点を、その手段そのものに内在する弱点と取り違えているからである。

だからといって、宣伝活動によって対象国に要求に応じさせるのが難しくなり、経済制裁の効果が損なわれる可能性があることや、実際そうなることが多い事実を否定しているわけではない。だが、同じことはステイトクラフトのあらゆる技法に当てはまる。ジョンソン政権下の一連の事例を分析したある研究では、「宣伝活動は、実際に追求している目標によっては致命的な打撃を与える場合もあれば、成功に必要となる場合もある」という結論が出ている[38]。つまり、宣伝活動は経済対策の効果に悪影響を与えるという従来の見解には、さらなる条件付けが必要だということだ。

国家だろうと個人だろうと、それぞれのコミットメントは相互に作用する[39]。そしてコミットメントの信頼性は、ある分野で損なわれると他の分野にも影響を与える場合が多い。コミットメントや信頼性や象徴は基本的に心理的な現象である。例えば、論理的には配偶者を愛しながらも結婚記念日を忘れることは十分にあり得るが、心理的にはこの２つの事実が無関係であることを配偶者に納得させるのは難しい。同様に、たとえ戦時中であっても敵対国と貿易を続けることは経済的に理にかなっていると経済学者は証明できるだろうが[40]、心理的には貿易の継続はかなり難しくなる。

国際的経済交流は、当事者である政策立案者の思惑とは関係なく、象徴的意味合いを持っている。政治と経済の「リンケージ」は、ある意味では意のままに追求できる政策なのだが、政策立案者たちが考慮に入れなければならない国際社会の現実でもある。ロナルド・レーガンは、大統領就任時、前任者がソ連のアフガニスタン侵攻に抗議して対ソ穀物禁輸措置を

38. Weintraub, ed., *Economic Coercion and U.S. Foreign Policy*, p. 51.
39. 以下参照。Schelling, *Arms and Influence*, pp. 55-59.
40. 以下参照。Schelling, *International Economics*, pp. 496-497；および Wiles, *Communist International Economics*, pp. 460, 465-468, 495-496.

とったことに公に反対していた。だが、レーガンが禁輸措置を即刻撤廃していれば、彼のソ連に対する「強硬姿勢」が問われることになっただろう。禁輸措置撤廃の象徴的な意味は、彼がそれを世界にどう解釈してほしいかを表明するだけでは消し去ることはできない。この事実に気づいたレーガンは禁輸措置の撤廃を遅らせた。アメリカがソ連に最恵国待遇を与えるかどうか、キューバの砂糖を購入するかどうか、国際通貨基金によるブラジルへの融資を支持するかどうかという決定は、アメリカが望む、望まないにかかわらず、外国の統治者にとって象徴的な意味を持つ。アメリカがキューバに経済制裁を加えたことは一種のシグナルだが、「通常の関係」を続けることもまた別のシグナルを送ったはずである。カーター大統領がとった穀物禁輸措置は、期待通りの効果が得られなかったかもしれないが、仮に何もしなかったとしても、それはそれでアメリカのイメージに影響を与えていたはずであることも認識しなければならない。コミットメントは相互に依存関係にある。外交および軍事分野でのアメリカの行動は、経済分野での行動と心理的に切り離すことはできないのだ。「リンケージ政治」に激しく異論を唱える者でさえ、このようなリンケージは無視できない。第二次世界大戦中にアメリカがドイツと正常な経済関係を継続すべきだったかどうかについて、当時も今もほとんど真剣には議論されていないことからも、経済と政治の分野におけるコミットメントの相互依存性は世界的に暗黙のうちに認識されているのだ。

ステイトクラフトの経済的技法は、コミットメントのためだけでなく、他国のコミットメントを回避するためにも使うことができる。コミットメントは決して絶対的なものではなく、常に解釈の余地がある。例えば、サラミを無料で配らないと決め込んでいる肉屋がいたとする。だが、毎日サラミを一切れずつ味見させてほしいと客側が頼めば、時間はかかっても、いずれサラミを１本分平らげることは可能だ。このような「サラミ戦略」[41]の本質は、相手のコミットメントが効力を発揮しているなかで、徐々に時間をかけながら、小さな影響力を行使して得られる累積効果である。突然劇的な効果をもたらす技法よりも、ゆっくりと、積み重ねることにより、劇的ではない効果をもたらす技法のほうが好まれるときもある。そのような状況では、他国からの要求には屈しない覚悟の対象国を挑発しているようには見せず、そっと圧力をかける方法として経済制裁は有効かもしれな

41. 以下参照。Schelling, *Arms and Influence*, pp. 66-69.

い。シェリングはこの点を次のように説明している。

家主が強引な手段で賃貸者を追い出すことはまずない。家主は、徐々に少しずつ圧力をかけていけば、時間はかかっても、強硬手段を用いた場合と同じような結果を得られることや、相手が暴力的な行動に出ないことを知っているからだ。賃貸者の家族や家財道具を手荒く扱うよりも、水道や電気を止め、トイレを使っても水を流せない、夜にはロウソクで灯りをとるしかないといった不便により、じわじわと圧力をかけ、いずれ自主的に退去してもらうほうがはるかに良策である。封鎖は、ゆっくりと作用し相手に判断をゆだねる策である。ベルリンやキューバへの侵攻は、急進的で明らかに侵攻だとわかる行動であり、強硬さも伴っているので相手も抗戦に出ざるを得ない。一方、物資を遮断した場合は、１日目はほぼ何も変わりなく、２日経っても目に見えて違いのある効果は得られない。封鎖をしても初めのうちは犠牲者も負傷者も出ない。封鎖は相手からの抵抗も比較的ない状態で行われ、最終的な損害は封鎖された地域が頑な態度を示した結果であると同時に、封鎖を行った国が根気よく続けた成果でもある。また、封鎖されている側が最終的に崩壊してしまうのではないかと恐れ、封鎖を行っている国がひるむような瞬間もない[42]。

シェリングが言及しているのは封鎖（正確には経済的手段というよりも軍事的手段ではあるが）だが、彼の論法は経済制裁にも正しく適用できる。他のステイトクラフトの技法に比べて、経済的手段は、外交やプロパガンダよりも強い圧力をかけられる可能性が高く、軍事的手段と比べれば暴力的な反応を引き起こす可能性が低い。圧力をかけることも、相手から暴力的な反応が返ってくるのを避けることも重要な目標である場合は、経済的な措置がとりわけ魅力的な選択肢になるだろう。そういう状況ならば、経済制裁は単なる「次善の策」ではなく、むしろ軍事力では達成できない効果を期待できる。つまり、単に軍事的手段がとれない場合の劣った次善策というより、むしろ政策として優れた「最善」の選択肢なのだ。ちなみに、1941 年の日本を除き、経済制裁を課す側に暴力的な反応が返ってきたことはない。国際連盟の対イタリア制裁に対し、イタリアの過激な

42. 脚注 41 と同、pp. 68-69。

反応を招くのではないかと多くの人が恐れていたが、それは想像上のことのように思える。実際、イタリアは国際連盟の加盟国を攻撃しなかった。そして、キューバはアメリカを、ローデシアは国際連合の加盟国を攻撃しなかった。ソ連も経済制裁を課した国を決して攻撃しなかった。しかし、このいずれの場合も、制裁を課す国が経済的措置ではなく軍事力を行使していたとしたら、軍事力による反発がほぼ間違いなく起きていただろう。ある国から暴力的な反応を引き出す最も確実な方法は、その国を武力攻撃することだ。エコノミック・ステイトクラフトはゆっくりと作用することが多いが、これは必ずしも「本質的な弱点」ではない。そもそも時間がかかるように設計されていることが多いのだ。迅速に作用すればよいわけではないのである[43]。

敵対国のコミットメントを回避するためにエコノミック・ステイトクラフトを用いた歴史的な事例が一つある。驚くべき成功例なのだが、エコノミック・ステイトクラフトの研究者には見過ごされている。シェリングはそれを次のように述べている。

> トルーマン大統領がこの戦術の価値を認めたのは、1945年6月のことだった。ドゴール率いるフランス軍は、連合国の計画やアメリカの方針に反して、北イタリアのある州を占拠していた。フランス軍は同盟国が自分たちを追い出すような行動に出れば、それを敵対行為とみなすと公言した。フランスは「辺境の微調整」としてこの地域を併合するつもりだったのだ。当然、軍事力でフランスを追放しようものなら、連合国の団結が著しく損なわれるだろう。議論は袋小路に追い込まれた。そこで、トルーマン大統領はドゴールに、フランス軍がアオスタ渓谷から撤退するまでは、フランス軍に物資を一切供給しないと通告した。フランス軍はアメリカからの物資に完全依存していたため、この通告は成果をもたらした。アメリカがかけた圧力は「非敵対的」で、軍事力に訴えるような過激な反応を引き起こすほどではなく、安全に用いることができる（そして効果のある）技法だったのだ。長期間にわたって一定量の威圧的圧力をかけ、気運を高めていくことは、相手のコミットメントを交

43. 以下と比較のこと。Gary Clyde Hufbauer and Jeffrey J. Schott, *Economic Sanctions in Support of Foreign Policy Goals* (Washington, D.C.: Institute for International Economics, 1983), pp. 79-80.

わすための一般的かつ効果的な技法なのである[44]。

リスクとエコノミック・ステイトクラフト……………………………

戦争防止に関する文献には、２つの大きなテーマまたは学派がある。一つは、緊張緩和や調停、宥和、ポジティブな制裁を重視するが、もう一つは、抑止や軍備、強硬さ、ネガティブな制裁を駆使して緊張を高めることを重視する。この議論は、本研究の範囲をはるかに超えた問題を提起するので、ここではその問題の解決を試みることはしない。それぞれの学派には強力な擁護者がいて、彼らの主張を軽々しくは否定することはできない。しかしながら、エコノミック・ステイトクラフトの議論においては、経済的技法を用いる場合に両方のアプローチが絡んでくる可能性がある点が認識されていないことが多く、経済制裁によって戦争のリスクが高まる可能性があるという事実は、経済制裁のデメリットとして扱われるのが普通だ。

ネガティブな経済制裁は他の種類のネガティブな制裁と同様に、戦争のリスクを高める可能性があるという点で危険がある。ロビン・レンウィックは、国際連盟が経済制裁をとった際の経験から得た教訓の一つとして、「戦争のリスクを冒さずに制裁に効力を発揮させるのは不可能」ということがあったと述べている[45]。また、ビーネンとギルピンは、経済制裁が「効果を発揮するには、戦争の可能性も伴う」と考察している[46]。ミュリエル・J・グリーヴは、経済制裁は「効果的に適用されれば、戦争の脅威と同じくらい直接的かつ積極的に、（中略）［標的］国を挑発できる。実際に戦争の脅威にさらされたとき、制裁政策は緊張を緩和するというよりも、（中略）むしろ緊張を高める役割を果たすだろう」と指摘している[47]。こうした意見は経済制裁を用いることの意味合いという観点から、不用意に経済制裁を用いることに対する貴重な警告になる。だが、戦争のリスクを高めるのは決して望ましいことではないと示唆するつもりなら、相当な

44. Schelling, ***Arms and Influence***, p. 69.
45. Renwick, ***Economic Sanctions***, p. 23.
46. Bienen and Gilpin, "An Evaluation of the Use of Economic Sanctions to Promote Foreign Policy Objectives, with Special Reference to the Problem of Terrorism and the Promotion of Human Rights," p. IIIa,9.
47. Muriel J. Grieve, "Economic Sanctions: Theory and Practice," ***International Relations*** 3（October 1968）: 433.

誤解を招きかねない。ステイトクラフトにおいては、安全な技法よりもリスクがある技法のほうが望ましい場合があるからだ。

戦争のリスクは一種のコストであり、他のコストと同様、シグナルに信頼性を持たせるために使われることもある。したがって、経済制裁をとるとき、こちらが容認できる行動をとらないのならば戦争のリスクも辞さないということを相手に強く感じさせ、その用意があると相手に警告するのを目的としている場合、経済制裁には危険性があるがゆえに、暗黙の脅威に真実味が帯びてくる。要するに、「こちらの決意の固さをそちらに示すため、戦争の危険を冒してまでこの通達をしている。こちらは本気なので、よく考えてから行動するように」と言っているのだ。

このエコノミック・ステイトクラフトにおけるリスクの役割と、シェリングの戦争の危険を抑える説明との間には類似性がある。シェリングは「限定戦争の働きの一つは、(中略)敵を威嚇し、もしも敵が全面戦争を選んだ場合には、敵にとって耐えがたいほどの危険が待ち構えていることを示すため、全面戦争のリスクを意図的に持ち出すことだ。(中略)最終目標は限定戦争の維持の確約ではなく、むしろ全面戦争のリスクをゼロではなく、適度な範囲内に抑えることなのかもしれない」[48]と述べている。そして、もしそうだとすると、限定戦争の有用性や国家の戦闘能力を評価するときには、単独の戦術行動のより大きな戦略的意味合いを考慮しないと評価を見誤る可能性が高いと指摘する。劣勢の現地軍が優勢な相手と限定戦争を戦う場合、「勝つ」ことはできないかもしれないが、より大きな戦争が起きるリスクを高めることはできるかもしれない。「戦争の脅威に効果を持たせるには、現地での戦いに勝つ必要はない。危険で挑発的な戦法で局地戦に負けたとしても、戦争のリスクが(中略)相手側の勝利を明らかに上回る可能性がある」[49]。

この論法には、エコノミック・ステイトクラフトを考えるうえで、2つの重要な意味合いがある。よく言われるように、経済制裁の発動が本当に戦争のリスクを生むのであれば、経済制裁は限定戦争に似たような働きをすることになる。ビーネンとギルピンは、「制裁の発動にはまったく独自の原動力があり、制裁される側も制裁する側も望まなかった悲惨な結果を

48. Schelling, *The Strategy of Conflict*, p. 193. 関連の章は以下の通り。"The Threat That Leaves Something to Chance" in *The Strategy of Conflict* および "The Manipulation of Risk" in *Arms and Influence*.

49. Schelling, *Arms and Influence*, pp. 104-105.

招くという、作用と反作用を引き起こす可能性がある」と指摘し、これを制裁措置のコストやデメリットとして説明している[50]。この作用と反作用が起きる状況は、シェリングが「何かを偶然に任せるような脅し」を議論したときの説明とほぼ完全に一致する。

> つまり瀬戸際政策とは、戦争という認識可能なリスク、つまり完全にはコントロールできないリスクを意図的に作り出すことである。手に負えない状態に陥ることが相手にとって耐えがたく、相手に譲歩を強いることになるという理屈で、あえて危険寸前の状況に持ち込む戦術だ[51]。

経済制裁には、完全にはコントロールできない独自の原動力があるが、その原動力があるからこそ実際に経済制裁を用いたり、制裁をすると脅すことが有効になるのだろう。経済制裁にはこのような性質があるため、戦争に至るまでのエスカレーションのプロセスの低い段階から取り組みを始めることができるので、各当事者は考え直す時間を確保できる。したがって、限定戦争よりも安全に用いることができる「リスク発生機」ともいえる。この点に関する経済制裁の弱点は、経済制裁がリスクを伴う点ではなく、期待される緩和効果を生み出せるほど十分なリスクを伴っていない可能性がある点である。

シェリングの論法のもう一つの意味合いは、エコノミック・ステイトクラフトの有用性の評価方法に関係している。限定戦争またはその脅威については、その有用性をより大きな戦略的意義から切り離して判断しようとすれば、その評価を誤ってしまうのと同様、経済的手法自体に内在する戦略的目標を無視して評価するのは適当ではない。アメリカの反共産主義政策全体の枠組みを無視して、共産圏との貿易規制措置の有用性を判断したり、米ソ関係、米ラテンアメリカ関係へのより大きな影響を無視してキューバへの禁輸措置を評価したり、イラン経済への影響のみを考慮してアメリカの対イラン経済制裁の効果を測ったりすることは、この措置の評価を考える上で、誤った結論に導かれる可能性がある。経済制裁は大抵「失敗する」と考えている人々でさえも、限定戦争をする、あるいはそう脅すことは、

---

50. Bienen and Gilpin, "An Evaluation of the Use of Economic Sanctions to Promote Foreign Policy Objectives, with Special Reference to the Problem of Terrorism and the Promotion of Human Rights," p. II,7.

51. Schelling, *The Strategy of Conflict*, p. 200.

「勝てる見込みがほぼない場合でも」有力なステイトクラフトの技法になるとしたシェリングの結論には価値があると思うだろう[52]。

リスク分析は容易ではない。ステイトクラフトの特定の技法に係るリスクを最適化するには状況を徹底的に精査する必要がある。経済制裁のリスクを政策手段の本質的な弱点として説明する前に、国際政治におけるリスクの役割という難しいテーマに真剣に目を向けるべきである。まずは、シェリングの『紛争の戦略：ゲーム理論のエッセンス』と『軍備と影響力：核兵器と駆け引きの論理』を紐解くところから始めるのが最善だろう。

52. Schelling, *Arms and Influence*, p. 109.

第７章
国力とエコノミック・ステイトクラフト

しかし、どうすれば金融外交が国力に貢献できるか、慎重に検討してみよう。というのも、この問題に関して現在見受けられるアイデアや決まり文句は当てにならず、非常に疑わしいからだ[1]。

外交政策立案者にとって、ステイトクラフトの技法とは、国際社会で他国や非国家主体に影響力を行使するための方策だ。前章までは、「その目的のために、ステイトクラフトの経済的技法はどれほど役に立つのか」という疑問に答えるための土台作りだった。文献からは、エコノミック・ステイトクラフトを真剣に検討する政策立案者の判断力を疑いたくなるほど、明らかにこうした技法は役に立たないという印象を受ける。エコノミック・ステイトクラフトが機能するかどうか、どうすればわかるのか。また、「機能する」とはどういう意味か。本章では、こうした疑問に答えることの難しさを検証する。

偏った概念 ……………………………………………………

重要なのは、概念だ。エコノミック・ステイトクラフトの効果に関する詳細な歴史的研究も、研究の基盤となる概念が救いようもなく偏っている場合は有用なものではなくなる。経済的手法の効果を軽視する傾向は、概念の定義上そうした手法が成功したと判断しにくいことに原因がある。繰り返すが、影響力とはAが何もしなければBがしないようなことをAがBにさせることだ。さて、大半の国にとって最も重要な外交政策の目標の一つは、自国の経済的繁栄の拡大のために他国に貢献させることだ。この目標を追求する際に政治家が取り得る代替策を検討してみよう。(1) プロパガンダを使えば、慈善事業や正義等々の名のもとに、他国に物品を寄付させることができる。しかし、第三世界の政治家が証言するだろうが、このステイトクラフトの技法はほぼ成功が期待できない。(2) 経済援助に対する返礼として外交政策上の見返りを提供できるかもしれない。ハイチがアメリカからの経済援助を受けるために、国連か米州機構で投票権を放棄すれば、この技法を使ったとみなすことができる。かなりの報酬が含まれ

---

1. Jacob Viner, *International Economics* (Glencoe, Ill.: Free Press, 1951), p. 343.

るので、このアプローチは単なる「強い要請」よりもうまく機能する。(3) 軍事力を使用して他国を脅したり服従させたりすることで、相手の富の一部を奪うことができる。よく言われるように、帝国主義はまさしくそのような影響力の行使である。こうした帝国主義に実行価値があったか否かという疑問は精力的に議論されてきたが、もはやそうした議論は意味がないとの認識になっている[2]。(4) 一方、民間貿易を活用し、場合によってはこれを個別に促進する形でのエコノミック・ステイトクラフトは、はるかに効率的に、また費用対効果も高く、他国の物品やサービスを手に入れることができる[3]。他のステイトクラフトの手法ではこの重要な外交政策の目標を効率的に達成するために民間貿易を使うという手がかりさえも見いだせないであろう。国際的な影響力を行使するうえで、国際経済交流は歴史上最も成功した事例の一つである。にもかかわらず、そう評されることは少ない。なぜか。理由は、日常的で平凡な日々の経済交流にはパワーが伴わない、あるいは「本物の」外交政策ではないと規定されてしまうからだ[4]。パワーや外交政策に関するそのような概念付けはステイトクラフトの経済的技法の有効性の評価に重要な影響を与えている。

一般的に軍事や外交を対象とした「ハイ・ポリティクス」問題よりも、経済や社会を対象とした「ロー・ポリティクス」問題の方が、他国に対する影響力行使は成功をおさめやすい。これはおそらく経済的技法に限らず、どのステイトクラフトの技法であっても当てはまる。例えば、外交の大半は細やかで、平凡で、地味な事柄が多いとよく言われるが、そうした活動の累積効果を過小評価すべきではないとされる。他方で、典型的な外交活動ではない平和条約や国連憲章、重要な軍縮条約の交渉などは、必ずしも成功事例として評価されない。同様に、一国の軍事力の存在は、繊細かつ継続性を持って広く浸透性を有しながら他国へ影響力を行使している、という意味において、日々重要な役割を果たしているとされる。確かにそうした見解は、多くの、地味ではあるが、影響力行使を目的とする国家の行為が、その累積効果によって長期的には大きな効果を持ちうること

2. 以下参照。Kenneth E. Boulding and Tapan Mukerjee, eds., ***Economic Imperialism***（Ann Arbor: University of Michigan Press, 1972), 特に pp. ix-xviii, 240-261。経済問題の解決手段としての戦争の「曖昧な価値」については、クインシー・ライトの次の見解も参照のこと。(Quincy Wright, ***A Study of War***, pp. 281-283).

3. そのような貿易を許可したり促進したりするのは、エコノミック・ステイトクラフトを構成する事業者の決断ではなく、政治家の決断であることに留意すべきである。

4. 第3章内の論考参照。

を想起させる。ところが経済的技法によるステイトクラフトに関しては、同様の見解が出されることは少ない。それどころか定型的な経済的手法の発動は「政治的意図がない」と見なされる。例えば、ヘンリー・ビーネンとロバート・ギルピンは、「純粋に経済的譲歩を得るために用いるなら、経済的威嚇という手段は相当の確率で成功する」と述べている[5]。しかし、彼らは以前の論稿において、「政治的目標達成のために二国間の経済関係を操作する」[6]ことに関する政策手段を国家による行為の中から除外しており、この見解は、外交政策の目的を実現するための手段として、経済制裁の有効性に関する彼らの否定的結論と符合する。ロビン・レンウィックも同様に、例えば輸出制限や関税変更など、各国が商業的目的を達成するために発動した経済的圧力の多くの実例を自身の経済制裁の研究対象から除外している。彼はこの理由を、「国際的には、制裁とは本質的にその対象国の政治行動に変化をもたらすために経済的な罰則を科すことであるとみなされている」ため、としている[7]。しかし欧州共同体の共通農業政策や日本の自動車輸出規制で修正協議に責任を負う人々が、そうした活動は「政治的な行動」の変化を伴わないとの主張をどのように考えるだろうか。

エコノミック・ステイトクラフト研究で見られるさらに重要な概念の偏りは、経済交流の過程における国のパワーや影響力の関与を否定していることである。例えばクラウス・クノールは、経済交流と、政治やパワーが関わる取引を明確に区別している[8]。そのため、「経済的利益の獲得」は外交政策の目標の一つかもしれないと認めつつ、その目標追求にとって最も効果的と思われるステイトクラフトの技法、すなわち相互に満足の得られる経済交流を無視している。

> ここでは、パワーを投入せずに発生する相互に満足のいく交流には関与しない。政府が互恵関税容認に同意する場合や、国営貿易機関が自由市場で物資を輸出入する場合がこれに相当する。われわれが関心を寄せるのは、価値あるものの不均衡な交換を達成するために経済力を行使す

---

5. Bienen and Gilpin, "Evalnation," p. II,14.
6. 同上 pp. I,1-2。
7. Renwick, *Economic Sanctions*, p. 2. 銀行業や商業、主権国家間の税金交渉といった一般分野の目標を、外交政策の目的から除外する同様の見解は、以下参照。Hufbauer and Schott, *Economic Sanctions*, p. 2.
8. Knorr, *The Power of Nations*, pp. 80-81, 135, 171, 310-314.

ることだ[9]。

そしてステイトクラフトの技法として対外援助を論じる際にクノールは「それが空軍基地の建設であろうと、国連採決における一票であろうと、何か特定の目的のために見返りとして行われるいわゆる援助と呼ばれる行為」を無視している[10]。このように最も成功しそうな援助形態を議論の枠外に置いている。最も成功の可能性の高いエコノミック・ステイトクラフトの形態を概念的に除外しているのだから、クノールがステイトクラフトの技法として援助や貿易の有効性を低く評価していても驚きではない[11]。

華々しいもの、普通ではないもの、劇的なもの、並外れたものの重要性を過大評価し、当然のこととして見過ごしがちな日常の些事な累積効果を過小評価するのは簡単である。「ロー・ポリティクス」である経済交流は、

9. 脚注８と同、p. 135.

10. 同上 p. 171.

11. クノールは、パワーと交換を厳密に分離すると、重要な国際的影響力のいくつかの側面が説明できないことは理解していた。しかし彼は、その難題の原因を自身の権力と交換の概念にさかのぼって調べる代わりに、拙劣な表現で「パワーによらない影響力」という新たなカテゴリーを創作した。ところが、この新たなカテゴリーを一方ではパワーと区別し他方では貿易とも区別しようとすると問題が発生する。「パワーによらない影響」をパワーと区別する際、クノールは、パワーはより弱い非国家主体にとって必然的に有害だと力説する。これでクノールは、力関係が対等な主体間ではパワーが均衡関係を保つことがあり得ることを否定し（よって相互抑止の理解が難しくなる）、援助などのポジティブな制裁による権力行使を排除するようにも見える立場に陥る。クノールにとって特に後者については納得できないのだろう。というのも、彼は自身が掲げる権力の概念に「褒賞の有する権力性」を含めたいと明言してきたからだ。定義上、ポジティブな制裁は対象国にとって有害であるよりむしろ有益だとされている。クノールは交換と力によらない影響を区別しようとも試みているが、これはさらに不満の残る内容だ。彼は交換のなかには力によらない影響のように見えるものもあると認めてはいるものの、力によらない影響には受け取った価値に対する「約束された報酬」がないことから、交換とは区別できると論じている。しかしそのあとで、力によらない影響が完全に相互交換となる状況を描写している。非国家主体それぞれが、相手に価値のあるものを提供する場合だ。明らかにこのような状況と交易との**唯一の**相違は、見返りが定まっているか否かの問題である。

　力によらない影響についての「統計的研究が驚くほど少ない」というクノールの主張には、かなり語弊がある。交換とは特別な権力関係の一種だとひとたび認識されれば、クノールが遭遇した概念的困難の多くは解決する。そうなると関連文献は莫大な量に増える。社会的、経済的交換に関するすべての論文が関連文献になるからだ。パワーと交換の伝統的な概念で十分に対処できないもののなかで、クノールの力によらない影響の概念で説明できるものは何もない。この問題のさらなる論考は、以下参照。Baldwin, "Power and Social Exchange"；"The Power of Positive Sanctions," *World Politics* 24（October 1971）：19-38；"Power Analysis and World Politics"；Oppenheim, *Political Concepts*, pp. 40-43；および Dahl, *Modern Political Analysis*, 3d ed., p. 50.

通常は目立たないかもしれない。しかし長期的に見ると、世界で最も重要な影響力を行使するメカニズムの一つなのだ。相手が協力しなければこちらも協力しないという、お決まりの無言の脅しは見抜くのが難しいことが多いが、大半の国際経済交流の根底に存在する。「あなたがするなら私もする。そしてあなたがしないなら私もしない」という2本柱の原則は、国際貿易交渉や対外援助取引の場でも、軍縮の交渉時と同様に重要なのだ。

費用・便益の比較 ……………………………………………

要するに、ステイトクラフトの技法の有用性の評価とは、与えられた外交政策の目標を追求するために取り得る代替策の費用と便益を評価し、比較することだ。これは簡単に見えるが、分析上の落とし穴が多い。この落とし穴には（1）コスト無視、（2）コスト比較の誤解、（3）代替手法との比較の失敗、（4）コスト見積もりの誤り、が含まれる。

コスト無視

何かを選択するにはコストがかかる[12]。エコノミック・ステイトクラフトは――さらに言えば、他のステイトクラフトも同様に――、その使用を選択すれば、何らかのコストが伴う。ステイトクラフトの経済的手法の有用性を評価する際は、TANSTAAFLの原則[13]を念頭に置くべきだが、残念ながら、これが常に重視されているわけではない。コストの無視が普通に行われ、それが暗黙の了解の場合もある。実行のコストを考慮せずにパワー、すなわち影響力行使のための行動の有効性について事前に評価することは可能だが、そのような見積もりだけでは外交政策立案者の助けには

12. これは単なる経験主義による一般論ではない。論理的必然である。選択とコストの概念は一体化し、一方がもう一方を含有しているからだ。この点については、以下参照。Frank H. Knight, "Some Fallacies in the Interpretation of Social Cost," *Quarterly Journal of Economics* 38（August 1924）: 592-593 ; David A. Baldwin, "The Costs of Power," *Journal of Conflict Resolution* 15（October 1971）: 145-155 ; および Armen A. Alchian, "Cost," *International Encyclopedia of the Social Sciences*, vol. 3, p. 404.

13.「無料のランチなんてものはない」を意味する「There ain' t no such thing as a free lunch」の頭文字を並べたもの。以下参照。Edwin G. Dolan, *TANSTAAFL*（New York: Holt, Rinehart, and Winston, 1971）, p. 14.

ならない[14]。コストの見積もり抜きでは、政策立案者はその影響力行使のための行動にどれほど労力を費やす価値があるのか判断できない。20世紀に—— 20世紀後半は特に——社会科学者は「効果」と「有効性」、また、「効果」と「有用性」の区別をつけることを求められてきた。「有効性」と「有用性」がインプットとアウトプットの関係や、費用と便益の関係にまつわるものを示す一方で、「効果」はアウトプットやベネフィットのみに関係する[15]。コストが軽視されたり見過ごされたりするのは、「効果」と「有用性」(あるいは「有効性」)が区別なく使われ、コストに関する十分な説明もなければ、2つの言葉が独特の意味で用いられているという警告もないままにステイトクラフトの技法が議論される場合となる[16]。

研究者のなかには、影響力行使に伴うコストを当然のように無視するばかりか、適切に考慮すべきだという事実をあからさまに否定する者もいる。例えばE・H・カーは、イタリアに対する国際連盟の制裁の教訓として、「制裁では、戦時と同じように、『全か無か』が唯一のモットーだ」ということを強く主張している[17]。その他にも、「純粋に政治的な」目的で行使される経済制裁は、「われわれが傷を負うか否かという問題とはもはや無関係だ」と述べる研究家もいる[18]。さらに、ジョン・D・モンゴメリは、「南ベトナムを10年間共産主義者の手から守る」、「中国本土崩壊後も台湾の自由」を保証する、「合理的に結束し繁栄するヨーロッパ」を促進する、「日本を再建する」といった外交政策に「値段をつける」ことが可

---

14. ゲーム理論学者ジョン・C・ハーサニは、A(影響力行使の立案者)とB(その対象)にかかるコストをどちらも権力の概念に組み入れるべきだと述べている。彼の主張には説得力があるが、ここでは採用しない。不服従のBにかかるコストは、ここで使う権力の概念に暗に含まれるが——権力の有意義な概念すべてに含まれるべきだと私は信じている—— Aのコストは別個に取り扱うつもりだ。しかし、これはあくまでも今後の議論を簡潔にするためであり、ハーサニの意見に根本的に異を唱えるつもりはない。以下のハーサニの著書も参照のこと。Harsanyi, "Measurement of Social Power, Opportunity Costs, and the Theory of Two-Person Bargaining Games," *Behavioral Science* 7 (January 1962) : 67-80.
15. この点については、以下参照。Simon, *Administrative Behavior*, pp. 180-182.
16. 具体例は、以下参照。Kindleberger, *Power and Money*, pp. 56, 65 ; Blechman and Kaplan, *Force Without War*, 特に pp. 17-20, 58-85, 517-518, 532-534 ; および Robert W. Tucker, *The Inequality of Nations* (New York: Basic Books, 1977), p. 93.
17. Carr, *The Twenty Years' Crisis*, p. 119
18. Otto Wolff von Amerongen, "Commentary: Economic Sanctions as a Foreign Policy Tool?" *International Security* 5 (Fall 1980) : 167.

能かどうかについて、疑問を呈している[19]。おそらくこうした見解は、額面通りに受け取られることを意図してはいない。あるいは、自らの発言が論理的にどのような意味を持つことになるかを彼らが見落としただけかもしれない。いずれにせよ、戦時であろうと、貿易制限や対外援助の場であろうと、コストの無視を正当化することは不可能だ。良識のある政策立案者にとって、コストは常に重要な問題であり、いかに困難であろうとコストの見積もりは避けて通れない。「全か無か」のモットーは狂信者の意志決定ルールであり、合理的で思慮深い政治家のルールではない。

コスト比較の誤解

コストの重要性を理解している者でさえ、コストがステイトクラフトの技法の有用さにいかに影響を及ぼすか、明らかにはできないだろう。そのためコストの重要性は、影響力を行使する国（センダー）が負うコストと、その標的国が負うコストとの相対比較の中で決定されると主張される。シドニー・ワイントラウブは、「貿易制裁は、その標的国よりも、発動国のコストのほうが大きいかもしれない」と述べている[20]。ミルトン・フリードマンも「経済制裁は、標的国のみならずわれわれ自身にも損害を与えるようだ」と主張する[21]。また、ビーネンとギルピンは「経済制裁の成功の見込みは、その総コストが標的国のほうが高いのか、あるいは発動国のほうが高いのかによって左右される可能性が高い」と唱える[22]。P・J・D・ワイルズの説では、「敵に都合の良いことをするのは不合理ではないが、自分自身にもっと都合の良いことをするのが条件だ。同じく、自身

19. John D. Montgomery, ***Foreign Aid in International Politics***（Englewood Cliffs, N. J.: Prentice-Hall, 1967）, pp. 72-73. モンゴメリの「ある種の支援の継続に代わる策はほぼ考えられない」というのちの見解から、彼が機会費用の重要性を内心では理解していたことがわかる。

20. Weintraub, ed., ***Economic Coercion and U.S. Foreign Policy***, p. 11.

21. Milton Friedman, “Economic Sanctions,” ***Newsweek***, January 21, 1980, p. 76.

22. Bienen and Gilpin, “An Evaluation of the Use of Economic Sanctions to Promote Foreign Policy Objectives, with Special Reference to the Problem of Terrorism and the Promotion of Human Rights,” p. II,8. ギルピンの見解については次も参照。***New York Times***, January 13, 1980；および U.S. Senate, Committee on Finance, Subcommittee on International Trade, ***U.S. International Trade Strategy***, 96th Cong., 2d sess., 1980, p. 156. ハフバウアーとショットも同意見らしい。彼らは制裁を行使する国は「自身が負うコストに対する標的国のコストの割合を最大限に大きくするべきだ」との指針を、ばかげた方針ではなく、到達が難しい理想の目標と表現している（***Economic Sanctions***, pp. 63-64）。

が損害を負うのは不合理ではないが、相手により大きい損害を負わせるのが条件」となる[23]。完全なゼロサムゲームの世界を想定するなら、Aの費用とBの費用を比較するのは理にかなっている。というのも、そういった世界では定義上、Aの費用はBの便益だからだ。しかし現実世界の国際社会における行動はさまざまな動機が入り混じった状態を特徴としているので、こうした比較は議論を誤った方向に導きかねない[24]。貿易制裁はその発動国よりも標的国のコスト負担のほうが大きいか否かという疑問は、正しい論点ではないだろう。そのような方策を実行したり検討したりする外交政策立案者にとって、貿易制裁のコストの重要性は、与えられた状況で実行可能と彼らが判断するその他の政策選択肢の費用と便益との相関関係にあるからだ。合理的な政治家なら、ある政策の費用と便益を、他の政策選択肢の費用および便益と比較するだろう。標的国よりも発動国の損害が大きい制裁を課すことが合理的なのかという疑問には先験的には答えられないが（ゼロサムゲームは例外として）、むしろ発動国の価値観と、その代替策という視点で検証する必要がある。状況によっては、標的国よりも自らが被る費用のほうが大きい政策選択肢ばかりで、政策立案者にとってまったく選択の余地がないこともあるだろう。しかし、合理的で厳格な政策立案者たちが、「これは相手国より自国を傷つけるだろう」と断言したあとで、その政策を撤回するとは思えない。実は完全に正反対だ。合理的な政治家は関連コストを自国と制裁対象国とで比較するのではなく、自国の費用と自国の便益を、自国の代替策の費用および便益と比較するのである。

もう一つの落とし穴は、費用と便益を組み合わせた比較ではなく、ある政策手段のコストと別の政策手段のコストを直接比較することだ。エコノ

23. Wiles, *Communist International Economics*, pp. 465-466. ワイルズは「相対利得の原則」に言及している。以下と比較のこと。Wu, *Economic Warfare*, p. 11.

24. トーマス・C・シェリングが提唱する「正味利益」の原則は、ワイルズの「相対利益の原則」と基本的に同じである。しかしワイルズとは反対に、シェリングの説明では、両者が完全に相反する相対的優先順位を持っていない場合、この原則には基準価値も予測価値もほとんどないことが暗示されている。以下参照。Schelling, *International Economics*, pp. 496-497. シェリングはのちの研究でこの点をより明確にしている。「紛争で『勝つこと』は、厳密な意味での勝利ではない。敵に対する勝利ではないからだ。それは自身の価値観に関する利益を意味するのである」（*The Strategy of Conflict*, pp. 4-5）。厳密に言うと、「コスト」の概念はゼロサムゲームには不要である。一方の利益が他方の損失になるので、その決着が意味する価値にはすでにコストが組み込まれているからだ。シェリングはこうした点すべてをわかりやすいひと言にまとめて、「コスト賦課戦略」と呼んだ。*Issues in Defense Economics*, ed. Roland N. McKean (New York: National Bureau of Economic Research, 1967), pp. 105-127.

ミック・ステイトクラフトに関するどの文献にも負けない洗練された切り口を見せるK・J・ホルスティでさえ、次のように結論づけている。「過去の経験からわかるように、こうした（経済的）手段から得られるものはほとんどないようだ。（中略）他の技法、特に政治体制の転覆や戦争と比較すると（中略）経済的手段はコストがかからないように見えるかもしれない。しかし、より効果的だというわけではない」[25]。このような結論は、ステイトクラフトの経済的技法の相対的な有用性に関して誤解を招く。例えば、軍事的技法ではなく経済的技法に頼ることによって何が「得られるか」という疑問には、ホルスティが示唆するような方法では答えることができない。ハーバート・サイモンは、その理由を次のように指摘する。

> 行政手段の選択肢として低コストで小さな結果を伴うAか、高コストで大きな結果を伴うBか、という二つの選択肢の提示は、行政上の選択肢の提示として妥当ではないのではないか。Aのかわりに第3の選択肢Cを提示するべきなのだ。Cには、Aと、AとBのコスト差で選択可能になる追加代替策が含まれるべきなのだ[26]。

そのため、ベトナムに変化を起こすために、1963～1973年にステイトクラフトの軍事的技法ではなく経済的技法を行使した場合の有用性（すなわち得るもの）を特定するとしたら、アメリカの政策立案者はそうした手段が即時に発生する費用と効果のみならず、高くつく軍事的手段を使わないことで節約された資源によって促進されたであろう他の政策目標も考慮しなければならない[27]。経済的手段は、アメリカの目標達成（それが可能ならの話だが）のための効果は弱かったかもしれないが、費用が低かったことは明らかだ。ベトナム戦争――アメリカの外交史において最も逆効果だった影響力の行使――の場合、アメリカが軍事的技法ではなく経済的技法を用いていたら、おそらく「得たもの」はかなり大きかっただろう。ス

---

25. Holsti, ***International Politics***, 4th ed., p. 239.
26. Simon, ***Administrative Behavior***, p. 179.「あらゆる決断の根本的な費用と便益の本質」をエコノミック・ステイトクラフトの有用性評価において無視する傾向については、以下参照。Levine, Rushing, and Movit, "The Potential for U.S. Economic Leverage on the USSR," p. 374.
27. ベトナム戦争のコストは9000億ドルと見積もられてきたが、そこには金銭換算できないコスト、例えば5万6000人の人命、アメリカに対する諸外国のイメージの悪化、そして国内機関への損害は含まれていない。以下参照。Robert Warren Stevens, ***Vain Hopes, Grim Realities: The Economic Consequences of the Vietnam War***（New York: Franklin Watts, 1976).

テイトクラフトの軍事的技法が経済的技法よりも費用がかかる限りにおいて――大抵の場合はそうなのだが――費用と便益を計算する際は、与えられた状況でステイトクラフトの軍事的技法ではなく経済的技法を使うことで節約できる資源を考慮しなければならない。経済的技法は概ねコストは低め**だが**効果も弱いという事実は、それが軍事的技法よりも役に立たないということを意味するわけではない。例えばムッソリーニのエチオピア侵攻への対抗措置、ローデシアの多数決原理の促進、ソ連のアフガニスタン侵攻への抗議、キューバの共産主義政権への抵抗に関して採用された経済的技法と軍事的技法の有用性を比べるにあたり、サイモンの提案に基づいて比較したら、経済的技法が軍事的技法よりも有用ではないと批判されるとは限らない。結局、50億ドルの援助と、1000億ドルの軍事力の比較に基づいて、軍事力は経済援助よりも役に立ち、効果的でもあるという結論を出すことは、どこか不公正なのだ。

比較分析の欠点

ステイトクラフトの技法の有用性を評価する際に、最も一般的かつ最も深刻な欠点は、比較分析がなされないことだ。エコノミック・ステイトクラフトの無益さを示す証拠や見解がどんなに集められようと、より役立つ政策手段の存在を示して説明しない限り、政策立案に役に立つ議論にはならない。わざと自身に害を与える行為は、大抵は非生産的とみなされるし、間違いなくその通りだ。しかし、自国の戦争の勝利よりも生き延びることに高い価値を置き、そうしなければ確実に死ぬことになると予見する合理的で愛国心のない兵士にとっては、自身に害を与えることが自身にできる最も道理にかなった行為かもしれない。同じようにステイトクラフトの技法の有用性は状況の変数に依存するものであって特定の技法に固有な性質に左右されるものではない[28]。

ロビン・レンウィックは自身の経済制裁研究を次のように紹介している。

28. 有用性の本質に対する「使用価値」としての有用性の問題は、経済学分野の発展に伴う長年の重要なテーマだった。この問題点の多くはステイトクラフトの技法の有用性の決定に関連している。以下参照。Nicholas Georgescu-Roegen, "Utility," *International Encyclopedia of the Social Sciences*, vol. 16, pp. 236-265.

経済制裁を課すか否かを決める際、政府は以下の３つの基本原則に則って国際的危機に対処することが多い。(a) 静観する。(b) 何らかの軍事行動を検討する。(c) 経済制裁を課す。制裁を課す決断は、その案に本質的なメリットがあるというよりも、代替策よりは魅力的だという理由によってなされるようだ[29]。

「本質的なメリット」という無益な概念には当惑させられるし、プロパガンダと外交を無視した政策選択肢は十分に単純なものだが、この引用部分は問題の核心付近を突いている――代替手段と比較した際の経済制裁の相対的魅力だ。レンウィックは、この冒頭部分で費用と便益の比較の見地から経済制裁の有用性の評価を体系化するよう述べているのに、残念ながら、その論理的意義を無視している。問題解決のために代替策を比較する重要性を指摘しておきながら、著書の大半でこの考え方を実質的に無視しているのだ。そして、最終章でようやくそこに立ち返り、「制裁はしばしば――大部分と言ってもいいかもしれない――実現可能な代替策の欠如の結果として選ばれる」と論じている[30]。レンウィックは、経済制裁は一般的に考えられている以上に有益だと信じているようだが、「実現可能な代替策の欠如」に注目しなかったことにより、議論の勢いが削がれている。

また、グンナー・アドラー＝カールソンは「禁輸政策の有効性」を考慮するにあたり、次のように結論づけている。

現在、禁輸措置を提案する者は（中略）少なくともその提案が相当程度望ましい結論をもたらす可能性が高いことを示す必要があると言えるだろう。（中略）禁輸措置は外交政策において効果的な手法であると主張する者が立証責任を負うのは明らかだ[31]。

「立証責任」の所在についてアドラー＝カールソンに同意する者でも、彼が提案する基準は不要で不適切だと認めるに違いない。必要なのは「提示した方策が望ましい結果になる確率がかなり高いという証拠を示す」ことではなく、提示された禁輸措置のほうが他の政策の代替策よりも望ましい結果に到達する可能性が――それがいかに低かろうと――高いと示すこ

29. Renwick, *Economic Sanctions*, p. 1.

30. 同上 p. 85.

31. Adler-Karlsson, *Western Economic Warfare*, p. 10.

とだ[32]。不確実性と国家主権が特徴の世界では、アドラー＝カールソンが提案する審査によって、何もしないことも含め、あらゆる代替策が排除されるかもしれない。そのような基準は、政策立案にも、その有効性の判断にも、まったく役に立たない恐れがある。

リタ・フォーク・タウベンフェルドとハワード・J・タウベンフェルドは、そのような方策の費用と便益を検証して、「経済的手段について相当確実な事例」を組み立てた[33]。しかし、タウベンフェルド夫妻は自らの分析を、政策代替策の有用性の比較についての議論というよりも、そういった政策手法に「内在する可能性についての考察」と説明している[34]。「経済的手段がどうやら有効ではなかったことが相当確実だという議論」を組み立てたのち、論文の後半ではこう記している。「経済的武器について完璧な評価を行うためには、もちろん（中略）（国際）組織やそのメンバーに対する経済制裁のコストと、その代替手段のコストとの比較を考慮する必要がある」[35]。しかしこの軌道修正はあまりに小さく、しかも遅すぎる。政策手段間の有効性に関する比較は、「経済的手段が一見したところ有効ではなかったという議論」を越えた、評価の完璧性を期するための単なるステップではなく、経済的手段の有効性に否定的な議論を越えて「堅牢さ」、「完璧さ」を期するうえではむろんのこと、経済的技法に対する最低限受け入れ可能な評価を行うために外せないステップである。

ビーネンとギルピンは、経済制裁の有用性に関する事例を研究し、経済的手段は効果が低く費用が高い傾向にあることを示している。しかし、代替手段との費用および効果の比較には、ほとんど、あるいはまったく注目していない。「制裁政策に対する代替手段を提案する」と断言しているものの、２人の「政策提言」にはそのような代替策はまったく確認できないのだ。むしろビーネンとギルピンは、いつ、どこで、どのように経済制裁

---

32. もちろん、「何もしないこと」も考慮されるべき政策代替策のひとつである。私はアドラー＝カールソンの言う「望ましい結果」とは、コストと効果の両方を考慮したうえでの価値の最大化だと仮定している。「一般的な禁輸政策の有効性」に関するこのセクションで、コストについてまったく言及されていない事実を考えると、いささか寛容すぎる解釈かもしれないが。「有効性」と「効果」の明確な区別ができていないアドラー＝カールソンの最近の論文は、下記参照。"The U.S. Embargo: Inefficient and Counterproductive," *Aussenwirtschaft* 35（June 1980）：170-187.

33. Taubenfeld and Taubenfeld, "The 'Economic Weapon；" pp. 188-195.

34. 同上 pp. 187-188, 194.

35. 同上 p. 196. 彼らはこの部分で政策の代替策を比較する必要性に言及しているが、論文のこれ以外の箇所にはそのような比較はほとんど登場しない。

を実行するかの提案にとどめている[36]。そして「制裁の有用性に不利な多数の証拠に鑑みて、一国に課される制裁が有益な目的のために使えると立証する責任の所在は、その説を擁護する個々人にあるのは明らかだ」と結論づけている[37]。しかし、より有益な政策手段が確認されるまで、この結論に飛びつくのは性急と思われる。

ステイトクラフトの経済的技法の有用性評価で最も洗練されているのは、クノールの『国際関係におけるパワーと経済』だ。クノールはステイトクラフトの軍事的技法と経済的技法の両方を検討しているが、ステイトクラフトのさまざまな技法の有用性を判断するにあたり、それぞれの技法の費用と効果を単体で検証しており、ある問題に対処する際の複数の代替手段を比較するという方法をとっていない。そのため、援助も貿易政策もステイトクラフトの技法としては有用性が低いという彼の結論は、それらの手段をプロパガンダやミリタリー・ステイトクラフト、または外交政策と比較した場合の相対的な有用性については何も示していない[38]。

クノールは『国際関係におけるパワーと経済』巻末付近で「権力行使のコストは上がり、その効果は下がっている。世界を思いのままに動かすことは難しくなった」との前提を示したことで、彼の見解が明らかになった。そのため、クノールの主張は次のように要約できるだろう。「権力の拡散やナショナリズム的反応の増加等々、根本的な世界情勢の変化によって、影響力の行使の価値つまりは有用性が、使用される技法のいかんにかかわらず過去よりも低下するという状況をもたらした。影響力を行使するための行動は、何もしないよりはましかもしれないが、あまり役には立たない。何もしないより有害となる場合さえある」[39]。クノールは政治家に対し、彼らの仕事はフラストレーションのたまる難しいものであり、成功することは稀で、負けることのほうが多いと言っているのに等しい。

---

36. Bienen and Gilpin, "An Evaluation of the Use of Economic Sanctions to Promote Foreign Policy Objectives, with Special Reference to the Problem of Terrorism and the Promotion of Human Rights," pp. I,4-XI,2 およびその他のページ。

37. 同上 p. IX,3. 奇妙なことにビーネンとギルピンは、制裁対象国の遵守のコストは代替策のコストと比較されるべきと指摘するが、制裁発動国には同じ理論を適用していない。議会での証言で、ギルピンは「歴史が示す通り、制裁は機能しないばかりか逆効果なので、国際政治では他の方策が選ばれるべきだ」と強調した（U.S. Senate, Committee on Finance, *U.S. International Trade Strategy*, p. 161）。しかし、ギルピンは「他の方策」とは何か、なぜそれらが「選ばれるべき」なのかについては詳述していない。

38. 以下参照。*Knorr, Power of Nations*, pp. 165,188, 205-206. ただし、この傾向の例外については同書 p. 140 を参照のこと。

この洞察は、外交政策立案者にとって貴重な助言になるだろう。つまり、影響力を行使する際にはあまり多くを期待しないこと、そして何もしないという代替策も忘れずに真剣に検討することである。しかし、これは何か措置を実施すべきと決断している政治家にとって十分な助けにならない。燃え盛る家に取り残され、どこから逃げればいいかを知りたいときに、どの出口もとても小さいし到達するのも難しいと教えられてもまったく役に立たないだろう。同じように、影響力の行使を完全にやめたいと望まない限り、政治家は目下の状況におけるステイトクラフトに関わるさまざまな選択肢の相対的有用性に関する助言を求めるはずだ[40]。実際、世界を思いのままに動かすのはかつてより難しいかもしれないが、威圧する手段のなかには他の手段よりもうまく機能するものが存在するのも事実だ。

ステイトクラフトのあらゆる技法の有用性（および、おそらくは効果も）が低下する可能性があるとすればそれは新たな注意を要する研究課題を惹起することになる。ロバート・タッカーの『The Inequality of Nations』から抜粋した次の文章が、そうした問題の本質を描き出している。

> たとえ軍事力の有用性が低下しても、大国が行使する経済力には影響が及ばないと考えるのは合理的ではない。（中略）パワーは不可分ではないかもしれないが、軍事力の有用性が著しく低下しても経済力の有効性の評価を下げる必要はないと主張する者は、その論拠を立証すべきだ。興味深いことに、現在の大半の観察者が導き出す――あるいは単に推測する――結論は、これとは正反対だ。というのも、一般論では、軍

---

39. これはクノールの著書から引用ではない。私自身が彼の議論の要点を言い換えたものだ。専門的に見ると、機会費用（さらに言えば機会便益）の概念は、論理的必然で政策オプションが最低一つは存在することを暗示する。そのため厳密には、クノールの有用性に対する評価は「問題に対処するための代替策」とは無関係に作られているという言い方は不正確だ。大半の事例では、当該手段に対して彼が比較対象とするのは何らの手段も講じないケースのようである。したがって、援助の有用性は援助をしないという代替手段との比較で判断され、禁輸の有用性は、それを実施しないという代替策の有用性との比較で判断される。何もしないことにもコストは伴うと気づいたのはクノールの功績だ（*Power of Nations*, p. 194）。しかしその点をもっと強調してほしかったと考える向きもあるだろう。

40. 『国際関係におけるパワーと経済』ばかりではなく、クノールのミリタリー・ステイトクラフトの有用性の扱い方は非常に明快かつ的確で、最も洗練された評価概念として推薦されるべきだ（『核時代の軍事力』および“On the International Uses of Military Force in the Contemporary World,” *Orbis* 21 [Spring 1977] : 5-27）。1966 年に出版された初期の研究で、クノールは、『国際関係におけるパワーと経済』や 1977 年の論文以上にステイトクラフトの選択肢について考察している。

事力の有用性の減少の大部分は経済力の有用性の上昇によって相殺されることになるからだ。この見解では「力の総量」はこれまで通り不変のままだ。したがって、パワーの一形式（軍事力）が減退すると、別形式（経済力）が増大する結果になると見込まれることになる。これはパワーの「代替性原則」が妥当なのか、または概ねそのような傾向にあるのか。（中略）軍事力が（中略）低下しているのは事実かもしれないが、それによって経済力が伸びているとは言えない。むしろ、権力自体の真価が徐々に低下し、軍事力にできないことはもはや経済力にもできないということかもしれない。ただこれらの点について真剣に考える必要はあるだろう。

タッカーは「有用性」と「効果」を同義で使用する場合と、費用を考慮しているかのように「有用性」を使うときがあるため、ここではこの2つの観点から検討を行う必要がある。まず、タッカーが「有用性」を多くの20世紀の社会学者と同じ意味で使っていると仮定しよう——つまり、有用性から費用を引いたネットでの利益である。この観点に立つと、あるステイトクラフトの有用性の減少が他のステイトクラフトの有用性の増加を意味する仮定に「不自然な」点はまったくない。こうした見解には、力の総量が永久不変であるという仮定は必要なく、「限界効用逓減の法則」の応用でしかないからだ。つまり他の条件が同じなら、あるものの所有量が減ると単位あたりの価値が高くなり、あるものの所有量が増えると単位あたりの価値は低くなる。そのため、ステイトクラフトの実行手段の手持ちが少なければ少ないほど政治家は保有している手段の価値を高く評価しがちだ[41]。他の条件が同等であるという仮定に異論があるのは当然かもしれないが、社会科学分野で定着している法則を援用することをあえて問題視することは適当ではなく、むしろこうした法則に例外があると主張する者に対してその論拠を示させるべきだ。もちろんこの法則の存在は、相対的な文脈でステイトクラフトの技法の有用性を評価する際の論理的根拠となる。何であれステイトクラフトの手段の有用性は他にどのような手段が実行可能かどうかに大きく影響を受ける。

41. クノールは *On the Uses of Military Power in the Nuclear Age,* でこの重要な指摘をしているが、言外の意味は明確にしていない。残念なことに、この点は彼の後年の軍事力の有用性の扱いからは完全に消えたようだ。以下と比較のこと。『国際関係におけるパワーと経済』、"On the International Uses of Military Force in the Contemporary World"。

先の引用部分で、タッカーが実際にコストを無視し、効果のみに焦点を当てたと仮定しよう。「パワー自体」の、すなわちステイトクラフト自体の効果が減少したというのは事実かもしれないが、だからといって経済的、軍事的な「パワー」の相対的魅力が変化していないということにはならない。もし「軍事力」の効果が「経済力」よりも急速に減少しているなら、「経済力」の全体としての効果が下がっているとしても、相対的効果は増大していることになる。クノールと同様に、「権力自体」の効果が落ちているというタッカーの主張は、ステイトクラフトの代替策の相対的効果（またはその有用性）については何も語っていないのだ。あらゆる政策手段の有効性や有用性が低い、あるいは低下していると唱えるだけでは、エコノミック・ステイトクラフトの相対的魅力が増大しているという主張を否定できないのである[42]。

費用見積もりの誤解

費用の見積もりは欠かせないと強調するからといって、それが簡単だと言っているわけではない。「費用」と「便益」という言葉は、実際以上に厳密であるかのような誤った印象を与えがちだ。エコノミック・ステイトクラフトのツールには、金額的に表示することができるものもあるが、だからといってそういう技法を使うコストが経済的観念だけで測られるわけではない。エコノミック・ステイトクラフトを使うコストは、その他の影響力行使のコスト同様に、経済的であると同時に政治的であったり、軍事的であったり、心理的であったりもする[43]。非常に合理的な意思決定者なら影響力の行使の費用や便益を極めて正確に計算できるという主張は誤りであり、誤解を招きかねないのだ[44]。

それをどのように表現するか――「メリットとデメリット」、「賛成と反

---

42. ステイトクラフトのあらゆる技法の有用性が低下し、一般的なステイトクラフトのコストが上昇すると、ある一つのステイトクラフトの技法を選択するコストが低下するという矛盾を招く。軍事力の価値が下がるのであれば、軍事力に代わる技法を選ぶ際のあきらめも少なくなる。

43. 制裁を課す国が負うコストと制裁対象国に課されるコストの両方を、まるで金銭で測れるかのように扱っている研究例は、以下参照。Hufbauer and Schott, *Economic Sanctions*, 特に pp. 97-100。

44. 対外援助の厳密すぎる費用便益分析に対する説得力のある反論の例は、以下参照。Jacob Kaplan, *The Challenge of Foreign Aid: Policies, Problems, and Possibilities*（New York:Praeger, 1967）, pp. 88-89.

対」、「善と悪」——にかかわらず、基本理念は、特定の案を選ぶ決断において好ましい結果と好ましくない結果を特定することだ。その選択の結果として失われた価値が費用と呼ばれることになる。そのため、クノールがアメリカのキューバに対する禁輸のコストとしてラテンアメリカの世論を含めて西側および途上国におけるアメリカへの尊厳と好意が相当程度失われたことをあげているのは適切なのかもしれない[45]。しかし、この「失われた尊厳と友好意識」がどの程度だったのか疑問に思う人もいるだろう。元アメリカ国務長官ディーン・ラスクが「西半球における共産主義者の前哨拠点」[46]と呼んだものをソ連が構築するのをみすみす許したり、カストロ政権の反米姿勢にまったく反応せず放置したりすれば、尊敬の念はもっと大きく失われていたであろう[47]。一方で、外交やプロパガンダによる対応は弱腰であるとみなされたかもしれないが、軍事侵略は間違いなく過剰反応と見なされただろう。要するに、演繹的に、アメリカの「尊厳と友好意識」の喪失が禁輸措置により発生したコストであると明確には位置づけることはできない。禁輸措置以外の代替策をとっていたら失っていたであろう「尊敬と友好意識」がもっと少なくなったことが示されない限り、この価値損失の原因は禁輸措置だと考えるべきではない。コストを確立するためには、失われた価値が当該措置の選択の結果であったことを証明しなければならない。

ミリタリー・ステイトクラフトではなくエコノミック・ステイトクラフトを使う最大の利点の一つは、ミリタリー・ステイトクラフトに伴うコストを避けることにある。そのため、エコノミック・ステイトクラフトの有用性を正確に評価するためには、ミリタリー・ステイトクラフトのコストを正確に見積もる必要がある。ミリタリー・ステイトクラフトのコストが過小評価されると、エコノミック・ステイトクラフトの有用性も軽視されることになるからだ。ロバート・ギルピンの「戦争と世界政治の変遷」は、ミリタリー・ステイトクラフトのコストがいかに過小評価されやすいかを例示している。

---

45. Knorr, *The Power of Nations*, p. 149.　次も参照。Bienen and Gilpin, "An Evaluation of the Use of Economic Sanctions to Promote Foreign Policy Objectives, with Special Reference to the Problem of Terrorism and the Promotion of Human Rights," p. IIId,1.
46. Knorr, *The Power of Nations*, p. 149 から引用。
47. アナ・P・シュライバーは、国務省は「アメリカが弱体化しているように見え、カストロ政権に強硬策をとれないアメリカの状況が明らかになったことで他の南米の革命主義者が勢いづくことを恐れていた」と指摘している（"Economic Coercion" p. 392）。

> 現代の「戦争国家」への批判にもかかわらず、戦争のコストが国民所得よりも速いペースで上昇する傾向は、今日では以前ほど見られないようだ。（中略）戦争の破壊力が大幅に増大する一方で、現実的には軍事力のコストは相対的に低下している。言い換えるなら、防衛コストが国民所得に占める割合は事実上低下している[48]。

ここには2種類の誤りがある。第1に、「戦争のコスト」は金銭だけを基準に測られるべきではない。例えば、ベトナム戦争のコストは9000億ドルと見積もられているが[49]、そこには道徳的コスト、失われた人命、アメリカのイメージが被ったダメージ、国内機関の弱体化等々は含まれていない。第2に、第二次世界大戦以来最も劇的に増加したミリタリー・ステイトクラフトのコストには、軍事施設や装備を支える経済的コストではなく、現代兵器の破壊力に関連するリスク（「期待値」）が含まれている。そのようなリスクや「期待値」をミリタリー・ステイトクラフトのコストを計算するうえで無視することは、その手法のコストを大幅に過小評価することに等しく、ひいてはエコノミック・ステイトクラフトを支持するうえで最も説得力のある論拠の一つを傷つけていることになる[50]。

効果の測定……………………………………………………………

エコノミック・ステイトクラフトは「失敗するもの」と一般的に理解されることが多い。エコノミック・ステイトクラフトは多くの事例研究でも、その効果は成功か失敗かのどちらかひと言で、大抵は失敗として片づ

---

48. アラン・S・ミルウォードも同様の指摘をしている。Alan S. Milward, ***War, Economy and Society, 1939-1945***（Berkeley: University of California Press, 1977）, pp. 1-4,

49. Stevens, ***Vain Hopes, Grim Realities***, pp. 186-187,

50. 脚注で、ギルピンは「近代兵器の破壊力が増したせいで、防衛コストが減少した可能性は十分あり得る」と指摘している（***War and Change in World Politics***, p. 163）。正確には、真実はその正反対に近い。近代兵器の破壊力が増した結果、軍事的技法による防衛コストが増加したのだ。リスクとしてのステイトクラフトのコストについては、以下参照。Schelling, ***The Strategy of Conflict***, pp. 177-178；Knorr, ***Uses of Military Power***, pp. 12, 37-381 80-137（『核時代の軍事力』）；および Baldwin, "The Costs of Power," pp. 147-148. 皮肉にも、ギルピンは戦争のリスクを経済制裁のコスト計算に含めている。以下参照。Bienen and Gilpin, "An Evaluation of the Use of Economic Sanctions to Promote Foreign Policy Objectives, with Special Reference to the Problem of Terrorism and the Promotion of Human Rights," p. I,8。

けられている[51]。しかし、「失敗」が何を意味するのか、見ただけで「失敗」とわかるものなのか、そしてそれを評価する際に留意すべき点は何かという問題には、これまでほとんど注意が払われてこなかった。本書ではステイトクラフトの技法を影響力の行使の道具と定義しているので、その有効性を評価するためには標準的なパワー測定の概念を用いるのが合理的であろう。

失敗の塊という誤信

ロバート・ダールは「パワーの塊の誤信」という概念を提示し、パワーが一つに凝集した分解できない塊だと主張した[52]。例えば成功か失敗かという単純な二分法で影響力行使の結果を説明しようとすると、曖昧な事案や複雑な事案でさえすべてが一つの塊であるという印象を与えてしまうことになる。特に成功や失敗という定義がない中でエコノミック・ステイトクラフトは失敗であったとされるのであればそれにはどのような理由付けがあるのであろうか。

1. 費用が便益を上回った。

 解説：当該措置のコストは他の代替手段との比較によって定義されるため、当該手段が失敗であるとするには少なくともそれより望ましい結果をもたらしたであろう他の代替手段が一つ以上なくてはならない。これは失敗か否かを検証する上で受け入れやすい方法なのだが、現実にはなかなか実行されてはいない。

2. 他の手段のほうがより効果的だった。

 解説：これはコストの問題を無視しているが、少なくとも他の手段との比較に焦点を当てている。

3. 受け入れ可能な「最低限の成果」が得られなかった。

 解説：この議論における最大のハードルは、成功か否かの線引きをどこに設定するかだ。外交政策の目標には、国連決議案を通すというように、結果が白か黒か明確になるものもあるが、多くは国の影響力の行使によりその結果が最低限の成果といった明確な指標としては示し得ない。

---

51. 具体例は、以下参照。Knorr, *The Power of Nations*, pp. 150-152, 180-181, 336, 338-339；Blessing, "Suspension of Foreign Aid"；および Wallensteen, "Characteristics of Economic Sanctions".

52. Dahl, *Modern Political Analysis*, 3d ed., p. 26.

4. いくつかの目標が完全には達成されなかった。

解説：これは最も一般的かつ最も誤解を招きやすい議論である。ステイトクラフトでは、どのような種類であろうと目標は完全に達成されたというよりは、ほぼ達成されたという場合が多い。サイモンによると、「目標の達成とは常に程度問題」なのである[53]。「過去のいくつかの経済制裁の事例では、どれ一つとして完全に成功したものはない」という批判があるとするならば[54]、「これまで完全に成功した影響力行使の事例はあっただろうか」と考えることが適切であろう。多くのアメリカ人は、アメリカの外交戦略の立場からは第二次世界大戦はかなり成功した影響力行使だったと考えている。しかしそれは「完全な成功」からはほど遠いものだった。より短期間で終結し、人命や金銭の面でよりコストがかかっていなければ、第二次世界大戦は間違いなくもっと成功したと評価されていたはずだ。

影響力行使が成功であったか否かを判断する場合、「完全な成功」の概念は落とし穴であり妄想である。それよりは以下の原則を参照する方が適切であろう（1）影響は程度問題である。(2) TANSTAAPIA（There ain't no such thing as a perfect influence attempt すなわち「完全な影響力行使などというものは存在しない」)。

権力の多面性

権力はさまざまな程度があるだけではなく、範囲、領域、コストを含む複数の次元で存在する。そのため、「成功か失敗か」という単純な二分法は程度の差を覆い隠すのみならず、成功を多面的に分析することも難しくしてしまう。影響力の行使が意図する範囲と領域を確立することは、効果評価の基本の一歩だが、実はこの一歩が想像以上に難しい[55]。影響力行使

53. Simon, *Administrative Behavior*, p. 177.

54. Doxey, *Economic Sanctions*, 1st ed., p. 2.

55. 実際は、必ずしもこの一歩を踏むわけではない。アメリカの対キューバ禁輸措置に関するレンウィックの解説では、禁輸措置が「1960 年代のキューバの発展に対応したもの」であると述べる以外、アメリカの目標には一切言及していない（*Economic Sanctions*, pp. 64-66)。同様に、ドナルド・L・ロスマンはボイコットを「基本的には政治活動であり、一国が他国の国内あるいは外交政策に変化をもたらそうとする際に使う外交政策の代表的手段である」と定義する。しかし彼の分析は、研究対象であるボイコットがどの国にどのような変化をもたらすのかを特定することには、ほとんど注目していない *International Economic Sanctions*, p. 1)。

の成果を明示的な公約の遵守の観点で検証しようとしても、それはサイコロに不利な目が出るように細工しているようなものだ。第三者も、二次的な目標も、公言されていない暗黙の目標もすべてステイトクラフトの重要な構成要素なのだ[56]。リンドン・ジョンソン政権の事例研究でも暗黙の目標が明示される目標よりも重要なことが多く、「公言される目標ばかりではなく、ありとあらゆる目標が定められ、暗黙の目標にも注目が集まると、経済的威圧を批判する人々によって信じ込まされているよりもはるかに成功しやすくなる」とされている[57]。

パワーのもう一つの側面はコストである。パワーを行使する側のコストも、その対象となる側のコストもパワーという一つの概念に包含されてしまいがちだが、制裁の有効性という観点からは、後者のみについて考察するものとする。アクターAが、アクターBがXをしないことに対するコストを増やせるならば（あるいはXをすることへのコストを減らせるならば。これら2つのコストは同じである)、AはXに関してBを支配するパワーを持っていると言えるかもしれない[58]。このように、経済制裁によって標的国が不服従を続けることのコストが増えるならば、たとえ標的国の政策にまったく変化が起きなくてもパワーは行使されていることになる。この点は国力分析の専門家には広く知られているが、エコノミック・ステイトクラフトの研究者にはあまり理解されていない。ちなみに、経済制裁に関する研究の多くは、そのような手段による標的国へのコストが負荷自体は認めているものの、実際に政策変更が伴わなければ効果があった

---

56. 複数の目標や対象の重要性に気づきながら、分析では無視する研究については、以下参照。Hufbauer and Schott, *Economic Sanctions*, 特に pp. 10-11, 29, 31, 42, 55。

57. Weintraub, ed., *Economic Coercion and U.S. Foreign Policy*, pp. 57-58.

58. 以下参照。Harsanyi, "Measurement of Social Power," pp. 67-80；Baldwin, "Inter-Nation Influence Revisited"；および "The Costs of Power," pp. 151-153. シェリングは「私の敵は、私が防弾チョッキを買って彼の投資を無駄にできると知っていても、弾丸を買うべきだろうか」と問いかけている。そして、敵は「私が買った防弾チョッキが安ければ金を無駄にしたことになり、防弾チョッキが高価ならばすばらしい投資をしたことになる。そして、弾丸を買って何を成し遂げたのかと問われれば、私にコストを負わせた、私を殺したかったわけでもフラストレーションを感じたわけでもないと答えるだけの良識を持つべきだ」と結論づけている（"The Strategy of Inflicting Costs" p.111.）。

とは評価していない[59]。そのため、彼らの典型的な結論としては、制裁は非協力的な態度を示した対象国がコストを被ることには成功したが、政治的な効果を生むことには失敗したということになる。しかし、従来の国力分析の解釈ではコストの増大はそれ自体、政治的な効果が生じているものなのである。すべての影響が政策の変化という形で現れるわけではないが、標的国の不服従によるコストの変化も影響の一つなのである。こうした点が見逃されやすいことも、エコノミック・ステイトクラフトの効果が過小評価される一因である。

この問題は、標的国による遵守のコストという観点からも考察できるかもしれない。遵守することのコストが高くなればなるほど、そのための取り組みはますます難しくなり、遵守コストを負担することにより影響力が行使された場合の不利益を相殺しようとするならば、不遵守のコストはより高いものでなければならない。これは、難しい目標は達成がより困難だということを言い換えたに過ぎない。自明の理ではあるが、影響力行使の効果を評価するときは、難易度を考慮すべきだということを改めて思い出させてくれる。難易度の高い技で加点される飛び込み競技のように、ステイトクラフトも課題の難しさに応じて効果が評価されるべきなのである。著名なエコノミック・ステイトクラフトの事例の中には目標達成が困難だったものが多い。そうした事例を挙げてみよう。

1. イタリアがエチオピア侵攻を始めた後、侵攻をあきらめさせる。
2. キューバのカストロを辞職させる。
3. イスラエルが自ら自国を消滅させる。
4. ローデシアの白人に多数決原理を受け入れさせる。
5. ソ連に国家体制を変えさせる。
6. 経済発展も民主主義も知らなかった国々にそれを奨励する。
7. 石油禁輸に直面する市民の要求に応えて、アメリカにイスラエル支援の政策を変えさせる。

---

59. 以下参照。Losman, *International Economic Sanctions*, pp. 44, 79, 124-125, 139；Renwick, *Economic Sanctions*, pp. 76-92；Strack, *Sanctions*, pp. 238, 252-253；Bienen and Gilpin, "An Evaluation of the Use of Economic Sanctions to Promote Foreign Policy Objectives, with Special Reference to the Problem of Terrorism and the Promotion of Human Rights," p. IIIe,2；および Adler-Karlsson, *Western Economic Warfare*, pp. 10, 213.

いずれの場合も標的国にとってその遵守コストは莫大なものと認識された。しかしこれを、目標が達成されなかったのだからステイトクラフトの経済的手段は力が弱く効果がないと判断してしまうことは、課題の難易度を無視した考えであり、実際には使われた政策手段の効果を過小評価することにもつながる。難易度の高い演技に失敗した飛び込み選手は、簡単な演技をうまくやり遂げた選手に比べて、必ずしも能力が低いとはいえない。

成功の理解可能性

すべてのステイトクラフトの形態に、わかりやすい効果が伴うわけではない。ミリタリー・ステイトクラフトの効果が誇張されがちなのに対し、エコノミック・ステイトクラフトの効果は過小評価されやすい。軍事的手段の事例では、破壊行為とその影響の区別が難しいため、このような偏った見方になることもある。たとえば、戦死者数、沈没艦数、制圧した村の数といった一見確実な成功の指標は簡単でわかりやすく、戦争の全体的目的が無視される傾向がある。「ピュロスの勝利」、「村を救うために村を破壊する」、「戦争に勝って平和を失う」といった言い回しは、ベトナム戦争のテト攻勢が単発の出来事ではなかったことを示唆する。これら事例は、勝利の証拠に見えるが、実際は敗北した長い戦いの歴史の一部だったのだ。軍事力は大規模な死や破壊を可能とするので、観察者はそうした結果を成功か否かの判断の物差しとして用いがちだ。これは非常に誤解を招きやすい。走る馬を撃つ技術とは、馬を水飲み場に連れて行く能力とはほとんど無関係である。

効果の顕著さという点で、エコノミック・ステイトクラフトにはこれとは正反対の問題がある。エコノミック・ステイトクラフトの効果は、直ちにまたは劇的に判明することは稀で、むしろ緩やかで間接的で、地味な傾向が強い。ギルピンは、「経済変数は、徐々に拡大する傾向がある。突然の劇的な経済的変化も起こり得るし、実際起こるが、一般的には経済的変化の影響が累積し、数十年、あるいは数世紀にわたって徐々に大きくなっていく」と述べている[60]。この目立たなさゆえに、エコノミック・ステイ

---

60. Gilpin, *War and Change in World Politics*, p. 69. 次も参照。Kindleberger, *Power and Money*, p. 13；および David A. Baldwin, “Economic Power,” in *Perspectives on Social Power*, ed. James T. Tedeschi（Chicago: Aldine, 1974）, pp. 402-410.

トクラフトの効果は簡単に見落とされるのである。

エコノミック・ステイトクラフトの効果が不明瞭になりがちなもう一つの理由は、経済的手法が舞台とする組織化された市場との密接性だ。軍縮交渉のような市場と無関係の場での交渉は、その過程こそ整然とは行われないが、交渉の結果は極めて明確となる。しかし国家間の取引が市場機能を通じて行われると、交渉主体の有する影響力の存在はしばしば曖昧なものとなる。ケネス・E・ボールディングが言うように、「市場は地味だが一貫性を有し、その意味で知覚できない調整機能がある」のである[61]。政治家が市場を通して影響力を行使する限り、その努力の効果を特定するのは難しい。

有効性の説明

「権力基盤」は、影響力行使を成功に導く条件である。権力基盤に関して留意しておくべき重要なポイントは、以下の３点である。(1) 影響力行使のための政策手段とは必ずしも一体のものではない。つまり経済的手法の有効性は、必ずしも影響力を行使しようとする際の経済的基盤に依拠するものではない[62]。(2) 相手国の認識や価値観に大きく依存すること。例えば脅しは、マゾヒストよりも臆病者を相手にする場合のほうがうまく機能する。(3) 権力基盤は多くの要素から構成されるが、そのどれかが他の要素の基礎となるものではない。例えば軍事力は、その他すべての権力基盤を評価する際の究極の物差しではない[63]。ハロルド・D・ラスウェルとエイブラハム・カプランは、権力基盤として８つの「基本的価値」を特定し、いずれもステイトクラフトの経済的手段を用いた影響力行使が成功す

---

61. Kenneth E. Boulding, "The Economics of Human Conflict," in ***The Nature of Human Conflict***, ed. Elton B. McNeil (Englewood Cliffs, N. J.: Prentice-Hall, 1965), p. 180. 次も参照。Boulding, ***A Primer on Social Dynamics: History as Dialectics and Development***（New York: Free Press, 1970）, p. 26；および Baldwin, "Power and Social Exchange," p. 1232.

62. もちろん、ステイトクラフトの非経済的ツールが経済基盤の価値によって機能する可能性もある。工場爆撃はわかりやすい例だが、より器用な使い方も可能だ。1950年代、アイゼンハワー大統領はソ連の軍事的脅威がアメリカに「経済的大惨事につながる耐えがたいほどの防衛費を負わせた。（中略）この場合、共産主義者の銃は軍事的目標ではなく経済的目標（に向けられている）」と確信した（Samuel P. Huntington, ***The Common Defense*** [New York: Columbia University Press, 1961], p. 66 から引用）。

63. 第２章および第４章参照。

るための因果条件になり得るとした[64]。ステイトクラフトの成功の理由にはさまざまな説明が可能である。以下はその１つの可能性である。

1．パワー：エコノミック・ステイトクラフトは、権力を行使する国が他の権力行使手段も自由に使える大国だと相手国に気づかせることもできる。対象国が相手国の要求を受け入れるのは、影響力行使により直ちに発生する経済的効果のためではなく、非経済的ステイトクラフトの行使を未然に防ぐためということでもある。おそらく大使館人質事件に端を発するアメリカのイランに対する経済制裁は、イランや他の国々にアメリカのパワーと決意を知らしめる効果を生んだ。
2．敬意：エコノミック・ステイトクラフトは相手に対して敬意を表するために使われることもある。最恵国待遇の付与はその一例である。最恵国待遇付与を認めなかったり撤回したりすることで、不敬を示すために使われることもある。
3．公正さ：例えば人権侵害者に対して制裁が課される場合など、エコノミック・ステイトクラフトは道義的な非難の表明手段になることがある。制裁の対象国が、制裁による自国経済への負の影響以上に、国際社会における自国の倫理的評価を気にかけることは、常に見られる現象ではないがしばしば観察されるものである。
4．好意：自然災害などに対する援助は、支援を受ける国が支援する国に恩義を感じ、好意の情を生むことがある。
5．安寧：経済制裁は、軍事攻撃の脅威と、それによって標的国の物理的安寧が危険にさらされる可能性を伝えるために使われる場合がある。
6．富：対象国の富を脅かしたり損害を与えたりするためにエコノミック・ステイトクラフトを使うことは、当然ながら最も引き合いに出される事例である。他方であまり注目されないが、標的国の経済的利益に貢献する形のポジティブな制裁も可能性としては存在する。
7．技術：経済援助は自国の技術を実証する目的で他国の開発に使われる場合がある。経済発展の促進において自由企業の有効性を実証することへの関心は、アメリカの外交政策立案者の間でも知られている。
8．啓蒙：学校、学費、書籍代の援助や、技術的アドバイスといった形

64. Lasswell and Kaplan, *Power and Society*, pp. 86-92. ラスウェルとカプランは、２人が論ずる８種の基盤的価値で、考え得る基盤的価値のリストを論じ尽くせるとは主張していない。この点には留意すべきである。

の対外援助は、相手を啓蒙する目的で使われることがある。

これら８つの基本的価値に基づいてエコノミック・ステイトクラフトについて議論するのは、例示したものが実際に起こったことか、類似性を持ったものであったかを示唆したものではない。むしろ、経済的手段を使った影響力の行使を成功に導くうえで、幅広くさまざまな議論の可能性を示すことを意図したものである。エコノミック・ステイトクラフトの有効性の評価の多くは、経済的なパワー基盤しか考慮していないからだ[65]。

ローデシアに対する国際的経済制裁の効果を検証したヨハン・ガルトゥングの研究は、そうした制裁措置を一つの因果関係の観点からとらえる傾向に拍車をかけたという意味で、極めて重要である[66]。この研究は広く引用されるばかりではなく、経済制裁の議論の参照基準として取り扱われることになった[67]。そのため、ガルトゥングの論文を仔細に検証すれば、1967年以降に書かれた多くの文献を理解する助けになるだろう。彼は研究の目的を「一般的な理論の方向で（中略）、国際社会における経済制裁とその他の制裁の一般理論をさらに徹底調査するための予備的研究であり、（中略）それ以上の大袈裟なものではない」と定義している。さらに続けて、彼が「経済制裁の一般理論」[68]と呼ぶものの概要を述べ、批判している。それは単純に因果関係をつなげただけのもので、経済的価値を喪失させることが経済的崩壊につながり、それが政治的崩壊へ、最終的には標的国が発動国の意図に従うことにつながるという理論である。ガルトゥングはこの理論の弱点を２つ指摘している。第一に、他国からの経済制裁

---

65. 具体例は、以下参照。Hufbauer and Schott, ***Economic Sanctions,*** 特に p. 58。ロスマンは、経済制裁を成功に導く因果条件について非常に明快に述べている。「制裁が成功するためには（中略）標的国に課される経済的損害が国内の政治的圧力を解き放ち、それが自説に固執する政治体制を崩壊させるか、もしくはボイコットしている国の基準に沿った新たな政策が採用されるようにしなければならない」(***International Economic Sanctions,*** p. 128.)。厳密に言えばなぜ、これが制裁が機能する唯一の方法なのかについて、ロスマンは明言していない。ロスマンに類似する論考は、以下参照。Porter, "Economic Sanctions"；および Adler-Karlsson, "U.S. Embargo," p. 173.

66. Galtung, "On the Effects of International Economic Sanctions."

67. 具体例は、以下参照。Bienen and Gilpin, "An Evaluation of the Use of Economic Sanctions to Promote Foreign Policy Objectives, with Special Reference to the Problem of Terrorism and the Promotion of Human Rights," pp. I,1-5；Strack, ***Sanctions,*** pp. 11-15；および Olson, "Economic Coercion in World Politics," pp. 472-478.

68. 論文の後段では「経済戦争の理論」という言葉を使っているが、それが「経済制裁の理論」と異なるとは示唆していない。以下と比較のこと。pp. 388-393.

で国内の政治的団結心が高まる、いわゆる「旗下結集効果」（訳注：国家的な危機に直面すると政府支持率が上昇する現象）を無視している。第二に、自国の経済的崩壊を食い止めることができるさまざまな対抗策を標的国が有していることを無視している。

もしガルトゥングの「経済制裁の一般理論」を一般理論ということではなく、経済制裁が機能する一つの因果関係を示したものに過ぎないと解釈をすれば、エコノミック・ステイトクラフトを理解する上でより有効な理論となるだろう。残念ながら、**この**経済制裁の一般理論に関する彼の主張を見ると、これを説明する文献群が豊富に存在し、広く受け入れられているため引用文献を示すまでもない、ということなのか、またはこれに関する文献はほぼ皆無でガルトゥングがその解釈説明を自由に行える状態にあるのか、そのどちらかではないかと思えてしまう。しかし、そのいずれも正確ではない。ガルトゥングが執筆していた時代には既に経済制裁に関する理論的研究は存在したが[69]、その大半はただの直観的な推量や理想主義的願望、そして両大戦間に生み出された特定分野の政策的処方の寄せ集めだった[70]。これを「経済制裁の一般理論」と呼ぶのはこじつけが過ぎる。

他方で、ガルトゥングの考えを「経済」制裁の理論と呼ぶことも誤解を招く。実際、より正確を期すなら、彼は経済制裁という言葉を使って一般的なネガティブな制裁の役割について説明している。このため、彼の経済制裁の理論のもとでは、経済制裁の効果と非経済的な制裁の効果を区別することが困難となる[71]。彼は自身が唱える「経済戦争の効果に関する理論」

---

69. 最も重要な体系的理論研究 3 点は以下の通り。Hirschman, *National Power and the Structure of Foreign Trade*；Wu, *Economic Warfare*；および Schelling, *International Economics*, pp. 487-532. ガルトゥングはいずれもまったく引用していない。ハーシュマンを引用しないのは、まぎれもない失敗だ。というのも、ガルトゥングは経済的脆弱性の概念の考案に論文の多くの部分を割いているからだ。その分野については、1945 年にハーシュマンがより説得力を持って論じている。ガルトゥングが引用しているのは（"On the Effects of International Economic Sanctions," p. 386n）マイケル・マイケリーの *Concentration in International Trade*（Amsterdam: North-Holland, 1962）で、そこではハーシュマンの貿易集中度測定のアイデアを用いている。しかしマイケリーの著作は、国際貿易の政治的影響と関連があったハーシュマンの見解の要点を事実上無視している。

70. この文献の参考目録は、以下参照。Doxey, *Economic Sanctions*, 1st ed., pp. 149-153.

71. この問題はある程度においては概念的である。ガルトゥングは経済制裁を標的国が体験する価値剥奪のタイプに基づいて定義している（"On the Effects of International Economic Sanctions," pp. 381-383）。これは事実上、経済制裁を権力の経済基盤の観点で定義することになり、経済制裁が経済とは無関係の因果メカニズムでも機能するかもしれないと考えることさえ不可能にする。第 2 章参照。

と「軍事戦争の効果に関する理論」の類似性を明確に指摘し、「この論文で述べてきた経済制裁に関することのほとんどが、より一層（中略）他のタイプの制裁にも当てはまる」と結論づけている。もちろん、仮にこれが正しければ、ガルトゥングの一般理論はそれ自体、経済制裁の理論というよりも（ネガティブな）制裁一般の理論であるといえよう。ある意味で、ガルトゥングが実際に関心を持っていたのは、ネガティブな制裁の限界を明確にすることと、読者の目をポジティブな制裁に向けさせることなのだ。後の評論家は、ガルトゥングの主張が一般論に適用可能なことを見落とし、彼の見解、特に弱点についての見解が経済制裁のみに当てはまるという印象を与えている。しかし、広く国民に共有された危機的状況で外部からネガティブな制裁が課されると、対象国のなかで結束が強まる傾向―旗下結集効果―は、プロパガンダや軍事力、外交を基盤にしたものも含め、すべてのネガティブな制裁の特徴である。ガルトゥングの論文は洞察に満ちたすばらしいものだが、経済制裁の成功に関する因果条件や特有の特徴について誤解を招きがちである。

ダブルスタンダードか。

この章では、さまざまな概念、政策選択肢の比較方法（あるいは比較しないこと）、そして成功を定義し測定するための尺度が、ステイトクラフトの経済的技法の有用性と効果に関して、不必要に悲観的な結論を導き出す傾向にあることを示そうとしてきた。章の締めくくりとして、エコノミック・ステイトクラフトに関する文献でよく見られる見解を再検討してみよう。各提言について、それが正しいか誤りかというよりも、エコノミック・ステイトクラフトの有用性と有効性に対する公正で客観的な判断を妨げるような分析上のダブルスタンダードが含まれているのではないか、という点を考えていきたい[72]。

---

72. この提言リストは包括的というより説明的である。大半がレンウィックの経済制裁研究の最終章からの引用だが、どれもエコノミック・ステイトクラフトに関する他の文献で比較的容易に見つかる。各提言の厳密な言い回しは必ずしもレンウィックの言葉と同じではないが、要点は同じだ。これらの提言の引用元としてレンウィックの研究を選択するのは妥当だと考える。というのも彼は大半の研究者よりも経済的技法に賛同しているからだ。これらの提言が経済的技法に好意的な文献から得られるということは、エコノミック・ステイトクラフトの賛同者でさえそれを過小評価していることの表れである。

1. 経済制裁の効果は予想が難しい[73]。

解説：もちろんこれは真実だが、経済制裁も他のステイトクラフトの技法との間に差はない[74]。外交政策は宥和政策に落ち着くかもしれないし、プロパガンダは誤解されるかもしれない。そして軍事力も意図した効果を得られないかもしれない。効果分析は一筋縄ではいかない難しい仕事なのである。

2. 経済制裁の実施には多くの困難が伴う[75]。

解説：エコノミック・ステイトクラフトのほうが他のタイプのステイトクラフトよりも行政執行上の困難が多いとは断言できない。大半の近代国家は、外交やミリタリー・ステイトクラフトを実行するために専門的な訓練を受けた幹部を擁しているが、エコノミック・ステイトクラフトを実施するための専門家集団を持つ国はほぼ存在しない。国民国家がそのようなプロの集団を維持する必要性を感じるという事実は、克服すべき問題が存在することを意味する。また、経済制裁を遂行するのが難しいのは、経済制裁に本質的な欠点があるというより、近代国家が外交政策のために作る組織について問題があることを示しているのかもしれない。多くの場合、何かの専門組織が作られれば、それを執行するのはより容易になる。

3. 経済制裁の効果は、国民がその政策をどれほど支持するかにかかっている[76]。

解説：確かにその通りだが、他のステイトクラフトの技法にも同じことが言える。朝鮮戦争、ベトナム戦争、ペロポネソス戦争、第二次世界大戦がその例だ。外交官が「わが国民は決して支持しないだろう」と述べ、しかもそれが本当であれば、彼の言葉の持つ効果はより大きなものとなるだろう。

---

73. Renwick, *Economic Sanctions*, p. 77；および Bienen and Gilpin, "An Evaluation of the Use of Economic Sanctions to Promote Foreign Policy Objectives, with Special Reference to the Problem of Terrorism and the Promotion of Human Rights," p. IIIb,8. 以下と比較のこと。Knorr, *The Power of Nations*, p. 140.

74. 以下参照。Gilpin, *War and Change in World Politics*, p. 202；Knorr, *The Power of Nations*, p. 22；および Osgood and Tucker, *Force, Order, and Justice*, pp. 255-256.

75. Renwick, *Economic Sanctions*, p. 78；および Taubenfeld and Taubenfeld, "The 'Economic Weapon,'" pp. 197-202.

76. Renwick, *Economic Sanctions*, p. 79.

4. 第三者が、エコノミック・ステイトクラフトの効果を相殺する、あるいは無効にするための措置をとるかもしれない[77]。

解説：この弱点は経済的手段だけのものではない。外交や軍事力に基づく影響力の行使にも共通する反応である。事実、勢力均衡理論では、このような第三者の動きが想定されている。

5. 経済制裁は、発動国、標的国のどちらかあるいは双方の経済への国の干渉度合いを高めがちだ[78]。

解説：この特徴は、外交およびプロパガンダと、エコノミック・ステイトクラフトおよびミリタリー・ステイトクラフトとの間で差異があるように見える。しかし、エコノミック・ステイトクラフトとミリタリー・ステイトクラフトとの間に明確な違いがあるかどうかは別問題である。戦争ほど効果的に国の経済的生活を巻き込むものはない[79]。

6. 経済制裁の影響は徐々に現れる[80]。

解説：この説に異議をはさむのは難しいだろうが、注意すべきなのは影響が現れる順である。よく言われるように、外交官には忍耐力が望まれる。そのため、外交でも瞬時の成功は必ずしも期待されていない。プロパガンダにも同じことが言えるだろう。軍事的技法は目を見張る効果を素早く生むことができるが、ベトナム戦争やアラブ・イスラエル紛争、第二次世界大戦、第一次世界大戦、そしてペロポネソス戦争の事例から明白なことがある。ミリタリー・ステイトクラフトは、望ましい結果を即座にもたらす点で過大評価されている可能性が高い。さらに、前章で「迅速に作用すればよいわけではない」と指摘したように、ステイトクラフトでは、その影響が現れるまでのスピードの速さ自体を望ましい特徴として考えるべきではない。

---

77. 脚注 76 と同、pp. 79-80；Bienen and Gilpin, "An Evaluation of the Use of Economic Sanctions to Promote Foreign Policy Objectives, with Special Reference to the Problem of Terrorism and the Promotion of Human Rights," p. IX,2；および Adler-Karlsson, "U.S. Embargo," p. 171.

78. Renwick, *Economic Sanctions*, p. 80；および Condliffe, "Economic Power as an Instrument of National Policy," p. 311。コンドリフはかなり極端な立場をとっており、「国内経済のコントロールが完全であるときのみ（中略）経済力を国策の手段の一つとして効果的に用いることができる」としている。

79. 以下参照。Harrison, *The Framework of Economic Activity*, pp. 37-39, 73-77；および Milward, *War, Economy and Society*, pp. 99-131.

80. Renwick, *Economic Sanctions*, p. 81.

7. 経済制裁には常にコストがついて回る[81]。

解説：TANSTAAFL の原則は、エコノミック・ステイトクラフトのみならず、すべてのステイトクラフトの技法に当てはまる。エコノミック・ステイトクラフトには「コスト」あるいは「高いコスト」がつきものだという主張に立ち向かうときには、「何と比較してか。」と返すのが適切だ。外交もプロパガンダもコストがかからないわけではない。もっとも、多くの場合はエコノミック・ステイトクラフトよりも安上がりだが。ところがミリタリー・ステイトクラフトと比較すると、エコノミック・ステイトクラフトのほうが必ずと言っていいほどコストは低い。費用がかさむことがステイトクラフトの技法の効果を高める状況もあるのだということを、繰り返し訴えるべきだろう[82]。

8. 経済制裁のコストは不均等に配分される[83]。

解説：国家間あるいは国家内で発生するコスト負担を公平に配分することは難しい。ここで注意すべき点が2つある。第1は、コストを測るための広範に合意された基準がないため、コストを公正に配分するのが難しいことである。しかし経済的コストは非経済的コストと違って貨幣という共通の価値基準がある。そのため、他の条件が同じなら、総コストに占める経済的コストの割合が高いほど、影響力行使のコストを測定し、配分するのが容易になる。また、経済的技法だけが経済的コストを伴うというわけではないが、非経済的技法に比べるとエコノミック・ステイトクラフトにとって経済的コストがより重要になる。これが正しければ、原則上経済的技法から発生するコストの算定および配分は他の非経済的技法よりも容易になるはずである。ただし——まずあり得ないことだが——誰もが公平なコスト負担を望むならばという条件つきだ。第2の注意すべき点は、戦争のコストはエコノミック・ステイトクラフトのコスト以上に不均衡な配分になりがちなことだ。大半の社会では、戦

---

81. 脚注 80 と同、; Taubenfeld and Taubenfeld, "The 'Economic Weapon,'" p. 198 ; および Bienen and Gilpin, "An Evaluation of the Use of Economic Sanctions to Promote Foreign Policy Objectives, with Special Reference to the Problem of Terrorism and the Promotion of Human Rights," pp. II,8 ; VII,1 ; IX,1.

82. 第 6 章参照。

83. Renwick, *Economic Sanctions*, p. 82 ; Bienen and Gilpin, "An Evaluation of the Use of Economic Sanctions to Promote Foreign Policy Objectives, with Special Reference to the Problem of Terrorism and the Promotion of Human Rights," p. II,9 ; Taubenfeld and Taubenfeld, "The 'Economic Weapon,'" pp. 198-200 ; および von Amerongen, "Commentary," pp. 159-167.

争のコストは 18 ～ 30 歳の男性に不平等に降りかかる。例えばベトナム戦争の場合、アメリカではそのコストを若者、貧困層、非白人、男性、そして教育水準の低い市民が不平等に負わされた[84]。それに比較して、カーター大統領の対ソ連穀物禁輸の効果はもっと公平に配分されたようだ。1915 年、全米商工会議所がまとめた経済制裁に関する報告書によると「(経済制裁は) 特定の貿易や産業にたずさわる個人に過度の試練を課すとの主張には、このように反論できるかもしれない。戦争も同じだと」[85]。この力強い答えは、その後数十年間無視されてきたが、今こそ繰り返されるべきだ。エコノミック・ステイトクラフトの公平なコスト負担の難しさを嘆く前に、代替策を検討するのが賢明である。

9. 経済制裁は近隣諸国に望ましくない副作用を与えるかもしれない[86]。

解説：状況によっては、ステイトクラフトのどの技法でも、このような副作用が現れるだろう。ミリタリー・ステイトクラフトは特にそうだ――ベトナム戦争の副作用について、カンボジアやラオス、タイの人々に聞いてみてほしい。キューバ危機の潜在的副作用については世界中の誰に尋ねてみてもいい。ミリタリー・ステイトクラフトのように人類を危険にさらすようなことは、エコノミック・ステイトクラフトでは想像できない。

10. 経済制裁は終了させるのが難しい場合がある[87]。

解説：この見解は大抵、国際機関が課す制裁と関連している。これは国際機関の意志決定過程に目を向けさせる意味はあるが、経済制裁自体についてはほとんど何も語っていない。第一次世界大戦、第二次世界大戦、ベトナム戦争、朝鮮戦争、アラブ・イスラエル紛争、そしてさまざまな軍縮交渉を考えると、影響力行使を停止させる難しさは、経済制裁特有のものだとは断言できない。概して、戦争はほぼ間違いなく経済的手段よりも終結させるのが難しい。

84. 以下参照。Lawrence M. Baskir and William A. Strauss, *Chance and Circumstance: The Draft, the War, and the Vietnam Generation* (New York: Alfred A. Knopf, 1978).

85. Evans Clark, ed., *Boycotts and Peace* (New York: Harper, 1932), p. 245 から引用。

86. Renwick, *Economic Sanctions*, pp. 82-83.

87. 同上、pp. 83-84.

11. 経済制裁は標的国に意図せざる（逆効果の）影響を与えるかもしれない[88]。

解説：この見解の裏付けになる証拠は簡単に見つかるが、経済的技法が他のステイトクラフトよりもこうした効果を与えやすいかどうかは明らかではない[89]。宥和のための外交努力が屈辱的なこともあるだろう。プロパガンダが疑念や不信を生むこともあるだろう。そして軍事力が期待を裏切る効果を与えることもあるのだ。ベトナムの町を救うためにはその町を破壊する必要があるという有名な言葉はその好例である。20世紀の日本にとって、ミリタリー・ステイトクラフトへの投資は最も逆効果を招く投資だった[90]。

12. 経済制裁は標的国の抵抗の意志を強めるかもしれない[91]。

解説：敵対的状況にある場合、公然となされたネガティブな制裁を伴う影響力行使は、いかなるタイプであれ相手国の抵抗の意思を呼び起こしやすい[92]。これは経済制裁以上に軍事制裁に当てはまる。軍事攻撃以上に、一国を素早く、効果的に結束させる措置は他にないのだ。従属理論支持者は、密かに実施される経済制裁は標的国を団結させるどころかしばしば分断し、影響力行使に抵抗しようという意志を強めるどころかむしろ弱める、と主張するかもしれない[93]。

---

88. 脚注 87 と同、p. 85；Doxey, *Economic Sanctions*, 1st ed., pp. 121, 126-127；Strack, *Sanctions*, p. 13；Bienen and Gilpin, "An Evaluation of the Use of Economic Sanctions to Promote Foreign Policy Objectives, with Special Reference to the Problem of Terrorism and the Promotion of Human Rights," p. IX,1；および Adler-Karlsson, "U.S. Embargo," pp. 172, 185-187.

89. しかし、引用されている「証拠」はとりたてて説得力があるわけではない。例えばレンウィックは、イタリアの事例では「(国際連盟の制裁が原因の) 輸出機会損失に伴って輸入の減少も起こり、それが実際は貿易収支の改善につながった」と指摘する（*Economic Sanctions*, p. 85）。もちろん主権国家ならどこでも、あらゆる輸出入を止めるだけでそのような「改善」を成し遂げることは可能だ。それによって即時に完璧な収支を達成できる――収支が輸入ゼロ、輸出ゼロになるのだ。

90. Kenneth E. Boulding and Alan H. Gleason, "War as an Investment: The Strange Case of Japan," in *Economic Imperialism*, ed. Kenneth E. Boulding and Tapan Mukerjee (Ann Arbor: University of Michigan Press, 1972), pp. 240-261.

91. Renwick, *Economic Sanctions*, p. 88；Galtung, "On the Effects of International Economic Sanctions," pp. 388-391；Losman, *International Economic Sanctions*, p. 131；Bienen and Gilpin, "An Evaluation of the Use of Economic Sanctions to Promote Foreign Policy Objectives, with Special Reference to the Problem of Terrorism and the Promotion of Human Rights," pp. II,13-14, IX,1；および Adler-Karlsson, "U.S. Embargo," pp. 172, 176.

92. 以下参照。Baldwin, "The Power of Positive Sanctions," pp. 32-33.

93. 以下参照。Olson, "Economic Coercion in World Politics," pp. 479-485.

13. 経済制裁は望ましい政治的効果を自動的にもたらすものではない[94]。

解説：この見解を述べるということは、経済制裁を課せば期待通りの政治的影響が自動的に現れると信じている真面目な人がいることを示唆している。しかし、私自身はそのような人を特定できたためしがない。ここで重要なのは、TANSTAAPIA の原則が全てのタイプのステイトクラフトにも当てはまることを明確にすることだ。

14. 経済制裁は、国民が楽観的すぎるほどに成功を期待する状況で発動されることが多い[95]。

解説：民主主義国では政策立案者が国民の支持を得ようとして外交政策の成果を誇張しがちである。これが他の手段よりも経済的手段において特に当てはまるかどうかは明らかではない。隠密外交を支持する意見は、外交手段は過剰な楽観主義の攻撃にも弱いと恐怖することから発生することが多いようだ。だが、ベトナム戦争開戦直後、アメリカ国民はしばしば「苦難の先に希望がある」とか「クリスマスまでに兵士は帰還する」と信じ込まされた。この事例は、非現実的な期待はエコノミック・ステイトクラフトに限った話ではないことを示している。

15. 経済制裁は国際的な緊張を増すので、戦争の可能性を高める[96]。

解説：多くの事例では、プロパガンダや外交と比較すれば確かに妥当な見方かもしれないが、ミリタリー・ステイトクラフトと比較すると、この見解の妥当性は疑わしい。大半の国が最も確実に戦争に突入するのは、他国を攻撃するときだ。ここで、戦争の予防にふさわしい方法は宥和か抑止かという問題は、本書の範疇にはないが、この問題は経済制裁が戦争を起こすのか否かという問題とは別だと認識することが重要だ。政策立案者は外交、プロパガンダ、エコノミック・ステイトクラフト、あるいは軍事力を駆使して、侵略してくるかもしれない国に立ち向かうことができる。いずれの場合も、使用される特定の政策手段よりも対決戦略のほうがより重要である可能性が高い。国際緊張を高める手段は数多く存在するのである。

---

94. Renwick, *Economic Sanctions*, p. 89；Losman, *International Economic Sanctions*, p. 139。

95. Renwick, *Economic Sanctions*, pp. 77, 91-92。

96. 同上、p. 23；Bienen and Gilpin, "An Evaluation of the Use of Economic Sanctions to Promote Foreign Policy Objectives, with Special Reference to the Problem of Terrorism and the Promotion of Human Rights," p. IIIa,9；および Grieve, "Economic Sanctions," p. 433.

16. 経済制裁は他のステイトクラフトの技法と併用するとさらに効果的である[97]。

解説：これは事実である。しかし、よく言われるようにエコノミック・ステイトクラフト特有の特徴ではない。第一次、第二次世界大戦が経済戦争のみで勝利できたかという視点で評価しても無意味で、しかも間違った理解をしかねない。無意味なのは、答えが明らかだからだ。また、エコノミック・ステイトクラフトに特有の限界が存在するという立場に立つ限り、誤解されかねない。同じことが――ごく稀にだが――歩兵連隊や砲兵隊、空爆にも言えるだろう。正確な問いかけは、経済的手段が「決定的」――それが何を意味するにせよ――だったか否かではなく、それが戦争の長さ、結果、し烈さに重要な影響をもたらしたか否かである。実際、ステイトクラフトのどの手段も、単独では機能しない。外交のない戦争は無意味な大量殺戮になりやすく、他のステイトクラフトを発動するという言外の、あるいは明言された威嚇や約束の裏付けがない外交はあまり効果的ではない。より一般的には、ラスウェルとカプランがこの見解はあらゆるパワー形態に当てはまると指摘している。

「パワーの形態はさまざまだが、それぞれが相互に依存している。いくつかのパワーはその存在が非常に多くの権力の必要条件になっている。（中略）パワーは常に、他の形態を内包しているが、その度合いとパターンは原則として、事例ごとに異なる。（中略）要するに、パワーは単独形態では存在し得ない。それぞれが新たな権力手段を入手するにしても、あるいは現在のパワーの手段を維持するにしても、他のパワーの行使も必要とする」[98]

以上の16の見解やそれに類似するものは、エコノミック・ステイトクラフトに関する文献に広く浸透している。個々の著者はおそらく、これらの考察では省略されている点を個別に指摘できるだろう。しかし重要なのは、各著者の正確な言い回しを検討することではなく、そのような提言の

---

97. Condliffe, "Economic Power as an Instrument of National Policy," pp. 305-314；Barber, "Economic Sanctions as a Policy Instrument," p. 367；Renwick, *Economic Sanctions*, pp. 72-73；および Carr, *The Twenty Years' Crisis*, pp. 118,132.

98. Lasswell and Kaplan, *Power and Society*, pp. 92-94. 2人はR・H・トーニーとバートランド・ラッセルを引用し、経済力は、戦争やプロパガンダといった他の形態が派生するような根本的な権力の形態ではないとの立場に賛同した。1930年代の経済決定論へのこの反応は、戦後世界の軍事決定論にどっぷり浸かっている現代の読者には奇妙に思えることだろう。

全体像を伝えることだ。これらの見解の多くはある意味全て正しいと言えるが、エコノミック・ステイトクラフトのいくつかの特徴が非経済的手法とは異なるものとして語られているとの印象を持ってしまう。こうした提言の多くは、必要に応じて手を加えれば、エコノミック・ステイトクラフトのみならずそれ以外のステイトクラフトにも当てはまる。それこそが問題なのである。もちろん政策立案者にとってステイトクラフトの技法の一般的特徴を理解することは重要だが、ステイトクラフトの種類ごとの特徴を知ることのほうがより重要だ。というのも、学者やジャーナリストとは違い、政策立案者はさまざまな選択肢のなかから適切な手段を選ばなければならないためだ。もし学者やジャーナリストがエコノミック・ステイトクラフトについて、政策立案者に役立ちそうな助言をするなら、ステイトクラフト全般に当てはまる解釈と、個別のステイトクラフトを特徴づける解釈を明確に区分けしなければならない。ここで取り上げたのと同様の提言が、エコノミック・ステイトクラフトの議論のみならず、ステイトクラフトの他の技法、なかでもミリタリー・ステイトクラフトの議論でも一般的であれば、問題はさほど深刻ではないだろう。だが不運なことに、そうではない。そこには分析上の「ダブルスタンダード」が存在する。エコノミック・ステイトクラフトの有用性の評価では、その否定的な側面が強調され、肯定的な側面が軽んじられる傾向があるのだ。

第 8 章
「古典的事例」再考

わが国の政府は、ソ連の政治家から「ドル外交」を展開していると非難されている。経済力を外交政策の手段として利用していると言いたいのだろう。しかしこの意味では、現代の大国は必ず一度は経済外交を行っている[1]。

私はかつてタイムズ紙に投稿したことがあるが（1966年 12 月 10 日付）、それは真面目な投書としては最も短いものの一つに数えられるだろう。私はこう書いた。「他国に対する制裁は実際、効果をあげているのか」多数の長い返事が直接私宛てに寄せられたが、答えはすべて「ノー」だった。

（G・C・バード、タイムズ紙［ロンドン］編者への手紙、1980 年 11 月 17 日付）

エコノミック・ステイトクラフトについて論じるとき、よく取り上げられる「古典的事例」がいくつかある。それらは、国際連盟の対イタリア制裁（1935 ～ 1936 年）、アメリカの日本に対する禁輸（1940 ～ 1941 年）、アメリカと西欧による共産主義国に対する貿易制限（1948 年～現在（訳注：1985 年当時））、アメリカの対キューバ制裁（1960 年～現在）、国際連合の対ローデシア制裁（1966 ～ 1979 年）などだ。これらの事例は頻繁に紹介され、多くの場合、そうした措置の失敗例とされる[2]。エコノミック・ステイトクラフトに関する一般的な考え方の根拠となるのは、このような事例である。本章ではこれまでの章で見てきた分析的視点から「古典的事例」について再検証することとしたい[3]。「再検証」という言葉はよく考えたうえで使った。ここでは、徹底した事例研究をしようというわけではなく、すでに行われた事例研究をこの分析的視点から評価したいと考えている。そして、研究で取り上げられたエコノミック・ステイトクラフトが「成功」だったと証明したいわけでもない。経済的技法は効果がない、役に立たないとよくいわれるが、これらの事例からそれを「はっきりと」、「明白に」、「自明だと」、「議論の余地なく」、「確実に」裏付けることはできないことを示したいと思う。だが、個々の事例について考察する前に、事例研究という手法の一般的特徴について何点か述べる必要がある。

1. Viner, *International Economics*, p. 341.
2. これらの事例はすべて以下の文献で取り上げられている。Wallensteen, "Characteristics of Economic Sanctions"；Knorr, *The Power of Nations*；　お　よ　び Bienen and Gilpin, "An Evaluation of the Use of Economic Sanctions to Promote Foreign Policy Objectives, with Special Reference to the Problem of Terrorism and the Promotion of Human Rights. 次の著作ではアメリカ・日本を除く事例を扱っている。Doxey, *Economic Sanctions*。
3. 共産主義国に対する禁輸は次の章で扱う。

事例研究　一般的考察……………………………………

歴史は事実を束ね、「事例1」、「事例2」などのような明瞭な区分で分類するものではない。ある出来事のどこからどこまでを一つの事例とするのか、その境界線は研究者によって「発見される」わけではなく、「作り出される」。この点には注意が必要だ。歴史におけるエコノミック・ステイトクラフトの「事例」数は、研究者の想定によってのみ決まるのだ。ある研究者は第二次世界大戦を経済戦争の一例として取り上げるかもしれないし、別の研究者は戦争の一日一日を、あるいは各参戦国の二国間関係をそれぞれ個別の事例として取り上げるかもしれない。マーシャル・プランは経済援助の一例として挙げられるだろうが、これを国別、年別に分けると、60以上の事例ができることになる。アメリカの対キューバ禁輸措置は、1年ごと、あるいは10年ごとに分けることが可能で、西側同盟国の共産主義国に対する30年以上に及ぶ禁輸は期間（日、年、10年）や、関与した国（アメリカとソ連、フランスとハンガリーなど）、対象品目（食料、医薬品、軍用装備品、技術、玩具など）に基づいて分けることもできる。事例の分け方として、このなかに本質的に的外れなものはない。どの区分も何かの目的にかなうだろう。「正しい方法」は一つだけではないが、同時にそれは「事例」が無数にあるため、ある一定の期間におけるエコノミック・ステイトクラフトの事例をすべて研究したとするものがあれば、疑ってかからなければならないということを示している[4]。

また、事例は作り出され得るものであることから、「成功」と「失敗」の事例数の比較に対しても注意が必要だ。代表的教科書に次のように書かれていたら、どうすればいいのだろう。「全面的な経済制裁が行われた18の事例について調べた研究によると……効果が認められたのは2例だけである」[5]。ホルスティが取り上げた事例には、クノールが2つの事例に分けたソ連の対ユーゴスラビア制裁（1948～1955年）、国際連盟による9カ月間の対イタリア制裁、ホルスティの研究の発表時点で20年続いていたソ連と中国に対する西側同盟国の禁輸措置が含まれていることを指摘すべ

4. 具体例は、以下参照。Wallensteen, "Characteristics of Economic Sanctions," p. 249。次のロバート・ギルピンのアメリカ上院財政委員会での証言も参照。「私は同僚と1年半ほど前、これに関する研究を行い、経済制裁の過去の事例をすべて調べた」（U.S. Senate, Committee on Finance, *U.S. International Trade Strategy*, p. 160）。

5. Holsti, *International Politics*, 3d ed., p. 252. ホルスティはウォレンスティーンの論文に言及している。

きだろうか。クノールは22の貿易制裁について考察し、「成功」は4例で、13例は「明らかな失敗」だったと述べているが、これについてはどう考えればいいのだろう。クノールはこの結果からこう論じた。「貿易制限という形での経済力の相当程度の使用は、ほとんどの場合、失敗に終わる」[6]。しかし、このような結論に至るということは、これらの事例が比較可能であることを意味する。ところがリストを見ると、1973年のアラブ諸国による石油の禁輸措置は2つの事例に分けられ、一つは対アメリカ、もう一つは対ヨーロッパ・日本となっている[7]。同様に、クノールは「悪名高き事例」として、第二次世界大戦以降の援助の停止、あるいは停止することを圧力として用いた事例25件について考察し、このうち2例を「成功」、19例を「失敗」、そして4例を成否が明確ではないと結論づけた。そして、「歴史の記録からいうと、対外経済・軍事援助の威圧的使用は一般に効果的手段ではない」とした。第二次世界大戦以後の25の有名な事例が「歴史の記録」と一致しないことも考えられるが、それとは別に、クノールのこの見方は疑わしい。例えば、彼が調べた事例には、共産主義国に対する禁輸を支持しなければ援助を打ち切るとアメリカがヨーロッパの同盟国を脅したケースが含まれている。圧力をかけられた国は16カ国で、期間は7年間に及んだ。しかし、クノールも認めているように、対象国がアメリカの援助に依存している限り圧力は効果的だった。したがって、これを1年ごとに分け、影響力を行使した16の（成功！）事例として扱うことも可能だ。そうすればクノールの「歴史の記録」を大きく変えることになる。彼はアメリカがペルーに対して行った1965～1969年の援助の停止を4つの失敗例として扱っているので、アメリカの同盟国に対する圧力も同様に扱うのが適切かもしれない[8]。これは、クノールが間違っていると指摘しているのではなく、「成功」数と「失敗」数を示しても、事例を比較可能な形で分析しなければ誤解を招く恐れがあるということを強調するものである。そうでないと、ある研究で一つの事例とされるものが、別の研究では16の事例に分けられることもあり得るのだ。

事例の取り上げ方によっては、エコノミック・ステイトクラフトの有用

---

6. Knorr, *The Power of Nations*, p. 152.
7. 同上 p. 336. 1年に満たない、もしくは30年以上続いた「事例」を統計的に一般化しようと試みた研究例としては、以下参照。Hufbauer and Schott, *Economic Sanctions*.
8. Knorr, *The Power of Nations*, pp. 338-339. 援助を打ち切るという脅しと実際の援助の停止を比較するのは特に難しい。

性が実際より低く感じられることがあるが、それには注目度と効果の関係と、影響力を行使する側の視点が関係する。明確な要求に基づいて、国内外の注意を引く形で影響力を行使しようとすると、標的国が要求に応じるのが難しくなり、成功は見込みにくい[9]。広範に注目を集めた対立関係におけるエコノミック・ステイトクラフトの事例――例えば、22 件 の貿易制裁と 25 件の「悪名高い」援助の停止措置という「古典的事例」のすべて――を対象にした研究では、経済的技法の有効性について非常に悲観的な評価しか下されない可能性が高いと述べる研究者もいる[10]。エコノミック・ステイトクラフトは他のステイトクラフトの技法に比べて一連の流れのなかで目立たないよう用いられることが多いため、有効性が過小評価されやすい可能性もある。しかし、このような偏りが非経済的政策ツールより経済的政策ツールに当てはまるのかどうかについて判断を下すのはまだ早い。これに関しては今後の研究の成果を待つのがよいだろう。

エコノミック・ステイトクラフトの事例研究では、通常、影響力を行使しようとする側の視点が取り入れられる。それは状況によって「決まる」のではなく、研究者によって「選ばれる」。その結果、次のような典型的な解釈が生まれる。

ソ連 - ユーゴスラビア：チトーのもとで独立を果たしたユーゴスラビアに圧力を加えるため、ソ連は 1948 年から 1958 年にかけて経済制裁を繰り返した。しかし、制裁は全て失敗した。これは西側諸国が介入しユーゴスラビアを支援したためである。

アメリカ - キューバ：アメリカはカストロの打倒と外交政策の転換、あるいはそのどちらかを目的に経済制裁を行った。ところがソ連が介入してキューバを助けたため、効果は上がらなかった。

国際連合 - ローデシア：国連は白人支配体制の転覆と多数支配、もしくはその一方の実現を目指して経済制裁に踏み切ったが、南アフリカが介入してローデシアを援助したため失敗した。

この３つの事例では、いずれも影響力行使が２つ見られる。ある国が他

---

9. 以下参照。Weintraub, ed., *Economic Coercion and U.S. Foreign Policy*, pp. 19, 23, 50；Olson, "Economic Coercion in World Politics," pp. 473, 477, 479, 483-485；および Knorr *The Power of Nations*, p. 156.

10. Weintraub, ed., *Economic Coercion and U.S. Foreign Policy*, p. 23；Olson, "Economic Coercion in World Politics," p. 485；および Baldwin, "Economic Power," p. 408.

国に影響力を行使するためにエコノミック・ステイトクラフトを用いると、その効果を打ち消すために第三国が経済的技法を用いる。多くの分析でこれはゼロサムゲームのようなものと考えられるが、その場合、初めの影響力行使が失敗とされるのなら、第三国の影響力行使は成功とされるべきである――だが、そうはならない。エコノミック・ステイトクラフトの結果を記録するとき、こうした事例は大抵3つの失敗とされ、3つの失敗と3つの成功とはならない。これでは、軍事力の有効性を戦争の敗者の視点からのみ評価するようなものだ。当然のことながら、このような評価を行うのであれば、ミリタリー・ステイトクラフトの有効性に関する一般的な考え方も多少影響する可能性がある。しかし、歴史は戦争の勝者によって書かれることが多いので、ステイトクラフトの技法として、軍事力がいかに有用かを誇張する傾向が見られても不思議はない。望遠鏡を使って遠くが大きく見えるか小さく見えるかは、望遠鏡のどちらの側からのぞくかによって決まる。そして、エコノミック・ステイトクラフトの成功、失敗は、どちらの視点から見るかによって決まるのである。

具体的事例について見る前に、これまでの章で述べてきた分析的見方について、チェックリストという形で以下のようにまとめておく。エコノミック・ステイトクラフトの事例研究を評価する際には、こうした点に留意する必要がある。

1. 政策-有事の枠組みが初めに注意深く設定されているか[11]。：能力分析で何よりも重要なのは、誰が誰に何をさせようとしているかを明確にすることである。目標は前提として与えられるため、ヒトラーの経済的技法の有効性、あるいは有用性は、彼の目標が正しかったかどうかとは関係なく評価しなければならない。同様に、ソ連やキューバに対してアメリカが行使するエコノミック・ステイトクラフトを評価する際には、アメリカの政策目標に賛成か反対かによって評価が変わるようなことがあってはならない[12]。(政策目標に反対であるがために、その実行手段を非難する議論には注意が必要だ。) 政策-有事の枠組みの設定に注意が払われたかどうかは、複数のター

11. 政策-有事の枠組みと能力分析については、以下参照。Sprout and Sprout, *The Ecological Perspective on Human Affairs*；および Baldwin, "Power Analysis."
12. 完全に客観的になることが可能だというのではない。もちろんそれは不可能だ。しかし、少なくともできる限り客観的になろうとすることはできる。

ゲットや目標を想定しているかどうかによってわかる。政治家が目標やターゲットを一つに絞って影響力を行使することも場合によってはあるだろうが、それは例外的なものと考えるべきだ。

2. どの程度難しいかが考慮されているか。
3. エコノミック・ステイトクラフトによる影響力行使の有用性について論じるとき、代替策も念頭に置いているか。(「相手側よりこちら側への打撃のほうが大きい」場合は注意が必要。)
4. 成功が程度問題として扱われているか。(成功か失敗かという二分法や、「明白な」、「全面的な」、「明確な」、「完全な」、「まったくの」失敗という見方には注意すべきである。)
5. 一般化する場合に、それが可能なだけの十分な論拠が示されているか。(例外的な事例を2、3検討して、「歴史を見れば」、「歴史上の記録が示すように」、「歴史が確実に証明するように」エコノミック・ステイトクラフトは機能しないことがわかる、と論じていないか。)
6. さまざまな権力基盤があることが考慮されているか。(経済制裁が機能する際には大きな打撃を与えるものでなければならないという主張には注意が必要だ。)
7. 外交政策上のある特定の目標が、本質的に劣位にあるもの、あるいは「非現実的」なものとしてとらえられていないか。(象徴的な目標は過小評価されがちな点に注意が必要。)
8. 経済的圧力をかけられた国がそれに抵抗してコストを負う場合、その措置はパワーの有効性の指標とみなされているか。(「制裁は相手国に大きなコストを負わせたものの、完全な失敗に終わった」。こんな見方には気をつけなければならない。)
9. 経済的技法を用いなければどうなったかという反実仮想を考える必要性を認識しているか。：アメリカが経済制裁を行わなければカストロがどのような外交政策をとったかを推測するのは難しい。しかし、それを考えずにアメリカの政策の有効性について論じても意味はない。

こうした点を念頭において、具体例を見ていくことにしよう。

メガラ布令

紀元前432年、アテナイがスパルタの同盟国であるメガラに対して貿易禁止措置をとり、アテナイの支配域内の港やアテナイの市場への出入りを差し止めた。スパルタが圧力をかけたもののアテナイは制裁を継続し、それがペロポネソス戦争につながったと広く考えられていた。これは経済的技法を用いた影響力行使の「古典的事例」の一つとは言えないが、3つの理由で取り上げる価値がある。まず、メガラ布令は経済制裁が20世紀特有の措置ではないことを想起させてくれる。次に、国際政治に関する思想に長く多大な影響を及ぼしてきたトゥキュディデスがこの事例を考察している[13]。そして最後に、この事例は、ステイトクラフトの技法は高くつくばかりで効果がないという主張の例証として挙げられることがある[14]。

ビーネンとギルピンは次のように述べている。

> アテナイはメガラに貿易禁止措置を講じ、スパルタから最後通告を受けても解除しなかった。それがペロポネソス戦争を引き起こし、ギリシア文明の弱体化、さらにはマケドニア王国による制圧へとつながった。
>
> ここで重要なのは、貿易禁止措置の規模の大きさにかかわらず、実施するにせよ、その措置により要求をのむにせよ、制裁を解除するにせよ、予想もしない非常に大きなコストを負う可能性があるという点である。貿易制裁は経済戦争であり、どんな戦争についてもいえることだが、安易に始めるべきではない[15]。

---

13. Thucydides, *The History of the Peloponnesian War*, trans. Crawley (New York: Modern Library, 1951), pp. 78-83.
14. Bienen and Gilpin, "An Evaluation of the Use of Economic Sanctions to Promote Foreign Policy Objectives, with Special Reference to the Problem of Terrorism and the Promotion of Human Rights," pp. I,7-8. 次も参照。Gilpin, *War and Change in World Politics*, p. 218；およびU.S. Senate, Committee on Banking, Housing, and Urban Affairs, *Hearings: U.S. Embargo of Food and Technology to the Soviet Union*, 96th Cong., 2d sess., 1980, p. 169.
15. Bienen and Gilpin, "An Evaluation of the Use of Economic Sanctions to Promote Foreign Policy Objectives, with Special Reference to the Problem of Terrorism and the Promotion of Human Rights," p. I,8. ハフバウアーとショットはメガラ布令が「ペロポネソス戦争の一因となった」と述べている（*Economic Sanctions*, p. 23）。貿易禁止措置が本当に「戦争」であったのかどうかという問題はここでは取り上げない。貿易禁止措置によって平和が乱れたわけではないという説得力のある議論については、以下参照。Donald Kagan, *The Outbreak of the Peloponnesian War*（Ithaca, N. Y.: Cornell University Press, 1969）, pp. 266-267.

ビーネンとギルピンが、メガラ布令をギリシア文明の弱体化と結びつけたのは正しいかもしれない。しかし、トゥキュディデスはそれとは異なる見方をしている。当時はメガラ布令を戦争の主な原因と見る意見が大勢を占めていたが、現代と同じように、戦争の原因に関しての世論は前後即因果の誤謬（訳注：Ａの後にＢが起きたら原因はＡと考えること）を犯しがちだった。トゥキュディデスは人々の思い込みに気づき、反論しようとした。

> このような見方が広まっていたことから、トゥキュディデスはメガラ布令をあのように扱ったのだろう。……戦争の原因に関するトゥキュディデスの説明は、人々の解釈に対する「はっきりとは示されない反論」だった。トゥキュディデスは、アテナイが強大な力を得たときから戦争は避けられなかったと確信していた。個人ではコントロールしようのない力が働いていると考えていたのだ……これは多くの場合に当てはまることだが、アテナイの場合は特にこの点を力説することが重要だと考えていた。アテナイでは、ペリクレスという１人の人物がメガラ布令という方策に固執したために戦争が起きたという見方が民衆の間に広まっていたからだ。トゥキュディデスに言わせれば、その解釈はまったくの誤りだった。布令は、まだ始まってはいないものの、すでに起きると決まっていた戦争に先立つ駆け引きの一つだったのだ。……トゥキュディデスは布令を重視しないことで、それが意味を持たないものであることを実に巧みに伝えた。知的な読者ならそれに気づくはずだ[16]。

トゥキュディデスによる一般的な見解に対する反応は、第一次世界大戦の原因はオーストリア大公の暗殺事件だとする学部生の論文に対する教授の反応に似ていた。実際、トゥキュディデスが記述したメガラ布令をなぜ解除すべきでないかについてペリクレスが行った説明は、トーマス・シェリングが原稿を書いたかのような演説だった。ビーネンとギルピンはトゥキュディデスの『歴史』にある該当箇所を引用している。

> メガラの禁令さえ解けば戦争は回避できる、……諸君のうちで一人た

16. Kagan, *The Outbreak of the Peloponnesian War*, p. 271.

りともおそれて、メガラの禁令に固執するのは些細な問題で戦乱を惹起することになるのではないか、……と疑問をはさむものがあってはならぬ。……これは諸君の政治的決断を試す試金石であるからだ。もし諸君がかれらの要求に譲歩すれば、その恐怖心から些細なことにも妥協したと思われて、ただちにまたこれを上廻る要求をつきつけられるにちがいない。逆に、毅然として拒否の態度を明らかにすれば、かれらは態度を改め、対等の立場から諸君に近づくべきことを悟る[17]。

ペリクレスの主張のポイントは、圧力をかけられるとすぐに譲歩するという前例を作るのは賢明ではないということだ。彼は眼前の問題は本質的には意味を持たず、重要なのはスパルタにメッセージを送ることとしている。これが論点でないとすれば、論点はほかにあるかもしれないが、問題とすべきなのは経済制裁ではなく、圧力をかけられたからといって譲歩してよいのかという点である[18]。

トゥキュディデスはもちろん、尊敬するペリクレスの知恵に対する評価を誤っていたかもしれない。ペロポネソス戦争の原因に関するトゥキュディデスの主張とは関係なく、メガラ布令はエコノミック・ステイトクラフトによる影響力行使の一例とすることができるかもしれない。ギルピンは、この布令は「メガラの経済を破綻させようとしたものだ」と述べているが[19]、これでは政策-有事の枠組みは示せない。この目標がアテナイの外交政策とどう関係しているのか、なぜ経済的手段が用いられたのかを考える必要がある。ドナルド・ケーガンは、シュボタの海戦でメガラがコリントスに与してアテナイと同盟関係にあったケルキュラを敵に回したことから問題が生じたと指摘する[20]。このとき、アテナイと敵対していたコリントスは、ペロポネソス同盟の加盟国をアテナイとの戦いに引き入れようとした。しかし、スパルタはこれに反対する。したがって、メガラの行動

---

17. Thucydides, *The History of the Peloponnesian War*（Modern Library ed.), pp. 79-80。
18. 同じような解釈については、以下参照。Osgood and Tucker, *Force, Order, and Justice*, p. 201. ギルピンの解釈もこれと同じと思われるが、それが、メガラ布令が戦争につながったという彼の見方と相容れないことに気づいていない。以下と比較のこと。Gilpin, *War and Change in World Politics*, pp. 93, 191, 199-200, 218, 236.
19. Gilpin, *War and Change in World Politics*, p. 218n. ハフバウアーとショットはメガラ布令を、勢力の拡大と、3人の女性の誘拐への報復としているが（*Economic Sanctions*, pp. 4, 23)、その説明も十分ではない。
20. Kagan, *The Outbreak of the Peloponnesian War*, pp. 265-266. この議論は p. 251-272 の記述に基づいている。

はアテナイへの敵対行為であるだけでなく、スパルタの忠告に反する行為でもあった。このため、ペリクレスが戦争の回避を望んでも、そのための方法は簡単には見つからなかったのである。メガラの攻撃を何もせずに見過ごしていれば、次に何か生じたとき、スパルタは他の同盟国がコリントスに協力するのを抑えるのが難しくなっただろう。他方で、メガラへの軍事攻撃を主張する国内のタカ派の圧力に屈すると、スパルタは同盟国であるメガラを助ける以外の方策が無くなる。軍事攻撃と何の手も打たないという策の間に存在する方策をとれば、平和を乱さず、その結果、スパルタにこうした問題に関わらない口実を与えることもできる。結局のところ、メガラはスパルタの忠告に従っていれば、アテナイの怒りを買うことはなかったのである。

したがって、ペリクレスの経済制裁という選択は、次のようないくつもの目的や標的国を念頭に置いた、慎重で洗練された影響力の行使と見ることができる。

メガラへのメッセージ：コリントスと手を組んでわれわれと敵対するものは罰せられるだろう。同じことを繰り返したら、さらに厳しい制裁を受けるであろう。

コリントスの友好国へのメッセージ：気をつけよ。メガラに起きたことが貴国にも起きないとは限らない。

コリントスへのメッセージ：気をつけよ。メガラに何が起きたかを知った同盟国は、わが国と争う貴国を助けようとはしなくなるだろう。

スパルタへのメッセージ：われわれは当然、同盟国への攻撃を黙って見過ごすわけにはいかない。しかし、この攻撃に対し、われわれが穏当な対応にとどめた点にはご留意いただきたい。貴国との戦争を望んでいないことを伝えるためだ。しかし、制裁で貴国の同盟国、メガラは弱体化し、わが国は戦略的地位を強化した。われわれとの戦争がこれまで以上に賢明な選択とはいえなくなっていることも忘れないでいただきたい。

アテナイの同盟国へのメッセージ：メガラの例でおわかりのように、貴国の敵にはわが国が報復しよう。

アルフレッド・ジマーンの描くシナリオは、ここで述べたものとは少し異なる。しかし、スパルタも標的国——多分、主要な標的——として重視し、メガラ布令を戦争回避のためのシグナルととらえている点で似ている。ジマーンは、メガラの経済は大きな打撃を受けたとさえ述べている。

> ペリクレスは戦争は望んでいなかった。しかし、アテナイがもう引き返せないところまで来てしまったとも感じていた。……戦争を避ける可能性のある方法は一つしかなかった。ペロポネソス同盟を結成する国々にアテナイの力を示し、参加することを求められている戦争とはどういうものかをわからせるのだ。ペリクレスは海軍力を有するということが実際に何を意味しているかを示すことにした。その目的のために選ばれた犠牲者がメガラである。アテナイは13年前、苦しい立場に置かれたときメガラが離反し、アテナイの守備兵を殺害したことに恨みを持っていた。それで、アテナイの支配圏内にあるすべての港とアッティカのすべての市場からメガラの船と商品を締め出すという貿易禁止措置が講じられた。この一撃でメガラは事実上世界から孤立し、昔のように自給自足農業でやっていかなければならなくなった。メガラがいかに窮したかは、スパルタでの最後の評議でメガラがどのような役割を果たしたかだけでなく、アリストファネスの喜劇に娘を豚に見せかけてアテナイの市場でこっそり売ろうとする貧しいメガラの男が登場することからもわかる。アテナイはメガラに対してとった措置を、ペロポネソス同盟に参加する他の海洋都市国家に対しても宣戦布告が行われ次第講じることができた。ペリクレスはそれらの国が軍事会議でこの事実を十分検討することを望んだ。
>
> スパルタが恐れたのも無理はない[21]。

ペリクレスは戦争を抑止できなかったが、戦争の可能性は初めから極めて高かった。おそらく、どんな手を打とうと避けることは不可能だっただろう。緊迫した複雑な情勢を考えると、成功の可能性が――非常に低いとはいえ――最も高かった政策の選択肢が経済制裁だったのだろう。回避の難しさや他の政策オプション、情勢の複雑さを考えると、メガラ布令が戦争を「引き起こした」というのと同様に、ペリクレスがメガラ布令という慎重な――多分、巧妙とさえいえる――策を講じたにもかかわらずペロポネソス戦争は起きたとも言えそうである。

---

21. Sir Alfred Zimmern, *The Greek Commonwealth*, 5th ed. (London: Oxford University Press, 1931), pp. 426-427.

国際連盟

1935年10月、イタリアがエチオピアを侵略。国際連盟は連盟規約第16条に基づいて経済制裁に踏み切り、イタリア製品のボイコットや一部の物品のイタリアへの輸出禁止を決定した。9カ月後、制裁は解除されたが、これは失敗だったというのが当時の社会通念で、以来、その評価は変わっていない。実際、1936年以降、経済制裁が話題になると思い出されるのがこの大失敗で[22]、その記憶は40年以上にわたって経済制裁に関する考え方に影響を及ぼしてきた。

マーティン・ワイトは「1935～36年にイタリアに対して効果的な制裁を課せなかったことが世界の歴史の転換点となり、その後のすべてを決定した、あの失敗が大きな影響を及ぼした、その後の一連の失敗をもたらした、そんな認識を持たないわけにはいかなかった」。と評している[23]。しかし、経済制裁を歴史の重要な転換点と関連づけながらも、そのステイトクラフトの技法の有用性を客観的に評価しようとする動きは見られなかった。1930年代には、経済制裁は国際関係に関する意見の根本的な立場の相違を意味する言葉だった。経済制裁に賛成といえば、国際連盟寄りで反戦派ということだった。連盟規約の起草者は軍事制裁と経済制裁を互いに補強し合う手段と考えていたが、不戦条約（1928年のケロッグ＝ブリアン条約）によって国策の遂行手段としての戦争が違法化され、軍事力ではなく経済制裁を使うべきだという立場が強固になった。ある意味、それは事実だった。規約でも、攻撃に対する最初の対応は軍事的手段よりむしろ経済的手段に基づいたものであるべきだとされていたからだ。しかし、それは原則というよりタイミングの問題だった[24]。

22. 1980年にカーター大統領がイランでの人質事件とソ連のアフガニスタン侵攻に対して経済制裁を発動すると、多数の新聞雑誌がなぜ経済制裁は機能しないかを説明する記事を掲載。そのほぼすべてが国際連盟の対イタリア制裁を証拠として挙げていた。以下参照。Donald L. Losman, "Those Sanctions Just Won' t Work," *Philadelphia Inquirer*, May 1, 1980；Ann Crittenden, "Warfare: Trade as a Weapon," *New York Times*, January 13, 1980；"Economic Sanctions: An Obsolete Weapon?" *Forbes*, February 18, 1980； および Roger Fisher, "Sanctions Won' t Work," *Newsweek*, January 14, 1980.

23. Martin Wight, *Power Politics*, ed. Hedley Bull and Carsten Holbraad（New York: Holmes and Meier, 1978）, p. 208.

1930年代には一般的な外交政策の手段として経済制裁の有用性を評価することには、関心はほとんど、あるいはまったく向けられていなかった。重要なのは、攻撃をいかに抑止するか、攻撃にいかに対応するかだった。その根底にあるのは、国策において軍事力が果たすべき役割というものが存在するのなら、それは何かということだった。ムッソリーニのエチオピア侵略の阻止に失敗したことから第二次世界大戦が始まったことで、民主主義国では軍備が整っていないと警告してきた人々の正しさが示されたように思われる。軍備増強への反対論は、国際連盟と経済制裁への依存の意義を強調していたため、国策の政策手段としての軍事力の放棄を無謀でナイーブだと考える人々が、軍事力の代替策として経済制裁を信頼するわけにはいかないと考えたのはよく理解できる。

第二次世界大戦後、国際関係における「現実派」が登場したが、それは主に国際連盟に対してあまりにも楽観的な期待が抱かれていたことに対する反動だった。「現実派」は国際連盟の「夢想的」な考えに矛先を向けた。したがって、国際連盟というとすぐに人々の心に浮かぶ経済制裁という政策も非難されたのは当然だった。軍事力は冷徹な「現実主義」のシンボル、経済制裁は国際関係における厳しい現実に立ち向かいたくない、曖昧な「理想主義」のシンボルだった。

国際連盟の対イタリア制裁は失敗とされ、連盟の崩壊と第二次世界大戦の両方を招いたと言われてきた。しかし、どちらも不当な非難である。イタリアへの制裁で国際連盟の弱点が浮き彫りになったが、連盟にその責任はなかった。まず、連盟規約で描かれたような国際連盟は、そもそも存在しなかった。これは、アメリカが参加を拒んだことが大きく影響した。連盟は初めから大きく――おそらく致命的なまでに――力を削がれていた[25]。次に、1930年代初頭の日本とドイツの脱退、そして、1931年に満州を占領した日本への経済制裁が真剣に検討されなかったことも、国際連盟の無力さを示していた[26]。そして、イタリアへの制裁で国際連盟がダメージを受けたのなら、そのダメージは制裁そのものではなく、制裁に消

---

24. 以下参照。Carr, *The Twenty Years' Crisis*, p. 118；およびRoyal Institute of international Affairs, *International Sanctions*（London: Oxford University Press, 1938）. クラーク著の*Boycotts and Peace*では不戦条約が繰り返し基準とされる。

25. Inis L. Claude Jr., *Power and International Relations*（New York: Random House, 1962）, pp. 154-155.

26. F. P. Walters, *A History of the League of Nations*（London: Oxford University Press, 1952）, pp. 465-499.

極的で不誠実なイギリスとフランスによってもたらされた可能性が高い。どの国際機関でも同様だが、国際連盟が強い力を持つかどうかは加盟国の支持にかかっていたのである。

経済制裁が第二次世界大戦の一因となったと主張するには、次のような点を指摘すればよいかもしれない。(1) フランスとイギリスの関係が悪化した、(2) ヒトラーがイギリスとフランスの臆病で煮え切らない態度に勢いを得た、(3) 制裁を受けたイタリアがドイツと手を組んだ、である[27]。しかし、以下の点には注意が必要である。(1) 根本的な問題は経済制裁自体ではなく、イタリアのエチオピア侵略に対してイギリスとフランスがどのようにして協調対応をとるかにあった。制裁は症状であり、病気ではなかった。(2) イギリスとフランスが軍事力を行使すること、あるいは行使の圧力をかけなかったのは、経済制裁とは関係のないことである。両国のそうした動きをヒトラーは見通していた。(3) 経済制裁が課せられなければイタリアがドイツと同盟を結ぶことはなかったかもしれない。しかし、ヒトラーはさらに勢いづいただろう。一方、軍事力が行使されていたら、ムッソリーニがヒトラーに頼る可能性はさらに高かっただろう。こうしてすべてを考慮すると、経済制裁を課したことが国際連盟の弱体化と第二次世界大戦につながったと言えるなら、国際連盟が制裁――特に日本への制裁――をもっと早く課さなかったことがそうした事態を招いたとも言えそうである。国際連盟が制裁を行ったことではなく、もっと早く、頻繁に行わなかったことが問題だったのだ。

国際連盟によるイタリアへの経済制裁にはいくつかの複雑で、一部相容れない要素が含まれていた。国際法学者ならこの措置の有効性を連盟規約に照らして評価するだろうが、条文にこだわると、これに関わった政治家の実際の目標を大きく誤って理解する恐れがある。イギリスとフランスが主要なアクターだったので、両国の政治家の目標が何だったのかを理解しなければならない。国際連盟による制裁の目的と標的国は次のようにまとめられるだろう。

---

27. 以下参照。Bienen and Gilpin, "An Evaluation of the Use of Economic Sanctions to Promote Foreign Policy Objectives, with Special Reference to the Problem of Terrorism and the Promotion of Human Rights," pp. IIIa,9-10； および George W. Baer, "Sanctions and Security: The League of Nations and the Italian-Ethiopian War, 1935-1936," ***International Organization*** 27（Spring 1973）：178. 国際連盟による制裁の目標に関する少し異なる論考なら、以下参照。Barber, "Economic Sanctions as a Policy Instrument."

ドイツ：主要な対象はイタリアではなかった。ヒトラーだったのだ。ジョージ・ベアは「1935年の国際連盟による対イタリア制裁の主な狙いは、ヒトラーの修正主義に対抗する力があるかどうかを試すことにあった」[28]と述べている――だが、主要な目標は、ヒトラーに抵抗する意志が国際連盟にあることを示すことだった、とするのがより正確だろう。

イタリア：イタリアの侵略をやめさせることが主要な目標だったと一般には考えられているが、少なくともイギリス、フランスにとっては、イタリアとの戦争を回避するほうがより重要だったと思われる。もしそうでないなら、英仏はイタリアを抑止するために武力行使をいとわなかっただろうが、実際にはそうした行動をとろうとはしなかった。二次的な目標としては、次のようなものが挙げられる。ムッソリーニに侵略をやめさせ、交渉に応じさせる。侵略をやめるよう要求したが応じなかったイタリアに代償を支払わせる。ヒトラーと手を組まないようムッソリーニを説得する（二次的な目標のなかではこれが最も重要だっただろう）。イタリアの政体の安定を保つ。ファシスト政権が弱体化すると、社会が混乱し、共産主義政府が誕生するのではないかと恐れたのだ[29]（皮肉なことに、ムッソリーニの国内での地位が保たれたことが、制裁が失敗だった証拠とされることがある）[30]。

おそらく第3の重要な目標は、イタリアの侵略に対する非難の表明だった。

エチオピア：苦境に立たされたエチオピアに同情を示し、制裁の効果があらわれるまでがんばるよう励ますことも目的だったかもしれない。仮に目的がそうだったとしても、制裁措置におけるエチオピアの重要性はドイツ、イタリアに次ぐ3番目のものだっただろう[31]。

国際連盟の経済制裁はこれらの目標をどの程度果たしたのだろう。

---

28. Baer, "Sanctions and Security," p. 166.
29. 同上。次も参照。Wright, *A Study of War*, pp. 943-944.
30. 具体例は、以下参照。Bienen and Gilpin, "An Evaluation of the Use of Economic Sanctions to Promote Foreign Policy Objectives, with Special Reference to the Problem of Terrorism and the Promotion of Human Rights," p. IIIa,9.
31. 国内世論を対象としていない点に注意が必要。国内世論は、特にイギリスでは、考慮すべき重要な点だが、これはイギリスの外交政策の対象ではなく、決定要素と考えるほうが適切と思われる。外交政策とは当然、外国に向けたものである。

ヒトラーに圧力をかける

この目標に関しては、経済制裁は逆効果だった。アルベルト・シュペーアによると、「ヒトラーは、イギリスとフランスは決してことを構えず、危険を避けようとしているのだと結論した。後に彼が傍若無人の態度に出たのもこの見立てがあったからだろう。西側の諸国は弱腰で意気地がない」[32]。経済制裁を課す用意があるかどうかは、ヒトラーにとってどうでもよいことだった。彼の関心は民主主義国に戦う気があるかどうかだったのだ。イギリスとフランスがイタリアとの戦争を回避したいのは、その動きを見れば明らかであり、ヒトラーの英仏に対するこれまでの見方が正しかったことが確かめられた。連盟規約 16 条の前提は、経済制裁を行うことで軍事力使用の決意を示したり、軍事力を使うとはっきりと、あるいは暗に示すことができることだったと考えられる。しかし本当に強い意志があってこそ、その決意が制裁を通じて効果的に伝わる。この事例の場合、必要なら戦うという意志が欠けていただけでなく、英仏の政治家はすべての人々にこのことを理解させることになった。E・H・カーが言うように、「1935 〜 36 年の制裁が機能しなかったのは、国際連盟の主要加盟国に武力行使の用意がないことが広く知られていたからである」[33]。

イタリアとの戦争を回避する

この目標の達成度で、ヒトラーに影響を及ぼすことはできなかった。ビーネンとギルピンは、「制裁を実行した側は自分たちの決定がいかに大きな影響力を持つかを理解していなかった。経済制裁を課すことは宣戦することにほぼ等しい」[34] と言う。イギリスとフランスの政治家がいかに懸念していたかを考えると、決定の重大さを理解していただけでなく、他のことはほとんど気にかけていなかったというほうが正確なように思われる [35]。

---

32. Albert Speer, ***Inside the Third Reich***, trans. R. Winston and C. Winston (New York: Macmillan, 1970), p. 72. "Sanctions and Security," p. 178 から引用。
33. Carr, *The Twenty Years' Crisis*, p. 119n.
34. Bienen and Gilpin, "An Evaluation of the Use of Economic Sanctions to Promote Foreign Policy Objectives, with Special Reference to the Problem of Terrorism and the Promotion of Human Rights," p. IIIa,9.

エチオピアとの戦争をやめさせる

イタリアが予想より早く勝利をおさめたため、この目標はほとんど、あるいはまったく達成されなかった。

コストを課す

要求に従わなかったイタリアに経済的、金融的代償を支払わせたという点で、制裁は多少の成功を収めた[36]。しかし、制裁が限られたものだったこと、実施がひと月遅れたこと、イタリアが事前に備蓄をしたことから、イタリアが負ったコストはさほど大きくなかった。教科書的な説明では、制裁が失敗した理由として石油が禁輸の対象から外された点が挙げられる[37]。ムッソリーニはヒトラーに次のように語ったと言われているが、これが事実だとすると、この解釈は正しいと言えそうである。「国際連盟が石油も禁輸の対象にしていたら、エチオピアから『1週間のうちに』撤退しなければならなかっただろう」[38]。

ヒトラーとムッソリーニの連携を阻止する

この目標はほとんど、あるいはまったく達成されなかったが、制裁を受けたことが理由でイタリアがドイツと手を組んだのかどうかは明らかではない。ファシズムとナチズムは、イデオロギーおよび政治システムの面でも近かったため、そのことのほうが重要だったのかもしれない。

---

35. 次の論文にいくつかの例が挙げられている。Baer, "Sanctions and Security."
36. 以下参照。M. J. Bonn, "How Sanctions Failed," *Foreign Affairs* 15 (January 1937) : 350-361 ; Renwick, *Economic Sanctions*, pp. 9-24, 76, 95-98 ; および Hufbauer and Schott, *Economic Sanctions*, p. 94.
37. 具体例は、以下参照。Thomas A. Bailey, *A Diplomatic History of the American People*, 10th ed. (Englewood Cliffs, N. J.: Prentice-Hall, 1980), p. 700. 国際連盟の禁輸リストから石油が除かれたことが問題だったとする見方が大方を占めるなか、「国際連盟の対イタリア石油禁輸」に言及する論考も見られる。以下参照。Kindleberger, *Power and Money*, p. 97 ; および C. Fred Bergsten, Robert O. Keohane, and Joseph S. Nye, "International Economics and International Politics: A Framework for Analysis," *International Organization* 29 (Winter 1975) : 9.
38. Doxey, *Economic Sanctions*, 1st ed., p. 57.

イタリアでの革命を回避する

この目標は達成されただけでなく、制裁によってイタリアでナショナリズムが生まれ、ムッソリーニへの支持が高まったことから、「達成されすぎた」といえる。ある研究で述べられているように、「国際的な批判によってイタリアでは政府が弱体化するのではなく、国民が結束してファシスト党を支持し、国際連盟に対抗することになった」[39]。この「旗下結集効果」は制裁の意図せざる、望ましくない副作用と一般にはいわれるが、これが何を意味するかを考える際に3つの点に注意しなければならない。まず、イタリアは制裁の内容より、どの国が制裁を課したかを問題としていた。すでにアフリカを支配しているイギリスとフランスがイタリアの植民地獲得を否定するのは偽善だとイタリア人には思えたのである[40]。次に、イタリア国内での反応は、経済制裁よりも「国際的な批判」に対するものだった。非経済的な制裁、特に軍事攻撃という方法が用いられていても反応はあまり変わらなかっただろう。そして、英仏はムッソリーニに対する国内の支持が高まることは望んでいなかったが、支持の極端な低下も望んではいなかった。

侵略に対する非難

侵略を国際社会に代わって象徴的に非難した点で、この影響力の行使は大成功をおさめた。これによって西側の民主主義国は侵略に反対する必要性を認識するようになり、その後何年かの間、制裁への国民の支持を得やすくなったかもしれない。

エチオピアへの支援

エチオピアはもっと厳しい措置を望んだだろうが、国際連盟の支持を得たことで多少は満足したに違いない。

こうした目標をすべて、かなりの程度まで達成するのは極めて困難であった。それには5つの要因があった。(1) 国際連盟が経済制裁を課すの

---

39. Taubenfeld and Taubenfeld, "The 'Economic Weapon" p. 185.
40. Renwick, *Economic Sanctions*, p. 23.

はこれが初めてだった。したがって、参考になる前例も標準的手順も一切なかった。(2) ムッソリーニはエチオピアとの戦争に非常に積極的で、撤退するなど考えられなかった。戦争は——動物の群れの暴走と同じで——始まってからやめさせるより、始まる前にやめさせるほうが容易である。(3) 制裁は限定的であり、決定後、1カ月経ってから実施された。戦争開始前に、経済制裁に踏み切る用意があると脅してイタリアを抑止するという試みはなされていなかった。(4) この影響力行使は誤ったインテリジェンスに基づいて決定された。「イタリア軍はエチオピアの征服に少なくとも2年は要するものと、すべての参謀が見ていた」[41]のだ。経済制裁の欠点として、どの程度効果をあげるかを予測するのが難しい点がしばしば指摘されるが、国際連盟の経済制裁でインテリジェンスに重大な誤りがあったのは経済的技法とは関係のないことで、それはイタリア軍の努力の結果だった。(5) 国際連盟の取り組みが難しかったいちばんの原因は、さまざまな目標が複雑に絡み合い、なかには相反するものが含まれていたことにあった。すべての目標を達成することは不可能だったのだ。ヒトラーに影響を及ぼすには戦争のリスクを冒さなければならなかったが、国際連盟の措置は戦争のリスクを回避することが主要な目標の一つだった。また、イタリアを非難し、制裁を課したことで、同盟国としてともにドイツに対抗していくことは非常に難しくなった。イタリア国内での圧力が高まってムッソリーニが退くことを望んだが、ファシスト政権が揺らぐようなことは避けたかった。対イタリア制裁は、こうした難しさを考えると、予想以上に効果的だったというべきだろう。サミュエル・ジョンソンが後ろ足で歩く犬についてこのように言っている。「うまくは歩けないが、後ろ足で歩いていることには驚かされる」。国際連盟は武力行使を引き起こすことも、イタリアの政治的安定を揺るがすこともなく、侵攻を非難してイタリアに代償を支払わせることができた。しかし、ヒトラーに影響を及ぼし、戦争をやめさせるという点では成果を上げず、むしろ逆効果だった。

イギリスとフランスの政治家のこのときの目標を考えると、非経済的手段のステイトクラフトを用いたほうがうまくいったのだろうか。戦争を回避し、イタリアとの関係を保つにはプロパガンダのほうが効果的だったかもしれないが、他の目標に関しては経済制裁ほどの効果はなかっただろう。静観するという方法についても、プロパガンダとほぼ同じことが言え

41. Baer, "Sanctions and Security," p. 174.

る。外交手段としては国際連盟からの除名や争いの仲裁が考えられるが、プロパガンダや静観同様、イタリアをなだめる以外、経済制裁ほどの効果はなかっただろう[42]。この状況であれば軍事的技法のほうが効果的だったと考える人は多い。戦争を回避する、イタリアとの関係を保ってドイツに対抗するという目標以外については妥当かもしれない。今考えると、少なくとも経済制裁に加えて、軍事的手段を用いる用意があることを暗に伝えておけば、もっと成功したものと思われる。だが、そうしなかったということは、イギリスとフランスは戦争を避け、イタリアと密接な関係を保つことに大きな価値を見出していたのだ。少なくとも英仏の政治家にとっては、軍事的技法のコストはあまりに大きかった。英仏にはそれぞれの優先事項があり、多大なコストを負うことなくより多くの目標を達成できそうな、経済制裁の代替策を見つけるのは簡単なことではなかっただろう。

国際連盟の経験から「教訓」を得ることはできるのだろうか。得るべきなのだろうか。複雑に絡み合うさまざまな目標と対象、他の政策オプション、極めて困難な状況。こうしたことを考慮に入れない教訓は誤解を招く可能性がある。結局、こうした特異なケースからは教訓を引き出さないほうが賢明だろう[43]。それでも教訓について論じる人はいる。このため、無視するわけにはいかない。他の人々がこの事例からどのような教訓を引き出しているのかを見てみよう。

教訓１　経済制裁はステイトクラフトの技法として有用とはいえず、逆

42. ビーネンとギルピンは「もっと賢明な外交手段を用いればエチオピアとイタリアの問題を平和的に解決できたのかどうかはわからない」(「An Evaluation of the Use of Economic Sanctions to Promote Foreign Policy Objectives, with Special Reference to the Problem of Terrorism and the Promotion of Human Rights」p. IIIa,8) と述べている。しかし、２人は「賢明な外交技法」がどのようなものかを説明することはなく、「賢明な外交技法」をとればイタリアに侵略をやめさせることができただろうと論じる誰かの意見を引用することもなかった。そうした政策によって「平和的解決」がなされたとしても、ヒトラーに影響を及ぼす、侵略を非難する、イタリアにコストを課すという点では、経済制裁ほどの効果はなかっただろう。

43. タウベンフェルド夫妻は、1、2の事例に基づいて一般化することの危険性を指摘しながら、困難な状況下で課された限定的なネガティブな経済制裁のみならず、「完璧に講じられた包括的な経済的措置が相手側の攻撃的、あるいは非攻撃的な目標の達成をどの程度妨げる」ことができるかについても一般化している (「The Economic Weapon」pp. 187-188)。不完全に講じられた限定的なネガティブな制裁から完璧に講じられた包括的な経済的措置まで、戦争の阻止から外交政策の目標達成の妨害まで、1、2の事例から「歴史を振り返ると……」(p. 191) まで、何であれ一般化するのは飛躍である。

効果をもたらす[44]。

集合的制裁が成功することがあるなら、それはこのケースだと思われたため、加盟国は制裁に踏み切った。それが成功しなかったことは、最高の状況下でも制裁を機能させるのは難しいことを示している[45]。

解説：先に述べたような理由から、経済制裁を実施するのに理想的といえるような状況にはなかった。当時、加盟国や一般の人々が、制裁は「成功の見込みが十分」あると信じていたのは誤りだった。

対イタリア制裁は全面的な経済制裁という措置を講じる良い機会ではなかったと言える。……イタリアとの戦争を恐れ、再び勢いを得たドイツにイタリアの政治的支援を得ながら対抗することができなくなるのではないかと懸念し、……イタリアの立場に対する同情さえ生まれ、経済制裁は限られたものとなった[46]。

解説：タウベンフェルド夫妻は対イタリア制裁の概要を述べ、この事例を一般化することはできないとしているが、このあと、経済制裁、さらには「最も包括的でよく管理された経済的措置」の「本質的な弱点」について、さまざまな一般論を述べている。

国際連盟のいくつかの主要加盟国の当面の政治的目標を考えると、対イタリア経済制裁は失敗ではなかった[47]。

解説：国際連盟の制裁は失敗だったという前提に基づいて論じてきたタウベンフェルド夫妻は、途中でこう述べる。「国際的な集合的措置が失敗したときは、加盟国が同じように成功を目指していたわけではなかったことが大きな原因だったと考えてみる必要がある」[48]。彼らは初めに国際連

---

44. これが最も一般的な教訓であり、タウベンフェルド夫妻、ビーネンとギルピンの議論の骨子である。
45. Bienen and Gilpin, "An Evaluation of the Use of Economic Sanctions to Promote Foreign Policy Objectives, with Special Reference to the Problem of Terrorism and the Promotion of Human Rights," p. IIIa,1.
46. Taubenfeld and Taubenfeld, "The 'Economic Weapon,' " p. 185.
47. 同上 p. 201。

盟の加盟国の目標が何だったかを考えるのではなく、まず制裁は失敗だったと述べ、それから、加盟国が誤った目標を追い求めていたと言う。だが、まず経済制裁の目標が何だったかを考えてから、どの程度成功したかを判断するほうが適切ではないだろうか。

> 1935 ～ 36 年の流れを見ると……少なくとも英仏について言うなら、経済制裁によってイタリアに大きな圧力をかけるつもりはなく、消極的な対応ではあるが、懲罰を与えて連盟規約に形だけ従い、体面を保とうとしたと言うほうがより正確だと結論づけざるを得ない[49]。

解説：イギリスとフランスの複雑な目標を単純にとらえすぎてはいるが、ドクシーの言葉は、この事例に基づいて経済制裁の本質的な能力を一般化することへの警告となっている。

> この制裁が失敗した大きな原因は、イギリスとフランスの指導者による妨害にあった。彼らは、武力行使はもちろん、強力な経済的手段を用いることも望んではいなかった[50]。

> イギリスとフランスの政府高官は状況判断を誤っていた[51]。

解説：どちらの記述からも、この事例が経済制裁の本質的な機能または限界より、むしろ英仏の外交政策を示していることがわかる。

> 国際連盟が機能していなかった。単にそれだけの理由で制裁は機能しなかったようだ。制裁という考えそのものに問題はない。経済戦争の武器庫から選ばれるありきたりの武器にも問題はない。……きちんと計画されなかった経済戦争というものがあるなら、それは国際連盟の対イタリア戦である。石油は禁輸の対象とならず、スエズ運河は閉鎖されなかった。あまりにも弱腰でばかげたやり方であったため、経済制裁という考え方そのものが否定されることにまでは至らなかった[52]。

---

48. 脚注 47 と同。
49. Doxey, ***Economic Sanctions***, 1st ed., p. 93.
50. John B. Whitton, "Institutions of World Order," in ***The Second Chance***, ed. Whitton, p. 109.
51. Baer, "Sanctions and Security," p. 178.

解説：これは、過去の事例からは、経済制裁そのものではなく、国際機関の思いがけない行動を学び取れることを示唆している。しかし、この事例が「考え方そのもの」に与えた影響という点でワイルズは誤っている。なぜなら、経済制裁という考え方は、国際連盟のこの失敗以降、効果はないという汚名を着せられてきたからだ。

> 制裁は失敗したとは言えない。圧力をかけていなかったのだから、失敗しようがない[53]。

解説：これは、国際連盟が経済制裁を行ったとは言えないということである。

> チェンバレンとラヴァルは制裁の成功を望んでいなかった。チェンバレンのイギリスはムッソリーニのイタリアとの対立が深まらないこと、イタリアがフランコ将軍のスペインと関わらないことを願っていた。ラヴァルのフランスは、ムッソリーニの関心をチュニジアからそらしておきたいと考えていた。こんなイギリスとフランスの主導のもとで実施されたのが不完全な経済制裁だった。石油は禁輸の対象からはずされた。……スエズ運河は、イタリアの船舶と通商に対しても、あるいはイタリアの侵略軍と物資供給に対しても閉ざされることはなかった。そして、ついにはチェンバレンの義理の姉がローマでムッソリーニに会い、密約を交わすに至った。制裁はイギリス政府とフランス政府に妨害され、イタリアが抵抗するアビシニア（訳注：エチオピアの旧称）を打ち負かすための時間と力が与えられた。そして、イタリアがアビシニアの併合を宣言すると、制裁の解除が発表された。
>
> 制裁が失敗したのは「経済制裁」が本質的に無力だからではなく、西欧の大国がもともとイタリアのアビシニアへの進出を阻むような、真に効果的な経済制裁は行わないという方針を立てていたからである。あの経済制裁はチェンバレンとラヴァルの国際連盟に対するリップサービスに過ぎなかった[54]。

---

52. Wiles, *Communist International Economics*, p. 496.
53. Bonn, "How Sanctions Failed," p. 359.

解説：タウベンフェルド夫妻がアメリカ国際法学会で経済制裁の「本質的な弱点」についての論文の口頭発表を終えたあと、イヴァン・スボティッチが討論の時間にこのように述べた。スボティッチは国際連盟に制裁の実施を託されていた「18人委員会」のメンバーだった。実情は明らかである。

教訓２ 効果をあげるには、包括的な経済制裁を広く実施しなければならない[55]。

国際連盟の事例からはこの考え方を肯定する証拠と共に、否定する証拠も得られる。制裁が内容も参加国も限られたものだったことを考えると、あれほどの影響を及ぼしたのは驚きである。イタリアの輸出入は40％減少したのだ。そしてムッソリーニは、エチオピアとの戦いに必要な石油は確保したと見てはいたものの、禁輸という事態を明らかに恐れていた[56]。

教訓３ 効果をあげるには、経済制裁を通じて、必要とあれば武力行使も辞さないことを示さなければならない[57]。

国際連盟による制裁は武力行使をまったく匂わせないものになった。そうするためにどれだけの努力がなされたかを考えると、制裁がほとんど効果をあげなかったことではなく、あれだけの効果をあげたことに驚かされる。いずれにせよ、この教訓は、戦争を抑止する、やめさせるなど、狭い範囲の目標には活かせるが、すべての外交政策の目標に当てはまることはないだろう。

レンウィックはこう嘆く。「二度目の大規模な制裁（つまり、国際連合による対ローデシア制裁）が行われるころには、これらの教訓がすっかり忘れられていた」[58]。しかし、最初の教訓とは何だったのか。国際連盟の

---

54. イヴァン・スボティッチ。タウベンフェルド夫妻の論文に関する討議でのコメント（タウベンフェルド夫妻の「The Economic Weapon」付録、pp. 215-216）。

55. Taubenfeld and Taubenfeld, "The 'Economic Weapon," p. 197；Knorr, *The Power of Nations*, p. 162；および Bienen and Gilpin, "An Evaluation of the Use of Economic Sanctions to Promote Foreign Policy Objectives, with Special Reference to the Problem of Terrorism and the Promotion of Human Rights," p. IIIa,10.

56. Renwick, *Economic Sanctions*, p. 20；および Royal Institute of International Affairs, *International Sanctions*, pp. 60-75.

57. Carr；*The Twenty Years' Crisis*, p. 119；Knorr, *The Power of Nations*, p. 162；および Renwick, *Economic Sanctions*, p. 23.

事例から教訓を引き出す必要があるとすれば、次のような考え方に沿ったものが妥当と思われる。政治家が複数の対象を設定し、達成困難な多数の、一部相反する目標を実現するために、事前の計画も参考にすべき前例もほとんど、あるいはまったくないまま、誤ったインテリジェンスに基づいて、限定的な経済制裁を遅れて実施しても、あまり大きな成果は期待できそうにない。

アメリカと日本……………………………………………………………

1937年、日本が中国に侵攻し、それが戦争に発展し、戦いは第二次世界大戦が終わるまで続いた。アメリカの政府と世論は中国人犠牲者に同情した。しかし、感情面でも法律面でも孤立主義的傾向の強かったアメリカは、日本への影響力の行使を外交ルートを通じた抗議やプロパガンダ（例えばルーズベルト大統領が1937年10月に行った「隔離演説」)、航空機の「道徳的禁輸」にとどめた。また、中国に対しては借款の供与を行った。だが、その効果はアメリカが軍需物資――特に石油とくず鉄――の対日輸出を1937年から1941年7月まで続けたことで相殺された。その後、アメリカの経済制裁は、1940年7月から1941年7月にかけて少しずつ進められた。最初に行われたのは特定品目の輸出に関する許可制の導入と、航空機燃料の輸出禁止だった。この措置は、日本が、6月にドイツの手に落ちたフランスとオランダの太平洋地域にある植民地の獲得に興味を示したあとにとられた。制裁の第2ラウンドとして日本へのくず鉄の輸出が禁じられたが、これは日独伊三国同盟の締結を受けたものだった。そして、1941年7月に日本が南部仏領インドシナに進駐すると、制裁の第3ラウンドとして日本の資産の凍結と石油を含む事実上の対日全面禁輸が課された。その4カ月後、日本は真珠湾を攻撃する。

アメリカの対日経済制裁、特に1941年の措置は、軍事攻撃を抑止するために行われた影響力行使の明らかな失敗例としてよく取り上げられる。さらに、制裁は失敗だっただけでなく逆効果で、攻撃の抑止を目的としていたのに、攻撃を引き起こす結果に終わったとする見方も多い。クノールはこれを「明らかな失敗」に分類し、「アジアにおける日本の軍事侵略を放棄させるため石油の禁輸で日本をおどしたが、この禁輸は逆効果となっ

---

58. Renwick, *Economic Sanctions*, p. 18.

て現れた。即ち、怒った日本は南西アジア（スマトラの石油）を侵略したのである。おそらく、これに続く真珠湾攻撃の決定さえも、米国の禁輸がもたらしたものであるといえよう」[59]と述べている。ブルース・ラセットも同様に、制裁による抑止は失敗だったと考えているが、この制裁は非生産的であった「可能性」があるとするクノールの推測にとどまることなく、「アメリカ、イギリス、オランダが禁輸措置をとらなければ、日本の攻撃はなかったはずだ」[60]と断言している。細谷千博もラセットと同じような立場をとり、「経済制裁は『南方への進出を抑止』するのではなく、正反対の結果をもたらした」と述べている[61]。しかし、制裁を最も厳しく批判するのはビーネンとギルピンである。

> 1941年8月の石油の対日輸出の禁止は、アメリカにとって経済制裁がいかに危険で効果がないかをはっきりと示す例となった。石油の禁輸は日本を抑止するという目的を果たせなかっただけでなく、日本の真珠湾攻撃と太平洋戦争の引き金となった。……経済制裁の表向きの目的は、……ほとんどの歴史家が認めるように、アジアにおける日本の侵略を抑止することにあった。そう考えると経済制裁は失敗しただけでなく、日本の東南アジア侵略とアメリカへの攻撃を促した点で逆効果でさえあった[62]。

アメリカの対日制裁を侵略の抑止だけを目的としたものと考えると、影響力の行使を一つの目標からのみで判断することがいかに危険かわかるだろう。制裁は日本の侵略を抑止することに加え、(1) 抑止に失敗した場

---

59. Knorr, *The Power of Nations*, pp. 152-15. クノールはおそらく南西アジアではなく、「東南アジア」と言うつもりだったのだろう。

60. Bruce M. Russett, *No Clear and Present Danger: A Skeptical View of United States Entry into World War II* (New York: Harper and Row, 1972), p. 45. 次も参照。Bruce M. Russett, "Pearl Harbor: Deterrence Theory and Decision Theory," *Journal of Peace Research*, no. 2 (1967): 89-105.

61. Chihiro Hosoya, "Miscalculations in Deterrent Policy: Japanese-U.S. Relations, 1938- 1941" *Journal of Peace Research*, no. 2 (1968): 108.

62. Bienen and Gilpin, "An Evaluation of the Use of Economic Sanctions to Promote Foreign Policy Objectives, with Special Reference to the Problem of Terrorism and the Promotion of Human Rights," p. IIIb,1. ビーネンとギルピンは、経済制裁はペロポネソス戦争を「引き起こし」、ヨーロッパでは第二次世界大戦の「一因」になったと述べ、さらにここでは太平洋戦争の「引き金」として経済制裁をとらえている。

合、敵となる日本に資源を使わせない、(2) 中国とインドシナ南部からの撤退というアメリカの要求に従わなかった日本に代償を支払わせる、(3) 日本に抵抗する中国、ドイツの攻撃に抵抗するヨーロッパを間接的に支援するなどの目的で行われた[63]。このなかで、侵略の抑止が最も重要な目標だったのかさえはっきりしない。日本との戦争を「避けられない」と考えていた人々にとっては、おそらく戦いが「避けられない」敵に戦略物資を渡さないことのほうが重要だっただろう[64]。石油の禁輸で必ず日本を抑止できると考えていたアメリカの政策立案者が1人でもいたことを示す証拠はない。しかし、効果については懐疑的でも別の理由から禁輸を支持する人は存在したに違いない。1940年秋にアメリカの内務長官、ハロルド・イケスは大統領に宛てて次のように書いた。

> わが国がくず鉄の輸出を続け、日本はインドシナに進駐しました。わが国が石油の輸出を続けていると、日本はオランダ領東インドに侵攻するでしょう。日本はオランダ領東インドを問題なく攻撃できると判断し、準備が整えば攻め込みます。しかし、石油やガソリンが不足すると侵攻は難しくなります[65]。

そして、1941年7月、アメリカ陸軍情報部 (G2) は次のような立場をとっていた。

> 当部の見積りは次のようである。日本に対し効果的な経済制裁を加えても、日本をなんらかの攻勢的行動に駆り立てることにはならないであろう。日本は好機が生じた場合でもこうした行動に出る計画はもっていない。……遂にこのような政策をとることによって、われわれはイギリ

---

63. アメリカと日本の政策立案者の認識については、以下参照。Glenn H. Snyder and Paul Diesing, ***Conflict Among Nations: Bargaining, Decision Making, and System Structure in International Crises*** (Princeton: Princeton University Press, 1977), pp. 124- 129, 553-555. 次も参照。Gordon W. Prange, ***At Dawn We Slept: The Untold Story of Pearl Harbor*** (New York: McGraw-Hill, 1981), pp. 165-171；および Herbert Feis, ***The Road to Pearl Harbor*** (Princeton: Princeton University Press, 1950).

64.「避けられない」は社会科学者にはふさわしくない言葉である。しかし、他の人々はこの文脈でこの語を頻繁に使うことから、彼らの見方を述べるにはこれで良いものと思われる。この語は「可能性が高い」という意味に受け取ればよい。

65. William L. Langer and S. Everett Gleason, The ***The Undeclared War, 1940-1941*** (New York: Harper, 1953), p. 35 から引用。

スを救い米国の物資の温存を図ることができる。……現在わが国の物資を日本人の手に渡すことは浪費よりもなお悪いと言わねばならない[66]。

どちらも石油の禁輸を支持しているが、それは抑止という目標に基づいたものではない。イケスも G2 も日本の「思惑」ではなく「能力」に影響を及ぼす策をとるよう主張している。

アメリカの政策立案者は当然、防衛と抑止の**両方**に関心を持っていたと考えると、石油の禁輸はビーネンとギルピンがいうようなナイーブで無謀な逆効果をもたらす取り組みではなく、慎重で合理的な「ミニマックス」戦略といえるだろう。図 8.1 に示した 2 × 2 のマトリックスについて考えてみよう。日本の戦略は、東亜新秩序のための計画を放棄し、インドシナ南部と中国から撤退して「後退（contract）」するか、アジア支配を目指して拡張を続けるかのどちらかである[67]。一方、アメリカの戦略は、貿易を継続するか、禁輸措置を講じるかのどちらかだ。それぞれの国にとってどんな結果が望ましいかを順に述べると次のようになる。

アメリカ

1. 禁輸と日本の後退という組み合わせは、アメリカにとって望ましい形で日本の思惑と能力の両方を変えるだろう。

アメリカ ＼ 日本	後退	拡張
貿易	3 2	1 4
禁輸	4 1	2 3

図 8.1 アメリカと日本の戦略

66. Prange, *At Dawn We Slept*, p. 165.

67. ラセットは、真珠湾攻撃は日本の「とどまるところを知らない拡張政策」の証拠ではなく、中国での立場を強化するという「それほど野心的とは言えない目標」の結果だったと述べている（*No Clear and Present Danger*, pp. 56-57）。アメリカはこの両方に断固反対であることから、この点はここでの分析には不適切である。日本の第 2 の戦略を「拡張」と呼ぶことに反対の人は「強化」と呼んでもよいが、結果は変わらない。

2. 貿易の継続と日本の後退という組み合わせは、日本の拡張を含むいかなる代替案よりもよいだろう。
3. 日本が拡張策をとっても、禁輸措置を講じれば、少なくとも日本を弱体化させることはできるだろう。
4. 貿易の継続と日本の拡張という組み合わせはアメリカにとって最も望ましくない。

日本

1. アジア支配とアメリカとの貿易
2. アメリカの禁輸にかかわらないアジア支配
3. 後退とアメリカとの貿易
4. 後退とアメリカの禁輸

ここでは、禁輸がアメリカにとって1番目、または3番目に望ましい策であり、拡張が日本にとって1番目、または2番目に望ましい策である。アメリカのとるべき戦術は明らかに禁輸だ[68]。

禁輸が賢明な策かどうかを判断するには、日本との戦争の可能性について考える必要がある。その可能性が低ければ、禁輸は不必要に挑発的な措置ではないかという考え方が重要性を増す。しかし、戦争の可能性が高ければ、禁輸は魅力を増すことになる。敵となりそうな国に「軍需物資」を供給するなどあり得ない話だからだ。また、戦争が「避けられない」、つまりその可能性が非常に高いなら、経済制裁を行っても、いずれは起きる戦争を「引き起こした」といって――少なくとも激しく――非難されることはない。日本とアメリカの戦争について、多数の学者が異なった分析法を使いながらも、一様にその可能性は非常に高いと結論づけていたのは興味深い。伝統的な歴史学者のゴードン・プランゲはこう述べている。「も

---

68. スナイダーとディーシングは、まったく同じとは言えないが、似たような方法で当時の基本的状況を表し、戦争は不可避だったと結論づけている（*Conflict Among Nations*, pp. 124-129）。このようなタイプの2×2のマトリックスは外交政策の意思決定を単純化しすぎたり、これがゼロサムゲームであるかのような誤解を与えたりするが、この事例の場合、マトリックスが2つの理由から役立つ。まず、アメリカも日本もこのときの状況を――スナイダーとディーシングが指摘するように、実際はそうではなかったが――ゼロサムゲームに近いものとしてとらえていた。次に、抑止をアメリカの唯一の目標とするのと違い、2×2のマトリックスなら、抑止の失敗に備えて防衛という目標をとり入れ、もっと複雑で現実的な状況を設定できる。

しアメリカが日本人資産の凍結や石油の禁輸を行なわなかったら、日本は現状を受入れたであろうか、これについては誰も確答できない。歴史上の証拠はそうした結果にはならなかったことを示唆している」。スナイダーとディーシングはバーゲニングモデルを使って、戦争は「避けられない状況」だったとした。そして、クインシー・ライトによると、日米開戦の可能性は1937年以降かなり高かったという。実際、彼は1939年7月に20組の大国の組み合わせのなかで戦争の確率が高いのはどれかを考え、アメリカと日本の組み合わせを8番目に位置づけていた――アメリカが石油の禁輸措置を講じるころには、このうち4組がすでに開戦し、日米はリストのさらに上位に移動していた[69]。アメリカの外交政策立案者にとって、日本との戦争の可能性が高いという推測に基づいて経済制裁の実施を決定するのは、無謀なことではなかった。それどころか、政治家としてそれが合理的で、責任を遂行できる堅実なやり方だったのだ[70]。

対日経済制裁の費用対効果はどれほどだったのか。日本を抑止することはできなかったが、それだけで制裁の効果は判断できない。そもそも、日本のアジア支配という目標の達成を抑止することが可能だったのかどうかも不明である。制裁が原因で抑止できなかったという考え方があるが、それならば、1941年に抑止に失敗したのは1931年あるいは1937年に日本に制裁を課さなかったためだとも言えそうだ。日本がアジアに帝国を築くために最初の一歩を踏み出したのは1931年だったというのが社会通念である。日本の満州占領に対して経済制裁を課すことは少し検討されたものの、「国際連盟はアメリカがそれに加わるかどうか不確かだったことから踏み切ろうとしなかった」[71]。そして、この「不確かさ」が拡張政策をとる日本の背中を押したのだろう。制裁はコストを伴うが、状況によっては制裁を課さないことが高くつく場合もあるかもしれない。実際、1931～

69. Prange, *At Dawn We Slept*, p. 170；Snyder and Diesing, ***Conflict Among Nations***, pp. 124-129；および Wright, ***A Study of War***, pp. 1466-1491. レンウィック（***Economic Sanctions***, p. 63）は真珠湾攻撃を「狂犬」のやることだとしたが、これに対してラセットは「開戦はじっくりと時間をかけて決断されるものであり、誰かの「非合理的な」衝動によって決まったりはしない」と述べた（“Pearl Harbor,” p. 90）。

70. 以下と比較のこと。「今考えると、アメリカの制裁は無謀だったと判断せざるを得ない」（ビーネンとギルピン “An Evaluation of the Use of Economic Sanctions to Promote Foreign Policy Objectives, with Special Reference to the Problem of Terrorism and the Promotion of Human Rights,” p. IIIb,7）。

71. Benjamin H. Williams, “The Coming of Economic Sanctions into American Practice,” ***American Journal of International Law*** 37（July 1943）: 386-387.

32年に制裁に踏み切らなかったことが最終的に真珠湾攻撃につながったとする見方もある[72]。宥和政策は1938年のミュンヘン会談後に言われたようなひどい策ではないが、慎重にタイミングを計って実施しなければならない。「政府は政策の臨界点を超えると、経済的機会を軍備にとってプラスのもの、対外的譲歩を弱さの証しとしかとらえなくなり、他国が宥和政策をとると攻撃性を高める恐れがある」。ライトは、日本が1931年に臨界点を超え、「首脳部が経済志向の政治家から軍事志向の政治家に変わった」[73]と考えていたようである[74]。もしそうなら、アメリカが抑止を目的とした経済制裁を10年早く実施すべきだったということになる。

日本を抑止するつもりなら、1937年が重要な年だったと考える研究者もいる。日本はアメリカから石油、くず鉄、原材料を輸入して中国を侵略した。ルーズベルトの「隔離演説」は経済制裁の可能性を示唆していたものの、アメリカの抗議はほとんど意味をなさず、それを受けてイギリスの首相はこう述べた。「アメリカからは言葉以外何も期待しないのがいつも一番で、間違いもない」[75]。ファイスは「日本とドイツはもちろん、このやりとりをよく聞いていた」と言う。彼によると、日中間の争いをおさめるには、1937年に「断固たる集合的行動」をとって日本に平和を選択するようすすめ、拒絶には強制力で応えるべきだった。だが3年後まで、これが教訓とされることも、これについてはっきりと述べられることもなかった――悲劇を防ぐには遅すぎた[76]。

1941年にアメリカは経済制裁に踏み切ったが、少なくとも日本との開戦のタイミングは、最終的にこの措置によって決まったのかもしれない。だが開戦に至ったもっと大きな原因は、1931、1937年に日本に制裁を課さなかったことにある。1941年のアメリカの対日制裁から、制裁は戦争を引き起こす可能性があるので非常に高くつくという教訓を得る人がいるだろう。しかしアメリカの制裁を歴史的視点からとらえ、経済制裁を課さ

---

72. Maurice Baumont, *The Origins of the Second World War*, trans. Simone de Couvreur Ferguson (New Haven: Yale University Press, 1978), p. 41.
73. Wright, *A Study of War*, p. 1316.
74. 同上、p. 853n。
75. Feis, *The Road to Pearl Harbor*, pp. 12-13.
76. 同上 pp. 12-13, 15-16。サムナー・ウェルズは「1937年に、生き残りのための戦いにまだ巻き込まれていなかったイギリスとアメリカ、そして9カ国条約を締結した残りの国々が全面的な禁輸措置を講じ、必要なら軍事力でバックアップしていれば、日本軍に攻撃的な拡張計画を放棄させることができたはずだ」と考えていた（*Seven Decisions That Shaped History* [New York: Harper and Row, 1951], p. 92）。

ないことで、場合によっては、課すのと同じくらい、いや、おそらくそれ以上に大きなコストと危険がもたらされるという教訓を読み取る人もいるだろう。

潜在敵国に軍需物資を渡さない、日本に代償を支払わせる、アメリカとその同盟国が将来使うことのできる――そして使うであろう――資源を確保するという点で、アメリカの経済制裁が大きな成功をおさめたことを否定する人は少ない[77]。アメリカは戦争関連の資源を自国のためにとっておくことができたため、コストも最小限ですんだ。もちろん、最大の問題は日本との開戦をアメリカの制裁の代償と考えるかどうかである。制裁が戦争の原因になったと考えると、制裁の有用性はかなり低い。だが、1931、1937 年の日本の侵略に対して消極的反応しか示さなかったことなど、ほかにもっと大きな原因があったと見ると、経済制裁は戦争という代償をもたらしたとはならないので、有用性は上がるだろう。（反実仮想を考えることは重要である！）ビーネンとギルピンは、「経済制裁は……日本との戦争を引き起こしただけだった」、そして「1941 年７月の経済制裁は日本を挑発し、孤立主義のアメリカに戦争を仕掛けるよう仕向けるためのものだったという見方をとらない限り、経済制裁は……効果がなかったばかりか、現実的には逆効果となる結果をもたらしたと結論づけなければならない」[78]と述べている。しかし、1941 年には開戦の可能性が非常に高かったと考え、制裁の唯一の目的は日本の抑止であり、防衛についてはほとんど、あるいはまったく考えていなかったという非現実的な立場を取らなければ、彼らの結論は意味がないだけでなく、かなりの誇張である、と思える[79]。

当時のアメリカの政策立案者に、経済制裁より有効な政策オプションがあったのだろうか。1941 年７月の禁輸の代替策は何であれ、抑止という

---

77. ファイスは、禁輸によって日本の能力がどのように損なわれたか、いくつか例を示している（*The Road to Pearl Harbor*, p. 109）。

78. 1 Bienen and Gilpin, "An Evaluation of the Use of Economic Sanctions to Promote Foreign Policy Objectives, with Special Reference to the Problem of Terrorism and the Promotion of Human Rights," pp. IIIb,6-7. ルーズベルト大統領が戦争を仕掛けようとしていたという修正論者の論文については、以下参照。Prange, *At Dawn We Slept*, pp. 839-850.

79. ビーネンとギルピンの議論は、「アメリカが時間稼ぎをして臨戦態勢を整えるために中国を犠牲にするようなことはしないと決めるや、戦争は間違いなく不可避となった」と認めたことで、説得力が弱まった（「An Evaluation of the Use of Economic Sanctions to Promote Foreign Policy Objectives, with Special Reference to the Problem of Terrorism and the Promotion of Human Rights」p. IIIb,6）。

点で成功の可能性が高いものでなければならなかった。日本との貿易を継続すると、潜在敵国の戦争遂行能力が間違いなく強化されるためである。代替策が見つかるよう願うだけでは十分ではない。コストを相殺できる成功の見通しが立つ策でなければならなかった。1941年7月までに外交的代替策やプロパガンダという手はほぼ使い尽くし、限定的経済制裁も日本を抑止するという点で効果をあげていなかった[80]。そうなるとミリタリー・ステイトクラフトを用いるしかない。しかし、どのようなやり方がいいのだろう。日本を攻撃するのは問題外だった。国民の支持を得られるはずはなく、さらに、抑止という点では間違いなく逆効果だった。他国を攻撃すれば必ず戦争が始まる。そうなると、軍事力を行使すると「脅す」しかない。しかし、脅しは信憑性がなければ効かない。アメリカは20年かけて武力行使を望まない孤立主義の国というイメージを作り上げた。国際連盟への加盟を拒否し、1931、1937年の対日経済制裁、1935～36年の対イタリア経済制裁を支持しなかったことから、アメリカが相手に対して軍事力行使の脅しをかけても信憑性は薄かった。1937年にアメリカの艦艇が日本軍に撃沈されたときでさえ、アメリカ本国が攻撃された場合を除き、宣戦布告するには国民投票を行わなければならないという憲法改正案が下院に提出されている。これはホワイトハウスの強い働きかけによって何とか否決された。

> アメリカと日本が足を踏み入れた外交の不穏な領域では、言葉が象徴的な記号として使われることも、実際に話されることもあった。軍艦や経済支配はパワーの象徴であり、言葉による警告をさらに強めるのに使われる。「何が言いたいのかわかっているだろうな」と、口にはせずに伝えるのだ[81]。

しかし、日本の振る舞いを黙認するつもりはないと言うアメリカが本気かどうか、日本にどうやって判断しろというのか。

> 譲歩するということは、譲歩を期待してよいというシグナルなのかもしれない。何度も、あるいは常に譲歩するということは、それが自身の役割だと認めていることを示している。繰り返し譲歩し、限界に達した

80. 以下参照。Prange, *At Dawn We Slept*, p. 170；Feis, *The Road to Pearl Harbor*, pp. 153-161.
81. Feis, *The Road to Pearl Harbor*, p. 159.

とき「もう十分」と言うやり方をしていると、最初にかたくなな態度を示した時点で、そのゲームは双方の負けとなるのかもしれない。……問題がさほど重要でないときに譲歩を重ね、重要な問題が生じたときに相手と意思の疎通を図ろうとしても簡単にはいかないだろう。……最後に断固たる態度を示しても、それが本気とは受け取られないような行動をそれまでにとっていると相手のためにもならない。路肩に追いやられそうになったときに譲歩をやめるつもりなら、いつも15センチずつ道を譲るより、道の真ん中を走るほうが長期的に見れば安全かもしれない。そうすれば衝突を避けられるだろう[82]。

アメリカは1930年代に日本の侵略に対して何度も譲歩したため、1941年7月に突然「もう十分だ」と言っても、それを相手に額面通りに受け取らせるのは困難であった。実際、中国での日本の思惑を受け入れる気がなかったのなら、経済制裁によってもっと早くシグナルを送っておくべきだった。日本の政治家に、アメリカはこれまで、経済制裁に否定的な態度をとってわれわれの判断を誤らせてきたと言われても仕方がない。長い目で見れば、アメリカの宥和政策は日本にとってプラスとはならなかった。アメリカは20年に及ぶ孤立主義の代価を支払うこととなる。20年かけて作ったイメージを数カ月で変えることはできなかった。ロバート・ジャーヴィスが指摘するように、「望ましくないイメージはコストを伴い、どれだけのパワーを持っていようとその埋め合わせをすることはできず、克服がほぼ不可能なハンディキャップとなる」[83]。プランゲは「この時点に至っては大統領がどんな道を選択できるか、見きわめるのは難問だった」[84]と述べており、これに反論するのは難しい。

先にも述べたように、「教訓」は危険で、誤解を生むことがある。しかし、歴史上の事例からどうしても「教訓」を引き出そうとする人のために、「経済制裁は役に立たず、かえって逆効果である」というアメリカの対日制裁の教訓だと一般的に言及される議論に対し、以下の諸点を指摘したい。

1. イメージは重要で、それを変えようとすると、非常に高くつくこと

---

82. Schelling, *Arms and Influence*, pp. 118, 124.
83. Jervis, *The Logic of Images*, p. 6.
84. Prange, *At Dawn We Slept*, p. 171.

がある（ヒョウに聞いてみるといい）。（訳注：欧米では人や物事は根本的に変えることは難しいという意味で「ヒョウはその斑点を変えない」(A leopard never change its spots.) という諺が用いられる）

2. どこまでなら可能か限界を明確に示さない宥和政策はリスクを伴うことがある（「チキンレース」に興じる10代の若者に聞いてみるといい）。どこまでやるかという歯止めがないような宥和政策は、雨乞いの踊りと同様に必然的に果てしなく続くことになる。
3. 国際連盟の経験から得たとされる「教訓」とは逆に、国際社会が広く制裁に参加しなくても大きな成果があがることがある（日本人に聞いてみるといい）。
4. 単一の標的国にただ一つの目標を設定していると、国家の能力分析で誤りが生じやすい（外交政策立案者に聞いてみるといい）。
5. 影響力行使の目標設定においては、標的の「能力」をどのように変化させたいかだけでなく、標的の「意思」をどのように変化させたいかも考慮すべきである（刑務所長、あるいは2歳児の親に聞いてみるといい）。
6. 能力分析では、想定した状況の小さな変化、例えば1941年に日米戦争が勃発する自律的確率[85]についての想定が大きな違いにつながることがある（いつもは自分の思い通りにやっているのに、中西部の小さな町で財布がなくて身動きがとれなくなった億万長者に聞くといい）。
7. 経済制裁を行わないという選択は、大きなコストを伴う可能性がある（1941年7月に日本を抑止する方法を見つけようとしていたアメリカの外交政策立案者に聞くといい）。

アメリカとキューバ…………………………………………………

1960年7月から1963年7月にかけて、アメリカは対キューバ貿易に一連の規制をかけ、さらにキューバの資産を凍結した。また、ヨーロッパの同盟国、日本、ラテンアメリカ諸国に対して、この経済制裁を支援するよう圧力をかけた。その後、米州機構は1964年にキューバに経済制裁を課

85.「X」をある出来事とすると、Xの自律的確率とは、確率を変えようとするものがない状態においてXが生じる確率のことである。以下参照。Karl W. Deutsch, *The Analysis of International Relations*, 2d ed. (Englewood Cliffs, N. J.: Prentice-Hall, 1978), pp. 29-31, 159.

し、1975年に解除したが、アメリカの一方的な対キューバ禁輸措置は20年以上経過しても継続している。キューバの貿易の約３分の２が対米貿易で占められていたことから、禁輸の潜在的効果は大きかったが、ソ連が介入したことでキューバがその経済的影響を深刻に受けることはなかった。キューバの対共産主義国貿易はソ連を中心に拡大し、1961年には禁輸前の対米貿易のように、貿易の大部分を占めるまでになっていた[86]。他の「古典的事例」同様、対キューバ制裁は十分に効果を上げなかったという見方が一般的である。アブラハム・F・ローウェンタールは、アメリカの政策は「見込みがない。キューバはすでに封鎖を破っているのだから」と述べた。クノールは、これを貿易制裁の「明らかな失敗」例とした。ドナルド・ロスマンは、制裁は「経済的には効果的だが、政治的には失敗だ」と結論づけている。これとは逆に、アメリカ・ラテンアメリカ関係委員会は「経済面から見ると、アメリカの禁輸は効果がない」と論じた。ビーネンとギルピンは「経済制裁によってアメリカが何かを得たとは思えない」と述べ、グンナー・アドラー＝カールソンは、禁輸はキューバで「効果のない策であることを露呈した」と考えている。マーガレット・ドクシーは「禁輸が一般的に効果をあげないことは以前からはっきりしていた」[87]と書いた。こうした悲観的な見方は適切な議論、説得力のある論拠に基づいたものなのだろうか。この事例をもっと詳細に分析してみる。

初めに、カストロのキューバがなぜアメリカの政策立案者にとって問題だったのかを理解することが重要である。経済という点から見るとキューバの共産主義は厄介ではあったが、大きな問題ではなかった。共産主義国の砂糖、タバコは、資本主義国の砂糖、タバコと本質的に違いがあるわけではない。キューバ側に比べて、アメリカにとって経済関係を断ち切るこ

---

86. 実際の状況がどのようなものだったかは、以下参照。Schreiber, "Economic Coercion as an Instrument of Foreign Policy."

87. Abraham F. Lowenthal, "Cuba: Time for a Change," *Foreign Policy*, no. 20（Fall 1975）: 70 ; Knorr, *The Power of Nations*, p. 152 ; Losman, *International Economic Sanctions*, p. 44 ; "A Report of the Commission on United States-Latin American Relations," in *The Americas in a Changing World*（New York: Quadrangle, 1975）, p. 28 ; Bienen and Gilpin, "An Evaluation of the Use of Economic Sanctions to Promote Foreign Policy Objectives, with Special Reference to the Problem of Terrorism and the Promotion of Human Rights," pp. IIId,7,10 ; Adler-Karlsson, *Western Economic Warfare*, p. 213 ; および Doxey, "Sanctions Revisited," *International Journal* 31（Winter 1975-1976）: 69. ロジャー・フィッシャーは、対キューバ制裁を「まったくの失敗」だったと述べ（*Newsweek*, January 14, 1980）、ハフバウアーとショットは、この事例の成功度を最低と評価した（*Economic Sanctions*, pp. 51-52）。

とははるかにたやすいことだった。アメリカの貿易に占める対キューバ貿易の割合はわずかであり、GNP比で見ても低かった。それは軍事的には重要性を増したが、それでもさほど大きな問題ではなかった。もちろん、空軍の力や核の時代が何を意味しているかを十分理解せず、パナマ運河の重要性を1915年と同じと考え、キューバがアメリカの「泣き所」をついてくるのではないかと不安を表明する人もいた。しかし、現代技術の発達によってパナマ運河の戦略的重要性は大きく下がり、ソ連の潜水艦はキューバに基地がなくてもカリブ海で行動することができた。そのため、経済面より軍事面で考えなければならない点は多かったが、これは問題の核心ではない。キューバがアメリカの外交政策にもたらした大きな問題は、政治的、心理的なものだった。アメリカの外交政策の二本柱が同時に問題を突きつけられたのだ。まず、アメリカは140年間、西半球は自国の勢力圏だと主張してきた。次に、第二次世界大戦後、共産主義勢力の封じ込めがアメリカの政策を考えるうえで最も重要な基準となっていた。カリスマ性を備えた野心的な指導者のもと、ソ連とつながりを持つ共産主義政府がアメリカ本土の「鼻の先」で誕生したことは、アメリカのモンロー主義と反共主義にとって何よりも大きな象徴的脅威となった。カストロの大胆な嘲笑と挑発は、政策立案者が受け入れるかどうかとは別に、アメリカの行動についての評判を危うくした。「チキンレース」を避けるには双方の協力が必要である[88]。公然と誘われたレースを断るのは、レースをして負けたのと同じだからだ。キューバに共産主義政権が存在していることを世界に伏せておくことができたなら、アメリカの政策立案者はそれほど悩まされなかっただろう。

では、アメリカの対キューバ経済制裁の目標と対象は何だったのか。1964年の国務長官のディーン・ラスクの発言が、その答えとされることが多い。気に留める人はほとんどいなかったものの、彼はまずこの政策によって「カストロ政権が打倒される可能性」を明確に否定し、そのうえで「4つの限定的な、しかし重要な目標」を挙げている。

> まず、アメリカ大陸の国々に破壊と暴力をもたらすというカストロの意欲を削ぎ、能力を減じる。

---

88. 以下参照。Schelling, *Arms and Influence*, pp. 116-125, 特に123. 状況をこのように表現したのはアメリカの政策を容認するためでも、非難するためでもない。アメリカの政策立案者が「キューバ問題」をどのように認識しているかがよくわかる。

次に、キューバの国民に、カストロ政権は彼らの利益にかなわないことをわからせる。

そして、アメリカ大陸諸国の人々に、西半球では共産主義に未来はないことを示す。

最後に、西半球に共産主義の全進基地を置くためのソ連のコストを増大させる[89]。

この発言から、対キューバ制裁の有用性を、カストロ政権の打倒、もしくは共産主義の一掃という視点だけから、または主としてそのような視点から評価することがいかに浅薄なことかがわかる[90]。しかし、この発言からはアメリカの政策の複雑さまでは伝わってこない。アメリカの制裁の目標と対象は少なくとも次のように、いや、おそらくそれ以上に複雑だった。

1. ソ連：「共産主義の前進基地」を維持するコストを課すことに加え、アメリカは、西半球に共産主義が存在すること、あるいはソ連の影響力が及ぶことの正統性を認めないというメッセージを送っていた。ソ連はすでに境界を越えており、アメリカはそれに気づいていることを伝えておこうとした。
2. 他のラテンアメリカ、カリブ海諸国：アメリカは、西半球における共産主義の存在は一切容認できないと支配者層に念を押し、将来の革命家に警告して、アメリカが共産主義に抱く敵意の強さを知らしめるために制裁を行った。また、制裁によってキューバ経済にダメージを与え、「キューバの例」が他の国にとって魅力のないものにしようとした。
3. ヨーロッパの同盟国、日本：アメリカはあくまでも反共の立場であることを示し、「本気だ」と伝えようとした。
4. 第三世界諸国：共産主義、特にソ連がアメリカの「玄関先」で足場

89. U.S. Senate, Committee on Foreign Relations, ***Hearings: East-West Trade***, 88th Cong., 2d sess., 1964, p. 13. 以下の論文でも、アメリカの外交政策との関連で対キューバ制裁について論じられている。Dean Rusk, “Why We Treat Different Communist Countries Differently,” ***Department of State Bulletin***, March 16, 1964, pp. 390-396；George Ball, “Principles of Our Policy Toward Cuba,” ***Department of State Bulletin***, May 11, 1964, pp. 738-744；および Edwin M. Martin, “Cuba, Latin America, and Communism,” ***Department of State Bulletin***, October 14, 1963, pp. 574-582.

90. 具体例は、以下参照。Losman, ***International Economic Sanctions***, pp. 20-46.

を築くことに成功した場合、この両方に対抗するというアメリカの決意がどれほどのものか、第三世界諸国が疑い始めるかもしれない。制裁は彼らに対するメッセージでもあった。

5. キューバ：キューバに関しては、アメリカの意図は少なくとも4つあった。まず、西半球の他の国々に革命をもたらすという点に関して、カストロの意欲を削ぐ、つまり、考えを変えさせる。次に、キューバが他国に革命をもたらす能力を低下させる（制裁の効果を評価するとき、この点がよく無視されるため、別項目としてここに挙げておく）。さらに、カストロの支持を続けるキューバの人々に代償を払わせる。そして最後に、カストロに抵抗する反対派と潜在的反対派にアメリカが彼らを支持していることを伝える。ラスクは経済的技法だけでカストロを打倒できるという期待を否定していたが、これも目標の一つだった。少なくとも特に制裁後2、3年間は、「期待」はできないことは計算していただろう。

こうした目標の追求に経済制裁はどれほど役立ったのだろうか。アメリカの考え方をソ連の指導者に伝える、カストロを支援する彼らにコストを課すという点で、禁輸が成功したことを否定する人はほとんどいないだろう[91]。アメリカ議会への報告書では、1979年のソ連の対キューバ経済援助はGNPの0.4%と推定されている。報告書によると、これはソ連経済にとって「比較的小さな」負担であり、大きく負担になったのはキューバへの石油供給に伴うハードカレンシー(国際決済通貨)のコストだった[92]。ただし、「比較的小さな」負担とされているソ連の経済援助が、1979年のアメリカのすべての経済援助の総額とほぼ同じであることを指摘しておく必要がある[93]。

---

91. 具体例は、以下参照。Alfred Stepan, "The United States and Latin America: Vital Interests and the Instruments of Power," *Foreign Affairs* 58（1980）：686；Knorr, *The Power of Nations*, p. 149；Bienen and Gilpin, "An Evaluation of the Use of Economic Sanctions to Promote Foreign Policy Objectives, with Special Reference to the Problem of Terrorism and the Promotion of Human Rights," p. IIId,1；Doxey, *Economic Sanctions*, 1st ed., p. 41；および Jorge I. Dominguez, "Taming the Cuban Shrew," *Foreign Policy*, no. 10（Spring 1973）：107. しかし、ドミンゲスはソ連にコストを課したことを成功ではなく、アメリカの政策の失敗から生じた逆説的な副作用と見ている。

92. U.S. Congress, Joint Economic Committee, *Cuba Faces the Economic Realities of the 1980s*, Committee Print, 97th Cong., 2d sess., 1982, p. 18.

経済制裁がカリブ海地域とラテンアメリカの他の国々にどのような影響を及ぼしたかは評価しにくい。しかし、制裁が失敗だったことを示す証拠はほとんど見当たらない。アメリカが西半球の共産主義を容認しない立場であることはどの国もよく理解している。しかし、このメッセージはおそらく制裁以外の方法でも伝わっていただろう。では、ラテンアメリカ、カリブ海地域でアメリカの制裁が成果をあげなかったとすれば、どのような証拠を示せばよいだろうか。確かに次のような状況が見られたら、失敗だったとしても問題ないだろう。(1) 西半球の国々がキューバと「いつも通りの取引」をしている――しかし、米州機構は1964年から1975年まで制裁を支持し、西半球の大半の国は、少なくとも1960年代にはキューバとの正常な外交関係、通商関係を絶っていた。(2) この地域の知識層を除く広い範囲にキューバの影響が強く及んでいる。だが、実際には「アメリカ大陸におけるキューバの影響力と重要性はごく限られたものだった」[94]。(3) キューバでの「経済の奇跡」によって共産主義が発展への道としていかに優れているかが示される。だが、キューバは「社会主義経済の笑い種」とされることが多かった[95]。(4) キューバが外国と砂糖への依存からの脱却という目標にかなり近づく。しかしキューバは従来通り砂糖に依存し、アメリカに代わって今度はソ連に依存することになった。そして、「ラテンアメリカにありながら、ソ連とアメリカ双方の海軍施設が島内にあるという不名誉な地位」を得る[96]。(5) この地域にキューバのような革命政府が誕生するという点に関しては、実際には1979年のニカラグア革命まで待たなければならなかった。ここにあげたような状況にならなかったのは、アメリカの対キューバ制裁だけが理由ではないだろう。しかし、少なくとも制裁が一因だとは言えそうである。この状況を見る限り、制裁が「明らかな失敗」だったという指摘は妥当ではない。

アメリカが反共主義にコミットしていることを繰り返し伝え、認識を確実なものにするという点では、制裁は一定の成功をおさめたといえるだろう。しかし、西欧同盟国に対する効果は弱まった。それには2つの原因が

---

93. これは控えめな見方である。アメリカの総額にはすべての経済的融資と補助金が含まれているので、OECDのような計算方法に従うともっと額は小さくなるだろう。したがって、ソ連の対キューバ援助の負担はおそらくアメリカの全援助の負担より大きい。

94. Jorge I. Dominguez, "Cuban Foreign Policy," *Foreign Affairs* 57 (Fall 1978) : 92.

95. Dominguez, "Taming the Cuban Shrew," p. 107.

96. Edward Gonzalez, "The United States and Castro: Breaking the Deadlock," *Foreign Affairs* 50 (July 1972) : 732.

ある。まず、アメリカは共産主義のキューバと貿易をしないよう同盟国に警告しながら、その一方でソ連に小麦を売る交渉をし、メッセージの信頼性と明確さを損なった。さらに、アメリカはモンロー主義の立場から140年間、西半球に対してヨーロッパが影響力を及ぼすことの正統性を否定してきた。そのアメリカがキューバに関してモンロー主義を守るため、ヨーロッパに経済制裁を支援するよう求めたのは、かなり皮肉な話だった。

制裁は失敗だったとする議論の大半はキューバへの影響に目を向けている。革命を西半球の他の国々にもたらすというカストロの決意をくじくという点では、制裁は逆効果だったかもしれない。制裁によってカストロの願望がさらに強くなった可能性があるからだ。だが、実際、カストロはラテンアメリカの国々の政府を転覆させることに以前ほど関心を示さなくなったように思われた。しかし関心が薄れたことについては、ソ連から圧力がかかった、試みたものの失敗した、他国との関係が悪化したなど、いくつかの理由を考えることができる。したがって、それをアメリカの制裁とすぐに結びつけるのはやめたほうがいいだろう。とはいえ、カストロが外交政策の優先課題を変えたことを禁輸と結びつけて説明することも可能な点に注意しなければならない――気が付く人はほとんどいないが。例えばドミンゲスは、カストロの政策の変更はアメリカの制裁とは無関係で、「(キューバ) 自身の発展を重視するようになった」[97]からだと述べている。しかし、なぜキューバは国内の経済状況を重視しなければならなくなったのか。おそらくキューバ経済があまり好調ではなかったためだろう。では、なぜうまくいかなかったのか。それは、一つにはアメリカの禁輸によってダメージを受けたからである。禁輸がキューバ経済に悪影響を及ぼし、カストロが政策の優先順位を変えて、対外冒険主義から国内の発展に力点を移したのであれば、他国に革命をもたらすという意志が制裁によって減退したということになる。1960年代末、あるいは1970年代初めにカストロが西半球の国々に対する政策を変えたという点で多くの分析の見方は一致している。しかし、その理由は明確ではない。納得できる説が――禁輸の効果で変化が生じたとする説を含め――いくつかあるが、どの説が他より優れているかという判断は難しい。おそらく全てが原因の一部だったのだろう。カストロの外交政策の優先順位の変更と禁輸は「無関係」だと自信を持って述べる研究者もいるが、少なくとも禁輸と政策変更を結び

---

97. Dominguez, "Taming the Cuban Shrew," p. 105.

つける説得力のある説が反証されるまでは、正しいとは認められないように思われる[98]。

キューバが外国政府の転覆を推し進めようとするための能力に禁輸が影響を及ぼしたかどうかについては、証拠はより明確である。経済基盤が拡大すると他国の冒険主義を支援するキューバの能力が高まるとすれば、問題は、キューバ経済が禁輸によって打撃を受けたかどうかになる。打撃を受けたというのが一般的見方なので、キューバの能力が低下したことを否定するのは難しそうである。資源が多いほど物事を進めやすいという一般原則に当てはまらない事例があると言うのなら、そう主張する側が立証責任を負う。ビーネンとギルピンは「キューバはまだ物資をゲリラに送ることができた」[99]と述べているが、これではアメリカの制裁によって「カストロのラテンアメリカでの革命支援を抑える」ことができたという見方を否定することはできない。重要なのは、どれだけの物資を、どの程度、また頻度で、どれほどの代償を払って送ることができたかである。そうした点が正確に取り上げられない限り、禁輸によってカストロの経済的資源が減り、それによって海外のゲリラ活動を支援する能力も落ちたと考えるのが妥当だろう。

対キューバ制裁は失敗だったと主張する人たちでさえ、少なくともキューバ経済に打撃を与えるという点では多少の成功を収めたと認めることが多い。だが、それと同時に、「キューバ経済を屈服させることはできなかった」——制裁の効果を評価するのに特段有用な言い回しとは言えない——点を指摘することが多い[100]。禁輸開始後10年間のキューバ経済は、西半球の他国がうらやむようなものではなかった。共産主義に移行して10年経過した時点の1人当たりGNPは、カストロ政権の誕生前より低

---

98. 禁輸は「無関係」だったとドミンゲスが述べている（"Taming the Cuban Shrew," pp. 105, 114）。ドミンゲスはその後の論文で、キューバの政策変更は禁輸の影響によるものだという論法を持ち出しているが、彼がそれに賛成しているのか、単に言及しただけなのかははっきりしない（Jorge I. Domínguez, "U.S. Policy Toward Cuba: A Discussion of Options," in *The Americas in a Changing World*, p. 124）。

99. Bienen and Gilpin, "An Evaluation of the Use of Economic Sanctions to Promote Foreign Policy Objectives, with Special Reference to the Problem of Terrorism and the Promotion of Human Rights," p. IIId,8.

100. 具体例は、以下参照。Bienen and Gilpin, "An Evaluation of the Use of Economic Sanctions to Promote Foreign Policy Objectives, with Special Reference to the Problem of Terrorism and the Promotion of Human Rights," pp. IIId,7-8；Knorr, *The Power of Nations*, p. 149；および Losman, *International Economic Sanctions*, pp. 20-46.

かったのだ。世界銀行の推定によると、1960〜1970年のキューバの1人当たりGNP成長率は年平均で−0.6%で、西半球ではハイチとオランダ領アンティルに次ぐ低さだった[101]。1982年の議会報告には、禁輸の影響について次のように記されていた。

> アメリカが貿易と金融市場へのアクセスを拒否し続けていることで、西側諸国の対キューバ貿易と投資が制限され、キューバ政府の経済発展のための選択肢も限られたものとなっている。……経済成長率を高め、生活水準を上げるにはハードカレンシーでの貿易の多様化と拡大が必要だが、アメリカの禁輸がそれを妨げる、大きな、しかも決定的な要因となってきた。キューバ経済は砂糖価格の上昇によって一時的に少し上向くことはあっても、アメリカの禁輸によって低迷を余儀なくされてきた。そして、今後もそれに変わりはないと言っていいだろう[102]。

禁輸の効果を評価するのは難しい。キューバ経済の低迷の原因がすべて禁輸にあるとして、その影響の大きさを誇張するようなことがあってはならない。低迷には経済運営のまずさ、熟練労働者の他国への移住、行き過ぎた中央集権化なども関係しており、すべてが禁輸の成果であるはずもない。一方で、キューバ人が制裁に「適応した」ように見えるからといって、制裁の影響が続いていることを否定するのも誤りである。そうした「適応」――貧しさに慣れるのか――によって禁輸に伴うコストがどれほどかを把握するのが難しくなるかもしれないが、コストがゼロになるわけではない。

対キューバ制裁の効果を評価する際、最もよく誤解されるのが、キューバ経済に課されたコストの性質と重大さの解釈である。ここで明確にすべきは次の点だ。(1) コストとは、手にすることのできなかった価値をいう。：禁輸の経済的影響を否定する一方で、禁輸措置がとられなければキューバ経済はもっと良い状態になっていただろうと認めるのは意味をなさない[103]。制裁に何の効果もないのなら、禁輸が解除されてもキューバ

101. International Bank for Reconstruction and Development, *World Bank Atlas*, 1972.
102. Joint Economic Committee, *Cuba Faces Economic Realities*, p. 11.

経済には影響が及ばないはずである。(2) 伝統的なパワー分析の観点から見れば、要求に従わないことに対してコストを課せば、それは政治的影響力の行使にあたる。: したがって、アメリカの禁輸によってキューバが経済的価値を手にできないと認めることは、政治的影響力が行使されていると認めることである[104]。(3) 政治的効果をあげるのにコストが認識される必要はない。: コストが課されていることに誰かが気づくかどうかにかかわらず、標的国の能力と意図の両方に影響を及ぼすことは可能である。第二次世界大戦中、アメリカはスペインからあらかじめタングステンを買い占めてドイツの手に渡らないようにした。ヒトラーがこの事実を知っていたかどうかとは無関係に、彼の戦争遂行能力は弱められた。経済制裁によって経済に多大な影響が及び、政府が政策の優先順位を変えることがあるのなら、その国の指導者が経済的苦境の原因を認識していなくても、そうした措置が標的国の意向を変えさせる可能性はある。(4) 禁輸で課されたコストは解除された場合にベネフィットとなる。: しばしば次のように言われる。アメリカは「キューバの行動に影響を及ぼすメカニズムを何ら備えていない」[105]、「アメリカは戦争行為を除くと、キューバに対する影響力がほとんどない」[106]、「既に行っている措置以上の禁輸を上乗せすることなどできない」[107]。こうした見方は明らかに、ネガティブな制裁だけが威力を持ち、アメリカの政策立案者が使える技法は戦争以外ほとんどないという前提に基づいたものだ。それは一面、事実だが、ここではアメリカがポジティブな制裁に基づいたさまざまなステイトクラフトの技法を用いることができる点が見落とされている。実際、長期にわたる禁輸措置はアメリカが使用可能なポジティブな制裁の範囲を広げた。伝統的な援助、(砂糖

---

103. 例えばステパンは「1960年代半ばにはキューバは……ソ連の存在によってアメリカの禁輸の埋め合わせをしていた」と述べているが、それに続く文では、制裁が「原因でキューバ経済は低迷した」ことを認めている（"The United States and Latin America," p. 686)。ローウェンタールは、キューバは「封鎖を突破」(「Cuba」p. 70) したと述べつつ、「キューバはアメリカとの関係改善によってもたらされる経済の安定化を間違いなく重視しただろう」と論じている。

104. ワイントラウブは、制裁ではカストロ政権を打倒できなかったことに触れ、懲罰を与えることがアメリカの主要な目標に代わってしまったのではないかという (*Economic Coercion and U.S. Foreign Policy,* p. 10)。しかし、それは見当違いである。キューバに代償を支払わせることは、キューバの例を他国にとって魅力のないものにする、カストロの能力を抑える、ソ連にコストを課すなどの、他の目標とも関連しているからだ。純粋なサディズムが外交政策の目標になることはほとんどない。

105. Stepan, "The United States and Latin America," p. 686.

106. Dominguez, "Cuban Foreign Policy," p. 105.

107. 同上 p. 108。

をプレミアム価格で買うといった）貿易補助金などに加え、今なら禁輸の全面的あるいは一部解除の約束もキューバに影響を及ぼすには良い策である。このような方法を使えるのは禁輸を行ったからであり、1960年にはこうした方法は使えなかった。こちらの要求に従えばボートを揺らすのをやめると相手に伝えても、そのときボートを揺らしていなければ有効性はほとんど、あるいはまったくない。同様に、禁輸の解除を申し出ても、禁輸措置を講じたあとでなければ意味はない。禁輸が発動されてから20年が過ぎるとキューバの「期待の基準」も変わり、禁輸の解除がポジティブな制裁とみなされるようになった。1960年にはあり得なかったことだ[108]。ローウェンタールは、カストロは禁輸の解除を望み、そのためなら妥協も辞さなかっただろうと述べている[109]。このように、アメリカが講じた禁輸措置はキューバに継続的影響を及ぼしただけでなく、禁輸の解除、あるいは解除の約束という形で影響力を及ぼすことも可能にした。一般的に言われるように、経済制裁の影響が小さいのであれば、禁輸の解除はカストロにとって価値のないことになる。だが、それは明らかに異なった。

経済制裁の発動によってカストロの反対派を勢いづけようとしても、逆効果だったとよく言われる。反対派が勢力を増やさないのではなく、カストロへの支持がさらに高まったためだ。この「旗下結集効果」は以前から見られ、否定はできない。反対派の鼓舞という点では、制裁はおそらく逆効果だっただろう。しかし、これは通常考えられている以上に複雑な問題で、但し書きをつけたほうがよさそうだ。カストロ政権が国内で熱狂的に支持されたのは経済制裁だけが理由ではない。支持の一部はアメリカとはほとんど関係がなく、長い間懸案となっていた国内改革をカストロが約束したことで得られたものだった。反米主義がカストロの支持派を結束させたが、これはアメリカがキューバに対してそれまで何をしてきたかにかかわらず、ある程度発生していただろう——「北の巨像」に罪をかぶせて国内の支持を獲得するやり方は、ラテンアメリカで歴史的に見ても広範に使

108. ポジティブな制裁と「期待の基準」については、以下参照。Baldwin, "The Power of Positive Sanctions."

109. Lowenthal, "Cuba," p. 76. 次も参照。Roger W. Fontaine, ***On Negotiating with Cuba***(Washington, D.C.: American Enterprise Institute, 1975), pp. 58-59；およびEnrique A. Baloyra, "Madness of the Method: The United States and Cuba," in ***Latin America, the United States, and the Inter-American System***, ed. John D. Martz and Lars Schoultz (Boulder, Colo.: Westview, 1980), pp. 115-144.

用されてきた。反米や共産主義がキューバ人の心に訴えたのは、おそらくソ連よりプラット条項（訳注：キューバ独立時の憲法にアメリカの要求で挿入された独立性を損なわせるような条項）が関係していたのだろう。ワイルズは、キューバの共産主義、反米主義の原因を貿易の停止に求めると理解を誤ることになると主張する。アメリカと自由貿易を行っていなければ、キューバが共産主義化することはなかった。これに異論を唱える人はいないだろう。……カストロの革命が反米の方向に向かったのは、自由貿易によって得た「アメリカとの緊密な関係とアメリカの知見」に間違いなく基づくものである[110]。この言葉は誇張されている面があるが、キューバでの出来事を歴史的視点からとらえるには好都合である。さらに、アメリカの行動によってカストロへの支持が高まったという意味では、禁輸よりむしろピッグス湾事件とキューバ危機のほうが反米感情を煽っただろう。軍事攻撃を受けたとき、あるいは軍事攻撃の脅威にさらされたとき以上に「旗下結集効果」が急速に高まることはない。禁輸は確かにキューバ政権に対する支持を低下させるためには逆効果だったかもしれないが、軍事攻撃が一番効果があるという事実は必要以上に意味があると見なされる傾向がある。禁輸措置が講じられなかったとしても、反米主義はキューバ革命の重要なスローガンとなっていただろう。

全ての影響力の行使に当てはまることだが、対キューバ禁輸はアメリカにとってコストを伴うものだった。それは経済的、心理的、政治的コストだ。経済的には貿易の停止や資産の接収というコストを負った。こうしたコストは現実のものだったが、過大に評価すべきではない。アメリカはすぐに砂糖の輸入先を見つけ、国内での砂糖生産を拡大した[111]。アメリカはキューバの砂糖をプレミアム価格で買っていたことから、禁輸はアメリカ人にとって節約につながったともいえる。カストロによって接収された資産の総額は、アメリカが凍結したキューバ資産の総額の10倍であったことから、アメリカにとっては割の合わない話だったとする人もいる[112]。だが、このコスト計算は割り引いて考えなければならない。まず、アメリカはそうしたコストを負担する余裕が、キューバの少なくとも10倍は

110. Wiles, *Communist International Economics*, p. 539.

111. アメリカにとって最も痛手だったのはキューバの砂糖が手に入らなくなったことだという意見がよく聞かれるが、葉巻愛好家で、アメリカ人は砂糖を過剰消費していると考えている私としては、必ずしも賛成できない。しかし、市場の意見に従うことにしよう。

112. Robert Carswell, "Economic Sanctions and the Iranian Experience," *Foreign Affairs* 60 (Winter 1981-1982)：259.

あっただろう。さらに、キューバはアメリカ資産の少なくとも一部を、アメリカの行動にかかわらず、没収していただろう。もしそうなら、カストロに接収された資産をすべてアメリカの影響力行使のコストとすることはできない。

クノールによると、アメリカはこうした経済的コストを負っただけでなく、「ラテンアメリカ諸国の世論を含め、低開発世界や西ヨーロッパの尊敬と善意を相当失ってしまった」[113]。この言葉には真実が含まれているが、いくつか留意すべき点も存在する。まず、「共産主義の前進基地」が西半球にできたことで、アメリカの行動の有無にかかわらず、世界に与えるイメージを損なう恐れが生じた。また、何もしなければアメリカの行動力に対する評判という点でコストを負っただろう。次に、第三世界諸国はキューバに同情したが、それは超大国と小国の対立という基本的構造から生じたものであり、アメリカが何か特定のステイトクラフトの技法を用いた理由ではない。このような状況では、弱小国は当然ながら勝ち目のない国に心情的に寄りそう。さらに、アメリカの政策立案者がキューバに対して用いたステイトクラフトの技法により世界の「尊敬と善意を失ってしまった」のであれば、それは経済的手段よりむしろ軍事的手段によるものだった。アメリカに対する世界のイメージを低下させたのは、禁輸より、むしろ望まれていなかったグアンタナモ海軍基地の維持とピッグス湾への上陸だっただろう[114]。そして、禁輸がアメリカのイメージに対してどのような意味を持っていたかについて最後に加えるとすれば、アメリカはこの地域でよく軍事介入を行っていたが、それに比べると経済的措置はこの苛立たしい状況でも慎重で抑制のきいた対応だった。その直前の政策と比較しても、禁輸には節度があった。ドミンゲスもこう述べている。「その（禁輸）措置は、実際、アイゼンハワー政権後期、ケネディ政権初期にとられた政策の段階的緩和であり、柔軟性と抑制のサインだった」[115]。こう考えると、禁輸は世界におけるアメリカのイメージという点ではコストを伴ったかもしれないが、先ほど述べたように、そのコストは限定的だった

---

113. Knorr, *The Power of Nations*, p. 149. 次も参照。Bienen and Gilpin, "An Evaluation of the Use of Economic Sanctions to Promote Foreign Policy Objectives, with Special Reference to the Problem of Terrorism and the Promotion of Human Rights," p. IIId,1.

114. アメリカは1960年代に尊敬と善意を失ったが、そのいちばんの原因はもちろん、ベトナムで武力を行使したことにある。

115. Dominguez, "Taming the Cuban Shrew," p. 113.

と言えよう。政治的コストは、主にアメリカが、禁輸を支持するよう他国に圧力をかけたことで生じた。アメリカは援助を打ち切ると脅し、アメリカに本拠を置く企業の海外子会社をアメリカの法で拘束しようとした。この後者のやり方は治外法権、国家主権という厄介な問題を引き起こし、アメリカはヨーロッパとの関係において不必要に大きな代償を払うことになった。これは禁輸によって生じたコストのなかで最も大きく、最も意味のないものだった。

通常、キューバがソ連への依存を高めたことはアメリカの禁輸に伴うコストと理解されている。しかし、その考え方は誤解を招きかねない。ソ連の負担が増すことをアメリカは間違いなく狙っていた。これは、他の条件を一定とすれば、ソ連のコストが高ければ高いほどキューバのソ連への依存度が高まっていることを意味し、キューバのソ連への依存度の増大と一致するものであった。アメリカの政策立案者の立場からいえば、キューバのソ連への依存はさらに２つの点で好都合だった。ソ連への依存は特に好ましいことではないので、他の国々はキューバの例に倣おうとはしないだろう。また、ソ連のキューバへの介入の拡大によって、アメリカはそれまでの主張――キューバの共産主義は民族主義運動によって生まれたのではなく、「従来とはまったく異なる生き方が西半球に侵入」してきた――を実例によってはっきりと示しやすくなった[116]。そう考えると、禁輸はソ連の存在を浮き彫りにするための一つの手法であった。このソ連への依存を容認する、あるいは促進さえするやり方はアメリカの東欧への対応と対照的だ。しかし国務長官は、伝統的にソ連の勢力圏内にある国に近づこうとするのと、アメリカの勢力圏内にある国に離れないよう説得するのとは話が別だと指摘している。このような先例は他国にも影響を与えたかもしれない。このように、東欧に対してはポジティブな制裁、一方キューバに対してはネガティブな制裁が適切だったと思われる[117]。

では、非経済的なステイトクラフトの技法はどうだったのだろう。プロパガンダが用いられたが、この状況では強力な手段とはなり得なかった。アメリカの反共主義の信頼性とモンロー主義の妥当性へのコミットメント

116. Ball, "Principles of Our Policy Toward Cuba," p. 744. このようなキューバに関連する冷戦期のイデオロギーの例については、以下参照。Mose L. Harvey, ***East West Trade and United States Policy***（New York: National Association of Manufacturers, 1966）, pp. 114-120.

117. ***Hearings: East-West Trade***, pp. 3-22；および Rusk, "Why We Treat Different Communist Countries Differently," pp. 390-396.

が試されていた――少なくとも、アメリカの政策立案者の目にはそう映った。このため、より強い対応が必要だった。外交的手段も試されたが、プロパガンダと同じ難点があった。実際、アメリカの政策の観点から考えると、外交には特別なマイナス要素があった。外交では標的国の存在を受け入れることが基本的前提となっている。相手国の存在自体の正統性を否定したい場合には、あるいは、国務省のある役人が言ったように、相手国を「西側世界ののけ者」だと言ってしまうと、外交にとっては有害無益だ[118]。道徳的非難は外交になじまないものであって、対外政策の「道徳主義的」アプローチに反対の人が外交手段を使用する場合の根拠の一つとなっている。アメリカの政策立案者の目標はほぼ達成されてこなかったのである。

そうなると、使えるのは軍事的手段だけとなる。軍事力はもちろん悲惨な結果に終わった1961年のピッグス湾事件で行使されたが、テオドール・ドレイパーはこの取り組みを「数少ない政治的・軍事的事件の一つ――完全な失敗」と評した[119]。全面的な軍事侵攻を行っていれば、ソ連はほとんどコストを負わないものの、アメリカの決意を示し、カストロを排除し、キューバの例をまったく意味のないものとするには非常に効果的だっただろう。だが、アメリカは莫大なコストを強いられたはずだ。禁輸でも第三世界におけるアメリカのイメージを傷つけたのなら、侵攻はさらに高くついたことになる。経済的、道徳的、心理的、政治的コストは、経済制裁をはるかに上回っていただろう。そして侵攻後、アメリカは占領か撤退かという難しい決断を迫られ、キューバにおいては憤りと共産主義への共感が長く残ったはずだ。ベトナムで見られたように、アメリカ軍の存在はおそらく共産主義者を排除すること以上に新たに反感を生み出すことになっただろう。こうした観点から、アメリカの政策立案者は「経済的否定」（訳注：1964年にジョンソン大統領が禁輸の対象を拡大した際の孤立化政策）という策を検討していた。

> 「断固たる行動」を求める人々に対して私が言えるのは、大統領も述べていたように、キューバに対する軍事行動は「侵攻してけりをつける」だけのことのように思われるかもしれないが、それには途方もない

---

118. Martin, "Cuba, Latin America, and Communism," p. 575. 例外はもちろん、アメリカが1961年1月に実行した外交関係の断絶である。

119. Fontaine, ***On Negotiating with Cuba***, p. 41から引用。

リスクが伴うということである。全責任を負う人々に「行動」を選択するよう提案するのなら、そうした行動はとても高くつく可能性があることを認識したうえで行わなければならない。また、キューバに対する「一段と厳しい政策」がカリブ海での軍事行動だけで終わるとは限らないことも忘れてはならない。世界で展開されている外交政策は、相互に関係し合っていることから、ある国に対して軍事行動をとるとその影響が他の地域にも及び、予期せぬ結果を招く可能性がある[120]。

アメリカの政策立案者は目標を達成するために、プロパガンダと外交に基づいた「柔軟路線」か、経済制裁に基づいた「強硬路線」かの選択ではなく、経済制裁に基づいた「柔軟路線」か軍事力に基づいた「強硬路線」かの選択をした。彼らは最も費用対効果の高い代替策を選んだようだった。

アメリカの政策立案者の目標と、それぞれの代替策の費用と便益を考えると、経済制裁が最善の選択肢だったことは否定できない。これは大成功と評することはできないかもしれないが、いくつかの目標をほぼ達成し、ある程度の成功をおさめた。そして軍事的手段を用いたときのような途方もないコストの負担を避けることもできた。アメリカの政策立案者は失敗する運命にある策を単純に選ぶのではなく、合理的な慎重策を選び、一般に認められている以上の成功をおさめたのである。

アメリカの1960年以降の対キューバ政策を批評するなら、用いられたステイトクラフトの技法ではなく、目標の設定と影響力の行使に目を向けるべきである。おそらくアメリカはあれほど強く反共主義を打ち出すべきではなかった。また、モンロー主義に固執すべきではなかった。キューバの自決権をもっと尊重し、アメリカ自身が内政不干渉の原則を貫くべきであったし、西半球が自国のものではないことを認識すべきだった。しかし、これらはアメリカの政策立案者が自分たちの目標を設定する際に考慮すべき不可欠な事項である。いったん目標が決まってしまえば、どのような外交手段を選ぼうとそれを非難するのはむずかしい。アメリカの対キューバ政策はタイミングという点でも難しさを抱えていたかもしれない。1969～1974年にキューバは、西半球における体制転覆活動を大幅に縮小し、そうした路線変更が認知され、1975年に米州機構の経済制裁が解除されるに至った。アメリカもこの時期に禁輸が成功したと宣言し、解

120. Martin, "Cuba, Latin America, and Communism," p. 575. 次も参照。Ball, "Our Policy Toward Cuba," p. 741.

除しておくべきだった[121]。アメリカが中国との関係改善、ソ連との緊張緩和を求めながら、なぜキューバに対して強硬路線をとり続けるのか、他の国々は理解に苦しんだ。世界の共産主義に対する統一戦線としてスタートしたものが、アメリカ―キューバ問題に変わってしまったようだった。アメリカが禁輸に対する他国の支持を次第に得にくくなったのも不思議ではない。だが、このころアメリカの政策立案者にはキューバのために割ける時間はほとんどなかった。ベトナムからの撤退、チリの新政権の打倒、ウォーターゲート事件への対応で手一杯だったのだ。1975年に至り、キューバは国際的な冒険主義に復帰した。今回はアフリカが対象となった。アメリカはこれを踏まえ、新しい目標を設定することになる。

しかし、ここでの議論の目的は、アメリカの政策がどれほど賢明なものであったかを評価することではなく、アメリカが外交政策上の目標（主に1960年から1975年にかけて）を達成するうえでのエコノミック・ステイトクラフトの有用性について確認することにある。さらに正確に言うなら、経済制裁は効果が薄く、むしろ逆効果で、コストが高いステイトクラフトの技法だという命題を、この事例が裏付けているかどうかを判断することだ。アメリカの対キューバ禁輸からはさまざまな「教訓」が得られるが、経済制裁の有用性は相対的に低いという教訓は、そこに含まれていないように思われる。この事例から教訓を引き出すとすれば、次のようなところだろう。

1. 大国が弱小国を非難すると、いじめと見られる可能性がある。
2. 制裁をいつ解除するかは、制裁をいつ課すかと同じくらい重要である。
3. 国際社会が広く制裁に参加しなくても、経済制裁が標的国に多大な経済的影響を及ぼすことがある。
4. 単独で制裁を課すのと、同調するよう他国に圧力をかけるのは別の問題である。
5. ピッグス湾事件からもわかるように、ミリタリー・ステイトクラフトは、コストが高く、逆効果になる可能性がある。
6. イメージは重要である。
7. 地理は重要である。

121. 以下と比較のこと。George W. Ball, "Your Evil Embargo: Our Purity of Purpose," *New York Times*, March 21, 1974.

8. 歴史は重要である。
9. 政策の実行手段を非難する前に、その政策の目標が何であるかを理解するのが賢明である（目的が常に手段を正当化するわけではないかもしれないが、少なくともその手段の効果を評価するには役立つ)。
10. 経済制裁を課された国が、影響力行使の主要な対象であるとは限らない。
11. ある視点から見ると明らかな失敗と思われても、他の視点から見ると成功といえるかもしれない。

国際連合とローデシア

1965年11月にイギリスの植民地だったローデシアが「一方的独立宣言(UDI)」を行った[122]。ローデシアの政治体制は少数の白人に握られており、イギリスは独立への前提条件として黒人多数支配への移行を求めていた。この問題には、アフリカ大陸において極めてセンシティブな、人種による政治権力の配分が関わっていた。イギリスは1年間、外交、プロパガンダ、さまざまな経済制裁などの手を講じたあと、この問題を国連安全保障理事会に持ち込んだ。そして安保理は、国連創設以来初めて国連憲章第39条、第41条に基づきローデシアに対する強制的な経済制裁を発動する。制裁は1979年12月まで続いた。アメリカ、イギリス、日本、ソ連など、この決議を十分に守らない国は多かったが、海のないローデシアと国境を接する南アフリカが抜け穴を提供しているという点で見方は一致していた。最終的にローデシアは、1980年4月に黒人の多数支配のジンバブエとして正式に独立したが、この事例は経済制裁の失敗例としてよく紹介される。ビーネンとギルピンによると「対ローデシア制裁は大失敗だったというのが大多数の見方である」。ハリー・ストラックは経済制裁は「効果がなく、逆効果をもたらすかもしれない」という一般的な見方がローデシアの事例によって裏付けられたと述べている。ロスマンは制裁は「経済的打撃」をいくらか与えることに成功したが政治的効果は見られなかったと

122. ローデシアの1965年の正確な法的地位が問題とされたが、ここでの議論とはほとんど関係ない。その点や対ローデシア制裁の他の側面については、以下参照。Strack, ***Sanctions.*** 次も参照。Margaret Doxey, “The Making of Zimbabwe: From Illegal to Legal Independence,” *Year Book of World Affairs* 36（1982）：151-165.

し、他方、リチャード・C・ポーターは経済に深刻な影響は及ぼさなかったと見ている。アドラー・カールソンは国連の制裁を「失敗だった」、ジュディス・ミラーは「成果をあげなかった」とした。ジェームズ・レストンはローデシアの事例を「経済制裁は機能しない」ことを示す証拠として挙げ、ロジャー・フィッシャーも同じような文脈で対ローデシア制裁に触れている[123]。そして、ローデシアの多数支配への移行が決まると、評論家の多くは制裁の主要な目標は経済制裁以外の要因によって達成されたと説明した[124]。

この影響力行使の目的と対象を明確にするのは難しい。国連にはさまざまな国が加盟し、それぞれが異なり、またときには相反する目標を持っていたからだ。国際連盟の場合同様、ここでは主要なアクターであるイギリスに焦点を当て、併せてアメリカについても見ることにしよう。特にローデシアを対象とする限り、国際社会の大半は多くの目標を共有していたため、この方法でも問題はない。対ローデシア制裁の対象と目標は次のように述べることができるだろう[125]。

ローデシア

経済制裁の主要な目標は、ローデシアにおける多数支配に基づいた政治制度の確立だった。いつ移行すべきかについての意見はもちろんさまざまだったが、多数支配という基本的目標は広く共有されていた。しかし、

123. Bienen and Gilpin, "An Evaluation of the Use of Economic Sanctions to Promote Foreign Policy Objectives, with Special Reference to the Problem of Terrorism and the Promotion of Human Rights," p. IIIe,16；Strack, *Sanctions*, p. 238；Losman, *International Economic Sanctions*, pp. 80-124；Porter, "Economic Sanctions"；Adler-Karlsson, "The U.S. Embargo," p. 171；Judith Miller, "When Sanctions Worked," *Foreign Policy*, no. 39 (Summer 1980)：118；James Reston, "Moscow Uses Muscle," *New York Times*, January 2, 1980；および Fisher, "Sanctions Won't Work," p. 21. 1969年のディーン・アチソンとチャールズ・バートン・マーシャルの証言も参照（U.S. House of Representatives, Committee on Foreign Affairs, *Hearings: Rhodesia and United States Foreign Policy*, 91st Cong., 1st sess., 1969, pp. 100-168；以下 *Hearings on Rhodesia* として引用）。彼らは、対ローデシア制裁はそれまでのところ機能しておらず、その先も機能しないだろうという見方を示した。おかしなことだが、ストラックはそのすぐあとに「しかし、これは制裁が二次的な目標を達成できなかった、またはローデシアに何ら打撃を与えなかったと示唆するものではない」と述べている。
124. 具体例は、以下参照。Milton Friedman, "Economic Sanctions," *Newsweek*, January 21, 1980.
125. ストラックがさまざまな国の目的について有意義で詳細な議論を展開しているが、その目的はここに記したものとは少し異なっている（*Sanctions*, pp. 24-40）。

ローデシアに関してはほかにも次のような二次的な目標があった。

1. イギリスにとっては武力の使用を避けることが特に重要だったが、それは他の多数の国々の目標でもあった。武力行使を求めていた第三世界諸国は、おそらく軍事力の使用そのものを望んでいたわけではなく、主要な目標達成へのコミットメントがいかに強いかを示したかったのだろう。
2. ローデシアの孤立とローデシアの政策に対する道徳的な非難。この2つは二次的な目標として一括して考えることも、別々に考えることも可能だろう。決議をどんな言葉で表現するにせよ、根底にある問題は人種によって政治権力を配分することの道徳性だった。南アフリカも似たような問題を抱えていた。
3. ローデシアの反政府派を支援することも二次的な目標の一つだった。
4. 要求に従わないことに対して代償を払わせる。これは、報復あるいは処罰が目的だとよく誤解される[126]。そうした動機が影響しないとは言えないが、この目標は要するに、ローデシアが要求に従うよう圧力をかけ続けるということである。加虐的な動機が働いていると考える理由は何もない。

アフリカとその他の第三世界諸国

大半の国にとって、この影響力行使のいちばんの対象はローデシアだっただろうが、ほかにも対象はあった。イギリスとアメリカはサハラ砂漠以南のアフリカと第三世界も対象としていた。それは白人支配を続け、多数支配に移行しないことを厳しく非難し、同時に武力行使を求める圧力に抵抗することである。それをどのような手法で実現するかがイギリスにとって、そして程度は比較的低いものの、アメリカにとっても問題であった。しかしイギリスは過去に広大な植民地を支配し、アメリカは人種問題を抱えてきたことから、言葉だけでは十分に信用を得られなかった。

経済制裁によってこれらの目標がどの程度達成されたかを確かめる前に、主要な目標がいかに達成困難なものだったかを述べておきたい。ローデシアの政治に見られた白人優位は、白人優位が社会全体の基本原則だっ

126. 以下参照。マーシャルとアチソンの証言。*Hearings on Rhodesia*, pp. 102-103, 144；および Galtung, "On the Effects of international Economic Sanctions," pp. 379-380.

たことの必然的結果であるからだ。ローデシアの白人は自分たちの国と命が危ういと考え、自身の置かれた状況を1939年にイギリスが直面していた状況に例えた[127]。ローデシアのイアン・スミス政権は1978年に多数支配の原則を受け入れたが、その10年前にはスミスが生きている限り認められないとしていた[128]。基本原則に関するローデシアの方針はこうして大きく変わった。これがいかに難しいことだったかを考えると、このような変化が生じた12年という期間は非常に――少なくとも、かなり――短かった[129]。アメリカ政府が1954年の「ブラウン対教育委員会裁判」の最高裁判決を受け入れるのは、それほど困難ではなかったにもかかわらず要した年数を考えると、12年という期間がいかに短かったかがわかるはずだ。

だが、主要な目標が「着実に」達成されたといっても、それだけではこの結果を導いた経済制裁の有効性を十分に説明したことにはならない。多数支配は経済制裁とは関係なく達成されたのか、制裁が行われたから達成されたのか、制裁が行われたにもかかわらず達成されたのか。これらは重要な質問であるが、二次的な目標がどの程度達成されたかを確認してから改めて考えることにし、(少なくとも理論的には) ローデシアで多数支配が実現したことを記し、しかしなぜ実現したかはさらなる検討が必要であると、ここでは述べるにとどめておく。

軍事力を避けるという点では、制裁は大成功だったと考えられる。国連、イギリス、アメリカがローデシアに対して武力を行使しそうになったことは一度もなかった。標的国が「敵意をむき出しにして」攻撃してくる可能性はなかったのだろうか。国際連盟の対イタリア制裁ではそれが恐れられていた。しかし、この事例ではそうした攻撃が生じなかっただけでなく、標的国は「外交関係において敵意や脅しと決して受け取られることのない行動パターンを確立する」努力をした[130]。

ローデシアを孤立させ、国際社会としては道徳的に容認できないという立場を示すという目標についても、制裁は十分以上の成功をおさめた。スミス政権をローデシアの正当な政府だとはどの国も――ポルトガル、南ア

---

127. Strack, *Sanctions*, p. 14.

128. Doxey, "Zimbabwe," p. 161.

129. ハロルド・ウィルソン英首相が1966年に示した、制裁は数カ月ではなく数週間で効果をあげるだろうという見解は思慮に欠ける愚かなものだった。ところが、多くの人にとって、それが制裁の効果を評価する際の基準になったようだった。Strack, *Sanctions*, p. 18.

130. 同上 pp. 44, 249。

フリカでさえ——認めなかった。ローデシアは国際社会のなかで道徳的に腐敗した「ならず者国家」とみなされるようになった。そして、国連が初めて強制的制裁を課した国として記憶されることになった。この歴史的出来事は、制裁によってローデシアに生じたかもしれない経済的な不都合を上回る大きな象徴的意味を持っている。南アフリカでさえもここまでの扱いは受けなかった。この孤立がローデシアにとって問題だったことを示す証拠として、ストラックはこう指摘する。「ローデシアに少しでも住んだことのある人なら、UDI 以降のローデシアの新聞や国会の議事録を読めば、彼らが国家承認を求めていたことに必ず気づくはずだ—ローデシアはいかなる形でも認められようとしていた」[131]。

経済制裁によって標的国政府内の反対派を心理的に支え、勇気づけるという考え方は、国際連盟の対イタリア制裁以来、一笑に付されることが多い。ヨハン・ガルトゥングの論文がよく引用されるが、その重要なポイントの一つは、外からのネガティブな制裁は国内の社会的結束と政治的統合をむしろ強化するだろうという点である[132]。この「旗下結集効果」を根拠に経済制裁は逆効果だと言われる。これが正しいかどうかを確かめるには、潜在的な反対派もすべて含めて考えなければならない。総人口のわずか４％を占める白人への制裁の影響のみを考え、96％を占める黒人（同）を無視した議論を行っても、「経済制裁は反体制派への支援手段である」との考え方を否定する論拠にはならないだろう[133]。対ローデシア制裁によって、確かに白人の間でのスミス政権への支持は高まった。しかし、人口の大多数を占める黒人の間でも同じような効果が見られたことを示す証拠は何もない。それどころかドクシーはこう指摘する。制裁によって「ローデシアの黒人の主張や関心事が変わることはなく、かえって強いものになった」。なぜなら「ジンバブエの国民の大多数は初めから外の支持者と同じ結果を求めていた」からである。このため、経済制裁の「他の事例に見られるような圧力下での団結は、ジンバブエでは白人支配層の間に限られ

131. 脚注 129 と同、p. 83。

132. Galtung, "On the Effects of International Economic Sanctions," pp. 388-391.

133. これと同じような議論は次の論文にも見られる。Wallensteen, "Characteristics of Economic Sanctions," pp. 257-258. ロスマンの 1980 年の証言「イアン・スミスは……自分の周囲に人と権力を集め、反対派を抑圧し、制裁を課す側の目的達成を阻止するために団結して抵抗することができた」も参照のこと（U.S. Senate, Committee on Banking, Housing, and Urban Affairs, *Hearings: U.S. Embargo of Food and Technology*, p. 186)。

ていた」[134]。制裁によって反体制派が少なくともいくらかは勇気づけられたことは、制裁解除が検討されるたびに彼らがはっきりと反対したことからもよくわかる。ガルトゥングが、経済制裁を課されると政治的統合が進むという自身の説を説明するのにローデシアを選んだのは皮肉な話である。これは彼の説とはまったく相容れない数少ない事例の一つなのだ。

イタリア、キューバに対する制裁が標的国の結束という効果を持っていたとの仮説を立てる傾向があり、法則性の存在を確信することがある。そうした傾向は、もっともらしい仮説を「鉄則」に変えてしまうリスクがあることを忘れてはならない。その危険性は、国連が制裁措置を講じた３年後にチャールズ・バートン・マーシャルとディーン・アチソンが行った証言に示されている。マーシャルは、失敗と向き合い、自分の議論の前提が間違いだったと認めるのがいかに難しいかをまず述べ——明らかに、対ローデシア制裁を支持する人々へのジャブである——、次のようなシナリオを描いた。

> ローデシアに制裁を課すにあたっては、次のような結果が予想されていた。困窮と経済的混乱がもたらされる。国内の問題が深刻化して統治が不可能になり、政権の政治的基盤が損なわれ、破壊される。政権を奪取するために人々が立ち上がる、あるいは、政権側が屈服する。そして、ついにローデシアの選挙と統治体制における白人優位を終わらせるというイギリスの提案が受け入れられる[135]。

この文脈では、マーシャルがこのシナリオによって、最も頑固で偏狭な制裁支持者以外、その政策が失敗であったと認めざるを得ないことをはっきりさせようとしたのは明らかである。マーシャルはさらに、彼の知る限り「この点に関する最も優れた検証」としてガルトゥングの論文の一部を引用し、それが「制裁発動の数週間後に行われた実証的研究に基づいた」ものであると言い添えた[136]。アチソンも同じような調子で証言し、制裁は「欺瞞的」だと言い、経済制裁によって標的国での「暴動、反乱、革命、暴力を助長」しようとしても失敗すると述べた[137]。そして、制裁は「すべて逆効果」で、「明らかな失敗」[138]だと断じた。マーシャルもアチソ

---

134. Doxey, "Zimbabwe," pp. 161, 165.
135. *Hearings on Rhodesia*, pp. 101-102.
136. 同上。
137. 同上 pp. 126-127。

ンもシナリオに描いたようなことが起きるはずはないと考えていた。ところが10年後、制裁の熱心な研究者が示してきた見方ではなく、彼らのシナリオに近いことが生じた。経済制裁を通じて示された世界の支援が、どの程度ローデシア国内の反対派を刺激したかについては議論の余地があるが、制裁が課されている間に反対派の声が非常に高まり、政治指導者が経済制裁を彼らに対する支援の象徴と受け止めていたのは確かである。

要求に従わないローデシアに対して代償を支払わせるという目標については、心理的、政治的コストを負わせた点で、ある程度達成されたと言えそうだ。しかし、これについては孤立と非難に関連してすでに述べたので、ここでは経済的コストについてのみ考えることにしよう。制裁がローデシア経済にどの程度打撃を与えたのか、これについて見方は分かれている。制裁は経済に少なくともいくらかの影響を及ぼした。この見方をとるのがビーネンとギルピンで、「経済制裁によってローデシアは貿易コストが増加し、外貨獲得が難しくなり、特定の領域で制約が生じたと、すべての研究者が見ている」と述べた。また、ロビン・レンウィックは「制裁で経済は大打撃を受け、輸出収入が激減して外貨の獲得が困難になり、成長にブレーキがかかった」[139]と結論づけた。だが、他方、リチャード・ポーターのような見方をもある。彼は制裁が経済にどのような形で影響を及ぼすかを調査したうえで、「『成功』が何を意味するにせよ、対ローデシア制裁は明らかに成功しなかった」と論じた[140]。この両者の間には、ある程度の経済的影響を認めつつ、政治的成功につながるほどの打撃ではなかったと見る多数の学者がいる[141]。そのなかで最も的確なのは次の見方だろう。

---

138. 脚注135と同、p. 143。アチソンは1971年にも同じような証言をし、対ローデシア制裁は「悲惨な失敗」で、「この先も失敗し続けるに違いない」と述べ、さらに、言い過ぎを恐れずに、主要な目的だけでなく「すべての目的」において失敗しているとした（U.S. Senate, Committee on Foreign Relations, *Hearings: U.N. Sanctions Against Rhodesia-Chrome*, 92d Cong., 1st sess., 1971, pp. 38-40；以下 *Hearings on Chrome* として引用）。

139. Bienen and Gilpin, "An Evaluation of the Use of Economic Sanctions to Promote Foreign Policy Objectives, with Special Reference to the Problem of Terrorism and the Promotion of Human Rights," p. IIIe,2；および Renwick, *Economic Sanctions*, p. 76.

140. Porter, "Economic Sanctions," p. 107.

141. Doxey, "Zimbabwe"；Losman, *International Economic Sanctions*, pp. 80-123；Strack, *Sanctions*, pp. 85-166；D. G. Clarke, "Zimbabwe' s International Economic Position and Aspects of Sanctions Removal," *Journal of Commonwealth and Comparative Politics* 18（March 1980）：28-54；および Lord Saint Brides, "The Lessons of Zimbabwe-Rhodesia," *International Security* 4（Spring 1980）：177-184.

制裁は何年もかけて効果を発揮した。すぐに決定的な影響を及ぼすようなものではないが、ゆっくりじわじわと効いていた。制裁に対抗するのは厄介でコストもかかり、それが生活費を上昇させた。1965年にローデシアは急成長、特に鉱業における発展を見込んでいたが、それは現実のものとはならなかった。そして、南アフリカ以外の国への移動や通信に対する規制の影響が次第に耐えがたいものとなっていった[142]。

ローデシアがどの程度の経済的コストを負ったのかについての意見は分かれているが、この目標は最小限しか達成できなかったと考えるのが無難なところである。この点に関し、経済的影響について議論の余地はないと思われる点が2つある。まず、影響がどれほどのものだったにせよ、ローデシア経済は「まひ」も「足踏み」も「屈服」もしておらず、「強烈な一撃」を受けたわけでもなかった。このような比喩は、前にも述べたようにそれほど正確な表現ではないが、ローデシアの負ったコストが耐えられるものだったことは伝わるはずだ。次に、制裁の経済的悪影響は、特に雇用面でローデシアの黒人に重くのしかかったという点では意見は一致している。これが制裁という影響力行使の主要な目標の達成との関係性はどうなのか、プラスあるいはマイナスだったのか、その答えは慎重に出さなければならない――これについては後に考察する。

武力行使をせずに多数支配をアフリカで実現するという目標の観点からは、強制的な経済制裁は、イギリス、アメリカ、国連の立場からすれば、まずまずの成功をおさめたと言えるだろう。イギリス、アメリカが拒否権を有していた事実、経済制裁がプロパガンダや外交よりコストが高かった事実、制裁の解除をソ連が拒否する可能性があったという極めてよく知られた事実などにより、強制的制裁は極めて重みのある存在となった。G・メネン・ウィリアムズはローデシアを「アフリカの西ベルリンともいうべき存在」だとした。ローデシアの象徴的重要性を十分認識していることをアフリカ人に示して強く印象づけるには、武力行使以外では経済制裁が最も強力な技法だった[143]。

142. Saint Brides, "Lessons," p. 180.

ローデシアで多数支配を確立するという主要な目標の達成に経済制裁はどの程度寄与したのか、という経済制裁の効果を評価するうえで最も重要な点をここで考察する必要がある。一般的に、経済制裁の有効性が判断される際には、主要な目標が完全に達成されなければその影響力行使は失敗に分類される。そうすると経済制裁の多くの事例は簡単に「失敗」とされることになるが、ローデシアの場合はそう簡単には片付けられない。対ローデシア制裁が失敗だったという結論が妥当であることを示すには、最終的な結果に対する別の説明が必要になる。最もよく聞かれるのは、政府がそれまでの方針を転換した理由はゲリラ戦争にあるという説明である。この問題に関するいくつかの立場を以下に示そう。

> スミス政権の存続が難しくなったのは貿易制裁、投資制裁で経済が弱体化したからではなく、国内のゲリラ戦争が激化したからだ……という点で研究者の見方は一致している[144]。

解説：「ゲリラ戦争」がある意味、制裁によって「もたらされた」ということはないだろうか。制裁とゲリラ戦争に因果関係がないとしても、制裁によって「経済の弱体化」が生じたのなら、ゲリラ戦争に対処するローデシア政府の能力も落ちている。

> 制裁、モザンビークの敵意、ゲリラ戦争の効果が相まって、制裁だけでは成し得なかったことが達成された[145]。

解説：モザンビークの敵意とゲリラ戦争の双方、あるいはそのどちらかは、ある程度は制裁の結果と考えられないだろうか。ストラックはどちらの因果関係も認めつつ、制裁とゲリラ戦争の関係は「はっきりしない」と

---

143. *Hearings on Rhodesia*, p. 169. もちろん、アフリカ諸国に印象づけることが望ましい目標だったと誰もが考えているわけではないだろう。例えば1971年にアチソンは経済制裁を解除した場合、どのような反応が予想されるかを尋ねられ、こう答えている。「サハラ砂漠以南の国々の政府が大いに動揺するものと思われる。しかし、私は少しも心配していない。それでわが国の国益が損なわれることはないからだ。私たちはアフリカで間違った方向に進んできた。G・メネン・ウィリアムズの二日酔いにつき合わされてきたと言えるだろう。こんなばかげたことは早くやめたほうが身のためである」(*Hearings on Chrome*, p. 41)。

144. Bienen and Gilpin, "An Evaluation of the Use of Economic Sanctions to Promote Foreign Policy Objectives, with Special Reference to the Problem of Terrorism and the Promotion of Human Rights," p. IIIe,2.

145. Strack, *Sanctions*, p. 238.

している。しかし、それについて詳しく述べようとはしない[146]。

> スミス氏がこの立場を受け入れた主な理由は、ゲリラ戦争と南アフリカからの強い圧力だった。……制裁は二次的要因だった[147]。

解説：ゲリラ戦争と南アフリカの態度、あるいはそのどちらかは制裁の結果と考えられないだろうか。

> ゲリラ活動の活発化によるコストの増大、周辺国における闘争、キューバとソ連の影響力の拡大など、多数の力が働いて、スミスは多数支配の原則を受け入れざるを得なくなった。制裁は続いていたが、ローデシアの姿勢に大きな変化をもたらしたのはこれらの他の要因（そこに南アフリカからの圧力が加わった）である。……ローデシアの白人政権が今にも崩壊しようとしていたが、実際に崩壊すれば、それは制裁よりむしろ武力闘争の結果だろう[148]。

解説：経済制裁は1970年代に現れたこれらの「他の要因」と関係なかったのだろうか。ロスマンの論法は途中で変化している。引用部分では、制裁と多数支配との因果関係を否定しているように思われるが、他の箇所では制裁とゲリラ戦争の因果関係についてはっきりと述べ、ゲリラ戦争は経済制裁の想定外の望ましくない副産物の一つだったとしている。「アフリカでの失業の増大……そして制裁が効果をあげないことへのアフリカ人の不満が……テロや武力紛争の頻発につながったのは間違いない」[149]。経済制裁がゲリラ戦争と政権の崩壊につながる一連の出来事を引き起こしたというのなら、なぜ制裁の政治的成功を認めないのだろうか。彼は、制裁によって生じた「経済的打撃が国内での政治的圧力を高め、そ

---

146. 脚注145と同、pp. 237, xvi。
147. Renwick, *Economic Sanctions*, p. 54.
148. Losman, *International Economic Sanctions*, pp. 122-123, 136.
149. 同上 p. 120。 p. 136も参照。ロスマンは先に、制裁の影響で打撃を受けたのは「アフリカ人」だとし、彼らは「政権に大きな政治的圧力をかけられるような集団ではない」と説明した。そして、「経済制裁によって混乱が生じ、国内の不満が爆発することもあったが、それは限定的で、主に1年だけだった」と述べた。彼はそのあと、アフリカ人の失業とゲリラ戦争、白人政権の崩壊の因果関係について論じているが、それは先のコメントとは相容れない。

れまで一切譲歩しなかった政権が倒される、あるいは制裁を課している側の国々の基準に合った新しい政策が取り入れられる」ことを成功基準としている。そうした政治的圧力が生まれた証拠を見つけながら、彼は誤った結論を導いた。確かにゲリラ戦争は、考え得る政治的圧力のなかで極めて人目を引くものの一つである。皮肉なことにロスマンは制裁が機能していることを示す証拠を、制裁の失敗の結果ととらえていたのである[150]。

武装ゲリラの活動が――経済制裁ではなく――その（つまりローデシアの）安定性を揺るがした[151]。

解説：ありえない。

国連の対ローデシア制裁が果たした役割について評価するとき、真っ先に出てくる明確な結論は、この制裁が圧力をかける主な手段である限り、UDI を終わらせるという目標を果たすことはできなかったというものである[152]。

解説：1966 ～ 1979 年には国連は経済制裁を「主な手段」として使っていた。ゲリラ戦争は経済制裁の結果であり、それを「圧力をかける手段」として国連が使うことはなかった。しかし、公正を期して言うなら、ドク

---

150. ロスマンもストラックもローデシア国内での武力闘争と経済制裁の因果関係を認めている。しかし、これを成功の証拠とは考えず、反対に、逆効果ととらえている。そうした見方をするのは、ストラックの場合は、制裁によって助けるはずの人々をさらに苦しめる結果になったためと思われる。ロスマンの場合は、非軍事的技法を用いるなら、非軍事的効果をあげなければならないと考えているからである。ストラックの例からは、制裁の有効性を評価する際は本来の目標に照らして行うことが重要だとわかる。対ローデシア制裁の主要な目標はローデシアの黒人を何らかの形で「助ける」ことではなく、彼らの政治的権力を高めることだった。人々の苦しみは、制裁の効果ではなくコストを評価するときに考慮するのがよいだろう。また、ロスマンの例からは、複数の権力基盤を考慮に入れることの重要性がわかる。ステイトクラフトの技法が非軍事的でも、暴力的な影響が及ぶことは確かにある。戦争を避けるという目標に関しても矛盾はない。ここでの目標は、制裁を課す側とローデシアとの軍事的衝突を避けることであり、ローデシア国内のローデシア人同士の争いについては何も触れていない。以下参照。Losman, *International Economic Sanctions*, p. 136；Strack, *Sanctions*, p. 237；およびストラックの制裁解除を支持する 1972 年の証言（U.S. House of Representatives, Committee on Foreign Affairs, *Hearings: Sanctions as an Instrumentality of the United Nations-Rhodesia as a Case Study*, 92d Cong., 2d sess., 1972, pp. 110-113）.
151. Friedman, “Economic Sanctions,” p. 76.
152. Doxey, *Economic Sanctions*, 2d ed., p. 73.

シーの対ローデシア経済制裁の扱い方は最も公正かつ賢明である。彼女は経済制裁を、白人政権の正統性を傷つけた、決定的とは言えないまでも重要な要因とみなし、制裁とゲリラ活動の因果関係の可能性を示唆してもいる。また、早くも1972年には、政府が「一時的」として無視しそうな「アフリカでの失業問題の深刻化」を制裁の効果として指摘[153]。1982年には、この状況が「のちにゲリラ組織に加わる人を増やすことになった」と述べた[154]。

ここまでゲリラ戦争に関するいくつかの立場を示し、それに対する疑問を記してきたが、それは印象論を狙ったわけではなく、その論文の著者が真剣に検討すべきだったし、ほとんどの場合、検討されていなかった点を明確にするためである。著者の大半はローデシアでの反政府活動と経済制裁との因果関係に関する従来の仮説について反論することはもちろん、考察も行っていない。制裁は明らかに白人政権の正統性を傷つけ、反体制派を勇気づけるためのものだった。経済制裁がどのようにして最終的にそうした結果につながるかまでは予測されていなかったかもしれないが、先に引用したマーシャルとアチソンの証言からもわかるように、そうした結果はまったく予想されていなかったわけではない。エコノミック・ステイトクラフトの研究では、予想していなかった悪影響が強調される傾向があるが、アルバート・ハーシュマンはその逆の面が無視されがちであることについて警告を発している。

> 経済学者は、政策が自滅する、すなわち、思いがけない影響が生じて政策の本来の目的が果たせなくなる状況を取り上げて長々と論じることがよくある。しかし、政策目標の実現性を損なうのではなくさらに高めるような意図せざる効果も同じようにある[155]。

対ローデシア経済制裁の効果とゲリラ戦争を結びつける、納得のいく仮説はあるのだろうか。テッド・ロバート・ガーの見方をいくつか拾ってみよう[156]。

---

153. Margaret Doxey, "International Sanctions: A Framework for Analysis with Special Reference to the U.N. and Southern Africa," *International Organization* 26 (Summer 1972) : 545.
154. Doxey, "Zimbabwe," p. 157.
155. Hirschman, *National Power and the Structure of Foreign Trade*, pp. 39-40.

1. 「集団的暴力の可能性は、集団のメンバーにとっての相対的剥奪（訳注：現在の状態が期待している状態より劣っているため、人々の不満が生じていること）の度合いと範囲によって大きく変わる」

解説：国連の制裁の実施は、ローデシアの黒人の相対的剥奪がいかに強いかを国際社会が認めたことの証左である。

2. 「政治的暴力の可能性は、集団のメンバーが政治的暴力を規範として正当化する度合いと範囲によって大きく変わる」

解説：国連の制裁は明確に暴力を是認したわけではないが、ローデシアの黒人の相対的剥奪を経験的な事実としてだけでなく、実に残念な事実として認めたことから、暴力は正当化されやすくなった。

3. 「期待される価値は低下しないのに、集団として価値を実現する能力の平均水準が下がるとき、相対的剥奪の度合いが増す」

解説：失業は価値実現能力の突然の低下の良い例である。「剥奪から生じる不満が人々を行動に駆り立てる。心理学理論でもグループ紛争理論でも、不満が高まると暴力発生の可能性も高まるとされている」(p. 13)。よく言われるように、制裁の剥奪効果をまともに受けたのは黒人だった。影響を受けた人々の不満が高まったとしても不思議はない。

4. 「多様性がある集団では、経済的価値に関する集団内での影響に乖離が生じるため相対的剥奪は極めて大きなものとなってしまう」

解説：ローデシアではまさに、制裁の経済的影響が白人ではなく黒人に偏って及んだ。

5. 「政治的暴力を正当化できるか否かは、政権の正統性に反比例的に依存する」

解説：制裁期間中に黒人は政権に対する態度を服従から反対に変えた。国連創設後初めてとなる強制的な経済制裁決議が採択されたが、このように全世界が平時に、ある政権の正統性を否定するような行動をとったのは前例のないことだった[157]。制裁は政権の正統性を傷つけることに成功し、政治的暴力の可能性が高まる状況を生み出した。

---

156. Ted Robert Gurr, ***Why Men Rebel*** (Princeton: Princeton University Press, 1970), pp. 360-366.

157. おそらく「平時に」は不要だろう。それは全世界が非難するという点で前例のないものだったからだ。第二次世界大戦中の枢軸国に対する反感は、範囲という点ではこれに及ばなかったが、強さという点では十分だった。

6. 「政治的暴力の規範的正当性は、相対的剥奪の原因は何か、暴力の政治的ターゲットの特定はできるか、集団として一体性のシンボルを示せるかによって大きく変わる」

解説：国連の制裁は、標的国と、あなたたちは白人政権とその支持者のせいで苦しめられているのだという、剥奪に関してローデシアの黒人にとって納得のいくと思われる説明を示すこととなった。

7. 「内戦が生じる可能性は、反体制派が外国の支持をどの程度得られるかによって変わる」

解説：少なくとも象徴的なレベルでは、反体制派に対する外国の支持はかつてないほど大きなものだった。

対ローデシア制裁に関するこれらの仮説の妥当性を確かめることは、本書の範疇を超えている。これらの仮説を取り上げたのは、ローデシアでの制裁とゲリラ戦争との因果関係を説明する、慎重に組み立てられ、納得のいく考え方が存在することを伝えるためである。制裁が、政治的暴力が発生する可能性を高める状況を生み出す一因となったと考える理由は十分あるようだ。そうした仮説について検討しないうちに、経済制裁は失敗し、ゲリラ戦争がローデシアに多数支配をもたらしたと結論づけるのは性急と思われる。ローデシアの黒人が悲惨な状況に置かれていたことが制裁の成功につながったのかもしれないと考えるのは、それほど魅力的な説ではないが、だからといって無視はできない。真実と美しさが常に両立するわけではない。

ローデシアでなぜ多数支配が受け入れられたのかについては、ほかにも次のような仮説がある。

1. ローデシアに対するモザンビークの憎悪が重要な要因となった。

解説：モザンビークはゲリラの重要な支持基盤だったことは事実である。しかし、この仮説の問題点は、その妥当性ではなく、経済制裁がモザンビークの姿勢に少なくともいくらかは影響を及ぼしていたことすら認めていない点にある。もし国際社会全体がローデシアの白人政権を非難するのではなく支持していたら、モザンビークは同じように介入していただろうか。「ならず者国家」への介入のコストは「立派な」国家への介入コストより低いだろう。推測ではあるが、制裁とモザンビークの姿勢に因果関係があるかどうかさえ考えていないのは筋が通らないだろう[158]。

2. 南アフリカからの圧力がスミス政権の姿勢を変えた。

解説：これも事実だろうが、だからといって経済制裁が重要ではなかったということにはならない。制裁によって世界でもアフリカでも白人支配という問題に注目が集まり、南アフリカにとってスミス政権と密接な関係を保つことが特に政治、心理面で大きな負担となった。南アが妥協を拒むローデシアと距離をとろうとしたことは、制裁が失敗したのではなく機能していることを示しているのではないか。これは十分考えられることで、そうした可能性は決して無視できるものではない。たとえ南アのこのスタンスが制裁とは何ら関係なく生まれたものだったとしても、ローデシアに圧力をかける南アの能力には制裁が大きく関係していたものと考えられる。制裁がローデシアの南アに対する依存度を高め、それがローデシアの政策に対する南アの影響力を増大させたのである。

3. 経済制裁の効果よりも、ローデシアの政治的、外交的、心理的孤立のほうがより重要であった[159]。

解説：これもおそらく事実だろうが、誤解を招きかねない。ローデシアの政治的、外交的、心理的孤立は、少なくともある程度は経済制裁の効果によるものであったからだ。経済制裁の影響を受けるのは経済の領域にとどまるはずもなく、制裁を課す側にもそんなつもりはない。国連は影響力の行使として、ローデシアにまず強制的な経済制裁措置を講じた。1966年から1979年にかけてはそれ以外のさまざまな手段が用いられたが、それは経済制裁という基本的手段を補完するためのものだった。国際社会がスミス政権に対する強い反感を示すのに使った主要な手段は経済制裁である。これは単なる外交的な国家不承認ではなく、処罰を伴った不承認であり、人々に対してそれが特別なケースであることを理解させることとなった。対ローデシア経済制裁がどれほど効果をあげたかは、経済統計を見ればわかる、あるいはわかるはずだ、と考えるのは大きな誤りである。制裁は政治的効果を狙った政治的行動だった。経済制裁がローデシアの政治的、外交的、心理的孤立とほとんど、あるいはまったく関係なかったように述べるのは、制裁の狙いも実際の効果も

---

158. これはミニマリストの議論である。ドクシーが言うように、対ローデシア制裁が「南部アフリカ地域」の白人支配の正統性を傷つけたのなら、独立した政治的主体としてのモザンビークの存在にも制裁が関わっている。Doxey, *Economic Sanctions*, 2d ed., p. 79.

159. 具体例は、以下参照。Strack, *Sanctions*, p. 247.

誤って理解しているということである。

国連の対ローデシア制裁のコストは、措置を課した側にとってそれほど大きくはなく、耐えられるものだった。制裁の抜け穴を見つけて経済的効果を損なう例も見られたが、それによって制裁の経済的コストが抑えられたともいえる。コストに関して議論の余地があるのは、アメリカがソ連のクロームへの依存度を高めた点だろう。しかし、その重要性は誇張されていたように思われる[160]。ゲリラ戦争を制裁の結果ととらえると、もちろんコストは——1万2000人以上の命を含め——もっと大きくなる。この点は確かに重要だが、影響力の行使のコストは政策立案者の価値観によって決まることを忘れてはならない。政治家が1人1人の命を同じように尊重していることを望みたいが、実際にそうだと考えるのは甘いだろう。ほとんどの政府にとってはおそらく、ローデシア人の命を守るより自国民が危険にさらされないようにするほうが重要だ。国連加盟国の政府の大半は、是非はさておき、少数であれ自国民が命を失うより、1万2000人のローデシア人が亡くなるほうがコストとしては受け入れやすかっただろう。誰の命であれ等しく重んじるという普遍的倫理は、世界の政治家の計算のなかにはまだ取り入れられていない。

経済制裁以外の政策手段のほうがもっと有効だったのだろうか。外交、プロパガンダは、コストは低いだろうが、武力行使を避けるという目標以外には効果も薄かった。実際、経済制裁はコストが高い分、非難の象徴、反体制派への励まし、第三世界諸国への誠意の印としてより効果的だった。第三世界からは武力行使を求める声が上がっていたが、経済制裁を行うことでその圧力は弱まった。制裁措置が講じられなければ、軍事力が用いられていたことも考えられる。軍事的手段に訴えれば、同じ結果がもっと早く出ていたかもしれないが、軍事制裁を課す側の人命を危険にさらすことになっただろう。この選択肢はコストがあまりに大きいので、初めから除外されていた。「ローデシア問題は処理を誤ったと結論づけざるを得ない」[161]とする意見があるが、これはコストと効果の面で明らかにもっと優れた代替策がほかに少なくとも一つはあったということを意味している。こうした結論を述べる人は、それがどんな策だったかを示すべきだ。

---

160. 脚注159と同、pp. 146-164。

161. Grieve, "Economic Sanctions," p. 441.

政治家は「国際政治においてはさまざまな要素を巧みにコントロールしなければならない」[162]という曖昧な言葉では別の代替策を示したことにはならない。

総合的に見ると、対ローデシア制裁は許容範囲内のコストで制裁を課す側の目標の大半をおおよそ達成し、まずまずの成功をおさめた。制裁とローデシアにおけるゲリラ戦争に因果関係があるという前提に立つと、制裁の有効性についての評価は、通常の予測レベル以上のものとなっていたであろうし、少なくともそう期待できたはずだ。経済制裁は費用と便益の点で、おそらくステイトクラフトの他の手段よりも優れていたものと考えられる。

「教訓」を求める人々のために、おそらく間違っておらず、誤解を招きにくい教訓として次のようなものを挙げておこう。

1. エコノミック・ステイトクラフトにおいては、他の分野同様、根気が報われることがある。
2. 経済制裁は誰の予想をも上回る影響を及ぼす可能性がある。
3. 「旗下結集効果」は政治における「鉄則」ではない。
4. 経済制裁がもたらす最も重要な効果は経済分野とは限らない（経済制裁は不思議なはたらき方をすることがある）。

結論

経済制裁はステイトクラフトの技法として効果がない、生産性がない、コストが高い、有用性が低いなどと指摘されるが、その証拠として最もよく引き合いに出されるのが本章で取り上げたメガラ布令以外の事例――そして、次章で扱う東西貿易における禁輸――である[163]。繰り返しになるが、本章の目的は、それらいかなる事例においても、経済制裁を明確に、あるいは完全に成功したものとして示すことではない。ここでは、これらの事例を「はっきりとした」、「明白な」、「議論の余地のない」、「確実な」失敗だったとする見方を裏付けるとされる証拠や議論が妥当なものかどうかを評価してきた。

---

162. 脚注 161 と同、p. 443。
163. これらの事例は、エコノミック・ステイトクラフトには通常こうした特徴が見られるという一般論を裏付ける重要な経験的証拠ともなっている。

ビーネンとギルピンは事例の検討を始める前にまずこう述べている。

> どの事例も、政治的目的を達成するために過去に行われた多数の経済制裁を代表するものとして選ばれた。……さらに、どれも効果をあげなかったが、「難しい」特異な例だったわけではない。反対に、成功が見込まれていた事例である。そのため、これらの事例を分析することで、制裁によって目的が達成されることはほとんどなく、厄介な逆効果がもたらされる可能性が高いという学者のほぼ一致した見方の正しさが立証される[164]。

しかし、これらの事例を代表とするのは疑問だ。「普通の」、「典型的な」という言葉以外に、「変わった」、「ユニークな」という言葉が心に浮かんでくる。対イタリア制裁は国際連盟が規約第16条を適用した最初の――そして最後の――例だった。アメリカの対日制裁が発動されたのは第二次世界大戦開戦の2年後だった。対キューバ制裁には、キューバとアメリカの地理的、歴史的、心理的関係が大きく影響していた。プラット条項は、アメリカとカリブ海諸国との関係という点から見ても、それまで例のないものだった。そして、対ローデシア制裁は国連憲章第39条、41条に基づいて行われた初の経済制裁だった。歴史上の事例は、当然ながらどれもユニークである。完全に比較可能だといっても一般化することはできない。それゆえ、これらの事例が「過去に行われた多数の経済制裁を代表する」という前提は懐疑的に受け止めなければならない。

これらの事例に共通しているのは、取り組みの達成が極めて困難という点である。どの事例でも、標的国の少なくとも一国において基本的方針の変更が求められ、その要求に従うと多大なコストを負うことになった。経済制裁はステイトクラフトの他の技法に比べ効果が薄く、逆効果を招くといわれるが、これらの事例はどれもそれに当てはまりそうにない。むしろ、これらの事例を対象にした研究には以下の傾向が見られる。つまり、妥当と思われる仮説を無視して限定的な証拠を挙げること、目標と対象の設定があまりにも単純で不適切であること、取り組みの達成がいかに難し

---

164. Bienen and Gilpin, "An Evaluation of the Use of Economic Sanctions to Promote Foreign Policy Objectives, with Special Reference to the Problem of Terrorism and the Promotion of Human Rights," pp. III,2-3. ビーネンとギルピンはアメリカの対ウガンダ制裁も事例に加えている。この事例に関しては、以下参照。Miller, "When Sanctions Worked."

いかを考慮しないこと、代替策が念頭にないこと、成功にはさまざまな達成レベルがあると考えていないこと、過度な一般化を行うこと、そして、総じて経済制裁の効果と有用性を過小評価すること、が挙げられる。

これらの事例で経済制裁の有用性に関する証拠として示されたものは多くの点で決定的とは言えず、まだ研究が必要な疑問点も多数ある。証拠は入り混じり、曖昧で、たいてい二つ以上の解釈が成り立つ。したがって、単純明快な一般論より、無理のない条件つきの結論を引き出すほうが適切だろう。本章で取り上げたどの「古典的事例」からもいえるのは、経済制裁は許容範囲内のコストで目標の、少なくともいくつかをおおよそ達成し、まずまずの成功をおさめたということである。これらの事例で、有用性が明らかにもっと高い、他に代わりとなる政策を見つけることは容易ではない。いくつもの目標と対象、難易度、複数の権力基盤、そして他の政策手段で見込まれる有用性を考えると、これらの事例は、経済制裁がステイトクラフトの他の技法に比べ効果が薄く、逆効果を招き、大きなコストを伴い、有用性が低いという主張を裏付ける「確実な歴史的証拠」とはなり得ない。

第 9 章
貿易

戦争と通商は、欲しいものを手に入れるという同じ目的達成のために使われる 2 つの異なる技法に過ぎない。貿易は、所有者になりたい者が、所有する者の持つ力に対して払う敬意である。それは、暴力ではなく、双方の合意という方法を用いることなのだ。常に勝ち続ける人間には通商という発想は浮かばないだろう。戦争、つまり自分の力を他者の力にぶつけるという行為にはさまざまな抵抗や失敗がつきものであり、通商という技法をとったほうがよいということは経験が教えてくれる。通商は、戦争ほどはっきりとした手ごたえはないかもしれないが、他者の利益を自己の利益に合わせるように誘導するためには、より好都合な方法なのだ [1]。

歴史を通じて、貿易の制限はステイトクラフトの技法として利用されてきた。本章では貿易政策の一般的性質、貿易管理を理解するうえで有益ないくつかの理論、そして貿易制裁の失敗例とみなされている歴史上の事例について考察する。

貿易政策

ソ連に対する「戦略物資」の禁輸や、イラン産石油のボイコットは、ニュースのトップを飾る事件だったが、貿易政策は外交政策の目的達成に向けての目立たない手段として使われる——しかも、成功することが多い。トーマス・シェリングは「投資、運送、観光、企業経営などを含む」広義の意味での貿易は「国際関係の本質である」と指摘している。また「貿易政策によって政府が反感を買い、大衆に恨まれ、経済に被害を及ぼし、政府の寿命に影響を与え、対立を誘発する可能性さえある」とも付け加えている[2]。そのような結果を招かぬよう（またはそのような結果に必ず導くよう）政策決定者が意図的に貿易政策を変更した場合、彼らはエコノミック・ステイトクラフトを実践していることになる。

貿易と外交政策の関係性に神経をとがらせる人々でさえ、ステイトクラフトのために貿易政策が利用される意義を正しく評価しないことがある。例えば、対外経済政策を「国の全体的な外交政策の一部」とみなすベンジャミン・コーエンは、第三世界の経済成長を促進するためにアメリカが用いた「まさにたった一つの政策手段」は、対外援助であったと主張す

---

1. バンジャマン・コンスタン。Hirschman, *National Power and the Structure of Foreign Trade* pp. 14n-15n から引用。
2. Thomas Schelling, "National Security Considerations Affecting Trade Policy," in *United States International Economic Policy in an Interdependent World*, papers submitted to the Commission on International Trade and Investment Policy, Compendium of Papers, vol. 1, July 1971, p. 737.

る。コーエンによれば、「実際、この目的のためには、貿易政策は少しも利用されていない」[3]。また、「貿易を政治的圧力の手段とレバレッジとして用いる可能性」に焦点を当てていたアルバート・O・ハーシュマンは、「戦後20年間に、国際経済関係の政治的主戦場は、貿易から対外援助及び資本移動へと移行してしまった」と述べている[4]。エコノミック・ステイトクラフトの分析という観点からすると、両者の言説はただ間違っているだけではない。こういう誤った認識のせいで、第二次世界大戦後におけるアメリカのエコノミック・ステイトクラフトの基本的な特徴がほぼ理解不能になってしまうのだ。対外援助のほうが広く周知されていたとはいえ、少なくとも1944年から1962年までは、貿易政策がアメリカの政策立案者によって採用されたエコノミック・ステイトクラフトの主要な経済的技法であった。アメリカの公式方針では、対外援助はヨーロッパの戦後復興促進のための一時的な緊急対応措置、第三世界に対して行っていた経済成長促進措置の二次的・補完的な存在であるとみなされていた。アメリカは、無差別な貿易自由化こそが、あなた方の問題解決のカギだ——という基本的なメッセージをヨーロッパと第三世界の両方に対し繰り返し送っていた[5]。

第二次世界大戦後、無差別な貿易自由化を基盤とした国際経済秩序の構築に向けてアメリカが用いた貿易政策は、それまでに企てられた経済政策手段のなかでは最も成功した影響力行使のための手段の一つだった。リベラルな世界経済秩序の確立は、非共産圏全体の高水準の国際貿易と繁栄の実現を目的としていた。第二次世界大戦以前の経済統計がないために確定的な結論は出せないが、大戦直後の30年間が未曾有の成長と繁栄を体験したことに異論をはさむ人は少ないだろう。そこまで劇的ではないにし

---

3. Cohen, ed., *American Foreign Economic Policy*, p. 32.
4. Hirschman, *National Power and the Structure of Foreign Trade*, p, v.
5. 以下参照。Baldwin, *Economic Development; Foreign Aid and American Foreign Policy: A Documentary Analysis* (New York: Praeger, 1966), pp. 45-66, 172-185；および Gottfried Haberler, "The Liberal International Economic Order in Historical Perspective," in *Challenges to a Liberal International Economic Order*, ed. Ryan C. Amacher, Gottfried Haberler, and Thomas D. Willett (Washington, D.C.: American Enterprise Institute, 1979), pp43-65. 貿易自由化が実際に経済成長を促すかどうかという問題と、アメリカの貿易政策がこの目標を達成するためのステイトクラフトの一技法であるかどうかの判断は無関係であることに留意したい。アメリカの政策立案者が貿易政策によってこの目標達成を推し進めようとしていた、ということがわかればよい。目標の達成度によってステイトクラフトの特性を定義することはできない。

ろ、第三世界の多くの国でさえ、かつてないほどの成長を実現できた[6]。

もちろん、これらの目標達成に向けてアメリカの政策立案者が用いたステイトクラフトの技法は貿易政策だけではない。ミリタリー・ステイトクラフトは、国際経済関係の基盤となる国際政治の枠組みを安定させるという限りにおいては有用であった。また、プロパガンダと外交も新しい経済秩序を促進するうえで役立つ技法だった。そのほかの経済的技法、例えば援助（特にマーシャル・プラン）、通貨の安定、民間投資の促進などもアメリカの外交政策における重要な構成要素であった。とはいえ、成功のカギを握っていたのはアメリカの貿易政策だ。1944年のブレトン・ウッズ会議（訳注：44カ国の通貨担当者が参加し、ドルを基軸通貨とする国際金融体制を作った）においてさえ、このことは十分理解されていた。ある参加者はこう評している。

> 通商政策は……万事を決定するカギとみなされている。世界最大の債権国が買い手として適切な機能を果たせるように関税引き下げを行うアメリカの貿易政策抜きでは、いかに体制を構築しようとしても、その有効性を信じる者はいないだろう[7]。

アメリカは他国を関税の引き下げと差別措置の制限に仕向けるため、「餌」として相互の貿易障壁の引き下げを提案した。この積極的誘引なしには、他国は進んで通商政策に大きな変革を起こそうとはしなかった。こうしてアメリカの貿易政策は戦後の自由国際経済秩序の土台となったのである。

国際貿易の組織化のための基本原理として無差別化を促進することは、アメリカの戦後貿易政策の重要な目標であったが、この目標に向けたアメリカの関与は誇張されがちだ。以下はアメリカの政策目標についての概略である。これを検討してみよう。

> 第二次世界大戦後、アメリカにとっての大きな目標は、多国が参加す

---

6. Haberler, "Liberal International Economic Order," pp. 49-52；Simon Kuznets, ***Economic Growth of Nations***（Cambridge, Mass.: Harvard University Press, 1971）；および "Aspects of Post-World War II Growth in Less Developed Countries," in ***Evolution, Welfare, and Time in Economics: Essays in Honor of Nicholas Georgescu-Roegen***, ed. A. M. Tang, E. M. Westfield, and James E. Worley（Lexington, Mass: Lexington Books, 1976）, pp. 39-65.
7. *New York Times*, July 16, 1944, pt. 4, p. 7.

るリベラルな世界経済の再建であった。……ルーズベルト大統領と彼の顧問たちは、平和、民主主義、そして世界秩序を達成しようとするならば、無差別原則と自由貿易に基づいた開かれた世界経済の創造を通じて、国際経済関係を非政治化しなければならない、と判断した。

この国際経済と国際政治（つまり外交と市場）の分離の原則は、ほかならぬアメリカ自身によってしばしば破られてきてはいるが、この理想が今も変わらずアメリカの外交政策の目標であり続けているのは正しいことだ。こうしたアメリカの全面的な関与は、関税及び貿易に関する一般協定（GATT）に盛り込まれている。非政治化された無差別な貿易というアメリカの目標は、前例のない世界通商の時代を作り出しただけではなく、アメリカとその同盟諸国間での利害の調和を大いに強化したのである[8]。

この一節における議論の主眼には、戦後のアメリカの貿易政策の特徴は無差別な貿易という「理想」への無条件の支持だ、という示唆が含まれているのだが、そこだけを見ていると誤解を招くだろう。実際、外交政策を目的とした——すなわち単なる国内農業の保護のためではない——選択的な貿易差別は、戦後のほぼ全期間、アメリカの貿易政策の重要な特徴であり続けた。設立が提案された国際貿易機構（ITO）の憲章[9]で定められた

---

8. Bienen and Gilpin, "An Evaluation of the Use of Economic Sanctions to Promote Foreign Policy Objectives, with Special Reference to the Problem of Terrorism and the Promotion of Human Rights," VII, 2.「政治化」という言葉は必ずと言っていいほど、相手の行為を否定したいときに使われる。「政治化」を中立的な意味で用いるなら、第二次世界大戦後の国際経済秩序を自由貿易によって立て直そうとしたアメリカの試みは、政治的な行為ひいては政治化の一形態とみなされよう。以下参照。M. Lyons, David A. Baldwin, and Donald W. McNemar, "The 'Politicization' Issue in the U.N. Specialized Agencies," *Proceedings of the Academy of Political Science 32*（1977）: 81-92.

9. ITOは貿易の分野で国際通貨基金と国際復興開発銀行に対応する組織になる予定であった。ITOが実現しなかったのはアメリカが憲章を批准せず、他国もアメリカの批准がない憲章に批准しようとしなかったからである。GATTの協定の大部分はITO憲章の一部である。以下参照。Wilcox, *A Charter for World Trade*；William Adams Brown, *The United States and the Restoration of World Trade*（Washington, D.C.: Brookings Institution, 1950）；Gardner Patterson, *Discrimination in International Trade: The Policy Issues, 1945-1965*（Princeton: Princeton University Press, 1965）；Raymond F. Mikesell, *United States Economic Policy and International Relations*（New York: McGraw-Hill, 1952）；Kenneth W. Dam, *The GATT: Law and International Economic Organization*（Chicago: University of Chicago Press, 1970）；およびRichard N. Gardner, *Sterling-Dollar Diplomacy in Current Perspective*, expanded ed.（New York: Columbia University Press, 1980）.

無差別原則の例外のなかで、最も重要な事項は以下の通りである（これらは後にGATT に取り込まれた）：(1) 厳しい国際収支難に直面している国は、アメリカ製品の輸入を制限できる。もとはイギリスの発案であるが、アメリカは1950 年代を通じてこれを容認していた。(2) 地域関税同盟はアメリカからの輸入を制限できる。西ヨーロッパ地域の復興と統合を促進するため、アメリカはこのような制限を奨励していた。一方で、ヨーロッパの強化と統一はソ連封じ込めのためのアメリカの戦略の一部でもあったのだ[10]。(3) 差別的措置の導入は、安全保障上の死活的利益の保護も目的であった。この措置は、ほとんど何についても該当するほど制限の対象が広く定義されており、アメリカ側の強固な主張によって採用され、各国がITO 憲章を承認するための必要条件であった[11]。アメリカによる貿易の無差別原則へのコミットメントは、「アメリカと同盟国の利益の一体化に大きく貢献した」というビーネンとギルピンの評価は正しいが、他方で、1950 年代を通して同盟国による自国への差別的措置を受け入れたアメリカの意思が、そのような利益の一体化効果をもたらした面もあると考えられる。

戦後のアメリカによる貿易政策の一環として、差別的措置に関するさらに2つの側面があげられる。少なくとも1948 年以来、アメリカは共産主義諸国に対しては差別的な貿易政策をとっていた。加えて、非共産圏の発展途上国に有利な差別的措置は、1975 年以来アメリカの貿易政策の一部に組み込まれている。この原則は、1948 年のアメリカの反対にもかかわらずITO 憲章のなかに盛り込まれたが、1960 年代半ばになるまでGATT に採用されることはなかった。アメリカはこの種の差別的措置に積極的であったことは一度もないが、今ではその貿易政策の一部となっている。以上のように、非共産主義諸国との貿易における無差別原則はアメリカにとって戦後の政策上の重要な柱であったが、選択的差別措置もアメリカのステイトクラフトの手段となっていた。アメリカが用いたエコノミック・ステイトクラフトのさまざまな技法を正しく評価しようとするならば、このような選択的差別については、正統からの逸脱、アメリカの貿易政策の不完全さ、あるいは無差別貿易という理想に到達できなかった例証、などと決めつけないほうがいい。

10. John Lewis Gaddis, *Strategies of Containment* (New York: Oxford University Press, 1982), p. 63.

11. Wilcox, *A Charter for World Trade*, pp. 182-183.

基本概念……………………………………………………

貿易政策に関する個々の事例を論じる前に、基本概念における諸問題について押さえておきたい。つまり、供給効果と影響力効果の問題、そして「戦略物資」の問題である。

供給効果と影響力効果

アルバート・O・ハーシュマンは著書『国力と外国貿易の構造』において、国力の手段としての貿易を説明・分析している。彼は貿易が「国力の優位性」に及ぼす「主な２つの効果」を、それぞれ「供給効果」と「影響力効果」と呼ぶ。「第一の効果は、明らかにポジティブな効果である。すなわち、外国貿易は（国力の観点から）必要とされる財貨をより多く供給し、あまり必要とされない財貨を必需品と交換することによって、国家の潜在的軍事能力を向上させる」。しかしハーシュマンは、供給効果の持つ意味は「自明」であるから、「これ以上の議論」は不要であるとしている。したがって、ハーシュマンは議論の大部分を、理論的には興味深いがまだ十分には理解されていない「影響力効果」に割いている。第1の効果が大国の「貿易利益」[12]に由来するのに対して、第2の効果は、すべての主権国家が持つ権利を行使して輸出入を中断することで相手国が貿易から得られる利益を剥奪できることにより生じる。ハーシュマンは、影響力効果を供給効果よりも重要だと考え、「外国に対する経済的圧力とは、主として、貿易中断の威嚇および最終的には当該国との対外経済関係断絶から成っている」と断言する。さらに、通商・金融関係を中断できるという国家主権上の権限こそ「国際経済関係が政治またはパワーの側面を有する根源的な原因なのである」と強く主張する。そして、大国の貿易相手国が、大国との貿易を断念したり代替策を講じたりできないようにするための数々の政策について論じている。

---

12. ハーシュマンは、アルフレッド・マーシャルを引用して「貿易利益」を以下のように定義している。「一国が外国貿易によって獲得する直接的な利益は、その国の輸入する財がその国に対して持っている価値が、その国が輸入品と交換に輸出する財を生産するために投入する資本と労働力によって、自国のために生産できる財が、自国に対して持っている価値を超過する部分から成り立っている」（*National Power*, p. 18）.

ハーシュマンの論考は1930年代のナチスドイツの対東欧諸国政策を背景に書かれてはいるが、彼の供給効果と影響力効果に関する議論は今日においても、エコノミック・ステイトクラフトを本格的に学ぶ人がぜひ読むべきものである。彼の論考の厳密さと分析の深さは、このテーマについての大方の論考を凌駕している。ハーシュマンの議論のなかでも以下の2つの点は最も意義深く、後世に残る貢献であろう。一つは国際貿易に内在する政治的影響を明示したこと、もう一つは貿易と依存の関係性という、それほど目立たない――おそらくは簡単には見抜けない――側面を解明したことである。ハーシュマンが執筆していた当時は（現在と同様に）、国家による国際経済への介入と差別的通商政策は、国際貿易の「政治化」という悪影響をもたらすと決めつけられていた。これには、民間企業に依存することと無差別的措置によって貿易は「非政治化」できる、という含みがある。しかし、ハーシュマンの論証によれば、主権国家間の貿易は「自由貿易か保護貿易か、国家貿易か私企業制か、最恵国待遇条項か差別的待遇かのいかんにかかわらず」[13]問題を政治化させる可能性をはらんでいる。

ハーシュマンの貿易と国家間の依存関係についての議論は多分、彼が執筆していた当時の問題以上に、現代の問題への関連性が深い。なぜなら、第三世界の台頭によって、依存の特質、原因および影響についての議論が活発に交わされるようになったためだ。彼の冷静な判断力は、現代の多くの議論に見られる表面的で情緒的な傾向に対抗する有益な手段なのである[14]。こうした論争のほとんどが第三世界諸国の国々に及ぶ国際貿易の弊害に注目しているのに対し、ハーシュマンは、国家間の依存関係は貿易利益に正比例して―反比例ではなく―変動することを論証している。したがって、ある国が貿易から利益を得ていない（または赤字である）ことと、その国が当該貿易に依存していることは両立しないのだ[15]。同様に、

13. 脚注12と同、p. 85。ビーネンとギルピンによる、最近のアメリカが行っている「国際経済関係の再政治化」としての経済制裁についての叙述（"An Evaluation of the Use of Economic Sanctions to Promote Foreign Policy Objectives, with Special Reference to the Problem of Terrorism and the Promotion of Human Rights" p. VII,2）；およびクラウス・クノールの「貿易における国力の行使は、本質的に差別的なものである」（*Power of Nations*, p. 160）という主張と比較してみよう。

14. この点については、以下参照。Baldwin, "Interdependence and Power."

15. これはもちろん一国全体に関して言えることである。貿易依存に関する現代の先行研究の多くは、一国全体への影響というよりはむしろ、その国の下部単位がそれぞれ受けている異なった影響に焦点を当てている。

第三世界諸国の貿易利益を増加させようとする提案の多くは、当該諸国の貿易依存の増大という、意図せぬ、また認識されにくい結果を招く傾向がある[16]。国家間の依存と貿易利益の関係についてのハーシュマンの議論は、もちろんこの問題の決着をつけたわけではない。しかし、少なくとも彼の見解を考慮しないと、知的な議論をさらに発展させることはできないだろう。

ハーシュマンの供給効果と影響力効果の分析には不朽の価値があるが、その限界も認識すべきである。エコノミック・ステイトクラフトを学ぶ人間からしてみると、これらの限界は、両方の効果の基本的要素に注目するために立てられた仮定と、1950 年に起きた国力分析における大革新（第 2 章参照）開始以前に論文が執筆されたという事実に由来している。したがって、現在ハーシュマンを読むときには、以下の点に留意しならない。

(1) ハーシュマンの規定する国力は曖昧なものであり軍事的バイアスが含まれている。：彼は国力という言葉を「ある国が外国に対して軍事的手段または平和的手段を用いて行使する威圧力」と定義している。この表現は非軍事的な威圧力を認めているかのようにも受け取れるが、「平和的」とカッコつきで書かれている点に疑念を抱かされる。国力の定義の直後に供給効果が論じられている部分では、「戦争」、「軍事力」、「開戦の威嚇」、「軍備」、「軍事的圧力」などの言葉が用いられている。実際、ハーシュマンは戦争のない世界に供給効果が生まれるとは考えていない。そして、供給効果に関する議論によれば、（訳注：軍事力あっての国力という前提に立って）国力は軍事力と同一視されるべきものとなる。しかし、影響力効果の分析では、（訳注：戦争がなくても貿易相手国にネガティブな影響を与えうる）影響力効果が戦争のない世界でも発生することから、この同一視は正確ではない。

(2) 国力という概念は主としてネガティブな制裁の観点から論じられる。：すなわち、供給効果は完全に大国の立場から論じられ、相手国の立場からではない。確かに相手国の貿易利益も関係はしているが、それは貿易利益が影響力効果を強化している場合に限る。ハーシュマンは、A 国が B 国との貿易で、直接的な影響力行使として供給効果を増大させたがるという可能性を考察せず、また認めることもない。したがって、軍事同

---

16. この点については、以下参照。David A. Baldwin, “Foreign aid, Intervention, and Influence,” *World Politics* 21 (April 1969) : 445-446.

盟を強化する、相手国の第三国への依存を減らす、または非友好的な相手国の輸入原油に対する依存度を下げるといった目的を持った貿易はすべて、ポジティブな効果を狙った制裁手段である。これは、相手国における供給効果を強化するための意図的な取り組みとなる。1947年から1957年にかけて、アメリカはヨーロッパの同盟国による逆貿易差別を容認し、東欧の衛星国との貿易に積極的だった。近年はソ連に原油回収特殊技術を売ろうと提案して、ソ連の国内原油生産の増加を促し、ソ連がペルシア湾の原油権益に興味を持たないよう先手を打った。すべて、相手国の供給効果を強化することによる影響力行使の例である。ハーシュマンが相手国の貿易利益の増大を認める唯一の理由は、依存度を深めることである。彼は他国の貿易利益の増加というポジティブな制裁を通した直接的な国力の行使の可能性については論じていない。

(3) 貿易政策によって発揮されるパワーの非経済的要素は、明確に考察対象外となっている。：実際、ハーシュマンは政策手段とパワーの基盤の間に明確な境界線を引いていないため、この点についての彼の立場は明確ではない。貿易が他国に対してシグナルを発するためにどのように利用されるか、といった問題には言及しないし、そうする意思もなかったのは明らかだ。したがって、貿易を国力の手段として活用する方法の多くは、ハーシュマンの著書の範囲の外にある。彼の著書は貿易とパワーの関係性を理解するためには必読であるが、十分ではないことも確かである。

(4) 戦後のパワー分析の最大の貢献は、国の能力を評価する土台となる政策-有事の枠組みの重要性が強調されたことにある。したがって第二次大戦中に執筆された本がパワー分析の面で比較的力不足なのは驚くことではない。：例えば、一国が「どの国と」そして「なぜ」通商関係を持つのかという問いについては掘り下げられており、役に立つ。しかし、貧困国、小国、友好国、そして「属国」、あるいはそのいずれかの国と貿易することの意義という重要な話題については、考察してはいるが、かろうじて触れているだけだ。供給効果については、自国の貿易利益の保護措置は取り上げているものの、潜在的敵国の貿易利益を減少させるための買い占めのような措置、または同盟国の貿易利益を促進するための措置については言及していない。影響力効果については、相手国の第三国への依存を減らすための措置については検討されていない。例えば、アメリカがユーゴスラビアのソ連への貿易依存を減少させたいと望むなら、ユーゴスラビアとの貿易に対する意思を表明しさえすればよかった。依存度の大小は貿易量だけではなく、代替措置があるかどうかにも左右されるので、アメリカがこのように表明すればアメリカとの実際の貿易関係がなかったとしても、ユーゴスラビアのソ連への依存は減っていただろう[17]。ハーシュマンの政策-有事の枠組みの扱い方において、最も明白に正当化できない欠点はおそらく、供給効果は「戦争勃発の可能性があることが必要条件である」とした点である。供給効果によって、例えば対外援助を供与する能力など、国家の軍事面以外の能力が強化されることもあるので、ハーシュマンの意見は明らかに誤りである。要するに、ハーシュマンが展開する国力の手段としての貿易という議論は、この問題を理解するうえで役に立ち、欠かすことはできないほどの貢献をもたらしたが、彼の分析は、現代のパワー分析から引き出された技法そして分析の技術をもって補足しなければならないということだ。

「戦略物資」

「戦略物資」の概念について広く流布している誤解は、エコノミック・ステイトクラフトについての知的な議論の妨げとなる最大の障害物の一つであり、これは特に東西貿易の問題の考察において顕著だ。「戦略物資」の概念を理解するには、政治的分析と経済的分析の両方が不可欠であるが、どちらも大学課程の入門レベル以上の学問は必要としない。重要な点を簡潔にまとめるとこのようになる。

17.「ある国がもう一つの国に直接的に経済戦争を仕掛けるためには、それ以前に両国が経済面で互いに依存していなければならない」とするフランクリン・D・ホルツマンの見解は、誤謬またはトートロジー（同義反復）である。もしこれが、ある国が相手国に経済戦争を仕掛けるためには2カ国間の直接的な経済交流が必要であるということを暗に意味しているなら、この説が誤謬であることは間違いない。前述のユーゴスラビアの例や、第二次大戦中のドイツにタングステンが渡らないように連合国が行った買い占めがこれを実証している。一方、相手国の経済繁栄について影響力を持つという単純な意味で「相互依存」と言っているなら、トートロジーである。(*International Trade Under Communism — Politics and Economics* [New York: Basic Books, 1976] p. 55)。マレー・C・ケンプの「相互依存にある国際貿易システムにおいて、各国の貿易パターンとその国の福祉の水準は、直接の貿易関係を持たない国まで含めた他のすべての国の生産量と消費量の決定に左右される」という主張も、おそらくトートロジーである。しかし、直接的な貿易関係にあることは相互依存または経済戦争の必要条件ではないということを明らかにした点でこの欠点を補っている（*The Pure Theory of International Trade*, p. 208)。依存性についての言説に特有なトートロジカルな性質については、以下参照。Baldwin, "Interdependence and Power," pp. 500-503.

1. もの――財、サービス、発想、人、など何でもよい――のなかには、他のものよりも大きな戦略的価値を持つものがある。：つまり、どんな戦略にとっても、あるものは他のものより有用であるということだ。これが「戦略物資」という概念の根本にある基礎的でわかりやすい考えである。もっと詳しく言うと、「戦略物資」とは「需要の限界弾力性（訳注：ある財の価格や所得が1％変化したときに、その財の需要が何％変化するかを示すもので、代替品に乏しい必需品はこれが低い）が極めて低く、また代替品が簡単に手に入らない産品」だ[18]。
2. 実際のところは、そのような財を見分けるのは難しいことが多い。：とはいえ、誰にも見当がつかないとか、どの財が戦略物資であるかを判断するには、コインを投げて決めるのが適切だ、などという意味ではない。
3. ある財の「戦略的」な性質は状況によって変化する。つまり、「戦略的」性質とは財そのものに内在する性質ではない。：したがって、財がどれほど戦略的であるかという問いについては、財そのものを仔細に調べてもわからないし、その財に割り当てられた可能な限りの利用目的を分析しても、答えは出ない。ある標的国にとっては非常に「戦略的」なものが、別の国にとってはそれほど「戦略的」ではないこともある。例えば、もしソ連が標的国だとしたら、小麦の戦略的価値は非常に高くなるかもしれない。しかしアルゼンチンが標的国なら、小麦の戦略的価値がそう高くなるとは考えられない。

国際貿易の観点からすると、「戦略的」財とは、ある一定の戦略を遂行するために必要でありながら国内生産が輸入に比べて効率が悪いものを指す。比較生産費の原理（訳注：各商品の生産費を他国のそれと比較し、自国が優位の商品を輸出し、劣位の商品を輸入すれば、双方が利益を得て国際分業が行われるという考え方）からすると、国内生産のほうが比較的効率が良いものは国内で調達し、国内生産が比較的効率が悪いものは外国から調達するというのが適切な方針である。トーマス・シェリングはこんな仮想状況を作ってみせた。「軍事能力を高めようとしている好戦的な国なら、ジェット機よりも自転車を輸入し、自転車は必ずしもジェット機より戦略

18. Theodore Kent Osgood, "East-West Trade Controls and Economic Warfare" (Ph. D. dissertation, Yale University, 1957), p. 89.

的価値が少ないとは限らないということを証明するのが賢明である。」[19] シェリングはそのポイントを以下のように要約している。

ロシアが獲得した外貨でジェット機を輸入するか衣類を輸入するかという問題は、純粋なレトリックではない。（中略）もしロシア人が衣類もジェット機も購入すると決めたなら、より多くのジェット機を国内生産して衣類を輸入するか、逆にジェット機を輸入して衣類を国内生産するかどうかが戦略上の問題になる。言い方を変えれば、何機の飛行機と何着の衣類に予算を割り当てるのかという問いと、何を国内生産し何を外国から調達するかという問いには、まったく関係がない。

［財のなかには他の財より内在的に戦略的価値が高いものがあるとする考え］は不適切で、非論理的でさえある。この考えは、財のなかでも、戦争で使用できるものか、戦争用に改造されたもの、または戦争用の財に加工されたものだけに戦略的価値があるという思い込みから生まれた。この考え方からは、国の資源を代替の財を生産するために使うことができるという事実が抜け落ちている。民生品のなかでも最も戦争と関係ないと思われる製品であっても、もしロシア人がこれらの製品を消費する予定であり、国内生産が難しいと思うなら、ロシア人にとっては「戦略的輸入」品になることもあるのだ。なぜならこの場合、貿易利益によってロシア経済が潤うのであれば、その金は軍事費や他の目的に使うことができるからである[20]。

現実的には、一つの財の戦略的価値を測るのは難しい。標的国の比較生産費の状況を知る必要があるからだ。ソ連経済は巨大で複雑なので、戦略性の判断にはソ連経済についての詳しい知識が必要である。とはいえ、いつもそうだとは限らない。ソ連経済のなかでも農業分野の効率性が低いということは、ソ連の専門家や経済学の天才でなくてもわかることだ。農業生産品が、ソ連に輸出することができるより戦略性の高い産品であること

---

19. Schelling, ***International Economics***, pp. 498-504. 学生に教えるときは、さらに極端な例を用いて、ジェット機よりもフラフープの戦略的価値のほうが高くなり得ることを示して同じ論旨を説明している。

20. 脚注19と同、p. 500。「戦略物資」の概念を扱った類似の論考としては、以下参照。Wu, ***Economic Warfare***, pp. 10-13；Wiles, ***Communist International Economics***, pp. 463-466；および Robert E. Klitgaard, ***National Security and Export Controls***, Rand Corporation Report, R-1432-1-ARPA/CIEP (April 1974).

は誰の目にも明らかであろう。

「戦略物資」についていくつかの論を検討する前に、先ほどの考察が何を示唆しているかを明確にしておこう。第１に、大前提として、玩具、ボタン、櫛、小麦、朝食用加工食品、トラクターあるいは衣類などが「戦略物資」かもしれないと考えることは、非常識でもばかげたことでもまったくない。このような意見を嘲笑する一般的な風潮は、ただ「戦略物資についての誤謬」の例証に過ぎない。第２に、戦車、ジェット・エンジン、軍需品、そして潜水艦は、いわゆる民生品よりも明白に、はっきりと、または必然的に戦略的または軍事的価値が高いわけではない。戦車の軍事的重要性や有用性は、戦車そのものに内在する性質からくるものではない。第３に、政策立案者が禁輸品のリストを拡張したがるのは、必ずしも官僚的な臆病さ、感情主義（訳注：理性や意志よりも感情や情緒を重視する傾向）、または愚かさが原因なのではない。不確実な状況下における政策決定のための合理的な戦略なのである。そして第４に、相手国において資源が代替可能である限り、輸出品の種類や最終消費者は問題ではない。真に重要なのは、相手国においてどれくらいの量の資源が他の用途に使えるようになるかだ[21]。それでは「戦略物資」についてのいくつかの論点を検討していこう。

例１

このような政策の設計と評価をするうえで重要な問題は、「戦略物資」という言葉の意味にある。軍艦、戦車、そして誘導ミサイルなどの軍事装置について判定するのは簡単だ……[22]。

解説：この意見からわかるのは、専門家でさえ簡単に戦略物資についての誤謬という罠にかかってしまうことだ。軍事力の経済基盤に関する第一流の権威の１人、いやおそらくは随一の権威として、クノールは「軍事装置」が戦略物資にならない場合もあると十分に理解している。実際、このあと同じ段落中で「タイプライターと玩具」の輸入によってその分の労働力を軍事産業に注入できるだろうと言っている。この論理をさかさまに用いて、軍事装置の輸入によって軍事産業から労働力を解き放してもいいのだ。

---

21. 以下参照。Klitgaard, “National Security,” pp. v-54.
22. Knorr, *The Power of Nations*, p. 143.

例2

共産主義反対という理念を共有するアメリカの同盟諸国は、アメリカと共に、共産主義国に対して共産主義軍事体制の潜在能力に大きく寄与するような製品の輸出を拒否している。しかし同盟国との合意以上に規制を強化しているアメリカは、共産主義国家への非軍事製品の輸出を合法的に制限する自由世界における唯一の国として孤立してしまった[23]。

解説：戦略物資についての誤謬（つまり、戦略的性質は財に内在しているという誤謬）の格好の一例である。小麦、プラスチックの櫛、またはボタンが、戦車、ジェット・エンジン、そしてジープよりも、共産主義国の潜在的軍事力への貢献度は低いと無条件に信じる根拠は何もない。実際、ソ連経済の軍事分野は比較的効率が高く、農業分野は比較的効率が低いという推論には理由があり、それによって、武器より小麦のほうがソ連の軍事体制の潜在的な力の向上に役立つという指摘が可能になる。「反共主義」と「戦略物資」についての見解の関係性は重要であり、注目すべきだ。等しく合理的な考えを有する二者が、共産主義の脅威（共産主義による「挑戦」、「論争」、「機会の提供」など何でもよいが）については同じ見解を持つのに、「戦略物資」のリストの長さについては意見の一致を見ないということがなぜ起こるのだろうか。仮説は3つある：(1) 片方の当事者が代替可能性や比較生産費について理解していない。しかし、ヨーロッパの経済学者とアメリカの経済学者の間で代替可能性や比較生産費の理解が同じであることは確かだ。自分とは意見を異にする人間のことを馬鹿者扱いする説明には常に用心しなければならない。(2) 片方の当事者が、当該の期間にソ連では理由があって事実上、代替資源が得られないと信じている、またはソ連経済に関してより多くの知識を有していると信じているため、戦略物資を判定する能力に比較的自信がある。この仮説の問題は、ヨーロッパ側がこうした知識の点で自分たちのほうが優れているとは言っていない点にある。もう一つの問題点は、代替資源の入手が難しそうな期間は一時的に過ぎないことだ。ヨーロッパ人がアメリカの政策を批判するのはまさにこういうものの見方のせいだ。不条理な状況（身動きがとれない状態）は長期的なものか、短期的なものか、という想定もある。すなわち、ソ連の脅威は短期的、つまり戦争が差し迫っているとすれば、貿易の全面禁止が潜在

---

23. Jay H. Cerf, "We Should Do More Business with the Communists," in *American Foreign Economic Policy*, ed. Benjamin J. Cohen (New York: Harper and Row, 1968), p. 306.

敵国に資源が渡らないようにするための適切な方法だということになる。他方、ソ連の脅威が長期的なものだとすれば、代替資源の入手可能性は増大し、ソ連の貿易利益を増加する輸出はどれも将来的に軍事的に大きな意味を持つことになる。長期的展望と短期的展望の違いは、この混乱を理解するカギではなさそうだ。(3) 当事者のうち片方が、実は共産主義の脅威の性質や深刻さについて相手と同じ見解を持っておらず、ソ連に戦略物資を供給する利益がコストに勝ると信じている点で「反共産主義」度が低いのかもしれない。この仮説は、両者が同程度に反共産主義者であるという最初の前提が誤っていることを示唆している。これは、「戦略物資」についてのヨーロッパの見解とアメリカの見解の違いを説明するのには役に立つが、次のような疑問も浮上する。なぜ両者または片方は、ソ連の脅威の性質または深刻度、あるいはその両方についての意見の違いを、「戦略物資」の性質をめぐる比較的重要ではない解釈上の不和としてごまかそうとするのか。ここではこれらの問題点を浮かび上がらせることにとどめ、のちにこの章の中で東西貿易について考察する際に再びこの問題を取り上げることとする。

例3

当然ながら、その意思があれば全てを戦略物資とみなせる。一つのボタンでさえ、兵士のズボンに縫い付けられれば戦略物資となる。兵士はボタンのついていないズボンを履かない。なぜならボタンのないズボンは両手で引っ張り上げていないとずり落ちてしまうからだ。両手がふさがっていたら、どうやって武器を使うのか。このように考えれば、ボタンも極めて戦略的な物資であると言うことができる[24]。

解説：フルシチョフによるこの発言は、ボタンを戦略物資と言うのは過激論者しかいないという文脈においてしばしば引用されている。もちろんボタンを戦略物資だとみなすことは、おかしなことでも過激なことでもない。彼のコメントを引用した人間は、なぜフルシチョフは戦略財の概念を面白おかしく取り上げるのが役立つと思ったのか、少し立ち止まって考えてみるのがいいだろう。

---

24. 1963年のニキータ・S・フルシチョフの演説をステントの著作から引用。*From Embargo to Ostpolitik*, p. 93.

例4

「戦略的」という言葉の概念は、明確で普遍的な言葉の定義とは相容れない。最も狭義の意味では、「戦略的」とは直接的な軍事利用目的の製品に適用され、そのような製品の特定と定義は当然簡単だ。他方、極端な論者は……敵国が必要としているものなら、それはいずれにせよその国の国力を強化するに違いないので、どんな製品も戦略的なものであるとみなす。一時期小麦を戦略物資であると考えていたアデナウアー博士（訳注：元西ドイツ首相のコンラート・アデナウアー）も同様の意見を持っていた。その他の人々は中間的な立場をとっている。一般的で無難な定義は、「戦略物資とは、ソビエト圏の軍事力を向上させるような原材料および製造品（軍需物資を含む）である」[25]となる。

解説：この一節は、共産主義諸国との貿易における輸出統制の議論において、一般的に浸透している論法の典型例である。第1に、弾薬のように「明らかな」または「直接的な」軍事品として制限をかけることに「誰もが同意する」ことを前提としている。第2に、「明らかに」、「平和的な」または本質的に「民生品である」財、例えばボタン、プラスチックの櫛、そして小麦などでさえ戦略物資になり得る、と主張する「極端な論者」的立場も認められる。第3に、最も「理性のある人々」が「明らかに」戦略的である財と「明らかに」戦略的でない財との間に存在するグレーゾーンに注目していることを示唆または暗示している。したがって、ここではどちらとも決められない境界線上のケースが議論になっている。つまり、議論の中心は戦略的性質を内在すると誰もが認める製品ではあるが、合理的に考えて複数の用途が認められるために戦略物資と断定できない製品との境界をめぐるもの、とすることができる。つまり、冷静で合理的な人間であれば、軍需物資の戦略的な性質に疑問を呈さないだろうし、小麦は戦略物資かもしれないという意見を真に受けたりしないと示唆している。とはいえ、主な議論は、「戦略物資」についての認識を共有する極端な論者と穏健派の間ではなく、戦略物資の概念を理解している人間と、戦略物資について誤った見解を持つ人間との間で行われている。軍需物資と小麦、またはそのどちらかは、ある特定の状況下においては戦略物資とみなされる可能性は否定できないが、以下のことは確かである。自明を前提にしてしまっては、どのようにし

25. Jozef Wilczynski, *The Economics and Politics of East-West Trade*（New York: Praeger, 1969）, p. 275.

ても賢明な判断は下せない。「戦略物資」に関する議論は、もし文字通りに受け取るなら、この言葉を理解する人とそうでない人の間の議論ということになる。残念ながら数の上では後者が前者を上回る。

例5

本書の主題は、共産主義諸国に対する西側諸国の経済戦争である。この経済戦争は、いわゆる「戦略」財の禁輸という形態をとる。この政策を理解する際の主要なカギとなるのは、「戦略」財の概念の意味を理解することである。ただ、「戦略」財について簡単な定義はないというのも事実である。関連文献では、「軍事力に直接結びついた財のこと」、「その供給が共産主義諸国を戦略的に不利な立場に追い込む財のこと」などと定義されているが、これらはトートロジーである。禁輸措置に関する先行研究のなかで、この用語に関して明確な定義がなされたことはいまだかつてない。レオン・ハーマンは「戦略物資」は「架空の概念」だと言い、オズグッドは「完全な不条理とは言わないにしても、曖昧な」言葉だと批判する[26]。

解説：アドラー＝カールソンは「戦略物資」の概念を理解することが「主要なカギ」であると断言するが、彼がその概念を理解しているという証拠をほとんど提供していない。第1に、シェリング、オズグッド、あるいは呉元黎らも説明しているように、この概念に特に難解で不明瞭な点はまったくない。とはいえ、世に広まっている誤解については三者

---

26. Adler-Karlsson, *Western Economic Warfare*, pp. 1-2. クノールは同書について、「この件についてこれほどよく論じた書物はない」（*The Power of Nations*, p. 335）と評し、自らの反共禁輸措置についての論考の根拠をここに置いている。さらに、ビーネンとギルピンはクノールの説を基にして自分たちの論考を展開しており、アドラー＝カールソンの著書については「西側のソ連ブロックに対する経済的ボイコットについて述べた権威ある研究」と力説する（「An Evaluation of the Use of Economic Sanctions to Promote Foreign Policy Objectives, with Special Reference to the Problem of Terrorism and the Promotion of Human Rights」p. IIIc,6）。ウィルチンスキーはアドラー＝カールソンの研究を「総合的で信頼できる」と評している（*East-West Trade*, p. 288）。

27. Schelling, *International Economics*, pp. 498-504；Osgood, "East-West Trade Controls," pp. 89-102；および Wu, *Economic Warfare*, pp. 10-14. アドラー＝カールソンの執筆時には、これらの資料はすべて参照可能だったにもかかわらず、彼は最初の2作品しか引用していない。ハーシュマン、呉の *Economic Warfare*、そしてジェイコブ・ヴァイナーの東西貿易における禁輸措置の「総合的で権威ある」研究のなかの *Trade Relations Between Free Market and Controlled Economies*（League of Nations Pub. II. Economic and Financial, 1943, II. A. 4）も参考になるのだが、いずれも言及されていない。

とも指摘している[27]。第2に、先行研究の中で初めて出てきたとされる定義は、シェリングが法律、議会での議論、政策の公式声明のなかに見つけた概念をまとめて記載した一節から引用したもので、シェリングはこの文の直後でこうした概念を完膚なきまでに攻撃している[28]。アドラー＝カールソンが引用したこの一節に続く10ページには、戦略物資の概念について、当時も現在も通用する最も明瞭で精密な定義が述べられている。第3に、戦略物資の定義が「トートロジカルである」という主張には当惑させられる。ほとんどの社会科学者にとって、命題はトートロジーであってはならないが、定義はトートロジーであるのが普通だ[29]。そして第4に、オズグッドの引用はかなり誤解を与えるものだ。これは、オズグッドが「戦略物資」という言葉のさまざまな誤用例について概説している章から持ってきた引用だ。オズグッドは、「『戦略物資』の概念について、完全な不条理とまでは言わないにしても、最近この言葉が使われるときの曖昧さ」[30]に言及しているのだが、太字で書かれた言葉を除いて読むと意味が変わってくる。また、オズグッドは、アドラー＝カールソンが引用している章の直前の章で概念を詳細に定義しているので、概念のなかにある内在的または必然的な欠陥についてではなく、むしろ一般的な用法に言及しているということは明らかだ。

例6

禁輸政策は、軍事品と非軍事品の双方の輸出制限を組み合わせたものである。軍事品と非軍事品をはっきりと分けることは不可能である。しかし以下の記述の通り、アメリカの政策立案者は、武器、軍需品、兵器といった純然たる軍事製品を対象から外す識別法を使ってきた。よって、ここで扱われているのは、従来民生品だとみなされてきたものに対する禁輸措置である。しかし、これらの財がしばしば軍事使用の可能性を持っていることは明白だ[31]。

解説：このような形で限定された研究が「戦略物資」についての論争の核心に迫っていけるとは思えない。資源が代替可能であるということにはさまざまな意味があるが、そのなかでも最も重要な点は、「民生品」

28. 以下と比較のこと。Schelling, *International Economics*, p. 493.
29. 定義については、以下参照。Dahl, *Modern Political Analysis*, 3d ed., pp. 17-19.
30. Osgood, "East-West Trade Controls," p. 102.
31. Adler-Karlsson, *Western Economic Warfare*,p. 3.

輸出と「軍事製品」輸出の区別は、貿易が相手国の軍事能力（または非軍事能力）へ与える全体的インパクトとは無関係であるということだ。「民生品」が本来的に「平和的」であるという従来の考えこそが、まさに混乱の元凶なのである。

例7

経済学においては、すべてのものは相互に関係性を持つ。西側の国が、ソ連国内での需要は大きいが国内生産が比較的高くつく非軍事製品を選び、禁輸措置を講じれば、敵国は資源の配分を軍事生産から非軍事生産に回さなければならなくなるだろう。この理屈を突き詰めていくと、ソ連の首相フルシチョフがロシア農民風の言葉（訳注：フルシチョフはウクライナ出身でなまりがあった）で表現したあの一節になる。いわく、商品のなかでいちばん戦略的なものはボタンである。なぜならボタンなしには兵士たちは片方の手で戦い、もう一方の手でズボンを引き上げていなければならないからだ。このばかばかしい話と大して変わらないことを言うアメリカの戦略家もいる。戦略物資のリストのなかに、プラスチックの櫛や、報道によるとブラジャーやシャツのボタンまで含めようとしていたらしい[32]。

解説：比較生産費の理論と政策の影響について適切にまとめたあとで、アドラー＝カールソンはこういう考え方はばかげていると一蹴している。

例8

われわれの「準経済戦争」はそれほど共産主義諸国に被害を与えない。なぜなら彼らはわれわれが売り惜しみしている製品を、簡単によその国との貿易で仕入れ、また自分たちで生産できるからだ。ソ連が輸出用製品の生産により多くの資源を割り当てれば、それに比例して軍事関連製品の生産に割り当てる資源の量は少なくなる、ということを心に留めておかなければならない[33]。

解説：ソ連側が「われわれが売り惜しみしている製品」を自国で生産するか他国から調達することができるという事実は、禁輸が「共産主義

---

32. 脚注31と同、p. 32。
33. Harold J. Berman, "A Reappraisal of U.S. -U.S. S. R. Trade Policy," *Harvard Business Review* 42（July-August1964）: 141,151.

諸国に被害を与え」ないということを証明するものではない。問題は、彼らがその製品をわれわれから仕入れるのと同じくらい効率的に他国から仕入れ、自国で生産できるのかどうか、である。この一節の論理は、貿易はそれを行う国の経済の生産性を向上させる、という根本的な事実に反しているように思われる。結局のところ、各国が貿易に取り組む理由はそれなのだ。クノールは以下のように明確かつ簡潔に要点を示している。

　貿易に従事する国家は、生産用資源が比較のうえで最も適した方法で割り当てられるような生産パターンを重視するようになり、自国で生産するには比較的高い費用をかけなければ不可能か、生産がまったく不可能である財やサービスを、貿易を通して手に入れることができる。特化することにより、国家は自給自足状態のときよりも、自国の生産能力からより大きな生産量を引き出すことができる。軍事設備や軍需品が貿易で扱われようが扱われまいが、国民総生産および１人当たりの国民総生産の増加に従って潜在的な軍事力は高まる。これは、単純に生産力の向上の結果に過ぎない[34]。

　貿易の禁輸措置の影響を理解しようとするなら、国家がどのように、そしてなぜ貿易を行うことで利益を得るのか把握しておくと役に立つ。

「戦略物資」の中身をめぐる論争は30年続いている。では、学習効果はあったのだろうか。資源の代替可能性の理論と政策面での意義や、比較生産費の原理は、輸出制限に対するアメリカの外交政策に取り込まれてきただろうか。そうだとしても、変化があったかどうかは非常に見えづらい。ある財に内在する軍事的重要性を一つ一つ綿密に調べて決定するというアプローチは、今も政策決定プロセスのなかで安定的に支持されている。確かに「軍事的重要性」や「軍事的有用性」といった用語は、ある程度「戦略的」という言葉の代わりに使われてきた。しかし、根底にある問題は変わらないままだ。なるほど「テクノロジー」は、東西貿易について語るとき今や最も脚光を浴びている財ではある。だが、一つのテクノロジーの戦略的性質を決定するために適用する基本的な分析原理は、25年前にシェリングが説明したものとまったく同じである。1958年、シェリングは戦略的

34. Klaus Knorr, *Military Power and Potential*（Lexington, Mass.: D.C. Heath, 1970）, p. 106.

重要性を決定するために行政機関が用いた5つの基準を列挙している。

1. その財が戦時においてどのように使用されるか。
2. その財が戦時利用のためにどのように改造できるか。
3. その財が軍需生産にどう貢献するか。
4. その財を規制するとソ連の戦争経済に重大な欠乏をもたらすかどうか。
5. その財は軍需生産においてソ連側にとって有用な情報を具現化したものか[35]。

シェリングは続けて、「この5つの基準が不適格である——非論理的でさえある——こと」を示した。その理由は、これらの基準が「財が戦略的であるとみなされるのは、戦時に使用できるか、戦時利用に改造できるか、あるいは戦争用産品として加工できるときに限る」という推測に起因しているからだった。

1979 年、技術評価局（訳注：1974 年から 1995 年まで運営されていたアメリカ議会機関）が作成した報告書には、以下の通り、ある財がどの程度「他国、または複数の国家の潜在的な軍事力に重要な貢献をし、アメリカの軍事安全保障に脅威を与えかねない」かを判定するために、国防総省が使用していた基準が列挙されていた。

1. その財は量、質、明白な必要性、設計などの点において、定められた最終的な民生利用に適しているか。
2. 当該製品を使用する所定の最終利用者が、軍に直接関係するか、軍に関係する活動に関与しているという証拠はあるか。
3. この財を軍事目的用に転換することにはどれくらいの難度があるか。
4. そのような転換は発覚することなく実施できるか。
5. この財が転換されることで補うことができそうな、軍事分野における深刻な欠乏の証拠はあるか。
6. 軍事上重要でありながらいまだ利用不可能な技術が、この財から引き出すことはできるか[36]。

---

35. Schelling, *International Economics*, p. 498.
36. U.S. Congress, Office of Technology Assessment, *Technology and East-West Trade*, November 1979, pp. 90-91（以降、OTA, *Technology and E-W Trade* と表記）。

言葉遣いは変化したかもしれないが、根底にあるのは相変わらず、「財が戦略的であるとみなされるのは、戦時に使用できるか、戦時利用に改造できるか、あるいは戦争用製品として加工できるときに限る」という想定だ。

1983年、技術評価局による報告書の最新版で、一つの章につけられたタイトルは「軍事的重要性の定義に向けて」であった[37]。ここで用いられている理論のスタイルは、戦後の「戦略物資」についての議論展開を追ってきた人たちなら今日では常識となったものである。まず、「ソ連がアメリカから仕入れたいと願うような潜在的な軍事価値を持つ財」を、一方の極を「直接的な軍事利用目的」の財とし、もう一方の極を穀物などの「明らかに民間利用目的」の財とする一定の範囲上に並べる。次に、スペクトラム（訳注：曖昧な境界を持ちながら連続している領域）上の「直接的な軍事利用目的」の部分に位置する財の輸出制限の可否については「ほとんど異論はない」ということが認められる。注目すべきなのは、穀物やパイプレイヤー（訳注：パイプライン工事用の専用機）などの「民間利用目的」の製品への「輸出制限の拡大」に「賛成する者（過激論者か）」もおり、その根拠は、こうした製品の「輸出は一般的にソ連経済を強化し」、その結果ソ連の軍事能力も強化するから、または「ソ連への輸出によって、彼らが非軍事分野にしか使えなかった資源を、軍事分野で利用できるようになってしまう」から、というものだ。第3に、報告書はこうした議論に言及しつつも、結局はこれらを無視したままとりまとめられ、スペクトラムの両極の間のグレーゾーンが議論の中心であり、事例ごとに議論を尽くすと表明している。一定の財の軍事利用の可能性を考慮することによって判断すべき、内在的な特徴としての「軍事的有用性」という考え方は、アメリカの禁輸政策のなかに今も深く根付いている。限界効用逓減、比較生産費の原理、そして資源の代替可能性は、こうしたアプローチにおいて無視されているように思われる。1952年に呉が「戦略物資についての誤謬」と名付けたものは、30年経った今も健在であるようだ[38]。

この誤謬が法律、公的文書、あるいは議会演説のなかでしばしば見受けられたとしても特に憂慮する事態ではない。アメリカの輸出管理関連法において、「戦略物資についての誤謬」の内容と影響を理解する行政官に対

37. U.S. Congress, Office of Technology Assessment, *Technology and East-West Trade: An Update*, May 1983, pp. 83-84.
38. Wu, *Economic Warfare*, p. 11.

し、その賢明な法の施行を阻むような表現が登場したことはない。懸念すべきは、学術的文献、しかも「権威ある研究」と称されるもののなかでさえ、この誤謬が登場する頻度が多いことだ。政策立案者が、本当は違うことをわかっていると断言しつつ、「体面上」武器を内在的に非常に戦略的であるかのように扱わなければならないと主張するのは無理もない。しかし、学者はそのような情状酌量を受ける立場にはいない。

クノールによる貿易制裁の事例……………………………………

「経済的圧力としての貿易制裁」を扱うにあたり、クノールは主に22の事例の「詳細な研究」に基づいて議論を展開している。その多くが第二次世界大戦のあとに発生した事例であり、すべて「外交面で非常に注目を浴びた」[39] ものばかりである。しかし、アメリカの対キューバ制裁やソ連の対アルバニア制裁については手短に論じられているものの、その他の20の事例についてはほとんど詳細を述べていない。多くの事例では、貿易制限を課す側の国、主要な標的国（一つの事例を除いては、標的国は1国のみ）、発生日、貿易制限の形態、関係する一般的な問題、そして事例であったり、妥協の産物であったり、曖昧なものであったり、明らかな失敗であったりといった結果の特色が示されているにすぎない。より詳しい内容を知りたいと願う人々のために、ソ連に関しては2冊の書籍が、他の事例に関しては「多数の情報源」が、参考として挙げられている[40]。クノールは22の影響力行使のうち、4事例を成功、3事例を妥協、2事例を曖昧な結果、13事例を明らかな失敗と結論づけている。さらに、「4つの成功例に関しては例外的な状況にあったことがその理由である」と加える。しかし、「明らかな失敗」であった事例に関しては、「例外的な状況」にあったかもしれない可能性には触れていない。「貿易制限という形での経済力の強力な使用は、ほとんどの場合、失敗に終わる」というのが全体の結論だ。

この22の事例を見ると、理論的にこれらの手段には効果があるということを否定するケースが圧倒的多数に思える。それぞれの事例の重要度を

---

39. Knorr, *The Power of Nations*, pp. 147-160.

40. 同上 p. 336。ソ連に関する先行研究は以下の通り。Wiles, *Communist International Economics* およびRobert Owen Freedman, *Economic Warfare in the Communist Bloc: A Study of Economic Pressure Against Yugoslavia, Albania, and Communist China*（New York: Praeger, 1970）。

検証する目的で、エコノミック・ステイトクラフトの事例研究を評価するための９つの問いを用いてみよう[41]。

1. 各事例について、政策 - 有事の枠組みは注意深く構築されているか：クノールは、「目標の確認は重要である。なぜなら効果は当然ながら目標が達成されたかどうか、またはどの程度達成されたか、という点においてのみ評価できるからだ」と認めている。しかし、このように述べておきながら、彼はそれぞれの影響力行使に特有の目標や狙いが何であるのかはほとんど説明していない。ほとんど一貫して二次的、三次的な目標やその狙い、あるいはそのどちらかが無視されている。いくつかの事例においては、目標についての情報はまったく提供されていない（例：オーストリア＝ハンガリー帝国の事例）。クノールは、「懲罰を受けた国を見習わないよう第三国を抑止する」ことが目標であるのは「稀ではなかった」のではないかという疑いを持ちつつも、この点を制裁の有効性を判断する基準にはしていなかったようだ。クノールは、相手国の意図に影響を与えようとする行為と、相手国の能力に影響を与えようとする行為の違いを認めており、貿易制限の「意図が相手国に影響を与えることなのか、相手国を弱体化させることなのか」がはっきりしないことが多いと述べている。しかしその後、何の理由を提示することもなく、22 の事例において「他の目的が何であったか」には関係なく、「威圧が唯一と言わないまでも主な意図であったと推測できる」と述べている。もちろん、相手国の意図、能力、もしくはその両方に集中して影響力を行使することもできる。しかし意図と能力に対する影響力行使を恣意的に除外するのは適切ではない[42]。
2. 難易度は考慮されているか：クノールはこれらすべての事例が大きな話題になったことは認識しており、またこのような条件下では相手国が承諾するのが難しくなるという点も認めている。しかし、クノールが効果を評価をする際にこうした条件を考慮に入れるための適切な調整を加えているかどうかは不透明である。
3. 代わりとなる政策オプションと比較した上で有用性を論じているか:

---

41. 第８章参照。
42. 第３章で取り上げたクノールによる「威圧」の概念は、ここでの難しさの一因になっている。

これらの事例について論じる際、クノールは有用性ではなく効果にほぼ着目している。貿易制限の政治的および経済的コストの両方について述べてはいるが、それぞれの事例における代わりとなる政策手段の確認または評価についてはごくわずかしか、またはまったく注意を向けていない。

4. 成功は程度問題として扱われているか：表面上はそうである。しかし13の事例を「明らかな」失敗例に分類していることには当惑させられる。例えばアメリカの対キューバ貿易制限の効果を評価する際、クノールはアメリカの政策のなかでは5つの目標が想定されていたと述べる。そのうちの一つは懲罰で、あとはディーン・ラスクが列挙した4つの目標だ。彼の評価によれば、アメリカはキューバに懲罰を与えることには「おそらく成功」し、ソ連にコストを負わせることには「間違いなく成功」したという。しかし、その他の3つの目標が成功したかどうかについては「疑問視」している。であれば、この影響力行使はある程度は成功したという意味で、クノールは「部分的には効果がある」、または「曖昧な結果」と分類しそうなものだ。しかし実際には、この事例には、「明らかな失敗」というレッテルが貼られている。

5. 複数のパワーの基盤を考慮に入れているか：クノールは、制裁標的国が経済制裁について、制裁国の要求に速やかに応じなければ軍事行動の恐れがあると解釈される可能性を指摘している。ただし、以下のコメントからすると、クノールがここで経済制裁が軍事力行使を背景にして機能することを念頭に置いているかどうかは明確ではない。「もしそうだったなら、成功は経済制裁自体ではなく、むしろそのような（つまり軍事行動がなされるとの）予測がもたらしたものかもしれない」。クノールはこのコメントで、経済制裁が軍事力行使の機能のために成功する状況というよりも、経済制裁が効力を発揮しそうに見えるだけの状況として説明したかったようにも思われる。それでもクノールは別の箇所で、経済力を行使するときに非経済基盤が働く可能性があることを明確に認めている。よって、貿易制限の議論の際にこの可能性はほとんど注目されていないが、質問への答えは肯定である[43]。

6. いくつかの外交政策の目標が本質的に劣位にあるものとして扱われているか：クノールは概して、このような措置は「広範囲の国家目標」を追求するために用いることができる、という立場をとっているため、この質問の答えは否であると思われることだろう。しかし、象徴的な目的、つまりシグナルを送るために経済的な技法を用いることについては十分に注目していない。

7. 不服従のコストが効果測定の尺度として扱われているか：この件についてのクノールの全体的な理論的見解と、彼の貿易制限の事例研究の扱い方の間には整合性がない。一般的な分析の枠組みにおいてクノールは、不服従のコストをはっきりとパワーを評価する尺度としている。しかし、事例研究においては、明らかな失敗として分類されているいくつかの事例で、大きな不服従のコストが生まれたとしている（例：アルバニアとキューバ）。さらに、次の一節はどう解釈すればよいか困る。「通常は従属的なものとされる第２の共通要因がある。これにより威圧的貿易制限の効果が妨げられる。通常、標的国は経済的苦境に陥ることになる」。不服従のコストは影響力行使の効果を測る尺度となるという見解とは反対に、この一節は、こうしたコストは失敗の証拠であると示唆しているように思われる。このような解釈はしかし、クノールの前述の立場とは真逆になろう。このわかりにくい文章のなかでクノールが言いたかったことは、おそらくは次のようなことではないだろうか。貿易制限が実施されると、標的国は通常、経済的苦境に陥ることになるという事実にもかかわらず、経済的苦境は耐えられる程度であることが多い。そして標的国はすぐには服従しない。しかしながら、「標的国は通常、経済的苦境に陥ることになる」という一般化は「貿易制限という形での経済力の強力な使用は、ほとんどの場合、失敗に終わる」という意見とは両立しがたい。確かに、もし不服従に対してコストを課すことが影響力行使の効果を判断する基準の一つであるなら、そして、もしそのような貿易制限が相手国の「経済的苦境」を引き起こすのが普通であるなら、適切な答えは以下のようになるだろう。「貿易制限という形での経済力の強力な利用は、大多数の場合、不服従のコストを課すことで少なくとも部分的には成功しやすくなる」

---

43. クノールの「パワーの基盤」の概念が、ラスウェルやカプランのそれと同じかどうかはあまりはっきりしない。ラスウェルとカプランはともに、「パワーの基盤」を成功の因果条件として用いているため、この言葉は影響力行使の対象の価値体系に依存する部分がある。一方クノールは、この語を政治家が政策手段を利用できるかどうかを明らかにする因果条件としているようである。手短に言えば、ラスウェルとカプランが「パワーの基盤」を「関係性」の用語としてとらえているのに対し、クノールは、少なくとももときどきは、「属性」の用語として扱っているようである。以下参照。Lasswell and Kaplan, *Power and Society*, pp. 83-84；および Baldwin, “Power Analysis,” pp. 170-171.

8. 反実仮想条件の妥当性は認められているか：こうした分析には、例えば、ソ連とユーゴスラビアの関係についての考察などで、多少の注意は払われている。
9. 証拠に見合った一般化がなされているか：この問題は、ここで取り扱う以上に注目されるべきだ。しかし影響力を行使する試みの結果が「明らかな失敗」と評価されるときにはいつも注意が必要だ。影響力行使の結果がはっきりと形を示すことは稀である。クノールの事例について、本来行うべき本格的で詳細な審査はしないまでも、とりあえずの拙速な検証によって生じた疑問を挙げておく。以下に述べるそれぞれの事例において、影響力行使の結果は、クノール自身が断定するほどには明白ではないのではないかと疑うのには理由がある。

アメリカ対キューバ

この事例は前章で述べられており、そこで提示した理由から、これが「明らかな失敗」であるというだけではその結果を適切に評価していることにはならない。例えば、アメリカが「少なくとも」ソ連にコストを課すことに成功したことには誰もが同意すると思われる。

アメリカ対日本（1940 年）

これも前章で考察した通りの理由により、結果を「明らかな失敗」と分類することには疑問を感じる。

イギリス対イラン（1951 年）

クノールはこの事例の結果を「妥協」と評価している。しかしクノールと同様、経済制裁の有効性について悲観的見解を持つピーター・ウォレンスティーンは、これを成功と呼んでいる。ウォレンスティーンの 18 事例のなかで成功とされた 2 事例のうちの一つだ [44]。ギャリー・クライド・ハフバウアーとジェフリー・J・ショットもまた、この事例を成功例とみなしている [45]。もちろんクノールは正しいかもしれない。しかし少なくとも、

44. Wallensteen, "Characteristics of Economic Sanctions," pp. 249-251.
45. Hufbauer and Schott, *Economic Sanctions.*

結果については、合理的な人間は――経済制裁については明確な見解を持たない人たちであっても――それぞれ異なる意見を持つ。

アメリカ対ドミニカ共和国（1960年）

この影響力行使は「曖昧な結果」に終わったとクノールは評価しているが、ウォレンスティーンは「成功」した2事例のうちの一つにこれを挙げている。ここでもハフバウアーとショットはウォレンスティーンと同意見である。

ソ連対オーストラリア（1954年）

このとき、ソ連は、亡命したスパイを帰国させようとする行動に介入するオーストラリアに抗議するために、オーストラリアと国交を断絶し、事実上すべての貿易をとりやめた。オーストラリアはスパイ引き渡しを拒否したのだが、これを理由にクノールはこの事例を明らかな失敗と分類したようだ。しかしワイルズは、この影響力行使の効果と有用性を評価する場合に考慮に入れるべきいくつかの点を提案する[46]。第1に、二次的な目標と対象が大きな意味を持っていた。「自国の外交官を誘拐する権利は、全体主義国家にとって絶対的に不可欠である」としたうえで、ワイルズは、ソ連が「他国の政府」が同様の行動をとることを抑止するためにボイコットという技法を使ったのかもしれないと示唆する。さらにワイルズは、「この例は、オーストラリアよりも経済的立場が弱い国々にとって実に有益だったかもしれない」という憶測までしている。言い換えれば、貿易制裁は外交関係の断絶によって送られたシグナルの信憑性を高めるために利用されていたということだ。この事例では、抑止効果が主要な目標であり、直近の問題の重要性は二次的だったのかもしれないという可能性も考慮に入れるべきなのであろう。ワイルズは、ソ連のとった措置の有用性の評価に関連する他の2つの要因についても述べる。一つは、ウールの購入先をオーストラリアから南アフリカに変える力があったソ連にとって、この措置のコストが低かったこと、もう一つは、有効な代替策がなかったことだ。「ソ連は他に何ができただろうか」ワイルズは「極めて狭い経済

---

46. Wiles, *Communist International Economics*, pp. 501-502.

的な観点からすると、この一連の出来事は茶番であった」と結論づけているが、違った結論を導き出すような見方——本書で展開している見方のような——が他に存在することを示唆している[47]。

ソ連対ユーゴスラビア（1948年）

クノールはこの事例について、「不誠実な同盟国」を威圧しようとする試みであり、明らかに失敗だったと述べている。しかしこの判断を受け入れる前に、多くの点について検討しなければならない。まず、この事例が共産主義国同士の間で発生した最初の公然の諍いであったことは、重要な一面だ—多分最も重要でさえある。第一印象は大事であり、先例というものは覆しにくい。結局のところ、「不誠実な同盟国」に制裁を与える重要な動機づけは、他の同盟諸国が真似をしないように抑制することであるらしい。この事例は、ソ連による共産圏の支配に対する最初の公然とした異議申し立てであり、これを無視することによるコストは大きかっただろう。チトーの挑戦の象徴的重要性がスターリンにとって効果がなかったとはにわかには信じがたい。クノールが示唆するように、もし報復的貿易制限が「懲罰を受けた当事者の例に他の国が倣わないように抑止する」ことを目的とするのが「稀ではない」のであれば、ユーゴスラビアの「異端」はそのような状況の格好の一例であったように思われる。ユーゴスラビアはスターリンの胸中にあった「唯一」の標的国ではなかっただけではなく、「主要な」標的国でさえもなかった。実際、ユーゴスラビアはスターリンに、他の共産主義国にメッセージを送る極めて魅力的な機会を与えたのだ。ともあれ、チトーは国を統治する上でスターリンに負うものはなかったし、ユーゴスラビアがソ連の完全な管理下にあったことは一度もない。ユーゴスラビアのような非主流派の国「でさえ」、ソ連にこのような報復措置をとらせることができるのなら、その他の東欧諸国には何が起こるか想像してみてほしい。この影響力行使の象徴的な側面には特に重要性はなかったかもしれないが——とはいえ、この点を早々と無視することは適当ではない——、このような意見を完全に無視した形で有効性を総括的に評価するのは困難ではないかと思われる。第2に、ユーゴスラビアに課せられたコストは、他の国々がチトーの例に倣うのをためらうほど厳しかっ

---

47. 脚注46と同。

た。ワイルズは「非常に不愉快な再調整の時期」に言及し[48]、フリードマンはユーゴスラビア経済に及ぼした多大な損害に注目している[49]。これらはユーゴスラビアが不服従により課せられたコストであるだけではなく、他の共産主義国家への抑止効果の判定にかかわるコストだ。第3に、スターリンには他にあまり代替策がなかった。プロパガンダ、軍事的な脅し、そして外交的な圧力は既に使われていた。残された技法として、国交断絶と武力行使があったが、国交断絶はおそらく貿易制裁ほどの効果はなかったであろうし、武力行使は西側諸国の出方がはっきりとしないときにはリスクが高すぎた[50]。

ソ連対ユーゴスラビア（1956年）

1955年にソ連とユーゴスラビアが和解したあと、チトーはハンガリー動乱を公然と支持した。また、モスクワで1957年に開催されたロシア革命40周年記念の共産党大会への出席を拒否し、再びソ連を苛立たせた[51]。ソ連は前と同じように貿易制限を実施したが、クノールも前と同じように、この事例は明らかな失敗だと宣言している。しかしこの判定に同意する前に、2つの酌量すべき事情を検討すべきだ。第1に、1948年とは違って貿易制限は緩いものだったことだ。ワイルズは「ソ連がユーゴスラビアに経済戦争を宣告したなどとはとても言えない。というのも、1957年から58年にかけての両国間の貿易取引高は時価にしてたった20%しか低下していない」と述べている。この貿易制限は、スターリン的なチトー打倒計画というよりは、軽めの非難程度のものだったようだ。第2に、中国の要因である。この時期に中国とソ連の不和が表面化しはじめ、毛沢東はチトーを「最大の敵」とみなしていたと伝えられている。それで、ソ連は自分たちが「チトー主義に甘い」と思われることは容認しがたく、渋々前回の手段に倣ったのだ[52]。このことから、この影響力行使の効果を評価するときには必ず、課された制限には必ず限界があること、象徴的な目標の重要性、そして中国その他の共産主義国といったユーゴスラビア以外の標的

48. 脚注46と同、p. 500。
49. Freedman, *Economic Warfare*, p. 48.
50. 以下と比較のこと。同上 p. 47。
51. Wiles, *Communist International Economics*, p. 507.
52. 同上。

国が存在する可能性を考慮に入れなければならない。また、チトーの挑戦的態度を少しも罰しないと思われたまま放置した場合、ソ連が負ったであろうコストも考慮に入れるべきだ。

ソ連対アルバニア（1960 年）

この事例もまた、ソ連と中国の間の共産主義運動の主導権争いと緊密に結びついている。1960 年に開催された世界共産党・労働者党代表者会議において、アルバニアは公然と中国側についた。クノールによればこの事例もまた明らかな失敗とされるが、これは単にアルバニアがソ連に屈しなかったことが問題なのではない。中国やそのほかの共産主義国もまた標的と考えられていたのである。さらに、クノールは「ソ連による制裁が理由で、アルバニアは大きな経済的苦境にあえいでいた」と認めている。このことから、影響力行使は少なくとも、不服従へのコストを課すことができたという点では部分的に成功したといえよう。

ソ連対中国（1960 年）

1960 年の中国によるソ連へのイデオロギー攻撃は、ソ連技術者の中国からの突然すぎる帰国という結果をもたらし、それに続く数年間にわたって両国間の貿易は徐々に減退していった。しかし禁輸措置は行われなかった。ワイルズは、1960 年のソ連と中国の間の貿易水準は「不合理に」高く、多少の縮小はどちらにしても正常なことだったのではないかと示唆している。さらに、「実質的には中国とソ連の間に経済戦争はほとんどなかったため、機械類以外の輸入は非常によく維持されていたし」、「極めて重要な石油製品も落ち込みはしなかった」[53] という点に注目している。このような措置によってソ連が厳密には何を達成しようとしていたのかは、明白ではない。おそらく、中国に代償を支払わせるのが目標であったし、それはいくらかは成功している。インドや他の共産主義国を含む第三国も、おそらくソ連の標的になっていたのだろう。クノールがこの事例を明らかな失敗と位置づけていることは不可解である。ただ、このような中途半端な措置によって、ソ連が中国の政策を根本から変えさせようと本気で

53. 脚注 51 と同、pp. 509-513。

期待していたなどと信じるほうが難しい。ここで問われるべきなのは、この影響力行使においてもっと穏当であまり目立たない目標は何だったのか、ということだ。

トルコ対オーストリア＝ハンガリー帝国（1908年）

1908年、オーストリア＝ハンガリー帝国のボスニア＝ヘルツェゴビナ併合に抗議したトルコによるボイコットに関する事例である。クノールは詳細について述べていないが、トルコの主要な目標が領土の奪回であったという前提のもと、明らかな失敗と位置づけている。この前提は、事例を理解するうえではあまり役に立たない。そして彼の意見に同意する人も少人数だろう[54]。オーストリア＝ハンガリー帝国は「ベルリン条約」（1878年）によってボスニア＝ヘルツェゴビナの占領と施政権が認められており、実質上の支配は、併合宣言の30年前から始まっていた。1878年の時点で領土併合が直ちに行われなかった主な原因は、他の大国からの反対があったからではなく、オーストリア＝ハンガリー帝国の内政事情による。実際、正式な併合が数年後には実施されるだろうというのが当時の一般的な理解であった[55]。そのため、トルコでは当初の憤りの段階が過ぎた後、国民感情はオーストリア＝ハンガリー帝国に賠償金を払わせるという点に集約されていった。オーストリア＝ハンガリー帝国はこれを国家の名誉に泥を塗るものと主張し、いかなる支払いにも断固として応じなかった。

併合宣言から間もなく、「青年トルコ」（訳注：1889年ごろ若いトルコ人知識層によってオスマン帝国の再強化を目的に結成された立憲運動組織）がボイコット運動を組織した。このボイコットは政府が組織したものではなかったので、正確には本書で定義されているエコノミック・ステイトクラフトではない。しかし、このボイコットはトルコ政府に有力な切り札を与え、政府はこれを交渉の席で巧みに用いた。そして、このボイコットが最終合意に至らしめた重要な要因であったと広く理解されている。こ

---

54. ここでの論考は以下の出典に基づいている。Frank Maloy Anderson and Amos Shartle Hershey, eds., ***Handbook for the Diplomatic History of Europe, Asia, and Africa, 1870-1914***（Washington, D.C.: Government Printing Office, 1918）; Bernadotte E. Schmitt, ***The Annexation of Bosnia, 1908-1909***（Cambridge: Cambridge University Press, 1937）; および Wade Dewood David, ***European Diplomacy in the Near Eastern Question, 1906-1909***（Urbana: University of Illinois Press, 1940）.

55. 以下参照。Anderson and Hershey, eds., ***Handbook***, pp. 87, 374.

の最終合意において、オーストリア＝ハンガリー帝国は200万ポンドあまりの屈辱的な賠償金を支払わなければならなくなった。このボイコットは「衝撃的であり、オーストリア＝ハンガリー帝国政府に対して、国内の商業界からも、忌まわしいボイコットが自国製品にまで適用されるのではないかと恐れたドイツからも圧力が生じた」とされている[56]。そして1909年1月、イギリス大使館の主席通訳は「オーストリア＝ハンガリー帝国は『ボイコット大尉』（訳注：19世紀のイギリスの軍人で土地管理人。「ボイコット」という言葉は彼の名に由来する）の名を借りた柔らかな圧力に屈服した」[57]と記している。また、「トルコがオーストリア＝ハンガリー帝国にあらゆる局面で勝利した、ボイコットを止めさせるには屈辱的な賠償金を払う以外に解決法はなく、オーストリア＝ハンガリー帝国は最終的にそうするしかなかった、そして結局、トルコは望んだものをほぼすべて手に入れた」ともされている[58]。

西ドイツ対ソ連（1962年）

ここでクノールが言及していることはそれほど明確ではないが、1962年にソ連に対して行われた大口径鋼管の禁輸措置のことであると思われる。この事例が示しているのは、誰が誰に何をさせようとしているのかを、能力分析の観点から注意深く詳細を述べることの重要性だ。クノールは西ドイツの貿易制限はベルリンの壁の建設に対する報復であったということを示しているが、アドラー＝カールソンもステントも、この措置の目標については記述さえしていない[59]。両者とも、この禁輸を背後で推進していたのはアメリカであり、西ドイツは大国である同盟国アメリカの気を静めるために不承不承禁輸に同意したらしい、としている。厳密に言うと禁輸は、1962年11月に採択されたNATOの秘密決議に基づいていたため、この影響力行使をNATOの目標に基づくものであると考えることもできるだろう[60]。アメリカの目標は複雑で、標的国にはソ連とNATO同

56. David, *European Diplomacy*, pp. 101-103.
57. 脚注56と同、p. 102n。
58. Schmitt, *Annexation*, pp. 123-124.
59. Adler-Karlsson, *Western Economic Warfare*, pp. 129-132； および Stent, *From Embargo to Ostpolitik*, pp. 93-126.
60. 特に断りがない場合、この事例の詳細は以下を参考にしている。Stent, *From Embargo to Ostpolitik*, pp. 93-126.

盟国の両者が含まれていた。目標としてあげられるのは、ソ連の軍事能力を弱体化させること、ソ連の石油輸出能力の成長を鈍化させること、アメリカの「東西貿易における西側同盟国内での優越的立場を確固たるものにすること」[61]である。この措置によってアメリカが、ソ連のパイプライン建設をどの程度遅らせることを意図していたか不明である。ただ、これにより、約1年は遅らせられたということで意見は一致しているようだ[62]。ステントによれば、これは取るに足りない、一時的な成功でしかなかったが、それこそがアメリカの政策立案者の目標だった。彼は、アメリカの「東西貿易における自国の政策を再び押し付けようとする試み」を「部分的な成功に過ぎない」と述べ、アメリカの立場から見れば全体としては「ばらつきのある」結果に終わっていると判断する[63]。

クノールが提案するように、この事例を西ドイツの立場から考えてみるならば、主要な目標は同盟国アメリカに忠誠を示し支持することであった。クノールは、「これとは対照的に、ドルジバ・パイプラインの建設の阻止は二次的な目標でしかなかった」としている[64]。アメリカの要求に応えようとする西ドイツの努力は、内政面で同国政府に多大な負担を強いたことは一目瞭然であったので、おそらくアメリカはこの忠誠の証しに大変感銘を受けただろう。このようなわけで、西ドイツは自分たちの主たる目標の達成についてはある程度成功したといえよう。ソ連のパイプライン建設が1年遅延したことが、二次的な目標として部分的な成功なのか部分的な失敗なのかは、もちろん議論の余地がある。とはいえ、「明らかな失敗」と解釈すると、この事例の持つ多くの複雑な側面をきちんと把握できていないことになる。

イスラエルで事業展開する外国企業に対するアラブ連盟のボイコット（1955年〜）

1955年、アラブ連盟はイスラエルとの貿易のボイコットを拡張し、イ

---

61. 同上 p. 103。
62. 以下と比較のこと。同上 pp. 103-104；およびOTA, *Technology and E-W Trade*, p. 168。禁輸に対し、ソ連は国産のパイプ製造施設を建設したが、これはしばしば禁輸の望ましくない副作用の例として取り上げられる。しかし、この施設で生産されたパイプの品質の低さにはほとんど注目されない。
63. Stent, *From Embargo to Ostpolitik*, p. 125.
64. 同上。

スラエルで事業展開する企業をすべてブラックリストに入れた。クノールはこれを「イスラエル弱体化のための策」とし、「明らかな失敗」に終わった事例の一つとみなした。ただし、アラブ連盟によるボイコットが実際にイスラエルの力を弱めたと主張する意見も多いため、クノールが何を根拠にこの評価を下したのかは明確ではない。イスラエル建国後最初の10年について書いたマーヴァー・H・バーンスタインは、ボイコットの「直接的影響によってイスラエルは年間約4000万ドルの損失を出した」、そして「イスラエル周辺国との通商市場を閉ざされたことにより経済成長を鈍化させられた」と主張している[65]。「アラブ諸国がイスラエルと戦うとき、戦争以外で最も効果的な戦闘方法はボイコットであるということが証明された」と述べる著者もいる[66]。ボイコットが「中小企業のみに対して行われた」場合でも「ある程度の成功を収めた」と断言するダン・S・チルは、ボイコットが「計り知れないほどの悪影響をイスラエル経済に与えた」と結論づけている[67]。1973年以前のボイコットの効果に冷ややかな人たちでさえ、石油の力をアラブ諸国が見せつけた後のボイコットの現実および潜在的な効果の大きさについては、懸念を示すことが多い[68]。

イスラエルの弱体化以外の目標を考慮に入れずに、アラブ諸国のボイコットを適切に評価することができるかどうかは疑わしい。多くのアラブ諸国にとって、ボイコットへの参加はアラブの大義への支持を表明する一つの方法だからだ。ボイコットはまた、イスラエルを糾弾しつつ同時に、西側の大国に向かってアラブ諸国の結束を見せつける方法でもある。アラブ諸国によるボイコットはイスラエルを崩壊させなかったし、これからもそうはならないと言える一方で、部分的には成功を収めてきた。また、アラブ諸国がより大きなコストを負いつつ実行してきたミリタリー・ステイトクラフトが格段に有効だったわけではない、ということも注目に値する。

---

65. Marver H. Bernstein, *The Politics of Israel: The First Decade of Statehood*（Princeton: Princeton University Press, 1957）, p. 187.
66. Marwan Iskander, “Arab Boycott of Israel,” *Middle East Forum*, October 1960, p. 30.
67. Dan S. Chill, *The Arab Boycott of Israel*（New York: Praeger, 1976）, pp. xi, 22-29.
68. 以下参照。Walter Henry Nelson and Terence C. P. Prittie, *The Economic War Against the Jews*（New York: Random House, 1977）；および U.S. House of Representatives, Committee on International Relations, *Hearings: Extension of the Export Administration Act of 1969*, part I, 94th Cong., 2d sess., 1976. *The Encyclopedia of Zionism and Israel*（New York: McGraw-Hill, 1971）では、アラブ側のボイコットを「部分的に成功した」と述べている。

前述の12の事例は、本議論の根拠として用いた予備的な調査にとどまらず、詳細な研究を行う価値がある事例である。本書で展開している分析的枠組みを利用した包括的な研究によって、それぞれの事例についてクノールの結論とは何らかの意味で異なった結論が出されるかもしれない。イギリス対イランおよびアメリカ対ドミニカ共和国の事例のように、クノールとウォレンスティーンの間で意見が違うものについてはクノールのほうが正しいとし、残りの10事例の半分はクノールが主張するように明らかな失敗だったと仮定しよう。そして残りの5事例、つまりアメリカ対キューバ、アメリカ対日本、トルコ対オーストリア＝ハンガリー帝国、およびあと2事例を、「明らかな失敗」カテゴリーから「曖昧な結果」カテゴリーに変更したとしたら、全体的な結論は、22事例のうち、成功したものが4事例、曖昧な結果に終わったものが7事例、妥協したものが3事例、明らかに失敗に終わったものが8事例となる。控え目に再分類するだけでも、「貿易制限という形での経済力の強力な使用は、ほとんどの場合、失敗に終わる」[69]という結論が警戒しなければならないわけがあることが理解できる。

東西貿易における禁輸……………………………………………

共産主義国に対する貿易制限は、1948年以来アメリカの外交政策の一部であった。30年以上にわたって変化してきた政策を一般論で説明することは、必ず多くの重要な事柄の見落としにつながる。ここでは解説を加えるべきいくつかの点について触れることしかできないが、その目的はあくまで分析的手法を試すことだけであり、最終的な形での事例研究を示すことではない。共産主義国に対する禁輸は、1964年に国務長官のディーン・ラスクが証言したように、「国際的共産主義に対抗するわが国の総合政策に不可欠な要素であり、この大局的な枠組みのなかでとらえられるべき」であろう[70]。アメリカの禁輸政策の変遷は、大きく4段階に分けられる。第1段階：1948年から1958年にかけて、アメリカは比較的強い立場から対応しており、強固な反共産主義姿勢をとる傾向にあった。この時期アメリカは、短い「戦略物資」禁輸リスト（訳注：対共産圏諸国禁輸リス

69. Knorr, *The Power of Nations*, p. 152.
70. *Hearings: East-West Trade*, p. 4.

ト＝「ココムリスト」）を希望するヨーロッパの同盟国に対し、より長いリストに同意するよう圧力をかけた。ヨーロッパは、その経済力が復興するに従って、アメリカのこの種の圧力に過敏に反応しなくなり、共産主義諸国との貿易量を増やし始めた。第2段階：1959年から1969年にかけて、アメリカの政策立案者たちはアメリカの力の限界に徐々に気づき始める。これはベトナム戦争の影響が非常に大きい。そしてこの時期、共産主義諸国に対するより複雑で差別化した戦略が表れ始めた。第3段階：1970年から1978年にかけては、デタントの時代と呼んでよいかもしれない。この期間、アメリカは国際社会における一つの事実としてソ連の国力を受け入れ、「平和共存」できるような調整を図る用意ができていたようだ。この時期、ソ連との貿易の増大は、短期的には政治協力への誘因、長期的にはソ連の国際経済への依存を高める方法とみなされていた。そしていつ、どのようにして、共産主義諸国に影響を与えるようなポジティブな制裁としての貿易統制を緩和するか、ということがこの時期を通して重要視されていた。第4段階：1979年以降に始まるこの段階では、ソ連軍のアフガニスタン侵攻とポーランドの状況悪化を受けて、アメリカの政策立案者たちはデタント政策を撤回した。このように、30年間、アメリカの対共産主義国貿易政策は東西関係に対するさまざまな政策に大きく左右された。禁輸リストの長さに関するアメリカとヨーロッパの同盟国との間の不協和は、多かれ少なかれ常にこの時代の特徴であり続けた。

目標達成の観点からステイトクラフトの技法の有用性を評価することがどれほど重要かは、これまでの章において何度も繰り返してきた。東西関係はその最たる例である。禁輸の有用性を評価するためには、政策立案者が問題の本質をどのように受け止めているかを理解しなければならない。1946年以降、問題の本質に関してはNATO加盟国間でも、またアメリカの外交政策立案者集団のなかでも意見が一致したことは一度もない。議論を理解しやすくするため、便宜上さまざまな立場を「強硬派」と「穏健派」の2つのカテゴリーに分けるとしよう。これら2つの立場は以下の基準で区別できる。

1. 共産主義の脅威の本質と規模：強硬派は、共産主義の脅威は規模が大きく、その本質は多面的であると強調する。よって、経済・イデオロギー的脅威であると同時に、政治・軍事面の脅威でもあるとみなされる。穏健派は脅威をそれほど深刻ではないとし、政治・軍事面での影響を強調する。

2. 時間の見通し：強硬派は、脅威がすぐそこまで来ており、緊急にこれに対応すべきだとするが、穏健派はこの問題を長期的な性格のものとし、短期的な過剰反応は避けるべきであるとする。

3. ナショナリズムと共産主義の関係：強硬派は国際共産主義運動の性質が一枚岩で陰謀的であることを強調し、穏健派は共産主義諸国におけるナショナリズム勢力の影響や多極化を志向する傾向に注目する。

4. ソ連の行動の原動力：強硬派は、ソ連の外交政策を拡張主義的で共産主義のイデオロギーから生まれたものであるとみなす傾向があり、穏健派はソ連の目標は国家の安全保障であり、西側の行動を脅威とみなしたソ連の反応であると強調する。

5. 西側の究極目標：強硬派は、東西関係を片方が最終的には勝利しなければならないゼロサム関係ととる傾向があり、穏健派は、東西関係を複雑な動機の入り混じるゲームであり、最終目標は相互の合意のもとで共存することであると強調する。

もちろん現実には、それぞれの政治家の政策上の立場はもっと複雑になることが多い。しかし、以上の基準は多様な見解を大まかにまとめるのに役立つであろう。ダニエル・ヤーギンは近年これらの２つの見解をそれぞれ、強硬派を「リガ」原理、穏健派を「ヤルタ」原理と呼んで、このように述べている。

> 1940 年代半ば、アメリカの政策立案当局の幹部の間では、２つの解釈をめぐって主導権争いが生じていた。第１のグループは、ソ連は共存の可能性を拒み、倦むことなくイデオロギー戦争を仕掛け、世界制覇に向けた救世主的な原動力のもとでの世界革命国家である、というイメージを抱いていた。第２のグループは、ソ連の行為におけるイデオロギーの役割を重要視せず、その外交政策は権威主義的な国内政治の慣行に影響されたものであるとみなし、ソ連は国際社会における一つの伝統的大国のように振る舞っているのであり、国際社会を転覆しようと試みているのではないとする。簡略化のために第１のグループを「リガ原理」と呼び、第２のグループを「ヤルタ原理」と呼んでいる[71]。

---

71. Daniel Yergin, *The Shattered Peace: The Origins of the Cold War and the National Security State* (Boston: Houghton Mifflin, 1978), p. 11.

ヤーギンは続けてこう指摘する。「リガ原理」は、東西関係に関する戦後アメリカの政策の基盤を説明しており、現在もなお２つの原理は「アメリカがソ連との関係をどのように確立するか」という懸案の議論における評価基準となっている。リガ原理は冷戦状況の展望を示すことに使われ、他方ヤルタ原理はデタントの流れの底流をなしていた[72]。強硬派つまりリガ原理が戦後の大半の時期において主流だったことから、これを戦略的な禁輸措置の有用性を評価する基本的な基準とする[73]。

大半の外交政策と同様、アメリカの貿易制限措置の目標と対象にはさまざまな目的と関係者が含まれている。

ソビエト連邦

ソ連はアメリカの貿易制限の主要な標的国であり、世界全地域においてソ連の影響力の拡大を阻止し、最小限にすることが全体の目標であった。これに関し、二次的目標としては以下のものが挙げられる。

1. ソ連の軍事力拡大を抑制する。
2. 潜在的軍事力が依拠する経済基盤を弱体化させるため、また第三世界諸国がソ連の発展方法を模倣しないようにするため、ソ連の経済成長を抑制する。
3. ソ連の内政問題を深刻化する。
4. 共産主義に関する象徴的な欠陥を指摘し、また道徳的な汚名を着せることによって、共産主義のイデオロギーとしての魅力を削ぐ。
5. ソ連の拡張主義を、アメリカの不退転の決意を示すことにより抑止する。

アメリカの同盟国

アメリカの同盟国に関しては、貿易制限にはアメリカの決意の強さを示

---

72. 同上。次の先行研究は東西関係に関する意見の変移についての同様の研究だが、少し異なる用語を使っている。Gaddis, *Strategies of Containment.* 次も参照のこと。William Welch, *American Images of Soviet Foreign Policy* (New Haven: Yale University Press, 1970).
73. 冷戦期の強硬派であると明確に定義された観点からの、東西貿易についての２つの論考は以下参照。Wu, *Economic Warfare*, pp. 57, 311-335, 366-388；および Harvey, *East West Trade*.

し、共産主義諸国と非共産主義諸国の間の断絶がいかに重要かを劇的に演出するという意図があった。

第三世界諸国

現在の第三世界諸国と呼ばれる不関与国（訳注：非同盟諸国）に対する目標は以下の通りであった。

1. 共産主義への抵抗に関するアメリカのコミットメントを表明する。
2. ソ連の経済成長を抑止することによって、ソ連型の経済成長方法の魅力を低減させる。
3. アメリカの共産主義に対する嫌悪が疑いなく明確であることを示し、共産主義国家の道徳的・政治的魅力を低減させる。

その他の共産主義諸国

これらの国々に禁輸措置を講じる目的は主に、共産主義の大義を支持する能力を全体的に抑制することであった。ユーゴスラビア、ポーランド、そしてハンガリーなどの国々には貿易制限が緩く適用されるのみだったが、これにはソ連への経済依存を減らすことによって共産主義圏の結束を徐々に弱めようという目標があった。これらの諸国に対する戦略を立案することは強硬派の立場からは最も難しい側面だ。強硬派にとっては、ソ連という国家ではなく、共産主義それ自体が真の敵であるという信念に基づいて、すべての共産主義国を同じように扱うほうが容易だった。この点に関するためらいが、戦後期の強硬派たちを悩ませてきた。

対照的に、穏健派の手法は、次に挙げる点で強硬派の手法とは異なる傾向がある。

1. 強硬派は全世界であらゆる種類の共産主義の影響を最小限に食い止めることを強調したが、穏健派は特にヨーロッパや日本が関係する地域でソ連の領土拡張を抑止することを重視する傾向にあった。穏健派の目標は、より限定的で現実的であり、イデオロギー性や普遍性は低かった。
2. 強硬派は共産主義国家を分離し、非難することに関心を持つが、穏健派は貿易による効果を活用することで「鉄のカーテン」に穴をあけることに重きを置く傾向にあった。この考えは、「機能主義」理論（訳注：国際関係の文脈では、政治的領域と非政治的領域を区別し、非政治的領域での国家間の協力を深めることが、国際平和につながっていくとする考え）を援用しており、デタント政策の主軸であった。

3. 強硬派が、同盟国や中立国に強い印象を与えるために固い決意を表明することの重要性を強調するのに対し、穏健派は、そのような方法はアメリカの硬直した教条的なイメージを作り出し、追求すべき利益よりも回避させるべきコストを発生させていると論じる傾向にあった。
4. 強硬派は東欧共産主義諸国に対する対応へ迷いがあったが、穏健派は差別的な対応は自分たちの世界観と調和させやすいと考えた。共産圏で多極主義を推し進めるために東欧の共産主義国家をより寛大に扱うべきという穏健派の主張は、一貫性があり効果的であった。
5. 穏健派の大きな問題は、反共主義のイメージと、貿易によって東西間に橋を架ける政策との調和を図ろうとする点から生じる。これにより、穏健派は反共主義へのコミットメントを示し、ソ連の潜在的軍事能力の向上への寄与を回避したいと表明しながら「戦略的」財のこれまでになく短い禁輸リストを推奨することになり、禁輸が果たす象徴的側面の重要性を軽視または無視する傾向が生まれた。

戦略的禁輸政策をアドラー＝カールソンは「深刻な失敗」と判定し、クノールは「高くついた失敗」と名付けた[74]。前章で論じたその他の「古典的事例」と同様、いわゆる失敗は、政策 - 有事の枠組みのなかで判断すると、そこまで明確に失敗であるとは断定できなくなる。次に述べる効果の評価を考えてみてほしい。

ソ連の影響を阻止し最小限にするという大目標は、独立したものとして検討できるかもしれない。1950 年に始まったソ連の支配領土の広域に及ぶ拡張は、アメリカによる封じ込め政策の失敗の明確な証拠であろう。しかし、1979 年のソ連によるアフガニスタン侵攻を除けば、ソ連の権力が及ぶ国境線は驚くほど安定している。これは、封じ込め政策が禁輸の効果で成功したという意味ではない。明らかな失敗の証拠がないということを

74. Adler-Karlsson, "The U.S. Embargo," p. 170；以下と比較のこと。Adler-Karlsson, *Western Economic Warfare*, p. 9；および Knorr, *The Power of Nations*, p. 146.

指摘しているだけだ。直接的な領土支配以外に、共産主義の影響の封じ込めと最小化、もしくはそのどちらかを評価することは難しい。例えば、共産主義すべての影響を無効化にするなどの無限の目標を掲げる者が、部分的な成功以上のものを手に入れることは稀である。実際明らかにソビエトと共産主義の影響は増大した。ベトナムとキューバの例は、おそらく最もよく引き合いに出されている。しかし、どちらの事例も、最初からソ連が導いたものではない。ベトナムでは1930年代以降、共産主義者が民族主義的感情を醸成してきたし、キューバでは、アメリカとの特殊な関係がソ連の影響よりも大きな重要性を持っていた。

ソ連の潜在的軍事力を抑制する目的での禁輸の有効性は、しばしば2つの点から疑問視されてきた。まず、ソ連が軍事能力に最優先権を与えていたため、軍事分野での欠乏が自国経済の他分野によって補われることが多かったという点だ[75]。仮にこれが正確な見解だとしても、これをもってソ連の軍事能力増強の抑止に失敗した証拠であるとみなすべきではない。むしろ、これは禁輸が成功し、ソ連は自国の軍事的優先を維持するためにコストを払った状況と解釈されるべきである。禁輸の結果として「ソ連の軍事セクターが損害を被ったという証拠」[76]の存在を否定するクノールへの最適な返答は、クノール自身の先述の議論となる。すなわち、資源の少ない世界では「利用できる資源に応じ、政府が軍事力を成長させ、維持・活用する能力は制限される」[77]ということである。禁輸の効果を疑うもう一つの説は、ソ連の軍事力増大の抑制が「不十分であった」というものだ[78]。ソ連の軍事能力の成長とアメリカのそれとの比較は、この説を支持するためによく引用される。ただし、このような証拠は、禁輸がなくてもソ連の軍事能力の急成長はなかった、という主張か示唆がなければ、的外れだ。禁輸の有効性の評価は、ソ連の軍事力が増大したかどうかではなく、ソ連の軍事力がそれ以外の場合と同じくらい（または同じくらい低費用で）増加したかどうかなのである（反実仮想条件を設定してみることが重要だ）。

ソ連の経済成長の阻止という目標についても、禁輸の無益さを示すために同様の議論が用いられることがよくある。つまり、1950年代を通して

75. 具体例は、以下参照。 Adler-Karlsson, *Western Economic Warfare*, p. 9.
76. Knorr, *The Power of Nations*, p. 145.
77. Knorr, *Military Power and Potential*, p. 47.
78. 具体例は、以下参照。 Bienen and Gilpin, "An Evaluation of the Use of Economic Sanctions to Promote Foreign Policy Objectives, with Special Reference to the Problem of Terrorism and the Promotion of Human Rights," pp. IIIc,4-5.

ソ連の成長率がアメリカの成長率より高かったという事実を用いるのは的外れだ。適切な評価基準は、禁輸がなかった場合のソ連の成長率である。これを精密に推定することは難しいが、比較生産費説を用いれば、成長率はおそらく、貿易が行われていない場合の方が低かっただろうという演繹的推論が可能になる。アドラー＝カールソンやクノールでさえ、禁輸はソ連経済に何らかのコストを負わせたと認めている。

これに対して、政権にとって深刻な内政問題を生じさせるほど多大なコストをソ連に払わせようという目標には、成功の見込みはほとんどなかった。そしてソ連に内政問題が多く発生したかどうかの証拠もほとんどない。強硬派は、おそらくソ連政権の安定性に対する見通しが甘かったのだろう。

共産主義を道徳面から象徴的に非難する手段として、禁輸はおそらく多少の成功を収めている。これは、次の一節が示すような単なる「表現型の行動」の問題ではない。「ここで感情主義という言葉が意味するのは、共産主義体制への心情的な深い敵意にはけ口を与える方法、不支持の表明となり得るもの……具体的な政治的成果への到達欲求とは無縁で、政策それ自体が価値を持つものだ」[79]。このような「感情主義」はある程度の役割を担ったかもしれないが、アメリカの政策は道具主義（訳注：観念、知識、思想などを、人間の行動のための道具、または生活のための手段と考える立場）的な見方をすることも可能だ。心理戦はジョン・フォスター・ダレスにとってアメリカの冷戦戦略における大切な要素であった。「中立主義」の妥当性を否定したダレスは、東西分裂を道徳上の問題と位置づけ、共産主義国の生活様式と「自由世界」の生活様式は道徳的・精神的にまったく一致を見ないと強調した[80]。つまり、アメリカの政策には、ソ連国家の拡大を阻止するだけではなく、彼が文明に対する最大の脅威であるとみなす共産主義という害悪に対して全世界に注意を促すという意図があった。このような外交政策を背景にして、共産主義諸国と通常の通商関係を維持することなどほぼ全てナンセンスな行為となる。もしアメリカが

---

79. Adler-Karlsson, *Western Economic Warfare*, p. 33.

80. ダレスその他のアメリカの政策立案者の見解については、以下参照。Gaddis, *Strategies of Containment*、特に pp. 127-198。次も参照のこと。David J. Finlay, Ole R. Holsti, and Richard R. Fagan, *Enemies in Politics*（Chicago: Rand McNally, 1967）, pp. 25-96. ガディスは、ケネディとジョンソン両大統領の顧問であったW・W・ロストウは、共産主義を「病気」とみなす傾向があったと指摘する。この比喩に含まれる政治的な意味は、ダレスのより神学的な観点とほぼ同じである。

共産主義諸国と通常の通商関係を続けていたら、他国が共産主義の害悪性についてのアメリカからの警告を真剣に受け止めてくれるなどとアメリカの外交政策立案者が期待できるはずがない。禁輸はこのようにして、共産主義が非共産諸国にとって経済・政治・軍事・イデオロギー面での巨大な脅威であるというアメリカの意見の信憑性を、さらに一層高めることになった。冷戦下における強硬派の仮説や目標の下では、いかなる意味でも禁輸の象徴的な効果は否定しがたい。他国を悪魔の化身のように描写することが賢明な外交政策であるかどうかはさておき、一旦このような目標設定を受け入れたなら、これらの国々との通常の商取引関係の維持を正当化することは難しい。1950 年代と 1960 年代初頭、アメリカの外交政策立案者たちが共産主義に対するイデオロギー上の聖戦に参加していたとみなすのであれば、禁輸の効果は、この戦いとの整合性と貢献という観点から判断されるべきなのである。

ソ連に関する最終目標、それはソ連に対しアメリカの決意の固さを印象づけ、アメリカの抑止力を強化することであった。この点についてソ連を説得する必要があったかどうか、あるいは禁輸によってアメリカが共産主義の脅威を抑止する政策全体について信憑性を高めたかどうかは疑わしい。しかし、共産主義の被害から世界を守るために脅しをかけて衝撃を与えたいのであれば、その内容はできる限り明確にして誤解を避けるべきである。そのような状況下では、少しでも信憑性を上げられるのであれば、そのコストには見合うだけの価値がある。通常の貿易関係を続けようとすれば、ソ連側からアメリカ側の本気度が疑われることになったであろう。

ヨーロッパの同盟諸国に関する限り、禁輸の目標はソ連の拡大主義からヨーロッパ同盟諸国を守る、というアメリカのコミットメントの信憑性を高めて安心させるだけではなく、特にヨーロッパ以外の地域における共産主義への抵抗がヨーロッパ人の想像以上に大事である、というアメリカの考えを印象づけることであった。この前半部分は安心感を与えるためだったが、後半部分がヨーロッパ人に不安を与える結果になったのは想定内だっただろう。

第三世界諸国に関して、禁輸を評価する際に考慮すべきなのは、これらの国々に共産主義や共産主義国家と可能な限り関わりを持たないよう説得するというアメリカの総合的な政策である。このメッセージを伝えるという意味では、禁輸そのものの重要性はアメリカの援助計画に比べるとかなり低いが、もしアメリカが通常の貿易を共産主義諸国相手に続けながら、第三世界諸国に対しては「私のやっていることを見習ってはならない。私の命ずることをせよ」と勧告していたら、アメリカがどんなイメージを与えることになったか想像してほしい。聖職者への信頼は、彼が聖書の言葉を実践することで得られる。

禁輸においてその象徴的側面ほど誤解されてきたものはない。1963年にW・W・ロストウが国務省政策企画評議会へ宛てた覚書では、禁輸はアメリカの「冷戦態勢」全体のなかに複雑に編み込まれていると指摘され、貿易拒否は「わが国の冷戦への決意とソ連に対する道徳的非難の象徴である」[81]と描写されている。アドラー＝カールソンは、同様の趣旨を持つモーズ・ハーヴェイの強い言葉を引用している。「世界中の全自由主義国家はソ連が率いる共産主義活動が引き起こす深刻な危機に対応するために可能な限りの予防対策を続けるべきだ、というアメリカの懸念を表すために、他のどの政策よりも役立ってきたのが貿易政策であろう」[82]。「他のどの政策よりも」という表現に飛びついたアドラー＝カールソンは、「軍事力の優位性を維持しようとのアメリカの決意、同盟国体制の構築」、そして経済援助計画といった他の措置のほうが重要性は高かったとして、ハーヴェイの主張に異論を唱える。しかし、明らかに特別な行動には懸念を表現する効果が十分にある。軍事力の優位性の維持、同盟の形成、そして援助活動は全て、アメリカや他国が共産主義への対抗以外の目的で取った措置である。それらの措置はさまざまな解釈が可能だが、反共主義的な貿易制限には明らかに、共産主義への対抗という目的しかない。アドラー＝カールソンは続けて、ハーヴェイは「立派な一貫性」と評してはいるが、これはヨーロッパ人にとって「頑なな執着心」と解されるものであると指摘している。もちろんこれは間違ってはいない。ある人にとっての「コミットメントの縛り」は、他の人にとっての「頑固さ」である。やや違和感を持つのは、アドラー＝カールソンがアメリカの禁輸政策の合理性評価の文脈でこれを主張していることだ。アメリカが頑なに執着心をもって政策を遂行していると認識されることは、アドラー＝カールソンが考えているようなアメリカの政策の非合理性、機能不全性を示すどころか、アメリカの政策におけるコミットメントの縛りをうまく投影していることになる。この強固なコミットメントに反論する人々は軽蔑的なレッテルを貼ろうとするかもしれないが、それはかなり的外れなことだ。アメリカの政

81. Stent, *From Embargo to Ostpolitik*, p. 93 から引用。

82. Adler-Karlsson, *Western Economic Warfare*, p. 128 から引用。Harvey, *East West Trade*, p. 124.

策の合理性や効果は、他国がアメリカに追求してもらいたい目標よりも、アメリカの政策立案者の目標に基づいて判断されるべきだ。

東欧の共産主義諸国への禁輸の効果は、この問題に対する強硬派の曖昧な態度のために厄介な問題となっている。ほとんどの場合、東欧諸国に対する実際の取り組みは厳格な強硬派の姿勢とは異なっており、ポーランド、ハンガリー、ユーゴスラビア、そしてルーマニアなどの国々への寛大な処遇は、共産主義圏における多極化傾向を推し進めるのに成功したように思われる。ディーン・ラスクは 1964 年、「共産主義諸国は政治的な意味においてもはや完全な一枚岩ではなくなっている。したがって、貿易の面でも彼らを一枚岩として扱うべきではない」[83] という理由でこの政策を擁護した。この政策と強硬派の厳格主義との調和が困難であることは、上院議員フランク・ロースクによるラスクへの質問状にも表れている。このような貿易を進めれば、東欧諸国を共産主義支配から解放するというアメリカのコミットメントへの信用性が揺らぎはしないか、という懸念である。もちろんそのような副作用は実際にあるとの回答ではあったが、こう認めた国務長官自身は当然不本意であった [84]。

反共主義的な貿易制限に対する異議は、この政策が生むコストの大きさに注目したものだが、少なくともそれと同様にこの政策の便益が軽視されている。禁輸に起因するとされる 6 つのより重要なコストについて考察してみよう。

コスト 1：東西関係の緊張激化 [85]

禁輸が共産主義に対峙し抵抗する総合的な戦略の一部であったことは明白である。この状況下において、禁輸がソ連の政策立案者たちを過度に刺激したことがわかったとしても、必ずしもそれは失敗または意図せざる副作用を示すことにはならない。どちらにしても、いわゆるコストについて議論する際には因果関係の順序を反対にすることは簡単だ。ワイルズが言うように、「政治的反目は完全に双方向で、これが禁輸に先んじている」

83. *Hearings: East-West Trade*, p. 5. 次も参照のこと。Rusk, "Why We Treat Different Communist Countries Differently," pp. 390-396.
84. *Hearings: East-West Trade*, p. 25.
85. Adler-Karlsson, *Western Economic Warfare*, pp. 9, 88-89, 112-114；および Knorr, *The Power of Nations*, p. 146.

のである[86]。東西の緊張関係激化の背景には他にも説明要素があることがたやすく見逃されてしまう。例えばジョン・ルイス・ギャディスによれば、冷戦初期に特にソ連を刺激したのは、NATO の設立、ドイツの再軍備、占領終了後の日本における米軍駐留などであった[87]。したがって、もし禁輸による意図した緊張関係の悪化とは別に、他の原因すべてを考慮に入れるなら、公平に見て、禁輸による効果はかなり小さくなる。

コスト２：アメリカとヨーロッパ同盟諸国との関係悪化[88]

禁輸に伴い発生するこのコストは貿易制裁に関する「社会通念」の一つとして広く受け入れられている。禁輸が初めて実施された 1948 年以来、アフガニスタンとポーランドについての最近の議論も含め、10 年ごとに繰り返される議論の基本的な構成要素は変わらない。これは戦術上の論争に過ぎないとされる。つまり目標よりも手段が重要であり、その逆ではない。結局のところ、ヨーロッパ各国はアメリカと安全保障上の利害を共有し、アメリカと同じくらい共産主義には反対している。厳しい貿易制限を促すアメリカからの圧力にヨーロッパが抵抗するのは、問題認識がアメリカと異なるからではない。ヨーロッパがアメリカよりも東側との貿易に強く依存してしており、さらに経済制裁には効果がないと考えているためだ。禁輸の対象品目の多さなど些末な事柄にアメリカが強くこだわるために問題が発生する。この点を納得させるために、通常「アメリカの同盟国は、軍事に直接関連する製品の共産主義世界への輸出の停止が基本的に不可欠であるということを否定しない」[89]、またはアドラー＝カールソンが 1950 年代初頭に関して言及したように「通常理解されているような『真の軍用での価値がある製品』が共産圏に届くことを阻まなければならないという命題をめぐる本格的な論争は一度も起こらなかった」[90]などと指摘される。

---

86. Wiles, *Communist International Economics*, p. 555.
87. Gaddis, *Strategies of Containment*, p. 71.
88. Knorr, *The Power of Nations*, p. 145；Adler-Karlsson, *Western Economic Warfare*, pp. 9, 36-49, 89, 129-137；OTA, *Technology and E-W Trade*, pp. 173-202；および U.S. House of Representatives, Committee on Foreign Affairs, *Hearings: United States-Western European Relations in 1980*, 96th Cong., 2d sess., 1980（以降、*Hearings on U.S.-W. European Relations* と表記）。
89. OTA, *Technology and E-W Trade*, p. 12.
90. Adler-Karlsson, *Western Economic Warfare*, pp. 40-41.

貿易制裁が西側同盟国間の関係を悪化させた経緯について、従来の見方を受け入れる前に、問うに値する重要な問題がいくつかある。(1) ヨーロッパの人々は主義の問題として、または経済制裁が決して成功しないとの理由で経済制裁に反対するだろうか。ヨーロッパが両世界大戦や1982年のイギリスとアルゼンチンの紛争のさなかに経済制裁を利用し、1981年にソ連がポーランドを制圧するために軍隊を送った場合には直ちに経済制裁を適用する準備をしていたことからわかるのは、ヨーロッパの人々が経済制裁に対してそもそも後ろ向きだと見るのは問題の本質を言い当てているとは言えないということだ。

(2) ヨーロッパの人々は、アメリカが共産主義の問題点と判断している諸点やそれにどのように対応するかという点について、基本的に同意しているのだろうか。NATO 内部での摩擦の根本的原因は、戦後期の大半の期間、アメリカの外交政策の主流派であった強硬路線とヨーロッパ側とが基本的に意見が合わなかったことにある[91]。強硬派が共産主義の脅威は世界的なものだと主張するのに対し、ヨーロッパはそれが地域的なものだと主張する。脅威の規模を強硬派は大きいと考え、ヨーロッパは小さいと考える。強硬派が国際的な共産主義を脅威であると主張するのに対し、ヨーロッパはソ連がヨーロッパの一国として伝統的な国家利益を追求しているだけだと言う。強硬派が問題の象徴的・イデオロギー的側面を強調するのに対し、ヨーロッパは問題をより具体的で現実的な言葉でとらえている。強硬派がソ連政権の正統性について疑問を呈し、究極の目標は共産主義の根絶だとするのに対し、ヨーロッパはソ連政権を承認し、究極の目標は共存だとしている。要するに、大戦後の大半の期間、ヨーロッパの人々は東西問題の本質と深刻さに関し、穏健派と同様の見解を持つ傾向にあった[92]。

(3)「従来から軍事的価値があると理解されている製品」に対するヨーロッパの共通認識はアメリカの立場と基本的に共有されていたと見ていい

---

91. 1982年12月に開催された東西通商関係に関する会議において、アンジェラ・ステントは「ヨーロッパ人は安全保障についての定義をわれわれと共有していない」と繰り返し指摘した（*The Premises of East-West Commercial Relations: A Workshop Sponsored by the Committee on Foreign Relations and Congressional Research Service*, Committee Print, 97th Cong., 2d sess., 1982, pp. 154, 181, 183, 193. 以降 *Premises Workshop* と表記）。

92. ヨーロッパの柔軟路線に例外があるとすれば、それは1947年から1950年にかけてヨーロッパがNATO設立の主導権をとっていたときで、アメリカが経済回復の重要性を強調したのに対し、ヨーロッパは軍事的な脅しを強調する傾向にあった。この点については、以下参照。Gaddis, *Strategies of Containment*, pp. 25-88, 特に pp. 72-74。

のだろうか。これは完全に違う。「戦略物資」の概念を論じたときに述べたように、「真の軍用価値がある製品」という従来の見方はほぼ完全に誤りである。資源の代替可能性が密接に関わっていることを、アメリカの政策立案者と同じくらいヨーロッパが理解していたとするのなら、彼らが禁輸対象品目数の削減にこだわった理由はどう説明すればよいのであろうか。代替可能性の論理によれば、他の条件が同じである場合、禁輸リストが長いほどソ連の潜在的軍事力はより大きな制約を受ける。ヨーロッパがアメリカと同じくらいこの点を理解しているとすれば、その理由としてあり得るのは、ソ連の潜在的軍事力の抑制に関わる費用と便益、またはそのどちらかについてのヨーロッパとアメリカの見解が異なることである。仮にそうであれば、真の問題をなぜ、単なる経済制裁の有用性に関する戦術上の意見の不一致のように仕立て上げなければならないのか。なぜ目標についての意見の不一致を、あたかも手段についての意見の不一致のように評するのか。これらの問いに対する回答は政策立案者の見解からは十分明快だ。NATOの根底にある唯一かつ最も重要な前提は、加盟国が共産主義の脅威の本質と深刻度について基本的な見解を共有することである。従って、NATOの結束と存続のためには、この点についての意見の不一致を隠ぺいしようとする強い動機が存在する。そのため、政策立案者がこのような根本的な相違を、経済制裁の有用性評価に関する些細な不一致に見せかけようとするのは理解できるし、おそらく正当化さえできるだろう。他方、研究者が同じような立場で議論を行うのを理解し、正当化するのは難しい。

経済制裁が西側同盟国の間に敵意を生むという見解や、NATOの「最近の多極主義」は禁輸政策をめぐる西側諸国内での論争に由来する部分もあるという見解[93]は、これらのことに関する別の分かりやすい解釈が登場すれば説得力はかなり弱まる。アメリカとヨーロッパの間の摩擦を説明しようとするこれらの議論はそれぞれの文化と国力に根拠を求めている。ヨーロッパの人々は伝統的に、ヨーロッパの外交は巧妙で熟練し、洗練されているのに対し、アメリカの外交はぎこちなく不条理で粗削りかつ強い倫理性に根差していると考えてきた。しかし第二次世界大戦後、かつてのヨーロッパの諸大国は、軍事面での安全保障と経済復興の両方をアメリカに依存するようになった。これらのヨーロッパの国々が、そうした依存

93. Adler-Karlsson, *Western Economic Warfare*, p. 89.

と、それに伴う地位の喪失を受け入れつつも反感を抱いたであろうことは驚くに値しない。驚くべきは、ヨーロッパの反感を買う傾向を有するアメリカの行動が、西側諸国同盟の構造に根付いたことが十分に認識されていなかった点だ。議会の委員会で証言した元駐米英国大使は、「古くからの慣習である、アメリカが決定し、ヨーロッパが文句を言う」図式を説明し、アメリカの政策立案者には次の心構えが必要だと指摘した。「アメリカの行為は、やれば非難され、やらなくても非難される。助言を求めればリーダーシップに欠けると非難され、リーダーシップを発揮すれば意見を聞かないと文句を言われる」[94]。アメリカの外交に対するヨーロッパの伝統的な態度を考慮すれば、ヨーロッパの経済・政治力の回復がNATOの多極主義傾向につながることは当然だと思われる――いずれにせよその可能性はとても高い。これに比べれば、禁輸によって生まれた摩擦の影響はあったとしても無視できる程度である。確かに禁輸によるコストは、アメリカよりヨーロッパにとってのほうが大きい。しかし、得られるものが重要ならコストの大きさは耐えられる程度である。

実際、NATOの結束を一つの尺度と見るなら、デタントと東西貿易のレベルの向上がより結束力を強めたかどうかは、はっきりしない。NATOを一つにまとめあげる糊の役割を果たしているのは、共産主義の脅威がそこにあるという認識であり、禁輸は共産主義の脅威を忘れるなというメッセージの象徴なのである。共産主義国家との「いつも通りの取引」は、この脅威に対する西側諸国の自覚を薄れさせがちなので、NATOの結束という唯一最大の決意を弱めてしまう。もちろん、デタントと東西貿易を望む人々の多くは、共産主義の脅威は西側によって誇張されてきたと信じており、いわゆる脅威にばかり注目することはやめたほうがいいと考えている。それはその通りかもしれないが、このような主張は、それ自体の立論に立脚すべきであり、反共主義に基づく禁輸措置の停止が西側同盟内の結束を強めるというような間接効果的な議論に隠されてはいけない。そうなれば、他の条件が一定ではなくなるだろう。

---

94. *Hearings on U.S.-W. European Relations*, pp. 141-164, 293-303. 同じ公聴会でのサイモン・H・セルファティによる証言、ならびにアメリカ上院外交委員会におけるリチャード・クーパーの証言（*Hearings: Economic Relations with the Soviet Union*, 97th Cong., 2d sess., 1982, pp. 153-179）（以降、*Hearings on Economic Relations with Soviet Union* と表記）も参照のこと。

コスト３：共産主義圏の結束強化

禁輸は特に初期の数年間、おそらく共産主義圏におけるソ連の支配力を高めた。一部の国へのより寛大な対応という最近の政策がこの傾向を弱めたかどうかは判断が難しい。一般的に、このコストは禁輸の深刻な欠点であるとみなされなければならない。

コスト４：貿易利益

1970年代に東西貿易が拡大するにつれ、完全な禁輸によって貿易面で損失が発生するであろうという認識が高まった。1977年において、共産主義諸国との貿易は西ヨーロッパの輸入・輸出の約5％を占めていたが、アメリカにとっては１～2％に過ぎなかった[95]。貿易がヨーロッパの国民総生産に占める割合はアメリカよりも大きいため、貿易中断による見込み損失は、壊滅的ではないにしても、少なくともヨーロッパの政策立案者に高いコストだとみなされる程度には大きかった。低迷する経済がこのような懸念をさらに助長した。

コスト５：ソ連における自給自足率の向上

禁輸によるこのコストの評価方法を見極めるのは難しい。ソ連から貿易利益を奪えば、ソ連の自給自足率が向上するのは明らかだ。ある意味、禁輸はそういう役割を果たすものなのだ。自給自足経済の効率性は低いので、これを便益と見るか費用と見るかは明白ではない。ソ連に自給自足を強いることは、禁輸によってソ連経済の生産性を低下させることと同義であるという議論も成り立つだろう。ソ連の自給自足率向上がコストに入るのか、それとも成功の証拠となるのかは、もちろん禁輸の目標によっても変わってくる。

コスト６：西側の諸制度の弱体化

このコストはアドラー＝カールソンによる複数の分析から成っている

---

95. OTA, *Technology and E-W Trade*, p. 38.

が、他の学者たちからはそれほど真剣には取り上げられていない。アドラー＝カールソンの研究を参考にコストの抱括的なリストを作成したクノールでさえ、このコストについては言及していない[96]。アドラー＝カールソンは、禁輸政策が西側の諸体制を危機に陥れたとする５つの点を挙げている[97]。

(1) 共産主義諸国に対するアメリカの貿易政策は、これらの諸国が再三非難されたのと同様の政治的考慮に基づいたものだった。

解説：これは確かに真実ではあるが、本質からは外れている。すべての貿易政策には何らかの政治的側面があり得るからだ。だからといって、共産主義諸国に対するアメリカの限定的な貿易制限と、共産主義諸国が実施する国家貿易との間に、政治介入の程度と種類で大きな相違はないとは言えない。

(2) 禁輸リストは秘密に包まれてきた。

解説：事実ではあるが、その影響はアドラー＝カールソンが指摘するほど悪質ではなかった。禁輸は長きにわたり周知の事実だった。禁輸リストの具体的な内訳を秘密にしておくことは、西側の制度の根底を揺るがすという意見は少々大袈裟である。

(3) 政策実施において「国際法上の根拠が疑わしい施策が用いられた」

解説：法的問題に関する議論を尽くさずに、アドラー＝カールソンは、アメリカから被援助国に禁輸措置の支持か援助の打ち切りかと迫るバトル法（訳注：相互防衛援助統制法のこと。アメリカが相互安全保障法による援助を受けている国に対し、共産主義諸国に戦略物資を輸出することを禁止または制限した法律）は国際法違反であるとする。情状酌量の余地のある状況も、これとは相反する法原則も考慮に入れられていないうえ、自国の法律上の義務により禁輸を支持できないと信じるヨーロッパの国にはアメリカの援助を受けない自由がある、ということも指摘されていない。

(4) 禁輸を実施するにあたってアメリカは同盟諸国において、経済インテリジェンスを収集した。

解説：アメリカが輸出許可、融資、そして政府調達契約を外国企業に許可し得るかどうかを決定するため、当該企業の活動を調査していたこ

96. Knorr, *The Power of Nations*, pp. 145-146.

97. Adler-Karlsson, *Western Economic Warfare*, p. 10.

とにアドラー＝カールソンは驚いているようだ。全体として、アドラー＝カールソンは法律が保証する権利と政策決定によって与えられる特権の区別がついていない。そのために輸出許可の却下または融資の保留を犯罪行為への懲罰と同列に置き、外国企業の活動についての情報収集を行うアメリカ当局者を、ヨーロッパで活動する「アメリカの秘密警察」と評している。

(5) 消極的な同盟国に強い圧力がかけられており、そうした方法は自発的な同盟にはふさわしくない。

解説：アドラー＝カールソンはこれを、「自発的な同盟」への参加国が互いに圧力をかけあうことは規則違反であるという、いわゆる「基本原則」に則って論じている。実に奇抜な考えだ。互いに圧力をかけないという原則が守られた同盟がこれまで存在したことがあるのなら、国際政治を学ぶ大半の人がこれを見逃していたことになる[98]。アメリカが西側同盟国に影響力を行使すると、西側の諸制度にとってどのように脅威となっていたのかについて、詳しい説明はない。

その他のステイトクラフトの技法を考えてみると、反共主義の貿易制限は必ず避けて通れない方法であるように思われる。強硬派のアプローチにおいては、共産主義の脅威は巨大で差し迫った多面的なものとして描かれていた。そして、世界のあらゆる場所でさまざまなレベルでの共産主義との闘いを要求する。プロパガンダは大々的に行われ、実際に国交を断絶する寸前まで外交手段が用いられた。そして賛同するあらゆる国と軍事同盟が結ばれた。強硬派は、共産主義者たちに対して何もしないことや、彼らと「通常の取引」を行うことはまったく受け入れられなかった。1948 年から 1962 年にかけては、チェコスロバキアのクーデター、ベルリン封鎖、朝鮮戦争、ポーランドとハンガリーにおける暴動への激しい弾圧、ソ連の東欧からの軍撤退拒否、ベルリンの壁建設、そしてキューバ危機などが発生した。これらすべての事件を、アメリカの政策立案者たちは共産主義国家による挑発的行為だとみなした。アメリカはこれらにどう対応しただろうか。外交抗議やプロパガンダ活動はそ

98. 国際政治を学ぶ者のほとんどは、おそらくマイケル・マンデルバウムの「同盟内の不和はあらゆる同盟の特徴である」、「同盟国間はいつも綱引き状態、政治的に言い換えれば脅しや交渉が存在するのだ」という言葉に賛成するだろう（*The Nuclear Revolution: International Politics Before and After Hiroshima*）[Cambridge: Cambridge University Press, 1981], p. 151. 次も参照のこと。Glenn H. Snyder, “The Security Dilemma in Alliance Politics,” *World Politics* 36（July 1984）: 461-495.

れ自体では弱く、しかし軍事威嚇や軍事介入は核世界においては危険が大きすぎると思われた。要するに、費用と便益を合わせて考えたとき、貿易制限より優れた代替策を見つけ出すことは難しかった。

合理性に関する追記 …………………………………………

アドラー＝カールソンは禁輸を非常に不合理なものとして描いているが[99]、本論では禁輸は、強硬派の政策 - 有事の枠組みを考慮に入れた場合、それほど不合理的ではないと主張しておく。また、穏健派の主張は強硬派のそれに比べると論理的一貫性に欠けていることも指摘したい。これはとりわけ、「戦略物資」の扱いについて当てはまると思われる。本書で何度も述べたように、ステイトクラフトの技法の有用性は、研究者本人の政策上の好みではなく、政策立案者の定めた目標に照らし合わせて判定されるべきだ。とはいえ、あえて言い添えると、筆者自身の見方は強硬派よりも穏健派の考え方に近い。その筆者が強硬派の見方のほうが穏健派よりも論理的であるとするのはなぜだろうか。議論の一貫性は、政策分析に関する複数存在する基準の一つに過ぎない。議論の根底にある前提も同じくらい重要である。強硬派および穏健派の考え方の根底にあるそれぞれの前提を比較することは本書の範囲を超えているが、強硬派の前提は穏健派の前提よりも数が少なく単純であるようだ。通常、少数の単純な前提に基づいて論理的に一貫した議論を構築するほうが、数多くの複雑な前提に基づいて厳密な議論を構築するよりは簡単であるため、強硬派がより合理的だとする見解は驚くに値しない。

アメリカとイラン：1979 年～1981 年 ……………………………

1979 年 11 月 4 日、武装したイラン人がテヘランのアメリカ大使館を占拠し、66 人のアメリカ人を人質にとり、亡命したシャー（訳注：イラン皇帝の呼び名。このときは元皇帝パフラヴィー）の身柄引き渡しを要求した。事件発生から 14 カ月間、この状況に対応するため、アメリカの政策立案者は経済制裁を含むいくつかの手段を講じた。厳密にいえば、貿易制裁は最も重要な経済的技法ではなかった。軍事用交換部品の輸出やイラン

---

99. Adler-Karlsson, *Western Economic Warfare*, pp. 111-129 およびその他のページ。

原油の輸入は大使館占拠の 1 週間後に停止されたが、最大の制裁は 11 月 14 日に実施された 120 億ドル以上のイラン資産凍結だった。それでもこれはエコノミック・ステイトクラフトに関する示唆に富む事例と言える。

この影響力行使の目標と対象は何だったのか。今まで考察してきた事例と同様、目標も対象も一見する以上に複雑で、おそらく以下のような様相を呈していた。

イラン

主要な目標は 2 つ。脅しには屈しないというアメリカの決意表明と、人質を無事に帰国させることだった。アメリカの外交政策立案者たちはどちらの目標を優先させるかについては意見が分かれたが、両方とも重要であることは明白だった。大統領補佐官のズビグネフ・ブレジンスキーが国家の名誉と信頼を第一に考えたのに対して、国務長官のサイラス・ヴァンスは「この国は、挑発に対して自制できるかどうか、捕虜となった同胞の無事な帰国を実現できるかどうか、という点によって最終的な評価を受けるであろう」[100] と注意を促した。1979 年 11 月 16 日、カーター大統領は「この危機で求められているのは、断固とした態度と自制心だ」[101] と述べ、のちに、イランの指導者たちを「正気に戻さねばならない」として、「すぐに換金できる資産 120 億ドルを凍結したことは彼らの注意を引く良い方法だと考えた」[102] と語った。つまり、経済制裁は、アメリカはイランの要求を受け入れることはできないが、同時に平和的解決を受け入れる用意もある、というメッセージを伝えるために実施された。

イランに関する二次的な目標は、イランに経済的コストを課すことと政策の選択肢をいくつか奪うことであった。危機があれほどまでに長引くとは当初は予想されておらず、経済的コストが直ちにイランにダメージを与

100. Hamilton Jordan, *Crisis: The Last Year of the Carter Presidency* (New York: G, P. Putnam' s Sons, 1982), pp. 44-45 ; および Zbigniew Brzezinski, *Power and Principle: Memoirs of the National Security Adviser, 1977-1981* (New York: Farrar, Straus, Giroux, 1983), pp. 480-481.

101. *New York Times*, November 16, 1979.

102. Jimmy Carter, *Keeping Faith: Memoirs of a President* (New York: Bantam, 1982), pp. 464-465. 『ニューヨーク・タイムズ』紙の一連の記事では制裁におけるシグナルとしての側面を見事にとらえている。Hedrick Smith, "A Symbolic Oil Cutoff," November 13, 1979 ; Terence Smith, "Carter' s Strategy on Iran: U.S. Seeks to Project Tough Image Without Risking Lives of Hostages," November 15, 1979 ; および Steven Rattner, "The Economic Warfare Was Also Psychological," November 18, 1979.

えはしないことは明白だったので、これらの目標は、制裁のシグナルに比べると重要性は低かったかもしれない。過度に厳しい経済・軍事制裁はイランの諸機関の力を弱め、混沌を引き起こし、将来ソ連からの過度の圧力に抵抗する能力を失わせてしまうのではないかという懸念もあったことを記しておく価値はあるだろう[103]。イラン原油ボイコット（11月12日）もイラン資産凍結（11月14日）も、イランが原油輸出を停止し、資産を撤収するのを防ぐために先手を打つ意味もあった。

財務省当局者で資産凍結令の実施にたずさわったロバート・カースウェルは、ドルへの脅威を未然に防いでイランに対するアメリカ国民の財産請求権を保護することも、影響力行使の目標であったと述べている[104]。ジョーダン、ブレジンスキー、そしてカーターは、このような目標に関してはおよそ言及しておらず、せいぜい三次的な目標として位置付けていたものと考えられる。

第三国

アメリカの制裁の対象となったのはイラン人だけではなかった。アメリカの同盟国、第三世界全体、特に中東のイスラム教国家、さらにはソ連を筆頭とする共産主義諸国がその対象だった。

以下に３つの目標を挙げるが、この順序は重要性の大きさとは関係がない。

(1) 強固な決意を示すことにより、アメリカが与えるイメージの信憑性を維持する――おそらく、その強化も可能となる。他国における同様のアメリカ大使館襲撃を抑制するという直接的な動機があったことはさておき、ブレジンスキーはこう考えていたと伝えられている。「この危機は大統領が国際的な危機を処理する能力があることを全世界に見せつける絶好の機会、アメリカの決意を見せつける機会である。」[105]

(2) 国際社会からイランへ圧力をかける。事件は、発生のほぼ直後にア

---

103. 以下と比較のこと。Carswell, "Economic Sanctions," p. 253；およびCyrus Vance, *Hard Choices: Critical Years in America's Foreign Policy* (New York: Simon and Schuster, 1983), pp. 387, 398.

104. Carswell, "Economic Sanctions," pp. 249-258.

105. Jordan, *Crisis*, p. 53. 以下と比較のこと。Brzezinski, *Power and Principle*, pp. 480-481.

メリカによって国連安全保障理事会に持ち込まれたが、経済制裁はアメリカの忍耐にも限りがあり、国際社会の支持が必要であるというシグナルを他国に対して送る手段であった。カーターが言ったように、「ホメイニに向けたアメリカのメッセージがわが国の主要な貿易相手国にも伝わることにより、ホメイニが繰り返すアメリカ国民を罰するという脅しを止めるべく、これらの国がさらに強くイランに働きかけるようになることを望んでいる」[106]。つまり経済制裁は、イランを外交的に孤立させ、強い非難を浴びせるためでもあった。

(3) 中東地域におけるソ連の行動に対する抗議に際して、イスラム教国家から持続的支持を得る。これは当初、制裁の目標ではなかったが、12月のソ連のアフガニスタン侵攻の直後に目標の一つとして浮上した。ブレジンスキーはこの事件がアメリカの政策立案者の思考に与えた影響を次のようにまとめている。

ソ連のアフガニスタン侵攻は、今後わが国がイランに対して何らかの行動を起こす際にはこれまで以上に、ソ連の野心の地域的な封じ込めに波及する影響を念頭に置かなければならなくなったことを意味していた。より具体的には、ソ連のアフガニスタン侵攻がきっかけで、イスラム主義者たちをソ連への抵抗運動を結集させることがさらに重要になった。そして、ソ連の拡大主義に対するイスラム主義者の抵抗に亀裂が生じないようにしなければならないことも決定的となった。同様に、イランとアメリカの軍隊の衝突回避もそれまで以上に重要になった。

言い換えれば、ソ連のアフガニスタン侵攻以前は、軍事行動がより真剣に検討されるようになっていたが、ソ連の攻撃は、この傾向に歯止めをかけ、わが国の戦略は人質の命を救うこと、そして軍事活動の自制によって国益を追求することのほうに重点が置かれるようになった[107]。

この影響力行使の効果を評価する前に、難易度について述べておかなければならない。ただの外交的抗議ですんだはずの件が3つの要因によって複雑化した。何といっても外交官と大使館の不可侵権は、国際社会において最も基本的かつ広く承認されている規範の一つである。大使館に対す

106. Carter, *Keeping Faith*, p. 466. 次も参照のこと。Jordan, *Crisis*, p. 55；Brzezinski, *Power and Principle*, p. 479；および Vance, *Hard Choices*, p. 377.

107. Brzezinski, *Power and Principle*, p. 485.

る無軌道な行為は通常速やかに処理される。しかしイランでの状況は異常事態であった。国外逃亡したシャーを保護したアメリカへのイラン人の怒りを反映した反米感情が、この危機を最初から最後まで強く支配していた。アメリカと真剣に交渉しようとするイランの指導者がいたとしても、国内から悪魔の協力者だという誹りを受けかねなかった。加えて、事件の間中ずっとイランの政治情勢は不安定で、ほぼ混沌状態であったため、危機に対応することがより難しくなっていた。例えば、9カ月にわたってイランには首相は不在であった[108]。さらに問題を複雑にした要因は、一方で決意を表明し、他方では人質の命を救わなければならないというアメリカの葛藤であった。もしどちらか一つだけの目標を達成すればよかったのであれば、簡単だっただろう[109]。

効果に関しては、確固たる決意と抑制的な態度の両方を同時に示しても、イランに対しては何らの影響も与えなかった。政治的混乱のさなかにあったイランでは、アメリカの行動に感銘を受け、当局者と対話しようとする人間も、カーターのメッセージを受け取ろうとする人間もいなかった。指導者のいない国家に何らかの影響を与えることは難しい。危機の初期段階においては、ホメイニ自身ですら、たとえアメリカの決意と抑制的な態度に感心していた（実際には感心などしていなかったようだが）としても、人質を無傷で解放するほどの力はなかったかもしれない。奇跡的だったのは、最終的には人質が無傷で帰国できたことだ。予測されたことではなかったが、イランの資産凍結は、アメリカの国家の尊厳を損なうことなく人質と交換できる有利な交渉材料に転じたのだ。この交渉材料の重要性は軽視されてはならない。発生当初からの根本的問題は、アメリカには尊厳を保ったままイランに提供できるものが何もなかったということだった。アメリカから見れば、自分たちは明らかに違法な脅迫の被害者だった。イランからの要求は、すべてアメリカの政策立案者たちにとっては受け入れがたいものだった。しかし脅迫者の資産の差し押さえは、アメリカに有効な交渉材料を与えてくれた。イラン側が資産の返却をアメリカ

108. 以下参照。J. C. Hurewitz, “The Middle East: A Year of Turmoil,” *Foreign Affairs* 59 (1981)：546-547.

109. カーターがこの困難な状況をいっそう悪化させたのは、人質の生命に重きを置くという考えを何度も公言したからかもしれない、という意見については、以下参照。Betty Glad, “Jimmy Carter’s Management of the Hostage Conflict: A Bargaining Perspective,” paper presented at the American Political Science Association Meeting, New York, 1981（謄写版印刷物）。

の譲歩であるとみなすようになった時点で、和解のための最大の障害は取り払われたのだ。イラン側にしてみれば、自分たちがアメリカから譲歩を引き出したと主張する必要があり、アメリカ側にしてみれば、政策立案者たちがそんな譲歩の事実を巧妙に否定できるようにしておく必要があった。イランの資産凍結の解除は両陣営に対して、この危機におけるジレンマから脱出する手がかりを与えたのである[110]。

イランに経済的コストを課すという点で、制裁は最終的にはかなり効果的であったことがわかった。制裁は1980年秋のイラン経済の沈滞の原因でも、また対イラク戦争の原因でもないが、「制裁によってイランでは緊要補給品や交換部品が不足し、信用できない中間業者と高額な取引を行う羽目になった」。秋も終わるころには、イランはイラクとの戦争中で、原油取引の売り上げは「実質上ゼロ」にまで落ち込み、イランの資金は一気に激減した[111]。このような状況下では、おそらく制裁のコストは、イランの政策立案者にとっては半年前よりもさらに大きく感じられただろう。

カーターがイランを無力化しようとして行った試み、原油禁輸またはその脅しは非常に有効だった。しかし、この点に関するアドラー＝カールソンの解説は寛容とは言えない。アドラー＝カールソンは「カーター政権は、原油禁輸という潜在的な脅しの武器をイランが行使するのを先回りして阻止しようと試みた」と主張し「この行動はおそらく最初から成功の見込みはなかった」と言い添えている。そして「アメリカの行動は、よく言って、イランの石油がなくても国内供給を賄えるということの表明だったと解釈されるべきである」[112]と結論づけている。アメリカの先制攻撃はほとんど即座に功を奏したのに、なぜアドラー＝カールソンがここで「試みた」という言葉を用いたのかは明確ではない。イランの原油輸入を禁止すれば、イランが対アメリカ禁輸措置を実行しようが、またちらつかせようが、効果はなかった。アドラー＝カールソンは、影響力行使は他国もアメリカに倣ってボイコットしなければ、成功の見込みはなかったと指摘している。しかしこれが目標だったのではない。ペリクレスが、アテナイ人の資産を破壊するというペロポネソスの脅しに意味はないことを示す

110. 交渉材料としての資産凍結という技法については、以下参照。Glad, "Carter' s Management," pp. 14. 53, 66；Carswell, "Economic Sanctions," p. 259；および Vance, *Hard Choices*, pp. 377-378.

111. Carswell, "Economic Sanctions," p. 247.

112. Adler-Karlsson, "U.S. Embargo," p. 179.

ために、アテナイ人たちに家を取り壊すよう懇願したのと同じで[113]、カーターは「経済的圧力が、基本的な原則の問題にかかわるわれわれの立場を揺るがすような事態は避ける」ことを望んでいた[114]。同様に、イランの資産の凍結は、イランの貿易即時撤退という脅しを無効にし、イランがアメリカの銀行から直ちに資産を流出させて（訳注：イランが盟友国へ資金を送ること）プロパガンダとしての勝利を与えることも不可能にした[115]。

ドルを保護するという三次的な目標に関しては、解説すべき内容はほとんどない。たとえイラン側が資金を引き出していたとしても、ドルに対する脅威はおそらく最小限ですんだであろう。イランに対する財産保護の要求は、それがもし目標であったとしたなら、目標達成以上の効果をあげたといえよう。というのも、最終的な合意によって「イランに対するアメリカの債権者は実質的に、人質事件発生以前よりもずっと有利な立場となった」ためである[116]。

人質事件への対応により、他国ではアメリカ大使館占領事件が発生する可能性はなくなったが、広範囲にアメリカの信頼性を強化するというブレジンスキーの望みは、おそらく事件が長引く間に消えたのだろう。イランに対する国際的な圧力の構築に関しては、制裁が貢献したと思われる。国連においてめったにアメリカの味方をしない多くの国がこの事件についてはアメリカを支持したが、もしアメリカがイランに対して武力を行使していたら支持するのは難しいと考える国も多かっただろう。ヨーロッパの同盟諸国は制裁に参加することには後ろ向きであったが、外交面で援助した。さらに重要なことに、ヨーロッパはアメリカの銀行の海外支店におけるイラン資産の凍結に関して、アメリカの治外法権の行使を黙諾した。「この治外法権の行使によって、イランから奪った金額は60 億ドルから120 億ドルになった」のである[117]。

他のイスラム国との関係悪化を避けるためにイランとの軍事衝突を避けた点についても、制裁は十分な成功を収めた。失敗に終わった武力による救出作戦については同じことは言えない。

---

113. Thucydides, ***The History of the Peloponnesian War***（Modem Library), p. 82.
114. ***Wall Street Journal***, November 12, 1979. 次も参照のこと。***New York Times***, November 13, 1979.
115. ***New York Times***, November 15, 1979.
116. Carswell, "Economic Sanctions," p. 259.
117. 同上 p. 261。

1981 年 1 月、『エコノミスト』紙は事件のさなかにおけるイランに対するアメリカの政策の効果に関する以下のような包括的評価を掲載した。

尊厳と沈着はほとんど無傷なままに、アメリカはイラン自身の銀行口座から吸い上げた身代金を支払って、政府からギャングに豹変した者たちの手から平和裏に大使館職員たちを救出することに成功した。短気な小国に対しては自国の力が使えないことを悟った大国にとって、決して小さくはない業績である……。

アメリカの銀行におけるイランの資産——これが最終的に人質と引き換えの身代金となった——という交渉の切り札をつかんだことは、カーター氏の手柄である。また、カーター氏はさらなる脅迫を助長するような脅迫者との合意を避けた。……イラン側は当初、シャーの身柄引き渡しを要求していたが、彼は帰国しなかった。さらに、過去にアメリカがイランへ干渉した責任を認めさせようとしたが、実現しなかった。シャーの財産の回収を求めたが、それは戻っておらず、また戻らないことはほぼ確実だ。イランは、アメリカによるイランへの申し立てをすべて撤回するように要求していたが、最終的に、アメリカ政府は自分たちの要求を撤回し、人質解放に関する交渉を続けることに同意し、イラン側は資産凍結と西側からの経済制裁の解除を勝ち取った。しかし人質をとっていなければ、資産凍結も制裁もそもそもなかったのだ。……どんな人質解放交渉にも当てはまる主要な評価基準は、この事件に刺激されてアメリカ叩きを目論む別の国の政府が大使館を占拠するという事件が再び発生するか、ということだった。答えは、ほぼ確実に、「ない」である[118]。

対イランの経済制裁のコストは、驚くほど小さかった。4 月、アメリカはヨーロッパに対して経済制裁を適用するように圧力をかけたが、これは 5 月に実行が計画されていた武力救出作戦から注目をそらすための煙幕として用いられていた。アメリカは、ヨーロッパはアメリカによる武力行使を阻止するために経済制裁を行うべきだと主張さえした。のちにこれがただの策略だと判明したとき、ヨーロッパは当然苛立った。しかしこの反感のほとんどは救出作戦のコストであり、経済制裁のコストとされるべきで

118. "Our People, Your Money," *Economist*, January 24, 1981, p. 11.

はない。

アメリカの銀行に委託された海外資金を外交政策の手段として積極的に利用する前例を作ってしまったことが、制裁の最大のコストであると見る意見も多い[119]。とりわけ財務省と銀行業界は全体として、外国人がアメリカの銀行に資金を預ける意欲を削ぐのではないかと憂慮した。例えば『ウォール・ストリート・ジャーナル』紙は、資産凍結が実施されたスピードの速さについて、「この政権は、アメリカドルの基軸通貨としての規範性や私有財産の不可侵性を守ることについて真剣さが足りない、という世界の共通見解を広めることになった」[120]と書いた。元財務省職員のロバート・カースウェルは、仮にアメリカの目標を「大幅に変更する」ことを意味するとしても、コストがあまりに大きいので、このような措置は将来、「多国間協力のあらゆる手立てを尽くして」から利用すべきだと主張する。カースウェルは、「同盟国が従わない状況で指導力を発揮する」ことについて、アメリカにはもはやそんな贅沢は許されないと述べ、ドルの価値を脅かしてまで「イデオロギー的な主張」や「決意の表明」をする意味はないと主張している[121]。

これらの反対意見を無視はできないが、いくらか割り引いてとらえるべき理由が5つある。理由その1:「ドルの規範性」や「私有財産の不可侵性」には確かに重要性はあるが、これらの事項がアメリカの行動評価の信憑性やアメリカ大使館の不可侵性よりも優先されるべきだという主張は、外交政策立案者に対して銀行家の世界認識を反映させようとしているようにとられかねない。一方的な措置の施行を拒絶することは、ドルを保護するうえでは上手なやり方だが、人質事件において確固たる決意を示すのに効果の高い方法とは言えない。理由その2:目標のいくつかは、アメリカの懸念の強さを諸外国に印象づけることに関連していたため、ドルの危険性を示すことによりアメリカのシグナルの信憑性を増すことができたという点で、現実的には有益であった。理由その3:アメリカがこのような措置をとるに至った異常な背景は、預金予定者に簡単に理解してもらえるものだ。対共産主義国を除けば、アメリカがこのような技法を用いたのはイランとローデシアに対してだけである。イランとローデシアの事例において、ほぼ全世界がこれらの標的国を糾弾していたため、アメリカの採用し

---

119. 以下参照。Carswell, "Economic Sanctions," pp. 248ff.
120. 以下に掲載の論説。*Wall Street Journal*, December, 4, 1979.
121. Carswell, "Economic Sanctions," pp. 264-265.

た対応は支持を受けた。国連安全保障理事会は、一方（訳注：1976年のローデシア紛争）に対しては強制的制裁を課し、他方には制裁の可能性を示唆するにとどめた。このような措置を見れば、アメリカが無差別に資産凍結を行っていたとは言えない。理由その4：イランの資産凍結命令が出されたのは、イラン側が資産を引き出す意向を発表した以降であった。とすると、資産凍結措置はイランの弱体化を目指すというよりは、少なくともある部分はドルを保護する試みとして正当化されよう。理由その5：挑発を仕掛けてくる国に対してアメリカが再び資産凍結を行うかもしれないという恐れが、この前例ができたことによって強まったとしても、それは全面的に悪いことではない。このような恐れは将来同様の挑発行為が起きることを予防してくれるかもしれない。

公の場では稀であるが、非公式な場面でもう一つのコストとして暗にしばしば言及されるのは、執拗な挑発に対峙するために武力を用いようとしなかったことから、アメリカの決意への信頼が失われたかもしれないという点だ。大国は国家の尊厳や信用などを守るために命を犠牲にすることも厭わないべきとみなす人は多い。カーターが人質の人命保護を最優先にすると強調した結果、実質的に武力行使が除外されることになり、この姿勢は頑強さに欠けると見る人もいた[122]。しかしこの限りにおいて、そのコストは選択した手段がもたらした結果というよりは追求する目標がもたらした結果であった。ひとたび人質の命の保護が主要な目標と定められたのであれば、彼らの命を危険にさらすことがなかったからといって経済制裁を非難するのは不公平だ。何といっても経済制裁には、まさにこの危険を避けようとする意向があったからである。

経済制裁に代わってその目標を概ね達成するような有用な施策があっただろうか。プロパガンダと外交手段は使えたかもしれないし、外交手段は少なくとも最終的に人質の帰国に寄与したかもしれない。しかしこれらの技法そのものは、度を過ぎた挑発行為に対する対応としては弱いと思われ、アメリカの決意を表明するための役割は果たせなかっただろう。武力行使が人質の数名、おそらくは全員の命を奪ったであろうことはほぼ確実

122. 以下参照。Terence Smith, “Putting the Hostages’ Lives First,” *New York Times Magazine*, May 17, 1981；Eugene V. Rostow, “Letter to the Editor,” *New York Times*, May 23, 1980；および Glad, “Carter’ s Management,” pp. 16-17。ヴァンスはアメリカが人質の無事帰還を何度も公式に強調することは間違いであるという信念について述べている（『Hard Choices』p. 380）。

だ。もし軍事行為に及べば人質の命はないというイランの武装勢力からの脅しがあり、この脅迫の信憑性を疑う理由はなかった。人質を無事に帰国させることが主要な目標である以上、この事件を通じて武力行使は実質的に役に立たなかった。ソ連がアフガニスタンに侵攻したあと、イスラム教諸国を敵に回すことを避ける必要性から、さらなる武力行使は抑制された。軍部による救出作戦が事件の初期段階で頓挫しなかったとしたら、人質のなかに犠牲者を出したであろうことはほぼ確実だ。武力行使のコストは、推定される効果と比べると、非常に大きかったと考えられ、そう予測されてもいた[123]。ヨーロッパの同盟国は煙幕として利用されたことを不満に思い、アメリカの有能な作戦家としての評判は落ち、人命は失われ、イランは世界の論調からそれほど孤立せずにすみ、そしてNATOの事務総長が言ったように、奇襲作戦は「ただでさえ一触即発の中東情勢をさらに複雑にしていた」[124]だろう。武力行使はイラン危機においてはとてつもなく非生産的であったという結論は避けがたい。武力を行使するという脅しが状況を改善したと信じる理由もどこにもない。レスリー・ゲルブが注目したように、イラン側は「国自体がノイローゼに陥っており、武力行使の脅しが効く状況ではなかった」[125]のだ。

1980年1月、ロジャー・フィッシャーが人質事件の解決法としてもう一つの代替策を提案した。2つの理由から、これを再考してみることは有益だ。第1に、他に有用な代替策があるかどうかを見極める難しさを教えてくれる。第2に、経済制裁については社会通念に基づいた一般化が危険であることを示してくれる[126]。「制裁はうまくいかない」と題した記事のなかで、フィッシャーは「われわれの問題も解決できる方法で彼らの問題を解決する方法」を見つけるような外交を推奨している。これはもちろん多くの状況において賢明な忠告だ。しかし本件においては、そのような方法はほぼない。イラン側はアメリカを侮辱しようとし、アメリカ側はそれを阻止しようとした。イランから脅されている状況下で、イランにおける「アメリカの過去の行為についての公平な国際捜査」への協力に同意すれば、イラン側にはアピールできるかもしれないが、アメリカ側にアピール

123. この事例におけるミリタリー・ステイトクラフトの欠点については、Vance, *Hard Choices*, pp. 377, 387, 398, 408.

124. 以下参照。Glad, "Carter' s Management," pp. 40-48；および *Economist*, May 3, 1980.

125. *Hearings on U.S.-W. European Relations*, p. 60.

126. Roger Fisher, "Sanctions Won' t Work," *Newsweek*, January 14, 1980, p. 21.

するとは考えにくい。フィッシャーは、アメリカの政策を「イラン側に、彼らが大使館占領とは関係なく、もともと権利を有していたものだけを与える」方針にするよう提案した。この提案の難点は、大使館占拠によってアメリカはイランに脅迫される側になってしまっていたことだ。キューバ危機のさなか、ケネディ大統領がトルコからのジュピターミサイルの撤去を拒否したように——しかしこれはケネディがそれ以前に命じていたことだった——、カーター政権も交渉を強要される恐れがあるという前例を作りたくはなかったのだ。

フィッシャーは、「われわれはイランへの制裁が多くの影響をもたらすと確実に予想できる」として自身の提案の根拠を示した。予想された効果は以下の通りである。

1. ホメイニの関知できないところでイラン人たちを結束させる。
　解説：もしこれがホメイニ支持者を扇動する可能性について言っているのなら、制裁は不必要であると思われる。なぜならホメイニにとって支持者たちの情熱を燃え上がらせるのは簡単であるためだ。もしこれが反ホメイニ派についての言及なら、制裁が彼らのホメイニに対する態度に影響を与えるかどうかは疑わしい。
2. 政治的にイラン側が折れるのを難しくする。
　解説：後になって判明したことから考えると、この見解の反対がより実態に近い。イランの資産凍結は両陣営にのちの交渉材料を与え、イラン側は折れるどころか人質との交換物を手に入れたと主張できるようになった。実際のところ資産凍結は、イラン側にとっての新たな問題を作り出すことで、フィッシャーの忠告に従う可能性を生んでいた。フィッシャーの忠告とは、イラン側の問題（資金の回収）と、アメリカ側の問題（名誉を保ったうえでの人質解放）の両方を解決できる方法を見つけることであった。
3. イラン側の関心を国内問題から外国の敵へと転じさせる。
　解説：もちろんそうなった。しかしおそらく経済制裁のせいではない。大使館を占拠した武装勢力、行進、テレビでの演説、そしてアメリカがシャーを助けたという記憶だけで十分であった。
4. イランにおける混沌状態の中で、経済的な影響を最小限にする。
　解説：イランの経済情勢は悪化し続け、イラクとの戦争が開始されると、事件発生当時には微細に感じられた影響は、イラン側が計算していたよりも大きくなっていったとも考えられる。秋までには、資産凍結と交換部品の入手困難の影響は深刻になっていった。

5. イランにおけるソ連の役割を増大する。

解説：武力行使を回避できるような代替策をアメリカが手にできるという限りにおいては、制裁はこれとは逆の効果をもたらすものとみなされたかもしれない。前述の通り、ソ連のアフガニスタン侵攻後の状況をブレジンスキーはまさにこのようにとらえていた。つまりソ連の影響に対抗するうえでイスラム主義諸国の結束を保つためには、制裁の主要な代替策として検討されていた武力行使は除外されなければならなかった[127]。

6. イランが直面している深刻な問題についてアメリカがその責任を負うことになる。

解説：人質をとる以前から、アメリカはイランから諸問題の責任を委ねられていた。これは、制裁の有無とは無関係に、起きていただろう。

7. アメリカへの国際社会からの支持が分裂することになる。

解説：アメリカは大使館占領について、諸外国が自分たち以上の怒りを示すことはほぼ期待できなかった。単なるプロパガンダや外交活動だけでは、アメリカは無関心または無力であると思われたであろう。結局、国際社会の支持は、他国への同情だけが動機ではなかったのだ。これによってアメリカが軍事力の行使を控えるようになるとの暗黙の期待も動機であった[128]。軍事行動を明白な挑発とみなすことで意見が一致していた状況において、諸外国は経済制裁を無謀な対応というよりは穏やかな方法と考えた。1980 年 4 月、アメリカの「性急な過剰反応」をつねづね批判していた国連代表団は、アメリカのイランへの対応を「驚く程自制的である」[129]と評価したと報告されている。いずれにせよ、第二次世界大戦以降、アメリカの外交政策のなかでも、この人質事件における対処以上に、国際社会から幅広く支持を得たものは存在しないだろう。事件初期の国連安全保障理事会のイラン非難声明に対し、ソ連でさえ拒否権を行使しなかった。焦燥と自制の両方を表明することによっ

---

127. Brzezinski, *Power and Principle*, p. 485.

128. アメリカの自制に対する外国の支持について、ときには率直なやりとりが行われた。アメリカがヨーロッパ側に、アメリカの軍事行動に先立つ手段としての制裁に加わるよう求めたときなどがそうだ。以下参照。*Hearings on U.S.-W. European Relations*, p. 73；および Vance, *Hard Choices*, p. 381.

129. *New York Times*, April 8, 1980.

て、制裁はおそらく国際社会からの最大の支持を得ることができたのだ。

8. 争点を、イラン側からの威圧への抵抗を確実に成功させることから、イランへの威圧が失敗する可能性があることに変える。

解説：誰かが手袋を投げて決闘を申し込んできたときには、相手の威圧の試みに自分たちがうまく対応したことを主張しながら立ち去るか、礼儀正しく「失礼、手袋を落としませんでしたか」と尋ねるか、どちらかにすべきであるとフィッシャーは提案しているように思える。残念ながら、公の場で決闘が申し込まれたときに、状況を上手に再定義する人間の能力には限界がある。イラン側は、アメリカに対して手袋を派手に投げた。つまり、大使館占領と人質拘束によって、アメリカを威圧することに成功した。一方、アメリカ側にとって最重要問題は、さらなる威圧に屈してシャーの身柄を引き渡すかどうかではなく、既に目前に突きつけられた威圧にどう対応するかということだった。それは、政策立案者が望むにせよ望まぬにせよ、アメリカの行動がどのように評価されるかということであった。なぜならこれは世界中が注目していたからだ。

後に振り返れば、状況はより鮮明に理解できる。国際政治における予測は一様に難しいが、一般的な考え方に基づけば経済制裁の影響を「正しく予測する」ことができるという主張に関しては、特に留意する必要がある。アメリカの政策目標、状況の困難さ、そしてより有用性の高い代替策が欠如していることを踏まえると、イランに対する制裁を見て、このような手段は有効性に欠け逆効果であるとする一般的な考え方は、支持できるものではない。

アフガニスタン禁輸 ……………………………………………………

1979年12月25日、ソ連軍がアフガニスタンに侵攻したとき、カーター政権はさまざまな方法を使ってこれに対応した。軍事費の増大、徴兵登録制の復活、駐モスクワ米国大使の召還、激しい非難、第二次戦略兵器制限交渉に関する上院の条約批准拒否、オリンピック大会のボイコット予告(結局ボイコットは実行された)、ソ連の漁業権の制限、ソ連への先端技術輸出に関する制限強化、「ペルシア湾地域を制圧するための外部の力による」あらゆる試みを撃退するため「軍事力も含めたいかなる手段」の行使も辞さないという明白な予告（カーター・ドクトリン)、そしてソ連への穀物の一部禁輸措置[130]、などだ。これらの行動のなかでも最も注目を集めたのは、アメリカ政府が数カ月前にソ連に対し購入を承認したばかりの1700万トンの穀物の禁輸措置である[131]。ただし、禁輸はソ連と交わした5カ年契約の一部として承認されていた800万トンの輸出には影響しなかった。この輸出に関しては特別に、アメリカ政府が輸出制限を適用しないことを約束していたのだ。穀物の禁輸措置は、レーガン大統領の選挙公約の履行というかたちで、最終的に1981年4月に解除された。

アメリカによるこの影響力行使を理解するポイントは、これがアフガニスタンそのものにはほとんど関係がなかったこと、そして南西アジアとその他の地域におけるアメリカの行動に対する評価に大いに関係があったと認識することである。ロバート・ジャーヴィスはこう分析する。「現代の多くの紛争における争点は、財産や領土（例：ベルリン）などの具体的な所有権というよりは、決意と意志のイメージである」[132]。ソ連のアフガニスタン侵攻に対するアメリカの対応ほど、このことをよく表している例はない。問題は、ソ連がそもそもアフガニスタンに侵攻した理由ではなく、ソ連の侵攻に対する反応が、世界の他の地域、特に南西アジアに関して「将来」ソ連が抱くかもしれない思惑にどのように影響するかということだった。最大の関心事は、将来のソ連の思惑についてのアメリカの認識と、将来のアメリカの意思についてのソ連の認識だ。ペルシア湾の原油に及ぶソ連の脅威に対抗するアメリカの決意の強さをソ連が過小評価することから生じる危険は、計り知れなかった。最重要問題は、勇敢なアフガニスタン人たちの自由ではなく、将来の核戦争の回避だった。アフガニスタンはアメリカにとって重要な利益のある地域ではなかったが、この件でソ連がアメリカの思惑と能

---

130. この事例についての有用な概説としては、以下の議会調査局による報告書（委員会用印刷物）を参照。U.S. House of Representatives, Committee on Foreign Affairs, ***An Assessment of the Afghanistan Sanctions: Implications for Trade and Diplomacy in the 1980's***, 97th Cong., 1st sess., 1981（以降、***Assessment of Afghanistan Sanctions***と表記）。「カーター・ドクトリン」は1980年1月23日の「一般教書演説」で発表された。

131. ここで述べられている見解とは反対に、ヒュレヴィッツは「カーター・ドクトリン」は侵攻に対応するためにとられた「最も劇的な単独行動」であったと主張している（「The Middle East」p. 557）。この主張が合っているかどうか、読者はすぐ判断できるだろう。何人かの友人に、カーターがソ連のアフガニスタン侵攻に対してどのように対応したか聞いてみるとよい。ほとんどの人は穀物禁輸措置とオリンピックのボイコットと答えるだろう。実際「カーター・ドクトリン」については、おそらくほとんどの人が名前さえ思い出さないし、ましてやその内容など誰も思い出さないだろう。要するに、劇的な行為はわかる人の心のなかにのみ存在するのである。

132. Jervis, ***The Logic of Images in International Relations***, p. 20.

力に関してどのようなイメージを持つようになるかがアメリカの重大な関心事だった。

それでは、カーターの穀物禁輸措置の目標と対象は何だったのだろうか。主要な対象はソ連であり、第2の対象はヨーロッパの同盟国だった。第3の対象は第三世界全般、パキスタン、そしてソ連の東欧同盟諸国だ。それぞれの対象国についての目標は、おそらく以下のような方針によって構築されていたと思われる。

アメリカの目標：ソ連

アメリカの主要な目標は、ソ連政府に対して3つのメッセージを送ることだった。カーターによれば、第1のメッセージは「ソ連はわが国の強い懸念を理解しなければならない」[133]というものだ。第二次世界大戦以来となる東ヨーロッパ地域以外におけるソ連軍の侵略は、アメリカの政策立案者にとって深刻な出来事であり、彼らはそれをソ連に知らしめることを願ったのである。ブレジンスキーはこの事件を「ソ連とアメリカの関係における重要な分岐点」[134]であると説明し、カーターは大統領一般教書演説において「ソ連のアフガニスタン侵攻がもたらす影響は第二次世界大戦以来、平和にとって最も深刻な脅威となり得る」[135]と主張した。また、マーシャル・シュルマンは制裁について「主たる目的は、アフガニスタンにおけるソ連の行動を深刻に受け止めているということ、そしてこれは普通の出来事ではないということを表明することだった」[136]と述べている。第2のメッセージは、ソ連のアフガニスタンへの侵攻は深刻な事態ではあったが、ソ連がアフガニスタンだけでなく他地域へも侵攻しようと試みるなら、それはアメリカにとって「さらに」容認しがたいことであるため、武力行使も含むより厳しい対応を行う、ということだった（この武力行使の予告はのちに「カーター・ドクトリン」の中に明記された）。穀物

---

133. 以下の大統領演説参照。"Soviet Invasion of Afghanistan," *Weekly Compilation of President Documents* 16, no. 1（January 4, 1980）: 26.

134. Brzezinski, *Power and Principle*, p. 429.

135. *Weekly Compilation of Presidential Documents* 16, no. 4（January 23, 1980）: 196. この一般教書演説で、大統領は侵攻そのものより、むしろ侵攻がもたらす影響のほうが脅威であると言っている。

136. U.S. House of Representatives, Committee on Foreign Affairs, *Hearings: East-West Relations in the Aftermath of Soviet Invasion of Afghanistan*, 96th Cong., 2d sess., 1980, p. 28.

禁輸措置を宣言した大統領演説は、ソ連の行動が、イラン、パキスタン、世界の原油供給、アメリカとその同盟国、そして世界の平和と安定全般に不穏な影響を与えたと強調している。ちなみに、カーター、ヴァンス、そしてブレジンスキーは3人とも、アフガニスタン侵攻はソ連がアメリカの重要な利益やアメリカの自衛への決意について「見込み違い」していたことにも幾分かの原因があるとみなした[137]。

第3のメッセージは、第1、第2のメッセージの信憑性に関するものだった。実質的に、メッセージは「われわれが本気で憤慨を表明し、それ以上踏み込んでくるなら事態をエスカレートさせるぞと脅していることをどうすればわかってもらえるのか」と問うものである。答えは、このメッセージを伝える媒体、つまり穀物禁輸措置のなかにあった。この観点から、最も重大なコストは、ソ連に課したコストではなく、むしろアメリカが自ら進んで引き受けたコストであった。こうしたコストこそがアメリカのメッセージの説得力を強めるものだからだ。以上の内容から構成される3つのメッセージは、ソ連のさらなる行動を抑止しようとするための試みだった。『ニューヨーク・タイムズ』紙は、穀物禁輸措置の重要性についての優れた論説を掲載し、ジャーヴィスやシェリングの研究にも値するレベルの論説のなかで、禁輸における主要な目標が何であるかを説明していた。『タイムズ』紙は、ソ連政府はアメリカの政策立案者たちがアフガニスタン侵攻をペルシア湾地域に対する脅威として、ここまで深刻に受け止めているとは思っていないかもしれないと述べ、「このような誤解が原因で大国同士の軋轢が始まる可能性もある」と指摘し、「西アジアにおけるアメリカの利益とそれを保護する決意」を宣言するために、「禁輸と国交断絶」の形をとった「明快で自傷行為ですらある警告」を表明することにしたカーターを支持した[138]。

アメリカのソ連に関する2つ目の目標は、撤退を拒否する場合はソ連にコストを課すことであった。大統領は一般教書演説で、「言葉による非難だけでは不十分だ」とし、「ソ連は武力侵略に対して具体的な対価を支払わなければならない」と述べている。この目的が二次的なものとして位置づけられていることに同意しない人もいるだろう。例えば、議会のために

---

137. Carter, *Keeping Faith*, p. 472；Brzezinski, *Power and Principle*, p. 432；および Vance, *Hard Choices*, p. 389.

138. *New York Times*, January 13, 1980. 1980年1月5日付のさまざまな記事と、次も参照のこと。Vance, *Hard Choices*, p. 389.

行われたある研究では、ソ連にコストを課すことが主要な目的とされ、「アメリカが侵攻をどれほど深刻に受け止めているか」を伝えることは「もう一つの、暗黙の目的」として記されている[139]。目標としてはシグナルを送ることが最も重要で、処罰が二次的なものだったことを、どうすれば万人がきちんと理解できるのだろうか。このような解釈は完全には証明できないが、以下の要因はその裏付けとなる。

(1) 重要なのは、ソ連のさらなる武力侵略の抑止が、ソ連の撤退拒否に対する処罰よりも優先されるかどうかである。カーターはほぼすべての公式声明において、まさにその通りであると述べている。1980年の国務長官の議会での証言を見ると、重要性においては武力侵攻の抑止が第1、処罰が第2、という解釈を支持している[140]。議会の報告書でさえも、「ソ連に処罰を与えることによって当局はこれ以上の武力侵略を抑止しようとしている」[141]と記述しているところを見ると、処罰よりも抑止を優先することを承認しているように思われる。

(2) 抑止の優先性がひとたび承認されると、処罰の重要性はそこまで高くないということを示すのは簡単である。これは処罰は抑止に貢献しないが脅しは抑止を強化する[142]という、抑止の論理から理解できる。ソ連に対する処罰が実際に抑止力を発揮し得るのは、武力侵攻を繰り返せばこれ以上に厳しい処罰が待っているとほのめかすものであるか、将来のソ連の行動に対する直接的あるいは間接的な警告の説得力を強める目的でなされた場合に限られる。このように、処罰は抑止を意図したものであると言うことは、実は処罰が持つ象徴的な機能がコストを課すという機能より重要であると認めることなのである。

(3) 抑止は、処罰そのものよりは脅しの伝達が目的なので、ソ連を撤退させるよりも将来の行動を抑止することがアメリカの政策立案者にとって重要なのであれば、アメリカがアフガニスタン侵攻をどれだけ深刻に受け止めているかをソ連の指導部に対して伝えることは、コストを負わせるよりも重要であるとも考えられる。要するに、深刻な懸念を伝達する際に重要なのは、抑止力のある警告を行うことなのだ。ソ連の政策立案者は、ア

---

139. *Assessment of Afghanistan Sanctions*, p. 22.

140. U.S. Senate, Committee on Foreign Relations, *Hearing: U.S. Foreign Policy Objectives*, 96th Cong., 2d sess., 1980, p. 27. 次も参照のこと。OTA, *Technology and E-W Trade: An Update*, p. 28.

141. *Assessment of Afghanistan Sanctions*, p. 22.

142. Baldwin, "Thinking About Threats," pp. 76-77.

メリカが侵攻に対して深刻な懸念を抱いていることには関心がなく、予想されるアメリカの将来的な行動を重視していた。

ソ連へコストを課すことの優先性を主張するだけにとどまらず、ソ連のさらなる武力侵攻の抑止が目標であることをはっきり否定する著者が少なくとも１人はいる[143]。ロバート・パールバーグは、最初のうちは禁輸を「誰かに教訓を与えるための」試みであったとしていたものの、意図された「教訓」の内容についてはほとんど、もしくはまったく注目しなくなり、それどころか禁輸にシグナルが伴っていたというならそれはどのようなものだったのかについては完全に無視している。そして、禁輸の目的を以下のように描写している。

> 大統領の言葉を受け、禁輸には、非常に限定的だが明白に定められた目的が盛り込まれた。発表された目標は、アフガニスタンから占領軍の一部か全体を撤退させるようソ連を威圧することではなかった。目標は、ソ連のさらなる武力侵攻の抑止ではなかった。もしそうだったなら、穀物輸出を条件つきで続行することのほうが道理にかなっていただろう。……大統領が述べたように、禁輸の目的は、単にソ連にアフガニスタン侵攻に対する罰を与えることだったのだ。

大統領の公式声明を額面通りに取るべきであるという前提は受け入れるとしても、この解釈は受け入れがたい。禁輸措置を発表したとき、大統領は演説で、侵攻が平和に対する極めて深刻な脅威であるのは、ソ連の勢力圏がさらに拡大するおそれがあるからだと明言し、イラン、パキスタン、そして世界の原油供給への脅威を強調し、ソ連が「わが国の深い懸念を理解する」必要性を主張していた（これは単なる啓示ではない）。さらに、このような措置をとるにあたってのアメリカの意志と決意と能力についての疑いを「潜在敵国」の心から取り除く重要性に言及し、最後に「武力侵攻の抑止」に賭けた決意を具体的に表明した[144]。それに続く公式声明では、大統領はソ連の将来的な武力侵攻の抑止の重要性を強調している。一般教書演説では、大統領は「カーター・ドクトリン」における抑止の警告を「完全に明確」にした。４月の米国新聞編集者協会での演説では、侵攻への対処を怠れば、「それは全世界に向けた皮肉なシグナルとなり、武力

143. Robert L. Paarlberg, “Lessons of the Grain Embargo,” ***Foreign Affairs*** 59（Fall 1980）: 155.
144. Carter, “Soviet Invasion of Afghanistan,” January 4, 1980.

侵攻をさらに促進していただろう」と述べたうえで、ソ連に対しては、その行動を非難するとともに、「これ以上の武力侵攻が続く」場合は「経済的・政治的措置以上の」対応も辞さないと威嚇する「極めて明確なシグナルを送った」とした[145]。以上のように、大統領の演説だけを分析してみても、抑止が禁輸措置の目標であるということを否定する説は支持しかねる[146]。

アメリカのソ連に関する3つ目の目標は、重要性もおそらく3番目のものであった。それは、過去10年間にわたって構築してきた東西協力の枠組みの保持を望んでいると伝えることであった。この目標は、穀物禁輸措置が部分的であったことから類推されるもので、議会における証言でヴァンス国務長官とリチャード・クーパー経済担当国務次官の両名から詳しい説明があった[147]。クーパーは制裁について、「ソ連の注意を引きつけるほど断固とした」措置であるが、限定的であり、「米ソ関係において協力可能な分野を元通りにするための基盤を揺るがすほどではなかった」[148]と表現した。

アメリカの目標：ヨーロッパ同盟諸国

そのように扱われることは稀であるが、ヨーロッパの同盟諸国もまた穀

---

145. *Weekly Compilation of Presidential Documents* 16, no. 15（April 10, 1980）：635, 643.

146. もし抑止が目標なら「条件つきの」穀物輸出継続のほうが「理にかなっていた」というパールバーグの意見は、穀物輸出を再び停止するという脅しのほうが抑止効果は高い、という想定を根拠にしていることは明らかだ。穀物輸出が抑止のための脅しとしての唯一の手段だったなら、もちろんパールバーグの指摘はよく理解できる。しかし、そのような脅しでは、カーターの目的の重大性を伝え損ねていただろう。穀物輸出停止は、今後は軍事行動もあり得るという脅しが暗に含まれていると同時に、この暗黙の脅しの説得力を強化している。この脅しは、のちに明示的なものになる。抑止のための暗黙の脅しは経済関連である必要はなかったし、おそらくそうではなかった。つまり軍事行動だ。メッセージは次のような内容だった。「あなた方は危険な領域に踏み込んできた。抑止した対応をとったのは、私の重要な利益が危機に瀕しているからではなく、このメッセージの（私にとっての）コストの大きさによって、私が重大であるとみなしている他の利益がすぐそばにあるということもはっきりとわかってもらわねばならない、という意味だ。気をつけたまえ！」

147. *Hearing on U.S. Foreign Policy Objectives*, pp. 30-31； および U.S. Senate, Committee on Banking, Housing, and Urban Affairs, *Hearings: U.S. Embargo of Food and Technology to the Soviet Union*, 96th Cong., 2d sess., 1980, pp. 124-125（以降、*Hearings on U.S. Embargo* と表記）。

148. *Hearings on U.S. Embargo*, p. 124.

物禁輸の対象になっていた[149]。同盟諸国に関していえば、その主たる目標は、アメリカが自ら進んでコストを負うことを表明し、リーダーシップを発揮することであった。ブレジンスキーは、イラン危機の際と同様に、アフガニスタン侵攻をカーターが「正真正銘の強靭さを見せるための好機」[150]と見ていた。カーター自身も、アフガニスタンには「わが国の決意を表明し、わが国の利害関係がペルシア湾地域においてどれほど重要であるかを世界に思い知らせる」[151]必要性から注意を向けていた。ハミルトン・ジョーダン（訳注：大統領首席補佐官）は、「同盟国にとって、ソ連の武力侵攻に直面したアメリカの決意の試金石は、再選をかけて苦しい戦いを続ける大統領が、穀類の輸出収益を制限し、生産者たちを敵に回すかどうかだった」と述べている。ジョーダンは制裁を決定したその日における大統領の以下の言葉を引用している。「われわれが進んで犠牲になろうとしないで、どうやって西側世界を率い、同盟国を説得して、ロシア人たちへの制裁を行わせることができるのか。ロシア人たちに最も痛手を与える唯一の選択肢を実行しなかったら、マーガレット・サッチャーやヘルムート・シュミットに何と言えばいいのか。」[152]

アメリカの目標：その他の国々

アメリカにとって禁輸は、ソ連の理不尽な行動を世界に知らしめ、ソ連の侵攻に対抗する決意を表明する方法であった。

では、穀物禁輸措置は、目標達成のためにどれくらい有効だったのだろうか。

ブレジンスキーはソ連のアフガニスタン侵攻後の制裁を、カーター大統領の外交政策分野における最大の功績であるとし、カーター自身も禁輸は「非常に効果があった」としているものの、他の者からの評価は厳しい[153]。1980年１月、「アメリカが強硬手段に出て、彼らがわかるような方

149. 議会調査局による有益な他の研究、例えば“Assessment of the Afghanistan Sanctions”は、同盟諸国を対象とはしていない。妙な話だが、パールバーグはソ連に向けられたシグナルは無視しているが、同盟諸国にシグナルを送るための禁輸措置の利用には言及している（“Lessons,” p. 160）。

150. Brzezinski, *Power and Principle*, p. 429.

151. Carter, *Keeping Faith*, p. 482.

152. Jordan, *Crisis*, p. 100.

153. Brzezinski, *Power and Principle*, pp. 528-529；および Carter, *Keeping Faith*, p. 477.

法でわれわれの抵抗の意を示すのは今しかない」(シグナリングを強調した見解)と言って禁輸を支持した元農務長官アール・バッツは、1982年10月、禁輸は「まったく効果がない」と批判した。その理由は、ソ連が穀物を他国・他地域から購入しているためというものだった(シグナリングとはほぼ関係なく、コストを課す側面に注目している見方)[154]。1980年3月に証言したロバート・ギルピンは、制裁を「条件反射であった」とし、さらには1979年に彼とビーネンが行った研究(経済制裁は非効率的で、高くつき、非生産的であるという傾向に着目したもの)の要旨を伝えた。ギルピンは制裁の象徴的な利用法について述べながら、抑止のシグナルを送るためには制裁は効果的ではないとした。ギルピンは「経済制裁の効果が、他国に対する抑止や強制を実施する能力という意味ならば、経済制裁が象徴しているのは、突き詰めればわれわれの弱さと無能である」としている[155]。ギルピンに続いて、ドナルド・ロスマンも「経済制裁は、それを行使する国家の政治的目標の達成に関しては完全に逆効果だった」と証言し、カーター政権の対ソ連制裁は「政治的に間違いであり、経済的にも間違っており、下手な外交」であったと結論づけた。なぜなら「ほとんどあらゆる場合において、制裁は成功せず、被虐的であり、非生産的だったからだ」[156]。J・C・ヒュレヴィッツは、『フォーリン・アフェアーズ』誌における1980年の出来事についての論評のなかで、禁輸は「一貫性もなくあいまいな成果しか出せず、完全なる失敗としか評せない」[157]と断言している。『USニューズ・アンド・ワールド・リポート』誌は、制裁は「ロシア人よりもアメリカ人に打撃を与え」、ソ連をアフガニスタン撤退に導くことができなかったため、「大失敗」であったとしている。同誌はまた、ソ連の撤退を大統領の「基本的目標」だったと断言している[158]。ソ連軍を撤退させること、ソ連へコストを課すこと、アメリカ側のコストは最小限にすることの重要性に注目するリチャード・ギルモアは、「禁輸は総じて、あらゆる面でアメリカに損失をもたらすものだった」[159]と結論づけた。技術評価局による最近の研究では、穀物禁輸措置の結果は「ひいき目に見ても、結論が出ていない状態」であり、「多くの人々が」これを

---

154. *New York Times*, January 241 1980;および *Los Angeles Times*, October 22, 1982。
155. *Hearings on U.S. Embargo*, pp. 165-184.
156. 同上 pp. 184-205.
157. Hurewitz, "The Middle East," p. 553.
158. *U.S. News and World Report*, June 16, 1980.

失敗だったとしていると述べられている[160]。カーターの穀物禁輸措置が、大成功として広く認められていないことは明白である。以下で、先に検討した政策－有事の枠組みの効果を見てみよう。

制裁の効果：ソ連

禁輸が意図していた政治的メッセージがソ連政府に届いたことは、ほぼ疑いない。議会調査局は、「制裁が伝えようとしていた政治的メッセージが、ソ連の指導者層に届いたことは間違いない」と強い言葉を使って断言している[161]。ロバート・カイザーは「穀物の取引と通常の外交を結びつけようとしたアメリカ側の思惑を、カーター大統領が明確に示したことで、ソ連の指導者層に大きな衝撃が走ったに違いない。彼らはそれまで、アメリカは資本主義の法則によって、政治的思惑とは関係なく穀物を売らなければならないと信じ込んでいたからだ」[162]と指摘している。もちろん、抑止の警告を確実な方法で伝達することは重要だが、実際に抑止することは同じことではない。実際にソ連を抑止できたのかどうかは判断が難しいが、ブレジンスキーはアフガニスタン侵攻に対するアメリカの強硬な姿勢によって信頼は勝ち得たとし、結果的に1980年12月のソ連によるポーランド介入を阻止するのに役立ったと指摘している[163]。

撤退拒否に対するコストを課すという目標に関しては、禁輸は十分な成果をあげていない。ソ連はアメリカが禁輸の対象にした穀物を、代わりにカナダ、オーストラリア、そして特にアルゼンチンから輸入することができたからだ[164]。しかしこれはソ連がまったくコストを払わなかったという意味ではない。ソ連にとってのコストは、もっぱらソ連の中央計画機関のなかで広がる不透明感、出荷スケジュールの混乱、そして穀類の値上がりという形で現れた。これらの効果は、確かにカーター政権の当初の期待

---

159. Richard Gilmore, *A Poor Harvest: The Clash of Policies and Interests in the Grain Trade* (New York: Longman, 1982), pp. 166-168.
160. OTA, *Technology and E-W Trade Update*, p. 70.
161. *Assessment of Afghanistan Sanctions*, p. 1.
162. Robert G. Kaiser, "U.S.-Soviet Relations: Goodbye to Detente," *Foreign Affairs* 59 (1981) : 511-512.
163. Brzezinski, *Power and Principle*, pp. 463, 468.
164. 以下参照。*Assessment of Afghanistan Sanctions*, pp. 39-44；Paarlberg, "Lessons," pp. 149-155；およびGilmore, *A Poor Harvest*, pp. 166-168.

にはほど遠かった。しかし、ソ連に対する穀物禁輸の影響を評価するために用いられるべき間接的な基準は、ほとんど言及されることがない。アメリカ産の穀物を輸入しないことの機会費用が実際に、よく言われるように低かったとしたら、ソ連はアメリカの穀物を、少なくとも一定期間ボイコットすることで、アメリカの行動を相手にせず、アメリカ産の穀物に依存していないことを見せつける結果となった可能性もある。ソ連にとっては、最良の状況下でもアメリカの穀類を輸入することは既に十分な屈辱であり、厚かましくも禁輸措置を講じてきたアメリカから穀物を輸入することは受け入れがたかったに違いない。しかしソ連はプライドを捨てて、5カ年にわたる米ソ穀類協定で許可された最大量の穀物を輸入した[165]。禁輸によってソ連に課されたコストを計算するとき、この心理的コストは普通除外される。このコストを負ってもよいとするソ連の姿勢が示唆しているのは、同年初めのアメリカからの穀物輸入見送りが、ソ連にとっては一般に理解されているよりも不便であったのかもしれないということだ。ソ連に課せられたコストは少なくはなかったが、この目標に関する禁輸の効果はおそらくかなりの低評価になるであろう。

一方、デタントの時代に成立した東西協力の枠組みを維持するという目標は、怒りを表明するという目標とは対立するものであった。明らかに、穀物禁輸が部分的ではなく全面的であったとしたら、相手により深い懸念が伝えられていたはずだ。ソ連が引き続き対米貿易を重要視したことは、東西協力の枠組みを維持するという目標に近づいた証拠となるだろう。

制裁の効果：ヨーロッパの同盟諸国

アメリカの決意を同盟諸国に示すために穀物禁輸がどれほどの効果を発揮したか測定するのに最も良い基準となったのは、同盟諸国がアメリカに続いて禁輸を行おうとしたかどうかではなく、カーター政権にとって禁輸のコストの高さを彼らが認識したかどうかであった[166]。穀物禁輸はカーター大統領がはっきりと回避することを誓っていた手段であるため、民主

---

165. *Assessment of Afghanistan Sanctions*, p. 34.

166. 穀物禁輸措置の成功について、これに由来するコストは最終的に発生するコストではなく、禁輸措置が発表されたときに発生することが予測されるコストである。実際の政治的・経済的なコストが予想よりも少なかったということは、アメリカのシグナルの説得力を強化する点で禁輸措置の効果を損なうものではない。

主義国家の指導者たちに強い印象を残さなかったわけがない。穀物禁輸が宣言された翌日、『ニューヨーク・タイムズ』紙の報道記事はこの状況を以下のようにまとめている。

> 今週ずっと……同盟国の外交官たちは、大統領が国内政治上のリスクを冒し、ソ連政府に対する穀物禁輸の経済的コストを受け入れるかどうかを見守っていた。……ある政府高官は「われわれは、現在、同盟諸国とのより強い信頼関係があると判断している」と語った。そして、「同盟諸国は、われわれが何か大きなことをしようとしているという証しを望んでいたが、今それを手に入れたのである。わが国もヨーロッパ各国もソ連へ技術を輸出しているが、穀物の出荷を停止したコストはすぐにこちらに返ってくる。この措置をさらに進めるのであれば、基準を定めなければならないと考えた」とした[167]。

元駐米英国大使であるピーター・ジェイは、アメリカによる決意表明の効果について、こう証言している。

> 本年度初頭、アメリカの断固たる姿勢とリーダーシップはかなりの迫力で、目に見えて増大し、気運は盛り上がっていった。アメリカのとった非常に厳しい方針は、私の見たところ、明白に有益な影響があったため、協力関係は劇的に強化された[168]。

制裁の効果：他の国々

ソ連の行動を非難し、アメリカの決意を断固かつ責任感ある態度で示す手段として、禁輸は概ね効果があったように思われる。議会調査局もこのように述べている。

---

167. *New York Times*, January 5, 1980.「基準を定める」という表現は、大統領がソ連に伝えた抑止のための脅しの信憑性について語ったときにも用いられた（*Weekly Compilation of Presidential Documents*, January 8, 1980, p. 43)。この言葉は、賭けようとするものの大きさ、つまり自ら負うつもりのコストの大きさを意味している。カーター政権は負うべきコストと決意表明の関係を理解していた。

168. *Hearings on U.S.-W. European Relations*, p. 147. 次も参照のこと。Peter Jay, "Europe's Ostrich and America's Eagle," *Economist*, March 8, 1980.

一般的に言って、西側諸国と発展途上国——特にイスラム諸国——の反応は、ソ連の侵攻に対しては否定的、そしてアメリカの政治・経済的対応に対しては肯定的であった。アメリカの対応に賛同する国々が特に支持したのはその形式であった。軍事行動については、緊張が続く南アジア地域をさらに不安定化させるか、あるいは米ソの世界的対立にもエスカレートしかねないために反対していた[169]。

全体として、穀物禁輸の効果はおそらく、侵攻による深刻な影響をソ連に強く印象づけるうえでは大きかったが、撤退拒否に対して著しいコストを課すためには最小限なものでしかなく、同盟諸国やそのほかの国々にソ連のさらなる軍事行動に対抗するコミットメントを示すうえでは適度な程度だった。

禁輸のコストは大きかったが、コストがまったくなかったとしたら、決意を表明する手段として価値はなかっただろう。とりわけカーターの政治生命に関わる部分で、ソ連とその他の国々に「われわれは本気だ」と伝えるのに穀物禁輸がこれほど有効であったのは、まさに禁輸のコストが大きいと容易に認識されたからであった。禁輸の効果を測るのにソ連に課したコストと、アメリカが負ったコストの比較という方法が多く用いられている中で、禁輸のコストが並外れて重要だというのであれば、なおさら皮肉だ。そのような方法で効果を評価すると、決意表明が影響力行使の目標に含まれていない場合でさえ、判断を誤りかねない[170]。

大統領選挙期間におけるカーター政権にとっての内政上のコストを別にすれば、穀物禁輸の3種類のコストがしばしば言及される。第1のコストは、穀物輸出国としてのアメリカ、とりわけその農業従事者たちが負わねばならなかったコストだ。実際にはこのコストの規模は予想をはるかに下回った。ある意味、穀物の代替可能性が禁輸の実施を困難にする一方、アメリカへの経済的影響を和らげることにもなった。穀物貿易はただ自律的に再調整されて、結果として誰もが想定する本来の姿におさまっていっ

169. *Assessment of Afghanistan Sanctions*, p. 8.

170. 以下参照。同上 pp. 6, 38；および U.S. Senate, Committee on Agriculture, ***Hearings: Economic Impact of Agricultural Embargoes***, 97th Cong., 2d sess., 1982, p. 101。並外れて鋭い2つのコメントも参照されたい。1つ目はチャールズ・ウルフの証言で（***Hearings on Economic Relations with Soviet Union***, pp. 132-134）、コストと信憑性の関係について、2つ目はピーター・ケネンの証言で（***Hearings on U.S.-W. European Relations***, p. 108）、自国のコストと相手国のコストの比較基準の難しさについて指摘している。

た。実際、禁輸措置が施行された最初の年、アメリカの穀物輸出は22%増加している。そして同じ時期の小麦と雑穀類の世界市場占有率は55%から57%に上昇している[171]。農業団体や農業州の議員は禁輸措置の農家への影響を大きく誇張したが、パールバーグその他が指摘しているように、禁輸が実施される前から農家の収入は20%減ると予測されていた。実際に農業従事者が抱えていた他の問題とは、インフレ、ガソリン価格の高騰、高金利、干ばつ、そして国全体の景気低迷を主な原因とするものであった[172]。概して、アメリカ全体、なかでも農業従事者にとっての経済的コストは、多く見積もっても中程度だった。

穀物禁輸によるもう一つのコストは、このような行動が暗に示す「自由市場原理」の放棄である[173]。しかし、このコストはアメリカにとって簡単に吸収できるものだった。リチャード・ニクソンが、筋金入りの反共産主義者という評判のおかげで、ソ連とのデタントを進めて中国との接近を図っても、「共産主義に甘い」という非難を受ける恐れはなかったように、自由企業体制の主唱者としての評判を持つアメリカは、ときには貿易制限を用いても、自由市場原理を放棄したという誹りを受ける心配がなかったのだ。共産主義国相手の制裁は、この原理を擁護するためのものと表現することもできただろう。

1948年以降の東西貿易の問題という観点から見ると、決まって言及されるもう一つのコストは、西側同盟の結束に与え得る悪影響だった。しかし、ここでもまた、一定の状況下における経済制裁の良否をめぐる意見の違いが原因となる同盟の脆弱性と、議論のさなかに覆い隠せなくなってきただけである既存の脆弱性を区別することが必要だ。元米NATO大使のロバート・エルズワースは、もし問題がアフガニスタン侵攻ではなくベルリン周辺にソ連の軍隊を集結させたことであったなら、「何の問題もなかったであろう」、なぜなら「誰もがまったく同じような見解を持ったで

171. *Hearings on Economic Impact of Agricultural Embargoes*, p. 24；および *Assessment of Afghanistan Sanctions*, p. 47.

172. Paarlberg, "Lessons," p. 149；*Hearings on Economic Impact of Agricultural Embargoes*, p. 24に掲載のパールバーグの証言；および *Assessment of Afghanistan Sanctions*, pp. 45-46.

173. 具体例は、以下参照。Gilmore, *A Poor Harvest*, p. 174.「外交政策目的の政府の市場介入はアメリカの農業経済の強化には貢献しなかった」というギルモアの全体的な見解は、理解に苦しむ。このような手段は、それが意図する目標において判断されるべきであると思われる。その手段がアメリカの農業経済の強化を意図していたわけではないのなら、それが実現できなかったことは、手段が有効ではなかったという説得力ある証拠にはならない。

あろうからだ」と指摘した。元大使が述べたように、根本的な問題は「非常に基本的な地政学上の認識の相違」である。アメリカの政策立案者が侵攻を「デタントに向けて築いてきた基盤をほとんど崩壊させる」と見る傾向があったのに対し、ヨーロッパではこれを「限定された地域や周辺の問題であり、少なくともヨーロッパにおけるデタントに影響を及ぼすものではない」とみなす傾向があった[174]。危機の舞台がカブールではなくベルリンであったとして、そこで経済制裁の有用性について議論が起きていなかったとすれば、アフガニスタン侵攻への対応を調整する過程で西側同盟に緊張が生まれたからといって、経済制裁がその原因だとするのは正当化しがたい。同盟のひずみの根本原因は、経済制裁の有用性についての見解の不一致ではなく、ソ連の侵攻が西側の安全保障にもたらす脅威の性質、程度、影響について見解が異なったことにある。こうしたひずみを、ステイトクラフトの特定の技法に関する戦術が一致しないことで生じたように表現すれば、経済制裁やNATO同盟諸国の抱える問題についての明晰な思考を妨げることになる。

カーター政権の目標を考えたとき、穀物禁輸の代替策は何であったか[175]。まず、穀物禁輸措置を講じない場合の影響を考えてみるべきだ。アメリカはその前の10月、ソ連に対して1980年に合計2500万トンの穀物を売却することに同意していたので、「禁輸さえなければ、大統領は過去最大のロシアとの穀物取引をまとめていたはずだった」[176]。穀物禁輸の代替策は、穀物貿易に関する「通常の取引」だ。いつも以上に良い取引でさえあるかもしれない。この手段もまたソ連と他の国々にシグナルを送ることになっただろうが、それはカーター政権が送りたかったシグナルではない。マーシャル・ゴールドマンが指摘したように、1980年には、ハンガリー動乱（1956年）やチェコスロバキアのプラハの春（1968年）で利用できなかった「経済的な梃子」をアメリカは手にしていた[177]。つまり、

---

174. *Hearings on U.S.-W. European Relations*, p. 72. アンジェラ・ステントによる同様のコメントも参照のこと。*Premises Workshop*, pp. 154, 181, 183, 193.

175. よくあることだが、この問いは禁輸措置を批評する人たちに無視される傾向がある。例えばリチャード・D・エルブは、1980年に経済制裁の使用に反対する証言をしている。しかし「ソ連に嫌なことをされたときに不快感を表明するために」あなたなら何をするか、と問われたとき、彼はこの質問を無視し、アフガニスタン侵攻に先立つ2年の間、誤ったシグナルを送っていなかったら、ソ連のアフガニスタン侵攻はそもそも起こらなかっただろう、と答えた。*Hearings on U.S.-W. European Relations*, pp. 113-114.

176. Paarlberg, “Lessons,” p. 160.

177. *Hearings on U.S. Embargo*, pp. 224-225.

「経済的な梃子を使う」という選択肢が1980年には存在し、さらに重要なことには、世界中がそれを知っていたのだ。穀物禁輸措置を行使できなかったとしたら、アメリカという国のイメージが大変な犠牲を払う結果になっていただろう。それと比較すると、アメリカの農業従事者に禁輸が課したコストは、公平に見ても些細なものでしかない。

代替策として考えられるものにプロパガンダと外交があったが、国交を断絶するのではない限り、どちらの手段も穀物禁輸ほどには確実にアメリカの懸念の強さを伝えることはできなかっただろう。ある批評家が指摘したように、ソ連に強い印象を与えるためには、ラジオ・リバティまたはラジオ・フリー・ヨーロッパ（訳注：ともにアメリカの出資によるラジオ放送と報道機関で、1976年に統合した）の放送量を倍増しても、禁輸にはとうてい及ばなかっただろう[178]。

禁輸に批判的な人々の大半は、代替策として何らかの形のミリタリー・ステイトクラフトを推した。例えば、『ウォール・ストリート・ジャーナル』紙は政権を経済的手段を使って「軍事作戦に対応した」と批判し、「軍事力に対する偏見を持ち、軍事力を恐れてさえいるのではないか」と糾弾したうえで、軍事費の増額、米軍の中東駐留、米情報機関への規制緩和、徴兵制の再導入、「米政府と国務省の人事異動」、海洋発射巡航ミサイル開発の突貫計画といった代替策を提案した[179]。このなかのいくつかは、もちろんソ連の侵攻に対する政権の包括的対応に含まれていた。しかし、政権の「人事異動」は例外かもしれないが、他の手段はすべてカーターのメッセージを確実に伝えるだけの即効性のある強力な効果をもたらすようなものではなかった。これらの手段のほとんどには、現在発生する明白なコスト以上に不確定要素の多い将来におけるコストが含まれており、そのどれもが、いずれにせよカーター政権が実施の意向を持っていたと判断され得るものだった。ケンプトン・B・ジェンキンスは、アメリカの対応は「対称性と均衡性」に欠けていると訴え、「軍事領域」での「潜在的に戦略性を秘めた、そして歴史的な重要性を持つ行動」のほうが適切だったとの見方を示した[180]。メキシコ侵攻はアメリカが取り得る対抗措置として最も相応の行動だったようだが、ジェンキンスはこれを提案することはな

---

178. キッシンジャー国務長官の元側近であるケンプトン・B・ジェンキンスのコメントを参照。*Premises Workshop*, p. 117.

179. *Wall Street Journal*, January 7 and 8, 1980.

180. *Premises Workshop*, p. 116.

かった。ただし、キューバ封鎖については「反対する気はない」としている[181]。軍事的な対応において根本的に難しいのは、意図するメッセージを正確に届けるような対応策を見つけることだ。つまり、ソ連の行動に「関連している」とみなされやすく（キューバ封鎖はそうは言えない）、アメリカに直ちにコストを課すけれども、戦争のリスクをもたらすほどではない方法だ。実際、目標の一つはアメリカ全体の「強靭さ」だけでなく、特にカーター政権の「強靭さ」を見せつけることであったので、政権がそれを負っていると明確に伝わるコストでなければならなかった。農業産品の禁輸を回避するというカーターの公約はよく知られていたので、穀物禁輸は彼の怒りと決意を行動で示すうえでとりわけ有効な方法であった。他に提案されていた代替策について同じことは言えない。

適切な評価基準を用いてみれば、カーターの穀物禁輸は、よく言われるような、思慮に欠けた、不適切で非効率な、そして比較的高くつく措置ではなかったことがわかる。最重要目標はソ連軍をカブールから撤退させることでもなければ、ロシア人を飢えさせることでもなく、ソ連にはっきりとしたシグナルを送ることだった。このことさえ理解し、他に取り得た代替策の費用と便益について考え合わせたなら、費用と効果の組み合わせが禁輸より明らかに優れている措置を見つけるのは難しい[182]。もしかすると、カーターが対応したこと自体が間違っていたのかもしれないし、1945年以来初めて共産圏の外にソ連軍が派遣されたことが注目されないようにしておくことが適切だったかもしれない。しかし、このような考察はステイトクラフトの技法としての穀物禁輸の有用性の評価とは関係がない。なぜなら能力分析を行う研究者は、政策立案者の見識と目標を所与として受け入れ、そこから分析を進めていかなければならないからだ。

エコノミック・ステイトクラフトを学ぶ人間にとって、カーター政権の穀物禁輸措置の「教訓」は、この事例自体よりも、この事例がどのように分析されてきたかという点から引き出される。特に、パールバーグとアドラー＝カールソンによるこの事例の扱い方からは教訓を得ることができる。

パールバーグの論説は、エコノミック・ステイトクラフトを分析する際

181. 同上 p. 132.
182. 禁輸の有用性に関するパールバーグの悲観的評価でさえ、代替策と比較してみると、「深刻な間違いというよりは、残念ながら必要なことだった」と結論している（"Lessons," p. 161)。

の３つのよくある落とし穴の良い例である。それらは（1）政策‐有事の枠組みの詳しい内容設定が不十分である、（2）複数のパワーの基盤を考慮に入れていない、そして（3）成功と失敗という二分法の考え方をしている、である。最初の落とし穴に関しては、既に述べてきたように、パールバーグの分析はソ連へのシグナルという目標を無視し、抑止が禁輸の目標であったことを否定している。２番目の落とし穴はパワーの基盤についてであるが、パールバーグは「食料の持つ力を有効に行使する」ための３つの必要条件を特定している。それらは、禁輸を行う国の外交政策当局による食料輸出統制の維持、他国による積み替えと輸出先の変更の防止、そして標的国の食料輸入の実際の縮小である。パールバーグはこれらの必要条件を「環が３つつながった鎖」になぞらえ、それぞれの「環」が支え合った鎖であるべきだとした。なぜなら「３つのうちのどれかがうまくいかない禁輸は、すべて失敗に終わる」ためである。もちろん、このモデルは標的国にコストを課すことを目的にした禁輸の効果を分析するときにのみ適している。しかし、例えば決意を行動で示したり、非難を表明したりするなど、他の目的のために実施される禁輸の効果を評価するためには適していないかもしれない。もしパールバーグが前提としている政策‐有事の枠組みのなかにソ連側にシグナルを送るという目的が含まれていたら、パワーの基盤に必要な３条件の連鎖が不適切であったことがすぐに明らかになっていただろう。なぜなら、標的国にシグナルを送るうえで禁輸が有効であるためには、これら全ては必要ではないからだ。実際、敵国にコストを課すという目的のためだけに禁輸措置が講じられたという例を見つけるのは難しい。第３の落とし穴である成功と失敗という二分法についてだが、「環が３つつながった鎖」という例えは、禁輸は成功するか失敗するかのどちらかで、中程度の成功あるいは失敗という可能性は考慮されていないことを示すものである。鎖は形を保つ、つまり成功するか、壊れる、つまり「すべて失敗する」かのどちらかになる。禁輸の成功の決定要因を鎖の結びつきに例えると、成功を程度の問題としてとらえにくくなる。

アドラー＝カールソンによる、イラン米大使館人質事件とソ連のアフガニスタン侵攻の両方の事例における経済制裁の分析は、影響力行使の目標と対象の特定が不十分である点と、「禁輸を成功させる３つの前提条件」という２つの点で、パールバーグの分析と類似している[183]。実際、両者

183. Adler-Karlsson, “U.S. Embargo.”

の分析はかなり似ているため、必要な変更を加えればパールバーグの分析への解説をアドラー＝カールソンの分析にそのまま用いることができる。ただ、アドラー＝カールソンによるエコノミック・ステイトクラフトの分析方法には、さらに2つの落とし穴が加わる。それは（1）従来通りの考え方を盲目的に受け入れてしまう危険、そして（2）国際政治の象徴的側面の重要性の軽視、である。アドラー＝カールソンは禁輸の無益さを固く信じていたため、カーター政権について、イラン危機やアフガニスタン侵攻という状況下で行われた経済制裁に外交政策の目標達成の意味さえ含ませたのは「不誠実」だと非難した。この見解を裏付けるため以下の4つの論拠が示されている。それらは（1）「研究者のほぼ全員」が、共産主義国に対する西側の禁輸は「これまで失敗してきた」という意見で一致している。そして、この「一般的な認識はカーター政権の政策担当者のほとんどが知っていたはずだ」、(2)「優れた学者たち」、特にズビグネフ・ブレジンスキーとマーシャル・シュルマンは、禁輸を使って敵国の主要な外交政策を変更させようとすることの無益さをよくわかっていたはずだ、(3) カーター政権のなかでも禁輸に最も関係の深い閣僚、つまり農務・商務・財務各省の長官は、禁輸には賛成ではなかったが、その意見は却下されたと伝えられる、(4) 同盟国の支持がすぐには得られないということは、アメリカにとっては明白だったはずである、というものである。

> 以上の4つの論拠を考え合わせると、実施した禁輸措置が本当にイランで人質を解放し、アフガニスタンからロシア軍を「後退」させるのに役立つと、カーター政権が心からは信じていなかったことが分かる。これらの措置は他の何らかの理由で講じられたに違いない。

アドラー＝カールソンは、禁輸は外交政策手段ではなく、むしろ国内政策の手段であると結論づけている。そして同盟諸国に、実際は外交政策ではなく内政上の問題を合法化するよう要求し、西側同盟を混乱させたとしてカーター政権を酷評する。

このむしろ驚くべき論理は多くの点が疑わしいが、ここで注目すべきなのは、主張の中身よりも表現ぶりであろう。したがって、提案された対ソ連禁輸措置に「最も関係の深い」閣僚が農務・商務・財務各省の長官たちであったという主張のみ取り上げることは疑問である。最重要課題が外交および戦略問題だったのなら、外交政策の専門官である、国家安全保障担当補佐官のブレジンスキー、国務長官のヴァンス、そして国防長官のハロルド・ブラウンらが禁輸という決定に「最も関係の深い」人間であると考えるのが普通だろう。事実、ブレジンスキーとヴァンスは穀物禁輸を強く推奨していた。この事例は、2人の意見が一致した数少ない機会であったようだ[184]。

しかし、前述したように、アドラー＝カールソンの場合は内容よりも論拠の表現方法のほうが問題だ。禁輸は常に非効率的で非生産的なステイトクラフトの技法である、と思い込んでいるアドラー＝カールソンは、見識豊かで誠実かつ善意ある外交政策立案者が、イランやアフガニスタンの状況において、このような措置がアメリカの外交政策の目標達成に寄与すると現実的に信じていた可能性について、考察を行おうとしない。むしろ、アメリカの政策立案者たちはこのことを意識していたはずなので、彼らには外交政策とは何の関係もない隠された動機があったに違いないと主張している。アドラー＝カールソンの議論は、単に禁輸が成功しそうにない、あるいは禁輸が非生産的であると言っているだけではない。他の政策の代替策のほうが成功の見込みが高いと言っているのでもない。彼の議論は、経済制裁が必ず失敗し、非生産的であることはあまりに明白なので、分別ある政策立案者なら経済政策を選択するはずなどないというものだ。

アドラー＝カールソンの論考で見られるエコノミック・ステイトクラフト分析におけるよくある落とし穴のもう一つは、国際政治の象徴的側面の重要性を過小評価する傾向である。そもそも、象徴的行動は、完全にとは言わないまでも、一義的には国内向けとして述べられるものだ。象徴的行動の主要な目標はアメリカの世論――すなわち「道徳的で無知蒙昧な大衆」の意見――を「なだめる」ことである。もちろんここでは、象徴的行動がしばしば国内世論を対象とするのか、ということが問われているのではない。それは疑いようのない事実だからである。問題はむしろ、国内世論への配慮以外にも、正当で重要な目的を持った象徴的行動があり得るかどうかだ。しかしアドラー＝カールソンはこれをはっきりと否定する。少なくとも、「象徴的行動」と「対外経済政策における重大な行動」を分けているところを見ると、そのように推察できる。

象徴的行動は比較的重要性が低く、その主要な目標は国内への開示である、というアドラー＝カールソンの考え方は、エコノミック・ステイトク

184. Brzezinski, *Power and Principle*, p. 431；および Vance, ***Hard Choices***, pp. 389-390.

ラフトの先行研究のなかでは珍しくはない。彼は、多くの人が暗黙の了解としていたことを率直に言っただけである。ギルピンが、経済制裁を「何かしている」らしいところを見せて「国内世論をなだめる」手段として描写し、象徴的行動には表現機能の逆である実用機能があるということを否定しているのも、アドラー＝カールソンの立ち位置と大差ない[185]。

ポーランドとパイプライン…………………………………………

1981年と1982年にレーガン政権が実施した経済制裁は、同政権の外交政策上の行動で最も物議をかもしたものの一つだった。本研究では、影響力行使におけるステイトクラフトの技法の有用性を評価する前に、その影響力行使の目標と対象を確定することの重要性を何度も繰り返し述べてきた。この一連の影響力行使に限って言えば、目標と対象が例外的に複雑で混乱し、錯綜した事例なので、経済制裁の有用性をこの事例に基づいて一般化して述べれば誤解を招くことになる。しかし、経済制裁という措置が、いつもあるいはほとんどの場合、非効率的で高くつき、非生産的であると断じている人々は、自分たちの主張を裏付ける例としてこの事例を挙げる。したがって、この事例のさまざまな側面を何らかの方法で整理してみる必要がある。

この事例を理解するカギは、反共主義の戦略的貿易制限に関連して取り上げた強硬派と穏健派の見方に表れている、東西関係に対する根本的に異なる2つのアプローチを区別することにある[186]。西ヨーロッパの見方は通常アメリカのアプローチよりも柔軟であるが、ヨーロッパとアメリカの観点の違いはそれほど顕著ではなかった。というのも、1960年末から1970年代にかけて、アメリカの外交政策立案者の間では柔軟路線の見方が徐々に主流になっていったためである。このように、1970年代のアメリカの政策は穏健派であったと言える一方で、ヨーロッパの立場は一般的にさらに穏健であった。しかし、カーター政権の最後の2年間、アメリカの政策立案者の間で強硬派のアプローチが再び台頭していった。レーガン政権では、

185. *Hearings on U.S. Embargo*, pp. 165-184, 特に pp. 166-167, 173, 183-184.

186. パイプライン禁輸措置は「新しい、より総括的な軍事安全保障戦略」を開発・実施するための試みとしてとらえられるべきだという示唆に関しては、以下参照。Louis J. Walinsky, “Coherent Defense Strategy: On the Case for Economic Denial,” *Foreign Affairs* 61 (Winter 1982-1983): 272.

強硬派への回帰に賛成する者が多くなった。このように見解が変化していったことで、欧米間の隔たりが大きくなった。この事実は、東西関係の危機が発生したときに初めて明らかになった。この解釈が正しいのであれば、1982 年に起こった深刻な紛糾は主として、経済制裁、ポーランドの戒厳令、あるいはパイプライン（訳注：ポーランドの動きを支持したソ連に対するアメリカからの技術や部品の輸出禁止）が原因ではなく、東西関係をどのように規定していくかという戦略全体に関するものであった。制裁、ポーランドの状況、そしてパイプラインといった特定の案件は、緊張の根本原因というよりは、ただの触媒に過ぎなかったのだろう。この考え方を念頭に置いて、当事例の際立った特徴を再考する。

この事例は以下の3つの段階に分けることができる。第1段階は 1980 年 12 月から 1981 年 12 月まで、第2段階は 1982 年 1 月から 1982 年 6 月まで、そして第3段階は 1982 年 7 月から 1982 年 11 月までである。第1段階においては、ソ連によるポーランドへの軍事介入を抑止することが主要な目標として、NATO 加盟国によって全般的に認識されていたように思われる。さらに、実際にそのような動きがあった場合にはソ連に対して制裁を課すことに対する合意があったと伝えられている[187]。ところが、ポーランド国内の弾圧がソ連軍ではなくポーランド人たちによって行われると、事態は難航し始めた。このような有事にどのように対応するか、または対応すべきかについて検討が試みられたとの報告があるが、合意には達しなかった[188]。第1段階は、もっともらしい説明が可能だった。例えば、ソ連は NATO による抑止目的の威嚇を巧みにかわしたと言えるであろうし、経済制裁を行うという脅しが成功し、ソ連の軍事介入を抑止したと主張することもできるだろう。（実際、いずれの主張も真実かもしれない。）おそらく多くの要因がソ連の意思決定に影響を与えたと考えられる

187.『ニューヨーク・タイムズ』（1981 年 4 月 26 日、1981 年 12 月 30 日）は、NATO は 1980 年 12 月に「ソ連の軍事介入があった場合は、ソ連政府とのあらゆる貿易を停止する」ことを承認した、と断言している。レイモン・アロンは、「ともに実行する措置について各国は合意した」とだけ述べ、措置の内容には踏み込んでいない（“Ideology in Search of a Policy,” *Foreign Affairs* 60［1982］: 514）。ブレジンスキー（*Power and Principle*, p. 466）は、1980 年 12 月に、ソ連がポーランドへ軍事介入した場合は、西ドイツでさえ経済制裁に参加するという言質を受け取ったと主張している。しかしウィリアム・G・ハイランドによれば、1981 年 12 月にポーランドで戒厳令が敷かれたとき、「報復措置として経済関係を使うことは、西側の政策合意からはほど遠いものだった」（“U.S.-Soviet Relations: The Long Road Back,” *Foreign Affairs*［1982］: 543）。

188. *New York Times*, December 30, 1981.

が、西側による経済的な報復の警告が要因の一つであったという可能性は、真剣に取り上げる価値があろう。もし制裁の警告がソ連の意思決定に影響を与えたのなら、これは決して小さくはない成功だったと言えよう。1982年2月、ジョージ・ケナンは「最も重要なことのうちの一つで、おそらく何よりも意義深かったこと、それはこの1年半の間にポーランドで発生したあらゆる出来事にもかかわらず、ソ連が武力介入を積極的に進めなかったという、まさにその事実である」と述べている[189]。ただし、もし実際に経済制裁の脅迫がこの重要な出来事に一役買っていたとしても、制裁の効果があったと認められることはなさそうである。

西側同盟国はもちろん、ソ連の武力侵略を抑止できたことを祝い、通常の取引を進めることもできただろう。ソ連からの挑戦が仕掛けられたわけではなかった。経済制裁に対する評価がポーランドの戒厳令で決定的に傷つくわけではないからだ。ところがレーガン政権は、西側の対応が必要であると判断し、これが1982年のほぼ前半6カ月にあたるポーランド危機の第2段階につながった。レーガン大統領は1981年12月29日、アメリカからの原油およびガス技術と設備のソ連への輸出禁止を宣言した。この比較的穏やかな措置は、政府高官たちによって「アメリカが陣頭指揮をとり、ポーランドにおける軍事的弾圧に反対していると言葉だけでなく行動で示さなければならない」という根拠のもとに正当化された[190]。もちろんこれはカーター政権の穀物禁輸の正当化に非常に似ているように聞こえる。両者の間の違いは、カーターがアメリカの経済全体にとって大きなコストを招くだけではなく、政権にとって政治的コストが大きい選択肢を採用したのに対し、レーガンは比較的コストの少ない政策を選択したという点である。決意の表明と、進んでコストを負担する意思の有無の関係については、レーガンはカーターほどにはよく理解していなかったようだ。

穀物禁輸の失敗を、同盟諸国もソ連も見落としてはいなかった。1月上旬、アメリカはヨーロッパの同盟諸国に対し、ソ連のパイプライン建設に必要な部品の輸出を停止するよう圧力をかけた。このパイプラインによって、ソ連は西ヨーロッパに天然ガスを供給することになっていた。1月から6月にかけて、問題は注目されるようになり、範囲が広がっていった。レーガン政権の高官は、パイプライン建設資材の供給だけでなく、建設費用のソ連への借款、パイプライン完成後に購入が始まることになるソ連の

189. *New York Times*, February 14, 1982.
190. *New York Times*, December 29, 1981.

天然ガスへのヨーロッパの依存にも異論を唱えた。そして、ポーランドの状況が注目されなくなってくると、パイプラインについてはそれ自体が独立した問題として浮上してきた。実際、政権発足時からレーガン政権はパイプラインに反対してきたため、ヨーロッパ側は、ポーランド情勢はアメリカがこの件に関して圧力を強めるための口実として使われているだけではないかと疑い始めた。ヨーロッパ側には、アメリカは同等の犠牲を払うことなく、ヨーロッパだけに大きな犠牲を払わせているように思われた。例えば、アメリカは儲けの多いソ連相手の穀物貿易を削減しようとはしなかったし、ガソリンの値段をヨーロッパ諸国と同じくらいにするなどの策を講じて自国のエネルギー消費を抑えてヨーロッパのエネルギー問題を緩和しようと試みることもなかった。少なくともカーター政権は、「基準を定める」とはどういうことかを理解していたと考えるべきだろう。対照的に、レーガン政権の下では、アメリカが圧力をかけ続けるにつれて、ヨーロッパ側の苛立ちが募っていったことは驚くに値しない[191]。

6月に行われた先進国首脳会談において、同盟諸国から対ソ連貿易と借款の制限を強化するという合意をとりつけることができなかったレーガンは、原油と天然ガスの機材の禁輸措置をアメリカ企業の海外子会社にも拡大適用した。こうして、ポーランドにおけるソ連の行動をめぐる紛争として始まった件は、ヨーロッパの貿易政策、アメリカの輸出制限の域外適用、そして東西関係一般に対する強硬派対穏健派の優劣をめぐる問題へと変化していき、第3段階に入る。ある意味で、この問題の核心——意見の不一致の根底にあるもの——は、この第3段階に入ってから初めて浮かび上がってきた。

アメリカ企業の海外子会社にまで禁輸措置が拡大適用されるという事態に同盟内では大騒動になり、騒ぎは1982年11月にレーガン政権がこれを撤回するまで続いた。論争の焦点はアメリカと西ヨーロッパの関係であったため、この間、ポーランドは無視されていたも同然だった。「強硬姿勢」と「決意表明」について語る巧みな言説は、カーター政権の穀物禁輸を思い出させるが、レーガンとは違って、カーターは強硬姿勢を表明するため

191. パイプライン敷設に関するアメリカ側からの圧力の変遷に関しては、以下参照。*New York Times*, January 11, 1982；January 12, 1982；January 13, 1982；January 22, 1982；February 12, 1982；February 21, 1982；February 26, 1982；Stephen S. Rosenfeld, "Testing the Hard Line," *Foreign Affairs* 61（1983）：489-510； および Europe and America: The Politics of Resentment (cont' d)," *Foreign Affairs* 61（1983）：569-590.

に大きな犠牲を払ったのであり、特に指導層がより犠牲を払うべきであることを認識していたと思われる。これに対してレーガン政権は、ソ連よりも同盟諸国に自分たちの強硬姿勢を見せつけることに、より大きい関心を持っていたようだ。そして、他国には大きな犠牲を払わせようとしながら、ソ連への穀類輸出の削減には断固として応じなかった。カーターの穀物禁輸を馬鹿にしていた『ウォール・ストリート・ジャーナル』紙は、レーガンのパイプライン制裁の変遷を全面的に支持した。アメリカの外交政策における「待ち望んでいた転換点」の到来を歓迎し、『ウォール・ストリート・ジャーナル』は、同盟諸国との「衝突の危険」も辞さないレーガンを、「すべてを背負うことができる男」であると褒めたたえた。そこでは、「同盟国のリーダーシップはかくあるべきだ。大統領は屈してはならず、フランソワ・ミッテランの意のままにされてはならないのだ」と論評している[192]。しかし、決意を表明するための方法として、カーターは自らにコストを課したが、レーガン政権は他国にコストを課すことに決めたのである。

パイプラインをめぐり毎週のようにさまざまな反対意見が示されるようになっていたが、その根源にあるのは、強硬路線と柔軟路線のいずれをとるかという一般的問題であることが明らかになっていった。ミシェル・タトゥによれば、ポーランドにおける弾圧は強硬派のアプローチをとるための口実に過ぎず、問題はもはや「ソ連政府のさまざまな武力行使に対する処罰ではなく、ソ連の体制全体を揺るがすために全世界的かつ戦略的な圧力をかけること」になっていた[193]。もちろんこれは伝統的な強硬路線である。対立する利益と共通の利益が絡み合う複雑な関係のなかで、共存を目指してソ連の特定の行動に現実的に対処するという方針が、共存ではなく勝利を究極目標として掲げて共産主義全体と敵対するという全般的な政治的方針に変化していったのである。リチャード・ニクソンでさえ、パイプライン問題のさなか、「米ソ関係をゼロサム行為ととらえがちな」人々がいて、「ロシア経済を圧迫すれば政権が瓦解するとでも思っている」と不満を漏らしていた[194]。パイプラインに関わる禁輸の有用性を評価するのが難しいのは、レーガン政権の目標と対象を定めることがほぼ不可能で

---

192. *Wall Street Journal*, June 23, 1982；July 23, 1982；および August 20, 1982.
193. Michel Tatu, "U.S.-Soviet Relations: A Turning Point?" *Foreign Affairs* 61（1983）：600.
194. *New York Times*, August 18, 1982. 次の同様の議論も参照のこと。George W. Ball, "The Case Against Sanctions," *New York Times Magazine*, September 19, 1982.

あるためである。この論争の間、レーガン政権の内部では強硬派と穏健派の議論が続いていた。国務省は柔軟路線を主張し、大統領と国防総省は強硬路線を推し進めようとした。「レーガン大統領の一部の側近にとって、長期的目標はソ連の政治体制を徐々に変化させるか瓦解させることであり、『歴史のゴミ箱』へ葬り去ることに他ならない」[195]。

穏健派の視点から判断すると、パイプライン制裁は破滅的行為で「歴史的大失態」だった[196]。ポーランド情勢はこの制裁からそれほど影響を受けなかったようであり、同盟の結束には大きなひずみが生じた。パイプライン建設は続行され、ソ連とアメリカの関係は悪化した。レーガン政権の行動は、堅固で正当な同盟のリーダーのイメージを醸し出すことはなく、横暴かつ独裁的で教条的なものと受け止められた。もし政権が柔軟路線の政策目標を追求していたことが立証できたら、この事例は経済制裁の有用性についての一般的な認識を裏付けるものとなっただろう。

しかし、この事例における制裁の成功の有無を判断するのに、穏健派の見解を用いるのは適切だろうか。レーガン政権の重要な目標が、「パイプライン／ポーランド」問題という機会を利用して、同盟諸国とのより根本的な問題を提起すること、つまり西側の対ソ関係に対するアプローチ全般の基本的な前提について「苦渋の再評価」を行わせることであったとするならば、この影響力行使は表面的以上に成功していたと言えるかもしれない。アンジェラ・ステントが指摘したように、「パイプライン制裁には既に一つ有益な効果があった。このおかげで、ヨーロッパ側が東西貿易政策を再検討しなければならないことに気づいたのである」[197]。パイプライン制裁の有用性をここで総合的に評価することは適切ではない。もしそのような試みを行うのであれば、唯一のものではなく複数の事例の一つとして扱うのが望ましいだろう。以下はそれぞれ別個に分析することができる。例えば（1）ポーランドで軍事介入が生じた場合の対ソ制裁の脅威、（2）ポーランドで戒厳令が発令されたあと実際に行われたポーランドおよびソ連に対する制裁、（3）パイプライン建設の遅延を目的としたヨーロッパ企業に対するアメリカの制裁、などになる。

「パイプライン／ポーランド」危機は3つの段階に分けられると前述した

195. Seweryn Bialer and Joan Afferica, "Reagan and Russia," *Foreign Affairs* 61（Winter 1982-1983）: 261.

196. Joffe, "Europe and America," p. 575.

197. *Premises Workshop*, p. 164.

が、第４段階という最も重要な段階を加えると、さらに理解が深まる。この事例で「教訓」が得られるのはまさに第４段階である。この経験から「教訓」を引き出そうとした２つの取り組みが役に立つだろう。最初に取り上げるのは、1983年５月に技術評価局により発表された報告書である[198]。同報告書は制裁の象徴的機能とパイプライン制裁の目標という２つの見地に立って書かれており、とりわけ注目に値する。同報告書は、経済制裁の有用性は少なくともいくつかの事例においては「それらの象徴としての価値によって判断されるべきである」という基準が「いくつかの難問」を提起することになった、と主張している。

貿易制裁は、懸念を表明するための適切な手段であるか

解説：当然ながら、これは個々の状況によって異なるので、どの事例にも当てはまるものではない。これは影響力行使の目標と対象によって、予想される費用と便益によって、また代替の政策を選択した場合に発生する費用と便益によっても変化するだろう。

経済制裁は、ソ連に与える打撃と同じくらい、またはそれ以上の打撃をアメリカに与える恐れがあるときでも課されるべきなのか

解説：既に述べてきたように、自国が被るコストと相手側が被るコストを比較するという基準は容易に誤解を招きやすい。多種多様な政策の選択肢に関する、自国にとっての費用と便益を比べるのが適切な方法であろう。わが国の便益が相手側の費用に合致するのは非常に特殊な事例である。また、決意の表明などに代表される、象徴としての目的の経済制裁であるなら、自らにコストを課すことも必要になるであろう。コストを負担できる能力は、拘束力のある責任を負う能力と表裏一体なのである[199]。何のコストも払わずにすむ世界では、決意を表明することは不可能だろう。

同盟関係にダメージを与える危険があるとしても、経済制裁を実施すべきか

解説：この質問には、前提の置き方または実際の状況を踏まえ、慎重に答えを出す必要がある。ここでもまた、答えは利害関係、さまざまな選択肢の費用と便益などによって変わる。「同盟関係を損なうこと」は決して正当化できない、という考えはとても受け入れられない。同盟関

198. OTA, *Technology and E-W Trade Update.*

199. 以下参照。Schelling, *The Strategy of Conflict*, pp. 3-52, 特に p. 43.

係を結んだ目的のほうが同盟の結束よりも重要であることは明白だ。船を少し揺らして他の乗客の注意を引き、例えば「船が沈みかけている」、「岩礁に乗り上げそうだ」というようなさらに大きな危険を知らせやすくすることが望まれる場合もあるかもしれない。パイプライン制裁をそのように受け止めたレーガン政府閣僚が数名いたと言っても、こじつけにはならないだろう。例えば、レーガン政権は同盟関係を少々混乱させたかもしれないが、それは、柔軟路線は危険だという政権の見解をヨーロッパ側に強く印象づけようとしてのことだった[200]。言い換えるなら、同盟の根本的な目的の再検討を強要するためであれば、同盟関係を揺るがすことは正当化されるかもしれないのだ。何としてでも結束を最優先しようというのは擁護しがたい。

要するに、この報告書が呈している疑問は危険をはらんでおり、誤解に陥れるものだ。どれも、エコノミック・ステイトクラフトの技法としての経済制裁の有用性についての有益な議論にはまったくつながりそうにもない。

政治的メッセージを送る目的で経済制裁が利用されるとき、メッセージの内容が明確でなければ効果は減少する、と報告書は指摘する。もちろんこれは事実だ。しかし報告書はその可能性について誤った印象を与えている。報告書ではカーターの穀物禁輸とレーガンのパイプライン制裁の両方が評価されているにもかかわらず、カーターの事例はこの点を論じる際にこの重要な点が省かれている。報告書は、パイプライン制裁を正当化するために政権が数多くの理由を提示したのは、経済制裁を通して伝えられる政治的メッセージが明確さに欠けることの証拠であると指摘し、これが経済制裁固有の問題であるかのような印象を与えている。しかし、もしカーターの穀物禁輸が論じられていたら、異なる印象を与えていただろう。なぜならカーターの禁輸措置において、メッセージは明確であったためだ。レーガンのパイプライン制裁でさえ、そのメッセージは報告書が示唆するよりは明瞭だったかもしれない。実際、ヨーロッパ側はこのメッセージを読み取るのに、何の苦労もしなかったようである。タトゥが指摘しているように、ほとんどのヨーロッパ人はパイプライン制裁を、ソ連に対する

200. この例において、そのような懸念が政権の見解を正確に反映しているかどうかという問いは的外れだ。重要なのは単に、こういう解釈も考慮に値するほどあり得そうだということである。

ヨーロッパのアプローチを柔軟路線から強硬路線にシフトさせようとしていたレーガン政権の「口実」と解釈していた[201]。しかし、これを「アメリカとその最も親密な同盟国との間にある根本的なコミュニケーション不足を示すよくある例」[202]だと説明しようとすれば、誤解を招くことになる。ヨーロッパ側はメッセージを理解していた。ただ、その内容に不満があっただけなのだ。

技術評価局の報告書に見られる、エコノミック・ステイトクラフトを学ぶ人間にとって教訓となるもう一つの側面は、強硬派と穏健派の目標の扱い方である。「費用と便益」のセクションは以下のように締めくくられている。

結局のところ、ここで述べられている両者の立場はそれぞれ、実証的な証拠と同じくらい、基本的な信念にも基づいている。いずれの立場も、経済的・政治的・軍事的コストと代替策の便益の客観的な比較検討を通じて方向付けされているが、それぞれの世界観がその検討内容に影響を与えている。アメリカとソ連は不倶戴天の宿敵である、軍事衝突はおそらく避けられない、ソ連の攻撃を抑止しているのは何よりも武力による報復措置の警告だ、といった確信を持つ人々は、アメリカの政策の便益が費用を上回ると判断しがちである。他方、アメリカと強大なソ連がうまくやっていくことはできるし、そうしなければならず、西側世界との正常な関係を築くことでソ連を抑止できると信じる人々は、ソ連の行動を抑止するのに貿易制裁が有用かどうか疑わしいと考える傾向にある。

一見この一節は、経済制裁の有用性についての異なる評価を、強硬派と穏健派の違いに結びつけて考えるという本書のアプローチに似ているように思われる。しかし詳細に調べてみると、根本的な違いが潜んでいる。本書のアプローチでは、ある影響力行使において用いられるステイトクラフトの技法の有用性を評価する前に、その影響力行使の政策 - 有事の枠組みを特定することが重要であると強調している。このアプローチでは、ある技法の費用と便益を正確に測定することはできないが、アナリストが調査対象である政策立案者の知見や価値観を共有する必要がないという点で、客観的な分析が可能であることにはなる。つまり、ある特定の状況において強硬派の目標達成を目指すときの経済制裁の有用性について、合理的で客観的な判断を下すために自身が強硬派である必要はないのである。政策

201. Tatu, "U.S.-Soviet Relations," p. 600.
202. OTA, *Technology and E-W Trade Update*, p. 66.

立案者の目標や知見を理解することは重要——いや、必須——であるが、彼らに賛成する必要はない。ところが、上記の一節は、経済制裁の有用性の判断はアナリストの「世界観」から切り離せない、という印象を与える。この報告書の作成者たちが単に、経済制裁の有用性について論者がいつも客観的立場にあるわけではない、という経験に基づく見解を示しているだけなら、その意図はよくわかる。しかし、経済制裁の有用性の客観的評価は不可能だとほのめかしたいのであれば、本書はただの徒労ということになる。

レーガン政権が経験した経済制裁から「教訓」を引き出そうという試みとして第二に取り上げるのは、ブルッキングス研究所の経済学者、E・A・ヒューエットの事例である[203]。

> 外交政策上の理由で用いられた経済制裁の最も明快かつ重要な実例は、12月29日に発動され、6月18日には対象が西欧企業と各国にあるアメリカ企業の関連会社に拡大され、11月13日に解除された、アメリカによる原油と天然ガス技術のソ連への禁輸措置である。この禁輸はわが国にとって深い意味を持つ経験であり、いつの日か再びこの道を進む判断を下すかどうかについて、将来の政策立案者が熟慮すべき教訓をもたらしてくれた。
>
> 解説：ステイトクラフトの技法の有用性を評価する際に最も重要な条件は、影響力行使のための政策-有事の枠組みを明確に特定することである。そうしなければ、費用と便益を特定することさえできない。影響力行使の目標と対象を決定することは決して簡単ではないが、ある種の事例においては他の事例よりも難しいことがある。もし妥当な目標や対象の設定がレーガンのパイプライン禁輸措置より難しい事例があるというならば、それはまだ筆者の目に留まっていない。禁輸が始まって最初の6カ月、適切な目標と対象の設定について政府内部で見られた意見の不一致はとりわけ大きかった。レーガン政権の「隠された思惑」は、政府報道官が発表する刻々と変わる政策目標とは異なっていたのではないかと疑う理由はある。「外交政策上の理由で用いられる経済制裁の最も明快な実例」であることからはほど遠いこの事例は、過去最大級の複雑さ

203. *Premises Workshop*, pp. 77-83.

と不明瞭さを伴っている。「将来の政策立案者が熟慮すべき教訓」を引き出すのに、これより役に立たない事例を想像するのは難しいだろう。

教訓１（A）：経済制裁の費用と便益は通貨が異なるために比較するのが難しい[204]。

解説：ヒューエットは基本的に、費用はどちらかというと「金」での換算が可能だが、便益はそうではないとしている[205]。ヒューエットは政治的コスト発生の可能性を認めているが、それらのコストは「おそらく二次的なものであり、経済的コストに由来する」と主張している。これは、経済制裁についての、よくあるが極めて誤解を招きやすい考え方である。この点に関する一般的な統一見解はない。経済的コストと便益は政治的コストと便益よりも測定しやすいことが多いというのは事実だが、費用と便益を分けて比較し、推測的な話をすることは差し控えるべきだ[206]。ある特定の影響力行使が生むコストの大半が経済的なものなのか、政治的なものなのかは状況によって異なる。経済的コストは測定することがより容易なために大きく感じられるが、見た目と現実とを混同してはならない。影響力行使における費用と便益の比較の難しさに関しては、ヒューエットが正しいということは明らかだ――国力分析は難しい。しかしながら、これは経済制裁による影響力行使だけに限ったことではない。

教訓１（B）：禁輸措置の便益は費用に対して明確なものではない。禁輸が実行されると、コストは即時に生じ、簡単に認識できるが、外交政策上の便益は仮にあるとしても、不安定で予測不可能な情勢が延々と続いた後にやっと得られるものだ。

解説：ヒューエットはこれを最初の教訓の一部に含めているが、この教訓と一つ前の教訓の間には論理的または実証的な関係はないように思われる。したがって、このセクションでは別に扱う。禁輸の費用と便益を比較するとどちらが確実なものなのかは、これから検証すべき仮説として扱ってもよいのかもしれないが、ヒューエットの推測的な意見を受

204. ヒューエットの「教訓」は直接引用するのではなく、わかりやすく言い換えている。
205. 同様の見解にについては、以下参照。Hufbauer and Schott, *Economic Sanctions,* 特に p. 63.
206. 政治的および経済的「通貨」のより詳しい比較については、以下参照。Baldwin, “Money and Power.”

け入れる理由はないと思われる。費用と便益のどちらが確実なものなのかは、ある決まった状況において誰が誰に何をさせようとしているのかに大きく左右される。経済制裁は、例えばソ連の潜在的軍事力を弱めることを意図した穀物禁輸など、間接的な影響を発生させるために使われることがあるが、いつもそうだとは限らない。また、外交政策上の便益は不安定で予測不可能な情勢が延々と続いた後にやっと得られる、という主張は完全に間違いである。経済制裁の結果として「かなりすぐに」目標へと接近できた例は以下の通りである。ローデシアに対して国際社会からの非難を表明するための国連制裁、深い懸念と決意を表明するためのカーター政権による穀物禁輸、アメリカへの原油輸出を中止するというイランの脅しを無力化するためのカーター政権によるイラン原油ボイコット宣言、アメリカの銀行から多額の引き出しをするというイランの脅しに対するカーターのイラン資産凍結命令、対キューバ制裁による西半球における共産主義へのアメリカの反対姿勢と対抗へのコミットメントを示すことなどである。比較的早期に効果が出たこれらの事例の多くでは当然ながら、シグナルを送るために経済制裁が利用されたが、首尾良く伝達されるシグナルは、非常に重要な外交政策上の便益になる可能性を秘めており、実際多くの事例でそのようになっている。要するに、経済制裁の便益の発生する時点に規則性はない。同様に、コストも直ちに発生することもあれば、そうでないこともある。そのため、ヒューエットがパイプラインに関する禁輸から引き出した教訓はかなり誤解を招くものだ。

教訓2：経済制裁の便益は社会全体に行き渡る傾向があるのに対して、コストのほうはわずかな人に偏って降りかかる傾向がある。

解説：おそらくこれは事実であるが、そうだとしてもこれが経済制裁だけに見られる特徴であるとは思われない。この「公共財」論は多くの公共政策に当てはまる。ヒューエットは、便益の拡散分布という点において国防政策との類似性を指摘するが、国防のための税負担は経済制裁のコストよりもさらに平等に分配される、とその違いも示している。これについての解説は2点だ。第1に、たとえこれが禁輸の特徴の一つであるとしても、原則として必ずあるものではない。そうしようとする政治的な意思さえあれば、禁輸のコストが均等に行き渡るような措置を講じることはできる。第2に、平時における国防体制の維持を負担の観点から見る場合には、防衛のコストに関するヒューエットの指摘は説得力があるが、戦争状態に関してはそうではないだろう。ベトナム戦争、第二次世界大戦、朝鮮戦争の従軍兵士たちの意見を参照してみるのがよい。戦時下では、国防のコストは若者、男性、教育水準が低い人々、貧困層に不公平に降りかかるものである。

教訓3：禁輸の費用は、便益が消え去った後も長くあとに残ることがある。

解説：ヒューエットは、標的国における短期的な政策変更などの便益しか考えていないようである。しかし、禁輸措置が一国のイメージを変えることに利用されるとき、その便益はかなり長い間持続するかもしれないのだ。費用のほうが便益より長く残るという推測的主張を受け入れる理由はない。すべては状況に左右されるのである。実際、経済制裁を通じた決意表明によって国々が互いにとっての重要な利益を理解しやすくなるのであれば、制裁も戦争回避に役立つかもしれない。戦争回避の便益は非常に長期にわたって続くだろう。

教訓4：禁輸は標的国以外の国々へ意図せざる副作用を与えるかもしれない。

解説：これが当てはまる事例もあるが、それが他のステイトクラフトの技法と異なる経済制裁の特徴とは言い切れない。戦争、プロパガンダ、そして外交においても、そのような副作用は発生する。この文脈でヒューエットが念頭に置いているのは、ソ連または西側同盟国に対するアメリカの禁輸による影響だろう。しかし、パイプライン制裁についての前述の議論からも明らかなように、これは適切な例だとは言えないかもしれない。同盟諸国がレーガンによる制裁の対象にされていなかったかどうかはまったくはっきりしない。もしかしたら同盟諸国こそ主要な対象だったかもしれない。

ヒューエットは、もしパイプライン禁輸の「教訓」が将来的に、同様の措置を視野に入れている政策立案者たちによって検討されるのなら、「禁輸は外交政策の手段としてはほとんど通用しないだろう」と結論づけている。また、「他政府の極めて不快な政策に抗議しようとするとき、禁輸が唯一の手段であるような」状況は例外的であろうと指摘し、アメリカは

「世界の大国」であるのだから、「一つの選択肢しかないような状況」に陥ることは稀であろうと述べる[207]。これは、もちろんかなり重大な例外であり、ここでヒューエットの言う「教訓」が象徴の機能を念頭に置かずに組み立てられていることを明らかにしている。他国の不快な行動への抗議は、禁輸の数多い実用的手段や象徴としての利用法の一つに過ぎない、ということも指摘しておかねばならない。アメリカのような「大国」には、通常なら禁輸より優先して選ぶ代替策があるものだという示唆は、いわゆる大国であることの強みを過大評価しているともいえる。すばらしい軍事力を持つアメリカは、まさにだからこそ軍事力の利用には注意しなければならないのである。弱小国はステイトクラフトの手段を選択する際に間違いを犯しても仕方ないが、アメリカはそうはいかない。ミリタリー・ステイトクラフトの代替策をアメリカ以上に必要としている国は、世界中を見ても他にはない。

要するに、レーガン政権によるパイプライン禁輸の経験は、有益な「教訓」を生み出すことはなく、この措置によって誰が誰にどのような影響を与えようとしていたのかが明確になることはないだろう。1982年秋までには、ポーランドの戒厳令と禁輸の関係はますます不明瞭になり、NATO加盟国の間で強硬路線か柔軟路線かについての意見の食い違いはさらに大きくなっていった。

---

207. ヒューエットは、議論の終盤になって初めて、他国の政府によるとりわけ不愉快な政策に抗議することが目的であった場合には、彼のいわゆる「教訓」の例外になり得るとして、このコメントをしている。もちろん、パイプライン禁輸はまさにこのような事例、つまりポーランドにおける弾圧への抗議として始まった。一つの事例から教訓を引き出し、そのような事例はこれらの教訓の例外であるかもしれないと述べるのは奇妙である。

第 10 章
対外援助

人間は仲間の助けをほとんどいつも必要としている。だが、その助けを仲間の博愛心にのみ期待してみても無駄である。むしろそれよりも、もしかれが、自分に有利となるように仲間の自愛心を刺激することができ、そしてかれが仲間に求めていることを仲間がかれのためにすることが、仲間自身の利益にもなるのだということを、仲間に示すことができるなら、そのほうがずっと目的を達しやすい。他人にある種の取引を申し出るものはだれでも、そのように提案するのである。私の欲しいものをください、そうすればあなたの望むこれをあげましょう、というのが、すべてのこういう申し出の意味なのであり、こういうふうにしてわれわれは、自分たちの必要としている他人の好意の大部分をたがいに受け取り合うのである [1]。

第二次世界大戦以来、対外援助は大きな注目を集めてきた。一般的に、対外援助は、戦争の悲惨さを少しでも減らし、ヨーロッパの復興を促進するための技法として戦後に出現したものと考えられている。マーシャル・プランがめざましい成功をおさめたあとは、第三世界の経済発展を促進するために類似のアプローチがとられたが、その結果は期待外れだったと言われている。ロバート・パケナムは、「マーシャル・プランのコンセプトが不適切な形で第三世界に持ち込まれたとする見解は、今ではほとんど常套句になっている」[2]と述べる。ヨーロッパでは非常に効果的だった「大規模援助」方式は、世界中の貧しい国においては失敗だったというのだ。しかし、ここでも他のエコノミック・ステイトクラフトの事案に関するこれまでの考え方に対して、同様の健全な懐疑心を持つ必要がある。

第二次大戦以降に実行された対外援助について、あるいはそれらを分析した結果浮かび上がった問題について、全面的に再考するつもりはない[3]。その代わり、本章では対外援助研究に関連するより重要な概念上・理論上の課題をいくつか取り上げ、クラウス・クノールが扱ったいくつかの援助失敗の事例[4]を検討し、対外援助というステイトクラフトの技法についてのアメリカの経験を、特に第三世界との関連で概説する。

---

1. Smith, ***An Inquiry into the Nature and Causes of the Wealth of Nations***, p. 14.
2. Robert Packenham, ***Liberal America and Third World: Political Development Ideas in Foreign Aid and Social Science***（Princeton: Princeton University Press, 1973）, p. 38.
3. これらの問題について取り上げたいくつかの考察は、以下参照。David A. Baldwin, "Analytical Notes on Foreign Aid and Politics," ***Background*** 10（May 1966）：66-90；***Economic Development and American Foreign Policy: 1943-62***；***Foreign Aid and American Foreign Policy***；"International Aid and International Politics," ***Public Administration Review*** 29（January-February 1969）：94-99；および "Foreign Aid and American Foreign Policy: A Documentary Analysis".
4. Knorr, ***The Power of Nations***,pp. 180-183, 337-339.

理論上の問題……………………………………………………

ここでは、対外援助に関する理論面の問題について、以下の 3 つのカテゴリーで取り上げる。(1) 対外援助の定義と評価方法。(2) 無援助。(3) 対外援助の効果の評価。

定義と評価方法

対外援助をどのように概念化するかという議論は、極めて政治色の濃いレベルで行われてきた。対外援助の支持派はこのカテゴリーを「計ることのできない重荷」[5]と言い表したが、これはアメリカの政策立案者が外交政策の目標とは関係なく海外に資金をばらまいている、という誤った印象を与えるものだった。このレッテルは、援助計画の反対派がこういったプログラムを「ドブに金を捨てるようなもの」、あるいは「国際的な空想的社会主義」と批判する口実を与えることになる。支持派はしばしば、対外援助と呼ばれるものは「対外」でも「援助」でもなく、資金はアメリカの「国益」の追求のために使われていると主張する。実際、他国への一方的な資源の移転としての援助と、利益の互恵的交換としての援助を区別する考え方は、戦後における対外援助に関する議論でよく見られる。そこでは、人道主義か援助国の利己心かという議論が起こることもよくある。また、援助を「目的そのもの」であると考える人々と、外交政策の手段とみなす人々の間で論争になることもある[6]。しかし、その基盤となる概念上の問題はいつも同じだ――援助は贈与なのか、そうではないのか、である。

この問題の本質と、その議論の歴史の長さはいずれも、1955 年に発表されたアメリカ外交政策における政治経済に関する報告書[7]と、その 20 年後に著されたクノールの『国際関係におけるパワーと経済』を比較する

---

5. Frank M. Coffin, *Witness for Aid* (Boston: Houghton Mifflin, 1964), p. 63.
6. 具体例は、以下参照。George Liska, *The New Statecraft: Foreign Aid in American Foreign Policy* (Chicago: University of Chicago Press, 1960) ; R. D. McKinlay and R. Little, "A Foreign Policy Model of U.S. Bilateral Aid Allocation," *World Politics 30* (October 1977) : 58-86 ; Goran Ohlin, *Foreign Aid Politics Reconsidered* (Paris: Organization for Economic Cooperation and Development, 1966), pp. 13-54 ; Hans Morgenthau, "A Political Theory of Foreign Aid," *American Political Science Review 56* (June 1962): 301-309 ; および Gunnar Myrdal, *Against the Stream: Critical Essays on Economics* (New York: Pantheon, 1973).

と浮き彫りになる。前者は「通常の議論においてだけではなく、政策決定の場においても混同されることが多い、2つの明白に異なる意味」に言及する。第1の意味においては、「援助」とは「債務の支払い以外の目的で、アメリカ政府が他の国へ経済的資源を移転するすべての行為」を指す。一方、第2の意味においては、「援助」と呼ばれるのは資金の移転が完全に一方的であり、物質的または具体的な見返りがない場合に限られる。つまり、相互性、取引、あるいは見返りといった要素が含まれないことが条件となる。第2の意味では、「融資は『援助』ではなく、贈与はアメリカにとって何か特定の利益との交換ではないこと、互恵的な取り決めの一部ではないことを条件として『援助』とみなされるである」。しかし、第2の意味には検討すべき課題がある。例えば、友情、尊敬、地位、敬意など、価値ある事柄の多くは物質的でも具体的でもない。したがって、援助への見返りは現実であり、重要であるかもしれないが、金に換算してその量を測ることはできない場合がある。このような取引をどのように分類すればよいのだろうか。ほとんどの外交政策の目的は金銭に換算できないので、これはエコノミック・ステイトクラフトを学ぶ者にとってとりわけ重要な考慮要素となる。

クノールによる援助の概念の扱い方は、1955 年の報告における第2の意味に驚くほど似ている。援助は「資源の譲許的移転」と定義され、商業ベースでの融資は除外されている。そして、「空軍基地であれ、国連における特定案件での投票であれ、何か特定のものへの対価として厳密に授受される、いわゆる『援助』」は、「単に援助に見せかけた購入、あるいは、賄賂など当事者による示し合わせでしかない」として無視されている。互恵的な援助が行われる関係の可能性を否定はしないものの（実際、クノールは「国際援助という行為は、常に双方の政府の利益が動機づけとなっている」と主張している）、こうした関係がどの程度「自発的で協力的な相互利益を反映しているか」が、彼の援助とその影響についての分析の最も重要なポイントとなっている。クノールにとって、望むものを「買った」のと「ただで手に入れた」のでは、「根本的に明らかな違い」がある。この区別に基づき、クノールは「提供国が何らかの利益を受け取ることになっている援助」を「疑似贈与」と呼ぶ。

クノールのこの主張を批判的に分析すれば、ステイトクラフトの手段と

---

7. *The Political Economy of American Foreign Policy* (New York: Henry Holt, 1955).

しての対外援助を考える際、概念を定義することがどれほど難しいかわかるようになる。根本的な問題は、互恵的な関係を、国力の文脈において取り扱おうとしない姿勢である。対外援助は、当事者の片方が経済的資源を用いて相手の行動を変えさせるという意味において、一般的な商取引に非常によく似ている。つまり、AがBにXをさせるために軍事攻撃で脅すのではなく、AはBがXをするように経済的誘引を与えるのである。結果はAがBを金で自分に従わせたように見えるかもしれない。これは「消費者が自転車を買うこと」とは異なるというクノールの主張は正しいが、これらの2つの状況の間には多くの類似点があると言っても間違いではない。そこで問題は、相違点と類似点、どちらを強調するほうがエコノミック・ステイトクラフトをよりよく理解できるか、ということになる[8]。

社会的交換理論（訳注：社会学の一領域で、「交換」の観点から社会の在り方を理解しようとする）は、対外援助取引を考える上でもう一つの道筋を示すものである[9]。このアプローチでは、通常の経済的交換を、人々が見返りを受けることを期待して他者に報酬を与えるという一般的な現象の一つのカテゴリーに過ぎないものとしている。この理論がとる立場は、表現型の行動と非合理な行動をともに排除している点で、ステイトクラフトの観点とは相性が良い。例えば、それが正しいから、または気分を良くさせるからといった理由で援助することは表現型の行動である。なぜならそれ自体が目的となってしまっているからだ。同様に除外されるのが、非合理的な援助、すなわち目的にかなった手段をとる行為が伴わない援助である。実際、完全に一方的な援助はステイトクラフトの手段には決してなり得ない。なぜなら、ステイトクラフトの観点では援助は目標達成の一手段に過ぎないからだ。

社会的交換理論は、実行された、または実行されたとみられる「贈与に似た」性質を持つ対外援助という厄介な問題を扱うときに用いる場合、特に有用となる。一般的な理解では、贈与とは見返りに何も期待せずに無条件で与えられるもののことである。贈与と見なされるものについて見返りを要求するのは無神経だと考えられている。実際、見返りがあからさまに期待されているなら、被援助国や第三国は、元々の行為を「贈与」に分類するのを認めないだろう。そして、「疑似贈与」、「賄賂」、「買収」などに名称を変えるかもしれない。贈与の授受の社会的なプロセスには、欺瞞と

8.　さらなる論考は、以下参照。Baldwin, “Power and Social Exchange.”

9.　社会的交換理論の最良の説明は、以下参照。Blau, *Exchange and Power in Social Life*.

いう人間社会の現象が深く根付いているために、贈与について一般的な言い方で表現すると非常に誤解を招きやすいのである。マルセル・モースは一連の社会現象を「理論上は任意で利害が関わらない自発的なものでありながら、実際には強制的で利害が関わるもの」と定義している。モースは、このような現象は大抵、寛大に提供される贈り物という形をとるとしたうえで、常に「形式的な見せかけと社交上の欺瞞」という行為が伴うと断言する[10]。つまり、人々は贈与に対する見返りを期待しないふりをしながら、実は返礼を期待しているのであり、返礼しない者を無礼だと非難しがちである。贈り物をすると、授受の際に具体的な交換条件についての合意の有無とは関係なく、返礼の義務が生じる。実際、贈与者は明示的または暗黙のうちに、見返りを期待していることを否定する傾向にある――いや、拒否することが期待されている。だがこれは社交上の虚言であり、贈り物を提供する側と受けとる側の双方は暗黙のうちにそのように理解している。

こうした分析から見れば、対外援助について書かれた多くの文章は正確ではない。問題は、対外援助が贈与とみなされるべきなのかどうかではなく、社会的なプロセスにおける贈与の真の役割が理解されているかどうかなのである。贈与に際して見返りを期待しないという欺瞞的な言葉が額面通り受け取られさえすれば、ステイトクラフトの手段として対外援助を理解するのはもっと容易になるだろう。実際、援助と貿易の境界線は、援助の相互性が認識されるにつれて曖昧になってきた[11]。エコノミック・ステイトクラフトの研究がさらに進めば、「援助」と「貿易」のカテゴリーは、

---

10. Marcel Mauss, *The Gift* [1925] , trans. Ian Cunnison (Glencoe, Ill.: Free Press, 1954), p. 1. この観点のマーシャル・プランへの適用については、以下参照。Wilton S. Dillon, *Gifts and Nations* (The Hague: Mouton, 1968). 次も参照のこと。Claude Lévi-Strauss, "The Principle of Reciprocity," in *Sociological Theory*, ed. Lewis A. Coser and Bernard Rosenberg (New York: Macmillan, 1957), pp. 84-94；François Perroux, "The Gift: Its Economic Meaning in Contemporary Capitalism," *Diogenes*, no. 6 (Spring 1954): 1-19；Alvin W. Gouldner, "The Norm of Reciprocity," *American Sociological Review 25* (April 1960)：161-178；H. Newell Wardle, "Gifts," *Encyclopedia of the Social Sciences*, vol. 3 (New York: Macmillan, 1937), pp. 657-658；および Peter M. Blau, "Interaction: Social Exchange," *International Encyclopedia of the Social Sciences*, vol. 7 (New York: Free Press, 1968), pp. 452-457。

11. チャールズ・キンドルバーガーは援助と貿易の間の類似性を認め、援助は「平和と静穏」、外交政策への支持、または金銭に換算できない「目に見えないもの」を手に入れるために利用されることもあると指摘している。しかし「純粋な援助においては、金銭または援助国の外交政策を支持するという形での見返りはない」と主張し、援助関係には不純な要素も存在すると言う。(*Power and Money*, pp. 133-135.

より直接的にステイトクラフトの研究に関係したカテゴリーに交代することになるかもしれない。しかしここでは、従来の区別をそのまま使うことにする。

前述の議論は、対外援助は譲与的で一方的な資金の移転であるという、従来の概念に有用性がないといっているわけではない。このような概念は、援助国のコスト（負担または犠牲の大きさ）や被援助国の便益（すなわち移転される資金の量）を評価したい人々が作ってきた。従来の概念はその目的のためには役立つが、外交政策の目的達成に向けて援助の効果を判断したいときには、十分に役に立たないかもしれない。例えば、贈与の厳密な経済的コストと被援助国の便益を推定するためには、借款やひも付き（tied）援助を割り引いて「贈与等価額」を算出することが合理的だ[12]。しかし、これがエコノミック・ステイトクラフトを学ぶ者にとって最適なアプローチであるかどうかは明確ではない。政治家の観点からすると、贈与行為による政治的コストは経済的コストと同じくらい問題となる場合が多く、短期的なコストは長期的コストよりも問題となることが多い。したがって、借款と贈与を一括りにして扱うことは不適切な場合もあるものの、これまで外交政策立案者がさまざまなステイトクラフトの経済的および非経済的な各種手段を、いかに組み合わせてきたかを俯瞰するためであるなら、有用かもしれない。

もちろん、対外援助の評価は、これをどう定義するかによって変化する。分析の目的に対して評価基準が正当である限り、唯一の「正しい方法」というものは存在しない。しかし、よく見過ごされている別のタイプの評価方法がある。それは暗黙の、言外の、深い意味のない、あるいは無意識の評価と呼べるかもしれない。これは、援助計画が「大規模」、「大がかり」、「スケールの大きい」または「大量の」と形容され、明確な評価基準がまったく言及されないまま行われてしまうものである[13]。この種の評

12. 実際、援助国の経済的コストを計算するのに役立つ援助の定義は、被援助国が受ける価値の計算に役立つ定義とは違うかもしれない。この点については、以下参照。John Pincus, *Trade, Aid, and Development*（New York: McGraw-Hill, 1967), pp. 308-342；および *Economic Aid and International Cost Sharing*（Baltimore: Johns Hopkins Press, 1965), pp. 113-145.

13. 具体例は、以下参照。Knorr, *The Power of Nations*, pp. 167, 192；Kaplan, *The Challenge of Foreign Aid*, pp. 160-161；Bienen and Gilpin, "An Evaluation of the Use of Economic Sanctions to Promote Foreign Policy Objectives, with Special Reference to the Problem of Terrorism and the Promotion of Human Rights," p. V,4；および Klaus Knorr and Gardner Patterson, eds., *A Critique of the Randall Commission Report on United States Foreign Economic Policy*（Princeton: International Finance Section and Center of International Studies, 1954), p. 34.

価方法はあまり注目されることはないが、そのためにいつの間にか、対外援助政策の検討に取り入れられてしまう傾向がある。アメリカは結局、第二次世界大戦以来2000億ドル以上を対外援助につぎ込んでおり、この金額が「莫大」であることは「誰もが認める」のだが、いったい何と比べて「莫大」なのだろうか。この数字に込められた意味が、どうやって一般人に理解できようか。

一般市民にとっては、この数字を化粧品、タバコ、酒類、または旅行に使う金額[14]と比べれば理解しやすいかもしれない。しかし、そのような比較は政治家や外交政策の研究者にとっては、それほど役に立つものではない。政治家や研究者は以下のような基準をより有益だとする傾向がある。それらは（1）軍事費と比較しての援助水準、（2）所与の外交政策の目的を達成するために必要な見積金額と比較しての援助水準、（3）提供国が無理なく支払える金額と比較しての援助水準、（4）提供国で政治的に容認される金額と比較しての援助水準、そして（5）援助に関係する学者や政治指導者が真剣に提示している金額と比較しての援助水準、である。

援助配分と軍事費との比較はとりわけ、これによって政策立案者がステイトクラフトの各技法を相対的にどれほど重視しているかを概略的に示すのに有用だ。この比較が有益な理由はもう一つある。現代では、軍事予算が対外援助予算の10倍以上であることを「自然な」状態とみなす傾向があるものの、歴史的には常にそうであったわけではない。表10. 1が示すように、第二次大戦以降の数年間、援助予算は軍事予算のおよそ3分の1だった。1982年の援助水準は、可能な限り大きく評価したとしても、ミリタリー・ステイトクラフトとの格差はそれ以前の戦後期と比べて大きく広がっている[15]。表10. 1は「大がかり」、「大規模」、「巨額の」などといった言葉は、少なくともアメリカに関する限りは、援助予算よりも軍事予算に対して使うのが適切であることを示している。もしこれらの表現を援助の説明に使ったとしたら、ステイトクラフトの用語として、援助額をはるかに上回る軍事費の規模を形容する言葉などは存在しないだろう。

達成すべき外交政策の目標に見合った援助の規模という問題は、このあ

---

14. 具体例は、以下参照。Coffin, *Witness for Aid*, p. 136.

15. 表10. 1の注が示すように、「援助」という語はここでは他の研究より包括的な意味で使われている。よってアメリカの援助の影響力の大きさが誇張されることは明らかである。しかしこのような「過剰な」数字は、続く議論においては慎重な前提となる。趣旨は、援助水準の過剰な見積もりをもってしても、ここでの利害の大きさの全体的な順序は変わらないということだ。

と本章で考察することとする。同時に負担能力、政治的な許容性、議論の可能性、といった尺度を考慮に入れることになるだろう。今のところ、規模は「大きい」けれど必ずしも「十分に大きい」わけではない、というのが援助についての一般的な考え方となっている。例えば、アメリカの援助水準を20～50％増加させるという提案は、「妥当」で「責務を果たして

表10.1　アメリカにおける対外援助予算と軍事予算の配分、1946年～1982年（国内総生産に占める割合をパーセンテージで表記）

会計年度	軍事予算（a）	対外援助予算（b）
1946–48	10.2	2.2
1949–52	7.6	2.4
1953–61	10.3	1.2
1962	9.1	1.3
1963	8.9	1.3
1964	8.5	.9
1965	7.2	.8
1966	7.6	1.0
1967	8.8	1.0
1968	9.3	1.0
1969	8.7	.8
1970	8.1	.8
1971	7.3	.9
1972	6.8	1.0
1973	6.0	1.0
1974	5.6	.9
1975	5.8	.6
1976	5.3	.5
1977	5.2	.5
1978	5.0	.6
1979	5.0	.8
1980	5.3	.5
1981	5.6	.5
1982	6.1	.5

出典：U.S. Bureau of the Census, *Historical Statistics of the United States, Colonial Times to 1970*（Washington, D.C.: G.P.O., 1975), p. 1116；U.S. Bureau of the Census, *Statistical Abstract of the United States, 1982-83*（Washington, D.C.: G.P.O., 1982), p. 350；および Agency for International Development, *U.S. Overseas Loans and Grants and Assistance from International Organizations, Obligations and Loan Authorizations*, annual editions since 1975.

（a）復員軍人恩給は除く

（b）援助には、軍事援助、輸出入銀行長期融資、国際機関、「平和部隊」（訳注：1961年に設立された、開発途上国へのボランティア支援団体）、「平和のための食糧室」（訳注：1954年に設立された国際開発庁内の食糧援助機関）、そして国際開発庁（訳注：非軍事的海外支援を行うアメリカ内務省内の団体）とその前身である各団体（訳注：国際協力局や開発借款基金）への融資と贈与が含まれる。

いる」ものとみなされるかもしれない。しかし、援助計画を4倍に増やそうという提案は、おそらく「極端で極めて非現実的かつ無責任」とみなされるだろう——援助担当職員でさえそう思うはずだ。しかし、戦後のアメリカにおけるステイトクラフトの歴史で援助水準が年間の国民総生産の2%を上回る時期もあったことを忘れるべきではない。アメリカの援助計画の規模に関する図式は国民の心に深く根付いているため、全体像をとらえることが難しくなっている。しかし1949年以来、対外援助の反対派は、小規模で負担可能な援助水準が、大規模で負担能力を越えた援助に見えるような図式を作り、そうした議論の枠組みを着実に築きあげてきた[16]。したがって、1950年代に実際に行われたいくつかの提案を再検討してみると全体像の把握に役立つ。1950年7月、ウォルター・ロイターは、アメリカが以後100年間にわたって、世界の経済発展のために国連を通じ、1950年の国民総生産の4%以上に相当する130億ドルを毎年出資することを約束するよう提案した[17]。その1年後、ジェイコブ・ジャヴィッツは、アメリカが国連を通して世界の低開発国に国民総生産の2%を投資すべきであると示唆した[18]。1951年9月、著名な経済学者であるサムナー・H・スリクターは、アメリカは経済的に、当時提案されていた85億ドルの総合援助計画を容易に実現できると主張している。この金額は当時の国民総生産の2.5%に相当する。インフレを招かず、労働意欲を削ぐ課税も必要なく、労働者1人当たりの国内資本も減らさず、そして1人当たりの消費水準を落とすことなく実現できるとスリクターは指摘したのである[19]。そして1956年、ロイターは、今後25年にわたってアメリカが援助計画に投じる金額を国民総生産の2%相当に縮小させる提案にまで踏み込んだ[20]。

以上のさまざまな提案は、アメリカの援助計画の規模をめぐる公にされた「まともな」議論が全て縮小の方向にあったことを示しているに過ぎない。援助水準をゼロにすることを支持する者は常に相当数いるが、国民総生産の5%相当だった援助の上限が現在は約1%にまで落ち込んでいる程度である。対外援助に関するまともな議論の対象範囲が限定されていると

---

16. 議会、財界のエリート、その他の人々の見解の変遷については、以下参照。Baldwin, *Economic Development and American Foreign Policy: 1943-62.*
17. *New York Times,* July 19, 1950.
18. *New York Times,* June 15, 1951.
19. Sumner H. Slichter, "A Balance Sheet on Foreign Aid," *New York Times Magazine, September 9,* 1951.
20. *New York Times,* March 25, 1956.

ころを見ると、一部の組織がスコープを「比較的『安全な』問題に限定すること」によって政策決定への影響力を行使できていることを示す証左ではなかろうか。ピーター・バクラックとモートン・S・バラッツが指摘したように、「ある個人または集団が、意識的にせよ無意識的にせよ、政策をめぐる軋轢が国民に知られないように障壁を設けたりバリアを強化したりする場合、その個人または集団には影響力があることになる」[21]。対外援助に関する議論では、アメリカの援助計画予算を国内総生産の例えば10%にするべきかどうか、などという議論が真剣になされることはない。まともな議論の範囲を超えた、「あり得ない」議論だからである。なぜか。アメリカにその余裕がないからではない。この考えが明らかにばかげているからでもない。理由は3つある。第1の理由は、援助計画の反対派による、少ない援助額を大きく見せる働きかけが成功していること。第2の理由は、「吸収能力」という怪しげで誤った方向に導くような概念が広く世間に認められていることである。「吸収能力」とは、一国が「吸収」できる資本の限界量を定めたものであるらしい。この概念は、一国が「吸収」できる資本の量は、政治的・社会的問題というよりも、むしろ技術的・経済的問題である、という誤った印象を与える[22]。そして第3の理由は、援助計画とは「大規模」なものである、という漠然とした考えや思い込みが、ステイトクラフトの技法としての対外援助に関する判断を歪めてきたことである。対外援助を客観的に分析するための最初の一歩は、戦後の援助計画が「莫大」だったという先入観を頭から排除することだ。表10. 2は筆者の個人的判断を表したものに過ぎないが、この表で示した見解は、従来の考え方よりも、対外援助の客観的分析に向けた出発点としては優れていると考える。

第二次世界大戦以降、対外援助が「莫大」または「大規模」であったという思い込みからくる憶測ほど、ステイトクラフトの技法としての対外援助についての事実に基づく議論を邪魔するものはない。もしそのような言い方をする人がいたら、こう質問してみればよい。「何と比較して大きいのでしょうか。」

---

21. Peter Bachrach and Morton S. Baratz, "Two Faces of Power," *American Political Science Review 56* (December 1962) : 948-949.

22. この点については、以下参照。Pincus, *Trade, Aid and Development*, pp. 297-304 ; Baldwin, *Economic Development and American Foreign Policy: 1943-62*, p. 193 ; および Frederic Benham, *Economic Aid to Underdeveloped Countries* (New York: Oxford University Press, 1961), p. 116.

表 10.2　さまざまな評価基準による援助の規模の大きさ、1946 年～ 1982 年

基準	比較による援助規模の推定
軍事予算	少ない
目標達成のために必要な金額	ごくわずか
アメリカ経済にとって可能な金額	ごくわずか
アメリカで政治的見地から容認される金額	中程度
援助に関係する学者や政治指導者が提案する金額	少ない

無援助：これもステイトクラフトの技法か

例えば世界銀行からの対外援助の影響力を評価するための重要な第一歩は、銀行の融資計画リストを精査することであり、それが少なくとも一般的な理解である。ただ、この方法は常識的なところが大きな魅力ではあるものの、援助の影響を判断するときの手順として最初のものでもなければ、最も重要なものであるとは限らない。少なくとも、却下された援助計画のリストや、銀行の援助基準が異なるため提出されなかった計画のリストを分析することは有益な場合もあり得る。かつて、私はこのようなアプローチを「無援助（non-aid）」あるいは「戦略的な無融資」の研究と呼んだことがある[23]。これらの呼び名は、とりわけ本質を突いているわけでもなければ、極端に曖昧なわけでもない。援助の供与において明白でありながら無視されることの多い側面への注意を喚起することが目的だったのである。援助の提供条件が何らかの形で特定されれば、事実上、援助をしないための一連の条件も示されることになる。実際、援助のためのいくつかの条件は、詳細に説明される必要さえない（説明はない場合が多い）。「恩を仇で返す」という言葉の含意は、援助国と被援助国の双方によって暗黙のうちに理解されている。例えば、国際援助に関する協定には、被援助国が援助国に対して全面軍事攻撃を仕掛けた場合は援助が打ち切られる、などの条項は設けられていないのが普通だ。しかしこれは、そのような条件が存在しないという意味ではない。条件のうちのいくつかは当然のこととされている。

援助についてこのように考えると、よく聞かれる「無条件の援助」とい

23. 以下参照。Baldwin, *Economic Development and American Foreign Policy: 1943-62*, pp. 37-42；"Foreign Aid and American Foreign Policy: A Documentary Analysis," pp. 429-432；および "The International Bank in Political Perspective," *World Politics 18* (October 1965)：75-79.

う表現が的外れであることがわかる。無条件の援助という概念は、援助が手当たり次第にばらまかれるという意味と、被援助国の行動にかかわらずそのような援助の割り当てが続けられるという意味の両方が含まれる。このような視点に立って、ひも付きではない援助の不合理な条件が理解されるのが早ければ、さまざまな観点から望ましい援助の付帯条件の数や種類といった重要な問題の検証に進むことができる。援助に条件が付帯されるか否か、という議論はそれ自体に大きな意味はない。

無援助に焦点を当てることのもう一つの意義は、援助とアメリカの外交政策の目的との関係性がわかりやすくなることだ。戦後のアメリカの外交政策では、民間の対外投資の促進が重要な目的の一つであった。政府や国際機関が拠出する公的資金は、民間資本と常にある意味で競合しているため、アメリカは大規模な政府による援助計画には常に慎重な姿勢をとってきた。こうした姿勢は、アメリカの政策綱領だけでなく、国際復興開発銀行（訳注：世界銀行グループの一機関で、中所得国および信用力のある低所得国の政府に貸出を行う）などの国際援助機関でも一貫したものであった。この銀行は開発のための融資を行う機関だと理解する一般的な見識ある市民は、国際復興開発銀行協定から銀行の目的が抜き書きされた部分を見たとしても、その出典を突き止めることはおそらくできないだろう。同銀行は、「生産目的での資本投資の促進」、「民間対外投資」の促進、貿易と国際収支の均衡の促進、「緊急プロジェクト」が確実に優先されるようにするための「他のチャンネル」との活動調整、「参加国の領土内において国際投資が景気に与える影響をしかるべく考慮した取り組み」の実施という5つの目的の達成に努めることになっている。例えば融資など世界銀行のイメージに最も鮮明に結びついている活動は、民間対外投資の促進についてのセクションで副次的な要素として取り上げられているに過ぎない。銀行自身による融資は「民間投資の補完的融資」であること、そして民間資本が「妥当な条件で利用できない」場合にのみ実行すること、という条件つきで許可されている。もちろん、設立協定に規定されている目的は必ずしも現在の世界銀行の活動を説明したものではないが、1944年の時点で、アメリカの外交政策立案者がこの銀行の役割をどのように見据えていたかを、はっきり示している。

いずれにせよ、協定で言及されている国際復興開発銀行の目的に何も珍しい部分はない。1944年以来、アメリカの外交政策立案者が、援助によって何を提供してはならないかを無理してまで強調することが幾度となくあった[24]。1945年の「ワシントン輸出入銀行（訳注：輸出入銀行［1968］の前身）の一般方針声明」には、特別なセクションが設けられ、銀行が行わないことの骨子が述べられた[25]。1954年のランダル委員会（訳注：自由貿易主義者であるインランド鉄鋼社長クラレンス・ランダルを委員長とする対外経済政策委員会）報告書は、政府に対し、アメリカの公的融資は民間投資の代替手段ではないことを「想定される借入国に対し十分明確に」示しておくことを強く勧めている[26]。また、1963年のクレイ報告書（訳注：元陸軍高官L・クレイを委員長とする自由世界の安全保障強化委員会「クレイ委員会」の報告書）では、発展途上国における「国内改革」を促すために「資金供給の抑制」を推奨している[27]。

対外援助や民間対外投資に対する政策は、アメリカの対外援助政策の合理性を見極めようとする試みをしばしば混乱させてきた。以下の実例では、無援助という概念を用いればアメリカの政策を理解しやすくしていたかもしれない。

> 開発途上の第三世界に関して……われわれが唯一とることのできる政策手段……は対外援助計画であった。貿易政策は、実際にこの目的のためにはあまり利用されなかったし、民間投資家が発展途上国への投資の機会を追求するよう特別に奨励されたことは現実に一度もなかった。さらに言えば、対外援助計画そのものの規模はわが国の潜在能力に比べると小さなものにとどまっていた[28]。

解説：民間投資家が関心を持っていた最も重要な「特別奨励策」は、アメリカの対外援助計画を常に小規模にとどめるという保証だった。「大規模な無償援助を受けられる望み」があると、「外国政府は民間資本を受け

---

24. さらなる文献および論考は、以下参照。Baldwin, *Economic Development and American Foreign Policy: 1943-62.*
25. *Department of State Bulletin*, September 27, 1945, p. 443.
26. Commission on Foreign Economic Policy, *Report to the President and the Congress*(Washington, D.C.: G. P. O., 1954), p. 23.
27. Committee to Strengthen the Security of the Free World, *The Scope and Distribution of United States Military and Economic Assistance Programs* (Washington, D.C.: G. P. O., 1963), p. 13.
28. Cohen, ed., *American Foreign Economic Policy*, pp. 32-33.

入れようとしなくなる」傾向にあると考えられていた[29]。したがって民間投資家は、政府による援助計画が全体的に小規模に保たれること、民間の対外投資家が興味を持ちそうなプロジェクトには援助が割り当てられないような配慮がなされていることを改めて確認するよう絶えず求めていた。この文章の最後の一文にある「無援助」がまさに、潜在的投資家にとって最も重要な「特別奨励策」であり、アメリカの援助計画の相対的な規模の小ささは、被援助国が外国からの民間投資にとって良好な環境を形成する上で決定的な要素と考えられていた[30]。

> 途上国における民間投資を促進するための措置は、特に技術・技能移転の手段として前向きに受け止められていた。しかし、アメリカによる投資の促進が援助政策の目標の一部になり得る、とされることは決してなかった[31]。

解説：民間対外投資の促進がアメリカの援助政策の目標であるとされたのみならず、これが異なる形で説明されたこともほとんどなかった。また、民間外国投資の促進が国際復興開発銀行の基本的な目的の一つであっただけでなく、アメリカによる援助のその他の手段もほとんどが、民間資本との競合の禁止を見込んだものだった。アメリカの外交政策立案者は、発展途上国はまず民間資本に頼ってほしいと何度も表明し、アメリカの援助政策は民間への依存を奨励するような形で作成されていた。「援助政策」には、何に資金を提供するかだけでなく、何に提供されるべきではないか、も含まれていた。こうした点を考えると、民間対外投資の促進がアメリカの「援助政策」の目標の一つであったことは否定しがたい[32]。

> 1950年代、アメリカの援助政策は、アメリカの投資家たちが興味を持ちそうな国々に対する援助は拒否されるべきである、という奇妙な考

29. American Enterprise Association, "American Private Enterprise, Foreign Economic Development, and the Aid Program," ***Foreign Aid Program: Compilation of Studies and Surveys***, 85th Cong., 1st sess., S. Doc. 52. 1957, p. 548.
30. さらなる文献および論考は、以下参照。Baldwin, ***Economic Development and American Foreign Policy: 1943-62***；***Foreign Aid and American Foreign Policy***；および"Foreign Aid and American Foreign Policy: A Documentary Analysis".
31. Ohlin, ***Foreign Aid Policies Reconsidered***, p. 19.
32. さらなる文献および論考は、脚注30参照。

え方に支配されていた。ラテンアメリカは、必要なすべての海外資本は民間から供給されるものとみなされていた。援助は一時しのぎの手段であり、むしろ外国の投資家を惹きつける環境を作り出そうとの各国の意欲を失わせると考えられていた[33]。

解説：なぜこの状況を「奇妙」であるとみなさねばならないのか。これはまさに、民間資本との競合の回避を自国の援助計画の基本原則の一つとする国がとると予想される行動である。無援助がステイトクラフトの技法であると考えるのに慣れれば、前述のような状況に何の戸惑いも持たなくなるだろう。アメリカの政策は明らかに、特定の国々への援助を控えることで彼らが外国からの民間投資に頼るよう仕向けるというものであった。カプランはまた、開発途上地域に対するアメリカからの民間投資のうち合わせて3分の2を受け入れている10カ国について見ると、戦後のアメリカの経済援助のうち7%も受け取っていないことから、民間投資家の利益を促進するために援助資金を割り当てているとしてアメリカを非難することはできない、と指摘している[34]。しかし、導かれるのはまさにその逆の結論である。この文章が書かれた当時（1967年)、アメリカの民間投資家たちは民間資本との競合が生まれそうな地域に対する資金援助を控えるよう、20年間にわたって政府に要請していた。公式の政策綱領では、政府がこの要請に従うということを繰り返し確約していた。経験的証拠と、無援助という方法で外国の投資環境に影響を与えることにより民間投資家を後押しするよう考案されたアメリカの援助政策の間に矛盾はない[35]。

アメリカの援助配分に関する研究では、提供された援助の額と被援助国における民間投資からの収益が反比例関係にあることが突き止められ、「結果が明白に示しているのは、援助を通じて表明された絶対的な公約が、投資行動の強化には貢献していないということだ」と結論している[36]。この結論は正当であるとは認められない。まさしくこれは、もし民間資本との競合回避が援助配分の重要な原則であったとしたら予測されたであろう援助配分のパターンに他ならない。「投資行動を強化」するために無援助

33. Kaplan, *The Challenge of Foreign Aid*, p. 179.
34. 同、pp. 179, 185.
35. Baldwin, "Foreign Aid and American Foreign Policy: A Documentary Analysis," p. 432.
36. McKinlay and Little, "A Foreign Policy Model of U.S. Bilateral Aid Allocation," p. 75. この研究においては「援助を通じて表明された無条件の取り組み」は単に援助の規模を意味している。

をどう利用できるかがわかっていなければ、アメリカの援助配分戦略を理解することは難しい。

アメリカの援助と民間対外投資の間の負の相関関係は、予想されるほどには顕著ではない。これはおそらく、アメリカの対外援助戦略に深く根付いているが潜在的に矛盾する無援助に関する2つの原則によるものだろう。1つ目の、そして最も重要な原則は、援助を比較的少額にするというコミットメントである。したがって、第二次大戦以降、援助水準を国内総生産の約10%とすることが真剣に検討されたことはない。これは、アメリカの外交政策立案者が国際的な投資パターンに影響を与えようとするときに用いてきた最も重要な技法である。一方で、援助の総額よりも配分に影響する2つ目の原則が最初の原則と部分的に対立しながら機能していた。援助の配分に際して、アメリカの外交政策立案者は、民間資本が妥当な条件で参入できる状況下においては国からは援助を提供しないことになっていた。つまり、「外国からの投資にとっての環境」が比較的良好ではない国々が援助の対象となりがちだったのである。国が「外国からの投資を受け入れる環境」の改善に取り組むようになる主な動機としては、国内に利用できる資本が不足していることが想定されており、投資環境が悪い国に援助を提供すれば、改善の動機を弱めることになりかねなかった。そのため、2つの原則は対立したのである。これらの原則が実際にもたらした影響とは関係なく認識しておくべき重要なことは、アメリカの援助水準と民間投資の援助水準の相関関係が負またはゼロだとしても、民間投資家の利益を考慮せずに援助が配分されていたことには必ずしもならないという点だ。少なくとも、特定の目的を持った無援助という計画的な政策があったとの仮説については検討がなされるべきであろう[37]。

効果を評価する

対外援助の効率性の評価は、他のエコノミック・ステイトクラフトの手段に関してすでに論じてきたことと同じ分析上の問題を多くはらんでいる[38]。したがって以下の議論は、対外援助を通じた影響力行使の効果の評

37. 第二次大戦後の援助、無援助、投資および貿易に関するアメリカの政策の変遷に関しては、以下参照。Baldwin, *Economic Development and American Foreign Policy: 1943-62*；および *Foreign Aid and American Foreign Policy.*

38. 第7章参照。

価において考慮すべき8つの原則に沿って展開していく。こうした評価に関与しているのは必ずしもこれらの原理だけではないが、この8つは特に重要度が高いものである。

1. 代替可能性が重要である

経済的資源には代替可能性があるために、輸出管理を論じるときに「戦略物資」の概念が非常にわかりづらくなったが、対外援助の有効性の評価も同じ意味で複雑になっている。ステイトクラフトの「経済的手段を使ったときの直接の効果を計算するのはかなり簡単だ」、なぜなら「建設された橋や校舎をこの目で見ることができるからだ」[39]などという主張を聞いたり、「アメリカの援助の短期的成果を評価することは意外にも簡単だ」、なぜなら「援助が人道的目的で行われるとき……必要とする人たちへの支援が行われた時点で、すでに価値があるからだ」[40]という話が出たりしたら、用心しなければならない。そうした状況に騙されてはいけないし、一方で、そのような単純なケースはごく稀だ。いずれにしても橋が建設されたか、人道的災害支援が行われたのだとしたら、被援助国が資源を他の用途に使えるようになったことが実際の効果であろう。つまり、食糧援助が実際には被援助国の軍事力を増強することになったかもしれないし、軍事援助が最終的により多くの家屋建設や、飢餓の軽減につながったかもしれない。援助の実際の効果を評価する唯一の賢い方法は、被援助国における援助を受けたあとの資源配分の状況と、援助がなかった場合に想定される資源配分の状況の差異を見極めることである[41]。

実際、援助の効果の評価が簡単であるとされるもののうち、災害支援プログラムはその極めて粗悪な事例である。災害支援が必要な状況で援助が直ちに外国政府か国際機関から届けられない場合、他の利用目的から資源が流用される可能性が高い。災害支援の象徴的効果は実に短時間で直接的に表れるが、経済効果はほぼ確実にどこか別の場所で起こっている。そうであれば、外国からの援助がない場合に、経済のどの分野が打撃を受けていたかを推定することが重要な問題になる。

---

39. Howard H. Lentner, *Foreign Policy Analysis: A Comparative and Conceptual Approach* (Columbus, Ohio: Charles E. Merrill, 1974), p. 240.

40. Montgomery, *Foreign Aid*, p. 72.

41. 以下の素晴らしい論考を参照。Schelling, *International Economics*, pp. 438-445；および Charles Wolf Jr., *Foreign Aid: Theory and Practice in Southern Asia* (Princeton: Princeton University Press, 1960), pp. 159-162, 187-189, 258, 417-419.

2. 援助の形態が重要である、しかし……

援助資源に代替可能性があると、援助物資の内容がその援助の最終的な使途をほとんど示唆していないことになる。軍事援助は経済援助に偽装することができ、資金援助は技術支援に見せかけることができるとするなら、援助の形態はほとんど意味がないと思うかもしれない。しかしそうではない。援助の形態は重要である。ただし、ほとんどの人が考えるような意味でではない。トーマス・シェリングが指摘したように、実施形態が重要なのは、外見が重要だからだ[42]。援助が与えられる形態は、それが的確であろうと見せかけであろうと、援助国の意図についてのシグナルなのである。たとえ実際の経済効果が同じであっても、軍事援助と災害支援の象徴的効果は非常に異なる。援助の形態が重要なのは、象徴的意味が重要だからだ。

3. 概念が重要である

ステイトクラフトの技法としての援助の効果を評価するとき、援助がどのようにとらえられているかは、重要な意味を持っている。援助が軍事基地権もしくは国連における特定案件での投票への見返りといった、比較的具体的な交換条件のもとで行われている場合を除外すると、援助の効果は、そうした活動を含めた場合と比べると低く評価されてしまう可能性がある。一見すると、比較的具体的な代償を見返りとする援助のほうが対象国の行動に対して意図した効果を生み出すことができそうだから、というのがその理由のように思われる。確かにそうかもしれないが、この意見を無批判に受け入れるべきではない。具体的で明示的な代償は曖昧で黙示的な代償よりも認識しやすいため、前者のほうが後者よりも効果があるという印象は単なる目の錯覚かもしれない。認識しやすいもののほうが、認識しにくいものよりも真実性が高いというのは必ずしも正しくない。いずれにせよ、比較的わかりやすい交換条件を含んでいる援助の取引を除外すると、ステイトクラフトの技法としての対外援助の効果を画一的に過小評価

---

42. Schelling, ***International Economics***, pp. 452-457. 次も参照のこと。Thomas C. Schelling, "American Foreign Assistance," ***World Politics 7*** (July 1955) : 606-626 ; および Thomas C. Schelling, "American Aid and Economic Development: Some Critical Issues," in ***International Stability and Progress*** (New York: American Assembly, 1957), pp. 121-169. シェリングのこれら3著作には重複する部分もあり、やや時代遅れだが、今なお、入手可能な対外援助に関する最良の考察であり続けている。

してしまう傾向を生むかもしれない[43]。

4. 目標の対立という要素が重要である

援助国と被援助国の目標の対立の深刻度が、外交政策の手段としての対外援助の効果を決定する重要な要因であることに異論をはさむ人は少ないだろう。しかし目標の対立と効果との関係の本質は、想定されるほどには明白ではない。これを（1）「共通の利益」と影響力の関係、（2）「共通の利益」と依存性の関係という2つの例で説明しよう。

援助をめぐる国家間の関係には、他の大半の社会的関係と同様、対立する利益と共通する利益の両方が存在している。多くの共通目標があったとしても、援助国と被援助国の間で援助の金額、時期、そして条件に関しては意見が一致しないことも多い（通常被援助国は、金額はより多く、タイミングはより早く、そして付帯条件はより少ないことを望む）。援助のやりとりにアプローチするには、社会的関係全般と同じく、援助をゼロサムゲームまたは純粋な協力ゲームとしてとらえるのではなく、複雑な動機を含むゲームと考えるのが最善である。対外援助は、援助国と被援助国の目標が同じか、少なくとも両立可能な場合に「成功」しやすい、というのはよく言われることである[44]。しかし、この視点は、目標が近いことと影響力があることが混同されてしまう危険性があるという問題点を伴っている。もしAがBにXをさせようとするなら、Bがそれに応じることは、Xに関してAがBに対して行使する影響力の唯一の指標である。Aの影響力の程度を計るその他の重要な基準は、Bがいずれにしても Xを実行した確率と、Aの意向に応じることによってBが負うコストであろう。そもそも、AとBが同じ目標を共有しているときの対外援助は、Bが望み、いずれにしてもやっていたであろうことをAがBに行わせることになっている場合が多い。Aによる援助によってBがXをできるようになったという限りにおいては、影響力があるのはAであるとすることは正しい。とはいえ、外見上ほどの影響力があったとは必ずしも言えない。

---

43. 明らかな交換条件を含んでいる明らかな援助を除外してしまうと、常識的に用いられている用語と一致させづらい結論が導き出される可能性がある。例えばクノールはアメリカの経済援助と引き換えのスペインの軍用基地使用に注目しているが、このような取引を自分の経済力、影響力、そして威力の概念から除外している（「International Economic Leverage and Its Uses」p. 101）。事実、クノールの立場は、大きく明白な援助の付帯条件は影響力をまったく発揮しない、ということを意味している。

44. 具体例は、以下参照。Joan M. Nelson, *Aid, Influence, and Foreign Policy* (New York: Macmillan, 1968), p. 74.

他人に「息をしろ」、太陽に「1日1回上れ」との命令は、ほぼ完全に「目標の達成」につながるが、言うまでもなく、これは大きな影響力が行使されているというわけではない。

影響力は援助を提供することからだけではなく、援助を約束すること、援助を打ち切ること、そして援助を打ち切ると脅すことによっても行使することができる。援助への依存は、貿易と同様、関係を失うことによる機会費用から生まれる。援助から得るものが大きいほど、援助を手放すコストは大きくなり、援助への依存も大きくなる。援助への依存の最も非対称的な事例としては、当事者の片方（だいたいが被援助国）が依存関係に非常に大きな価値を見出し（例えば援助から大きな利益を得ている）、もう一方（おそらく援助国）がこの関係にほとんど、あるいはまったく価値を見出していないという状況がある。このような状況では、関心度の大きい国に対して関心度の低い国の潜在的な影響力は最大になる。なぜなら後者には、何の負担もなく説得力をもって関係終了の脅しを行うことが可能だからだ[45]。ジョージ・リスカの「援助国が支配力を持ち続けるためには、関係を終了するか再形成する際のコストを受け入れる用意を明らかにしておかなければならない」という主張の根底には、この事実の正しい認識がある[46]。

援助と依存の関係は、ほとんど認識されていないが次のような結論を導ける。他の条件を一定とすれば、援助国が援助関係によって得る利益が大きければ大きいほど、その国は当該関係を維持しようとするため、援助を止めるという脅しの説得力は弱まる。もし援助から援助国が得る利益が、被援助国と共有する利益の数と重要度に応じて決まるなら、被援助国の援助への依存性の高さに基づく援助国の影響力は、その利益と反比例して変化する可能性が高い。シェリングは、脅しとしての懲罰が、脅される側と同じくらい、またはそれ以上に脅す側を傷つける可能性があるときは、脅しに説得力を持たせることは難しいということに注目し、「子どもに対する親の脅しと、裕福な温情主義的国家が貧困国の弱小政府に与える脅し、例えば対外援助を延長する交換条件として『健全な』経済政策あるいは協力的軍事政策を要求することの類似性」[47]を指摘している。どちらの事例

45. ここでの論理は貿易依存の定義で用いられた論理とまさに同じである。以下参照。Baldwin, "Interdependence and Power."

46. Liska, *The New Statecraft*, p. 69. 次も参照のこと。p. 33.

47. Schelling, *The Strategy of Conflict*, p. 11.　以下と比較のこと。Wu, *Economic Warfare*, pp. 205-207.

も、共通の利益の存在とその強さが、警告の説得力を弱めているからだ。

援助と依存の関係性はほとんど知られていないばかりか、ときには明白または暗黙のうちに否定される。以下の例を考えてみよう。

> 外交政策の手段としては……援助国と被援助国の間に堅固な利害の共有があるとみなされない限り、援助は役に立たない道具である[48]。

解説：この意見は受け入れがたい。援助の提供――または受け入れ――は、ゼロサム対立の状況下においては賢明ではないが、援助には何らかの共通の利益が含まれるというのはおそらく真実だろう。しかしだからといって、ステイトクラフトのツールとしての援助の有用性という見地から「堅固な利害の共有」が必要または望ましいというわけではない。実際、利害の共通性が強力であればあるほど、援助国による援助を打ち切るという脅しに信憑性を持たせることは困難になる。

> 目標が相反するとき、全面的な脅しや約束（「通貨切り下げをしないのなら援助を打ち切る」）は完全に説得力を失う[49]。

解説：共通の目標があるときにこそ、援助を打ち切るという脅しの説得力が弱まる。子ども部屋を片付けなければ子どもを勘当するという脅しが、真面目に受け取られないのと同じである。

> 援助を通して確立される依存のレベルは、低所得の被援助国との関係において援助国が有する利益の程度に応じて変化する[50]。

解説：この文章が、援助国の依存度に言及しているものであれば、妥当な意見と言えるかもしれない。しかし残念なことに、これは被援助国の依存度に言及しているため、援助国の利益と、被援助国の依存度の高さから影響力を引き出す援助国の能力の関係が逆転している。援助国にとって被援助国との利害関係が高まり、援助国の利益が被援助国の利益を超えると、両者の関係は当初は均衡に発展するが、最終的には逆転して不均衡に

---

48. Edward S. Mason, ***Foreign Aid and Foreign Policy***（New York: Harper and Row, 1964）, p. 4.
49. Pincus, ***Trade, Aid and Development***, p. 346.
50. McKinlay and Little, "A Foreign Policy Model of U.S. Bilateral Aid Allocation," p. 64.

さえなってしまう。

援助計画を批判する人々は、援助国が援助を利用し、被援助国側に依存状態を作ることに強い関心を持っているとしばしば主張するが、援助依存関係の論理は、そのような影響力行使の効果を軽減する。他の条件を一定とすれば、援助国が不均衡な依存関係を作ることに対する関心を高めれば高めるほど、それを実際に実現することは難しくなる。というのは、援助国の関心が高いと、自らが援助に依存することになり、依存関係が均等になっていく傾向があるからだ。援助が生む依存関係に比較的無関心な援助国だけが説得力ある脅しを行い、援助関係において有利になれるのである。（負けそうなときこそ発奮せよ。番狂わせということもある。）以上の議論による結論は、以下のパラドックスを持って要約することができるかもしれない。もし世界銀行が貧しい人々のことにそれほど関心がなかったとしたら、彼らの運命を改善するために、援助打ち切りの警告をもっと効果的に活用することが可能だったかもしれない。もし被援助国が共産主義国になるかどうかを、アメリカがそれほど気にしていなかったら、これらの国が共産主義国になるのを阻止するために援助打ち切りの警告をより有効に活用できたかもしれない。もしアメリカがイスラエルの存続にそれほど関心がなかったら、イスラエルの存続を確かなものにするために援助打ち切りの警告をより有効に活用できたかもしれない。教訓：平和と福祉を促進するために、共通の利益はしばしば役に立つ。しかし、いつもそうだとは限らない。関係国のすべてにとって利害の不一致は健全であるとも言える。

5. 脅しが重要である

脅しの効果の評価は厄介な問題である。その一例として、アメリカ対外援助法案であるヒッケンルーパー修正条項（訳注：1962 年、上院議員バーク・ヒッケンルーパーにより提出）を検討しよう。この修正条項は大統領に、十分な補償措置を講じずにアメリカの資産を収用した国々に対する援助の停止を大統領の判断で行うよう要求するものだった。現実には、この修正条項は特定の条件が当てはまる国に対する援助を打ち切るためのお決まりの脅しであった。シドニー・ワイントラウブは、これは「一度発動されただけだ……それ以外には収用問題の解決には役立たなかった」[51] と指摘する。ここで興味深いのは、ワイントラウブが正しかったかどうかでは

---

51. Weintraub, *Economic Coercion and U.S. Foreign Policy*, p. 10.

なく、「収用問題を解決しなかった」という意見をどう検証するかという問題だ。ヒッケンルーパー修正条項で具体的に述べられている脅しが完全に有効であったと仮定してみよう。経験主義の研究者ならどんな結論を出すだろう。脅しが実行に移されるのは収用問題が解決しないときだけなので、抑止力が働いて修正条項の発動事例がない状態では成功であったか否かを評価するのは難しい。これは無論、ヒッケンルーパー修正条項に何らかの効果があったことを示すものではなく、また修正条項がたった一度しか発動されていないという事実をもっては、修正条項が収用問題の「解決に役立った」という証拠にはおよそ、あるいはまったくなっていないということを示している。他方で、この条項が実際に頻繁に発動されていたのであれば、法令で具体的に述べられている脅しはあまり効果がなかったという証明にはなったであろう。

6. 量が重要である

対外援助はうまくいくのだろうか。リンゴを食べると病気になるだろうか。1日に1個リンゴを食べても病気にはならないだろうが（それどころか医者にかからずにすむだろう）、1日に1000個を食べたら体に別の影響を及ぼすだろう。同様に、どれくらいの額の援助を予定しているかを具体的に示さなければ、対外援助の有効性について意味のある評価は出せない。ある援助計画を別の援助計画と比較するとき、または対外援助をミリタリー・ステイトクラフトと比較するときは、それぞれの事例に投じる費用の額を考慮に入れなければならない。ここで問うべきなのは、軍事的技法が対外援助よりも効果的であるかどうかではなく、所与の一連の政策目標を達成するために、100億ドル援助したほうが100億ドルを軍事費にかける場合と比べてより有効であるか否か、である。大規模援助計画がいつも小規模援助計画よりもうまくいくと言っているわけではないが、少なくともそういう場合もあるという可能性も考慮に入れるべきである。

7. 未来が重要である

影響力行使は未来に向けて行われる――過去は変えようがない。この簡潔にして明白な事実が、ステイトクラフトの手段としての対外援助の有効性の評価に密接に関わっている。国家にとって、「将来的に拘束力のあるコミットメントをとりつけられるかどうかは、過去に同じようなコミットメントを自分たちが守った実績にかかっている」という認識が国際法を遵守しようとする主な動機となっているが、同様に、被援助国にとっては、「将来的にも被援助国に選ばれるかどうかは自分たちの過去の行動実績に左右される」という認識が、融資を返済したり、援助国の意向に従ったりする主な動機となっている。終了日が具体的で周知の援助の場合、期限が近づくにつれて援助国のレバレッジは少なくなっていく。マーシャル・プランにおいて計画終了が近づくにつれて、被援助国へのアメリカのレバレッジが低下していったのは、予想されるべきことだった。そうした現象が実際に起こらなかったとすれば、マーシャル・プランを通じたアメリカの影響力の度合いが誇張されていたかもしれないと疑う合理性がある。そうであれば、マーシャル・プランが、ヨーロッパ諸国がやろうとしていたこと、いずれにせよ最終的にはやっていたであろうことを行うための手伝いをしたにすぎない、との見立ての根拠となろう。アメリカの援助によってヨーロッパの復興は加速したが、この復興は援助だけによって可能になったのではない。前述のように、影響力があることと目標が近いことは必ずしも同じではない。

将来に対する期待は、融資とその影響の関係を評価するときに特に重要である。融資を受けたあとの債務者にとって、返済の主な動機は信用格付けを維持し、将来再び貸付を受けられるようにすることである。債務者は貸し手に対して潜在的な影響力さえ手に入れる。「融資を留保するのと同様の影響力を行使するために、返済を留保することができるからである」[52]。これは、1970年代に第三世界諸国の債務が急増したことと特に関連がある。1945年以来、貧困国は富裕国が自分たちの問題にもっと注目するにはどうすればよいかを探っていた。国連決議、国際貿易開発会議など新たに設立された国際機関、勧告、外交的な圧力、そして経済的圧力――すべてがほとんど、あるいはまったく効果がなかった。皮肉にも第三世界の負債という「ハンディキャップ」、「重荷」、「課題」こそ、第三世界が40年間探ってきた交渉材料であったということかもしれない。西側の銀行システムの利害は第三世界の経済の活力と相互に連結しているため、西側諸国の政府と銀行は第三世界の問題について、より考慮する姿勢を持たざるを得なくなっているのかもしれない。負債の大きさそのものが意味するのは、債務不履行の脅しが第三世界の多くの国にとって政府援助と商業融資を受け取り続けるための効果的な方法であるかもしれない、ということだ。

52. Viner, *International Economics*, p. 343.

8. 難易度が重要である

第三世界の発展を促進するためには、対外援助は第二次大戦後のヨーロッパ復興を促進したのと同程度に有用である、という仮説を公正に検証しようとするなら、援助の水準（1人当たりの援助額か被援助国の国民総生産に占める割合によって表す）と、援助の難易度を考慮しなければならないだろう。つまり、第三世界諸国の経済発展促進が、例えばヨーロッパの復興の5倍難しいとするなら、同じ時間をかけて5倍の取り組みをする場合、または同等の取り組みに5倍の時間を費やした場合に対外援助はどのくらい有用かを問うことになる。残念なことに、第三世界の発展を促進するうえでの対外援助の有用性について一般論が述べられる際に、そうした斟酌が加えられることはめったにない。

一つ確かなことがある。ステイトクラフトの手段として対外援助の有用性を判定するときにはいつでも、目標の実現可能性と援助の有用性を明確に区別することから出発しなければならない。目標の実現可能性がそもそも非常に低いと判断された場合、そのような目標に近づけないからと言って対外援助の有用性が低いと判断するのは不当である。実際、目標の実現可能性が低いと考えられるなら、目標へほんの少しでも近づいた場合には援助の有用性の高さが示されているとみなすべきである[53]。

クノールの援助制裁の事例

クノールは対外援助の威圧的利用に関し、第二次大戦以降に実際に発生したか、その可能性のあった援助の打ち切りの事例のうち25件の「悪しき」事例を分析している[54]。クノールはこれらの影響力行使の結末を、成功した事例2件、最初は成功するも結局は失敗した事例1件、不確定の事例3件、失敗事例19件に分類した。ここから彼が出した結論は「歴史上の記録からすると、対外経済援助または軍事援助の威圧的利用は、効果的な手段としては広く確立されていない」というものである。これらの事例を特徴づければ「圧倒的失敗」ということになると認識したクノールは、「例外的に好条件の状況が整っている場合以外、援助の打ち切りという威

53. そもそも実現可能性が低いと筆者が判断した目標を達成できなかったことを根拠に、対外援助の有用性が低いとする研究の一例は、以下参照。Packenham, *Liberal America and Third World,* 特に pp. 3-18, 178-192.

54. Knorr, *The Power of Nations,* pp. 180-183, 337-339.

圧的措置は政府の合理的な目標たり得るだろうか」と疑問を呈している。クノールが「評判の悪い」、あるいは「任意抽出の」とした25事例を歴史上の記録として同列に並べて分析することは受け入れるとしても、これらの事例を「圧倒的な失敗」という言葉で特徴づけることには当然疑問が残る。クノールが研究した事例を細部にわたって検証はしないが、「圧倒的」と形容される論拠については疑問点を示したい。その目的は、これらの事例についてクノールの結論に異議を唱えることではなく、これらの事例が本書で展開してきた分析の枠組みを使って検証がなされるまでの間、その分類の妥当性について判断の中断を提案したいからだ。クノールの扱う事例の多くは、ジェームズ・A・ブレッシングが検討した対外援助の停止の126事例[55]に含まれているので、ブレッシングの評価結果がクノールのものより望ましいものだった場合、その事例は今後さらなる研究テーマとして取り上げるものとした。これは、ブレッシングの評価がクノールの評価より優れているという意味ではなく、ただ単に、専門家の意見が分かれたときには、決定的判断を下す前にさらに詳しい調査をしなければならないという意味である。

1.　ソ連対ユーゴスラビア（1948年）

これはソ連による援助と貿易の同時停止の事例で、クノールは失敗に分類している。この事例を「失敗」とするのを疑問とする理由は第9章で述べているので、ここでは繰り返さない。

2.　アメリカ対西ヨーロッパ同盟諸国（1953年初頭か）

アメリカは、ソ連に対する戦略物資の禁輸に協力しなかったとして西ヨーロッパ諸国への援助を打ち切ると脅した。クノールはこの事例の結果を「最初は成功したが結局は失敗した」と評価する。その本には明らかな誤植があるため、ここでクノールが何を念頭に置いていたかははっきりしない。彼の説明で、アメリカの威嚇行為は1953年に始まったとされているのだが、クノールはそれが事実ではないことを知っている。反共主義の禁輸について論じている箇所で、クノールは威嚇行為が1940年代の終わりごろから始まったとしているからだ。この事例の開始を1953年とするのは、非常に不適切である。なぜならこれは脅しの効果が低下し始めた時期とほぼ一致するからである。グンナー・アドラー＝カールソンは、威嚇

---

55. Blessing, “The Suspension of Foreign Aid: Macro-Analysis”；および “The Suspension of Foreign Aid by the United States, 1948-1972” (Ph. D. dissertation, State University of New York at Albany, 1975)（以降 “Suspension of U.S. Foreign Aid” と表記）.

行為が1940年代終盤に始まったというクノールの主張に同意している。威嚇の内容は実行に移されなかったが、アドラー＝カールソンは脅しそのものがマーシャル・プラン実施期間を通じて、東西貿易の制限についてヨーロッパ側の支持を確実にとりつけるうえで大きな効果を発揮したと論じている。アドラー＝カールソンは、マーシャル・プランが終了し、アメリカからの援助が減少するにつれて、ヨーロッパの禁輸への支持は低下したと述べている[56]。該当箇所の明らかな誤植を無視すると、この事例の事実関係に関してはクノールとアドラー＝カールソンの間に意見の不一致はないようだ。

ステイトクラフトの手段として援助打ち切りの威嚇の有用性を全体的に評価するうえで、この事例――あるいはこの一連の事例――がどれほど重要であるかはクノールの研究からは見えてこない。マーシャル・プラン実施期間中、アドラー＝カールソンが主張するほど脅しが功を奏していたなら、この単一事例を、16カ国を対象に4年間毎年実施された別々の脅しとみなすことも可能だ。つまり、非常に効果のあった64件 の影響力行使となる。その効果の程度がアメリカの援助の減少とともに下がっていったという事実は、援助打ち切りの脅しに基づく影響力行使を「圧倒的失敗」と特徴づける意見を何ら裏付けるものではない。実際、1948年から1958年までの期間における事実は、脅しの効果が、打ち切るとされていた援助の量（および被援助国にとっての価値、またはどちらか一方）に応じて変化するという極めて妥当な仮定に基づけば、援助打ち切りの脅しがステイトクラフトの極めて効果的な手段であったという見解と整合性がある。これは、援助が有効であるという意見を事実が裏付けていると言いたいのではなく、この意見のほうが反対の意見よりも事実と一致させやすいというだけである。おびただしい数のその他の要因が働いていたので、この事例は――あるいはこの一連の事例は――どちらの意見にとっても適切な検証例とみなすことはできない。

3. ソ連対ユーゴスラビア（1958年）

第9章で論じられている、失敗とされている事例の一つである。

4. ソ連対中国（1960年）

失敗とされている事例で、第9章で論じられている。

---

56. Adler-Karlsson, *Western Economic Warfare*, pp. 5-7, 23-30, 36-49, 84, およびその他のページ。

5. ソ連対アルバニア（1961年）

失敗とされている事例で、第9章で論じられている。

6. アメリカ対セイロン（1962年～1965年）

クノールは、「解釈の難しさを示す」ために、この事例をより詳しい議論の題材に選んでいる。これは、ヒッケンルーパー修正条項の最初の発動事例で、アメリカ石油精製工場が国有化されたあと、年間1500万ドルの援助を打ち切るというものだった[57]。最終的に、政府は転覆し、次に樹立された新政府は「石油会社にとって受け入れ可能な協定を速やかに締結した」。クノールは「結果として、試みは成功し、経済的圧力が行使されたことを示しているように見える」としながらも、援助打ち切りと最終的な遵守の因果関係がはっきりとしていないことから、やや強引にこの結果を「不確定」と分類している。ブレッシングはこれを成功事例として分類している。リチャード・スチュアート・オルソンは、援助打ち切りはセイロン側の遵守を引き出すために重要な要因だったと指摘する。ハフバウアーとショットはこの事例に16点満点中16点をつけて、成功だったとしている[58]。さらに重要なことには、オルソンは、この影響力行使に関し、政策-有事の枠組みを適切に設定するのであれば、ブラジルが重要な対象とされていたこと、ヒッケンルーパー修正条項の発動という脅しの説得力を持たせるために、目立つうえに低コストの機会を求めていたアメリカの政策立案者の意向を考慮に入れるべきだとしている。打ち切る援助額が小さかったことと、その他の目的や対象も存在していたことを合わせ考えると、アメリカ

---

57. 年間1500万ドルというクノールの数字は高すぎるようだ。国際開発庁の統計によれば、セイロンは1958年に2050万ドル、1959年に1640万ドル、1960年に940万ドル、1962年に560万ドル、そして1963年に430万ドルの援助を受けた。中止されたと見られる唯一の援助は国際開発庁からの援助で、その金額は1958年に480万ドル、1959年に190万ドル、1960年に620万ドル、1961年に10万ドル、1962年に120万ドル、そして1963年にマイナス300万ドル（融資の返済）であった。1958年から1962年にかけてのセイロンへの援助の4分の3を占める平和のための食糧計画による援助は、中止されなかった。実際その援助額は1962年の420万ドルから1963年には710万ドルに増加している。以上からわかるように、クノールの提示する数字においては、援助打ち切りの影響が大きく誇張されている。以下参照。Agency for International Development, Statistics and Reports Division, *U.S. Overseas Loans and Grants and Assistance from International Organizations*, special report prepared for the House Foreign Affairs Committee, March 17, 1967, p. 8.

58. Blessing, "Suspension of U.S. Foreign Aid," pp. 136, 212-213；Richard Stuart Olson, "Expropriation and International Economic Coercion: Ceylon and the 'West' 1961-65," *Journal of Developing Areas* 11（January 1977）: 205-225；および Hufbauer and Schott, *Economic Sanctions*.

の立場からすれば、これはかなり費用対効果が高い取り組みだったと思われる。

7. アメリカ対インドネシア（1963年）

クノールはこれを、失敗に終わった「スカルノ大統領の政策を理由とする援助打ち切り」と簡単に述べている。ブレッシングによればこれは成功例で[59]、ハフバウアーとショットは、9点以上を成功とみなす評価法において8点をつけている。

8. アメリカ対西ヨーロッパ同盟諸国（1963年～1964年）

クノールによれば、この事例はキューバに対する禁輸措置への支持を確実にとりつけるための軍事援助打ち切りの脅しである。どの「同盟国」をクノールが念頭に置いていたのかははっきりしない。ブレッシングは、1964年にフランスとイギリスへの10万ドルの軍事援助が打ち切られたことを指摘し、これを失敗と分類するクノールに賛成している。しかし彼は、スペインに対する軍事援助の停止は成功であったと評価している[60]。

9. アメリカ対ペルー（1965年）

この事例は、スタンダード・オイル・オブ・ニュージャージー社（訳注：現在のエクソンモービル社の一部）がペルーに保有する資産をめぐる紛争に関連して、ペルーへの経済援助を一部中止するというものであった。クノールはこれを失敗と分類しているが、ブレッシングは成功であったと評価している[61]。

10. アメリカ対ペルー（1966年）

クノールはこれを、1965年と「同じ件における援助打ち切り」としている。彼はこれを改めて失敗事例と分類しているが、オルソンは彼の判断を、単純化し過ぎではないかとしている[62]。

11. アメリカ対イスラエル（1967年）

イスラエルが中東問題解決に向けて努力するよう仕向けるために軍用機の派遣を拒否した事例で、クノールはこれをどちらとも判断できないとし

---

59. "Suspension of U.S. Foreign Aid," pp. 136, 217-218.

60. 同、pp. 136, 230-234.

61. 脚注59と同、pp. 136, 186.

62. 以下参照。Olson, "Economic Coercion in World Politics," p. 488；および"Economic Coercion in International Disputes". ハフバウアーとショットは、1968年のアメリカの対ペルー制裁の事例に成功度の最高点をつけている。しかし、この事例とクノールが引用しているものが同じかどうかは明白ではない。

たが、ブレッシングは成功と判断した[63]。

12. アメリカ対エクアドルとペルー（1969年）

漁業紛争をめぐっての軍事援助打ち切りは、クノールによって失敗に分類されているが、ブレッシングはこれを成功とみなしている[64]。単なる「漁業紛争」ととらえると、この紛争は正しく理解できない。200海里の管轄権拡大をめぐる紛争であったが、当時の海洋法の交渉でアメリカはこれに反対していた。これはアメリカにとって、前例となること、その前例がもたらす軍事的影響が大きいこと、そして海洋法協議における交渉上の立場に影響することなどが重要な点であった[65]。

13. アメリカ対チリ（1971年～1972年）

クノールはこの事例を「国有化されたアメリカ企業の資産についての適切な補償問題をめぐる援助打ち切り」と説明し、「失敗」というレッテルを貼っている。クノールが『国際関係におけるパワーと経済』を執筆し、この影響力行使の本質と内容の背景が明らかにされつつあった[66]。後から知ることの利点を生かして考察すると、国有化された資産の補償をめぐる対立に関するアメリカの行動を「援助打ち切り」とみなすことは必ずしも適当ではないことが明らかになってきた。この影響力行使の効果に関するいかなる研究も、以下の事実を考慮に入れなければならない。

(a) ここでいう援助「打ち切り」は、せいぜい「削減」でしかなかった。というのはアメリカからの巨額の援助は依然としてチリに与えられていたからである。

(b) 国有化されたアメリカの資産に対する補償の条件を見直すという目

63. Blessing, "Suspension of Foreign U.S. Aid," pp. 136, 202.

64. 同、pp. 136, 177, 187-188.

65. 背景知識を得るためには、以下参照。David C. Loring, "The Fisheries Dispute," in ***U.S. Foreign Policy and Peru***, ed. Daniel A. Sharp（Austin: University of Texas Press, 1972）, pp. 57-118.

66. 具体例は、以下参照。Theodore H. Moran, ***Multinational Corporations and the Politics of Dependence: Copper in Chile***（Princeton: Princeton University Press, 1974）; Paul E. Sigmund, ***The Overthrow of Allende and the Politics of Chile, 1964-1976***（Pittsburgh: University of Pittsburgh Press, 1977）; Robert J. Alexander, ***The Tragedy of Chile***（Westport, Conn.: Greenwood Press, 1978）; Henry Kissinger, ***The White House Years***（Boston: Little, Brown, 1979）, pp. 653-683; James Petras and Morris Morley, "Chilean Destabilization and Its Aftermath: An Analysis and a Critique," ***Politics*** 11（November 1976）: 140-148; U.S. House of Representatives, Committee on Foreign Affairs, ***Hearings: United States and Chile During the Allende Years, 1970-1973***, 93d Cong., 2d sess., 1975; および Stephen D. Krasner, ***Defending the National Interest***（Princeton: Princeton University Press, 1978）, pp. 298-312.

標との観点からは、「失敗」という言葉では結果を正しく表現できていない。アジェンデの政党は「1センターボだってやるものか」と宣言したが、同政権は1972年、最終的に国有化の補償金として莫大な額をケネコット銅会社へ支払うことを承諾した[67]。Bが放っておいたらしなかったであろうこと、明らかにしたいと思わなかったこと、そしてやらないと公言していたことをさせることに成功したときにAの影響力行使を「失敗」と名付けるのは間違っている。

(c) アメリカ資産の国有化に対する補償をめぐる紛争は、この影響力行使とほとんど関係がない。1960年のキューバと同様、差し迫った具体的な経済問題は、より大きな象徴的、政治的問題のために影が薄くなった。西半球第2の共産主義国——民主的かつ合法的に権力の座に就いた最初の共産党政権——は、チリにおけるアメリカの数件の投資の運命よりもはるかに深刻な理由で、アメリカの政策立案者にとって不安の種だった。ヘンリー・キッシンジャーはこう述べている。「アメリカが所有する資産の国有化は争点ではなかった。アジェンデに対するわれわれの懸念は、経済問題ではなく国家の安全保障に根差すものだった」[68]。キッシンジャーの言葉から、補償問題は援助打ち切りの根本的な理由というよりは、都合良く使われた口実であったことは明らかなようだ[69]。

(d) 1971年から1972年にかけての援助「打ち切り」は大きな問題には至らなかったものの、チリ政府を「不安定にする」ために組織的に行われた行動の一部であったことから、その効果は評価しなければならない。援助打ち切りという経済的締め付けが決定的要因であったと信じる人はほとんどいないだろうが、最終的にアジェンデが失脚した原因の一つになったということを否定する人もほとんどいないだろう。

14. アメリカ対インド（1971年）

この事例は「インドの東パキスタンへの侵略を理由とする援助打ち切り」で、クノールによって失敗に分類されている。しかしブレッシングは「成功」であったとしている[70]。

---

67. Moran, *Multinational Corporations and the Politics of Dependence: Copper in Chile*, pp. 147-152.
68. Kissinger, *The White House Years* p. 656.
69. 同、pp. 653-683, 特に pp. 681-682.
70. Blessing, "Suspension of U.S. Foreign Aid," pp. 136, 215-216.

15. アメリカと南ベトナム（1972 年）

クノールは、これを「ベトナム政府がアメリカの政策に従わない場合には援助を削減すると匂わせていた」事例と説明し、「明らかな失敗」と位置づけている。この事例に関するクノールの判断を否定しないにしても、南ベトナムに対する援助打ち切りの脅しを威嚇行為の象徴的失敗の事例と位置付けられるのか、という疑問が浮かぶだろう。例えばブレッシングは 4 つの成功例を引き合いに出してしている[71]が、同様の事例の多くが異なる成果を得ただけではなく、アメリカと南ベトナムの関係は全体的に、ベトナム政府がアメリカの政策に従わなければ援助を打ち切るという恒常的な暗黙の脅しに満ちていたのである。「明らかな失敗」である一つの事例だけを選び出すやり方は、多くの疑問を抱かせる。

貿易制裁の事例研究に関するものと同様の問いかけは、クノールが援助停止またはその警告の事例を評価するうえでも役に立つ。

1. 政策 - 有事の枠組みは適切に設定されているか

クノールの 25 の事例における最も重大な欠点は、ほとんどの事例を単一の対象国と単一の目標しかないものとして説明していることだ。例えばチリ（1971 年～ 1972 年）やペルーとエクアドル（1969 年）の事例のように、ここで目標として説明されたものの、主目標ですらないことがある。さらに、各事例が同じ条件で定義されていない。よって、単一の対象国に対する少額の援助を 1 年間に限って打ち切る、という話が、クノールの分析においては、多数の対象国に対し数年かけて行われる金額の大きい援助（例：マーシャル・プラン）の打ち切りと同等の重要性を持つことになる。他の条件を一定とすれば、4 年にわたる援助打ち切りの脅しは、1 年に限ったものの 4 倍の重みを持つべきだ。そして 16 カ国を対象にした脅しは、他の条件を一定とすれば、1 カ国だけを対象にしたものの 16 倍の重みを持つべきだ。利用された手段の評価もできるだけ同じ条件の下で行われるべきだ。したがって、10 億ドルの援助打ち切りの脅しは、その 10 分の 1 の金額の脅しと同等であると考えてはならない。他の条件を一定とすれば、後者の事例では前者の 10 分の 1 の影響力しか期待してはならない。

71. 脚注 70 と同、pp. 136, 223-224.

2. 難易度のレベルに応じて調整されているか

各事例の効果を評価するに際し、クノールが難易度に応じた調整幅を与えているかどうかははっきりしない。こうした調整を行う一つの方法は、例えば、実行されたか、警告された援助打ち切りの額が、被援助国の国民総生産の何%にあたるかを計算することだ。おそらく、被援助国の国民総生産の1%に相当する援助打ち切りの脅しは、(ほかの条件を一定とすれば) 被援助国の国民総生産の10%に相当する援助打ち切りの脅しの10分の1の効果 (つまり、成功の見込みが10分の1) しかないだろう。

3. 成功は程度問題として扱われているか

3つの事例が、成功でも失敗でもない分類とされているが、この「不確定」というカテゴリーは、もっと情報があればより確実な分類につながることを意味している。クノールは、貿易制裁の評価においては、少なくとも失敗と成功が混ざった結果というカテゴリーも設けているが、援助打ち切りに関してはそうしたカテゴリーを設けようとはしていない。いずれにせよ、ほとんどの事例 (25件のうちの22件) が成功か失敗のどちらかのカテゴリーには入っている、という印象を受ける。影響力行使がいくつかの目標の達成には貢献したという意味で部分的には成功を収めた事例が多いにもかかわらず、クノールはこの中間的な領域に十分注意を払っていない。

4. 他の政策オプションについては考慮されているか

あまり目立たない、「強力ではない」脅しがより効果を発揮する傾向にあるというクノールの所見を除けば、25の事例については他の政策手段を実行した場合との対比が何ら考慮されていない。

5. 不服従のコストは効果の評価基準として扱われているか

クノールの分析において、これはとりわけ重大な脱落事項である。同価値の援助が直ちに他の出資者から与えられない限り、援助打ち切りはほぼ必ず、対象国に何らかのコストを課すことになる。これが事実である限り、援助打ち切りは通常、対象国に影響力を行使しているという点で、少なくとも部分的には成功している。

6. 一般化は証拠と釣り合っているか

それぞれの事例が非常に異なっているため、「評判の悪い」、あるいは「任意抽出の」25事例を、「歴史的記録」として同等に扱っていることにはかなり違和感を覚える。クノールの挙げた事例のうち15件を暫定的に、そして明らかに大雑把ながら調べて分かったのは、少なくとも19件の

「失敗」のうち12件、3件の「不確定」のうち2件、「最初は成功するも結局は失敗した」事例1件についてはより深い研究が必要だということである。これらの事例を「圧倒的失敗」という言葉で表現したクノールの見解を受け入れるのは、本書で展開する分析の枠組みを用いて研究を進めて、クノールの結論を認定できるまで留保しておくべきだろう。

クノールの分類に対する予備的な検証のために、援助の停止に関するブレッシングの研究を用いてきたが、ブレッシングの判断がクノールのそれより優れていると言いたいわけではない。また、ステイトクラフトの技法としての援助打ち切りの有効性について、ブレッシングのほうがクノールよりも楽観的であると言いたいわけでもない。実際、ブレッシングは「援助の停止は被援助国の行動を変えるために非常に効果的な手段であるようには見えない」という自身の結論を、「贈与も経済制裁も、被援助国の行動変化を誘発する効果的なメカニズムではないということを示す他の多くの研究が出した結論と、大方において一致しているもの」と見ている[72]。

ブレッシングは、対象国の行動または政策の変化が「アメリカが表明した要求に沿っているほど」成功であると定義している[73]。成功の定義としてはクノールのそれよりも緩いが、本書における定義に比べるとかなり厳しい。影響力行使においては、政策または行動の明白な変化を引き出すことが何よりも難しい。ブレッシングはアメリカの暗黙の目的、二次的な目的や対象、対象へ課すコスト、取り組みの困難さ、そして行動または政策における明白な変化からは分からない対象の態度の変化については取り上げていない。それでもブレッシングは、126の事例のうち69件（55%も）において政策または行動に明らかな変化の兆候が見られた、と結論している。ブレッシングはそこから、内戦または国際戦争が関係する21件を「援助の停止は戦闘停止が実現した主要な要因ではなかった」との根拠で外し[74]、さらに政策変更が名目的なものに過ぎなかった8件を除外した。ブレッシングは、「援助の停止の126事例中、関係する問題の首尾良く実質的な解決に直接寄与したように見えるのはせいぜい40件だ」と結論し、このことから、援助の停止はあまり効果的ではなかったという総括的評価

72. Blessing, "Suspension of Foreign Aid: Macro-Analysis," p. 533.

73. 同、p. 531.

74. 少なくともこのうち数事例においては、アメリカの目標は戦争介入の回避であったと考えるのが妥当であろう。これが正しいとすれば、援助の停止の成功は、「戦闘を停止させる」ことへどれほどの影響を与えたかよりも、こちらを基準として評価されるべきである。

を下している[75]。しかし、この結論をそう解釈するのは適切なのだろうか。野球の打率3割2分は立派なことなのか、そうでもないのか。援助の停止の成功率32%は立派なことなのか、そうでもないのか。どちらの場合も、何らかの基準点と比較すると答えは出る。野球では、3割2分の打率は大変良いとみなされる――比較の問題であるが。しかし残念なことに、ステイトクラフトの技法に関しては、3割2分が良い「打率」かどうかを判断するための基準点というものは存在しない。

ステイトクラフトの技法においては、大半の場合、3割2分の成功率はまあまあの出来ではないかと私は睨んでいるのだが、それを証明する手立てがない。軍事力の政治利用に関するとある研究は、ブレッシングとほぼ同等の基準を用いており、影響力行使の成果の判断は、短期的効果を見るか長期的効果を見るかによって、そしてその目標が「保証すること」、「抑止すること」、「強制すること」または「誘導すること」のどれなのかによって大きく変わってくると結論している[76]。同じ力の行使でも、ある方法では90%の確率で成功したのに対し、他の方法では20%以下であったりする。ブレッシングが行った研究において援助の停止の事例が比較可能な内容で分類されていたら、2人の研究を比較することができて有益だったかもしれない。軍事力研究において反実仮想条件は考慮に入れないので、抑止も保証も「肯定的な結果」という非常に高い評価を受ける傾向がある。これは、武力行使の事例における目標は現在の行動様式を強めることだけであって変化させることではない、という事実を反映している。対象の行動を変化させようとして使う2つの方法――強制と誘導――に絞って注目してみれば、前者は短期的（6カ月後）には68%の事例で好結果が出たが、3年後には18%のみが好結果を出した。誘引は短期的には33%、長期的には22%が好結果を出した[77]。このような基準には物足りない点が多いが、比較することによって成功率32%は結局それほど悪くはないということがわかる。

さまざまな種類の国際的な影響力行使に関する「標準的な」成功率を確定するような体系的な研究が不足しているがために、扱った事例のうち

---

75. Blessing, "Suspension of Foreign Aid: Macro-Analysis," pp. 532-533. ハフバウアーとショットによる援助と貿易に関する制裁の研究では、全事例の40%が成功であると評価されている（*Economic Sanctions*, p. 74）。

76. Blechman and Kaplan, eds., *Force Without War*, pp. 88-93.

77. 同、p. 89.

32%が成功だったというブレッシングの評価結果の重要性を判断することは難しい。自分の調査結果は援助の停止はステイトクラフトのツールとしてはあまり効果がないという有力な考えを裏付けるものであるというブレッシング自身の推論は、打率3割2分の野球選手は良いバッターではないと決めつけるのと同じくらい正当化できない。他の政策手段に関し、ブレッシングと同様の研究が行われるまでは、彼の調査結果の重要性は判断し難しい。

アメリカの外交政策における対外援助…　……………………

対外援助は、多くの国の政府によって多様な目的で実行されてきた。ステイトクラフトの技法としての対外援助の有用性を正当に評価するには、広い範囲の目的を考慮に入れなければならない。本書ではそのような分析は行わないが、その代わりにアメリカの外交政策における援助の役割について、社会通念のいくつかの側面を検証していきたい。アメリカは世界最大の援助国であるため、援助に関するほとんどの議論は最終的にはアメリカの政策を中心としたものになる。対外援助をしっかりと捉えるようにすれば、その他のエコノミック・ステイトクラフトと同様、社会通念に対する健全な懐疑主義の姿勢が役に立ちそうだ。その際、社会通念の4つの側面が考慮されることになる。それは、マーシャル・プランの教訓、第三世界の発展、アメリカの政策における援助の役割、そして政策立案者その他の人々が援助の有効性と援助の政治的目標の両方に寄せる期待である。

1. 1950年代から1960年代にかけて、マーシャル・プランの概念がヨーロッパから第三世界に導入された[78]。

ヨーロッパ復興計画、通称マーシャル・プランの成功は、最も手厳しい対外援助評論家にさえ疑問視されることはほとんどない。1950年までにマーシャル・プラン参加国――ドイツを除く――は、戦前よりも工業・農業製品を多く産出するようになっていた。そしてヨーロッパ内貿易も、ヨーロッパとヨーロッパ外の地域との貿易も、戦前の水準を上回るようになった。欧州統合や対共産主義国貿易制限への支持とりつけといった二次

78. 具体例は、以下参照。Packenham, *Liberal America and Third World*, pp. 35-42；Thomas A. Bailey, *The Art of Diplomacy: The American Experience*（New York: Appleton-Century-Crofts, 1968), p. 201；および John Lewis Gaddis, "The Rise and Fall of Détente," *Foreign Affairs 62*（Winter 1983-1984）：359.

的な目標でさえ、達成に大きく近づいていた。さらに重要なことに、これらすべては当初予想していたよりも少ない金額で達成された。一般的に信じられているところによれば、判断を鈍らせるようなこの成功によって、アメリカの政策立案者たちは同じような措置が第三世界に対しても効果を発揮するだろうという誤った仮説を抱かせるようになった。

マーシャル・プラン時代のいくつかの「概念」がその後の援助計画にも受け継がれた、という仮説には間違いなく真実が含まれている。シェリングが指摘するように、マーシャル・プランの運営管理に関し、援助形態、援助のもたらす影響の管理メカニズム、援助配分の基準、そして被援助国の介入に対する告発など、多くの問題が発生している[79]。しかし援助計画のすべての側面が等しく重要であったわけではない。援助計画において「規模」だけが重要だったとは言えないが、規模は最も重要な要素である。そして、マーシャル・プランで極めて重要だったこの概念が、アジア、アフリカ、またはラテンアメリカに対するアメリカの政策に受け継がれたといういかなる見解も、大変な誤りである。

マーシャル・プランにおいて最も顕著な特徴――そしておそらくその成功に最も密接な関係のある特徴――は、その規模の大きさである。表10.3が示すように、マーシャル・プランの参加国は1948年から1952年にかけて毎年1人平均20ドル以上を受け取っていた。それ以上受け取っていた国もある。これと比較して、アジア、ラテンアメリカ、そしてアフリカの被援助国は、年間1人当たり1ドルか2ドル給付されることすら稀であった[80]。後続の援助と比較した場合のマーシャル・プラン規模の大きさは、かつてのマーシャル・プランの被援助国のうち12カ国が、1960年代から1970年代にかけて、その大多数がアメリカの援助をわずかしか、またはまったく受けていなかったにもかかわらず、1946年から1981年までの期間におけるアメリカからの援助受領額で上位36カ国に入ったという事実に反映されている[81]。そして、1人当たりのベースでは、元マーシャル・プラン参加国のうち14カ国が依然として、戦後におけるアメリカか

79. Schelling, "American Foreign Assistance" および "American Aid and Economic Development."

80. 例外だった可能性があるのは、イスラエル、ヨルダン、ラオス、ベトナム、台湾、そして韓国である。30年間、1人当たり年平均200ドル近くの援助を受け取っているイスラエルは明らかに別格である。

81. 日本は第14位だが、マーシャル・プランの参加国ではなかった。

82. Schelling, *International Economics*, pp. 432-433.

らの援助受領額で上位41カ国に入っている。

マーシャル・プランはアメリカの援助において非常に大きな存在感を示してきたが、その規模自体は過小評価されてきた。第1に、マーシャル・プランによる援助は贈与ベースだった。一方、第三世界に対する援助では融資の割合の方が高かった。第2に、被援助国にとっては、マーシャル・プランによる援助の実際の価値は、当時のいびつな為替レートが示すより大きかった。シェリングは、1948年から1952年にかけての期間の為替レートが援助の市場価値を正しく反映していたら、マーシャル・プランによる援助の貢献は「ヨーロッパ自体の生産の3～4%ではなく、5～10%を占めることになっていたかもしれない」[82]と見積もっている。そして第3に、インフレ調整をすれば現在の標準から見たマーシャル・プランの規模はさらに大きく感じられるだろう。1人当たり20ドルというマーシャル・プランの援助水準は、大まかにいうと1980年のドル建てで1人当たり60ドルに相当する。

マーシャル・プランの概念が第三世界に対するアメリカの政策に取り入

表10.3　マーシャル・プラン参加国に対するアメリカによる援助、1948年～1952年

国	年間1人当たりの平均経済援助	年間1人当たりの平均軍事（a）および経済援助
オーストリア	$25	$27
ベルギーとルクセンブルグ	$16	$36
デンマーク	$16	$29
フランス	$16	$35
西ドイツ	$12	$15
ギリシャ	$24	$44
アイスランド	$72	$72
アイルランド	$12	$12
イタリア	$ 8	$13
オランダ	$25	$45
ノルウェー	$19	$50
ポルトガル	$ 2	$ 5
スウェーデン	$ 4	$ 4
イギリス	$16	$19
トルコ	$ 3	$ 9
合計	$13	$21

出典：U.S. Agency for International Development, ***U.S. Overseas Loans and Grants and Assistance from International Organizations***, 1982. 経済援助には輸出入銀行からの融資も含む。1950年の人口は以下より。U.S. Bureau of the Census, ***World Population 1979—Summary—Recent Demographic Estimates for the Countries and Regions of the World***（Washington, D.C.: G. P. O., 1980）.

（a）1978年以降の軍事援助の数字は、軍装備品と軍用品の当初取得価額を反映している。1978年以前、余剰軍装備品は当初取得価額の3分の1の価値があるとされていた。

れられたという考えは、せいぜい真実の一部にすぎず、誤解を招きかねない。第三世界の経済発展を促進することは、少なく見積もってもヨーロッパの戦後復興の5倍くらい困難であり、マーシャル・プランのアプローチを第三世界の発展促進に活用しようとすれば5倍の努力が必要である。これは、20年にわたって、インフレ調整を適切に行いながら年間1人当たり20ドルを給付することが必要になる。ところが、第三世界の大半の国に対するアメリカの1人当たり援助水準は、マーシャル・プランの約10分の1にとどまっている。マーシャル・プランのアプローチが第三世界の発展を促すのに効果があるかどうかは別として、マーシャル・プランと同様のアプローチが試みられたもののその成果は乏しいものだった、という見解は事実関係を無視したものである。こうした見立ては、経験豊かなアメリカの援助計画の管理担当者の発言によって裏付けられている。

> 先進工業国における存続可能な社会を再構築するという［マーシャル・プランの］経験は、多くの意味で発展途上国にも関係がある。一般的に、これらの国の進歩が遅い原因についての説明では、先進国とは条件が違い不利であることが強調されることが多い。ときには、マーシャル・プランの考え方と手法を、すぐには答えの出ない貧しい国々における問題に対して無批判に適用するから失敗するのだ、という意見もある。後者の意見は立証するのが難しく、実際これと正反対の状況が真実に近いかもしれない。アメリカは困難な問題やさまざまな状況に気をとられすぎていて、最小限の結果しか期待できないと思い込んでしまった。そのために、ヨーロッパでやったような積極的に問題にぶつかっていく姿勢をためらってしまった。このアメリカの思い込みこそが、見栄えのしない結果を導いたのである[83]。

2. 1950年以降の第三世界の経済成長率は、期待よりも低かった。

「対外援助に対する意気喪失は1960年代に決定的になった。経済発展は

---

83. Kaplan, *The Challenge of Foreign Aid*, pp. 122-123. アメリカの対インド援助とマーシャル・プランを対比した考察については、以下参照。 Robert C. Johansen, *The National Interest and the Human Interest*（Princeton: Princeton University Press, 1980), pp. 126-195. 対照的な研究として、アメリカの「莫大な」対インド援助の失敗に関する以下と比較のこと。Bienen and Gilpin, "An Evaluation of the Use of Economic Sanctions to Promote Foreign Policy Objectives, with Special Reference to the Problem of Terrorism and the Promotion of Human Rights," p. V,4.

依然として不振である」とチャールズ・キンドルバーガーは指摘する。ロバート・W・タッカーは「1950年代と1960年代初頭に自信を持って発表された成長戦略と見通しの結末に対する、ほぼ絶望に近い落胆」に言及する。また、パケナムは「経済発展は大半の人が期待していたよりも鈍かった」という事実を、対外援助の効果が限定的であったことの証拠としている[84]。

ここで引用してきたのは、1950年代と1960年代にかけて見られた、過度に楽観的とされる期待が漠然と言及された代表的な事例である。こうした主張が具体的な引用によって裏付けられることはまずない。それもそのはず、裏付けとなる証拠はなかなか見つからないのである。実際には、1950年代と1960年代における経済開発の研究は、ほぼすべて、第三世界の経済成長に関して過度に悲観的であった。1955年、W・アーサー・ルイスは「総生産量を毎年2%増加させることはいわば離れ業である」と指摘している。「アメリカが1870年から1930年の間に成し遂げたのは、総生産量を毎年4%増加させたことだけだ」とするルイスは、「鉄のカーテンのこちら側の発展途上国が、毎年2～3%の成長に必要な政策措置を採用する兆しはまったく見られない」という事実を嘆く[85]。The Twentieth Century Fund（20世紀基金）が発表した研究は、総生産量の成長率が継続的に「年間3%から5%という高さであることは驚くに値しないだろう」と、わずかながら楽観的な見方をしているが、そのような成長が人口増加によって相殺される度合いについては「やや悲観的」である[86]。また、マックス・F・ミリカンとW・W・ロストウは、「最適な条件が整っていれば、発展の初期段階にある国が達成できる物的生産量の最大成長率は年間で3～5%であろう」としている[87]。しかし、これらの見通しは発展途上国の経済発展に関して過度に悲観的であることが証明されている。1960年代初頭に発表された研究も、これらの国々が1960年代と1970年代に実

84. Kindleberger, "U.S. Foreign Economic Policy," p. 410；Tucker, *Inequality of Nations*, p. 53 と p. 162；および Packenham, *Liberal America and Third World*, p. 8.

85. W. Arthur Lewis, *The Theory of Economic Growth*（Homewood, Ill.: Richard P. Irwin, 1955), pp. 314-315.

86. Norman S. Buchanan and Howard S. Ellis, *Approaches to Economic Development*（New York: Twentieth Century Fund, 1955), pp. 115-116.

87. Max F. Millikan and W. W. Rostow, *A Proposal: Key to an Effective Foreign Policy*（New York: Harper, 1957), pp. 20-21.

際に達成した成長率を過小評価した[88]。世界銀行が助成した1977年の研究では、「発展途上国全体における1人当たりの国民総生産は、1950年から1975年の間、平均して1年に3～4%成長している……これは発展途上国……または先進国が1950年以前にいかなる期間で記録した成長率よりも高かったうえに、公式目標や民間の期待も上回っていた」と結論している[89]。

成長率はもっと高かった可能性があるし、そうなるはずだった。援助の分配は公正ではなく、多くの問題が未解決のままだった。しかし、成長率が1950年代と1960年代初頭に立てられた予測には届かなかったという主張は何ら事実に基づくものではない。戦後の世界において、第三世界の成長率は「失望させられる」水準だったとの主張を繰り返しても、対外援助が機能しないことの証明にはならない。第三世界の経済成長は、援助によるものだったかもしれないし、そうでないかもしれないが、高い成長率が実現したことを否定するのは難しい。

3. アメリカの外交政策において第三世界の発展を促進するための主な手段は対外援助であった[90]。

アメリカの対外援助計画は目立つものだったため、第三世界の発展を促進するうえで他のステイトクラフトの技法よりも重要だという誤った印象を与えた可能性がある。経済開発に関するアメリカの基本的なアプローチは、第二次大戦終了以来、驚くほど安定し、一貫している[91]。この期間を通じてアメリカの政策の根幹をなしていたのは、以下に挙げる3つの原則

---

88. 例えばPaul Rosenstein-Rodan, "International Aid for Underdeveloped Countries," *Review of Economics and Statistics 43*（May 1961）：107-138；およびHollis Chenery and Alan Strout, "Foreign Assistance and Economic Development," *American Economic Review 56*（September 1966）：679-733.

89. David Morawetz, *Twenty-Five Years of Economic Development, 1950 to 1975*（Baltimore: Johns Hopkins Press, 1977）, p. 12. 次も参照のこと。Ian M. D. Little, *Economic Development: Theory, Policy, and International Relations*（New York: Basic Books, 1982）, pp. 108, 120, 210, 269- 282；International Bank for Reconstruction and Development, *World Development Report, 1982*（New York: Oxford University Press, 1982）；およびHerman Kahn, *World Economic Development, 1979 and Beyond*（Boulder, Colo.: Westview, 1979）.

90. 以下と比較のこと。Cohen, *American Foreign Economic Policy*, p. 32；およびPackenham, *Liberal America and Third World*, p. 318。パケナムのもっぱらの関心は政治的発展の目標だが、経済発展目標はそこに到達する過程における目標であると説明している。

91. ここでの論考は筆者のさらに詳細で証拠文献も多く揃えた研究、*Economic Development and American Foreign Policy*に基づいている。

だ。第1の原則：自助にゆだねることが経済成長を促進するための基本である。アメリカの政策立案者は、経済発展は何よりも国内での努力が重要なのであり、外部者からの支援はそのような努力を補うに過ぎない、と何度も強調してきた。アメリカの政策には、発展は国内で生まれるものであり外部から押し付けられるものではないという信念が明確にあるいは暗黙のうちに反映されている。第2の原則：自由貿易は発展を促進する。国際貿易は、部分的に生産要素（訳注：土地、労働、資本を含めた財とサービスの生産に用いられる資源）の移動を代替するため、貧しい国々は自由貿易システムに参加すれば外部資本導入の必要がより少なくなる。アメリカは第三世界から貿易上の優遇措置を要求され、これを消極的な姿勢で受け入れたが、自由貿易が貧しい国々の「成長の原動力」となることについての基本的信念は変わっていない。第3の原則：国内の努力と自由貿易だけでは発展の刺激剤として十分ではない場合にのみ、発展途上国は海外からの公的資本ではなく民間資本に頼るべきである。したがって、外国政府からの支援はその重要性が二次的なものであるだけでなく、最も重要な民間投資を補完するに過ぎない。この観点からすると、第三世界の発展を促進する手段としては対外援助は三次的手段に過ぎないと思われる。たとえ対外援助を提供するとしても、アメリカの政策には常に、援助総額を民間外国資本の移動と比較して少額になるように保ちつつ、可能な限り競合を避けようという意向が反映されてきた。

アメリカの総合的外交政策と対外援助の整合性を理解することは、ステイトクラフトとしての援助の有効性を判断するうえで極めて重要である。ただ、援助の効果を評価する前に、まずそれが何を達成するための援助なのかを知っておかねばならない。「アメリカ政府が第三世界の経済開発に援助計画を通じて及ぼした影響力はおそらく、ほとんどの事例において最小限のレベルであった」というパケナムの所見は、少なくとも彼の議論の文脈においては、対外援助について評価が悲観的であったように見える[92]。しかし、アメリカには援助によって貧しい国々の経済発展を促進するうえで最低限の役割以上のことを果たすつもりがまったくなかったとしたら、パケナムは対外援助という手段の有効性を明確にしているようにも見える。影響力行使の効果を判断するにあたって、政策立案者がおよそどのようなことを目標としていたのかをしっかり問うべきではなかろうか。

---

92. Packenham, *Liberal America and Third World*, p. 182.

もし影響を最低限のものにとどめることだけが目標であったのであれば、結果の評価は影響力行使に適した観点から行わなければならない。

4. アメリカの政策立案者は、対外援助の有効性や第三世界の開発促進のたやすさについての認識が甘い。

権力の分立と民主主義というアメリカの政治体制は、政策立案者が提案する政策の潜在的な便益を誇張し、潜在的な負担コストを少なく見せようとする誘因を与えている。よって、政策立案者がある特定の政策を本当はどう評価しているのかを正確に把握するためには、政治的レトリックはある程度割り引いて考えるべきだ。便益を強調し、負担コストを少なく見せるよう仕向けるさまざまな誘因の中でも、アメリカの外交政策立案者は、対外援助から得られる可能性のある便益について述べるときは驚くほど控えめであり、コストの評価については驚くほど正直である。そんな率直さにもかかわらず、彼らはしばしば、あとから見れば認識が甘かった、と簡単にわかるような前提で仕事を進めていたとして非難されてきた。

認識の甘さについて、最も体系的な主張を展開するのがパケナムで、彼は、経済発展をいかに速く、たやすく達成できるかと大げさに語り、経済発展で見込まれる望ましい政治的効果を誇張しているとして、政策立案者を非難している。実際、パケナムの議論の大部分は、政策立案者が「アメリカの自由主義の伝統」に起源を持つ「変化と発展は簡単である」という前提を受け入れていた、という意見の妥当性に疑問を呈している[93]。

一部の論者の主張に関しては、援助についての特定の純粋な信念が政策立案者のものなのか、それとも対外援助に関するより一般的な「学派」の考え方なのかを判断するのが難しい。例えばエドワード・C・バンフィールドは、「民主主義と平和」が経済の急速な発展のあとに「自動的に」生まれてくるものだとする「理論」は広く受け入れられていると主張する。彼はまた、「アメリカの援助理論は確かに開発の過程における技術支援と

---

93. 脚注 92 と同、pp. 3-123, 174-183.

外国資本の重要性を強調した」としている[94]。ジョージ・リスカもバンフィールドと同様、「対外援助、経済発展、何らかの政治秩序・経済秩序・国際秩序との間に必然的に連結が存在することを主張する人々」を批判している[95]。

これらの批判で特徴的なのは、裏付けとなる具体例がほとんど引用されておらず、「広く受け入れられている理論」、「学派」、不特定の人物が漠然と取り上げられている点である。政策立案者（および政策顧問）の発言や援助失敗の証拠に関する歴史的記録の調査には価値がある。

援助計画を含む戦後のアメリカの外交政策において、最重要とは言わないまでも、最も重要な目標の一つは、共産主義政権、特にソ連の影響力拡大を抑制することであった。共産主義の影響圏が1950年以来めざましく拡大したとすれば、これは対外援助失敗の大きな証拠となるだろう。1973年、パケナムはこう認めている。「援助計画の政治的な目標のなかで、第三世界において確実に実現されたのが反共主義であった」[96]。この目標の重要性を考えれば、こうしたパケナムの認識には大きな意味がある。1973年以来、状況は変化しただろうか。「共産主義の影響」という表現を最大に広く解釈したとしても、共産圏の広さにそれほどの変化はない。東ヨーロッパ、中国、モンゴル、そして北朝鮮の他、キューバ、ベトナム、アンゴラ、モザンビーク、南イエメン、エチオピア、アフガニスタン、ベナン、コンゴ、マダガスカル、ギアナ、そしてニカラグアなどの国々を加えても、「共産主義」国家の住民人口は、世界人口全体に対して、1950年の33%から1979年の39%に増えただけである。国際連合総会で投票権を持

94. Banfield, *American Aid Doctrines*, pp. 4-5, 11. バンフィールドは「最も発展の遅れた国においてのみ、どちらの種類の援助も決定的な、あるいは重要な違いを生み出すことができる」(p. 11)と付け加えている。これは、有効性について判断するときは、提供された援助の総量に関連づけることが大切だということを示している。援助の大きさに制限がないのなら、バンフィールドの意見は確かに間違いだ。バンフィールドは「もし文化的条件が発展に有利に働かないのなら、どんなに大きな援助も発展をもたらすことはない」と述べ、これをはっきりと否定している。バンフィールドはキューバとハイチが「莫大な技術支援と外国資本を受けていたにもかかわらず発展しなかった」と指摘する。文化的条件と発展に関するこの意見は、自明の理か嘘のどちらかである。ハイチは他国に比べて多額の援助を受けていたが、その援助水準を100倍(1000倍か）にしても発展水準は劇的に上昇しなかった、と結論する証拠はどこにもない。バンフィールドのキューバに関する言及は不可解である。彼が執筆していた当時は、キューバは比較的少額の援助を受けており、1人当たりの国民総生産はラテンアメリカで第4位であった(Rosenstein-Rodan, "International Aid for Underdeveloped Countries," p. 126)。

95. Liska, *The New Statecraft*, p. 6.

96. Packenham, *Liberal America and Third World*, p. 16. および pp. 183-184.

つ「共産主義」国家は、1950年の23％から1979年の17％に減少している[97]。必ずしもこれが対外援助――あるいはアメリカによるその他のステイトクラフトの技法――の成果であるとは言えないが、共産主義封じ込めが失敗したとするような証拠はなさそうだ。

アジア、ラテンアメリカ、そしてアフリカにおける経済発展促進の目標についても、同様の結論が支持されている。前述のように、1950年から1980年までの間の発展途上国における経済成長率は、国民総生産と1人当たり国民総生産の両方で1950年代と1960年代に関する大方の予想と見通しを上回っている。今まで、これほど急速で大きな経済成長を経験した人々はそうはいない。どのような合理的基準をもってしても、この成長はめざましいものだと判断されるはずである。援助があった「にもかかわらず」成長が見られたと説明する者もいれば、援助の「おかげで」成長が見られたという者もいる[98]。しかしどちらにしても、援助が経済発展を引き起こすのに「失敗した」とする論拠は、歴史的記録には存在しない。

アメリカの政策立案者には、経済発展など簡単なものであるとし、対外援助の効率性については誇張して喧伝し、民主主義と平和は経済急成長のあとの自然な成り行きであるとみなすような傾向があるのだろうか。もしそれが正しいとしても、その証拠を公的記録から見つけ出すのは難しい。ルーズベルト大統領は1945年の時点ですでに、経済発展は国内問題であるとはっきり表明している。ルーズベルトは「復興の主な仕事は救済ではない」と強調する。「それは一種の再建であり、主に地元の住民と政府によってなされるべきである。彼らが雇用、地元の資金、そして物資の大半を提供するのだ。世界のなかでも経済的に立ち遅れている地域の発展に不可欠な輸送機関、農業、工業、そして住宅の改善など、数多い計画のすべ

---

97. ソ連の3票を含む（訳注：ソ連、白ロシアおよびウクライナ）。「対外援助は本来政治的目的のために計画されていたが、その多くを達成していない」というK・J・ホルスティの主張は不可解である。彼は「冷戦時代の初期は、援助が同盟国を『買う』ことができる、または少なくとも敵側に回らないようつなぎ留めておくことができると多くの人が考えていた」と述べている（*International Politics*, 4th ed., pp. 237-238）。筆者は、援助で同盟を「買う」ことができると話す政策立案者を見たことはない。証拠によれば、被援助国が「敵側」についた例はそう多くない。

98. 援助と成長の因果関係について再考するには、以下参照。Michael Lipton, "Aid Allocation When Aid Is Inadequate: Problems of the Non-Implementation of the Pearson Report," in *Foreign Resources and Economic Development*, ed. T. J. Byres (London: Frank Cass, 1972), pp. 155-18.

てに同じことが言える」[99]。1949年、国務長官のディーン・アチソンは「物質的な豊かさは民主主義が繁栄する保証にはならない」と力説し、「公的資金による融資は……民間資本による取り組みの補完的存在にしかならない」と指摘した[100]。1950年、大統領への報告書にはこのような警告が見られる。「途上国の発展を促進するプロセスは先進国に対する復興支援より複雑で進み方が遅い。たとえ外部からの支援があったとしても、発展促進を阻む障害は極めて大きい」[101]。1951年にも同様の報告書が提出され、低開発地域の問題は「本当に驚くばかりである」と説明している[102]。1953年、国務省当局者の1人は、「アメリカが直接あるいは間接的に援助するすべての国家が、アメリカ型の政治や経済を導入するか、国連やその他の場においてアメリカに同調するという点での100%の成功を期待する」のは「かなり非現実的」であろうと述べ、「最高の手段をもってしても、これらの地域がいつもアメリカ側に立つよう保証することはできない」と指摘している[103]。1957年、アイゼンハワー大統領は「経済的豊かさと確かな政治的成長の間に厳密な意味での関係性の存在を見たことがない」と述べた[104]。また同年、国務長官ダレスはアメリカによる援助は「どの国においても、発展に向けたその国自体の努力に加えられるわずかな助力でしかない」と主張した[105]。1957年の大統領への報告書にはこうある。「経済の発展が万能薬であるという幻想など抱いてはいない。それどころか、経済発展の過程にある国では、経済成長が多くの問題を生み出すであろうということをわれわれは知っている」[106]。そして、同年提出さ

---

99. Baldwin, *Economic Development and American Foreign Policy: 1943-62*, p. 16で引用。
100. "Waging Peace in the Americas," *Department of State Bulletin*, September 26, 1949, pp. 464-465. 次も参照のこと。Baldwin, *Economic Development and American Foreign Policy: 1943-62*, p. 76.
101. Gordon Gray, *Report to the President on Foreign Economic Policies* (Washington, D.C.: G. P. O., 1950), pp. 12, 57.
102. International Development Advisory Board, *Partners in Progress*, A Report to the President, March 1951, pp. 63-64.
103. Robert E. Asher, "The Economics of U.S. Foreign Policy," *Department of State Bulletin*, July 6, 1953, p. 8. 次も参照のこと。Baldwin, *Economic Development and American Foreign Policy: 1943-62*, pp. 73-74.
104. Baldwin, *Economic Development and American Foreign Policy: 1943-62*, p. 118から引用。
105. 同、pp. 119-120から引用。
106. *International Development Advisory Board*, A New Emphasis on Economic Development Abroad: A Report to the President of the United States on Ways, *Means and Reasons for U.S. Assistance to International Development*, March 1957, p. 8.

れた対外援助計画研究のための上院特別委員会報告書では、「世界各地で短期あるいは長期にわたる発展に影響力を及ぼそうとして対外援助を利用することには厳しい制約がある」という意見が述べられている[107]。1959年、一般に「ドレイパー報告書」（訳注：ドレイパー委員会は、アメリカの軍事援助計画を研究するための大統領委員会。1958年設立）として知られる大統領への報告書では、「アメリカにとって、さまざまな経済支援計画の管理と、これらの計画が外交政策の目的に合致しているかどうかを確認する業務ほど行政において困難なものはない」[108]と指摘されている。アイゼンハワー大統領は最後の一般教書演説において、この状況について以下のような分析をしている。

もちろん、新興国が自由のなかで発展するためには、単に外国から財政支援を受け取るかどうかが問題なのではない、ということにわれわれ全員が気付かなければならない。その過程において不可欠な要素とは、これらの国々自体の、持続的発展に欠かせない国家の規律を実践しようという強く揺るぎない決意だ。強い決意はとりわけ重要である。なぜなら、変革は一夜にして起きるものではなく、徐々に、しかも手間がかかるものだからだ。さらに、発展の過程は短期的現象ではないということも心得ておくべきだ。最も好条件下にある国においてさえ、何年もの歳月が必要である[109]。

経済成長の難しさに関する大統領の演説の１カ月後、国務省報道官が経済成長と政治的発展の関係性について以下のように述べている。

人間にとって経済成長は何を意味するのかを理解するためには、そして人類に及び得る貧困と病気の過酷さを十分理解するためには、特殊な想像力も同情心も必要ない。しかし経済成長と政治的発展の関係性はそれほど直接的でも明白でもない。政治的発展にはそれ自体の勢いがある。そして、われわれの援助が大規模であり貿易が自由だからというだけで

---

107. U.S. Senate, Special Committee to Study the Foreign Aid Program, *Foreign Aid*, report no. 300, 85th Cong., 1st sess., 1957, p. 9.

108. *Composite Report of the President's Committee to Study the United States Military Assistance Program*, vol. 1, August 17, 1959, p. 98.

109. 以下に転載された「一般教書演説」。*Department of State Bulletin*, January 25, 1960, p. 113.

すべてがうまくいくと信じること、あるいは発展途上国の人々の年収が2%、4%、または6%増加したからというだけで、彼らが民主的な政府を確立・維持し国際法を遵守すると信じるのは、過度に楽観的である。経済成長と政治的発展の関係性はそれほど単純ではない[110]。

ケネディ政権の報道官たちもまた、発展プロセスの複雑性と援助に期待される役割の限界を指摘している。ケネディ政権のなかでもとりわけ「認識が甘い」としばしば評されるチェスター・ボウルズも、「国家の建設は否応なく多大な時間と労力を必要とするのであり、劇的な変化を短期で得ることは不可能だ」とし、「10年の経験から、経済発展と社会発展は必然的に結びついていること、その両方があまりに複雑であり、またわれわれのコントロールが及ばない固有の要素が結果を大きく左右することを知るに至った」と述べる。ボウルズは政治的発展が自動的に経済発展に続くという図式は決して用いず、「経済成長それ自体」が自由、独立、安定、平和、あるいは幸福という性質を有する社会を実現するという考えをはっきりと否定している[111]。また国務長官のディーン・ラスクは、経済発展は基本的に国内の努力と相関関係にある、と強調し、「われわれが提供できる援助は、必要な国の努力全体のうちに占めるごくわずかな部分でしかない」と言う[112]。

上記の諸例は歴史的記録ではないし、これらと矛盾する例も存在するかもしれない。しかしアメリカの高官たちの認識が甘いと非難する人々はめったに具体例を挙げない。経済発展は容易だ、対外援助は多大なインパクトをもたらすと期待できる、あるいは経済成長の結果として安定した民主的で平和な社会が必ずもたらされることになる、というようなことをアメリカの外交政策立案者がはっきり公言した例を、筆者は今まで一度も耳にしたことがない。そのような証言は存在するかもしれないが、先に引用した例は、多大な困難と援助に限られた影響力しかないこと、そして経済成長が政治にもたらす影響の不確実性を強調することがより通例であることを示している。興味深いことに、この証拠はパケナムが1962年から

110. Edwin M. Martin, "Aspects of U.S. Foreign Economic Policy," *Department of State Bulletin*, February 22, 1960, p. 341.

111. Chester Bowles, "Basic Principles of Foreign Aid," *Department of State Bulletin*, August 6, 1962, pp. 207-209.

112. Dean Rusk, "The Foreign Aid Program for Fiscal Year 1963," *Department of State Bulletin*, April 23, 1962, p. 659.

1963年にかけて行った援助担当官に対する聞き取り調査の結果と一致する。パケナムによれば、担当官たちは「国際問題一般、とりわけ被援助国内での変化に関してはアメリカの影響力は小さいということを繰り返し強調している。経済発展をもたらすのは難しく、社会的・政治的発展を達成することはもっと難しいと語っている」[113]。この証言は、援助担当官たちは発展を容易だと信じているというパケナムの主張に疑念を投げかけそうなものだが、パケナムはこれを自分の主張を確認する証言だとみなす。なぜなら、援助担当官たちが途上国を発展させるのは難しいことを「学んだ」と述べたのは、それまでは簡単だと考えていたことを暗に認めることになるからである。パケナムは正しいのかもしれないが、いくつかの明確な証拠によって裏付けされていたら、彼の議論は説得力が増していただろう。パケナムはまた、発展を自助の問題とするアメリカの方針が彼の主張とは「矛盾している」と述べている。しかし、ここでも自助原則が多くのケースで破られている実態を訴え[114]、彼の主張に説得力を持たせようとしている。とはいえ、この解釈はアメリカの主要な政策である自助努力原則がもたらす主要な現象、すなわちアメリカの援助計画は問題の規模またはアメリカの援助提供能力に比して小規模になった、という点を軽視している[115]。

1950年代のミリカンとロストウの研究は、世間の注目を大いに集めたため、アメリカの援助理論を反映しているかのように扱われることがある[116]。パケナムはこの研究について、一連の「1956年と1957年に行われた援助計画に関する政府の委託による研究と調査報告書」のなかで「もしかすると最も知られ、そしておそらく最も影響力が大きい」研究であると説明している。そして、ミリカンとロストウは「援助が促進する……経済発展の結果、安定して民主的かつ効率的な政府がもたらされると大胆に予測している」[117]と断言する。パケナムはこの主張を裏付ける特定の文章

113. Packenham, *Liberal America and Third World*, p. 120. 次も参照のこと。Packenham, "Political-Development Doctrines in the American Foreign Aid Program," *World Politics 18*（January 1966）：227-229.

114. Packenham, *Liberal America and Third World*, p. 122.

115. この点については、以下参照。Baldwin, *Economic Development and American Foreign Policy: 1943-62*, pp. 16-24, 75-85, 119-134, 192-207, 247-250.

116. 以下参照。Ohlin, *Foreign Aid Policies Reconsidered*, p. 18.

117. Packenham, *Liberal America and Third World*, pp. 56-57.

を引用しておらず、報告書のどのバージョンを参照しているのかも明らかではない[118]。いずれにせよ、筆者はパケナムの主張を裏付ける文章をどの報告書にも見つけられなかった。しかし、いくつかの文章においては、発展は容易であり、発展が政治的効果をもたらすことは当然または望ましい、という見解がはっきりと否定されている。以下の例について考えてみよう。

> もしわれわれが世界各地で安定した効率的で民主的な社会の発展を促進するために最大限の影響力を行使したいのであれば、この計画は整合性をもって用いられるべき多くの政策手段のうちの一つに過ぎない、ということは強調してもしすぎることはない……経済政策はそれ自体では望む結果を得ることはできないだろう[119]。

> これらの成果はいずれも、援助または生産力の増加が自動的にもたらした帰結ではない。また、どの成果も必ずしも安定性と共にもたらされているわけではない。政治的・社会的変化にはどうしても混乱がつきものである。……［われわれの］影響力には限界があり、成功に至るかどうかは極めて不確かである[120]。

> 本報告書で想定している経済援助計画の主な目標は、経済力向上の見通しを持続させることで自由な民主主義体制を維持・強化することである。所得水準が非常に低い場合、生活水準の向上に伴い、それまで必要最低限の生活水準で暮らしていたために政治的動乱を起こすエネルギー

---

118. パケナムは、政府が委託したMIT国際問題研究センターの研究について述べているのだが、引用しているのはミリカンとロストウの *A Proposal*（提言）だけであり、これを「MITの研究の改訂版である」としている（*Liberal America and Third World*, p. 57n）。実際にはその反対だ。両報告書はともに1957年に発表されたが、*A Proposal* の序文は1956年8月27日付となっている。一方、政府とMITの契約は1956年10月になってから結ばれた。ほとんどの「改訂版」にいえることだが、MITの研究は、広く引用されることの多い最初のバージョンより専門的で厳密な議論が展開されている。マサチューセッツ工科大学国際問題研究センターが、第85議会、第1会期、対外援助計画研究特別委員会のもとで作成した以下を参照のこと。"The Objectives of United States Economic Assistance Programs," *Foreign Aid Program: Compilation of Studies and Surveys* 1957, Senate Doc. No. 52, pp. 1-73（以降、*MIT Study* と表記）。
119. Millikan and Rostow, *A Proposal*, p. 7.
120. *MIT Study*, p. 23.

を持たなかった国民が政治的な混乱を引き起こす可能性があるという事実は広く一般的に認められている。生活水準の向上が始まったばかりの段階では、さらなる改善への欲求が発生し、それがすぐにかなえられないとして混乱が生じるということも、状況によっては事実である。最終的には、経済発展を妨げる社会的・政治的組織が、社会の情熱を効果的に活用する新しい体制の創設前に破壊されるかもしれない。このような事態が起こるとき、社会はとりわけナショナリスティックまたは共産主義的で扇動的な謳い文句に敏感に反応するようになる。したがって、生活水準の向上と自由主義体制の実現は、必ずしも相関関係にあるのではない[121]。

自立的な成長を育むことは、難しく複雑な作業である[122]。

パケナムは自身の見解はミリカンとロストウに依拠しているとするが、実際のミリカンとロストウの主張のなかでいちばん近いものは、「アメリカの支援の結果として経済が成長し、政治的に成熟して安定した民主的な社会をもたらすことになる可能性もある」という主張である[123]。文脈を抜きにしても、経済援助が安定した民主的社会をもたらすことができると言うのと、そのような結果を「もたらすことになるだろう」と言うのとの間には大きな差がある。文脈によっては、この主張は他にもさまざまな意味にとることができる。この点が言及されているセクションでは、特に「経済発展の取り組みは制度や政策の効果が不透明な状況を前提とすれば、少し多めに食べられるようになったからといって安定して調和のとれた政治的発展を期待することはほとんどできない」[124]と指摘する。

あまり注目されてはいないが、MIT の議論全体は、提言の成否を左右するような以下の５つの必要条件によって適格性を与えられる[125]。

(1) アメリカは、援助計画が何年間も続けられるものであり、国際的あるいは国内の政治動向の変化に左右されない、ということを明白にしなければならない。

---

121. 同、p. 68.
122. 脚注 120 と同、p. 38.
123. 同、p. 20.
124. 同、pp. 20-21.
125. 同、p. 3. 以下と比較のこと。pp. 70-71.

解説：この文の核心は、援助が議会の1年単位の承認や予算計上に束縛されないでいられるかどうかという点である。ここは最も重要な部分であり、アイゼンハワー政権もケネディ政権もこの条件を満たそうとして失敗に終わった経験を持つ。

(2) 援助計画が有効であるためには、発展途上国が自立的に成長し始めるきっかけを与えるのに十分な追加資源をいつでも供給できる用意を整えておかなければならない。

解説：これはアメリカの援助水準の大幅な引き上げを示唆していた。何をもって大幅引き上げとするかにはついては、もちろんさまざまな意見があるだろう。しかし実際のところ、1957年以来、国民総生産に占める比率から見た援助水準は低下しており、援助の絶対的な増加量も小さい。

(3) 援助計画は経済成長の促進に特化すべきであり、その他の周辺的な目標に役立てようとすべきではない。

解説：経済援助の配分の決定プロセスにおいて政治的要素や軍事的要素を考慮すべきではないというこの提言は、形式的には採用されたが実際に実行はされなかった。アメリカの援助配分では引き続き短期的には軍事的および政治的な要素が考慮されていた。

(4) 国際協力によって途上国向けの援助を行えば効果が高まるだろう。

解説：この提言は、アメリカの援助が国際機関を通して、おそらくソ連も参加する中で行われるということを指している。しかしアメリカの援助の大部分は、引き続き2国間で行われていた。

(5) 本報告書に述べられている発展支援の正当性の論拠は、自由世界側の発展途上国の1カ国でも当てはまるなら、すべての国に当てはまることになる[126]。

解説：被援助国を政治的あるいは軍事的な観点で区別しないという発想は、アメリカの外交政策立案者には好意的には受け止められず、ほとんど実践されてこなかった。

要するに、MITのアプローチにより成功を導くための5つの必要条件は、どれ一つとしてアメリカの政策のなかでは本格的に取り入れられることはなかったのである。後になってアメリカの対外援助政策の問題をMITの研究に帰するのは適当ではない。

---

126. 最初の4つの条件は3ページからの引用だが、この条件は71ページでより明確に説明されている。

変化と発展は容易であるという考えをはっきり否定するアメリカの政策立案者の発言例を示していくと、パケナムの一連の主張に対する疑問を招くことにもなるかもしれない。しかし、これはパケナムの立場への直接的な反証にはならない。というのも、パケナムの主張によれば、こうした考えはアメリカの援助政策の根底にある暗黙の前提だったからだ。もちろん、政策立案者が一定の前提を根拠としながら、他方で別の前提に基づいた行動を取るのはあり得ることだ。パケナムがアメリカの政策立案者の考えとみなす前提が、実際に立案された政策と一致するとすれば、彼の主張は大いに説得力を持ったことだろう。しかし、もし同程度にもっともらしい前提がほかにあったことが判明すれば、その説得力は減少することになるだろう。以下に挙げる前提は、パケナムの提案する前提と同じくらい妥当性があり、現実のアメリカの政策との一貫性を有し、彼の提案する前提よりも政策立案者の発信した内容との一貫性も高い。

(1) 第三世界の出現は長期的には国際システムにおける重要な変化である。

解説：アメリカの政策立案者はこうした新たな潮流に十分注目していなかった、またはその正確な本質について予測しそこなった、と指摘できるかもしれないが、他方で第三世界の出現は短期的にも長期的にも重要な問題ではなかったという仮説は、政策立案者のものよりも甘い認識に基づいていたかもしれない。

(2) 第一印象が重要だ。独立後の初期段階にあったこれらの新興国へのアメリカの対応は、アメリカに関するイメージを形成した。この第一印象をあとから覆すのは難しいだろう。

解説：イメージの重要性を軽視する者には、この考えはあまりにもナイーブだと思えるだろう。アメリカは、第三世界の問題には無関心というイメージ、または軍事力だけが大事だと信じている国というイメージを作り出したほうが良かったのだろうか。

(3) ほとんどの第三世界諸国において、長期的には現状維持は成立し得ない。

解説：アメリカの外交政策立案者は、力強いナショナリズムの流れと、その名にふさわしい「期待の高まりによる革命」（訳注：短期の所得水準上昇の実現を受けて次世代はさらに生活水準が向上するよう期待を持つこと）の結果として、第三世界では社会的混乱と政治的変化が高い確率で起こるだろうと繰り返し述べている。1950 年代から 1960 年代初期にかけてのアメリカの対外援助政策が依拠していたのは、必然的に混乱を引き起こす援助をアメリカが控えれば現状は維持できたであろうという単純な仮想ではなく、むしろアメリカが何をしようと変化を求める強い力が第三世界の社会的・政治的秩序を作り変えるという現実的な仮定だった。

(4) 経済的変化と政治的変化は関連している。

解説：もちろん、政治的秩序と経済的秩序の関係性を正確に理解しているという主張は思い上がりなのだろうが、アメリカの政策立案者がそのような発言を行うことはあったとしても極めて稀であった。この曖昧で大まかな前提がいかに不満を抱かせるものであろうと、政治と経済の間に相互関係はほとんど、あるいは全くないとするような非現実的な仮定よりはましであることは確かだ。

(5) 国際情勢の根本的な変化は、さまざまなステイトクラフトの技法の有用性に影響を与える。

解説：第二次大戦後、軍事力も外交も依然として重要なステイトクラフトの手法であり続けている。しかし、これらだけでは十分ではなかったことがますます明白になっている。軍事テクノロジーの変革、なかでも核兵器の開発——これだけではないが——がミリタリー・ステイトクラフトのリスクを増やしている。通信・運輸テクノロジーの変革によって、異なる社会の間での交流が増加し、それまで気にしていなかった人々にとっても生活水準の格差が歴然とわかるようになってきた。非植民地化のプロセスは、アジアとアフリカにおいて物質的豊かさを急速に改善する欲求を高めることになった。政治プロセスへの大衆の参加は、秘密外交協定が17世紀や18世紀ほどは有用でなくなったことを意味している。こうした変化によって、国際政治の経済的そして心理的な側面の重要性が高まり、エコノミック・ステイトクラフトとプロパガンダへの依存度も高まった。大変革をはらんだ世界において、単純で非現実的なアプローチとは、このような変化がステイトクラフトに何の影響も与えず、外交と軍事力だけがすべての問題解決において頼れる方法であると信ずることであっただろう[127]。

後になってみればよくわかるのだが、先見の明がなかったからといって、あるいは状況の変化にもっと早く気づかなかったからといって、政策立案者を非難するのはあまりに簡単だ。しかし、政策立案者が正当化しがたいアプローチを却下した際には、これを評価することも大切である。第三世界の出現、貧しい国々における変化と安定の見通し、そしてこれらの

127. 1950年代と1960年代におけるアメリカの援助政策の根底にある前提に関するより深い考察については、以下参照。Baldwin, *Economic Development and American Foreign Policy.*

問題に取り組むためのステイトクラフトのさまざまな手段の有用性に関し、アメリカの政策立案者が実務的な仮説の改善に努めてきたことに疑いはない。しかし、ぜひとも記憶に残してほしいのは、彼らの仮説がもっと非現実的だった可能性もあったということだ。戦後の国際情勢において発生したおびただしい数の革命的な変化に鑑みると、驚くべきなのはアメリカの政策立案者の認識の甘さではなく、彼らがいかにこれらの変化の多くを認識し、対応してきたかということだ。いずれにせよ、1950 年代と 1960 年代のアメリカの対外援助政策を説明するうえで、政策立案者が変化と発展は容易であると信じていたと言い張る必要はない。

第11章
エコノミック・ステイトクラフトの合法性と道徳性

権力政治の結果としての無政府状態から免れようとする意志と、人間社会における政治と呼ばれる領域から権力を葬り去ろうという夢は、まったく別の話だ。権力のコントロールとは、法によるか、道徳によるかは別として、人間の行動能力をコントロールすることではあるが、倫理のコントロールと同じく、権力そのものは、行動を起こす者とその影響を受ける者との倫理的信念の重要な部分を構成しているのと同様に、パワーの一つの機能である。（中略）

［われわれは］古い慣わしに抗うべきだ。古い慣わしとは、世界的な安全保障機関の憲章が起草されれば、その是非はともかく、権力行使は消滅させることができるという、われわれの時代の幻想をモデルに作られた仮定のことだ。哲学的に言えば、権力の概念は倫理的に中立であり、社会の団結の基本原則としてどんな社会にも存在し続けるのである[1]。

クラウス・クノールによると「国が市場独占により暴利をむさぼることを禁止する国際的な規範は存在しない。同様に、他の経済的パワーの行使を禁じる規範も存在しない」[2]。しかし、誰もがこの意見に同意するわけではない。どの規範がどのタイプのエコノミック・ステイトクラフトにとって適切なのかという疑問は、第二次世界大戦以降、長く国際社会で議論されてきた。対外援助の付帯条件は、被援助国への違法な、あるいは不道徳な介入にあたるのだろうか。相手国に介入することなく援助を行うことは可能だろうか。富裕国から貧困国への援助は道徳的義務なのだろうか。アラブ産油国の石油禁輸は合法的だったのか。アメリカがキューバの砂糖価格の調整に向けた補助金を停止したのは「経済的侵略行為」だったのだろうか。合法的に、あるいは道徳性をもって他国に経済的圧力をかけることは可能なのだろうか。このような疑問はしばしば議論されてきたが、広く受け入れられる解答はいまだに出ていない。本章では、こうした疑問を解決するつもりはないが、法的規範と道徳的規範の観点でいくつかの課題を明確にしたい。

国際法とエコノミック・ステイトクラフト

エコノミック・ステイトクラフトの合法性を考察する場合、法とは何かという問題と、法はどうあるべきかという問題は区別することが望ましい。この2つの疑問については順を追って考察するつもりだ。

---

1. Julius Stone, *Aggression and World Order* (Berkeley: University of California Press, 1958), p. 105.
2. Knorr, *The Power of Nations*, p. 101.

法とは何か

ステイトクラフトの経済的手法に関する国際法は曖昧だ。伝統的な国際法は、貿易の制限を「独立国家の主権」の一つとして扱ってきた。そのため、条約義務が存在しないなか、各国は外交政策のさまざまな目標を追求するために貿易を自由に利用してきた[3]。国ごとの紛争の解決については、伝統的な国際法はステイトクラフトの手法を平和的な手段と非平和的（または強制的）手段に分けた。前者には交渉、調停、和解、仲裁、裁定が含まれ、後者には国交断絶、禁輸、ボイコット、「平時の封鎖」、戦争等の手段が含まれた[4]。伝統的な国際法では、合法的戦争状態の存在を確定することが非常に重要だったので、戦争そのものと禁輸やボイコットといった「戦争の一歩手前の手段」の明確な区別が図られた。しかし、「戦争の一歩手前の手段」の使用の基準となる法的原則を明確にする努力はあまり実を結ばなかった。そのような原則が国際関係に関する伝統的な法律や慣行において十分に認識されることも、しっかり確立することもなかったのである[5]。国連憲章においてステイトクラフトの手段として軍事力を使用することは法的に固く禁じられているため、戦後世界において、本格的な戦争状態はほぼ存在しないものとなった。このため、「戦争の一歩手前の手段」に関する明確なルールを考案するための論拠が事実上消し去られた。実際、国連憲章の観点に立つと、このカテゴリーはほぼ意味がないとも言える。国連憲章は、ほとんどの場合「武力」の使用を禁じ、「平和的手段」によって国際紛争を解決するよう奨励している。しかし、その中間の「戦争に至らない手段」にはまったく言及していない。そのため、「戦争の一

---

3. J. Dapray Muir, "The Boycott in International Law," in ***Economic Coercion and the New International Economic Order***, ed. Richard B. Lillich（Charlottesville, Va.: Michie, 1976）, pp. 22-23, 26；H. Lauterpacht, "Boycott in International Relations," ***British Yearbook of International Law*** 14（1933）：130；Clyde Eagleton, ***International Government***, rev. ed.（New York: Ronald Press, 1948）, pp. 90-91；Charles Cheney Hyde and Louis B. Wehle, "The Boycott in Foreign Affairs," ***American Journal of International Law*** 27（January 1933）：2, 4.
4. L. Oppenheim, ***International Law: A Treatise***, 7th ed., vol. 2, ed. H. Lauterpacht (London: Longmans, Green, 1952), pp. 3-176；Julius Stone, ***Legal Controls of International Conflict***（New York: Rinehart, 1954）, pp. 67-293；および Albert E. Hindmarsh, ***Force in Peace***（Cambridge, Mass.: Harvard University Press, 1933）.
5. Stone, ***Legal Controls of International Conflict***, p. 285；および Charles G. Fenwick, ***International Law***, 4th ed. (New York: Appleton-Century-Crofts, 1965), p. 634.

歩手前の手段」は「力による手段」であり、それゆえに武力行使禁止の原則の対象であるとみなす研究者もいる一方で、「平和的手段」なので国連憲章によって容認されると考える研究者もいる[6]。

1945年以降は、エコノミック・ステイトクラフトの法的地位に関する論争の時代と言える。一般的には2つの学派が存在する。一つは、ステイトクラフトの経済的手法の活用を抑制しようと（場合によっては禁止も）試みるグループ。もう一つは、ステイトクラフトの経済的手法を擁護するグループだ。前者はソ連や第三世界諸国が支持する傾向にあり、後者は西側諸国、特にアメリカとイギリスが支持する傾向にあった。他のことではほとんど意見がまとまらない論者たちも、法的な環境が不透明であることと、エコノミック・ステイトクラフトのうち許容されるものとされないものの境界線を引くことは非常に難しいと認めている[7]。以下の議論では、この2つの対立するアプローチについて国連憲章、米州機構憲章、関税及び貿易に関する一般協定（GATT）を参照しながら検証する。これらのアプローチの一方を「新しい」、「現代的」、「進歩的」、もう一方を「時代遅れ」、「伝統的」、「逆行的」と言い表すのは大いに誤解を招くものだ。現代の国際法はどうなっているか、その下でどうあるべきかが議論の主題なのだ。

どちらの学派も、国連が経済制裁を許可する可能性があるという点では見解が一致している。国連憲章第41条において、安全保障理事会が取り

---

6. 具体例は、以下参照。Charles de Visscher, *Theory and Reality in Public International Law*, trans P. E. Corbett（Princeton: Princeton University Press, 1957）, p. 289；Stone, *Legal Controls of International Conflict*, pp. 286-288；Fenwick, *International Law*, p. 634；McDougal and Feliciano, *Law and Minimum World Public Order*, pp. 142-143； および Wolfgang Friedmann, *The Changing Structure of International Law*（New York: Columbia University Press, 1964）, pp. 253-274. 注目すべきは、大抵の場合、伝統的な国際法における「禁輸」は対象国に所属する船舶の強引な留置を指したことだ。そのような慣例は、ストーンが指摘するように「多かれ少なかれ過去の遺物」である。

7. 具体例は、以下参照。Paul A. Shneyer and Virginia Barta, "The Legality of the U.S. Economic Blockade Under International Law," *Case Western Reserve Journal of International Law* 13（Summer 1981）: 455；Werner Levi, *Law and Politics in the International Society*（Beverly Hills, Calif.: Sage, 1976）, p. 79；Lee C. Buchheit, "The Use of Nonviolent Coercion: A Study in Legality Under Article 2(4) of the Charter of the United Nations," in *Economic Coercion and the New International Economic Order*, ed. Richard B. Lillich（Charlottesville, Va.: Michie, 1976）, p. 67；James A. Boorman III, "Economic Coercion in International Law: The Arab Oil Weapon and the Ensuing Juridical Issues," in *Economic Coercion and the New International Economic Order*, pp. 280-281；および Georg Schwarzenberger, *Economic World Order?*（Dobbs Ferry, N. Y.: Oceana, 1970）, pp. 68-69.

得る手段の一つと明言されているためだ。これに関する彼らの意見対立の大半は、憲章上の侵略行為、武力、介入、平和的解決に関する条項が争点となっている。

・侵略行為

侵略行為の概念は軍事の文脈でとらえられることが一般的だが、定義を拡大して経済的手段による「間接的な」侵略をこれに含めようと主張する動きは常にあった[8]。その動きをリードしたのが、ソ連や第三世界諸国だ。その主張の主な根拠は、エコノミック・ステイトクラフトの威圧効果が軍事力によるものと同程度に強いから、というものだ。ある研究者はこう述べる。

> 本当の問題は、一国が他国に仕掛ける威圧の強さだ。通常、軍隊は最も強い威圧であり、武力による反撃を正当化できる唯一の形態である。一方、経済的威圧に代表される他のタイプの威圧も同様に強くなり得るし、それが法的根拠もなく適用された場合は侵略行為に等しい[9]。

侵略行為の概念の拡大に抵抗したのは、主に欧米諸国だった。それが国連憲章の解釈の曲解であるのみならず、武力の使用制限という主な目標から見ると「侵略行為の概念自体を曖昧にする」と主張したのである[10]。

「経済的侵略」問題は、1974年の国連総会決議によって侵略行為を「軍事力」使用と定義したために、少なくとも暫時は棚上げにされてきた[11]。当然ながら、この決議がアラブの石油禁輸と同じタイミングで行われたことは、ある種の皮肉と言うべきだろう。1970年代の大きな状況変化にもかかわらず、欧米諸国の政治家が「経済的侵略」の伝統的な概念に相も変わらずこだわるという大きな戦略的失敗を犯したとする論者も皆無ではな

8. 以下参照。Julius Stone, *Aggression and World Order*；*Conflict Through Consensus: United Nations Approaches to Aggression*（Baltimore: Johns Hopkins Press, 1977）, pp. 87-104；Boorman, "Economic Coercion in International Law," pp. 269-279； および Buchheit, "The Use of Nonviolent Coercion," pp. 58-61.

9. S. M. Schwebel, "Aggression, Intervention and Self-Defense in Modern International Law," *Recueil des Cours*（1972-II）, pp. 451-452. 次も参照のこと。McDougal and Feliciano, *Law and Minimum World Public Order*, pp. 194-202.

10. Stone, *Aggression and World Order*, p. 59.

11. 1974年12月14日、国際連合総会第29回総会、決議3314。「侵略の定義に関する決議」（A/9631）。

い[12]。

・武力

国連憲章第2条4項は、加盟国に対し、武力による威嚇又は武力の行使を「いかなる国の領土保全又は政治的独立に対するものも、また、国際連合の目的と両立しない他のいかなる方法によるものも」禁じている。この文脈の「武力（force)」は軍事力だけを指すのか、それともそれ以外のステイトクラフトの手法、例えば経済的手段も含むのだろうか。第2条4項には武力以外の措置が含まれるとする解釈は、2つの主張を根拠にしている。一つは、国連憲章は他の箇所で明白に「軍事力（armed force)」に言及しているので、第2条4項の「force」に「armed」の修飾語がないということは、非軍事の威圧も含むように意図していたという主張だ。この議論をやや控えめに展開すると、大抵「第2条4項の用語や歴史的背景を検証しても、その意図された意味は明らかにならない」[13] との主張になる。つまり、いかような解釈も許されてしまう。第2条4項が実は曖昧な規定だということになれば、国連総会を通過したこれ以降の決議文が、憲章の曖昧な部分に関して明確な解釈を与えているとの主張に道を開くことになる（しかし論者のなかには、単に第2条4項の規定を広く解釈することが合理的であると主張するばかりではなく、「威圧行為を規制する近視眼的かつ限定的な手法」として軍事力を念頭に置いたものだとの意見を却下する者もいる）[14]。この規定が第2条4項を広く解釈する立場から用いられる2つ目の論法は、許容される経済的強制の範囲に関する国際社会の考え方を示唆していると見られる他のさまざまな文献に言及する[15]。その

12. Stone, *Conflict Through Consensus*, pp. 101-102.

13. Buchheit, "The Use of Nonviolent Coercion," p. 68. 次も参照。McDougal and Feliciano, *Law and Minimum World Public Order*, pp. 124-125.

14. Jordan J. Paust and Albert P. Blaustein, "The Arab Oil Weapon—A Threat to International Peace," in *Economic Coercion and the New International Economic Order*, pp. 128-132.

15. 一般的に、次のような文書が引用される。米州機構（OAS）憲章、1965年12月21日国際連合第20回総会、決議2131「国内問題への介入の不容認に関する宣言」（A/6014)、1970年10月24日国際連合第25回総会、決議2625「国際連合憲章に従った諸国家間の友好関係と協力に関する国際法の諸原則についての宣言（友好関係宣言)」（A/8028)。より詳細な情報は、以下参照。Lillich, *Economic Coercion and the New International Economic Order*, pp. 369-376.

ような文献はたいてい、憲章第 2 条 4 項に直接的には言及していないが、許容しがたい経済的強制の類型は明確にしている[16]。

こうした議論があるにもかかわらず、大半の論者は、国連憲章第 2 条 4 項は軍事力を規定したものであり、経済的圧力には適用されないものとの認識を持っている[17]。この立場を裏付けるために挙げられる論拠には以下のようなものがある。(1) 国際関係の議論の文脈では、通常「武力 (force)」は、ミリタリー・ステイトクラフトを意味する。修飾語や限定句がない場合、「国際関係における武力」について書かれた本は「軍事力」が主題だと考えるのが一般的だ[18]。(2) 国連憲章起草中のサンフランシスコの社会的風潮においては、軍事力が最大の関心事だった。特に当時は第二次世界大戦の最中であり、「武力」の意味に関し疑問を持ったとしてもこの考え方で整理されていたはずだ。サンフランシスコ会議の空気を支配していたのは戦争であり、経済的圧力ではなかった。(3) 20 世紀の国際機関の活動全体が「それだけではないにせよ、基本的に戦争を受けての対応だった」[19]。明確な指針がない以上、最大の関心事であった武力紛争の観点から国連憲章を解釈することは合理的である。(4) 第 2 条 4 項に経済的手段を含めるべきとのブラジルによる提案は、サンフランシスコではきっぱり却下された。この提案はとりわけ明確に否定されたのであるから、経済的手段を含めなかったことが何らかの手抜かりであったとの主張は通らない。(5) 第 2 条 4 項の解釈を国連総会決議によって変更できるという意見は説得的ではない。そうした決議は単なる勧告であり、法的拘束力はないからだ。そのうえ、憲章改正の手続きは第 108 条で詳細に規定さ

---

16. 以下と比較のこと。Paust and Blaustein, "Arab Oil Weapon," pp. 130-132；および Buchheit, "The Use of Nonviolent Coercion," pp. 57-63.

17. Oppenheim, *International Law*, vol. 2, p. 153；Derek W. Bowett, "International Law and Economic Coercion," in *Economic Coercion and the New International Economic Order*, p. 89；Leland M. Goodrich, Edvard Hambro, and Anne Patricia Simons, *Charter of the United Nations: Commentary and Documents*, 3d and rev. ed. (New York: Columbia University Press, 1969), pp. 48-49；および Ian Brownlie, *International Law and the Use of Force* (London: Oxford University Press, 1963), p. 362.

18. 具体例は、以下参照。Northedge, ed., *The Use of Force in International Relations*；および Osgood and Tucker, *Force, Order, and Justice*。ハーシュ・ローターパクトは 1933 年に「ボイコットは戦時下の軍事力に匹敵する経済勢力の行為であるとの見解は、単に話しぶりを根拠にしている」と述べた（「Boycott in International Relations」p. 139）。

19. Inis L. Claude Jr., *Swords into Plowshares*, 4th ed. (New York: Random House, 1971), pp. 215-216. 戦争に没入してきた過去 25 世紀の国際思想については、以下参照。Russell, *Theories of International Relations*.

れているので、第2条4項の解釈を変更する場合もそうした手順を踏むべきである[20]。要するに、第2条4項の意図は不明だという主張も、国連総会を通過した決議文がこの箇所の解釈を変更したという意見も、曖昧な論拠や議論に基づいている。

・介入

エコノミック・ステイトクラフトが不介入原則と両立するか否かという問題は、非常に不明瞭だ。1964年、ヴォルフガング・フリードマンは介入ルールについて「国際法で最も不明確な部分の一つ」と述べ、「研究者の間では、この言葉が大変曖昧だとの認識が共有されているに過ぎない」と指摘した[21]。さらにタリーランドは、「不介入」を「極めて抽象的な言葉で、介入とほぼ同じ意味だ」と述べたとされる[22]。このようにコンセンサスの欠如がさまざまな解釈を生んでいる。介入を国家間のあらゆる手法によるあらゆるタイプの圧力という広い概念でとらえる広義の解釈もあれば、対象国の独立を害するような「独裁的な干渉」のみを介入と見る狭い解釈もある[23]。この狭義の解釈はごく限られたエコノミック・ステイトクラフトに当てはまるかもしれないが、その一方で広義の解釈は経済的手法の行使ほぼすべてに当てはめることができる。

他国への介入を自制する義務は、国連憲章に明示されているわけではない。しかしそれは「人民の同権および自決」や国家の「主権平等」の尊重、そして国家の人格、領土保全、政治的独立性尊重といった国連憲章の

---

20. 国連総会には「準立法的」機能があると考えるリチャード・A・フォークでさえ、「国連憲章の意図が明確で、厳密に解釈されるなら、国連総会の決議に法的拘束力があると考えたり、国連総会はいかなる意味においても積極的で、潜在能力があり、一部準立法的機関であるとみなすことは不可能になる」と認めている（Richard A. Falk, *The Status of Law in International Society* [Princeton: Princeton University Press, 1970], p. 175）。
21. Friedmann, *The Changing Structure of International Law*, pp. 304, 267n.
22. Adrian Guelke, "Force, Intervention and Internal Conflict," in Northedge, ed., *The Use of Force in International Relations*, p. 101から引用。
23. Wolfgang Friedmann, "Intervention and International Law," in *Intervention in International Politics*, ed. Louis G. M. Jaquet（The Hague: Netherlands Institute of International Affairs, 1971), p. 40；およびJ. L. Brierly, *The Law of Nations*, ed. Humphrey Waldock, 6th ed.(Oxford: Oxford University Press, 1963), p. 402.

「原則」から推定されることが多い[24]。1965 年、国連総会の「国内問題への介入の不容認に関する宣言」では、介入に関して以下のような見解が示されている。

1. いかなる国も、理由のいかんを問わず、直接または間接に他国の国内問題または対外問題に介入する権利を有しない。したがって、武力介入およびその他すべての形態による国の法人格またはその政治的、経済的、文化的要素に対する干渉や威嚇は非難される。
2. いかなる国も、他国の主権的権利の行使を自国に従属させるため、あるいは他国から何らかの利益を得る目的で、経済的、政治的その他いかなる形の手段を使用して他国を威圧することはできない。
6. すべての国は、他国からの圧力を受けることなく、自由に行使されるべき人民および国の自決権と独立権を尊重しなければならない。

同様の言い回しが国連総会の「国際連合憲章に従った諸国間の友好関係及び協力についての国際法の原則に関する宣言（友好関係原則宣言）」（1970 年）でも使われている。

文字通りに解釈すれば、このような包括的な言葉で国家間のいかなる形の圧力も禁じていることになる。こうした幅広い解釈では、アメリカのような大国が宣言を遵守することは事実上不可能だ。というのも、アメリカのほとんどの行動が干渉や圧力と見られる可能性があるからである。例えばアメリカが国内金利を引き上げると、国際経済システムの隅々まで波紋が広がり、「経済的要素」をもって他国に「干渉」し、圧力をかけているとみなされるかもしれない。介入に関するこうした刷新的な見解が「現代の国際社会における現実と必要性に対応できるのか」という疑問を呈したある研究者は、「これらの極端な主張については、国連加盟諸国がその行動で示している以上には深刻に受け止めなくていいのではないか」との考えを示している[25]。1972 年になされたこの問題提起は賢明にも、1973 年

---

24. 以下参照。Hartmut Brosche, “The Arab Oil Embargo and United States Pressure Against Chile: Economic and Political Coercion and the Charter of the United Nations,” in *Economic Coercion and the New International Economic Order*, p. 308；および Goodrich, Hambro, and Simons, *Charter of the United Nations: Commentary and Documents*, pp. 25-40.
25. Schwebel, “Aggression, Intervention and Self-Defense in Modern International Law,” pp. 453-454.

のアラブ石油危機により明確となった。それを受けてリチャード・ガードナーは次のように指摘している。

> この原則はすでに国際法の一部だと最も強く主張したのは、国連のアラブ諸国を含むアジア・アフリカ・グループだった。もちろん彼らの動機は、アメリカをはじめとする工業国が政治的圧力の道具としての経済力の利用を阻止することだった。国連では、アラブの石油禁輸措置と総会で決議されたこの宣言の関係を問題視する声は一つもあがらなかった――これは、この国際機関でたびたび見られ、その意思決定過程の健全性に疑義を生じさせる原因となっている典型的な「ダブルスタンダード」である[26]。

国連総会決議が各国に法的義務を課す根拠とみなされれば、介入は広く制限され、ステイトクラフトの大半が非合法扱いになってしまう。しかし、国連総会の権威に基づく曖昧な解釈が否定され、介入についての伝統的な狭義の見解が維持されれば、フリードマンによる以下の結論には説得力が生まれる。

> 国際法の現在の状況では、物理的に威圧が行われた場合と、意思決定における法的あるいは政治的な自由が欠如している場合、そして国家的飢饉や疫病などの経済的非常事態が過酷な条件を押し付けるために支援国によって利用される場合のみが、違法なタイプの経済的介入と位置づけられるようだ[27]。

もちろんフリードマンの結論は、GATT（関税及び貿易に関する一般協定）やOAS（米州機構）加盟国をはじめとするさまざまな国に課される特定の条約上の義務に関するものではない。OASは特に介入の議論と関連が深く、これに関する国連総会決議の言い回しの多くは米州機構憲章の次の条項に基づいている。

---

26. Richard N. Gardner, "The Hard Road to World Order," *Foreign Affairs* 52 (April 1974): 567.
27. Friedmann, "Intervention and International Law," p. 55. 以下と比較のこと。Friedmann, *The Changing Structure of International Law*, pp. 270-272.

第 18 条

いかなる国または国の集団も、理由のいかんを問わず、直接または間接に他国の国内問題または対外問題に介入する権利を有しない。この原則は、軍事力のみならず、その他すべての形態による国家の法人格またはその政治的、経済的、文化的要素に対する干渉や威嚇を禁止する。

第 19 条

いかなる国も、他国の主権的意思を強制し、それによって利益を得るために、経済的または政治的性質を有する威圧的な手段を用い、または用いることを促してはならない[28]。

したがってアメリカは、国連総会決議における広範囲な介入に関する禁止措置には法的拘束力がないとして、これを退けるかもしれない。しかし、米州機構憲章の同様の条項はそれほど簡単には無視できない。条約義務は尊重されるべきだが、もしその規定の適用範囲があまりに広く、遵守が不可能だったらどうなるだろうか。研究者のなかには、そのような広範な禁止措置にはほとんど意味がないとする者もいる。以下の第 15 条（現在の第 18 条）に関する見解もその例だ。

この条項は適用範囲が広すぎて意味がないということは明らかだ。この定義では、国の、特にアメリカのような大国の国際的事案に関するほぼ全ての行為が他国の営為を侵害することになるからだ。貿易慣行、移民法、妨害的購入や交渉に基づく輸入、自由化に向けての一般的な宣言――要するに、アメリカがラテンアメリカ相手に行うこと、あるいは行わないことのほぼすべてが、第 15 条（現在の第 18 条）の基準に照らすと介入と解釈できるのだ[29]。

いずれにせよ、米州機構の介入禁止規定の法的根拠は、国連総会決議に

---

28. 米州機構憲章は 1970 年に改訂された。これらの条項は変更されずに残ったが、番号は 15、16 から 18、19 に変更された。

29. Richard C. Snyder and Edgar S. Furniss, *American Foreign Policy: Formulation, Principles, and Programs*（New York: Rinehart, 1954）, p. 777.「国連決議に見られるさまざまな禁止事項は、事実上無意味と言えるほど高水準の抽象性に到達している」というリリッチの意見に匹敵する（“Economic Coercion and the ‘New International Economic Order’ : A Second Look at Some First Impressions,” in *Economic Coercion and the New International Economic Order*, p. 112）。

基づくものとはまったく異なる。そう考えると、アメリカがラテンアメリカ諸国に対して使えるエコノミック・ステイトクラフトの自由度は、それ以外の地域に比べて制限されたものとなっている。

・平和的解決

国連憲章は、すべての加盟国に「国際紛争を平和的手段によって国際の平和及び安全並びに正義を危くしないように解決」する義務を課している(第2条3項)。また、第33条は「いかなる紛争でもその継続が国際の平和及び安全の維持を危くする虞のあるものについては、その当事者は、まず第一に、交渉、審査、仲介、調停、仲裁裁判、司法的解決、地域的機関又は地域的取極の利用その他当事者が選ぶ平和的技法による解決を求めなければならない」と要請している。結果として経済的圧力は憲章によって禁じられているという議論は、主に侵略行為、武力、介入の概念に焦点を当てているが、そもそもそのような手段は憲章の平和的解決条項と矛盾するとの指摘もあった。実際、この見解の提唱者のなかには、以下の一節のように、かなりの自信を示している者もいる。

> 憲章第2条3項と第6章に関する限り、いかなるタイプの圧力も紛争の平和的解決の原則に反することを疑う余地はない[30]。

> それら、すなわちボイコットなどは（中略）国際紛争の平和的手段による解決を規定した憲章第2条3項が加盟国に課している義務にまぎれもなく矛盾する[31]。

これらの強い主張は、禁輸、ボイコット、そして他のタイプの経済的圧力は「平和的手段ではなく、紛争解決にはふさわしくない」との前提に立っている[32]。

しかし、国連憲章のこうした解釈にはいくつかの理由から疑問がわく。

---

30. Brosche, “The Arab Oil Embargo and United States Pressure Against Chile,” p. 316.
31. Yehuda Z. Blum, “Economic Boycotts in International Law,” in ***Conference on Transnational Economic Boycotts and Coercion***, ed. Roy M. Mersky, vol. 1 (Dobbs Ferry, N. Y.: Oceana, 1978), p. 99.
32. Brosche, “The Arab Oil Embargo and United States Pressure Against Chile,” p. 314.

第 1 に、経済的圧力は「紛争解決にはふさわしくない」という主張は、紛争は経済的手段では解決できないことを示唆している。つまり紛争の威圧的解決は逆説的であり、自己矛盾でさえあることになる。この立場は擁護しがたい。子供のけんかはしばしば強制的にけりがつけられることを親なら誰もが知っているという事実は別として、平和的解決のアプローチも伝統的な国際法も、戦争自体が紛争解決の一つの方法であると仮定している[33]。戦争であってもその方法の一つなのであれば、ボイコットや禁輸といったより穏便な手段も紛争解決のメカニズムとして機能するかもしれないことを否定するのは難しい。第 2 に、国連憲章第 2 条 3 項の平和的解決の原則は、各国は「武力による威嚇又は武力の行使」を慎むべしという第 2 条 4 項の原則の論理的帰結である[34]。だが憲章は平和的手段、武力以外の非平和的手段、そして武力という紛争解決の手段の 3 分類を認めていない。憲章はむしろ、武力を含まない紛争解決手段はすべて平和的とみなされるべきと示唆している。そうなると、第 2 条 4 項で使われる「武力」には経済的圧力が含まれるのか否かが問われることになる。第 2 条 4 項に経済的手段を含める意図がなかったことはすでに見た通りなので、経済的手段は第 2 条 3 項の平和的手段に含まれているように思える。少なくとも、第 2 条 3 項はそれを排除していない。

第 3 に、威圧や圧力は平和的手段にはなり得ないとの解釈には賛同しかねる。イニス・クロードは「平和的（pacific）とは相対的な概念だ」と指摘する[35]。サンフランシスコ会議のみならず、過去 30 年間の国際機関の活動全体で世界を「戦争の惨状」から救うことが最優先事項とされてきたが、経済的手段は戦争ではなく、戦争の平和的な代替策とみなされていた。ジョン・フォスター・ダレスとサー・アントン・バートラムは、両大戦間の時代の雰囲気を次のように表現した。

> 経済制裁の大きな利点は、非常に強い影響力がある一方、われわれの目標である平和とは相容れない武力や暴力に訴えるものではないこと

33. 以下参照。Claude, ***Swords into Plowshares***, p. 218；Oppenheim, ***International Law***, vol. 1, p. 132；Stone, ***Legal Controls of International Conflict***, pp. 285, 293；および Hindmarsh, ***Force in Peace***, p. 16.
34. 以下と比較のこと。Brosche, "The Arab Oil Embargo and United States Pressure Against Chile," pp. 312-313；および Goodrich, Hambro, and Simons, ***Charter of the United Nations: Commentary and Documents***, p. 41.
35. Claude, ***Swords into Plowshares***, p. 236.

だ。もし各国に戦争放棄の制約を確実に遵守させるための仕組みを創設するならば、それは主として経済の枠組みの中で追求されるべきだ[36]。

経済的武器を戦争の道具ではなく平和的圧力の手段と見なすのであれば、それはすばらしい発見であり、国際連盟の最も貴重な財産となるだろう。適切な枠組みを作ることが可能であれば、経済的圧力が実際の戦争に取って代わることになる[37]。

国連憲章起草者の最大の関心事は「戦争の惨害から将来の世代を救う」ことであり、彼らを経済的圧力から救うことでも、世界から政治色を拭い去ることでも、あらゆるタイプの威圧手段を排除することでもなかった。憲章の以降の条項では「武力による威嚇又は武力の行使」、「平和に対する脅威」、「平和の破壊」、そして「侵略行為」に言及しているが、だからといって憲章の起草者があらゆるタイプの厳しい威圧を禁止することを望んでいたわけではない。それは、法的に規定されていることの有無にかかわらず、彼らが戦争を禁止したがっていたことを意味している。憲章の条文の法技術的な専門性や複雑性にはまりこみ、何よりも重視された戦争への懸念という視点を見失えば、憲章の意味は明確になるどころか、かえって不明瞭なものになってしまうだろう。憲章の平和的解決条項が、禁輸やボイコットといった経済的圧力の行使を禁止しているという主張が疑問に思える第4の理由は、貿易の規制が長い間、独立国家の主権の一つとみなされてきたからだ。もし憲章起草者にそのような重要な権利を禁止するつもりがあったとしたら、もっと直接的でわかりやすい方法をとっていたと考えるのが合理的だろう。

要するに、経済的圧力は国連憲章の平和的解決条項と矛盾するという主張には、かなりの疑問符がつくのだ。この説を「疑問の余地なし」と主張すること自体、疑問だらけなのである。

---

36. John Foster Dulles, "Practicable Sanctions," in *Boycotts and Peace*, ed. Clark, p. 21.

37. Anton Bertram, "The Economic Weapon as a Form of Peaceful Pressure," *Transactions of the Grotius Society* 17（1931）: 139-174.

・GATT（関税及び貿易に関する一般協定）

一見するとGATTの条項は、加盟国が貿易を外交政策の目的推進のため、少なくとも他の加盟国に対して利用することを厳しく制限している。協定には、輸出入規制の一般的禁止（第11条）が含まれ、GATT加盟国の間に差別を生じさせる貿易政策を禁じている（第1条）。しかし、ガードナーが指摘するように、協定は例外に満ちており、「何が国の政策を決めるうえでの一貫性のある指針なのかを識別することが極めて難しくなっている」。ガードナーはさらにこう続ける。

> より重要なのは、これらの原則はすべて、その後のGATTの条項（第21条）によって価値を弱められていることだ。第21条は、GATTのいかなる規定も「締約国が自国の安全保障上の重大な利益の保護のために必要であると認める（中略）措置を執ることを妨げる」かのように解してはならないとしているのだ[38]。

この「安全保障」条項は、非常に大きな抜け道を提供し、いかなるエコノミック・ステイトクラフトの手段をも容認しているように見える[39]。

要するに、ステイトクラフトの経済的技法の利用を禁じる明白かつ一般に認められている法令はほぼ存在しない。ボイコットに関する法的規制を調査したJ・ダプレイ・ミューアは次のような結論を出している。

> 現時点で国際法上のボイコットの位置づけについて言えるのは、多くの国や評論家が法律によって禁止されるべきであると提言しているものの、現実の法律と、あるべき法律の間には非常に大きな隔たりがあるということだ[40]。

程度の大小はあれ、同じことが他のタイプのエコノミック・ステイトクラフトについても言えるだろう。法律は本来どうあるべきかという困難な

---

38. Gardner, "The Hard Road to World Order," p. 565.
39. 以下と比較のこと。Muir, "The Boycott in International Law," pp. 34-38.
40. 同、p. 36。以下と比較のこと。Friedmann, *The Changing Structure of International Law*, p. 271.

問題は、今後とも検討すべき課題となっている。

法はどうあるべきか

この質問に直接答えるよりも、エコノミック・ステイトクラフトに関し、国際法を変更する際の評価基準に焦点を合わせる以下の議論を紹介しよう。

1. 最も大切なのは戦争の予防である

戦争の予防は最優先で取り上げられるべきだ。例えば兵士3人の小部隊で決行する軍事侵略よりも、大規模で長期にわたる石油禁輸をはじめとするステイトクラフトの非軍事的手段のほうが、より深刻な損害を生むことは想像がつく。しかしその程度の考察で、戦争がわれわれ人類の直面する最大の問題であるという事実を見失ってはならない。思いがけない地球規模の大災害の脅威は、ステイトクラフトの非軍事的手段からは生じない。経済戦争と軍事戦争を同じレベルで考えると――いや、それらを比較するだけでも――戦争を防止しなければならないという根本的な問題を覆い隠してしまうリスクがある。戦争防止の必要性は20世紀の国際機関の活動で常に優先されてきたし、国連の活動の基本的な目的となっているばかりでなく、核の時代の基本的責務でもある。事実、フェンウィックが指摘するように、「暴力行為の予防は喫緊の課題であり、その意味では国内法だけでなく、国際法でも主要な目標」なのだ[41]。

国連の目的には、人権の尊重の奨励、経済的および社会的問題の解決における国際協力の促進、そして「人民の同権及び自決の原則の尊重に基礎をおく諸国間の友好関係」を発展させることが含まれる（第1条）。しかし、国連の活動の主要な目的は、国際社会の平和と安全の維持だ。この「目的の優先順位の問題は、実践的見地から非常に重要だ。というのも、あらゆる視点から見て、これらは明らかに両立しないからだ」[42]。二次的な目的の一つが主要な目的と対立する場合、前者は後者に優先されるべきである。そのため、エコノミック・ステイトクラフトの法的規制のあり方

---

41. Fenwick, *International Law*, p. 219. 以下と比較のこと。Grenville Clark and Louis B. Sohn, *World Peace Through World Law*（Cambridge, Mass.: Harvard University Press, 1958）, pp. xi-xii.
42. Goodrich, Hambro, and Simons, *Charter of the United Nations: Commentary and Documents*, p. 26.

を議論する際は、国際平和と安全保障に対する影響を重要な基準とすべきであろう。すべての経済的圧力を法的に禁止すれば、それが戦争を防ぐために役立つのであれば、真剣に検討されるべきだ。しかし、そのような措置が戦争の制御を難しくすることになるのであれば、立ち止まって考えるべきであろう。もちろんそうした判断をするためには、戦争原因の概念化が必要となる。国連や国際法の評論家による議論の多くは、戦争を防ぐ最良の方法――あるいは、少なくとも一つの方法――は、世界の圧力や威圧の量を最小限に抑えることだと断定している。この論法は、実現可能性とあるべき姿の両方の観点から疑わしい。それは以下の２つの基準のもとで明らかにされる。

2.　実現可能性の重要性

国際法の修正提案を評価するときの重要な基準としては、実現可能性がある。シャルル・ド・ヴィシエールは、「法律は進歩できる。ただし、それが規制しようとしている現実について自らを欺かない場合に限る」と指摘した[43]。同様の見解は、アーノルド・トインビーの「生活と法律は密接でなければならない。生活を法律に合わせることはできないので、法律を生活に合わせなければならない」という言葉にも見られる[44]。エコノミック・ステイトクラフトの法的規制の実現可能性に関する論点について、威圧の効果、政治、相互依存といった諸点から見ていくこととする。

世界の平和と安全を維持するために重点的に検討すべきなのは、使用される政策手段だろうか、あるいは得られる効果だろうか。エコノミック・ステイトクラフトに法的制約を課そうとする人々が最も頻繁に引用する文献は、マクドゥーガルとフェリシアーノの『法律と最低限の世界公序(Law and Minimum World Public Order)』である。ある行動の法的正当性を評価する際に、この２人は「利用する手段は（中略）大きな意味を持たない」とする一方で、「威圧によって達成される効果は、最も高い関連性を示す証左である」としている。ここから２人は、多くの場合「最低限の国際公序への第一歩」は、使われる政策手段が何であれ、「厳しい威圧」を禁止することであると結論づけている。

世界からあらゆるタイプの厳しい威圧を排除することが望ましいかどうかは別として、そのような取り組みの実現可能性は疑わしい。グレンヴィ

---

43. De Visscher, *Theory and Reality in Public International Law*, p. 102.
44. Arnold J. Toynbee, "The Lessons of History," in *Peaceful Change*, ed. C. A. W. Manning (New York: Macmillan, 1937), p. 36. 以下と比較のこと。Bull, *The Anarchical Society*, p. 92.

ル・クラークとルイス・ソーンの『世界法による世界平和（World Peace Through World Law)』を理想主義的と見る向きもあるかもしれないが、マクドゥーガルやフェリシアーノのアプローチと比べると、クラークとソーンは実用的かつ細心で、現実的に見える。マクドゥーガルとフェリシアーノがすべてのタイプの厳しい威圧を規制しようと望んでいるのに対し、クラークとソーンは「この世代にとって賢明なのは、世界的な暴力やその脅威を予防するという課題に集中し」、より幅広い問題の解釈のあり方は後の世代に委ねることであろうと示唆しているからだ。非暴力的で強い威圧は、多くの国では国内的に一般的に行われ、かつ許容されている。家庭や会社、教会や学校などの国内社会において一般的に見られる。そういう多くの市民社会のレベルを超えて国際的レベルでは、厳しい威圧に対するある程度の法的規制を設ける必要があるとする見識は、直ちには理解されまい。そのような提言を「最低限の公序への第一歩」と位置付けても、ではマクドゥーガルとフェリシアーノは何を「最大限の公序への最後の一歩」とみなすのかという疑問を生むだけである。

威圧効果よりも政策手段を重視する立場に関し、別の議論としては、トーマス・シェリングによる戦争制限の手順に関するものがある[45]。シェリングは、戦争を制限する方法は、それが複雑ではなく単純で、連続的ではなく非連続的で、量的というより質的で、そして曖昧ではなく明白であれば、より効果的だと主張する。シェリングはこの論法を用いて、核兵器と非核兵器の区別を示すことが、許容される武力使用の限界を定める方法としては、その動機、用法、効果の範囲を決めることよりも有用ではないかと説明している。言い換えれば、戦争を規制するためには、ステイトクラフトの効果ではなく手段に焦点を当てるならば、広く一般に受け入れられやすく、それによってより高い効果を発揮するということだ。例えば、「銃撃の禁止」というのは単純で分かりやすいが「厳しい威圧の禁止」となると複雑になる。「爆撃禁止」は非連続的な概念で、「厳しい威圧の禁止」は連続的な概念だ。「戦闘員の排除」は質的で、「厳しい威圧の禁止」は量的だ。（例えば、厳しいとはどの程度のことを言うのか）「軍事力禁止」は明確で、「厳しい威圧の禁止」はそれほど明確ではない。つまり、「厳しさ」――程度の問題――にも、「威圧」――曖昧で主観的な問題――

45. Schelling, *The Strategy of Conflict*, pp. 257-266.

にも、「厳しい威圧」という言葉で各国間の関係に線引きができるほどには特徴的な点がないのだ。これと比較すれば、軍事的ステイトクラフトと非軍事的ステイトクラフトの区別はより単純で、非連続的で、量的要素は少なく、より明白だ。たとえすべての厳しい威圧は悪だという前提を受け入れたとしても、評価の基準とすべきは効果であって手段ではないとはならない。イアン・ブラウンリーが同様の文脈で指摘するように、法律家は「実践に使えるような概念基本に据えるべき」なのである[46]。

しかし、マクドゥーガルとフェリシアーノの提言は、圧力や威圧のすべての形態を禁止せよとの提言に比べれば穏当だ。少なくとも、いくつかの威圧措置は避けられないことを認め、議論を厳しい威圧に限定している[47]。国連総会が、各国間のいかなる形態の圧力も国際法違反であると厳粛に宣言しても、そのような決議は単なる政治的美辞麗句として片付けられてしまうかもしれない。しかし、学者がそのような決議には拘束力があるとした場合、そのインパクトの大きさは予測できないものがある[48]。ある研究者が、いかなる種類の政治的もしくは経済的圧力の威嚇や使用も禁ずることは「ただの幻想で非現実的な理想」であると述べていれば、実現可能性が考慮されているので安心だ。しかし、同じ研究者が同じ論文の後半で「[国連] 憲章第 2 条 3 項と第 6 章に関する限り、どのような種類の圧力であれ、紛争の平和的解決の原則とは相容れないことに疑問の余地はない」と述べると[49]、その安心感は消滅する。パワーは国際システムのなかでは均一に分布され得ないものである。この事実に対する小国の怒りは理解できるし、賛同もできるだろう。しかし、法令によってこの状況を変えることができるとは言えない。これについてワーナー・レヴィは、簡潔にこう述べている。

> 政治の駆け引きのための法的ルールを作ることと、法律によって政治を消滅させることとは別問題だ。国際関係におけるあらゆるタイプの政

---

46. Brownlie, ***International Law and the Use of Force***, p. 436. 以下と比較のこと。p. 435.
47. 以下参照。McDougal and Feliciano, ***Law and Minimum World Public Order***, pp. 127-128, 197.
48. Bowett, "International Law," p. 90；Lillich, "Economic Coercion and the New International Economic Order," pp. 111-112；Paust and Blaustein, "Arab Oil Weapon," pp. 130-131；および Brosche, "The Arab Oil Embargo and United States Pressure Against Chile," p. 309.
49. Brosche, "The Arab Oil Embargo and United States Pressure Against Chile," pp. 303, 316.

治的、経済的圧力を禁止することは、現実を消し去ることに等しい[50]。

同様のことは、国際法が国際的な相互依存関係を認識し、これに適合する必要性についても言える。法律上の権利として完全な政治的および経済的独立性を確保することは「地球村（グローバル・ヴィレッジ）」の生活とは両立しない。どの国も、政策を立案する際には他国の政策も考慮に入れなければならないからだ。誰も世界の他の地域を無視できない。もし介入に関し、文言上の解釈をそのまま取り入れることになれば、こうした事態はすべて違法と見なされるであろう。相互依存の事実を法律によってなきものにしようとしても、それは確実に失敗するばかりか、国際法全般への信頼も台無しにするだろう。法令によって理想的な国際関係を作り出そうとしても、現実には弱肉強食の世界に逆戻りすることになろう[51]。有力な国々の国連に対する幻滅はすでに現実のものとなっている。

3. 望まれる圧力

あらゆるタイプの威圧、圧力、政治の国際社会からの撤廃は困難であるとする主張は、その実現困難性のみを根拠にしているわけではない。たとえ実現可能性があったとしても、それは望ましいものではない。国連憲章の目標を推進する上で、威圧、圧力、政治が有する潜在的に建設的な役割は、密接な関係を有する平和的解決と平和的変革の観点から説明できる。前者では法秩序の枠内での議論に力点が置かれるのに対し、後者は法秩序自体に関する議論を扱っている[52]。

あらゆるタイプの経済的圧力の禁止は、紛争の平和的解決に貢献するのだろうか、それともそれを妨げることになるのだろうか。この問いに答えるには、平和的解決のアプローチの基本論理を理解する必要がある。このアプローチの根本的な前提は、戦争は国際紛争を解決するための一つの手法であるということだ。平和的解決の論理からすれば、問題は「争いの解決のために他の手段を見つけ出し、発展させ、制度化し、それを使うよう

---

50. Levi, *Law and Politics in the International Society*, p. 83. 同様の見解については、以下も参照。Stone, *Aggression and World Order*, p. 105；Schwebel, "Aggression, Intervention and Self-Defense in Modern International Law," pp. 453-454；および Lincoln Bloomfield, "Law, Politics and International Disputes," *International Conciliation*, no. 516（January 1958）。

51. スタンリー・ホフマンは「大昔のカント学派の概念では、非実現可能性や不可能性が存在するとき、義務は存在し得ない」と言及した（*Duties Beyond Borders* [Syracuse, N. Y.: Syracuse University Press, 1981], p. 156）。

52. Claude, *Swords into Plowshares*, pp. 222-223.

に他の国を説得することだ。戦争が排除され得るのは、それに匹敵する機能を持つものがもたらされる場合のみである」[53]。このように平和的解決の論理は圧力、威圧、政治を排除しようとはせず、ただそれらを非暴力的なタイプのステイトクラフトにつなげようとするだけだ。この論法は、戦争は紛争解決の代替策の採用によって阻止されること、そして戦争と同等の機能を持つ手段の禁止は戦争の可能性を増大させることを意味している。

ロビン・レンウィックは、国際的危機に対応する際、政府はしばしば「3つの大きな選択肢」を考慮すると指摘している。つまり「(a) 静観する、(b) 何らかの軍事行動を検討する、(c) 経済制裁を課す」の3つだ[54]。経済的圧力の有力な代替策が軍事的圧力である限り、両方を法的に禁止することが世界の平和と安全を維持し促進するための、最も効果的な方法であるかどうかは明らかではない。2人の著名な法学者は、圧力を加えるための非暴力的手段を禁じようとすると、実際はよりいっそう武力に頼る結果になるかもしれないと主張している。

> ボイコットは国際紛争の平和的解決という考えとは相容れないとの主張は（中略）ボイコットを安易に非難する理由にはならない。（中略）［われわれは］経済力と軍事力を同列に論じたり、暗黙のうちに同等に非難したりする主張に欺かれてはならない。戦争という物理的暴力がまだ過去の問題になっていない世界で、平和的な闘争や抵抗を戦争として扱おうとすることには、明白な誇張の要素がある。国内であれ、国外であれ、平和とは競争や衝突、闘争がない状態であると解釈するのは、あまりにも浅薄な考え方だ。世界平和とは、国際的な紛争や対立、人間の権力欲実現のための野心の衝突が存在しない状態を意味するわけではない。競争や利害の対立に対しては、法技術的な意味における戦争以外の解決方法を見いだす必要があることを意味するのだ。世界平和とは、各国が他国との相互関係において愚かで、不公正で、不道徳な行いをしないことではないし、そのような振る舞いに対しての同等の復讐をされないことでもない。厳密な意味での戦争は排除されているものの、道徳的成熟状態にはいまだ到達していない共同社会では、平和的手段としての

53. 脚注 52 と同、p. 218.

54. Renwick, *Economic Sanctions*, p. 1.

圧力は不可避的存在である。それを禁止すると、戦争より過激な解決策を招くことになる[55]。

戦争自体に頼る自由が依然として存在する限り（中略）低いレベルの力［例えば禁輸やボイコット］に頼ることを禁じるのは、世界平和にとっても国際法にとっても害になると言うこともできる。そのような禁止措置は、国際社会の混乱を招かない方法で冷静な対応をしていた国々を、戦争により自己要求を正当化しようと駆り立てることになりかねない[56]。

このような考え方は、経済的圧力は平和的解決と矛盾するどころか、これが奨励している戦争と同等の機能を持つ手段の一つであることを示唆している。

平和的変革は国際法の根本的問題の一つと言われてきただけではなく、「おそらくあらゆる法システムの根本的課題」とされてきた。どんな法システムも「法律を状況変化に平和的に適応させる」メカニズムを用意しておかなければならない。暴力的な変化が起こった場合の他の選択肢を提供できない法システムは、どれも「自己崩壊の萌芽を内部に抱えている。それ自体が暴力の誘因なのだ」[57]。そのため、平和的変革の論理は、本質的に平和的解決の論理と同じである。つまり戦争に匹敵する機能を持つものを必要としているのだ。唯一の違いは、ある段階では戦争は紛争を鎮める方法とみなされる一方で、他の段階では世界的変化を促す方法と考えられるという点だ。平和的変革の論理は次のように要約できる。平和的変革とは、現状の改変を意味し、「現状の改変の多くは、変化をもたらそうとするある種の圧力が必要」であるため、戦争をせずに変化をもたらすには「圧力を巧妙に操作し、実際の敵対行為に至ることのない威圧の手段」が必要だろう[58]。このような観点から、経済的圧力は、戦争と同様の圧力をかける手段として非難されるよりも、戦争に代わる平和的代替策として歓

55. Lauterpacht, "Boycott in International Relations," pp. 139-140.
56. Stone, *Legal Controls of International Conflict*, p. 288.
57. H. Lauterpacht, "The Legal Aspect," in *Peaceful Change*, ed. Manning, pp. 136-137.
58. カギ括弧内は以下から引用。Frederick Sherwood Dunn, *Peaceful Change* (New York: Council on Foreign Relations, 1937), pp. 84, 128. 以下と比較のこと。Arnold Wolfers, *Discord and Collaboration* (Baltimore: Johns Hopkins Press, 1962), p. 107.

迎されるべきだ。リチャード・ガードナーは、コーデル・ハルの「たとえ物資が国境を越えられなくても、軍隊は越えられる」という考えをエコノミック・ステイトクラフトに否定的な意見として引用している[59]。しかし、平和的解決や平和的変革の論理は、「軍隊が国境を越えるのを阻止しようとするのであれば、同じ機能を持つエコノミック・ステイトクラフトを投入するのが賢明だ」として、ハルの警句とその含意の修正の必要性を示唆している。

国際法学者はときおり、国際政治は罪に似ていると考えるようだ——それを排除する実現可能な方法が欠如しているというだけで黙認されている必要悪、というわけだ[60]。この視点から、国連憲章の武力による威嚇やその行使の法的禁止は論理的に、経済的圧力の使用禁止という次の段階に続き、そこからあらゆるタイプの国際的圧力の禁止へ向かう。この見解は、紛争解決、国際社会の変革の促進、対立勢力のバランスの確保、国際紛争の調整、そして国際システムの均衡を保つことにおいて圧力や威圧が果たす社会的に建設的な役割を、暗黙のうちに否定するものだ。ド・ヴィシエールは「19 世紀は古典的な復讐の時代であり」、禁輸やボイコットといった「いわゆる平和的威圧のあらゆる手段がとられた時代だった」と述べているが[61]、この事実と次のストーンの見解が一致する可能性は考えてみる価値がある。

> 1 世紀もの間、大きな戦争もなく、近代の世界における政治経済、技術構造の実現と、アジアやアフリカの多数の国民の自助と自己主張の高まりを可能にしたのは、19 世紀の指導者たちのステイトクラフトによって生まれた一連の均衡状態だった。そのさらに悪しき結果を回避しようとして、エコノミック・ステイトクラフトを放棄することは、われわれの世代にとって必要性も蓋然性も認められないことである[62]。

クインシー・ライトが指摘したように、文明化の過程では、政治的論争が排除されるというよりは、軍事的手法の重要性が減少する一方で、プロ

---

59. Gardner, "The Hard Road to World Order," pp. 567-568.
60. 政治を軽視し法的過程を理想化する傾向に関する辛らつな論考は、以下参照。Claude, *Power and International Relations*, pp. 243-271；および Bloomfield, "Law," pp. 258, 289, 303, 315.
61. De Visscher, *Theory and Reality in Public International Law*, p. 287.
62. Stone, *Aggression and World Order*, p. 106.

パガンダや経済的圧力、そして外交が政治的論争の解決において重要度を増す[63]。

法律は、社会の暴力を制御する唯一の方法でもなければ、最も効果的な方法でもない。「むしろ、最も有用と証明されているのは政治なのだ」[64]。国連憲章は、政治を国際関係から排除しようとしておらず、それが実際に行われたこともない。クロードによると、「われわれの時代における国連の最大の隠れた貢献は、パワーシステムのバランスを改善し、安定させることにある。（中略）つまり、喫緊の課題は、パワーシステムのバランス確保のために世界の安全を保ち、世界の安全のためにパワーシステムのバランス機能を保つことなのだ」[65]。ステイトクラフトの非軍事的手法の活用を促進することが、2つの目標を達成する上で建設的な一歩になり得るのだ[66]。ステイトクラフトの非軍事的手法の法的禁止を真剣に検討する前に、少なくともこの可能性について検討するべきである。

4. ルール形成プロセスの正当性

法律が効果的であるためには、影響を受けるグループすべてではないにせよ、少なくともすべての有力な勢力が合法と認めるプロセスを経ることが必要である。当該の法秩序が完全に公正である、あるいはそう認識されていることに反論する人はいないだろう。だが現代の多くの国家、特に第三世界諸国は、この法秩序の形成にほとんど何の役割も果たさなかった。豊かで力を持つ国、特にヨーロッパ諸国がこのルールを自らの利益に偏った方法で構築したのは明らかだ。しかし、歴史は戻せない。国際法秩序の改革は、現在の状況を認めることから出発する必要がある。古いルールを捨て、新たなルールに変えるとしたら、力を持ったすべての国が正当と認めるプロセスを経ることが望ましい。不満を抱える第三世界各国が国連総会で圧倒的な議決権を行使して国際法を書き換えようとしても、彼らは失敗するばかりか、国際法全般への信頼を失わせることになるだろう――これは、長い目で見れば彼らにとっても得策ではない[67]。国際法改正の最良

63. Wright, *A Study of War*, pp. 854-860.

64. Claude, *Power and International Relations*, p. 265.

65. 同、p. 284.

66. 完全に非暴力的あるいは完全に非破壊的なステイトクラフトの技法といったものは存在しない。しかし軍事的技法に比較すると、他の条件が同じならば、プロパガンダ、外交、エコノミック・ステイトクラフトはどれも比較的非暴力的で破壊的な結果にはなりにくい。

67. これに関する国連総会の権力の悪用については、以下参照。Gardner, "The Hard Road to World Order," p.570；Stone, *Aggression and World Order*, pp.151-183；および *Conflict Through Consensus*, pp. 87-175.

の方法は、海洋法交渉のような長く困難なプロセスを経ることだ。そのようなプロセスには忍耐と歩み寄りが必要だが、国連総会において現実を無視した決議を行うよりも永続性のある結果が得られやすい。エコノミック・ステイトクラフトを法的に規制するならば、世界の経済大国の同意と協力が不可欠なのだ。

5. 大国の役割と責任の認識

国連憲章に盛り込まれた原則すべてが憲章で詳細につづられているわけではない。その一つの例が、「大国（great power）」すなわち比較的大きな軍事能力を有する国は、世界の平和と安全の維持のために特別な責任を負うというものだ。この原則は、ヨーロッパ協調（訳注：ナポレオン失脚から第一次世界大戦まで、ヨーロッパ各国が協議によって紛争解決を図ったこと）から発展したもので、国際連盟や国際連合にも反映されている[68]。国連憲章は、各国間のパワーの分布は不均衡であるとの認識に基づいており、それが発効した 1945 年当時のパワー構造を反映している。国連は、国際関係からパワーを排除しようとしたわけでも、加盟国間でパワーを根本的に再分配しようとしたわけでもなかった。国連は基本的に、世界の平和と安全を維持するために現行のパワー構造を利用しようとしただけだ。こうした視点に立てば、すべてのタイプの各国間の圧力は憲章の原則と矛盾するという主張には、かなりの無理があるように見える。

憲章は圧力の禁止を含意しているとの意見は、主に憲章 2 条 1 項を論拠としている。国連は「そのすべての加盟国の主権平等の原則に基礎をおいている」というものだ。新たに独立した小国はこの原則を口実に、国連に主権と独立を保証させようとした。ある研究者は「国際的な次元では、国家主権原則は最大限優先される。憲章も何よりも優先されると宣言している」と主張する[69]。だが実は、国連憲章はそのような宣言はしていないし、示唆もしていない。それどころか、憲章の主眼は――むしろ国際法一般の主眼は――国際社会における行動の指針としての国家主権の優位性を否定することなのだ[70]。憲章が意味する「平等」は、領土、富、パワーとは無

---

68. Claude, *Swords into Plowshares,* pp. 21-80, 154. 国連憲章第 23、27、47、86、108、110 章と比較のこと。

69. Buchheit, "The Use of Nonviolent Coercion," p. 67.

70. Fenwick, *International Law,* pp. 125-126, 298；Levi, *Law and Politics in the International Society,* pp. 39-40；および Goodrich, Hambro, and Simons, *Charter of the United Nations: Commentary and Documents,* pp. 37-38。

関係である。それが指すのは、法の下の平等だ[71]。これは国際関係における政治的、経済的圧力の禁止を意味しないし、各国は政治的に平等であり、そうあるべきだという意味でもない。実は国連憲章は、各国の「主権平等」の原則に口先だけのお世辞を言っているだけで、国連の主な目的は国家の主権の賛美ではない。その目的は、大国、なかでもアメリカに国際平和と安全の維持の責任を負わせることだった[72]。ある意味でこの原則は、責任を果たさせるために憲章に明記された特定メカニズムより優先されるべき、一層の重要性を持つのである。

憲章が意図しているものの、明白には記述されていない第2の基本原則は、大国間の紛争の有する特殊性と、それに関連する重大な危険性の認識である。この原則が最もわかりやすく反映されているのが、安全保障理事会の常任理事国5カ国の拒否権だ。クロードは、「国連憲章の安全保障の仕組みは、大国が行動を容認または実行しようという意志のもとに結束した場合に、平和を脅かそうとする比較的小さなグループに対する集団行動をとるための取り決めとの認識だった」と述べる[73]。

大国間の意見対立が、国家間の関係の中でも特に危険な範疇に入るとの認識は、国際法の役割とエコノミック・ステイトクラフトの役割の潜在的な対立関係を理解する際の手助けとなる。「国際法の重要な役割の一つは、とりわけ危機の際の国際的コミュニケーションを促進することだ」との主張は、長きにわたり行われてきた[74]。この観点から見ると、第三世界諸国が国際法のもとでエコノミック・ステイトクラフトの禁止を具体化しようとする動きは、大国へのシグナルと受け止められる。こうしたシグナルは、世界の権力の不均衡な分布や、第三世界諸国が自らの支配下にあると考える事柄に意図的であるかどうか無関係に大国が介入することへの憤りを伝えるためだった。この目的のために国際法を利用してもコストがかからないならば、こうしたシグナルの発信は国連憲章の原則に寄与すると言えるだろう。だが残念ながら、国際法をシグナル発信機として使えば、コ

---

71. Goodrich, Hambro, and Simons, *Charter of the United Nations: Commentary and Documents*, p. 37；L. Oppenheim, *International Law*, 8th ed., vol. 1, ed. H. Lauterpacht (London: Longmans, Green & Co., 1955), pp. 23, 263, 275；および Fenwick, *International Law*, pp. 268-270.

72. Claude, *Swords into Plowshares*, pp. 73, 77.

73. Claude, *Power and International Relations*, p. 162. 国連憲章の拒否権の重要性についての議論は、以下参照。Claude, *Power and International Relations*, pp. 156-168；および *Swords into Plowshares*, pp. 71-73, 141-162。

74. Falk, *Status of Law*, p. 13n. 以下と比較のこと。William D. Coplin, "International Law and Assumptions About the State System," *World Politics* 17 (July 1965)：617.

ストはむしろ高くなるようだ。一方エコノミック・ステイトクラフトは、大国が他の大国に特定の問題に関する自らの見解についてのシグナルを送ることができる重要な道具だ。つまりエコノミック・ステイトクラフトを使えば、大国が何に重大な関心を寄せているかを特定することができる。もしそういうシグナルを送るために軍事的手段——武力行使と武力による威嚇——を排除するならば、大国が「私は本気だ」と伝えるための他の代替手段を持つことが重要となる。例えばカーター元大統領の穀物禁輸は、アメリカがソ連に対して、南西アジアにこれ以上踏み込んだ場合、双方が望んでいない超大国同士の衝突を招きかねないというシグナルを送るための手段であった。外交やプロパガンダがこうしたシグナルをここまで効果的に送れたかどうかは、大いに疑問だ。つまり、世界には超大国が存在し、彼らには死活的利益があり、超大国間の軍事衝突は世界の平和と安全を脅かしかねないということだ。このように、超大国同士の衝突回避に役立つステイトクラフトはいずれの手段であっても、国連の主要な目的——つまり、国際平和と安全の維持に寄与すると言える。ここで、超大国・小国間の紛争と、超大国同士の紛争では、どちらを避けるのがより重要であろうか。常識的にも、国連憲章からしても、後者のほうがより危険な状況なので優先されるべきであろう。したがって、国際社会にシグナルを送る場合は、エコノミック・ステイトクラフトの方が、そのような手段に対する国際法上の制約よりも重要な役割を果たすであろう。さらに、この点は、国連憲章の基本原則とも完全に一致する。

要するに、エコノミック・ステイトクラフトの使用を規制する、明確な法的拘束力のある国際的な規範はほとんど存在しないということだ。そうした手段の規制や禁止に賛同する国際世論の多くは、共産圏や第三世界諸国である。しかし、ここまで見てくると、エコノミック・ステイトクラフトの広範な法的禁止を求める主張には説得力がないことがわかる。

本書をここまで読んできた読者なら、エコノミック・ステイトクラフトの効果に関する社会通念と、この手段に法的制約を課すことを支持する意見とのあまりに大きな落差に驚くに違いない。社会通念では、経済的手段には他国を威圧するような効果はないとされる一方で、法的コントロールの強化を正当化する立場は、経済的手段は「一国を他国の思い通りに服従させることができる」[75]、「標的国の主権への真の脅威」となり得る[76]、

75. Boorman, “Economic Coercion in International Law,” p. 270.
76. Buchheit, “The Use of Nonviolent Coercion,” p. 68.

「侵略攻撃に匹敵する」ほど効果的だ[77]、「特定の状況では非常に効果的な国策の道具と言ってもよい」[78]、「国家主権を弱め（中略）屈辱と長期的な損害を与えかねない」[79]、標的国が「効果的にコントロールされ、その主権は空洞化されてしまう」ような「本物の力」である、といった主張に基づいている[80]。このように、国際政治の研究者は、経済的手法には効果がないため、それを使う政策立案者の判断は愚かではないかと非難し、これに対して多くの国際法学者は、そういう手段は壊滅的な効果をもたらすので禁止すべきだと主張している。

国際社会の道徳性とエコノミック・ステイトクラフト……………

国際社会の道徳性と合法性は、ごく一部の領域で重複するに過ぎない。エコノミック・ステイトクラフトの活用の事例を分類すると、非合法でも非道徳でもないもの、非合法かつ非道徳なもの、非合法だが非道徳ではないもの、あるいは非道徳だが非合法ではないもの、のいずれかになる。そのため、エコノミック・ステイトクラフトの道徳性の問題は、個別に検証されなければならない。

エコノミック・ステイトクラフトの有効性と有用性を評価しようとする政治家の目線からすれば、有用性が高ければその手法を採用する正当性を主張しやすいと受け止めがちだ。政治家の価値基準が正当化の尺度であるとすれば、これは同義反復ではあるが、事実である。しかし、政治家の価値観は邪悪なものとなっている可能性は否定できない。このため、エコノミック・ステイトクラフトはヒトラーの第二次世界大戦を準備するという目標を進める上で相対的に高い有用性と有効性を発揮したと主張しても、これが道徳的に正当化できることにはならない。外交政策の結果についてどう判断するかは、その道徳性の評価と関連するかもしれないが、道徳性がどうであったかという判断と同じではない。有用性と道徳は別物なのだ。

伝統的な政治哲学の研究対象は、その大部分が国内にとどまっていた。そのため、国際的な道徳のあり方についての議論は十分に行われることが

---

77. Schwebel, "Aggression, Intervention and Self-Defense in Modern International Law," pp. 451-452.
78. Brownlie, *International Law and the Use of Force*, p. 435.
79. Buchheit, "The Use of Nonviolent Coercion," p. 66.
80. Levi, *Law and Politics in the International Society*, p. 80. 以下と比較のこと。McDougal and Feliciano, *Law and Minimum World Public Order*, p. 190.

なかった。事実、道徳にかかわる原則を国際関係に当てはめるべきかどうか、どのように当てはめるべきかには大いに議論する余地がある。ここでは、こうした論争に終止符を打つつもりはない。代わりに、エコノミック・ステイトクラフトを実行する際の、あり得る選択肢としての道徳的観点の提示と、道徳原則を特定の事例に当てはめるときに避けて通れない分析上の問題に議論の焦点を置くつもりだ。その目的は、エコノミック・ステイトクラフトの道徳性の問題を解決することではなく、この問題について有意義な考察ができるようにパラメーターを設定することである。

代替の道徳的観点

道徳に関する国際的に伝統的な議論を検討する前に、エコノミック・ステイトクラフトの一般的な——そして、ときに専門的な——議論によく見られる落とし穴を確認しておくことは有益である。これらのアプローチが「落とし穴」と呼ばれるのは、生産的な議論の外側にあると思えるからだ。

落とし穴1：あらゆる形態のエコノミック・ステイトクラフトは非道徳的である。

ありとあらゆるエコノミック・ステイトクラフトの活用は非道徳的であるという主張は、直ちにその問題点が露呈する。そのような見解に立つと、第二次世界大戦中、連合国はドイツとの自由貿易を許すべきだったとか、危険なドラッグの自由貿易が許されるべきだとか、すべての関税は不公平であろうとなかろうと非道徳的であるとか、国同士の貿易は、ルイジアナ買収も含めて正当なものとは言えない主張につながることになる。だが、こうしたことを論じようとした人はいない。そうではなく、むしろ議論すべきは、エコノミック・ステイトクラフト自体が道徳的に正当性があると認められるか否かではなく、そのような手段の正当な利用に制約を加える状況があるとしたら、それはどのような状況なのかということだ。

落とし穴2：エコノミック・ステイトクラフトの活用は利害関係のない場合にのみ許される。

特に対外援助については、支援する側の利益に絡む場合には、道徳的な問題があると見なされがちである。そのため、対外援助は支援する側の「国益」にかなったものなのか、「人道的」理由によるものなのかのどちらかに分類されることが多い。自己利益にかなうものがすべて道徳に反するものであり、あるいは国際政治が本来的にゼロサムゲームであるなら、このアプローチは納得できるかもしれない。しかし、利害関係がさまざまに絡み合う現実の世界では、援助と貿易取引がすべての当事者に利益をもたらす可能性はかなり高い。援助や貿易の事例の中には非道徳的なものもあったかもしれないが、これらはいずれかの当事者が利益を求めた結果だとすることはできない。

落とし穴3:国連決議に具現化されている政策や弱小国の代表による声明は、大国のそれよりも道徳的に勝っている[81]。

国連決議で具現化された対外援助の取り組みを、人道主義と道徳原則に基づいたものとしてとらえる一方で、アメリカの取り組みは自らの「国益」増進を狙ったものととらえることは適当ではない。第三世界の弱小国は、大多数の国々の支持を期待できた1950年代のアメリカが行ったのと同じように、それぞれの国の「国益」増進を狙って国連決議を活用している。国連の取り組みは、アメリカよりも道徳的に勝っているかもしれないし、それとは逆に劣っているかもしれない。だが政治家たちも認めるように、それはまさに政治そのものであり「国益」の反映でもあるのだ。

チャールズ・ベイツは、ステイトクラフトの道徳性に関する見解には2つの学派があると考えた[82]。そして1つ目を道徳的懐疑主義に分類し、マキャヴェッリ、ジャン・ボダン、ホッブズ、そしてハンス・モーゲンソーをはじめとする戦後の「リアリスト」を挙げている。この学派の伝統的な考え方は、国際関係における「国益」を重要視し、「国家間の関係を規律する普遍的ルールの存在」を否定する[83]。ベイツが支配的な英米人の伝統

81. 以下と比較のこと。Ohlin, *Foreign Aid Policies Reconsidered*, pp. 13-14;Ian M. D. Little, *Economic Development: Theory, Policy, and International Relations*(New York: Basic Books, 1982), pp. 112-113;および Claude, *Swords into Plowshares*, pp. 28, 63, 126-127.

82. Charles Beitz, *Political Theory and International Relations*(Princeton: Princeton University Press, 1979), pp. 3-66;および“Bounded Morality: Justice and the State in World Politics,” *International Organization* 33(Summer 1979):406-410.

83. Beitz, *Political Theory and International Relations*, p. 3. 個々の理論家がベイツのどの分類に属するのかという疑問にはここでは触れない。ここでの議論の目的のために、ベイツの学派の特徴描写を拝借して異なる知的アプローチに大まかな共通項を提示しただけのことである。

とみなしたこの見解には、エコノミック・ステイトクラフトの道徳性を批判するような論拠はほとんどない。

第2の学派はベイツにより「各国の道徳性」と呼ばれる考え方で、プーフェンドルフ、ヴァッテル、ロック、ベンサム、ジョン・スチュアート・ミルの名前が挙げられている。この学派は、国家の自律性、不介入、自決を強調し、各国は互いに対する際には何らかの道徳的規律に従うものとし、また、国家は国内社会で個人が有する道徳的自律性と同様の権利を保持しているとみなす。しかし、このアプローチは、国内における国家権力に匹敵するような機関が国際社会には存在しないことを認識した上で、「法の公的執行官の欠如を埋め合わせるために」さらなる自助努力を容認する[84]。これは、エコノミック・ステイトクラフトの——あるいは他のタイプのステイトクラフトの——実行に道徳的観点から異議を唱える論拠を提供している。仮に「主権」「介入」そして「自決」という概念を拡大解釈すれば、ほぼすべての国家間の影響力行使が道徳的非難を免れないからだ。この一般的でかつ哲学的な方向づけは、近年の国連総会における介入と圧力の禁止決議にも関係している。もちろん、自助を強調するこのアプローチの下では、例えば他国によって負わされた損害の補償など、ある種の経済的圧力が正当化されるような解釈指針的なものが提供されている。

ベイツは、この「各国の道徳性」の見解を2つの根拠で批判する。第1に、ベイツは国家が個人と同様の道徳的地位を有することを否定している。第2に、「各国の道徳性」の見解には正義の分配は公正であるべきとの原則が欠けていることに異議を唱えている[85]。その結果、ベイツは第3のアプローチの必要性を提案し、ジョン・ロールズの契約論の見地を土台として「世界主義者」と名付けた[86]。

ロールズの『正義論』は、社会正義の原則に関する重要な主張——おそらく20世紀を代表する重要な主張——とされているので、エコノミック・ステイトクラフトに対する彼のアプローチは検討に値するものである。彼の基本アプローチは、合理的な人が「無知のベール」の下で、どのような社会正義の原則を選択するのかを考えることである。無知のベールは、人々がどのような社会、人種、性別、社会経済的グループ、世代に属しているかを知らされないようにするものである。この「原初状態」から、

84. Beitz, "Bounded Morality," p. 408.
85. 同、pp. 408-409；Beitz, *Political Theory and International Relations*, pp. 65-66.
86. John Rawls, *A Theory of Justice*（Cambridge, Mass.: Harvard University Press, 1971).

ロールズは正義について2つの基本原則を導き出している。1つ目は、個々人は「他者と同等かつ最も広範な基本的自由を有する権利を等しく持つ」べきだということである。この原則は法の下の平等、言論の自由、投票権等と関連している。第2の原則は、「社会的、経済的不平等は、以下の条件がどちらも成立するように修正されるべきであるというもので、条件とは（a）最不遇者にとって最高の利益が得られること（中略）および（b）機会均等という条件の下で、すべての人に開かれた（中略）地位に付随するものであること」だ。

ここで問題となるのは、ロールズが示す正義の原則の正当性ではなく、エコノミック・ステイトクラフトの実態評価に対する影響である。そうした影響を見極めるのは、ロールズが「自給自足的な」国民共同体だけに注目し、国際関係にはほとんど注意を払っていないため、非常に複雑なものとなる。「地球村」という言葉がすっかり定着していた時代に、ロールズが国際的な次元の正義を軽視したのは、彼の分析の大きな欠陥だ（『正義論』がスプラウト夫妻の『地球政治へ向かって（Toward a Politics of the Planet Earth)』と同じ年に出版されたとは、なんという皮肉だろう）[87]。ロールズのステイトクラフトに関するコメントには、エコノミック・ステイトクラフトに対する徹底的な道徳的非難の根拠があるとは思えない。戦争でさえ——それが正義であるならば——ロールズの理論体系では許容されるのだ。こうして彼は、戦争行為で使われる手段は「平和の可能性を破壊したり、人類の（中略）安全を危険にさらし人命を軽視することを助長したりしてはならない」と指摘し、さらに、正義を有する国は「世界的権力や国の威信への欲求には惑わされず、経済的利益や領土獲得のために戦争をすることもない。このような目的は、社会の利益の正当性を規定する正義の概念とは相容れないからだ」と主張する。目的の正当性については、各国がどのような手段であれそのような目的を追求すべきではないと解釈することもできる。しかし、その解釈はロールズの他の見解と一致しているようには見えないので、おそらくロールズの意図とは違うのだろう。邪悪なのは経済的利益の追求や領土拡大自体ではなく、そのような目的のために戦争を手段として使うことなのだ。経済的利益は国際貿易に

87. ロールズが国際関係をより真剣に扱わなかったことへの批判は、以下参照。Brian Barry, *The Liberal Theory of Justice* (London: Oxford University Press, 1973), pp. 128-133；Robert Amdur, "Rawls' Theory of Justice: Domestic and International Perspectives," *World Politics* 29 (April 1977)：452-461；および Beitz, *Political Theory and International Relations.*

よって実現できるだろうし、領土は購入することができる。ロールズがエコノミック・ステイトクラフトをそのように利用するのは国家権力の正当でない行使だと主張するつもりだったとは、とても思えないのだ。

政策と世界主義

ロールズの正義の原則は非常に一般的なものにとどまっているので、ステイトクラフトの経済的手段の広い領域における活用を検討する余地がある。ベイツが指摘するように、世界主義者の視点からすれば、「国家に対していかなる道徳的規範が求められるのかという問題が未解決のままになり」、「特定の政策綱領につながることは一切なく」、そして「世界主義の原則を実施するために必要な政治的戦略」を特定することにもならない。これらの問題は、「国際政治経済の実証分析から生まれる仮説」に基づいている[88]。このような原則を現実の複雑な国際政治に当てはめることの難しさが、以下の貧困対策、介入、依存、秩序の維持についての考察で見えてくるだろう。

・貧困対策

ロールズの正義の分配の原則が有する世界的な政策への意味合いは、最初は定まっていなかったように思える。社会的、経済的不平等は、その不平等が社会の最不遇者の利益になる場合しか正当化されないという主張は、富の大規模な世界的再分配の要求と解釈できるかもしれない。そのような解釈は、「財政と貿易改革、債務取り消し（中略）、大規模な開発支援」等の経済的手段は道徳的に許容されるだけではなく、道徳的義務でもあるという主張に簡単に結びつく[89]。

しかし、特定の政策に関して推論しようとする際には、細心の注意が必要だ。貧困対策の政策が具体化される前に、他の政策手段との比較を行う必要がある。これは翻って、どのような問題設定をするかにかかっている。もし問題が主に資金不足にあるなら、対外援助は適切に思えるかもしれない。しかし資金不足の原因が、民間による対外投資を敵視する政府の

88. Beitz, “Bounded Morality,” pp. 409-410.
89. Amdur, “Rawls’ Theory of Justice,” p. 455.

姿勢にあるなら、問題への対応としてのより効果的な方法は、支援を意図的に留保して、貧困国の政府が海外から投資を受け入れる環境を向上させるように仕向けることかもしれない。もし問題が主に飢餓と栄養失調なら、食糧援助が適切と思えるだろう。しかし、もし飢餓と栄養失調の原因が貧困国の農業生産に向けた動機づけが十分ではないことであるなら、食糧援助は農業生産への動機づけをさらに弱め、問題を拡大してしまう可能性がある。国際的な資本主義経済への参加が貧困を生み、また貧困を継続させているのならば、豊かな資本主義国家は貧困国との貿易を断つ義務があるように見えるかもしれない。しかし問題が富裕国との貿易が十分に行われていないことであるならば、そのような手段は適切ではない。もし問題が、真摯に計画された政府の人口抑止政策にもかかわらず、爆発的な人口増大が発生しているのであれば、大規模な援助は有益かもしれない。しかし、もし問題の原因が人口抑止策の欠如であれば、援助は問題を大きくするだけかもしれない。対外援助は貯蓄を阻害し、インフレーションを助長し、自助努力を阻害し、経済性のない事業を促すかもしれない[90]。ここではそのような効果が回避不能であることが、ほぼ確実だと言っているわけではない。だが、その可能性は少なくとも考慮に入れるべきだろう。対外援助は必ずしも貧困国の利益になるとは限らないのだ。援助が多いほうが少ないよりも必ずしも良いわけではない（食事の塩分量と同じだ）。だから援助をしないことが貧困国のためになる状況もあるかもしれない。たとえロールズの原則である正義の分配が国際関係にまで拡大されたとしても、特定の政策によるエコノミック・ステイトクラフトへの影響、個別事例の文脈で、またさまざまなステイトクラフトの手段の大まかな因果効果についての理論的見地から判断されなければならない。

ロールズの原理は、不平等が最不遇者の利益になる限り、国際的不平等さえ正当化することに留意すべきである。少なくとも 1 人の著者は、富裕国と貧困国の格差は、ある程度は貧困国のベネフィットになるという趣

---

90. 実は対外援助は貧困国にとって不利益だという主張については、*Foreign Aid Program: Compilation of Studies and Surveys* を参照。これは、対外援助計画の研究のため、特別上院委員会の指示のもとに作成された以下の調査による。Study No. 7, "American Private Enterprise, Foreign Economic Development, and the Aid Programs," prepared by the American Enterprise Association, 85th Cong., 1st sess., 1957, Senate Doc. 52, pp. 539-618；Milton Friedman, "Foreign Economic Aid: Means and Objectives," *Yale Review* 47 (June 1958)：500-516；Banfield, *American Foreign Aid Doctrines*；および P. T. Bauer, *Equality, the Third World and Economic Delusion* (Cambridge, Mass.: Harvard University Press, 1981)。

旨の主張を真剣に唱えてきた[91]。そのような見解は、富の国際的再分配の道徳的判断を明確化する際に無視してはならない。結局のところその格差は、貧困国を豊かにするのではなく、富裕国を貧しくすることによって解消できるだろう。しかし、それで社会正義を促進する流れが前に進むかどうかはわからない。

ロールズの2つの正義の原則は基本的に重要だが、ある意味ではそれよりも「社会的基本財」、つまり合理的な人が2つの正義の原則を選ぶ際に何に価値を置くのかを先に明確にすることに比べると、二次的なものと言える。「社会的基本財」のうち、ロールズの見解で最も重要なのは自尊心だ。長らく国際的不平等が最不遇者の自尊心を傷つけるなら、富の再分配論が高まるとされてきた[92]。これは重要なポイントだが、自尊心の議論に関しては多くの論点があり得る。結果として、援助を受けると自尊心が損なわれることが数多く存在する。もちろんこれは援助のタイプ、付帯条件、援助者、援助の量等に左右される。しかし本質的に重要な点は、対外援助が被援助国の自尊心にどのような影響を与えるかを事前には判断できないということである[93]。無条件の援助の方が条件つきの援助よりも多少なりとも格が上であるとさえ言い切れない。例えばマーシャル・プランのように、他の同格の国に対して条件つき援助が行われるのが通例である場合、仮に当該国に条件を付さないことにすれば、それは自尊心を傷つけるような温情主義的な対応と見なされるかもしれない。大きくなったら法による強制力からは守ってもらえないと子どもが言い聞かされるように、貧困国を優しく扱うことは「大人の」国とみなしていないと言うのに等しいのかもしれない[94]。圧力と威圧は、必ずしも自尊心を傷つけるわけではない――海兵隊の募集フレーズ「海兵隊が一人前の男を作る」という発想は、全く誤った宣伝文句とは言えない。自尊心を強調するロールズ派の考え方が、さらなる支援の増加を求めるものなのか、それとも支援を減らすものなのか、無条件の援助を求めるものなのか、それとも条件つきの援助を求めるものなのかといった疑問には、具体的な状況を考慮しないと正確に判断できない。

---

91. Herman Kahn, *World Economic Development: 1979 and Beyond* (Boulder, Colo.: Westview, 1979).

92. Amdur, "Rawls' Theory of Justice," pp. 448-450.

93. もちろん、長い目で見て自尊心を高めるために短期間だけそれを犠牲にすることは許されるだろう。

・介入

「国の道徳性」の視点からすれば、介入を行わないことが基本的に重要である。ほぼあらゆる種類の国際経済関係は各国の「経済的独立性」を侵食しかねないので、この観点からすれば、経済的な自給自足状態（アウタルキー）は望ましい政策に映る。しかし、世界主義の発想からすれば、国境自体に道徳的重要性は認められないので、ロールズ派の正義の原則にのっとった形で行われるならば、介入も道徳的に許容されることになる。そのため、貧困国が間違いなく利益を受けられるような条件を援助に設けることは、至極当然なことであり、道徳的な義務でさえある[95]。

ベイツは「対象国が公正である、あるいは外部からの干渉を受けなければ公正になり得るのであれば」、世界主義の原則からすれば、「条件つきの二国間援助」は禁じられることになるとしている[96]。しかし、これはあらゆる二国間援助を禁止することに等しい。というのも、あらゆる援助には条件が付されているからだ。それには、義務として何らかの方法で返済する必要があるという、曖昧で明文化もされていない形も含まれる。援助の提供国と受入国の双方ともそのような義務の存在を否定するかもしれないが、どちらもその存在を知っている[97]。ある種の条件は、他の条件よりも道徳的に受け入れやすいかもしれないが、暗黙のものも含めてすべての条件について道徳的に受け入れがたいとすることは、あらゆるタイプの対外援助を禁止するに等しいのである。

第二次世界大戦以来、アメリカの最も重要な経済的介入は、反共主義の名のもとに実施されてきた。ロールズの原則はこのような介入を正当化する強い根拠になっている。ロールズにとって、基本的な政治的自由に関連する第1原則は、正義の分配に関する第2 原則に優先する。共産主義国

---

94. もし援助取引が社会的交換とみなされるなら、付帯条件の重要性はさらに明快になる。対象国がその支援によって負う恩義を多少なりとも軽くするかもしれない手段が、条件によって明らかになるからだ。被援助国に屈辱を与える確実な方法は、贈り物をしておきながら、相手の返礼を拒絶することである。以下参照。Mauss, *The Gift*；および Dillon, *Gifts and Nations*.

95. 以下参照。Beitz, *Political Theory and International Relations*, pp. 83-92；および Amdur, "Rawls' Theory of Justice," pp. 452-458.

96. Beitz, *Political Theory and International Relations*, pp. 91-92.

97. 以下参照。Mauss, *The Gift*.

には基本的自由の保護に関する残虐な過去があるので、共産主義国による乗っ取りを防ぐための経済的介入には明白な道徳的正当性がある。事実、第 1 原則が第 2 原則に優先するので、第 2 原則に反するような経済的剥奪は、基本的自由を守るために行われるなら正当と認められるだろう[98]。だが、これで反共主義の名目で行われるすべての介入が正当化されるわけではない。ロールズの原則とそのような正当化との関連性を示しただけだ。各事例について、各々の状況を精査する必要があることに何ら変わりはない。

・依存

依存状態は、意外なほど単純な概念だ。関係を断つことの機会費用の観点から簡潔に定義できるという意味で単純である。この機会費用が高くなればなるほど、依存状態がより強いことを意味する。数世紀前に誕生したこの概念は[99]、機会費用とその意味合いについて誤って理解される傾向があり、その意味が正確に理解されない。例えば依存状態という現象は、依存者の価値体系と独立して存在するものではない。したがって、部分的であれ依存者自身もその依存状態に責任を有している。そのためアメリカは、アラブからの石油輸入を止めた場合のコストを考慮し、依存状態にあると言える。この状況は憂慮される事態であるが、一つ見逃されていることがある。アメリカ人の自家用車の運転に対する価値の重さを下げるだけで、アメリカはひと晩でこの依存状態から脱出できるのだ。ストア学派の哲学者がかつて指摘したように、強い欲望を持った貪欲な人ほど、依存状態に陥りやすい[100]。したがって、道徳的観点からの依存状態に関する意味は、依存状態に影響を与えている価値観のあり方に関係するのだろう。嫉妬、権勢欲、そして物欲は、ロールズが唱えた社会的基本財よりも道徳的地位が低いものと考えられる。

---

98. 「不介入ルールの道徳基盤を正しく理解すれば、分配の不公正を減らせそうな場合は（そしておそらく、他のさまざまな条件もうまく整った場合は）社会に対する非軍事的な影響力を行使する試みを容認できるということかもしれない」(Beitz, "Economic Rights and Distributive Justice in Developing Societies," *World Politics* 33 [April 1981]: 324)。基本的自由の維持は分配の公正さに優先するので、その目的のための介入を「非軍事的な影響力」を正当化する「他のさまざまな条件」に含むべきなのは明らかだ。

99. Baldwin, "Interdependence and Power."

100. Epictetus, *The Discourses and Manual*, trans. P. E. Matheson）Oxford: Clarendon Press, 1916).

しかし、依存状態の道徳的地位を評価するために最も重要な要件は、貿易利益と依存度の間に存在する本質的な関係をはっきり理解することだ[101]。貿易利益とは、貿易停止の機会費用の別名でしかない。少なくとも財や他の要素と何らかの形で依存状態が実現されない限り、分業の利益がもたらされる可能性はない。この社会生活の基本的な側面が、国際社会の依存関係にまつわる現代のさまざまな議論によって曖昧にされてしまうことは多い。実際のところ、科学的コミュニケーション手段としての「開発」や「帝国主義」をほぼ使用不能にした、道徳上好ましくないものとの含意が、「依存度」の問題にも影響を及ぼしている。

例えばベイツは、経済的依存度の問題は「植民地時代の政治的な帝国主義と比較すると最も理解しやすい。植民地時代の経済的依存状態は代々続いてきたものである」と述べている[102]。しかし、このアプローチはほぼ確実に、経済的依存と分業の関係について大きく誤った理解へつながってしまう。ベイツとは反対に、経済的依存度の問題は、それを分業の必然の結果ととらえて理解することができる[103]。

もちろん、2 つのグループが互いに依存し合っている場合、依存度の低いグループが脆弱なグループを威圧することができる。より強いグループ（つまり依存度の低いグループ）がこの力を利用して、交易条件を都合良く操作できるかもしれないのもまた事実だ。しかし、貿易条件が不利になると、脆弱な側の貿易利益を減少させ、その結果、他の条件が一定ならば、その依存性を低下させる結果となることはほとんど理解されていない。これらを両立させることはできない。もし貧困国の国際貿易収益がゼロあるいは赤字だったら、貧困国は貿易中断に対する脆弱性を有するとは

---

101. Hirschman, *National Power and the Structure of Foreign Trade*, pp. 3-19.

102. Beitz, *Political Theory and International Relations*, p. 116.

103. ベイツは、依存や相互依存の明確な定義は示していないが、どちらの概念も彼の分析のなかで傑出している。ベイツは「議論のために」、主に近年の南米の文献に基づく現代の「従属理論支持者」の意見に頼っている。これは非常に残念なことだ。というのも、この学派はこの主題に関する社会科学的思考の主流派ではないばかりか、知的基盤も弱いためだ。「従属」の理論家のさらなる論考は、以下参照。Little, *Economic Development*, pp. 218-266；Baldwin, "Interdependence and Power," pp. 492-495；Tony Smith, "The Underdevelopment of Development Literature: The Case of Dependency Theory," *World Politics* 31（January 1979）：247-288；Robert A. Packenham, "The New Utopianism: Political Development Ideas in the Dependency Literature," Working Paper no. 19, Latin American Program, Woodrow Wilson International Center for Scholars, Washington, D.C., 1978；および Knorr, *The Power of Nations*, pp. 239-309.

言えない。その脆弱性とは、貿易が彼らにとって価値があることから生じる。とはいえ、これは経済的依存度の高さは決して道徳的に誤りではないと言っているわけではない。ここから言えるのは、正義の分配と経済的依存度の関係は、ベイツが示すよりかなり複雑（ある意味ではもっと単純）だということだけである[104]。

一方ロールズは依存度と分業の複雑な関係性を認識し、どちらも公正な社会という観点から排除はしていない。彼は「秩序だった社会は分業を排除しない」と指摘し、品位を傷つけるタイプの依存度の大きさは排除されるべきだが、「労働がすべての人々にとって意味があるなら、私たちは他者への依存を克服できないし、そう望むべきでもない」と述べている[105]。ロールズはここで国際関係には触れていないが、彼の論理の延長線上には世界的な分業の禁止があると信ずべき理由は一つもない。もちろん、特定の形態の依存度の高さは精神面で屈辱的だ。しかし、公正な社会は分業の利点すべてを否定する必要はないし、そうすべきでもない。依存状態自体は、人間は社会的動物であるという古くから指摘される前提を受け入れる人にとっては、道義に反することではないのだ。

・秩序と正義

国際正義の問題は、国際秩序の問題と表裏一体だ。不公正な世界では、正義の観点からはその原則に変化が求められるが、危険な世界秩序という観点からは、変化のスピードやその手段の選択に制約が加えられることになる。そのため、この２つの原則の間には緊張関係が続くのだ[106]。

この緊張関係は、各国間の富の再分配の問題に明確に現れる。事実上、第三世界諸国の経済を強化するには、同時に戦力を強化する以外に方法はない[107]。この点が国際秩序に与える影響は明らかではないが、再分配問題を議論する際には取り上げられるべきであろう。世界主義からすれば、道徳的観点からの国境の重要性に疑問が提示されるが、だからといって個々

---

104. 以下と比較のこと。Beitz, *Political Theory and International Relations*, pp. 146-147.

105. Rawls, *A Theory of Justice*, p. 529.　ベイツは依存と相互依存についての議論でこの一節を無視している（『Political Theory』pp. 116-121, 143-153）。

106. 詳しい論考については、以下参照。Bull, *The Anarchical Society*, pp. 77-98.

107. 以下参照。Knorr, *Military Power and Potential*；および Little, *Economic Development*, p. 332.

の事例の道徳性評価の際に国という存在を無視できることを意味はしない。

要するに、エコノミック・ステイトクラフトは――その他一連の外交政策と同じように――善にも悪にも利用できるのだ。戦争と同様に、使われる手段は追求される目標に対応したものであるべきとの一般ルールが、経済的手法の活用についても当てはまる。特定の手段は――特定の武器同様に――ほぼいかなる状況でも道義性に反する。麻薬取引や奴隷貿易といった不公正取引はそのような手段に含まれるだろう。しかし、大半のステイトクラフトの経済的手法の道徳的地位は、それが実際に使用されたり検討されたりする政策-有事の枠組みの文脈の中で決定されなければならない。不公正な戦争の準備、他国の弱みにつけ込むような行動、相手国を公正性から遠ざける行為、あるいは公正な国にふさわしくない目標の追求は、道徳的に許容されるエコノミック・ステイトクラフトの活用方ではない。しかし、正義（just war）に備えること、一国が他国の弱みにつけ込むのを抑止すること、ある国がより公正な国になるのを手助けすること、正義の国にふさわしい目標を追求することは、一定の環境下では許されうるし、むしろ義務でさえあるのかもしれない。

第 12 章
結論

無知は思い違いよりも望ましい。そして何も信じない者は、間違ったものを信じる人よりも真実に近いところにいる。

（トマス・ジェファーソン『ヴァジニア覚え書』より）

多くのことを中途半端に知るくらいなら、何も知らないほうがいい。

（フリードリヒ・ヴィルヘルム・ニーチェ
『ツァラトゥストラかく語りき』より）

実際は知らないことを知っていると思い込むより、何も知らないほうがいい。

（ジョシュ・ビリングス『名言集』より）

エコノミック・ステイトクラフトは、数世紀にわたって実践されてきた手法であり、その活用が近年増加したかどうかとは別に、それについての理解を向上させることは長年の懸案だった。エコノミック・ステイトクラフトに関する研究の発展は、少なくとも1945年以来、そのような手段にはほぼ効果がないという社会通念によって妨害されてきた。本書は、そうした社会通念の問題点を明らかにすることを第一の目標とした。そのため、議論の大半はスタンリー・ホフマンが「解体作業」と呼んだものに似たところがある[1]。解体作業は、社会通念に対する合理的な疑問点を引き出し、それによって新たな考え方の道を切り開く。

本章冒頭の引用が示すように、解体作業は知識に対する正当な貢献である。だがそれは、新たな理論や、どのような環境ではどの経済的手法が有効なのかという点に関し、新たな理論の構築や議論の一般化を代替するものではない。となれば、ここまで読んできた読者諸氏はおそらく、エコノミック・ステイトクラフトに関する社会通念の代替物として、著者は何を提示したいのか知りたいと考えるだろう。社会通念に代わるものを期待する気持ちは理解できるものの、未成熟な状態での一般化は有害無益かもしれない。各章の議論が意味するところは、エコノミック・ステイトクラフトの一般化にはさらなる緻密さ、忍耐、厳密さ、そして慎重さが必要だということだ。本書で取り上げた事例の大半は、それがエコノミック・ステイトクラフトの典型的な例だからではなく、社会通念としてしばしば参照されるために取り上げたものである。このような考え方の下での実例の選択は、社会通念の妥当性を確かめるためにふさわしいと言えるが、事例の一般化には役に立たないのである。

本書の第二の目標は、分析的枠組みの提供である。社会通念に取って代わるエコノミック・ステイトクラフトに関する知識や理解が確実に向上す

1. Stanley Hoffmann, ed., *Contemporary Theory in International Relations* (Englewood Cliffs, N. J.: Prentice-Hall, 1960), p. 171.

るような枠組みである。これまで多くの事例の研究においてさまざまな分析の枠組みが取り上げられてきたが、信頼できる事例研究に欠かせない、入念さや緻密さがうかがえる研究ではなかった。本書の事例研究の原理は「蓋然性調査」と呼ばれてきたものに近い[2]。蓋然性調査は、特定のアプローチの蓋然性を検証し、そのさらに一歩進んだ使い方に価値があるかを見極めるためのものだ。本書の分析的枠組みを適用しても社会通念と同じ結果になる可能性が高いということを蓋然性調査が示すのであれば、さらなる調査を進める価値はないように思われる。しかし、調査されたほぼすべての事例において、ここで作られた枠組みを入念かつ緻密に適用すると、社会通念とはかなり異なる結論へ向かうと思われる理由があった。

ここで提案したアプローチ案の根底にあるのは、経済的技法はステイトクラフトの他の技法と同じ方法で分析されるべきであるという基本的な考えだ。このアプローチの基本原則はエコノミック・ステイトクラフトを念頭に練り上げられてきたが、外交政策、プロパガンダ、ミリタリー・ステイトクラフトにも等しく適用できるはずである。ここまでの各章で説明してきた分析の原則を要約し、ガイドラインとして示すことができる。そのガイドラインは、ステイトクラフトの経済的手法の有用性を評価する際にはまりがちな罠を回避する手助けになる。その例を挙げると下記の通りである。

1. 対象と目標は通常複数ある

実際の、あるいは潜在的な影響力行使を分析しようとする際に最も重要なステップは、誰が誰に対して、何について影響を与えようとしているかを慎重に見極めることだ。この目標と対象に関する構造についてあまりにも単純な見解を取ることは、エコノミック・ステイトクラフトの有用性が過小評価される最大の要因となる。

2. 成功とは多くの場合、程度の問題である

完璧な成功も、完璧な失敗もあり得ない。影響力行使の結果を単純に「成功」と「失敗」の 2 つに分類することは、大きな過ちにつながりかねない。

3. 代替策が重要である

ステイトクラフトのどのような手段が有用なのかについての知見は、代替手段と比較して初めて意味を持つ。エコノミック・ステイトクラフトは

2. Eckstein, "Case Study and Theory in Political Science."

機能しないと主張するのであれば、どのような措置であれば機能するのかという提言が併せて行われるべきだ。

4. 他の物事より難しい物事もある

難しい課題を達成しても、その成功が平凡なものであるなら、高レベルで成功した簡単な課題よりも印象が薄く見えるかもしれない。だがステイトクラフトの評価では、飛び込み競技のように難易度に応じてスコア調整が行われるべきだ。「噛める以上に齧りとるな（できないことをしようとするな）」という言葉は成功の秘訣に思えるが、必ずしも噛む能力が優れていることを示しているわけではない。能力分析では、一度に齧りとれる大きさは戦術の問題ではなく、既知の事実なのだ。

5. イメージは重要である

象徴的外交政策の目的の追求は、必ずしも弱さや軽さ、過度の主情主義を示すものではない。外交政策立案者は多くの場合、第三者が見ているかのように振る舞う——そして実際そうなのである。

6. パワー基盤は多様である

経済的な政策手段は、非経済的なパワーを通じて機能し得る。対外援助は、その経済効果にかかわらず、被援助国を守ろうというコミットメントを投影しているかもしれないし、貿易制限は、その経済的影響が皆無な場合でさえ侵略の脅威を与えるかもしれない。経済制裁は、それが機能するうえで相手を傷付ける必要はない。

7. 自身のコストを相手のコストと比較してもまったく役に立たない

制裁実施国のコストは、他の政策選択肢をとる場合のコストと比較されるべきである。制裁実施国のコストを制裁対象国に課されるコストと比較することは、大きな過ちになりやすい。

8. 不服従のコストをどれほど課すかは、成功の尺度となる

影響力を行使する対象に服従しなかった場合のコストを負担させることは、部分的成功と言える。そのため、服従に前向きだったか否かはもちろん、不服従のコストが課されたか否かも大事な点である。

9. コストも役に立つ

他の条件を一定とすれば、コストは常に最小限に抑えられるほうが好ましい。しかし他の条件がいつも同じとは限らない。他国に何らかのシグナルを送るためにコストのかかる手段を選択すると、シグナルの信憑性は高まるかもしれない。そのため、その決断を喧伝したがるような政治家は、コミュニケーション手段のうちコストがかからない手段を避けようとする

かもしれない。結果が同じならコストのかからないほうが良いが、ある条件下では、コストのかかる伝達媒体がメッセージの信頼性を高めるからである。

これら9つのポイントを念頭に置いてエコノミック・ステイトクラフトの現実の、あるいは潜在的な有用性を評価しようとする政策立案者や政策研究者は、少なくともそうした評価をする際にある程度手間が省けることになるはずである。

エコノミック・ステイトクラフトは、社会通念上考えられている以上に有用だが、通常必ず機能するわけではない。大半のステイトクラフトの手法はうまく機能しないということかもしれないが、だからといってさまざまな政策オプションには違いがあることを認識する必要性がなくなるわけでもない。

本書の議論が、ステイトクラフトの経済的手段はいっそう活用されることが望ましいと主張しているのかと言えば、必ずしもそうではない。エコノミック・ステイトクラフトを使うか否か、使うとしたらどのように使うべきかという判断は、そのときどきの事例に即した慎重な精査に根差さなければならない。ジェイコブ・ヴァイナーが指摘したように、もし「最終結果を特定の事例に論理的に適用するつもりならば」、学術的な観点からは一般に「情報、知識、批判、科学的には測定できない物事のある種の測定法、[そして] 弱い立場の人間を思いやる気持ち」によって操作される必要がある。ヴァイナーは、学術的分析が政策の処方箋へそのまま適用されることに疑問を抱いていたのだ。そして学者が公共政策に最も寄与できるのは、特定の事例のために詳細な政策を処方することではなく、「知識の体系化と、公共的課題に価値をもたらすための」道具を提供すること、「原則の間の対立点」を解明すること、そして公共的課題に関する「程度、関係、比率の重要性」を捜し出すことであると信じていた[3]。本書の各章もこの精神に則って書かれている。

本書の議論が示唆するのは、エコノミック・ステイトクラフトの本質、含意やその帰結を理解する必要性だ。ステイトクラフトの行使の元手が天文学的数字に跳ね上がっている世界では、ステイトクラフトのあらゆる手法をもっと深く理解しなければならない。実際、政治家が戦争を選ぶとす

3. Viner, "Intellectual History of Laissez Faire," pp. 62-63. 同様の見解については、以下参照。George and Smoke, *Deterrence in American Foreign Policy*, pp. 616-642, 特に p. 628。

るなら、それは選択可能な政策に対する理解不足が招いた結果ではなく、他の代替策を注意深く評価した結果でなければならない。合理的な人々の間でも、政策手段としての戦争の有用性に関しては意見が異なるかもしれない。しかし、不必要な戦争を擁護する理由はほとんどない。トマス・ジェファーソンはルイジアナ準州を買収ではなく戦争により手に入れるべきだったと主張する人は、現在ほとんどいない。エコノミック・ステイトクラフトの本質、含意、帰結がアドバイザーによって誤った助言だけに頼って現代のアメリカ大統領が戦争に頼ろうとしたら、「残念」ではすまず—むしろ世界的惨事と取られるべきだろう。核の時代には、ミリタリー・ステイトクラフトに代わる代替策の解明が特に重要になる。

政策科学は、政治家が目標追求のために利用できる手段に焦点を当てる。スタンリー・ホフマンは、このアプローチには「政策立案技術を過度に強調することで研究が小細工に陥り」、「権力戦略的な権力活用の魅力」と「政策立案者が行使できる手段」を生み、政治家の「決断を正当化する」リスクがあると警告する。政策科学に関する本書の議論がこのようなリスクを実証できたかどうかは、第三者の審判に任せよう。ホフマンは政策科学に伴うリスクを冒さないよう警告するが、このアプローチの価値を否定してはいない。そして学問の役割の一つは「政策立案者がいずれ選択しなければならなくなる状況と代替策を理解するための手助けだ」と指摘する[4]。エコノミック・ステイトクラフトの本質、含意、帰結に対する理解を深めることは、この目的に貢献できるはずだ。

4. Hoffmann, *Contemporary Theory in International Relations*, pp. 11-12.

後　跋

エコノミック・ステイトクラフト：継続と変化

イーサン・B・カプスタイン

1985 年に初版が刊行されたデヴィッド・ボールドウィンの『エコノミック・ステイトクラフト』は、今日にあってその重要性をますます増している。ドナルド・トランプ大統領のもとでアメリカは長年にわたる貿易・投資関係を断ち、イランからベネズエラまで、数々の政府、非国家主体、個人に対し、ほぼ毎日のように制裁を発動してきた。中国は世界中で経済力を発揮し、開発金融プログラムとして一帯一路構想（BRI）を掲げ、多数の国でインフラ整備を進めている。欧州連合（EU）では 2020 年 1 月にイギリスが紆余曲折の末に離脱した。これは、今後の対外経済政策が大きく転換することのシグナルと考えられる。世界貿易の中心である世界貿易機関（WTO）は、多国間協定締結が難航している一方で、加盟国間の紛争解決に必要な上級委員会委員の選任手続きができず、機能不全に陥っている。世界経済におけるこうした関係の変化から、第二次世界大戦後、欧米の大国が作り上げ、ソ連崩壊後「鉄のカーテン」を越えて広がったルールに基づいたシステムが、いつまで通用するのかという疑問が生じている。

エコノミック・ステイトクラフトが再び注目を集めるようになっているが、本書（訳注：初版）刊行後数年のうちに手にとった読者はこんなことは予想していなかっただろう。1990 年代初めには冷戦が終わり、中・東欧の旧共産主義国の大半は EU と西側社会への参加を望んでいた。南アフリカ――長い間、国際的な制裁対象だった――ではアパルトヘイトの廃止が進み、1994 年にネルソン・マンデラが大統領になった。こうして体制転換した国々はどこもグローバル経済に参加し、多数が市場・政治統合に向けて EU やアメリカから多額の援助を受けていた。

東アジアに目を向けると、1980 年代半ばの中国はまだ経済改革が始まったばかりで、欧米への輸出拡大を頼りに、企業の競争力を高め、労働者の収入を増やそうとしていた。中国が一世代の間にアメリカと肩を並べる存在となり、貿易戦争を繰り広げることになろうとは、ほとんど誰も予想していなかった。アメリカ政府は技術移転協定などを通じて中国の世界経済への取り込みを推し進めていただけに、皮肉な話である。反対に、中央情報局（CIA）は中国の改革が持続可能なものなのか危ぶんでいたが、「もし」持続するなら、アメリカにとって戦略的に大きなプラスになるだろうと判断していた。中国の成長は西側市場にアクセスできるかどうかに大きくかかっていたからだ（CIA 1986）。

1980 年代、90 年代はほとんどの国が、手短にいうと、急速にグローバル化し――インターネットはまだ登場したばかりだった――、国際政治が大きく変わる可能性が生じていた。マッキンゼーのコンサルタントだった大前研一は 1989 年に、国境は「ほぼ消えた」「われわれはグローバル・シチズンになった」と述べている（Ohmae 1989）。グローバル化が徹底的に進んだボーダレスな商取引の世界とは、エコノミック・ステイトクラフトがまったく必要ない世界を意味していた。

では、実際どうなったのか。この後跋ではその問題を取り上げる。ジョージ・H・W・ブッシュ大統領はアメリカ主導のもと、「新世界秩序」が構築されるものと信じていたが、今、世界には無秩序が広がっているようである。世界の国々の経済関係を導くためのルールや体制は古びてしまい、もう妥当なものとは思えないが、それに代わる新しいものはまだ現れていない。

そして、私たちの目的に照らして最も顕著なのは、新しいナショナリストとポピュリストの台頭による多国間主義や共通課題解決のための集団的行動に対する期待値の後退である。トランプ大統領が 2018 年 9 月の国連総会で述べたように、「アメリカはアメリカ人によって治められる。アメリカはグローバリズムを否定し、愛国心を尊重する。世界中の責任ある国家は主権を脅かす……グローバル・ガバナンスに対抗しなければならない」（https:// news.un.org/en/story/2018/09/1020472）。

トランプ政権が誕生し、アメリカは多数の多国間協定から離脱。第二次世界大戦後、世界の経済秩序の構築に寄与してきたが、もうそのつもりはないことを示した（しかし、トランプ政権の対外経済政策の多く、特に中国に対する政策と貿易政策一般は多数の民主党員の支持も得ていた点を強調しておかなければならない）。こうしてアメリカは新たな経済協定の締結交渉や、対外援助の増額などのポジティブな制裁ではなく、ネガティブな経済制裁を盛んに課すようになっていった（しかし、ここでも実態は見かけより複雑である。例えばトランプ政権は海外民間投資公社を、一つにはBRI に対抗するために、国際開発金融公社に再編した）。このような政策の転換は、アメリカは「騙されて」きた、あるいは、グローバル化を主導してきたアメリカはお人好しで、他国が不相応にその恩恵を受けてきたという考え方を反映したものである（Rappeport and Rogers 2019）。少し言い方を変えるなら、アメリカの対外経済政策では以前は絶対的利益が重視されていたが、ライバルである中国のような大国が利益の偏った受益者となり、「ゼロサム」理論が絶対的利益論にとって代わるようになった。

その結果、国々がグローバル化の進展中に築いた通商関係を利用して二国間関係において優位に立とうとするなか、再び単独でエコノミック・ステイトクラフトが用いられるようになっている。これを示す最大の証拠は米中貿易戦争だ。この貿易戦争はまた、少なくともアメリカ政府に言わせれば、紛争解決のための機関として多国間主義のWTOはもう信頼できないことを示している。

トランプ政権は、国際貿易は少なくともアメリカの製造業とその従業員にとってはたして有益なのかという疑念を示すにとどまらず、外国からの投資、なかでも中国からの投資に対する監視を強めた。対米外国投資委員会が対米投資の国家の安全保障への影響を定期的に審査するのに加え、商務省は「エンティティ・リスト」を公表している。これは「アメリカの外交政策上の利益に反するような活動をしている、あるいは活動が可能」な企業をリスト化し、それらとの取引を禁じるもので、そのリストに挙がる企業は増える一方である。米中貿易戦争は、世界中で事業を展開する中国企業（特に5Gプロバイダーのファーウェイのような技術系企業）をめぐって、イギリスなど、アメリカと緊密な軍事関係にある国も巻き込んだ論争に発展している。

中国もエコノミック・ステイトクラフトを多用し、ポジティブな制裁とネガティブな制裁を取り合わせて政治的利益を追求している。これも1980年代半ばにはほとんど想像できなかったことだ。中国のポジティブな制裁の良い例は、BRIとアジアインフラ投資銀行（AIIB）のような新しい国際機関の設立である。欧米では自由市場に対する「反感」が高まっているが、中国は経済的相互依存の高まりとともに、世界経済の新しい保護者だと自認するようになった。それは2017年に世界経済フォーラムで習近平が行った有名な演説からも明らかである。「われわれは開放型の世界経済を揺るぎなく発展させなければならない」と彼は述べ、こう言い添えた。「貿易戦争の結果は双方が傷つくだけだ」（https://www.weforum.org/agenda/2017/01/chinas-xijinping-defends-globalization-from-thedavos-stage/)。しかし、中国は貿易相手国の政策や行動が気に入らなければネガティブな制裁も辞さないことを忘れてはならない。

1990年代、2000年代初めの多国間主義の時代を過去のものとする前に、少し落ち着いて考えてみよう。マネーロンダリングやテロリストへの資金供与を防ぐための金融活動作業部会（FATF）など、協調行動のための新しい組織が設立されている。この分野における協力は、各国が安全保障に関する共通の問題を抱えていることだけでなく、米ドルが国際取引において支配的で、アメリカが国際銀行金融業務においていかに大きな影響力を持っているかを示している。世界の貨幣を印刷することで「途方もない特権」を得たアメリカは、国際経済取引に対して常に変わらぬ影響力を持ち、政府は自国の政策に対して他国の支持が得られそうにないときは協力するよう威圧することができる。「カレンシー・ステイトクラフト」については政治経済学者のベンジャミン・J・コーエンがこのタイトルの近著で見事に論じているので、ここでは簡単に触れるにとどめよう（Cohen 2018）。

世界経済でドルがユニークな役割を果たしていること、各国が共通の政治的利益を追求していることなどから、国連安全保障理事会の制裁レジームは、1990年代の「制裁の10年」（Cortright and Lopez 2000）ほどの勢いはないにせよ、機能し続けている。安保理は今も14の制裁を実施しており、EUはそれをさらに上回る制裁を発動、その大半にアメリカが加わっている。多数の国で単独行動主義への移行が間違いなく進んでいるが――例えばイギリスのEU離脱――、少なくとも制裁に関しては、「離脱後は、国連の制裁決議を履行し、EUの現行の制裁を継続し……政府はEUをはじめとする世界のパートナーと協力していく」というのが2019年時点のイギリスの立場である（U.K. Foreign and Commonwealth Office 2019）。

この後跋の目的はエコノミック・ステイトクラフトの継続と変化というテーマを掘り下げることにある。ボールドウィンは新版の序文で、1985年には重視していなかったが現在は注視に値する点が世界経済には2つあると述べている。ここではそれについても考えてみようと思う。まず一つは、米ドルを軸とする経済の多国間秩序がどこまで持ちこたえるか、そしてもう一つは、中国のエコノミック・ステイトクラフトと、それがこの先、世界経済をどう方向づけるかである。この2つに関わっているのはもちろん現代の経済システムにおけるアメリカの役割であり、アメリカが構築と維持に貢献したルールと規範を支え続けるかどうかが、今後を左右する。

強大な資本主義国であるアメリカが国際的な規範に従わない狭量な、あるいは閉鎖経済のリーダーとなる一方で、強大な共産主義国である中国が、かつては貧困や財産権保護制度の欠如などを理由に資本家が興味を示さなかった国々を組み入れ、世界経済を牽引し、発展させるリーダー役を担うようなことになれば、これは皮肉の極みとしか言いようがない。しかし、私はそんなことにはならないと考えている。アメリカの資本主義は世界市場とその行動を決定する規範にしっかりと根付いているのに対し、中国共産党は、深刻な国内問題を考慮すれば、結局は経済面でのリーダーになるメリットは限られていると判断するだろう。例えば、中国は人民元を国際通貨にすることを今やそれほど考えていないようである。中国共産党は、国際通貨となると、外国為替取引に対する政府の介入が難しくなることに気づいたからだ。簡単にいうと、アメリカも中国も、その政治、経済のミクロ的基盤が原因で最後は現在の政策と異なる方向性を選ばざるを得ない。

とはいえ、多国間秩序に対する脅威は実在しており、軽く見てはならない。WTOは機能不全に陥り、国際社会を自由貿易の方向に導くことができない。また、経済の「負」の、もしくは制裁という面を見ても、先に述べたように、国連安全保障理事会が1990年代の「制裁の10年」を再現できるとは思えない（私は「国際」体制と「多国間」体制を同じ意味で使っている。このような使い方に反対の読者もいらっしゃるだろうが）。安保理が何度も新しい制裁レジームを集団的に発動したその10年は、自由化の進む中国とロシアがともに欧米の支援を必要とし、大国がつかの間の礼節を示した時代でもあった。こうした流れから、当時、国連の規約に記された規範的構造を擁護するため、制裁を主な手段として集団的に行動する安保理の姿を想像するのは可能だった。しかし、対テロ政策を除くと、安保理の理事国が将来も同じように結束するとは思えない。

後跋ではまず、今日の経済体制における継続と変化に関する重要な点をいくつか取り上げ、一方ではWTOと貿易、他方では国連安全保障理事会と制裁という2つの側面に重点を置いてみていく。そうすることでエコノミック・ステイトクラフトという「硬貨」の表と裏の両面を見ることができる。確かに、アメリカ政府が行う制裁は学者や政策に関わる人々によって十分に検討されている（EUの制裁についてはそうはいえず、十分な研究はなされていない点を強調しておこう）。しかし、多国間体制の強さ、あるいは持続性、特に制裁と国際的規範の関係には、「効果」ほど関心が向けられていない（一部の例外については、以下参照。Biersteker, Tourinho, and Eckert 2016）。そのあと、中国のエコノミック・ステイトクラフトについて考える。学者の間でも政策に関わる人々の間でもこの点に対する関心は高まっているが（Norris 2018）、研究はまだ始まったばかりである（もちろん、ボールドウィンの初版ではまったく扱われていない）。そして、最後に研究と政策に関する考察として、米ドルの世界通貨としての役割は今後も変わらず、アメリカが世界の経済取引に引き続き大きな影響力を有している点を強調して締めくくりたい。

グローバル経済の終わりか

このセクションでは一方で貿易に関する国際経済体制の持続性、レジリエンス、あるいは強靭さについて、もう一方では制裁について見ていくことにする。ハセンクレバーらに従って、ここではこれらを次のように否定的に定義する。

「メンバー間で権力が移動するたびに、あるいは有力なメンバーが現在の体制は自らの利益にかなわないと考えるたびに変化する制度は、レジリエンスに欠ける」（Hasenclever, Mayer, and Rittberger 2000, 3）。もちろん、変化が生じても体制の名前に変わりはない。しかし抜け殻になる可能性はある。そんな状態に陥っていそうなのがWTOによって体現されている国際貿易体制である。トランプ政権は（オバマ政権に続いて）上級委員の再任を拒否して紛争解決機能を停止させ、WTOを事実上無力化した（Economist 2019）。安全保障理事会の集団安全保障「体制」も1990年代の一瞬輝きを放った時代を除くと、これと同じように無力なものだったといえるのかもしれない。

ここでWTOによって示される国際貿易体制について簡単に評価してみよう。最初に指摘しなければならないのは、国際貿易は比較的低調だという点で、2019年の伸び率は前年比3％以下と予想されている（https://www.wto.org/english/news_e/pres19_e/pr837_e.htm）。第二次世界大戦後、長い間、貿易は「成長のエンジン」となり、国内総生産（GDP）をはるかに上回る伸びを示していた。その勢いは失われたようだが、なぜなのかは世界経済の研究者にもまだよくわかっていない。その一因は、2008年の「大不況」の後遺症と、それ以降多数の国を悩ましてきたと思われる「長期停滞」にあるのかもしれない。また、高齢化が進み、工業製品よりヘルスケアのような国内の「対人接触型（high touch）」サービスに対する需要が伸びていること（こうしたサービスに対する需要は急拡大を続け、多数の工業国で最も重要な経済部門となっている）も理由として考えられる。さらに、少なくとも一部の企業が、おそらく今述べたような流れから新たな輸出関連投資への資金調達ができないでいることも関係しているのかもしれない（Tett 2019）。

「貿易戦争前」のこうした状況——つまり、トランプ政権登場以前にすでに見られた流れ——を連邦準備制度理事会の経済学者は「通商政策不確実性」と呼び、これが企業の投資判断に影響を及ぼし、貿易とGDPの伸びの鈍化につながっていると言う（Caldara et al. 2019）。通商政策の不確実性はWTOの未来にも関係している。その未来は今のところ明るいとは言いがたい。トランプ政権は上級委員の再任を拒否。委員の人数が満たされず、貿易紛争に関する裁定を下せなくなっている。このような状況のなか、1995年のWTO設立以来、頻繁に提訴し、一方で頻繁に提訴されてきたのがアメリカだったことは注目すべきであり、皮肉な話でもあり、その多くに中国とEUが関わっていた（Congressional Research Service 2019）。こうして、上級委員が審査を行う上訴審から最大の便益を得てきた国が（アメリカは自国が関わった紛争の大半で勝訴した）、それを大きく損なう行動をとったのである。

もっと広くとらえるなら、「自由」貿易に対するアメリカ人の支持が低下しており、トランプ候補はこれをうまく利用した。ピュー研究所の調査結果によると、「アメリカ人で……貿易が雇用を生み出す（20％）、賃金を引き上げる（17％）と考えている人は少数で、他の先進国に比べ貿易の便益を認めない傾向が特に強い」（Pew Research Center 2014, 6）。2016年の選挙戦でトランプは貿易を独自のテーマとして掲げたが、バーニー・サンダースのような民主党員も北米自由貿易協定（NAFTA）、環太平洋パートナーシップ（TPP）協定など、アメリカがそれまでに締結していた協定の多くに不満を示していたことを思い出すといいだろう。今日、自らを「自由貿易主義者」と考えているアメリカの政治家を見つけるのは難しい。

それを踏まえ、ジョージ・W・ブッシュ政権がWTOの上級委員会についてどう述べていたかを振り返るのも興味深い。当時アメリカはイラク侵攻を単独で決定し、多国間のコミットメントへの参加は避けようとしていると見られていた。国務省の法律顧問は2007年のスピーチで次のように述べている。

ウルグアイラウンド協定に至る交渉で、アメリカはWTO内に紛争処理のための強力な独立機関を設けるよう強く求めた。その後、わが国の貿易相手国のいくつかが紛争解決手続きを開始し、アメリカの国内法の一部が協定に適合していないと認定するようWTOに求めた。アメリカは時折、裁定で敗れることもあった。非常に困難な対応を求められることもあった。例えば補助金に関するWTOの裁定に従うため、この政権は議会を説得し、1994年以前のGATT体制では認められ、数十年続いていた税制策を廃止した。このような結果は受け入れがたかった。しかし、われわれは従った（Bellinger 2007）。

これを、トランプ政権のアメリカ合衆国通商代表部（USTR）代表、ロバート・ライトハイザーの発言と比べてみよう。彼はWTOの紛争解決について次のように述べた。「過去の紛争解決過程で、アメリカには交渉で得たものが制限されたり、同意などできない義務を課されたりした事例が多数あった。ダンピング防止関税や相殺関税、貿易救済法において、私見ではあるが、およそ正当化できそうにない裁定が多数見られた」（Lighthizer 2017）。

アメリカはなぜ、WTOとその紛争解決手続きに対してこのような否定的立場をとるようになったのか。アメリカ政府は上級委員会に提訴し、すべての事例で勝ったわけではないが、まずまずの成果を収めてきた。2018年の分析によると、「WTOの紛争解決過程では明確な勝ち負けはほとんどない。ある紛争に関わっている加盟国は一部の主張は認められるが、他の主張は認められないかもしれないからだ。2015年から2017年までを大雑把に見てみると、アメリカは9回申し立てを行って4回優位に立ち、負けたのは2回だけだった」（Payosova, Hufbauer, and Schott 2018, 12）

多角的貿易体制の未来という点からいえば、紛争解決プロセスよりさらに基本的問題と言えるだろうが、トランプ政権はWTO以外の場での交渉を希望すると公言した（国は紛争解決のための協議をWTOの枠外ですることが可能である）。USTRのライトハイザーが述べたように、「アメリカは複数国間貿易協定、多国間貿易協定ではなく、二国間貿易協定を望んでいる」（Lighthizer 2017）。ライトハイザーは、二国間協定ならEU、中国を除くと、ほとんどの場合、相手側ははるかに小さな国で、アメリカは大きな影響力を及ぼすことが可能だと考えている。しかし、二国間協定に基づいて世界経済を動かしていくのは問題である。どちらの側も、相手国に認めた「最も有利な条件」を自国にも認めるよう求めるからだ。WTOが「最恵国待遇」に関する規定を設けているのはこのためである。

貿易体制という点から見ると、大前研一が示したボーダレスな世界の実現はまだ先の話で、2020年代に入り、それは遠のいているように思われる。しかしグローバル化の流れに逆行しているのを、単に、トランプやイギリスのEU離脱派に見られるようなポピュリズムの結果とするわけにはいかない。それは、国内経済を工業製品輸入から「対人接触型」サービスにシフトさせている経済と、人口動態の長期的トレンドも反映している。こうしたトレンドが世界経済の低迷と相まって、この先、多数の課題を突きつけてくるだろう。「若者人口の膨張」が続き、世界市場の動向によって輸出と、その輸出が生み出す雇用が大きく左右される途上国は特に難しい状況に置かれることになる。途上国は貿易体制が彼らの利益にかなっていたのは偶然で、彼らの利益が経済大国の利益と一致していたからに過ぎないことに気づかされるだろう。経済大国がWTOを見限ると、世界の経済情勢は途上国にとってさらに厳しいものになることが考えられる。

制裁レジーム

自由貿易を推進するためのエコノミック・ステイトクラフトの「ポジティブな」活用が重要性を失いつつあるのなら、ネガティブな制裁を課すエコノミック・ステイトクラフトはどうなのだろう。工業製品の貿易と違い、制裁は今も成長産業である。そして、多くの場合、アメリカ単独で制裁が進められているが、多国間での取り組みの要素は今も存在し、いくつかの点ではそれはさらに大きくなっている。これには、国際金融取引において米ドルが支配的で、アメリカ政府が制裁方針に多大な影響力を持っていることが大きく関係している。

先にも述べたように、1990年代は、国連安保理がプロセスを主導する形で、強力な多国間制裁レジームのコミットメントとともに幕を開けた。終戦直後には、安保理によって多国間制裁レジームが創設されたのは2例（初めは対ローデシア、二度目は対南アフリカ）に過ぎなかったが、図A.1からわかるように、1990年代には安全保障理事会が多数の制裁レジームを新たに設置した。最初の対象国となったのはイラクで、1990年の同国によるクウェート侵攻を非難する国連安保理決議661号が採択された。

1991年には旧ユーゴスラビアが決議713号に基づいて武器禁輸措置の対象となり、1992年にはソマリアとリベリアに対して武器禁輸措置が発動された（Ngobi 1995）。こうして1990年代末までに12の制裁レジームが新たに安保理によって設置された。実際にコートライトとロペスが1990年代を「制裁の10年」と呼んだことはよく知られている（Cortright and Lopez 2000）。

多数の「ならず者国家」に制裁が課されたことで、国際システムは多くの人々が冷戦の終結によって期待した「平和の配当」をもたらす状態にはまだ至っていないということが明白になった。ジョージ・H・W・ブッシュ大統領は1990年9月11日に上下両院合同会議で「新世界秩序」の形成について述べた。その新しい国際システムは「これまでのものとは大きく異なります。そこでは、法の支配がジャングルの掟にとって代わるのです。国は自由と正義のために責任を分かち合わなければならないことを理解しているのです。そして、強者が弱者の権利を尊重するのです」。

しかし、ブッシュの演説はイラクのクウェート侵攻直後に行われたことを思い出さなければならない。その点で、あのような楽観的立場をとるのは早すぎた。大統領は未来へのビジョンを描いたが、1990年代初めの国際政治はまだ多数の問題を抱え、国も非国家主体も、多くはアメリカのいう新秩序に関心はなかった。これらの国や各主体は、大国が相争う昔なが

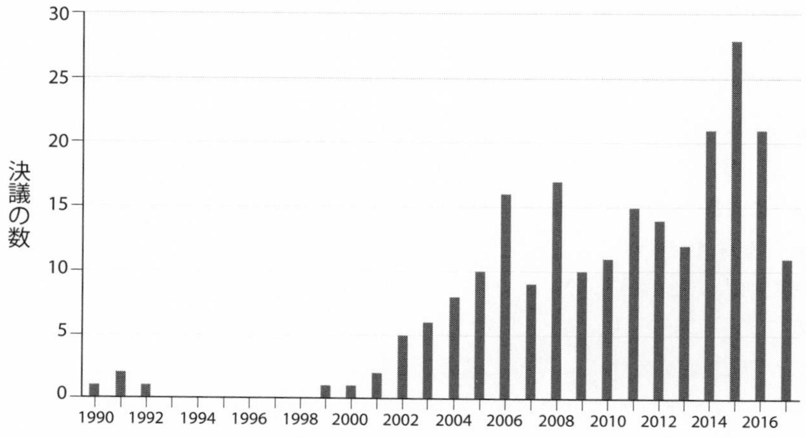

図 A.1　国連安保理の制裁決議、1990年～2017年
出典：https://www.un.org/en/sc/repertoire/data/sanctions_regimes_graphs.pdf.

らの政治ゲームをすることができるのだろうか。それとも、そんな時代は終わったのか。戦後、国連を設立した人々が思い描いたように、大国は国連安全保障理事会で（少なくとも彼らの定義による）法の支配を進めるのだろうか。国際関係においては、特にアメリカによる単独主義の時代にあって、「集団安全保障」が「現実主義」にとって代わったのだろうか。

当時、国連による制裁レジームが増加したことは、安全保障理事会によって定められた国際的な行動規範が擁護され、その規範が狭義の「平和と安全」に対する脅威だけでなく、人権侵害や国内での暴力的な政変などその他の価値にも及ぶことを示しているように見えた。実際のところ、国連制裁の主な機能は、国際的な規範を示し、それに対する違反を指摘することにあった（Biersteker, Tourinho, and Eckert 2016）。制裁は、要するに、国際システムの「規範的構造」を支えてきたのである。

国連による多国間制裁レジームにはもちろん長い歴史があり、それは不幸な運命をたどった国際連盟までさかのぼる。ドクシーによると、「国際連盟規約では、制裁は規則違反に対して機械的に発動される措置であり、加盟国は即時に違反した国との関係をすべて断つことになっていた」（Doxey 1983, 274）。制裁が講じられたのは一度だけで、対象国は1935年にエチオピアに侵攻したイタリアだった（ソ連は1939年にフィンランドに侵攻し、国際連盟から除名された）。ボールドウィンも述べているように、「これは失敗だったというのが当時の一般的な見方で、以来、その評価は変わっていない」。

しかし、このような歴史にもかかわらず、新たに設立された国際連合では制裁が安全保障理事会の権限の中心に据えられた。国際連盟から「学んだ教訓」が制裁は失敗だというものであったなら、なぜこのようなことになったのか考えてみるのも面白い（ボールドウィンは『エコノミック・ステイトクラフト』でこの教訓を振り返り、教訓は「一般に言われる」ほど明確ではないとした）。国連憲章から推論するとすれば、教訓の一つは、目標を果たすつもりなら、制裁はすべての加盟国によって実行されなければならないというものだったと思われる。ドクシーの言葉を再度引用するなら、「国連憲章によると、安全保障理事会は平和に対する脅威、平和の破壊または侵略行為に対して制裁措置を講じるよう要請する権限を持ち、加盟国は安全保障理事会の決定を履行しなければならない」。また、「国連制裁の基盤は広く……国連は平和と人権を擁護する普遍的規範を明らかにし、それを守るための措置を講じる」（Doxey 1983, 274-275）。

貿易体制にはWTO、金融体制には国際通貨基金という「最高（peak）」機関があるように、多国間制裁レジームにもそれをとりまとめる国連安全保障理事会という機関がある。しかし、中心にあるのは確かに安保理だが、EU、米州機構のように多国間制裁を行う機関はほかにもあり、FATFのような専門機関も存在する。さらに、2014年のロシアによるウクライナ侵攻後のアメリカとEUに見られたように、国や地域が集団で制裁措置を講じる事例もある。国々は自国の政治的目的や安全保障のために単独で制裁を行うことがあるが、制裁は多国間ベースで行うほうが規範違反を伝えるシグナルとしてより強力である（そして、対象国に政策を変更させる上でもより効果的だろう。とはいえ、ドレズナー（2000）が指摘するように、それは状況にもよる）。

多国間制裁レジームを特徴づける原則と規範はどのようなものだろう。伝統的な原則では、制裁は「平和に対する脅威、平和の破壊または侵略行為」に対処するために用いられる、国連安全保障理事会の正当な政策手段となっているが、今日の規範では、制裁は脅威や破壊に対して直接責任のあるものに的を絞った「スマート・サンクション」、「標的型（targeted）制裁」であるべきだとされている（以前の規範は、制裁は包括的に行われるもの、ということだった）。1960年代から制裁は人権侵害に対してよく用いられるようになり、初めはローデシア、のちに南アフリカがその対象となった。これについては以下で述べる。さらに一般的にいうなら、制裁は一定期間、大国が自ら定めた国際規範を守るための正当な手段になる、というのが多国間制裁レジームの原則だと言っていいだろう。すべての多国間体制について言えることだが、制裁レジームは、制裁する側の国内対応に変化を求めた。つまり、当該国は安保理が決議した制裁を受け入れなければならないのである。

この多国間体制はアメリカが行う制裁に多大な影響を及ぼしてきたことを指摘しておかなければならない。クリーブランドが十分な検討のうえ述べているように、さまざまな制裁において「アメリカは国際的なプレイヤーとして協力するために十分な措置を講じてきた」（Cleveland 2001, 90）。例えば、人権に関する国連の規範を多数の外交政策に取り入れて、制裁措置を講じる条件を整えた（しかし、規範の実施は選択的で、サウジアラビアのような国が人権侵害について問われることはまずない。このことは、政府や全国民を対象にした包括的な制裁に比べ、個人や組織を対象にした「標的型」制裁の弱さを示している。例えば2018年10月28日のトルコにおけるジャマール・ハーショグジー氏殺害事件ではサウジアラビア人 17 人が制裁を課されたが、サウジアラビア政府は制裁の対象にならなかった)。

21 世紀に入り、もちろん、制裁は増加傾向にある。しかし、最近は多国間制裁ではなく単独制裁が多い。2019 年 12 月現在、アメリカだけで 32 件の制裁を実施しているが、その大半が複数の個人と団体を対象にしたもので、対象は数千に及ぶ(アメリカの制裁に関するデータはアメリカ財務省外国資産管理室(OFAC)が発表している)。そして、EU の実施件数はそれをさらに上回っている。EU は共通の安全保障政策を打ち出すことができないでいると言われているだけに、信じがたいことだ。また、安保理の常任理事国であるロシア、中国、アメリカ間の緊張が高まるなか、国連で今なお 14 の制裁が実施中であることはさらに驚きである。

こうした緊張の高まりにもかかわらず、大国によってマネーロンダリングやテロ資金供与を対象とした新しい制裁レジームが構築され、こうした脅威に対応するための新たな組織として、FATF が設立された。FATF は国連安保理決議でその活動が承認されており、安保理の理事国すべてが FATF に加盟していることは注目に値する(Morse 2019)。

ここ 20 年ほどの間にネガティブな制裁がまた増えてきたのと並行して、制裁の性質が変わり、以前のように国全体を対象とした包括的制裁ではなく、特定の個人や組織を対象にした「スマート・サンクション」や「標的型制裁」が増加している。このような変化が見られるのは、従来とは異なる制裁の政治経済学的理論(A 国が B 国の政策に影響を及ぼすには、B 国の「大衆」、あるいは国民全体を対象にするのではなく、影響力のある主体に的を絞って制裁を科すほうが効果的である)や、制裁の新しい道徳観(市民を標的にするのは「間違っている」)が出てきたこと、そして、国境を越えたテロ組織や犯罪組織など、有害な主体が制裁の対象者に加わってきたことが関係している。しかし、包括的制裁と標的型制裁の違いは過大に評価されている可能性がある点に注意しなければならない。国の主要なセクター(例えばイランの石油)や重要な機関(例えば中央銀行)を対象にした制裁は、経済全体と国民に多大な影響を及ぼすことが考えられる。

アメリカがなぜ標的型制裁を多用するようになったのか、それを知るために、データを見てみよう。まず、アメリカにおける外国人所有資産は 1995 年から 2005 年までの間に 4 倍になった(図 A. 2)。もちろん、アメ

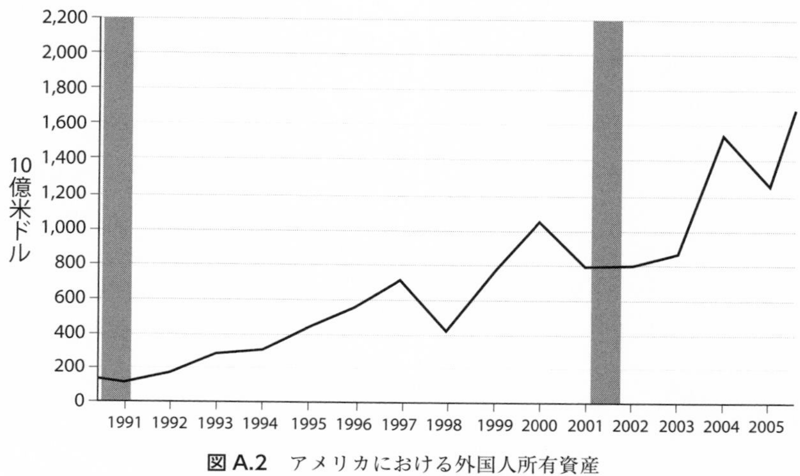

図 A.2　アメリカにおける外国人所有資産
出典：アメリカ経済分析局

リカの増加する貿易赤字が一部、外国投資という形で「還流」したことなど、マクロ経済の観点からいくつかその理由を述べることができるが、これはまた、金融システム、特に銀行のグローバル化が進んで国境を越えた取引が以前より容易になったこと（Adjiev et al. 2018 を参照）、そして同時に規制政策（外国為替関連のものを含む）の変化によって人々が自分の資金をある場所から別の場所に動かしやすくなったこともある（「マネーロンダリング対策」、「テロ資金対策」のために、そして、欧米での反移民感情の高まりもあって、現在はおそらく当時とは逆の流れになっているだろう）。外国人所有資産のなかには住居用不動産が含まれているが、外国人が購入した住宅の 8％は価格が 100 万ドルを超え（アメリカ人では 3％）、41％が現金払いとなっている（アメリカ人では 20％）。不動産の現金購入は犯罪集団や犯罪者がよく使うマネーロンダリングの手口だということがわかっている。これがうまくいくのなら、スマート・サンクションでは、例えばアメリカの「隠れ場所（safe heaven）」へのアクセスを困難にするなど、個人や組織が不正資金の置き場所の選択幅を狭めなければならない（National Association of Realtors 2019）。

制裁の使い方が大きく変化するのに伴い、アメリカは「二次制裁」を多用するようになった。二次制裁とは制裁の対象となっている国、個人、組織との取引を続けるアメリカ国外の企業に対する制裁で、これも米ドルが基軸通貨であることを反映している。こうした二次制裁の活用に関しては反駁があり、アメリカは2018年5月のイランの核開発に関する包括的共同作業計画（JCPOA）からの離脱と、二次制裁を含めた対イラン制裁の再開に関してEUと対立することになった。

しかし、アメリカの二次制裁に対してEUは「ブロッキング規則」を発動した。これはアメリカの制裁にEU企業が従うことを禁じるもので、この措置がとられるのは二度目のことだった（一度目はアメリカの対キューバ制裁時）。ヨーロッパはそれ以外にも「INSTEX」（訳注：EU企業がドルを介さずイランと貿易ができるよう設立された特別目的事業体）を通じたバーター貿易など、さまざまな手を講じ、対イラン制裁の影響を最小限にとどめようとした。だが、国際取引における米ドルの役割の大きさを考えると、その効果を期待することは難しい（Zable 2019；Scheck and Hope 2019；および Johnson 2019）。

こうした変化を見ていると多国間制裁レジームに関して大きな疑問がわいてくる。確かにレジーム内では重要な変化が見られ、なかでも注目すべきは、先に述べた「包括的」制裁から「標的型」制裁への移行だろう。しかし、アメリカの単独主義や、大国間競争への回帰は、このレジームの退化を意味していないだろうか。1990年代の国連安全保障理事会と安保理による制裁レジームの全盛期は、アメリカの単独主義のもと、世界政治において「新世界秩序」がこの先ずっと保たれるのではないかとの期待が芽生えた時代でもあった。中国とロシアはアメリカとヨーロッパの寛大さを頼りにし、イラクや自国民を不当に扱う小さな途上国に対する制裁に協力するのは大きな負担ではなかった。しかし、今、中国とロシアは大国としての地位をとり戻すのに懸命で、政治的、経済的にアメリカに依存しようとする関心は薄れた。今後、1990年代のような安保理の一致団結を見ることは難しくなるだろう。

しかし、これは制裁における共同行動の終焉を意味するものではない。そうではなく、活動の場が主に新しいFATFに移ったのだ。アメリカ、ロシア、中国はともに（イスラム過激派による）テロの撲滅を目指しており、アメリカはFATFに実効性を持たせるだけの力を金融市場で持っている。中国やロシアの銀行でさえ、重要な金融サービスのためにアメリカを必要としている。したがって、経済制裁に関しては、FATFが大国の協力の中心的な場となるかもしれない。

さらに、アメリカが課す制裁レジームの大半は協調制裁である点を見落としてはならない。アメリカが実施中の制裁を表A.1に示した。ここからわかるように、32 の制裁レジームのうち 5 つは、国ではなくセクター（例えばダイヤモンド）や犯罪組織、テロ組織を対象にしたものだ。国を対象とする制裁の多くは、政権が腐敗した、あるいは非民主主義的な指導者を抱えるアフリカの国々に対するもので、現在も反乱や内戦が続いているリビアやシリアへの制裁も見られる。そしてもちろん、いくつかはロシアとイランが対象だ。

アメリカと EU の制裁はかなり重なり合っている。実際、制裁の大半は協調して実施されている。しかし、EU の制裁発動件数はアメリカを上回り、このために標的国の数は多い。EU はアメリカの EU 企業に対する「二次制裁」に不満を持ち続け、アメリカの JCPOA 離脱後は特にその傾向が強まったものの、アメリカと EU の協力体制はトランプ政権誕生後の 3 年間は何とか持ちこたえてきた。

全体として、国際貿易体制についてわれわれが抱くかなり厳しい未来像に比し、多国間制裁レジームについては、それとは異なるもっと「楽観的」な姿が描かれよう。かつてのような国連安全保障理事会の最盛期が戻ってくるとは思われないが、大国がテロに対する共通の認識を持っていること、そして米ドルの支配を背景としたアメリカ政府による威圧的な協力要請により、協調制裁は今後も続いていくだろう。二次制裁「回避」の努力は無駄に終わり、ドルにとって代わるものは出てこないだろう。制裁においては多国間主義が、1990 年代の「制裁の 10 年」ほどの勢いはないにせよ、今後も保たれていくことになろう。

中国のエコノミック・ステイトクラフト…………………………

エコノミック・ステイトクラフトを用いてアメリカに対抗することのできる国があるとすれば、それは中国である。莫大な富を築いた中国は自国の経済的、地政学的利益のために、特に東アジアでエコノミック・ステイトクラフトを多用し、それを世界に広げようとしている（他の見方については、以下参照。Norris 2018；Blackwill and Harris 2016；および Xiaotong and Keith 2017）。中国の拡大する貿易、投資、開発金融を見ていると、こう問いたくなる。アメリカが多国間主義に背を向ける今、世界経済のルールを誰が決めるのか。

中国共産党が国内経済をどの程度コントロールしているかについては議論があるが、このセクションで示すデータを見る限り、中国政府はよく計

表 A.1 アメリカによる制裁 2019年12月時点

バルカン半島諸国関連の制裁
対ベラルーシ制裁
対ブルンジ制裁
対中央アフリカ共和国制裁
麻薬取引対策としての制裁
テロ対策としての制裁
2017年の敵対者に対する制裁措置法（CAATSA）
対キューバ制裁
サイバー関連の制裁
コンゴ民主共和国関連の制裁
外国によるアメリカの選挙への介入に対する制裁
グローバル・マグニツキー法に基づく制裁
対イラン制裁
イラク関連の制裁
レバノン関連の制裁
対リビア制裁
マグニツキー法に基づく制裁
マリ関連の制裁
ニカラグア関連の制裁
（大量破壊兵器）不拡散のための制裁
対北朝鮮制裁
ダイヤモンド原石不正輸出入規制
対ソマリア制裁
南スーダン関連の制裁
スーダン及びダルフール関連の制裁
対シリア制裁
シリア関連の制裁
国際犯罪組織
ウクライナ／ロシア関連の制裁
ベネズエラ関連の制裁
イエメン関連の制裁
対ジンバブエ制裁

出典：アメリカ財務省

算したうえでエコノミック・ステイトクラフトを用い、特定の国や地域（ASEAN諸国）、特定のセクター（天然資源）を優先して通商関係を築いてきた。中国のアフリカ諸国に対する援助は国連の場での支持という形で政治的に実を結び、被援助国は国連総会での決議で中国の外交上の利益にかなうよう票を投じているようである。さらに中国は、制裁によって相手国の政策スタンス（例えば、ダライ・ラマに対するスタンス）を変えさせようと、場合によっては貿易相手国にネガティブな制裁を課し、成果をあげている。

ここで、このセクションでは何をし、何をしないかを明らかにしておこう。このセクションの主な目的は中国の対外経済政策と国際的経済関係について、実証的に詳しく見ていくことではなく、高い次元からの検討の枠組みを示すことにある。ここでは、多数のデータを証拠として挙げるのではなく、その後の検証や立証に資するべく、わかりやすい例（それが確かなものかどうかはわからないが）を用いながらいくつかの考え方を提示する。これを高度にモデル化し、計量経済学的に検証するにはさらなる研究が必要である。中国のエコノミック・ステイトクラフトについて研究者がさらにきめ細かい評価を行うのであれば、データを駆使した研究が欠かせない。

このセクションで、中国のエコノミック・ステイトクラフトについて包括的に論じるつもりもない。政策立案者は誰なのか、政策立案者はどのようにして政策や優先順位を決めるのか、政策の実行を妨げるのは何か。こうした、対外経済政策に関する国内の、また官僚機構の政治プロセスに関わる問題は取り上げない。そして、中国共産党は「合理的な主体」であるものとして論じていくが、それは国内の政治経済的な利害関係が政策立案や実行に影響しないというわけではない[1]。

後跋のこのセクションは5つに分かれている。序論のあとはまず、エコノミック・ステイトクラフトに関する理論的見方をいくつか示し、それをもとに中国の政策について考えたい。私のここでの目的は、ボールドウィンが述べたことを概括するのではなく、中国の政策を評価するためにエコノミック・ステイトクラフトという概念を著者がどのように使うのかを明確にすることにある。私は特に国際経済学の理論から導かれるいくつかの概念を重視している。次に、中国の貿易政策について、経済成長との関連性と共に検討する。そして中国の対外直接投資、開発金融、対外援助政策を取り上げ、それから中国の（ネガティブな）経済制裁について見てい

1. 政府が国際政治上の目的のために経済的手段を用いるときに生じるのが「主体」の問題である。こうした影響力の行使は、自らの利益がかかっている銀行や企業などの第三者を介して行われることが多いからである。官僚も政略のためにいくつもの、ときには相反する政治・経済的目標を追求しているかもしれない。中国政府は大国という地位を確保しようとしているが、それに関連する政策の策定と実行にあたっては障害が存在することを私たちは見過ごしてはならないし、過小評価してもならない。特恵貿易協定を求める中国についてサリジャノワはこう述べている。中国政府のやり方は「一貫せず、理解に苦しむことがある」(Salidjanova 2015、4)。要するに、ここでは、中国には戦略的に世界経済に参加する能力がないという「帰無仮説」を立てることになる。もちろん、アメリカについても同じことがいえるだろう。

く。最後はさらなる研究と政策について考えることにしよう。どのセクションでも事例を挙げる。そして、重要なのは中国のエコノミック・ステイトクラフトについて考えるための分析的フレームワークを示すことである。

国力の道具としてのエコノミック・ステイトクラフト

ボールドウィンが『エコノミック・ステイトクラフト』の初版で明らかにしたように、国は富や軍事力、他国に対する影響力の増進を目的に国際経済に関わりを持とうとすると考えられる。こうした多様な目的の追求により生じ得るトレードオフを最小限にとどめることが、エコノミック・ステイトクラフトの中心的な役割であるとしている。トレードオフを最小化する方法はいくつかある。

まず、国は富、パワー、影響力の追求によって生じるトレードオフを、経済パートナーの選択によって最小化しようとするかもしれない。パートナーは地理的条件に基づいて選ぶという方法がある。A 国は B 国を貿易パートナーとして選ぶ。B 国は C 国より地理的に近く、したがって、国境に軍隊と大砲、あるいはそのどちらかを配備すれば、容易に（あるいはより低いコストで）軍事的圧力をかけることができるかもしれないからだ。また、B 国は C 国より軍事的に弱いという理由で、A 国が B 国を選ぶことも考えられる。さらに、B 国の A 国への依存度が非対称的に大きなものに陥りやすい場合や、A 国に対する B 国の経済的依存度が B 国に対する A 国の依存度より高い場合、A 国は C 国ではなく B 国を貿易相手国に選ぶだろう。

次に、反対に A 国は商業パートナーを最大限、多様化する政策によって、どの単独の貿易パートナーも（A 国の）繁栄に決定的な影響を与えることがないよう、富とパワーのトレードオフを最小化しようと追求することもできる。A 国が B、C、D 国と活発に貿易を行うと、そのなかの一国が例えば「戦略的」物資・サービスの輸出を拒否して A 国を「妨害する」ようなことは考えにくい[2]。多様化を図った A 国は B、C 国のどちらか一方ではなく、両方と貿易しようとするだろう。多様化について考える

2. この後跋では、戦略物資とは A 国で需要が非弾力的な商品・サービスを指す。つまり、そうした商品・サービスの価格が上昇しても、A 国の需要はほとんど変わらない。

と、なぜ国際社会が、ルールに基づいた多国間の枠組みであるWTO（もちろん中国もその加盟国である）の設立に賛成したのかがわかる。例えばA国の投資家がB国の企業に中間財を輸出することを主要な目的として工場を建設するとしよう。工場が完成するとB国は関税を変えるなどして、この投資家を「妨害する」ことができる。そうすると、国際価格が変わる[3]。しかし、WTOの中ならB国が単独で行動する可能性は低い。A国の投資家はWTOに加盟するB、C、D国と「最恵国待遇」の関税で取引ができるからだ。要するに、WTOはある国のどんな投資家も別の国から妨害を受けないよう保護し、保険のような働きをしているのである。WTOが機能不全に陥ると輸出志向の投資が減少するかもしれないが、その理由の一つはここにある（WTO自身そう指摘している。https://www.wto.org/english/news_e/pres19_e/pr837_e.htm）。

今述べたことを経済学の枠組みでとらえるとこう言えるかもしれない。経済戦略家は貿易ネットワークについて考えるとき、需要と供給の弾力性を考慮に入れる。つまり、貿易関係を結ぶとき、あるいは断つとき、その機会費用を考え合わせる。これは、他の条件が一定であるとすれば、A国は通常、自国の輸出品（サービス輸出を含む）に対する需要が比較的、非弾力的な関係を望み、一方、輸入に関しては、どの国が相手であれ、大きなコストを負担せずに取引を停止できる供給ネットワークを築こうとするということである（輸入品に対する自国の需要は比較的、弾力的である）。A国は、自国との取引を停止する国の機会費用が高く、自国はどの国との取引を停止するにせよ機会費用が低い関係を求めるだろう。

エコノミック・ステイトクラフトには、貿易相手国の政策の不確実性から生じる影響をいかにして抑えるかという課題もある。歴史的には、大国は征服や帝国という方法で外交政策の不確実性を最小限にとどめようとしてきた。しかし、今日このようなやり方は受け入れられず、別の戦略が必要になっている。先に述べたように、WTOのような国際機関の設立は、政策不確実性を管理するための一つの手立てとなる（Handley and Limão 2017）。不確実性を抑えるには、さらに対象国の政治経済状況を操作するという方法もある。経済的に密接に連携する目的の一つは、A国の影響力のある人々の輪にB国のエリートを引き込むことにあるのかもしれな

3. 私たちは、B国は国際価格に影響を及ぼすことができる、あるいは、A国の輸出商品の「価格形成者」であるという前提に立っている。

い。そうすれば「第５列」が生まれ、Ｂ国政府に働きかけたり、また圧力をかけたりするのに利用できる。要するに、Ａ国はエリートを抱き込む手段としてエコノミック・ステイトクラフトを用いるということで、その人物はＡ国にとって好意的な政策を採用するよう自国政府に働きかけることが期待されている。

国はまた、長期契約という方法で政策の不確実性を抑えようとするかもしれない。これはエネルギー供給者の顧客との交渉に似ている。エネルギー供給のための開発には巨額の投資が必要で、それを返済するには何年もかかる。こうした財政的・技術的な事情から、プロジェクトを進めるマネジャーは需要面の不確実性を可能な限り抑えようとする。政府も同様に、こうした手段によって相互依存という結びつきを強めようとするかもしれない。

貿易関係を結ぶときは、それが貿易創出、貿易転換のどちらになるかを考えるのもいいだろう。Ａ国とＢ国が貿易協定を結び、双方が比較優位を発揮してより多くのものを生産、消費できるようになる。これが貿易創出である。貿易は双方に利益をもたらす（しかし、それぞれの国の中では分配効果が働いて、破綻する業界がある点に注意が必要である）。これに対して貿易転換は、Ａ国が貿易相手国を効率的な生産を行うＢ国から非効率的な生産を行うＣ国に変えるときに生じる。これはＡ国にとってもＢ国にとっても高くつく政策である。Ａ国はわずかなものに対してより多くを支払わなければならず、Ｂ国の産業の輸出は減少する。すべての条件が同じなら、国は貿易創出の関係を選ぶ。そのほうがより効率的だからだ。

理論を離れ、現実を見てみると、国家の安全保障のためにエコノミック・ステイトクラフトを用いた典型的事例として第二次世界大戦前のナチスドイツを挙げることができる（Hirschman 1945/1969 参照）。1930 年代半ばから終わりにかけてドイツは（農業国である）東欧諸国と通商関係を結んでいた。東欧の国々は農産品を輸出し、工業製品はドイツからの輸入に大きく依存していた。ドイツは貿易パートナーとしての自らの価値を（イギリスやフランスより）高めるために、買い占め、バーター取引、備蓄などの戦略を用いた。東欧諸国は取引条件が有利だったこと、ドイツの工作機械のような商品の代替先をすぐに見つけることは困難だったことから、1939 年９月１日の開戦前からドイツに大きく依存していた。ドイツとの貿易関係を損なうと高くつくことになった。ドイツはこれらの国々の政策に影響を及ぼす強い立場に立っていた。

これとは対照的なエコノミック・ステイトクラフトの事例を第二次世界大戦後のアメリカに見ることができる（Baldwin 1985）。戦後の復興に向けて計画を立てていたアメリカの指導者たちは、1930 年代のようなことを繰り返すのは避けようと考えた。世界大恐慌と高率関税政策がきっかけとなって、ドイツなど世界のいくつかの国で極端なナショナリズムが生まれ、第二次世界大戦につながったのだ。彼らは、ルールに基づく多国間の国際的な経済相互依存のシステム――ブレトン・ウッズ体制として知られることになる――が平和と繁栄をより確かなものにし、将来、大国が戦う可能性も低くなるだろうと考えた。また、壊滅的な打撃を受けた国が経済を立て直し、国内の共産主義勢力やソ連の脅威にさらされないよう、大規模な対外援助を、主にマーシャル・プランという形で行った。アメリカの指導者たちは自国の外交政策を推進し、安全保障上の目標を達成するため、友好国や同盟国に対してポジティブな制裁というエコノミック・ステイトクラフトを用いたわけだ（そして、ソ連、中国、その同盟国に対してはネガティブな制裁措置を講じた）。

このセクションではここまで主に貿易関係についてみてきたが、国家の安全保障のために使える経済的手段は他にも存在する。対外直接投資と、既述の対外援助で、どちらも大国の基本的な戦略のなかに位置づけられている。

対外直接投資では、A 国政府は B 国への影響力を増そうとして C 国ではなく B 国での製造（あるいはその他の）施設の建設、あるいはその所有権の過半数の取得（あるいは民間部門にそうするよう促す）などのことも決定される。この場合、A 国は潜在的投資家に、例えば他の候補国ほど製造業が発達していない投資受入国に工場を建設するよう促すかもしれない（補助金をこの目的で利用することができる）。そのほうが、新工場がもたらす雇用と収入に対する「感謝の念」が強いからだ。新工場で輸出向け商品を作るのなら、外貨収入を最も必要としている国が投資対象になるかもしれない。要するに、対象国は「純粋に」経済的な理由（例えば労働力の質）から選ばれるわけではなく、戦略的観点からも考慮されるのである。

対外援助はもちろん、長い間ステイトクラフトのツールとみなされてきた（ボールドウィンは 1 つの章全体を対外援助に充てている）。「国益」のためではなく「貧困削減」や「人道支援」を目的として援助が行われるようになったのは比較的最近のことである（Kapstein 2017）。各国は、軍事基地設置の権利獲得、国連での票の買収、また、冷戦時代には「忠誠心」を買うことなどを目的に、あるいは、特定国の好ましい政治権力体制の維持を期待して、戦略的に援助を行ってきた。OECD 開発援助委員会（DAC）が「ひも付き（tied)」援助を行わないよう勧告するなど「規制」が強化され、貧困削減を目標とすることで、援助をより「効果的に」行おうという試みもなされてきたが、対外援助は今も、その意図として相当程度の戦略性を有したものと考えられる。この分野の研究は進められている途上であるが（一つにはデータが少ないため)、中国のような、いわゆる「新興援助国」の対外援助戦略はどのようなものなのか、新しい援助国はどのような国を、何のために援助しているのか、何を政府開発援助、あるいは「援助」と考えているのか（この問題は複雑だ。これらの国の援助は DAC のガイドラインに沿っていないからだ)、被援助国に対してはどのような政策を推進させようと（あるいは損なおうと）しているのか、この援助によって何か経済的、政治的成果があったのか、こうした点について簡潔に見ていくが、どれも個別に研究する価値のある問題である。

エコノミック・ステイトクラフトの理論についてざっと述べてきたが、当然、次のような疑問がわいてくる。中国は国富だけでなく国力や影響力の増強も目的に経済戦略を展開しているのか。もしそうであるなら、どうすればそれがわかるのか。ここでいくつかの仮説を示し、以下で検討することにしよう。

仮説 1：中国のグローバル化は、統計的にも顕著に中国の経済成長、ひいては豊かさに貢献している。

仮説 2：中国の対外経済政策は、その地域で最も影響力が強いとされる貿易パートナーを重視してきた。

仮説 3：中国の対外経済政策は、中国にとって戦略的価値のある国を対象としてきた。主に、中国産業への投入資源（天然資源を含む）の供給国であるためである。

仮説 4：中国の対外援助は、被援助国からの政治的支援につながっている。

仮説 5：中国の経済制裁は、これまで対象国の政府に中国を不快にさせた政策を考え直させるのに効果的であった。

中国の経済成長と貿易政策

1970年代末に世界経済に参入した中国は、広範に及ぶ多国間、地域、二国間の「自由貿易」協定（FTA）を結んできた。この間に中国は貧しい、比較的閉ざされた途上国から、世界最大の輸出国に変貌した（図A. 3参照）。前のセクションで、1930年代にナチスドイツは貿易協定を戦略的に利用して効果をあげ、アメリカは第二次世界大戦後、平和と繁栄のために多国間貿易秩序を構築したことを述べた。中国も戦略的に貿易政策を進めてきたのだろうか。私たちは、中国は（1）成長に拍車をかけるため、（2）影響力を、特に地域的に拡大するため、世界経済を利用しているという仮説を立てた。

このどちらについても懐疑的な見方が多い。中国の貿易戦略に関して（米議会の）米中経済・安全保障問題検証委員会は2015年の調査報告書で、「中国は、世界経済で重要な役割を果たしているわけではなく、中国の輸出にとって重要なわけでもない国と貿易協定の多くを結んできた」（Salidjanova 2015, 3。表A. 2に中国のFTAを挙げた）と述べている。グローバル化の成長への影響についても疑問視する経済学者がいる。成長の主な推進力となってきたのは中国の高い貯蓄率だというのだ。ケインズの貯蓄＝投資という考え方に従うと、高い貯蓄率はすなわち高い投資水準と高成長ということになる。しかし、投資レベルは高いが成長率は低いという国は多い（例えばソ連）。重要なのはもちろん、その投資が生産的かどうかである。

これに関連して、中国の金融の深化に注目する経済学者もいる。金融市場は貯蓄者と投資家の仲介の役割を果たすからだ。中国の資本市場での競争の激化に伴って、仲介者は十分な投資利益をあげるよう大きな圧力を受け、貯蓄を有利な投資先に回さなければならなくなっている。しかし、この点は疑いもなく正しいが、規制が不十分な金融市場は広い範囲で損失をもたらしかねない。国際社会はこのことを2008～2009年の金融危機で改めて学んでいる。

グローバル化が中国経済に及ぼした影響に関する詳細な実証的研究は驚くほど少ない（反対に、中国の輸出が欧米経済に及ぼした影響に関しては多数の研究がある）。理論的観点からチョウ（Chow 2005）はこう述べている。「対外貿易は中国の経済成長にとって3つの点でプラスとなった。

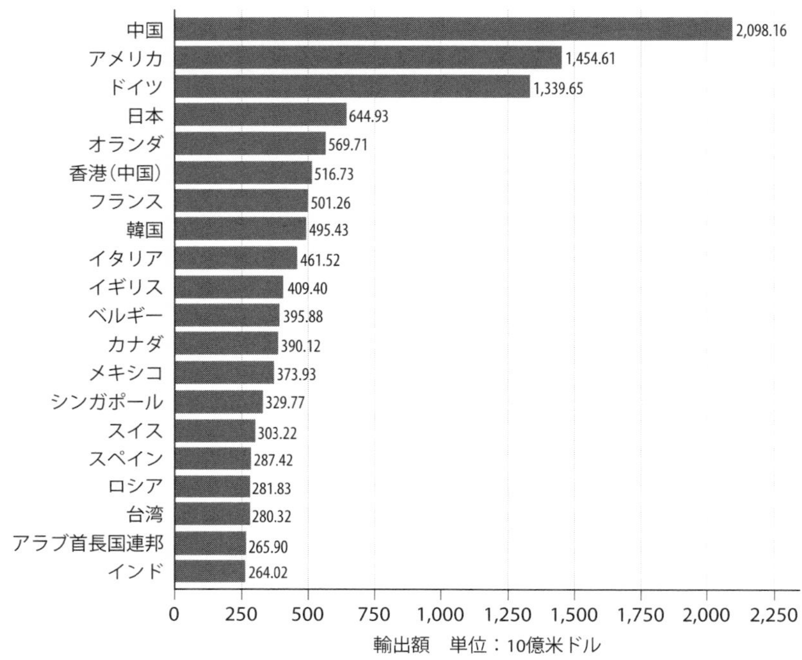

図 A.3　世界の輸出額上位 20 カ国、2016 年
出典：WTO

表 A.2　中国の FTA　2016 年時点

中国・モルディブ FTA
中国・ジョージア FTA
中国・オーストラリア FTA
中国・韓国 FTA
中国・スイス FTA
中国・アイスランド FTA
中国・コスタリカ FTA
中国・ペルー FTA
中国・シンガポール FTA
中国・ニュージーランド FTA
中国・チリ FTA
中国・パキスタン FTA
中国・ASEAN FTA
中国本土・香港間の経済貿易緊密化協定
中国本土・マカオ間の経済貿易緊密化協定
中国・ASEAN FTA アップグレード交渉（進行中）
中国・チリ FTA アップグレード交渉（進行中）

まず、世界各国が比較優位を持つものの生産に特化することで、中国は自国だけで生産するより多くのものを手に入れることができるようになった。次に、輸出は総需要の一部であり、総需要の増加は国内生産の伸びにつながる。そして、貿易と対外投資が新しい技術や管理法をもたらし、それが中国の生産性を高めた」。

このような新古典派的分析を支持するのがマレッリとシニョレッリ（Marelli and Signorelli 2011）による計量経済学的研究で、中国の対外貿易と直接投資が経済成長に統計的に有意な関係にあり、定量的に大きな影響を与えたことが示されている。具体的に言うと、中国の成長率はWTO加盟後３～５パーセントポイント増加している。どんな政策介入を行っても経済成長をここまで押し上げるのは難しいだろう。したがって、グローバル化が中国経済の成長を促したという仮説１が正しいことを示す証拠は少なくともある程度はある。しかし、この重要な問題に関してはさらに綿密な計量経済学的研究が必要である。

グローバル化に関する問題は、中国が世界市場へのアクセスを妨げられたら何を失うかという点から考えることもできる。それには、良くも悪くも、疑似体験―― 2008～2009年の世界金融危機――を使えばいい。この危機が中国経済に打撃を与えたことはほぼ間違いないようだ。ビン（Bin 2015, 11）は危機後の状況についてこう述べている。「2001年７月以降初めて輸出が減少した。一方、輸入も急速に減り……経済成長にとって大きなマイナスとなった」。そして、この危機をきっかけに、中国政府は「内需」主導型経済への転換を決めたと彼は論じた。

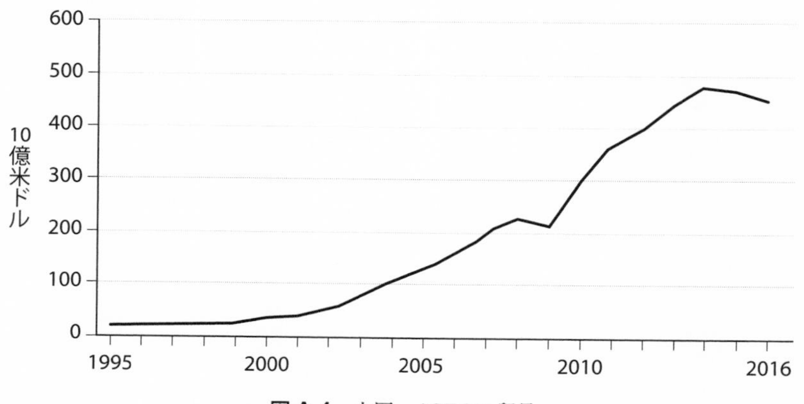

図 A.4　中国・ASEAN 貿易
出典：中華人民共和国海関総署

中国は貿易政策を通じて世界における影響力の拡大を図ろうとしている。これが仮説2だが、中国がFTAの締結に向けて最初に交渉したのがASEAN諸国で、WTO加盟間もない2002年にASEANと最初のFTAを結んだことは注目に値する。その後、ASEAN諸国との貿易は急速に拡大した（図A. 4参照）。そして、中国はほどなく香港、マカオとも個別に協定を結んだ。香港、マカオは中国市場に優先的にアクセスできなくなることを恐れていた。アジア開発銀行によると、こうした協定によって中国と近隣諸国との「貿易額は大幅に増加した」（Salidjanova 2015, 8で引用）。ASEANのデータによれば、東南アジアの最大の輸出先は2011年以降中国である。ASEANの輸出に占める中国のシェアは2005年には10.5%だったが、2014年には17.5%まで拡大した。一方、ASEANの中国からの輸入額は2014年までの10年間、年率平均13.5%増加し、2170億米ドルに達した。

一般的なエコノミック・ステイトクラフトと中国の貿易政策は重商主義的だと指摘されることがある。これは、中国政府は貿易黒字が期待できそうな場合のみ、貿易関係を重視してきたということだ。例えばこんな見方がある。「貿易黒字は経済的繁栄にとってプラスであり、それが強い軍隊を支える」（Salidjanova 2015, 29）。しかし、これは国際経済学とエコノミック・ステイトクラフトについての大きな誤解である。経済学の観点からいえば、国は経常収支と資本収支の両方を考慮し、（二国間ではなく）国際商取引全体のバランスをとれれば、それで十分である。貿易収支がある国に対しては赤字で、別の国に対しては黒字ということもあるだろう。実際、これによって国はより豊かになる。なぜなら、これは資金を最も生産的な用途に充てているということだからだ。

戦略的観点からいうと、中国も含め、大国は二国間の貿易不均衡を受け入れるかもしれない。大国はその地域の経済大国、あるいは頼れる貿易パートナー――世界経済の状況にかかわらず、常に自国の商品を買ってくれるパートナー――として自らを位置づけようとしているからだ（中国の目標の一つは貿易相手国の政策の不確実性を除去することにあるのかもしれない）。そうして、例えば中国は、アジア太平洋地域の国々をアメリカやEU諸国との経済関係から遠ざけ、自国に引き寄せることを意図しているのかもしれない。さらに、中国がこの地域の国々から輸入しているのは、大半が自国の高付加価値産業の製造に必要な材料である。中国がこの地域からの輸入で「放棄」したものを、他地域への輸出で埋め合わせるなら、その貿易政策は実に戦略的であり、重商主義的であったりはしない。

こう考えると、米中経済・安全保障問題検証委員会の次の見方は興味深い。アジア太平洋地域における中国の貿易協定は「戦略的判断に基づいて結ばれている。中国は近隣国を安心させ……この地域での影響力を増してアメリカに対抗しようとした」(Salidjanova 2015, 8)。ブラックウィルとハリス（Blackwill and Harris 2016, 113）も似たような指摘をし、「その（ASEAN）地域における中国の影響力は、盛んな二国間貿易によって強化されている」と述べている。この貿易の目的の一つは「アメリカの影響力を弱め、自国がアメリカにとって代わる」ことだと彼らはいう。安心させる、影響力を増すという２つの目標は相容れないように思えるが、アメリカは第二次世界大戦後、ブレトン・ウッズ体制を通じてこの２つの目標を達成しようとした。アメリカは「自らを縛る」ことで、アメリカに利用されるのではないかという同盟国の懸念を和らげようと考えたのだ。アメリカが戦後の覇権国という立場を利用して世界の国々に最適関税をかけ、超過利潤（rent）を得ようとしなかったのは（少なくとも経済学の立場から見れば）不可解である。

同様に、中国は、自国の貿易協定は「大国の道徳的品行」を反映したもので、協定の恩恵は共有されると言う。ブラックウィルとハリス（Blackwill and Harris 2016、115）によると、「中国は豊かな大国との貿易交渉では有利に話を進めようとするが、小さくても戦略的に重要な国に対しては寛大である」。先にも述べたように、中国はASEAN市場でこれまで以上に存在感を増しているが、貿易収支はほとんどの国に対して赤字という状態が続いている。国際経済全体のなかで収支バランスを保てる限り、貿易赤字という「代償」を払っても、ASEAN諸国との関係を発展させ影響力を増すという戦略に変わりはないだろう。

中国の対外直接投資、開発金融、対外援助政策

中国が世界の国々に輸出しているのは商品、サービスだけではない。中国は開発金融を提供することで企業やその生産能力の海外展開を図っており、その大半は主に発展途上国へのインフラ投資に充てられている。正確なデータはないものの、ドラーの試算によると、中国はインフラ投資だけで400億ドル以上を使っている。しかし、そのうちどの程度が融資ではなく贈与なのか、融資のどの程度が補助金つきなのかは不明だ。これに対

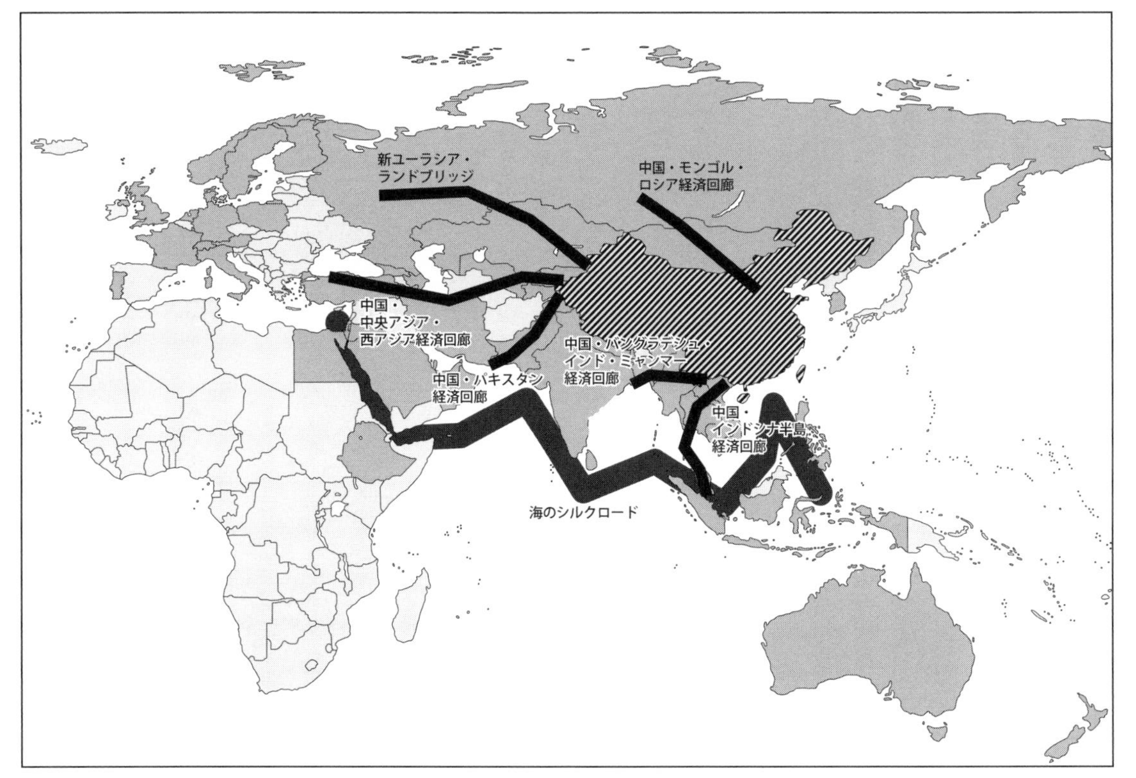

新ユーラシア・
ランドブリッジ
中国・モンゴル・
ロシア経済回廊
中国・
中央アジア・
西アジア経済回廊
中国・バングラデシュ・
インド・ミャンマー
経済回廊
中国・パキスタン
経済回廊
中国・
インドシナ半島
経済回廊
海のシルクロード

図 A.5　一帯一路構想

してアメリカ国務省および国際開発庁（USAID）の2018年度の予算要求は約380億ドルで、その少なくとも3分の1は紛争地帯での活動支援のためのものである（この額はもちろん、600億ドルの融資枠を持つアメリカ国際開発金融公社が誕生したことから、今後増加していくだろう）。また、中国が公表している対外融資額は世界銀行の融資額の2倍を超えている（Dollar 2017）。

中国は「海外の経済特区」の開発にも補助金を支給している。経済特区は開発に対外援助予算以外の資金が充てられており、産業活動のハブとなっている（Brautigam and Xiaoyang 2012）。対外援助と対外直接投資（FDI）の間という位置づけだ。中国の対外投資プログラムで最もよく知られているのは、一帯一路構想、もしくは新シルクロード構想で、中国とヨーロッパを中央アジア経由で結ぼうというものである（図A. 5参照）。この陸上ルートに加え、「海のシルクロード」もある。こちらの狙いは明確ではないが、少なくとも目的の一つは、南シナ海における中国の行動に対する地域の不安を和らげることにある。中国はまた、インフラ整備を支援するアジアインフラ投資銀行の発足を主導した。このセクションでは、中国のこのような投資、融資、援助の「輸出」について見ていく。

アーロン・フリードバーグによると、中国の対外投資戦略は3つの要素

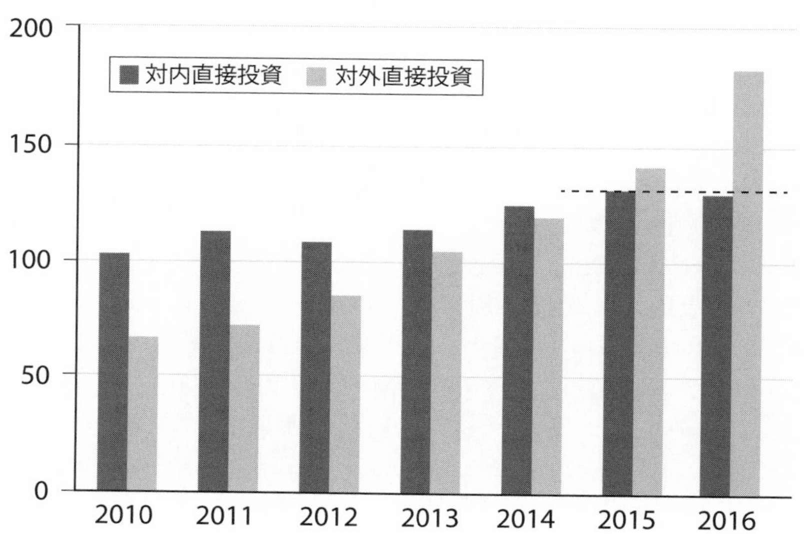

図 A.6　中国の対外直接投資と対内直接投資、2010年～2016年（単位：10億米ドル）
出典：https://www.ceicdata.com/en/indicator/china/foreign-direct-investment.

から成っている。1つ目は「さまざまな商品、主にエネルギー、鉱物……食料」へのアクセスを確保すること。これは油田や鉱山、農場の「株式取得」という形で進められている。2つ目は、こうした重要な資産を購入した国の「港湾施設の買収、建設、拡張」だ（コンテナ船についても同様）。フリードバーグは「世界のコンテナ輸送の39％を中国の港湾管理会社が扱っている」と指摘している。そして3つ目はBRIだ。これについては以下で詳しく論じる。BRIの目標は「中国にとって……重要な商品の……少なくとも一部を、原産地から市場まで陸路だけで輸送できるようにする」ことにある（Friedberg 2018, 24）。

中国の対外戦略についてさらに論じる前に、（十分なものではないが）データを見てみよう。2015年は、中国の対外・対内直接投資にとって注目すべき年となった。対外直接投資額（OFDI）が対内直接投資額（IFDI）を初めて上回ったのだ（図A. 6参照）。2004年から2016年までの十数年間にOFDIは実質ゼロから1800億ドルまで増加し、IFDIを500億ドル上回るまでになった。マクロ経済の観点からいうと、これは中国の黒字の拡大と海外資産への投資意欲の高まりを示している。

中国のOFDIは地理的に非常に偏り、70％以上がアジア向け投資であることは興味深い（Yao, 2017）[4]。また、分野という点でも偏りが見られる。デイビス（Davies 2012）、ラマサミー他（Ramasamy et al. 2012）、ヤオ（Yao 2017）、ドラー（Dollar 2017）はそれぞれの研究で、中国は「資源を求め」、特に石油や金属など、自国の工業、輸送分野にとって極めて重要な商品を産出する国に対象国を絞っていると述べている。ヘリテージ財団の2016年の報告によると、「カザフスタンの石油生産の4分の1近く、トルクメニスタンの天然ガス輸出の半分以上を中国企業が押さえている。最近、中国企業はウズベキスタンと天然ガス、ウランに関する150億ドルの契約を結んだ」（Wilson 2016）。最近のデータを使った2016、2017年の研究を見ても、資源を求める中国のOFDIに変わりがないのは興味深い。これは、相対的に言うと、中国の投資家はまだ海外の製造業に大きな影響を与えるところまでバリューチェーンの上位に位置していないということである。データを見る限り、中国は戦略的に天然資源のある国を

---

4. これらの数字は誤解を招きやすい。伝統的に、中国のOFDIの資金の大半は一旦香港に流れ、そこから第三国に投資されるからだ。OFDIのデーター――FDIのデータ一般――をきちんと読み取ることはまだ難しく、それは中国だけの話ではない。実際、ほとんどの国のデータが複雑である。

OFDIの対象としているという私たちの仮説は正しいようである。

大国としての立場を考えると、中国のように対外投資がある地域、ある分野（天然資源）に集中しているのは、珍しい話ではない。イギリスもアメリカも大国という地位を得ようとしていたときは、「勢力圏」の形成と「資源の獲得」に注力していた。少なくとも第二次世界大戦の終了までは、イギリスは原材料を植民地から得ており、アメリカはラテンアメリカに目をつけていた。そして、どちらの国もOFDIでは特に油田への投資を重視した（イランのブリティッシュ・ペトロリアム［前身はアングロ・イラニアン］、サウジアラビアのSoCalを思い出すといい）。中国もこれらの大国同様、エネルギーへのアクセスを戦略上、特に重視している。

中国はこの目的のために貿易政策と開発援助も利用してきた。例えば、アフリカでの援助は主に資源の豊かな国を対象に行われている。国際通貨基金によると（Chen and Nord 2017, 1）、「2014年には中国はサブサハラ・アフリカ地域の最大の輸入先となっていた。サブサハラ地域から中国への輸出のうち70％がエネルギー、金属、鉱物で占められ、一方、中国からサブサハラ地域への輸出は大半が製造品（manufactured goods）で、工作機械がそれに続いている」。

中国とアフリカの関係は条件つき融資と贈与によって強化されてきた。ウィリアム・アンド・メアリー大学の研究所、エイドデータ（AidData）によると、「中国は2000年から2013年までにアフリカに対して約315億ドル（年間約22億5000万ドル）の援助を行った」（Parks et al. 2015）。アメリカは同時期にこの3倍の援助を行っており、それと比較するとどうということのない数字に思えるかもしれないが、同大学の研究者は、直接比較すると誤った理解につながると言う。中国の開発金融の大半は不透明で、インフラ投資を行う国有企業を通じて行われる——資金の一部は資源の採取を進めるために利用される。エイドデータの推定によると、アフリカの国々は中国から年間約130億ドルの融資を受けている（中国の対外援助支出については図A. 7参照）。

この投資によって中国は何を得ているのか。天然資源を確保するだけではない。エイドデータの研究チームによると、国連で中国の利益にかなう投票をするアフリカの国々は、「より多くの」援助を受けている。これは、中国は外交政策上の目標を達成するために対外援助を利用するという仮説を裏付けるものである。

しかし、中国の開発政策の要は、一帯一路である。これは野心的なプロ

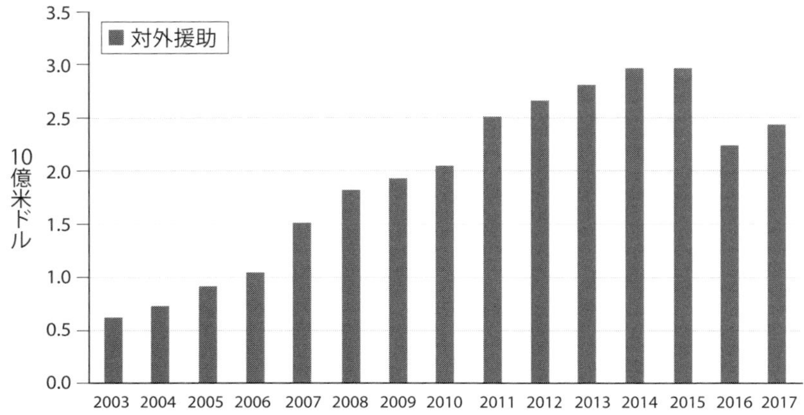

図 A.7　中国の対外援助　2003 年～ 2017 年
出典：中華人民共和国財政部

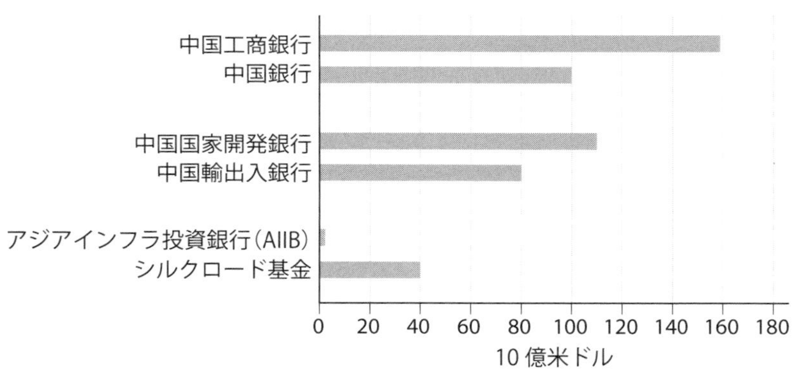

図 A.8　一帯一路構想への資金源別融資額
出典：OECD *China's Belt and Road Initiative in the Global Trade, Investment and Finance Landscape*（Paris: OECD, 2018).

ジェクトで、中国のさまざまな政策銀行が主な資金源となっている（図A.8 参照)。中国のある高官によると、「この構想のもとで、新ユーラシア・ランドブリッジ、中国・モンゴル・ロシア、中国・中央アジア・西アジア、中国・インドシナ半島、中国・パキスタン、中国・バングラデシュ・インド・ミャンマーという 6 つの経済回廊の建設が進められる。これらの回廊は鉄道、道路、水路、空路、パイプライン、そして情報ハイウェイを利用して作られ、エネルギーと産業の集積地となる」(Jinchen 2016)。明らかに中国は、長期的には新しい世界の貿易システムのハブとなること、そして短期的には特に原材料と天然資源の供給を確保することを目指しているようである（Friedberg 2018）。

一帯一路は多国間の制度では**ない**。中国は——少なくとも今のところ——すべての参加国を共通の規則はもちろん、共通の理解によって縛るようなことはしていない。事業は主に二国間ベースで進められ、中国は特定の国と「覚書（MOU）」、あるいは「連携協定（partnership agreement）」を交わす。中国の法律の専門家、マリア・アデル・カライ（2018）は次のように述べている。

> 中国はBRIに参加する国々とさまざまな種類の連携関係にある。単純な連携から、戦略的連携、包括的連携まで、協力の範囲と程度、メカニズムはまちまちである。BRIにおいて中国はバングラデシュ、ベラルーシ、カンボジア、スリランカ、ロシア、イラン、ギリシャ、チェコ、エジプト、EU、インドネシア、イスラエル、ハンガリー、カザフスタン、パキスタン、ポーランド、サウジアラビア、スイス、東ティモール、セルビア、ウルグアイ、ウズベキスタンと戦略的連携協定を結んでいる。通常、連携に際しては……中国政府と他国政府、あるいは官民なら、中国の国営企業と受入国の企業が文書に署名し、貿易のための優遇条件や、個々のインフラプロジェクトに関する投資、協力の条件が決められる。

中国が今後BRI参加国との間で、FTAと二国間投資協定のようなもっと法的な取り決め、あるいはそのどちらかをしようとするかどうかは、現時点ではわからない。

したがって、戦後、アメリカ主導で構築された秩序と、中国が構築しようとしている秩序は大きく異なることに注意する必要がある。アメリカは、先進工業国で、多くの場合、民主主義国でもあったヨーロッパ諸国の再建を中心に方針を定め、その寛大さが発展途上国世界にも向けられたのは後のことである。また、そうした国々の多くはアメリカの軍事同盟国でもあった。

これに対して中国は、ほとんどとは言わないまでも多くの場合、貧しく、腐敗した、独裁体制の、中国の力を恐れている国を対象にエコノミック・ステイトクラフトを用いている。中国はリンケージ政策によってこれらの国の近代化に成功するかもしれないが、それが保証されているわけではない。中国がインフラ主導の開発戦略を追求するのは、自国の経済の歴史を反映しているのかもしれない。中国は水路のような大規模なインフラ計画によって政治的、経済的に何とか統合され、7世紀から数百年にわたってめざましい経済成長を遂げた（アダム・スミスはこの成長の歴史を踏まえ、『国富論』で、ひどく貧しい母国のスコットランドを発展させるには河川の整備が必要だと論じた）。

中国の経済制裁

エコノミック・ステイトクラフトは他国に恩典を与えるときにも、他国を罰するときにも用いられる。このセクションではボイコット、禁輸、貿易や援助に関する協定の停止、あるいは、こうした措置をとるという脅しなど、経済的懲罰戦略、ネガティブな経済制裁について述べよう[5]。第二次世界大戦後、アメリカは国際システムのなかで繰り返し経済制裁を実施してきた。しかし、経済制裁は「効果がない」とよく言われる。では、中国は自国の利益を図るためになぜこの戦略を用いるのか。どのような条件のもとで中国は（ネガティブな）経済制裁を課してきたのか。制裁は「成功し」、対象国の行動を変えることはできたのか。

これらの問題について考える前に、議論の整理のため、一般的な見方をいくつか取り上げよう。イギリスの政策立案者だった人物の次の言葉は、「効果」という問題を適切な文脈のなかでとらえている。「経済制裁を課すかどうかを決めるとき、政府は多くの場合、次の3つの選択肢に基づいて国際的危機に対応することになる。それらは（a）何もしない、（b）何らかの軍事行動を検討する、（c）経済的な懲罰を科そうとする、である。経済制裁が選ばれる理由としては、その本質的な利点というよりも、代替策と比較してましに見える、ということかもしれない」（Renwick 1981、Baldwin 1985 で引用）。

この言葉は私たちに次のことを思い出させてくれる。政府には政治を見つめる「聴衆」が（国内外に）いて、彼らは国際情勢に対して、「効果的」

5.「経済制裁」という言葉は普通、懲罰的な戦略、「ネガティブな」制裁を意味するが、「sanction（制裁）」の語源はラテン語の「sanctus（清められた）」であることを思い出してほしい。だから政府は、一方的な貿易自由化のような「ポジティブな」制裁を実施することもできるのだ。しかし、このセクションでは「制裁」を通常の「ネガティブな制裁」という意味で用いる。

であろうとなかろうと、何らかの対応がとられることを期待しているかもしれない。制裁を検討する政府は、ある出来事に対して何らかの（つまり、言葉で非難する以上の）対応をしなければ、対象国に誤ったシグナルを送ることになるのではないかと考えるかもしれない。制裁は、標的国も制裁国も標的国のせいで何らかのコスト（例えば、貿易が途絶えるための損失）を負うこと、そして、実施国は不満の意を表明するためにそのコストを受け入れることを意味している。経済制裁はエスカレートし、対象国にさらに大きなコストが課されることもある。

中国は経済制裁の発動に以前より積極的であると見る人は多い。フィーバーとローバー（Feaver and Lorber 2015, 6）によると、「中国の政策立案者は外交政策の目標を達成するために経済的威圧に頼ることが多くなっている。中国政府と関係のある著名なシンクタンクはこう指摘している。『わが国は経済力を増しており、世界の平和を乱し、わが国の国益を脅かす国に対して賢明に経済制裁措置を講じなければならない』」。同様に、フリードバーグも、中国はエコノミック・ステイトクラフトを「威圧的に用いるようになっている」（Friedberg 2018, 28）と述べている。

一見したところ、確かにそう言えそうだと思える例は多い。ポー（Poh 2017, 144）は以下のように指摘する。

> よく証拠として挙げられるもののなかには、中国による次のような禁止措置がある。それらは、(1) 2010年の尖閣諸島事案（訳注：尖閣諸島周辺領海内における日本の巡視船に対する中国漁船による衝突事件）後、レアアースの対日輸出を禁止、(2) ノルウェー・ノーベル委員会が2010年のノーベル平和賞を中国の反体制活動家、劉暁波に授与したことを受け、ノルウェーからのサーモン輸入を禁止、(3) 2012年のスカボロー礁をめぐる事件後、フィリピン産バナナの輸入を禁止、(4) 韓国とアメリカが韓国への終末高高度防衛ミサイル（THAAD）の配備を決定したことを受け、韓国の有名人へのビザ発給を停止、である[6]。そして、制裁が増加しているという分析の統計的妥当性を高めるために、頻繁に取り上げられるのが「ダライ・ラマ効果」である。ドイツの経済学者、アンドレア・フックスとニルス＝ヘンドリック・クランが2013年に「ダライ・ラマ効果」に関する論文を発表しており、2002～2008年

6. 中国の報復措置は「有名人」にとどまらず、観光業に広く影響を及ぼした。図A. 9によると、訪韓する中国人旅行者の数が大幅に減少している。

にダライ・ラマの訪問を受け入れた国は、その後の２年間で対中輸出が12.5%減少したことを明らかにした[7]。

中国が制裁によって対象国の行動を変えてきたという私たちの仮説が正しいかどうかを確かめるために、ポーの２つ目の例、ノルウェーのサーモン輸出についてみてみよう。これに関してはノルウェーを拠点とする２人の学者が研究し（Chen and Garcia 2016)、データの分析と、ノルウェーの役人や経済的利害関係者に対するインタビューに基づいて、ノーベル賞授与後の中国の対ノルウェー制裁によって両国の貿易と政治関係に複雑な影響が及んだと結論づけている。中国のノルウェー産サーモンの輸入は公式統計によると大幅に減少しているが、この統計は誤解を与えるものであり、実際には、「ルートの変更、原産地証明の偽造、密輸入」などによって、それまでに近い水準が保たれていたことが示唆されている（Chen and Garcia 2016, 29)。このような手順を踏むとノルウェー産サーモンの

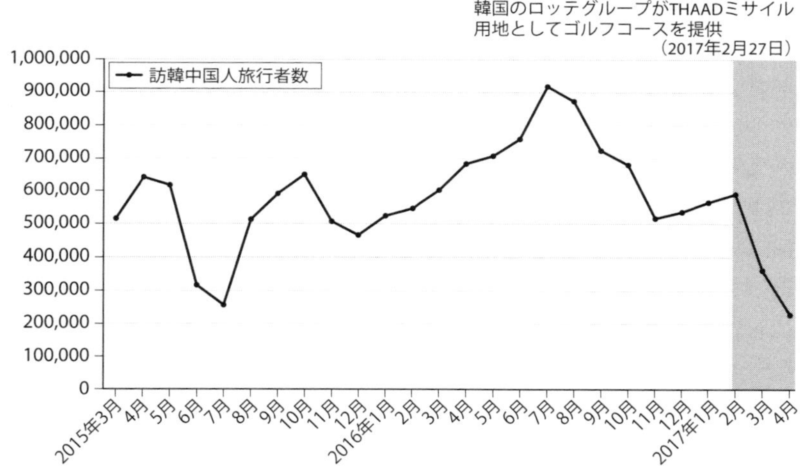

図 A.9　中国の制裁が韓国の観光業に及ぼした影響

出典：Yuxian Juan, Youngjoon Choi, Sohyun An, Choong-Ki Lee, and Seung Jae Lee, "The Constraints of Chinese Tourists to Visit Korea Caused by THAAD Using Q-Methodology," *Asia Pacific Journal of Tourism Research* 22:12 (2017)：1261-73.

---

7. ポー（Poh 2017）は、中国が経済制裁を活用しているという見方に懐疑的である。一次情報と対象国の役人へのインタビューに基づいた彼女の分析では、中国が制裁政策を進めているという証拠はもちろん、制裁を科すと脅しているという証拠もほとんど見つかっていない。しかし、他の証拠は彼女の見解と相容れない。

コストが上がるはずだが、少なくとも短期的には、直接経費はノルウェーの輸出業者ではなく、中国の販売業者と消費者が負担していたようである。

しかし、ノルウェーのサーモン養殖業者をはじめとする関係者への長期的影響を軽く見るべきではない。実際、対中輸出はいくらか減少し、中国の輸入業者はノルウェー産サーモンに代わる魚の仕入れ先を開拓している。そうなると、ノルウェーはよそで新たな市場を作り上げなければならない。それらの市場は価格競争が激しく、ノルウェーの利潤は減少するかもしれない。さらに、チェンとガルシアによると、ノルウェーの関係者のなかには質の劣った魚がノルウェー産と偽装表示され、ノルウェーの品質に関する評判に影響が及ぶのではないかと恐れる人もいる。こうしたことから、制裁はノルウェーに何の経済的影響も及ぼさなかったと結論づけることはできない。

さらに、チェンとガルシアは、中国の制裁発動後、ノルウェー政府はダライ・ラマとの会見を辞退したと指摘している。中国は、外国政府がダライ・ラマを承認しようとすることを、主権の問題として極めて深刻に受け止める。もちろん、台湾などに関しても姿勢は同じだ。中国の制裁の有効性に関する私たちの仮説は、ノルウェーを見る限り、正しいと言えるだろう。

公式な制裁に加え、中国は商業パートナーに対して脅しという方法も使う。その良い例が、『フィナンシャルタイムズ』紙（2018年1月26日付）で報じられている。記事によると、イギリスのメイ首相の訪問時、中国はBRIへの支持を表明しなければ、彼女のために手配したビジネス会議を中止すると脅したのだ。

中国は、例えばTHAADミサイル配備のための土地を韓国政府に提供したロッテグループのような、気に入らない行動をとった企業に対して直接圧力をかけることもある。これは、「外国企業は中国市場に再度アクセスできるよう、自国政府に中国との関係改善を迫るだろう」という中国の古くからの考え方を示している（Friedberg 2018, 18で引用）。中国はここでもエコノミック・ステイトクラフトの一環として対象国のビジネスエリートを「第五列」として巧みに利用し、圧力をかけて中国のために行動させている。

結論

中国のエコノミック・ステイトクラフトについて簡単に見てきた。ここから結論をいくつか導き出すことができるが、どれも暫定的なもので、厳密な実証実験が必要である。結論として言えるのは次の５点だ。第一に、中国は世界経済を持続的な成長の推進力として利用することに成功した。第二に、中国は増大する富と市場支配力を活かして、特にアジア太平洋地域とユーラシア大陸で、さらにはアフリカでも、戦略的利益を拡大してきた。第三に、中国政府は国内のさまざまな利益集団に、アジア重視で資源探索型の対外経済政策を、同一歩調で推進させることにある程度成功した。第四に、中国は対外援助政策を利用し、直接、あるいは、富を成すには中国市場へのアクセスが重要なビジネスエリートを介して、被援助国の行動に影響を及ぼしてきた。第五に、中国は経済制裁を用いて、対象国の行動に影響を及ぼしてきた。

ここからさらに、中国の大戦略の未来はどのようなものか、中国は自国の利益を追求するために経済的手段を今後どのように利用するのか考えてみよう。簡単にいうと、中国の目標は次のようなものだろう。(1) アジア太平洋地域に誰もが認める勢力圏を築き、維持する。(2) 勢力圏を世界に拡大する。(3) (1) と (2) に伴うコストを考慮し、節約する。国際政治においては「食べるにつれ食欲は増す」もので、中国の目標は富や軍事力の拡大の成否によって変わっていくだろう。また、中国の成長を制約する要因として、人口動態の変化や世界経済の動向（例えば、2020年の新型コロナウイルス感染症の影響）が考えられるが、そうした点も中国政府の野心に影響を及ぼすかもしれない。

未来について考えるには、（ほかにも問題はあるが、特に）以下の問題に答えるための追加の研究が必要になる。第一に、対外経済政策は誰が決定するのか、そして、貿易政策、投資政策、開発金融の観点から、その決定はどのようなメカニズム（たとえば、政府と民間の非公式な関係か、補助金か、脅しか）で実行されるのか。第二に、中国は「対象」国のビジネスエリートをどの程度「取り込んで」いるのか。それに関連して、第三に、中国のエコノミック・ステイトクラフトはどこで「成功」し、どこで「失敗」した、あるいは裏目に出たのか。第四に、アメリカと中国はかつて経済的に相互依存の関係にあり、「チャイメリカ」という言葉も生まれたが、その未来はどうなるのか。そして最後に、中国は世界経済のために新しい規範的秩序を作り出したいのか、それとも、現在の「ゲームのルール」で満足しているのか。中国が新しいレジームの構築を望んでいるとすれば、それはどのようなものか。簡単に言うと、国際経済において、中国は現状維持の立場なのか、革新を求める立場なのかである。

これらの問題の少なくともいくつかは、中国単体の分析で答えが出るようなものではない。中国の取引相手の経済政策も重要だ。そこで、世界の経済環境を中国がどうとらえているかを知ることが大切になってくる。中国の指導者は、それが中国の利益にとってプラス、マイナスのどちらと見ているのか。中国は他の大国が中国の隆盛を受け入れると見ているのか、抑えると見ているのか。中国は世界経済にこの先、何を期待するのか。

中国のエコノミック・ステイトクラフトはもちろんアメリカの対外経済政策とも絡み合っている。アメリカは30年以上にわたって中国に世界経済へ参加するよう促してきた。WTOへの加盟を支持し、最大の貿易相手国となった。アメリカ企業は中国の開かれた分野に多額の投資をし、中国はアメリカ国債の購入を含め、アメリカ経済への主要な投資国となった。だが、もちろん今、アメリカ政府はこのような統合戦略に疑問を抱いている。

中国がアメリカとの経済関係の先行きは不透明だと考えるようになると、必然的に他の市場に目を向けるだろう。すでにそれは始まっていて、潤沢な手元資金を使って世界中で関係を築いている。しかし、中国の共産主義の有害な側面が国際社会の目に再び明らかになってくると、そうした努力も限界に達するだろう。多国間秩序にもはやコミットしなくなったアメリカと、国際的な規範を受け入れるかどうか疑わしい中国の間で、世界経済に参加する国々が持続的成長のためにどんな手段をとるべきか考えるのは当然だろう。

エコノミック・ステイトクラフトの未来……………………………

この後跋では現代の国際経済関係における2つの重要な側面について考えてきた。特に貿易と経済制裁に関する多国間主義の現状と、中国の役割である。この2つをつなぐのはアメリカだ。世界経済の進化にとっては、アメリカの政策が非常に重要である。もしアメリカが多国間主義へのコミットメントを、少なくとも貿易分野で放棄したら、未来の姿はどのようなものになるのだろう。

この参考になるものとして、経済学者が以前から語っていたのが、地域重視の貿易である。実際、1980年代にバグワティはGATTの終焉について語り、アメリカはすでに地域協定、すなわち北米自由貿易協定(NAFTA)に目を向けていると述べている。ヨーロッパは、冷戦の終結で何カ国かが新たにメンバーに加わり、拡大していた。「ヨーロッパ1992」プロジェクトを知ったアメリカ人の多くは、「要塞」の建設が進行中で、それに対抗する経済圏が必要だと考えた(Bhagwati 1993)。アジアではASEAN(1967年設立)諸国がさまざまな貿易協定を結んで経済関係を強化していた。2000年代初めには中国をハブとして、アジアの域内貿易は地域間貿易を上回る勢いで伸びていた(https://www.imf.org/en/News/Articles/2015/09/28/04/53/socar02608a)。このような排他的な経済圏が多国間体制より望ましいのかどうか、当時、盛んに論議された。

今日、地域単位の世界が再び現れようとしている。アメリカは(アメリカ・メキシコ・カナダ協定[USMCA]の発効に向けて)NAFTAの再交渉を進めている。EUはイギリスという「アウトライヤー(outlier)」の離脱を受け、内部の結束を強化しようとしている(ポーランドやハンガリーのような政治的方向性の異なる国があることから、簡単なことではない)。中国は引き続きアジアの国々との貿易を拡大している。WTOが機能不全に陥っている今、世界貿易が直面している問題を解決するには、地域主義が次善の策のように思えるかもしれない。

さらにもう一つの国際的な経済関係のモデルとしては、グローバル・サプライチェーンに関連し、利益の最大化を目指す多国籍企業——世界貿易の大半が多国籍企業を通して行われる——のもとで、経済関係はよりアドホックなものとなるというものがある。グローバル・サプライチェーンに参加すると、比較優位を発揮できるだけでなく、最終財の大きな市場を持つ国はサプライチェーン上で果たす役割について交渉力を持ち、市場支配力を得ることもできる。その良い例がF-35 統合攻撃戦闘機(JSF)である。この戦闘機の購入者は主契約社のロッキード・マーティンから大きな仕事を割り当てられることが、契約上取り決められている(Kapstein 2004)。

確かに、政治が——感染症の世界的大流行も——グローバル・サプライチェーンを遮断することはある。だが、深刻な影響はないだろう。例えば、米中の貿易戦争がアメリカ企業の築いたグローバル・サプライチェーンにどのような影響を及ぼしているのかについては、以前から議論されている（Geoffrey Garrett, https://knowledge.wharton.upenn.edu/article/trade-war-supply-chain-impact/ を参照）。企業が生産拠点を移そうとしていることを示す証拠があるが、これまでの事例を見ると、それは中国がもはや比較優位を持たない労働集約型産業が大多数で、実際、中国企業も生産拠点をベトナムなどに移している。しかし、高付加価値産業の場合、サプライチェーンを移すのは難しい。例えば、アップルのCEO、ティム・クックは2019年7月の四半期業績発表で「生産拠点を中国から移動させる可能性を退けた」（https://www.supplychaindive.com/news/apple-tim-cook-china-production-sourcing-tariff/559926/）。

検討すべき最後の3つ目のモデルはナレッジ・ネットワークに基づいたものである。ここで移転されるのは特に科学、技術、ヘルスケア分野の専門知識だ。こうしたネットワークが政治によって遮断されることはあまりないだろう。どの政府も人工知能や遺伝子工学のような分野で高い競争力を保つことがいかに重要かを認識しているからだ。さらに、これらの分野にも中核的研究拠点はあるものの、どの拠点も自己完結的とは言えず、知識基盤を完全に支配し、世界とのやりとりを絶つことのできる国はない。知識を排除する経済政策は長期的に低成長しかもたらさず、安全保障の確保も難しいだろう。

この3番目のモデルは、世界経済の未来はそれほど暗くないかもしれないと私たちに気づかせてくれる。現在は多国間秩序という体制のなかで取引がなされているが、それはもう古くなり、ひずみが生じているのかもしれない。この先重要になるのは、商品をAからBに移動させることではなく、アイデアを移動させることかもしれない。その道を閉ざすと勝ち目がないことは、歴史が示している。

最後に、世界経済の特質としてさらに挙げるとすれば、貿易であれ投資であれ、資金をある場所から別の場所に移転する能力であることを指摘しておこう。「代替通貨」が育ってはいるが、基軸通貨はやはり米ドルである。世界通貨を印刷するという「途方もない特権」によってアメリカは国際経済取引において比類のない力を持っている。金融規制が多国間の協力のもとで行われているのも不思議な話ではない。アメリカは互恵的な多国間主義を推進するために影響力を発揮することが望ましいと筆者は考えるが、アメリカがドルを利用するすべての国に協力を強要する可能性があることは見過ごされるべきではない。エコノミック・ステイトクラフトには多くの変化が見られることをこの後跋で述べてきたが、米ドルの役割とその力は世界経済の永続性の源であり続けている。

引用文献

Adjiev, Stefan, et al. 2018. "Gross Capital Flows by Banks, Corporates and Sovereigns." Bank for International Settlements. https://www.bis.org/publ/work760.htm.

Baldwin, David. 1985. Economic Statecraft. Princeton: Princeton University Press.

Bellinger, John. 2007. "The United States and International Law." Remarks at the Hague, Neth- erlands. June 6.

Bhagwati, Jagdish. 1993. "Regionalism and Multilateralism: An Overview." In New Dimensions in Regional Integration, edited by Jaime de Melo and Arvind Panagariya. New York: Cambridge University Press.

Biersteker, Thomas, Marcos Tourinho, and Sue Eckert. 2016. "Thinking About United Nations Targeted Sanctions." In Targeted Sanctions: The Impact and Effectiveness of United Nations Action, edited by Biersteker, Tourinho, and Eckert. New York: Cambridge University Press.

Biersteker, Thomas, and Peter A. G. van Bergijk. 2015. "How and When Do Sanctions Work? The Evidence." In On Target? European Union Sanctions as Security Policy Tools, edited by Iana Dreyer and Jose Luengo-Cabrera. Paris: European Union, Institute for Security Studies.

Bin, Sheng. 2015. China's Trade Development Strategy and Trade Policy Reforms. Manitoba: IISD.

Blackwill, Robert, and Jennifer Harris. 2016. War by Other Means. Cambridge, Mass.: Harvard University Press.

Bräutigam, Deborah, and Tang Xiaoyang. 2012. "Economic Statecraft in China's New Overseas Special Economic Zones: Soft Power, Business or Resource Security?" International Affairs 88 (4): 799-816.

Caldara, Dario, et al. 2019. "The Economic Effects of Trade Policy Uncertainty." Federal Reserve Board of New York. https://www.federalreserve.gov/econres/ifdp/files/ifdp1256.pdf.

Carrai, Maria Adele. 2018. "Is There a China Model?" 未発表原稿。

Central Intelligence Agency (CIA). 1986. "East Asia in the 1990s: The Consequences of China's Economic Reform." foia.cia.gov.

Charnovitz, Steven. 2016. "The Obama Administration's Attack on Appellate Body Independence Shows the Need for Reform." International Economic Law and Policy Blog, September 22, 2016.

Chen, Wenjie, and Roger Nord. 2017. A ReBalancing Act for China and Africa. Washington, D.C.: IMF.

Chen, X., and R. Garcia. 2016. "Economic Sanctions and Trade Diplomacy: Sanction-Busting Strategies, Market Distortion and Efficacy of China's Restrictions on Norwegian Salmon Imports." China Information 30 (1): 29-57.

Cheremukhin, Anton. 2015. "The Economy of the People's Republic of China from 1953." National Bureau of Economic Research Working Paper.

Chow, Gregory. 2005. "Globalization and China's Economic Development." 未発表原稿。

Cleveland, Sarah. 2001. "Norm Internationalization and U.S. Economic Sanctions." Yale Journal of International Law 26 (1): 2-101.

Cohen, Benjamin J. 2018. Currency Statecraft. Chicago: University of Chicago Press.
Cohen, David S. 2019. "Why Trump's Sanctions Aren't Working." Washington Post, March 30.
Congressional Research Service. 2019. "World Trade Organization: Overview and Future Direction." Washington, D.C.: Library of Congress.
Cortright, David, and George Lopez. 2000. The Sanctions Decade: Assessing UN Strategies in the 1990s. Boulder, Colo.: Lynne Rienner.
Dollar, David. 2017. Is China's Development Finance a Challenge to the International Order? Washington, D.C.: Brookings Institution.
Doxey, Margaret. 1983. "International Sanctions in Theory and Practice." Case Western Reserve Journal of International Law 15 (2): 273-288.
Drezner, Daniel. 2000. "Bargaining, Enforcement and Multilateral Sanctions: When Is Cooperation Counterproductive?" International Organization 54 (1): 73-102.
Economist. 2019. "The Trading System's Referee Is About to Leave the Field." November 28.
Feaver, Peter, and Eric Lorber. 2015. Diminishing Returns: The Future of Economic Coercion. Washington, D.C.: Center for a New American Security.
Friedberg, Aaron. 2018. "Globalization and Chinese Grand Strategy." Survival 60 (1): 7-40.
Goldsmith, Jack, and Shannon Mercer. 2019. "International Law and Institutions in the Trump Era." German Yearbook of International Law.
Handley, Kyle, and Nuno Limão. 2017. "Policy Uncertainty, Trade, and Welfare: Theory and Evidence for China and the United States." American Economic Review 107 (9): 2731-83.
Hasenclever, Andreas, Peter Mayer, and Volker Rittberger. 2000. "Integrating Theories of International Regimes." Review of International Studies 26 (1): 3-33.
Hirschman, Albert. 1945/1969. National Security and the Structure of Foreign Trade. Berkeley: University of California Press.
Jinchen, Tian. 2016. " 'One Belt and One Road' : Connecting China and the World." McKinsey and Co.
Johnson, Keith. 2019. "EU Offers Up a Meager Workaround to U.S. Iran Sanctions." Foreignpolicy.com. January 31.
Kapstein, Ethan. 2004. "Capturing Fortress Europe: International Collaboration and the Joint Strike Fighter." Survival 46 (3): 137-159.
———. 2017. Seeds of Stability: Land Reform and U.S. Foreign Policy. New York: Cambridge University Press.
Krasner, Stephen D. 1982. "Structural Causes and Regime Consequences: Regimes as Intervening Variables." International Organization 36 (2): 185-205.
Kuziemko, I., and E. Werker. 2006. "How Much Is a Seat on the Security Council Worth? Foreign Aid and Bribery at the United Nations." Harvard Business School Working Paper.
Lew, Jacob, and Richard Nephew. 2018. "The Use and Misuse of Economic Statecraft: How Washington Is Abusing Its Financial Might." Foreign Affairs.com. October 15.
Lighthizer, Robert. 2017. "U.S. Trade Policy Priorities." Remarks at Center for Strategic and International Studies, September 26.
Marelli, Enrico, and Marcello Signorelli. 2011. "China and India: Openness, Trade and Effects on Economic Growth." European Journal of Comparative Economics 8 (1): 129-154.
Morse, Julia C. 2019. "Blacklists, Market Enforcement, and the Global Regime to Combat Terrorist Financing." International Organization 73 (Summer): 511-545.
National Association of Realtors. 2019. "Profile of International Transactions in U.S. Residential Real Estate." https://www.nar.realtor/research-and-statistics/research-reports/profile-of-international-activity-in-u-s-residential-real-estate.
Ngobi, James C. 1995. "The United Nations Experience with Sanctions." In Economic Sanctions, edited by George Cortright and George Lopez. Boulder, Colo.: Westview Press.
Norris, William J. 2018. Chinese Economic Statecraft: Commercial Actors, Grand Strategy and State Control. Ithaca, N.Y.: Cornell University Press.
Ohmae, Kenichi. 1989. "Managing in a Borderless World." Harvard Business Review (May-

June). https://hbr.org/1989/05/managing-in-a-borderless-world.

Parks, Bradley C., Mike Tierney, Axel Dreher, Andrea Fuchs, and Austin Strange. 2015. "Chinese 'Aid' to Africa: Be Careful Comparing Apples and Dragon Fruits." https://www.aiddata.org/blog/chinese-aid-to-africa-be-careful-comparing-apples-and-dragon-fruits.

Payosova, Tetyana, Gary Clyde Hufbauer, and Jeffrey J. Schott. 2018. "The Dispute Settlement Crisis in the World Trade Organization: Causes and Cures." Peterson Institute of International Economics. Policy Brief, 18-5.

Pew Research Center. 2014. "Faith and Skepticism About Trade, Foreign Investment." September 26. https://www.pewresearch.org/global/2014/09/16/faith-and-skepticism-about-trade-foreign-investment/.

Poh, Angela. 2017. "The Myth of Chinese Sanctions over South China Sea Disputes." Washington Quarterly 40 (1): 143-165.

Ramasamy, B., et al. 2012. "China's Outward Foreign Direct Investment: Location Choice and Firm Ownership." Journal of World Business 47:17-25.

Rappeport, Alan, and Katie Rogers. 2019. "Friend and Foe Alike Seeking Workarounds for Trump's Sanctions." New York Times, November 16.

Rosenberg, Elizabeth, and Edoardo Saravalle. 2018. "China and EU Are Growing Sick of U.S. Financial Power." Foreignpolicy.com. November 16.

Salidjanova, N. 2015. China's Trade Ambitions: Strategy and Objectives Behind China's Pursuit of Free Trade Agreements. Washington, D.C.: US-China Economic and Security Review Commission.

Scheck, Justin, and Bradley Hope. 2019. "The Dollar Underpins American Power: Rivals Are Building Workarounds." Wall Street Journal, May 29.

Tett, Gillian. 2019. "Global Trade Was Slowing Down Before the Tariff War Started." Financial Times, July 18. https://www.ft.com/content/f44093f0-a934-11e9-b6ee-3cdf3174eb89.

U.K. Foreign and Commonwealth Office. 2019. "Sanctions Policy If There's No Brexit Deal." February 1. https://www.gov.uk/government/publications/sanctions-policy-after-31-december-2020.

Wilson, William. 2016. "China's Huge 'One Belt One Road' Initiative Is Sweeping Central Asia." November 21. Heritage Foundation: Commentary. https://www.heritage.org/asia/commentary/chinas-huge-one-belt-one-road-initiative-sweeping-central-asia.

Xiaotong, Zhang, and James Keith. 2017. "From Wealth to Power: China's New Economic State- craft." Washington Quarterly (Spring): 183-203.

Yao, S., et al. 2017. "Location Determinants of China's Outward Foreign Direct Investment." China and World Economy 25 (6): 1-27.

Zable, Stephanie. 2019. "Instex: A Blow to U.S. Sanctions?" Lawfare. March 6.

参考文献

書籍

Adler-Karlsson, Gunnar. ***Western Economic Warfare, 1947-1967: A Case Study in Foreign Economic Policy***. Stockholm: Almqvist and Wiksell, 1968.

Alexander, Robert J. ***The Tragedy of Chile***. Westport, Conn.: Greenwood Press, 1978.

Allison, Graham T. ***Essence of Decision***. Boston: Little, Brown, 1971.（『決定の本質：キューバ・ミサイル危機の分析』グレアム・アリソン、フィリップ・ゼリコウ著、漆嶋稔訳、日経 BP 社、2016 年）

Anderson, Charles W. ***Statecraft: An Introduction to Political Choice and Judgment***. New York: John Wiley, 1977.

Anderson, Frank Maloy, and Hershey, Amos Shartle, eds. ***Handbook for the Diplomatic History of Europe, Asia, and Africa, 1870-1914***. Washington, D.C.: Government Printing Office, 1918.

Angell, Sir Norman. ***The Foundations of International Polity***. London: William Heinemann, 1914.

Aron, Raymond. ***Peace and War: A Theory of International Relations***. Translated by Richard Howard and Annette Baker Fox. Garden City, N.Y.: Doubleday, 1966.

Bailey, Thomas A. ***The Art of Diplomacy: The American Experience***. New York: Appleton-Century-Crofts, 1968.

———. ***A Diplomatic History of the American People***. 10th ed. Englewood Cliffs, N.J.: Prentice-Hall, 1980.

Baldwin, David A. ***Economic Development and American Foreign Policy: 1943-62***. Chicago: University of Chicago Press, 1966.

———. ***Foreign Aid and American Foreign Policy: A Documentary Analysis***. New York: Praeger, 1966.

Banfield, Edward C. ***American Aid Doctrines***. Washington, D.C.: American Enterprise Institute, 1963.

Barry, Brian. ***The Liberal Theory of Justice***. London: Oxford University Press, 1973.

Baskir, Lawrence M., and Strauss, William A. ***Chance and Circumstance: The Draft, the War, and the Vietnam Generation***. New York: Alfred A. Knopf, 1978.

Bauer, P. T. ***Equality, the Third World and Economic Delusion***. Cambridge, Mass.: Harvard University Press, 1981.

Baumont, Maurice. ***The Origins of the Second World War***. Translated by Simone de Couvreur Ferguson. New Haven: Yale University Press, 1978.

Beitz, Charles R. Political ***Theory and International Relations***. Princeton: Princeton University Press, 1979.（『国際秩序と正義』チャールズ・ベイツ著、進藤榮一訳、岩波書店、1989 年）

Benham, Frederic. Economic ***Aid to Underdeveloped Countries***. New York: Oxford University Press, 1961.

Bernstein, Marver H. ***The Politics of Israel: The First Decade of Statehood***. Princeton: Princeton University Press, 1957.

Blau, Peter M. ***Exchange and Power in Social Life***. New York: John Wiley, 1964.（『交換と権力：社会過程の弁証法社会学』ピーター・M・ブラウ著、間場寿一ほか訳、新曜社、1974 年）

Blechman, Barry M., and Kaplan, Stephen S. ***Force Without War: U.S. Armed Forces as a Political Instrument***. Washington, D.C.: Brookings Institution, 1978.

Boulding, Kenneth E. ***A Primer on Social Dynamics: History as Dialectics and Development***. New York: Free Press, 1970.（『歴史はいかに書かれるべきか』ケネス・E・ボールディング著、横田洋三訳、講談社、1979 年）

Boulding, Kenneth E., and Mukerjee, Tapan, eds. ***Economic Imperialism***. Ann Arbor: University of Michigan Press, 1972.

Brierly, J. L. *The Law of Nations*. 6th ed. Edited by Humphrey Waldock. Oxford: Oxford University Press, 1963.（『諸国民の法および諸論稿』ジェームズ・レスリー・ブライアリー著、長谷川正国訳、成文堂、2013 年）

Brodie, Bernard. *War and Politics*. New York: Macmillan, 1973.

Brown, William Adams. *The United States and the Restoration of World Trade*. Washington, D.C.: Brookings Institution, 1950.

Brownlie, Ian. *International Law and the Use of Force*. London: Oxford University Press, 1963.

Brzezinski, Zbigniew. *Power and Principle: Memoirs of the National Security Adviser, 1977-1981*. New York: Farrar, Straus, Giroux, 1983.

Buchanan, Norman S., and Ellis, Howard S. *Approaches to Economic Development*. New York: Twentieth Century Fund, 1955.（『後進国開発の展望』ノーマン・S・ブキャナン、ハワード・S・エリス著、小島清監訳、東洋経済新報社、1958 年）

Bull, Hedley. *The Anarchical Society*. New York: Columbia University Press, 1977.（『国際社会論：アナーキカル・ソサイエティ』ヘドリー・ブル著、臼杵英一訳、岩波書店、2000 年）

Butterfield, H. *The Statecraft of Machiavelli*. London: G. Bell, 1940.

Callahan, Patrick; Brady, Linda P.; and Hermann, Margaret G., eds. *Describing Foreign Policy Behavior*. Beverly Hills, Calif.: Sage, 1982.

Callières, François de. *On the Manner of Negotiating with Princes*. Translated by A. F. Whyte. Notre Dame, Ind.: University of Notre Dame Press, 1963.（『外交談判法』カリエール著、坂野正高訳、岩波書店、1982 年）

Camps, Miriam. *The Management of Interdependence: A Preliminary View*. New York: Council on Foreign Relations, 1974.

Carr, Edward Hallett. *The Twenty Years' Crisis: 1919-1939*. 2d ed. London: Macmillan, 1946.（『危機の二十年：理想と現実』E・H・カー著、原彬久訳、岩波書店、2011 年）

Carter, Jimmy. *Keeping Faith: Memoirs of a President*. New York: Bantam, 1982.（『カーター回顧録』、ジミー・カーター 著、持田直武訳、日本放送出版協会、1982 年）

Catlin, G. E. G. *The Science and Method of Politics*. New York: Alfred A. Knopf, 1927.

Cecco, Marcello de. *Money and Empire*. Oxford: Basil Blackwell, 1974.（『国際金本位制と大英帝国：1890-1914 年』マルチェロ・デ・チェッコ著、山本有造訳、三嶺書房、2000 年）

Chapman, Margaret, and Marcy, Carl, eds. *Common Sense in U.S.-Soviet Trade*. Washington, D.C.: American Committee on East-West Accord, 1983.

Chill, Dan S. *The Arab Boycott of Israel*. New York: Praeger, 1976.

Clark, Evans, ed. *Boycotts and Peace*. New York: Harper, 1932.

Clark, Grenville, and Sohn, Louis B. *World Peace Through World Law*. Cambridge, Mass.: Harvard University Press, 1958.

Claude, Inis L., Jr. *Power and International Relations*. New York: Random House, 1962.

———. *Swords into Plowshares*. 4th ed. New York: Random House, 1971.

Clausewitz, Carl von. *On War*. Edited and translated by Michael Howard and Peter Paret. Princeton: Princeton University Press, 1976.（『新訳戦争論：隣の大国をどう斬り伏せるか』クラウゼヴィッツ著、兵頭二十八訳、PHP 研究所、2011 年）

Cline, Ray S. *World Power Assessment: A Calculus of Strategic Drift*. Boulder, Colo.: Westview, 1975.

Coffin, Frank M. *Witness for Aid*. Boston: Houghton Mifflin, 1964.

Cohen, Benjamin J., ed. *American Foreign Economic Policy: Essays and Comments*. New York: Harper and Row, 1968.

Cohen, Stephen D. *The Making of United States International Economic Policy: Principles, Problems, and Proposals for Reform*. New York: Praeger, 1977.

Crucé, Émeric. *The New Cyneas*. (1623). Translated by Thomas Willing Balch. Philadelphia: Allen, Lane and Scott, 1909.

Cunningham, William. *The Growth of English Industry and Commerce in Modern Times*. 3d ed. 2 vols. Cambridge: Cambridge University Press, 1903.

Dahl, Robert A. *Modern Political Analysis*. 1st and 3d eds. Englewood Cliffs, N.J.: Prentice-Hall,

1963 and 1976.（『現代政治分析』ロバート・アラン・ダール著、高畠通敏訳、岩波書店、2012 年）

Dahl, Robert A., and Lindblom, Charles E. *Politics, Economics, and Welfare: Planning and Politico-Economic Systems Resolved into Basic Social Processes*. New York: Harper and Row, 1953.（『政治・経済・厚生』R・A・ダール、C・E・リンドブロム著、磯部浩一訳、東洋経済新報社、1961 年）

Dam, Kenneth W. *The GATT: Law and International Economic Organization*. Chicago: University of Chicago Press, 1970.

David, Wade Dewood. *European Diplomacy in the Near Eastern Question, 1906-1909*. Urbana: University of Illinois Press, 1940.

Delaisi, Francis. *Political Myths and Economic Realities*. London: Noel Douglas, 1925.

Destler, I. M. *Making Foreign Economic Policy*. Washington, D.C.: Brookings Institution, 1980.（『アメリカの対外経済政策』I・M・デスラー著、杉崎真一訳、農政調査委員会、1984 年）

Deutsch, Karl W. *The Analysis of International Relations*. 2d ed. Englewood Cliffs, N.J.: Prentice-Hall, 1978.

Diamond, William. *The Economic Thought of Woodrow Wilson*. Baltimore: Johns Hopkins Press, 1943.

Dillon, Wilton S. *Gifts and Nations*. The Hague: Mouton, 1968.

Dolan, Edwin G. *TANSTAAFL*. New York: Holt, Rinehart, and Winston, 1971.

Dorfman, Joseph. *The Economic Mind in American Civilization*. 4 vols. New York: Viking Press, 1946.

Doxey, Margaret P. *Economic Sanctions and International Enforcement*. 1st and 2d eds. New York: Oxford University Press, 1971 and 1980.

Dunn, Frederick Sherwood. *Peaceful Change*. New York: Council on Foreign Relations, 1937.

Eagleton, Clyde. *International Government*. Rev. ed. New York: Ronald Press, 1948.

Epictetus. *The Discourses and Manual*. Translated by P. E. Matheson. Oxford: Clarendon Press, 1916.

Falk, Richard A. *The Status of Law in International Society*. Princeton: Princeton University Press, 1970.

Feis, Herbert. *The Road to Pearl Harbor*. Princeton: Princeton University Press, 1950.『眞珠灣への道』ハーバート・ファイス著、大窪愿二訳、みすず書房、1956 年）

Fenwick, Charles G. *International Law*. 4th ed. New York: Appleton-Century-Crofts, 1965.

Finlay, David J.; Holsti, Ole R.; and Fagan, Richard R. *Enemies in Politics*. Chicago: Rand McNally, 1967.

Fontaine, Roger W. *On Negotiating with Cuba*. Washington, D.C.: American Enterprise Institute, 1975.

Freedman, Robert Owen. *Economic Warfare in the Communist Bloc: A Study of Economic Pressure Against Yugoslavia, Albania, and Communist China*. New York: Praeger, 1970.

Friedmann, Wolfgang. *The Changing Structure of International Law*. New York: Columbia University Press, 1964.

Friedrich, Carl Joachim. *Inevitable Peace*. Cambridge, Mass.: Harvard University Press, 1948.

Gaddis, John Lewis. *Strategies of Containment*. New York: Oxford University Press, 1982.

Gardner, Richard N. *Sterling-Dollar Diplomacy in Current Perspective*. Expanded ed. New York: Columbia University Press, 1980.

George, Alexander L.; Hall, David K.; and Simons, William R. *The Limits of Coercive Diplomacy*. Boston: Little, Brown, 1971.

George, Alexander L. and Smoke, Richard. *Deterrence in American Foreign Policy: Theory and Practice*. New York: Columbia University Press, 1974.

Gilbert, Felix. *To the Farewell Address: Ideas in Early American Foreign Policy*. Princeton: Princeton University Press, 1961.

Gilmore, Richard. *A Poor Harvest: The Clash of Policies and Interests in the Grain Trade*. New York: Longman, 1982.（『世界の食糧戦略』、リチャード・ギルモア著、中山善之訳、TBS ブリ

タニカ、1982 年）

Gilpin, Robert. ***U.S. Power and the Multinational Corporation: The Political Economy of Foreign Direct Investment***. New York: Basic Books, 1975.（『多国籍企業没落論：アメリカの世紀は終わったか』R・ギルピン著、山崎清訳、ダイヤモンド社、1977 年）

———. ***War and Change in World Politics***. Cambridge: Cambridge University Press, 1981（『覇権国の交代：戦争と変動の国際政治学』ロバート・ギルピン著、納家政嗣監修、勁草書房、2022 年）.

Goldmann, Kjell, and Sjostedt, Gunnar, eds. ***Power, Capabilities, Interdependence***. London: Sage, 1979.

Goodrich, Leland M.; Hambro, Edvard; and Simons, Anne Patricia. ***Charter of the United Nations: Commentary and Documents***. 3d and rev. ed. New York: Columbia University Press, 1969.

Greenstein, Fred I., and Polsby, Nelson W., eds. ***Handbook of Political Science***. Reading, Mass.: Addison-Wesley, 1975.

Gurr, Ted Robert. ***Why Men Rebel***. Princeton: Princeton University Press, 1970.

Harrison, Anthony. ***The Framework of Economic Activity: The International Economy and the Rise of the State***. London: Macmillan, 1967.

Harvey, Mose L. ***East West Trade and United States Policy***. New York: National Association of Manufacturers, 1966.

Hawtrey, R. G. ***Economic Aspects of Sovereignty***. London: Longmans, Green, 1930.

Heckscher, Eli F. ***Mercantilism***. Rev. ed. 2 vols. Translated by Mendel Shapiro. New York: Macmillan, 1955.

Heilperin, Michael A. ***Studies in Economic Nationalism***. Geneva: Librairie E. Droz, 1960.

Hemleben, Sylvester John. ***Plans for World Peace Through Six Centuries***. Chicago: University of Chicago Press, 1943.

Hindmarsh, Albert E. ***Force in Peace***. Cambridge, Mass.: Harvard University Press, 1933.

Hinsley, F. H. ***Power and the Pursuit of Peace***. London: Cambridge University Press, 1963.（『権力と平和の模索：国際関係史の理論と現実』ハリー・ヒンズリー著、佐藤恭三訳、勁草書房、2015 年）

Hirschman, Albert O. ***A Bias for Hope: Essays on Development in Latin America***. New Haven: Yale University Press, 1971.

———. ***The Passions and the Interests***. Princeton: Princeton University Press, 1977.（『情念の政治経済学』アルバート・O・ハーシュマン著、佐々木毅、旦祐介訳、法政大学出版局、2014 年）

———. ***National Power and the Structure of Foreign Trade***. Berkeley: University of California Press, 1945; expanded ed., 1980.（『国力と外国貿易の構造』アルバート・ハーシュマン著、飯田敬輔訳、勁草書房、2011 年）

Hoffmann, Stanley, ed. ***Contemporary Theory in International Relations***. Englewood Cliffs, N.J.: Prentice-Hall, 1960.

———. ***Duties Beyond Borders***. Syracuse, N.Y.: Syracuse University Press, 1981.（『国境を超える義務：節度ある国際政治を求めて』スタンリー・ホフマン著、最上敏樹訳、三省堂、1985 年）

Holsti, K. J. ***International Politics: A Framework for Analysis***. 3d and 4th eds. Englewood Cliffs, N.J.: Prentice-Hall, 1977 and 1983.

Holzman, Franklyn D. ***International Trade Under Communism—Politics and Economics***. New York: Basic Books, 1976.

Homans, George C. ***Social Behavior: Its Elementary Forms***. Rev. ed. New York: Harcourt Brace Jovanovich, 1974.（『社会行動：その基本形態』ジョージ・C・ホーマンズ著、橋本茂訳、誠信書房 1978 年）

Hufbauer, Gary Clyde, and Schott, Jeffrey J. ***Economic Sanctions in Support of Foreign Policy Goals***. Washington, D.C.: Institute for International Economics, 1983.

Huntington, Samuel P. ***The Common Defense***. New York: Columbia University Press, 1961.

Iklé, Fred C. *How Nations Negotiate*. New York: Harper and Row, 1964.

Jervis, Robert. *The Logic of Images in International Relations*. Princeton: Princeton University Press, 1970.

———. *Perception and Misperception in International Politics*. Princeton: Princeton University Press, 1976.

Johansen, Robert C. *The National Interest and the Human Interest*. Princeton: Princeton University Press, 1980.

John, Martin L., ed. *Propaganda in International Affairs*. Philadelphia: Annals of the American Academy of Political and Social Science, 1971.

Jordan, Hamilton. *Crisis: The Last Year of the Carter Presidency*. New York: G. P. Putnam's Sons, 1982.

Kagan, Donald. *The Outbreak of the Peloponnesian War*. Ithaca, N.Y.: Cornell University Press, 1969.

Kahn, Herman. *World Economic Development, 1979 and Beyond. Boulder*, Colo.: Westview, 1979.(『大転換期』ハーマン・カーン、風間禎三郎訳、TBS ブリタニカ、1908 年)

Kaplan, Jacob J. *The Challenge of Foreign Aid: Policies, Problems, and Possibilities*. New York: Praeger, 1967.

Kaufman, Burton Ira, ed. *Washington's Farewell Address: The View from the 20th Century*. Chicago: Quadrangle Books, 1969.

Kemp, Murray C. *The Pure Theory of International Trade*. Englewood Cliffs, N.J.: Prentice-Hall, 1964.(『国際貿易と投資の純粋理論』M・C・ケンプ著、奥口孝二訳、日本評論社、1981 年)

Keynes, John Maynard. *The General Theory of Employment, Interest, and Money*. New York: Harcourt, Brace, 1936.(『雇用、金利、通貨の一般理論』ジョン・メイナード・ケインズ著、大野一訳、日経 BP、2021 年)

Kindleberger, Charles P. *Power and Money: The Economics of International Politics and the Politics of International Economics*. New York: Basic Books, 1970.(『パワー・アンド・マネー:権力の国際政治経済の構造』チャールズ・P・キンドルバーガー著、益戸欽也訳、産業能率大学出版部、1984 年)

Kissinger, Henry. *The White House Years*. Boston: Little, Brown, 1979.(『キッシンジャー秘録』ヘンリー・キッシンジャー、斎藤弥三郎他訳、小学館、1979 ~ 1980 年)

Knorr, Klaus. *Military Power and Potential*. Lexington, Mass.: D.C. Heath, 1970.

———. *On the Uses of Military Power in the Nuclear Age*. Princeton: Princeton University Press, 1966.(『核時代の軍事力』クラウス・クノール著、関野英夫訳、時事通信社、1968 年)

———. *The Power of Nations: The Political Economy of International Relations*. New York: Basic Books, 1975.(『国際関係におけるパワーと経済』クラウス・クノール著、浦野起央、中村好寿訳、時潮社、1979 年)

Knorr, Klaus, and Patterson, Gardner, eds. *A Critique of the Randall Commission Report on United States Foreign Economic Policy*. Princeton: International Finance Section and Center of International Studies, 1954.

Knorr, Klaus, and Trager, Frank N., eds. *Economic Issues and National Security*. Lawrence: Regents Press of Kansas, 1977.

Krasner, Stephen D. *Defending the National Interest*. Princeton: Princeton University Press, 1978.

Kuznets, Simon. *Economic Growth of Nations. Cambridge*, Mass.: Harvard University Press, 1971.(『諸国民の経済成長:総生産高および生産構造』サイモン・クズネッツ著、西川俊作、戸田泰訳、ダイヤモンド社、1977 年)

Langer, William L., and Gleason, S. Everett. *The Undeclared War, 1940-1941*. New York: Harper, 1953.

Lasswell, Harold D. *Politics: Who Gets What, When, How*. New York: Meridian Books, 1958.(『政治:動態分析』ハロルド・D・ラスウェル著、久保田きぬ子訳、岩波書店、1959 年)

———. *World Politics and Personal Insecurity*. New York: McGraw-Hill, 1935.

———. *World Politics Faces Economics*. New York: McGraw-Hill, 1945.

Lasswell, Harold D., and Kaplan, Abraham. ***Power and Society: A Framework for Political Inquiry***. New Haven: Yale University Press, 1950.（『権力と社会：政治研究の枠組』ハロルド・D・ラスウェル、エイブラハム・カプラン著、堀江湛、加藤秀治郎、永山博之訳、芦書房、2013 年）

Lasswell, Harold D.; Lerner, Daniel; and Spier, Hans, eds. ***Propaganda and Communication in World History***. 3 vols. Honolulu: University Press of Hawaii, 1979, 1980.

Lauren, Paul Gordon, ed. ***Diplomacy: New Approaches in History, Theory, and Policy***. New York: Free Press, 1979.

Lentner, Howard H. ***Foreign Policy Analysis: A Comparative and Conceptual Approach***. Columbus, Ohio: Charles E. Merrill, 1974.

Levi, Werner. ***Law and Politics in the International Society***. Beverly Hills, Calif.: Sage, 1976.

Lewis, W. Arthur. ***The Theory of Economic Growth***. Homewood, Ill.: Richard P. Irwin, 1955.

Lillich, Richard B., ed. ***Economic Coercion and the New International Economic Order***. Charlottesville, Va.: Michie, 1976.

Liska, George. ***The New Statecraft: Foreign Aid in American Foreign Policy***. Chicago: University of Chicago Press, 1960.

Little, Ian M. D. ***Economic Development: Theory, Policy, and International Relations***. New York: Basic Books, 1982.

Losman, Donald L. ***International Economic Sanctions: The Cases of Cuba, Israel and Rhodesia***. Albuquerque: University of New Mexico Press, 1979.

Machiavelli, Niccolò. ***The Prince and the Discourses***. New York: Modem Library, 1950.（『君主論』ニッコロ・マキャヴェッリ著、池田廉訳、中央公論新社、2018 年、『ディスコルシ「ローマ史」論』ニッコロ・マキャヴェッリ著、永井三明訳、筑摩書房、2011 年）

Machlup, Fritz. ***Essays on Economic Semantics***. Englewood Cliffs, N.J.: Prentice-Hall, 1963.

Malthus, Rev. T. R. ***Definitions in Political Economy, preceded by An Inquiry into the Rules Which Ought to Guide Political Economists in the Definition and Use of Their Terms; with Remarks on the Deviations from these Rules in their Writings***. London: John Murray, 1827.

Mandelbaum, Michael. ***The Nuclear Revolution: International Politics Before and After Hiroshima***. Cambridge: Cambridge University Press, 1981.

Manning, C. A. W., ed. ***Peaceful Change***. New York: Macmillan, 1937.

March, James, ed. ***Handbook of Organizations***. Chicago: Rand McNally, 1965.

Marshall, Alfred. ***Principles of Economics***. 9th (variorum) ed. 2 vols. New York: Macmillan, 1961.（『経済学原理』アルフレッド・マーシャル著、馬場啓之助訳、東洋経済新報社、1965 年）

Mason, Edward S. ***Foreign Aid and Foreign Policy***. New York: Harper and Row, 1964.（『対外援助と外交政策』エドワード・S・メイソン著、鹿島守之助訳、鹿島研究所出版会、1965 年）

Mauss, Marcel. ***The Gift***. Translated by Ian Cunnison. Glencoe, Ill.: Free Press, 1954.（『贈与論：他二篇』マルセル・モース著、森山工訳、岩波書店、2014 年）

McDougal, Myres S., and Feliciano, Florentino P. ***Law and Minimum World Public Order***. New Haven: Yale University Press, 1961.

McGowan, Patrick J., and Shapiro, Howard B. ***The Comparative Study of Foreign Policy: A Survey of Scientific Findings***. Beverly Hills, Calif.: Sage, 1973.

Merritt, Richard L., ed. ***Foreign Policy Analysis***. Lexington, Mass.: Lexington Books, 1975.

———, ed. ***Communication in International Politics***. Urbana: University of Illinois Press, 1972.

Mersky, Roy M., ed. ***Conference on Transnational Economic Boycotts and Coercion***. 2 vols. Dobbs Ferry, N.Y.: Oceana, 1978.

Mikesell, Raymond F. ***United States Economic Policy and International Relations***. New York: McGraw-Hill, 1952.

Mill, John Stuart. ***Principles of Political Economy***. New ed. London: Longmans, Green, 1923.（『経済学原理』J・S・ミル著、末永茂喜訳、岩波書店、1959 年）

Millikan, Max F., and Rostow, W. W. ***A Proposal: Key to an Effective Foreign Policy***. New York: Harper, 1957.（『後進国開発計画の諸問題：新しい国際関係への提案』M・F・ミリカン、W・W・ロストウ著、前田寿夫訳、日本外政学会、1958 年）

Milward, Alan S. *War, Economy and Society, 1939-1945*. Berkeley: University of California Press, 1977.

Montgomery, John D. *Foreign Aid in International Politics*. Englewood Cliffs, N.J.: Prentice-Hall, 1967.

Moran, Theodore H. *Multinational Corporations and the Politics of Dependence: Copper in Chile*. Princeton: Princeton University Press, 1974.

Morawetz, David. *Twenty-Five Years of Economic Development, 1950 to 1975*. Baltimore: Johns Hopkins Press, 1977.

Morgenthau, Hans J. *Politics Among Nations*. 3d ed. New York: Alfred A. Knopf, 1964.（『国際政治：権力と平和』モーゲンソー著、原彬久監訳、岩波書店、2013 年）

Muir, Ramsay. *The Interdependent World and Its Problems*. Boston: Houghton Mifflin, 1933.

Myrdal, Gunnar. *Against the Stream: Critical Essays on Economics*. New York: Pantheon, 1973.

Nagel, Jack H. *The Descriptive Analysis of Power*. New Haven: Yale University Press, 1975.

Nelson, Joan M. *Aid, Influence, and Foreign Policy*. New York: Macmillan, 1968.

Nelson, Walter Henry, and Prittie, Terence C. F. *The Economic War Against the Jews*. New York: Random House, 1977.

Nicolson, Harold. *Diplomacy*. 3d ed. New York: Oxford University Press, 1963.（『外交』H・ニコルソン、斎藤眞、深谷満雄訳、東京大学出版会、1968 年）

Northedge, Fred S. *The Use of Force in International Relations*. New York: Free Press, 1974.

Ohlin, Goran. *Foreign Aid Policies Reconsidered*. Paris: Organization for Economic Cooperation and Development, 1966.

Oppenheim, Felix E. *Political Concepts: A Reconstruction*. Chicago: University of Chicago Press, 1981.

Oppenheim, L. *International Law: A Treatise*. 7th ed. 2 vols. Edited by H. Lauterpacht. London: Longmans, Green, 1952.

———. International Law. 8th ed. 2 vols. Edited by H. Lauterpacht. London: Longmans, Green, 1955.

Osgood, Robert E., and Tucker, Robert W. Force, Order, and Justice. Baltimore: Johns Hopkins Press, 1967.

Packenham, Robert A. *Liberal America and the Third World: Political Development Ideas in Foreign Aid and Social Science*. Princeton: Princeton University Press, 1973.

Parsons, Talcott, and Bales, Robert F. *Family, Socialization and Interaction Processes*. Glencoe, Ill.: Free Press, 1955.（『家族：核家族と子どもの社会化』T・パーソンズ、R・F・ベールズ著、橋爪貞雄ほか訳、黎明書房、2001 年）

Pastor, Robert A. *Congress and the Politics of U.S. Foreign Economic Policy, 1929-1976*. Berkeley: University of California Press, 1980.

Patterson, Gardner. *Discrimination in International Trade: The Policy Issues, 1945-1965*. Princeton: Princeton University Press, 1965.

Pincus, John. *Economic Aid and International Cost Sharing*. Baltimore: Johns Hopkins Press, 1965.

———. *Trade, Aid, and Development*. New York: McGraw-Hill, 1967.

The Political Economy of American Foreign Policy. New York: Henry Holt, 1955.

Prange, Gordon W. *At Dawn We Slept: The Untold Story of Pearl Harbor*. New York: McGraw-Hill, 1981.（『真珠湾は眠っていたか』［1、2、3］ゴードン・W・プランゲ著、土門周平、高橋久志訳、講談社、1986 ～ 1987 年）

Quaker, Terence H. *Propaganda and Psychological Warfare*. New York: Random House, 1962.

Ranney, Austin, ed. *Political Science and Public Policy*. Chicago: Markham, 1968.

Ransome, Harry Howe, ed. *An American Foreign Policy Reader*. New York: Thomas Y. Crowell, 1965.

Rawls, John. *A Theory of Justice*. Cambridge, Mass.: Harvard University Press, 1971.（『正義論』ジョン・ロールズ著、川本隆史、福間聡、神島裕子訳、紀伊國屋書店、2010 年）

Renwick, Robin. *Economic Sanctions*. Cambridge, Mass.: Harvard University Center for

International Affairs, 1981.
Richardson, J. Henry. *British Economic Foreign Policy*. London: George Allen and Unwin, 1936.
Rosenau, James N. *Calculated Control as a Unifying Concept in the Study of International Politics and Foreign Policy*. Research Monograph No. 15, Princeton University Center of International Studies, February 10, 1963.
———, ed. *International Politics and Foreign Policy: A Reader in Research and Theory*. Rev. ed. New York: Free Press, 1969.
Rosenau, James N.; Thompson, Kenneth W.; and Boyd, Gavin, eds. *World Politics: An Introduction*. New York: Free Press, 1976.
Rostow, W. W. *The Stages of Economic Growth: A Non-Communist Manifesto*. Cambridge: Cambridge University Press, 1960.（『経済成長の諸段階：一つの非共産主義宣言』W・W・ロストウ著、木村健康ほか訳、ダイヤモンド社、1974 年）
Rothschild, K. W., ed. *Power in Economics: Selected Readings*. Middlesex: Penguin, 1971.
Royal Institute of International Affairs. *International Sanctions*. London: Oxford University Press, 1938.
Russell, Bertrand. *Power: A New Social Analysis*. New York: W. W. Norton, 1938.（『権力：その歴史と心理』バートランド・ラッセル著、東宮隆訳、みすず書房、1992 年）
Russell, Frank M. *Theories of International Relations*. New York: D. Appleton-Century, 1936.
Russett, Bruce M. *No Clear and Present Danger: A Skeptical View of United States Entry into World War II*. New York: Harper and Row, 1972.
Sabine, George H. *A History of Political Theory*. Rev. ed. New York: Henry Holt, 1950.（『西洋政治思想史』G・H・セイバイン著、丸山眞男訳、岩波書店、1953 年）
Samuelson, Paul. *Economics*. 10th ed. New York: McGraw-Hill, 1976.（『経済学』P・サムエルソン著、都留重人訳、岩波書店、1981 年）
Schelling, Thomas C. *Arms and Influence*. New Haven: Yale University Press, 1966.（『軍備と影響力：核兵器と駆け引きの論理』トーマス・シェリング著、斎藤剛訳、勁草書房、2018 年）
———. *International Economics*. Boston: Allyn and Bacon, 1958.（『国際経済学』トーマス・シェリング著、高中公男訳、時潮社、1997 年）
———. *The Strategy of Conflict*. Cambridge, Mass.: Harvard University Press, 1960.（『紛争の戦略：ゲーム理論のエッセンス』トーマス・シェリング著、河野勝監訳、勁草書房、2008 年）
Schmitt, Bernadotte E. *The Annexation of Bosnia, 1908-1909*. Cambridge: Cambridge University Press, 1937.
Schumpeter, Joseph A. *History of Economic Analysis*. New York: Oxford University Press, 1954.（『経済分析の歴史』J・A・シュンペーター著、東畑精一、福岡正夫訳、岩波書店、2013 年）
Schwarzenberger, Georg. *Economic World Order?* Dobbs Ferry, N.Y.: Oceana, 1970.
Semmel, Bernard. *The Rise of Free Trade Imperialism: Classical Political Economy, the Empire of Free Trade, and Imperialism, 1750-1850*. Cambridge: Cambridge University Press, 1970.
Sharp, Gene. *The Politics of Nonviolent Action*. 3 vols. Boston: Porter Sargent, 1973.
Sigmund, Paul E. *The Overthrow of Allende and the Politics of Chile, 1964-1976*. Pittsburgh: University of Pittsburgh Press, 1977.
Silberner, Edmund. *La Guerre dans la Pensée Économique du XVIe au XVIIIe Siècle*. Paris: Librairie du Recueil Sirey, 1939.
———. *The Problem of War in Nineteenth Century Economic Thought*. Translated by Alexander H. Krappe. Princeton: Princeton University Press, 1946.
Simon, Herbert A. *Administrative Behavior*. 3d ed. New York: Free Press, 1976.（『経営行動：経営組織における意思決定過程の研究』ハーバート・A・サイモン著、二村敏子、桑田耕太郎、高尾義明、西脇暢子、高柳美香訳、ダイヤモンド社、2009 年）
———. *Models of Man*. New York: Wiley, 1957.（『人間行動のモデル』ハーバート・A・サイモン著、同文舘出版、1970 年）
Smith, Adam. *An Inquiry into the Nature and Causes of the Wealth of Nations*. Edited by Edwin Canaan. New York: Modem Library, 1937.（『国富論：国民の富の性質と原因に関する

研究』アダム・スミス著、高哲男訳、講談社、2020 年）

Snyder, Glenn H., and Diesing, Paul. *Conflict Among Nations: Bargaining, Decision Making, and System Structure in International Crises*. Princeton: Princeton University Press, 1977.

Snyder, Richard C., and Furniss, Edgar S. *American Foreign Policy: Formulation, Principles, and Programs*. New York: Rinehart, 1954.

Sprout, Harold, and Sprout, Margaret. *The Ecological Perspective on Human Affairs: With Special Reference to International Politics*. Princeton: Princeton University Press, 1965.

———. *Foundations of International Politics*. Princeton: D. Van Nostrand, 1962.

———. *Toward a Politics of the Planet Earth*. New York: Van Nostrand, 1971.

Spykman, Nicholas John. *America's Strategy in World Politics*. New York: Harcourt, Brace, 1942.（『米国を巡る地政学と戦略：スパイクマンの勢力均衡論』ニコラス・スパイクマン著、小野圭司訳、芙蓉書房出版、2021 年）

Stawell, F. Melian. *The Growth of International Thought*. London: Thornton Butterworth, 1929.

Stent, Angela. *From Embargo to Ostpolitik: The Political Economy of West German-Soviet Relations, 1955-1980*. Cambridge: Cambridge University Press, 1981.

Stevens, Robert Warren. *Vain Hopes, Grim Realities: The Economic Consequences of the Vietnam War*. New York: Franklin Watts, 1976.

Stone, Julius. *Aggression and World Order*. Berkeley: University of California Press, 1958.

———. *Conflict Through Consensus: United Nations Approaches to Aggression*. Baltimore: Johns Hopkins Press, 1977.

———. *Legal Controls of International Conflict*. New York: Rinehart, 1954.

Stourzh, Gerald. *Benjamin Franklin and American Foreign Policy*. 2d ed. Chicago: University of Chicago Press, 1969.

Strack, Harry R. *Sanctions: The Case of Rhodesia*. Syracuse, N.Y.: Syracuse University Press, 1978.

Taussig, F. W. *State Papers and Speeches on the Tariff*. Cambridge, Mass.: Harvard University Press, 1893.

Tedeschi, James T., ed. *The Social Influence Processes*. Chicago: Aldine-Atherton, 1972.

Thucydides. *The History of the Peloponnesian War*. Translated by Crawley. New York: Modem Library, 1951.（『歴史』トゥキュディデス著、小西晴雄訳、筑摩書房、2013 年）

———. *The History of the Peloponnesian War*. Translated by Rex Warner. New York: Penguin, 1972.

Tucker, Robert W. *The Inequality of Nations*. New York: Basic Books, 1977.

Vance, Cyrus. *Hard Choices: Critical Years in America's Foreign Policy*. New York: Simon and Schuster, 1983.

Van Dyke, Vernon. *Political Science: A Philosophical Analysis*. Stanford: Stanford University Press, 1960.

Viner, Jacob. *International Economics*. Glencoe, Ill.: Free Press, 1951.

———. *The Role of Providence in the Social Order*. Philadelphia: American Philosophical Society, 1972.（『キリスト教と経済思想』ジェイコブ・ヴァイナー著、根岸隆、根岸愛子訳、有斐閣、1980 年）

———. *Studies in the Theory of International Trade*. New York: Harper, 1937.（『国際貿易の理論』、ジェイコブ・ヴァイナー著、中澤進一訳、勁草書房、2010 年）

———. *Trade Relations Between Free Market and Controlled Economies*. League of Nations Pub. II. Economic and Financial, 1943. II.A.4.

Visscher, Charles de. *Theory and Reality in Public International Law*. Translated by P. E. Corbett. Princeton: Princeton University Press, 1957.（『国際法における理論と現実』シャルル・ド ヴィシェール著、長谷川正国訳、成文堂、2007 年）

Wallace, William. *The Foreign Policy Process in Britain*. London: Royal Institute of International Affairs, 1975.

Walters, F. P. *A History of the League of Nations*. London: Oxford University Press, 1952.

Watson, Adam. *Diplomacy*. New York: McGraw-Hill, 1983.

Weber, Max. *The Theory of Social and Economic Organization*. Translated by A. M. Henderson and Talcott Parsons and edited by Talcott Parsons. New York: Free Press, 1947.

Weintraub, Sidney, ed. *Economic Coercion and U.S. Foreign Policy: Implications of Case Studies from the Johnson Administration*. Boulder, Colo.: Westview, 1982.

Welch, William. *American Images of Soviet Foreign Policy*. New Haven: Yale University Press, 1970.

Welles, Sumner. *Seven Decisions That Shaped History*. New York: Harper and Row, 1951.

Whitton, John B., ed. *The Second Chance: America and the Peace*. Princeton: Princeton University Press, 1944.

Wight, Martin. *Power Politics*. Edited by Hedley Bull and Carsten Holbraad. New York: Holmes and Meier, 1978.

Wilcox, Clair. *A Charter for World Trade*. New York: Macmillan, 1949.

Wilczynski, Jozef. *The Economics and Politics of East-West Trade*. New York: Praeger, 1969.

Wiles, P. J. D. *Communist International Economics*. Oxford: Basil Blackwell, 1968.

Wilkinson, David O. *Comparative Foreign Relations: Framework and Methods*. Belmont, Calif.: Dickenson, 1969.

Wolf, Charles Jr. *Foreign Aid: Theory and Practice in Southern Asia*. Princeton: Princeton University Press, 1960.（『南方アジアにおける対外援助：理論と実際』C・ウルフ著、鹿島守之助訳、鹿島研究所、1962 年）

Wolfers, Arnold. *Discord and Collaboration*. Baltimore: Johns Hopkins Press, 1962.

Wolfers, Arnold, and Martin, Laurence W., eds. *The Anglo-American Tradition in Foreign Affairs*. New Haven: Yale University Press, 1956.

Wright, Quincy. *The Study of International Relations*. New York: Appleton-Century-Crofts, 1955.

———. *A Study of War*. 2d ed. Chicago: University of Chicago Press, 1965.

Wu, Yuan-li. *Economic Warfare*. New York: Prentice-Hall, 1952.（『経済戦争概論』呉元黎著、防衛研修所訳、防衛研修所、1958 年）

Yergin, Daniel. *The Shattered Peace: The Origins of the Cold War and the National Security State*. Boston: Houghton Mifflin, 1978.

Young, Oran. *The Politics of Force*. Princeton: Princeton University Press, 1968.

Zimmern, Sir Alfred. *The Greek Commonwealth*. 5th ed. London: Oxford University Press, 1931.

記事・論文・特別研究

Adler-Karlsson, Gunnar. "The U.S. Embargo: Inefficient and Counterproductive." *Aussenwirtschaft* 35 (June 1980): 170-187.

Alchian, Armen A. "Cost." In *International Encyclopedia of the Social Sciences*, vol. 3. New York: Free Press, 1968.

Allen, Robert Loring. "Economic Warfare." In *International Encyclopedia of the Social Sciences*, vol. 4. New York: Free Press, 1968.

Amdur, Robert. "Rawls' Theory of Justice: Domestic and International Perspectives." *World Politics* 29 (April 1977): 438-461.

Amerongen, Otto Wolff von. "Commentary: Economic Sanctions as a Foreign Policy Tool?" *International Security* 5 (Fall 1980): 159-167.

Aron, Raymond. "Ideology in Search of a Policy." *Foreign Affairs* 60 (1982): 503-524.

Bachrach, Peter, and Baratz, Morton S. "Two Faces of Power." *American Political Science Review* 56 (December 1962): 947-952.

Baer, George W. "Sanctions and Security: The League of Nations and the Italian-Ethiopian War, 1935-1936." *International Organization* 27 (Spring 1973): 165-179.

Baldwin, David A. "Analytical Notes on Foreign Aid and Politics." *Background* 10 (May 1966): 66-90.

———. "The Costs of Power." *Journal of Conflict Resolution* 15 (June 1971): 145-155.

———. "Economic Power." In *Perspectives on Social Power*, edited by James T. Tedeschi, pp. 395- 413. Chicago: Aldine, 1974.

———. "Foreign Aid, Intervention, and Influence." *World Politics* 21 (April 1969): 425-447.

———. "Interdependence and Power: A Conceptual Analysis." *International Organization* 34 (Autumn 1980): 471-506.

———. "International Aid and International Politics." *Public Administration Review* 29 (January- February 1969): 94-99.

———. "The International Bank in Political Perspective." *World Politics* 18 (October 1965): 68-81.

———. "Inter-Nation Influence Revisited." *Journal of Conflict Resolution* 15 (December 1971): 471-486.

———. "Money and Power." *Journal of Politics* 33 (August 1971): 578-614.

———. "Power Analysis and World Politics: New Trends Versus Old Tendencies." World Politics 31 (January 1979): 161-194.

———. "Power and Social Exchange." *American Political Science Review* 72 (December 1978): 1229-1242.

———. "The Power of Positive Sanctions." *World Politics* 24 (October 1971): 19-38.

———. "Thinking About Threats." *Journal of Conflict Resolution* 15 (March 1971): 71-78.

Ball, George W. "The Case Against Sanctions." *New York Times Magazine*, September 19, 1982.

Baloyra, Enrique A. "Madness of the Method: The United States and Cuba." In *Latin America, the United States, and the Inter-American System*, edited by John D. Martz and Lars Schoultz, pp. 115-144. Boulder, Colo.: Westview, 1980.

Barber, James. "Economic Sanctions as a Policy Instrument." *International Affairs* 55 (July 1979): 367-384.

Beitz, Charles R. "Bounded Morality: Justice and the State in World Politics." *International Organization* 33 (Summer 1979): 405-424.

———. "Economic Rights and Distributive Justice in Developing Societies." *World Politics* 33 (April 1981): 321-346.

Bergsten, C. Fred; Keohane, Robert O.; and Nye, Joseph S. "International Economics and International Politics: A Framework for Analysis." *International Organization* 29 (Winter 1975): 3-36.

Berman, Harold J. "A Reappraisal of U.S.-U.S.S.R. Trade Policy." *Harvard Business Review* 42 (July- August 1964): 139-151.

Bertram, Anton. "The Economic Weapon as a Form of Peaceful Pressure." *Transactions of the Grotius Society* 17 (1931): 139-174.

Bialer, Seweryn, and Afferica, Joan. "Reagan and Russia." *Foreign Affairs* 61 (Winter 1982-1983): 249-271.

Bienen, Henry, and Gilpin, Robert. "Economic Sanctions as a Response to Terrorism." *Journal of Strategic Studies* 3 (May 1980): 89-98.

———. "An Evaluation of the Use of Economic Sanctions to Promote Foreign Policy Objectives, with Special Reference to the Problem of Terrorism and the Promotion of Human Rights." Report prepared for the Boeing Corporation, April 2, 1979.

Blau, Peter M. "Interaction: Social Exchange." In *International Encyclopedia of the Social Sciences*, vol. 7. New York: Free Press, 1968.

Blessing, James A. "The Suspension of Foreign Aid: A Macro-Analysis." *Polity* 13 (Spring 1981): 524-535.

Bloomfield, Lincoln. "Law, Politics and International Disputes." *International Conciliation*, no. 516 (January 1958).

Blum, Yehuda Z. "Economic Boycotts in International Law." In *Conference on Transnational Economic Boycotts and Coercion*, edited by Roy M. Mersky, vol. 1, pp. 89-99. Dobbs Ferry,

N.Y.: Oceana, 1978.

Bonn, M. J. "How Sanctions Failed." ***Foreign Affairs*** 15 (January 1937): 350-361.

Boorman, James A. III. "Economic Coercion in International Law: The Arab Oil Weapon and the Ensuing Juridical Issues." In ***Economic Coercion and the New International Economic Order***, edited by Richard B. Lillich, pp. 255-281. Charlottesville, Va.: Michie, 1976.

Bomstein, Morris. "Economic Sanctions and Rewards in Support of Arms Control Agreements." ***American Economic Review*** 58 (May 1968): 417-427.

Boulding, Kenneth E. "The Economics of Human Conflict." In ***The Nature of Human Conflict***, edited by Elton B. McNeil, pp. 172-191. Englewood Cliffs, N.J.: Prentice-Hall, 1965.（『紛争の社会科学：社会的紛争の本質』マックニール編、千葉正士編訳、東京創元社、1971 年所収）

Boulding, Kenneth E., and Gleason, Alan H. "War as an Investment: The Strange Case of Japan." In ***Economic Imperialism***, edited by Kenneth E. Boulding and Tapan Mukeijee, pp. 240-261. Ann Arbor: University of Michigan Press, 1972.

Bowett, Derek W. "International Law and Economic Coercion." In ***Economic Coercion and the New International Economic Order***, edited by Richard B. Lillich, pp. 89-103. Charlottesville, Va.: Michie, 1976.

Brosche, Hartmut. "The Arab Oil Embargo and United States Pressure Against Chile: Economic and Political Coercion and the Charter of the United Nations." In ***Economic Coercion and the New International Economic Order***, edited by Richard B. Lillich, pp. 285-317. Charlottesville, Va.: Michie, 1976.

Buchheit, Lee C. "The Use of Nonviolent Coercion: A Study in Legality Under Article 2(4) of the Charter of the United Nations." In ***Economic Coercion and the New International Economic Order***, edited by Richard B. Lillich, pp. 41-69. Charlottesville, Va.: Michie, 1976.

Callahan, Patrick. "Commitment." In ***Describing Foreign Policy Behavior***, edited by Patrick Callahan, Linda P. Brady, and Margaret G. Hermann. Beverly Hills, Calif.: Sage, 1982.

Carswell, Robert. "Economic Sanctions and the Iranian Experience." ***Foreign Affairs*** 60 (Winter 1981-1982): 247-265.

Cerf, Jay H. "We Should Do More Business with the Communists." In ***American Foreign Economic Policy***, edited by Benjamin J. Cohen, pp. 305-314. New York: Harper and Row, 1968.

Chenery, Hollis, and Strout, Alan. "Foreign Assistance and Economic Development." ***American Economic Review*** 56 (September 1966): 679-733.

Clarke, D. G. "Zimbabwe's International Economic Position and Aspects of Sanctions Removal." ***Journal of Commonwealth and Comparative Politics*** 18 (March 1980): 28-54.

Cleveland, H. Van B. "Economics as Theory and Ideology." ***World Politics*** 6 (April 1954): 289-305.

Cohen, Bernard C. "Foreign Policy." In ***International Encyclopedia of the Social Sciences***, vol. 5. New York: Free Press, 1968.

Cohen, Bernard C., and Harris, Scott A. "Foreign Policy." In ***Handbook of Political Science***, vol. 6: ***Policies and Policymaking***, edited by Fred I. Greenstein and Nelson W. Polsby, pp. 381-437. Reading, Mass.: Addison-Wesley, 1975.

Combs, Jerald A. "Embargoes." In ***Encyclopedia of American Foreign Policy***, 3 vols., edited by Alexander de Conde. New York: Charles Scribner's, 1978.

Condliffe, J. B. "Economic Power as an Instrument of National Policy." ***American Economic Review*** 34 (March 1944): 305-314.

Converse, Elizabeth. "The War of All Against All." ***Journal of Conflict Resolution*** 12 (December 1968): 471-532.

Coplin, William D. "International Law and Assumptions About the State System." ***World Politics*** 17 (July 1965): 615-634.

Corden, W. M. "Tariffs and Protectionism." ***In International Encyclopedia of the Social Sciences***, vol. 8. New York: Free Press, 1968.

Dahl, Robert A. "The Concept of Power." ***Behavioral Science*** 2 (July 1957): 201-215.

———. "Power." In *International Encyclopedia of the Social Sciences*, vol. 12. New York: Free Press, 1968.

Domínguez, Jorge I. "Cuban Foreign Policy." *Foreign Affairs* 57 (Fall 1978): 83-108.

———. "Taming the Cuban Shrew." *Foreign Policy*, no. 10 (Spring 1973): 94-116.

Doxey, Margaret. "International Sanctions: A Framework for Analysis with Special Reference to the U.N. and Southern Africa." *International Organization* 26 (Summer 1972): 525-550.

———. "The Making of Zimbabwe: From Illegal to Legal Independence." *Year Book of World Affairs* 36 (1982): 151-165.

———. "Sanctions Revisited." *International Journal* 31 (Winter 1975-1976): 53-78.

Dulles, John Foster. "Practicable Sanctions." In *Boycotts and Peace*, edited by Evans Clark. New York: Harper, 1932.

Earle, Edward Mead. "Adam Smith, Alexander Hamilton, Friedrich List: The Economic Foundations of Military Power." In *Makers of Modern Strategy: Military Thought from Machiavelli to Hitler*, edited by Edward Mead Earle, pp. 117-154. Princeton: Princeton University Press, 1943.（『新戦略の創始者：マキアヴェリからヒトラーまで』エドワード・ミード・アール編著、山田積昭、石塚栄、伊藤博邦訳、原書房、2011年、上巻第2部「一九世紀の古典—ナポレオンの解説者たち（フランスの解説者；ドイツの解説者）」）

Eckstein, Harry. "Case Study and Theory in Political Science." In *Handbook of Political Science*, vol. 7: *Strategies of Inquiry*, edited by Fred I. Greenstein and Nelson W. Polsby, pp. 79-137. Reading, Mass.: Addison-Wesley, 1975.

Frey, Frederick W. "On Issues and Nonissues in the Study of Power." *American Political Science Review* 65 (December 1971): 1081-1101.

Friedman, Milton. "Foreign Economic Aid: Means and Objectives." *Yale Review* 47 (June 1958): 500-516.

Friedmann, Wolfgang. "Intervention and International Law." In *Intervention in International Politics*, edited by Louis G. M. Jaquet, pp. 40-68. The Hague: Netherlands Institute of International Affairs, 1971.

Gaddis, John Lewis. "The Rise and Fall of Détente." *Foreign Affairs* 62 (Winter 1983-1984): 354-377.

Gallagher, John, and Robinson, Ronald. "The Imperialism of Free Trade." *Economic History Review* 6 (1953): 1-15.

Galtung, Johan. "On the Effects of International Economic Sanctions: With Examples from the Case of Rhodesia." *World Politics* 19 (April 1967): 378-416.

———. "On the Meaning of Nonviolence." *Journal of Peace Research*, no. 3 (1965): 228-257.

———. "Pacifism from a Sociological Point of View." *Journal of Conflict Resolution* 3 (1959): 67-84.

Gardner, Richard N. "The Hard Road to World Order." *Foreign Affairs* 52 (April 1974): 556-576.

George, Alexander L. "Case Studies and Theory Development: The Method of Structured, Focused Comparison." In *Diplomacy: New Approaches in History, Theory, and Policy*, edited by Paul Gordon Lauren, pp. 43-68. New York: Free Press, 1979.

Georgescu-Roegen, Nicholas. "Utility." In *International Encyclopedia of the Social Sciences*, vol. 16. New York: Free Press, 1968.

Gilpin, Robert. "Economic Interdependence and National Security in Historical Perspective." In *Economic Issues and National Security*, edited by Klaus Knorr and Frank H. Trager, pp. 19- 66. Lawrence: Regents Press of Kansas, 1977.

———. "The Political Economy of the Multinational Corporation: Three Contrasting Perspectives." *American Political Science Review* 60 (March 1976): 184-191.

Glad, Betty. "Jimmy Carter's Management of the Hostage Conflict: A Bargaining Perspective." Paper presented at the American Political Science Association Meeting, New York, 1981 (mimeo).

Gonzalez, Edward. "The United States and Castro: Breaking the Deadlock." *Foreign Affairs* 50 (July 1972): 722-737.

Gouldner, Alvin W. "The Norm of Reciprocity." ***American Sociological Review*** 25 (April 1960): 161-178.

Graham, Frank D. "Economics and Peace." In ***The Second Chance: America and the Peace***, edited by John B. Whitton. Princeton: Princeton University Press, 1944.

Grieve, Muriel J. "Economic Sanctions: Theory and Practice." ***International Relations*** 13 (October 1968): 431-443.

Haberler, Gottfried. "The Liberal International Economic Order in Historical Perspective." In ***Challenges to a Liberal International Economic Order***, edited by Ryan C. Amacher, Gottfried Haberler, and Thomas D. Willett, pp. 43-65. Washington, D.C.: American Enterprise Institute, 1979.

Harsanyi, John C. "Measurement of Social Power, Opportunity Costs, and the Theory of Two-Person Bargaining Games." ***Behavioral Science*** 7 (January 1962): 67-80.

Hermann, Charles F. "Instruments of Foreign Policy." In ***Describing Foreign Policy Behavior***, edited by Patrick Callahan, Linda P. Brady, and Margaret G. Hermann. Beverly Hills, Calif.: Sage, 1982.

Hermann, Margaret G.; Hermann, Charles F.; and Hutchins, Gerald L. "Affect." In ***Describing Foreign Policy Behavior***, edited by Patrick Callahan, Linda P. Brady, and Margaret G. Hermann. Beverly Hills, Calif.: Sage, 1982.

Hitch, Charles J. "National Security Policy as a Field for Economics Research." ***World Politics*** 12 (April 1960): 434-452.

Hoffmann, Fredrik. "The Functions of Economic Sanctions: A Comparative Analysis." ***Journal of Peace Research***, no. 2 (1967): 140-160.

Holsti, K. J. "The Study of Diplomacy." In ***World Politics***, edited by James N. Rosenau, Kenneth W. Thompson, and Gavin Boyd, pp. 293-311. New York: Free Press, 1976.

Hosoya, Chihiro. "Miscalculations in Deterrent Policy: Japanese-U.S. Relations, 1938-1941." ***Journal of Peace Research***, no. 2 (1968): 97-115.

Huntington, Samuel P. "Trade, Technology, and Leverage: Economic Diplomacy." ***Foreign Policy***, no. 32 (Fall 1978): 63-80.

Hurewitz, J. C. "The Middle East: A Year of Turmoil." ***Foreign Affairs*** 59 (1981): 540-577.

Hyde, Charles Cheney, and Wehle, Louis B. "The Boycott in Foreign Affairs." ***American Journal of International Law*** 27 (January 1933): 1-10.

Hyland, William G. "U.S.-Soviet Relations: The Long Road Back." ***Foreign Affairs*** 60 (1982): 525-550.

International Bank for Reconstruction and Development. ***World Bank Atlas***, 1972.

———. ***World Development Report***, 1982. New York: Oxford University Press, 1982.

Joffe, Josef. "Europe and America: The Politics of Resentment (cont'd)." ***Foreign Affairs*** 61 (1983): 569-590.

Kaiser, Robert G. "U.S.- Soviet Relations: Goodbye to Détente." ***Foreign Affairs*** 59 (1981): 500-521.

Katzenstein, Peter J. "Domestic Structures and Strategies of Foreign Economic Policy." ***International Organization*** 31 (Autumn 1977) : 879-920.

Kindleberger, Charles P. "U.S. Foreign Economic Policy, 1776-1976." ***Foreign Affairs*** 55 (January 1977): 395-417.

Klitgaard, Robert E. ***National Security and Export Controls***. Rand Corporation Report, R-1432-1-ARPA/CIEP, April 1974.

———. "Sending Signals." ***Foreign Policy***, no. 32 (Fall 1978): 103-106.

Knight, Frank H. "Some Fallacies in the Interpretation of Social Cost." ***Quarterly Journal of Economics*** 38 (August 1924): 582-606.

Knorr, Klaus. "International Economic Leverage and Its Uses." In ***Economic Issues and National Security***, edited by Klaus Knorr and Frank N. Trager. Lawrence: Regents Press of Kansas, 1977.

———. "On the International Uses of Military Force in the Contemporary World." ***Orbis*** 21

(Spring 1977): 5-27.

Kuznets, Simon. "Aspects of Post-World War II Growth in Less Developed Countries." In *Evolution, Welfare, and Time in Economics: Essays in Honor of Nicholas Georgescu-Roegen*, edited by A. M. Tang, E. M. Westfield, and James E. Worley, pp. 39-65. Lexington, Mass.: Lexington Books, 1976.

Lauterpacht, H. "Boycott in International Relations." *British Yearbook of International Law* 14 (1933): 125-140.

———. "The Legal Aspect." In *Peaceful Change*, edited by C. A. W. Manning. New York: Macmillan, 1937.

Letiche, J. M. "The History of Economic Thought in the *International Encyclopedia of the Social Sciences*." Journal of Economic Literature 7 (June 1969): 406-425.

Levine, Herbert S.; Rushing, Francis W.; and Movit, Charles H. "The Potential for U.S. Economic Leverage on the USSR." *Comparative Strategy* 1 (1979): 371-404.

Levi-Strauss, Claude. "The Principle of Reciprocity." In *Sociological Theory*, edited by Lewis A. Coser and Bernard Rosenberg, pp. 84-94. New York: Macmillan, 1957.

Lipton, Michael. "Aid Allocation When Aid Is Inadequate: Problems of the Non-Implementation of the Pearson Report." In *Foreign Resources and Economic Development*, edited by T. J. Byres, pp. 155-182. London: Frank Cass, 1972.

Loring, David C. "The Fisheries Dispute." In *U.S. Foreign Policy and Peru*, edited by Daniel A. Sharp, pp. 57-118. Austin: University of Texas Press, 1972.

Lowenthal, Abraham F. "Cuba: Time for a Change." *Foreign Policy*, no. 20 (Fall 1975): 65-86.

Lyons, Gene M.; Baldwin, David A.; and McNemar, Donald W. "The 'Politicization' Issue in the U.N. Specialized Agencies." *Proceedings of the Academy of Political Science* 32 (1977): 81-92.

March, James G. "An Introduction to the Theory and Measurement of Influence." *American Political Science Review* 49 (June 1955): 431-451.

McKinlay, R. D., and Little, R. "A Foreign Policy Model of U.S. Bilateral Aid Allocation." *World Politics* 30 (October 1977): 58-86.

McLellan, David S., and Woodhouse, Charles E. "The Business Elite and Foreign Policy." *Western Political Quarterly* 13 (March 1960): 172-190.

Merritt, Richard L. "Transmission of Values Across National Boundaries." In *Communication in International Politics*, edited by Richard L. Merritt. Urbana: University of Illinois Press, 1972.

Millar, T. B. "On Writing About Foreign Policy." In *International Politics and Foreign Policy: A Reader in Research and Theory*, edited by James N. Rosenau. Rev. ed. New York: Free Press, 1969.

Miller, Judith. "When Sanctions Worked." *Foreign Policy*, no. 39 (Summer 1980): 118-129.

Morgenthau, Hans. "A Political Theory of Foreign Aid." *American Political Science Review* 56 (June 1962): 301-309.

Muir, J. Dapray. "The Boycott in International Law." In *Economic Coercion and the New International Economic Order*, edited by Richard B. Lillich, pp. 21-38. Charlottesville, Va.: Michie, 1976.

Nagel, Jack H. "Some Questions About the Concept of Power." *Behavioral Science* 13 (March 1968): 129-137.

Olson, Richard Stuart. "Economic Coercion in International Disputes: The United States and Peru in the IPC Expropriation Dispute of 1968-1971." *Journal of Developing Areas* 9 (April 1975): 395-414.

———. "Expropriation and International Economic Coercion: Ceylon and the 'West' 1961-65." *Journal of Developing Areas* 11 (January 1977): 205-225.

———. "Economic Coercion in World Politics: With a Focus on North-South Relations." *World Politics* 31 (July 1979): 471-494.

Oppenheim, Felix E. "The Language of Political Inquiry: Probems of Clarification." In *Handbook of Political Science*, vol. 1: *Political Science: Scope and Theory*, edited by Fred I.

Greenstein and Nelson W. Polsby, pp. 283-335. Reading, Mass.: Addison-Wesley, 1975.

Paarlberg, Robert L. "Lessons of the Grain Embargo." ***Foreign Affairs*** 59 (Fall 1980): 144-162.

Packenham, Robert A. "The New Utopianism: Political Development Ideas in the Dependency Literature." Working Paper no. 19, Latin American Program, Woodrow Wilson International Center for Scholars, Washington, D.C., 1978.

———. "Political-Development Doctrines in the American Foreign Aid Program." ***World Politics*** 18 (January 1966): 194-235.

Paust, Jordan J., and Blaustein, Albert P. "The Arab Oil Weapon— A Threat to International Peace." In ***Economic Coercion and the New International Economic Order***, edited by Richard B. Lillich, pp. 123-152. Charlottesville, Va.: Michie, 1976.

Pechman, Joseph A. "Making Economic Policy: The Role of the Economist." In ***Handbook of Political Science***, vol. 6: ***Policies and Policymaking***, edited by Fred I. Greenstein and Nelson W. Polsby, pp. 23-78. Reading, Mass.: Addison-Wesley, 1975.

Perroux, François. "The Gift: Its Economic Meaning in Contemporary Capitalism." ***Diogenes***, no. 6 (Spring 1954): 1-19.

Petras, James, and Morley, Morris. "Chilean Destabilization and Its Aftermath: An Analysis and a Critique." ***Politics*** 11 (November 1976): 140-148.

Pinder, John. "Economic Diplomacy." In ***World Politics: An Introduction***, edited by James N. Rosenau, Kenneth W. Thompson, and Gavin Boyd, pp. 312-336. New York: Free Press, 1976.

Porter, Richard C. "Economic Sanctions: The Theory and the Evidence from Rhodesia." ***Journal of Peace Science*** 3 (Fall 1978): 93-110.

"A Report of the Commission on United States-Latin American Relations." In ***The Americas in a Changing World***. New York: Quadrangle, 1975.

Riker, William H. "Some Ambiguities in the Notion of Power." ***American Political Science Review*** 58 (June 1964): 341-349.

Rosenau, James N. "Comparative Foreign Policy: Fad, Fantasy, or Field?" ***International Studies Quarterly*** 12 (September 1968): 296-329.

Rosenfeld, Stephen S. "Testing the Hard Line." ***Foreign Affairs*** 61 (1983): 489-510.

Rosenstein-Rodan, Paul N. "International Aid for Underdeveloped Countries." ***Review of Economics and Statistics*** 43 (May 1961): 107-138.

Russett, Bruce M. "Pearl Harbor: Deterrence Theory and Decision Theory." ***Journal of Peace Research***, no. 2 (1967): 89-105.

Saint Brides, Lord. "The Lessons of Zimbabwe-Rhodesia." ***International Security*** 4 (Spring 1980): 177-184.

Schelling, Thomas C. "American Aid and Economic Development: Some Critical Issues." In ***International Stability and Progress***, pp. 121-169. New York: American Assembly, 1957.

———. "American Foreign Assistance." ***World Politics*** 7 (July 1955): 606-626.

———. "National Security Considerations Affecting Trade Policy." In ***United States International Economic Policy in an Interdependent World***. Papers submitted to the Commission on International Trade and Investment Policy, Compendium of Papers, 3 vols., vol. 1, July 1971, pp. 723-737.（『相互依存の世界における米国の国際経済政策：国際貿易投資政策委員会報告』アメリカ合衆国国際貿易投資政策委員会、竹内書店出版部監訳、竹内書店、1972 年所収）

———. "The Strategy of Inflicting Costs." In ***Issues in Defense Economics***, edited by Roland N. McKean, pp. 105-127. New York: National Bureau of Economic Research, 1967.

Schreiber, Anna P. "Economic Coercion as an Instrument of Foreign Policy: U.S. Economic Measures Against Cuba and the Dominican Republic." ***World Politics*** 25 (April 1973): 387-413.

Schwebel, S. M. "Aggression, Intervention and Self-Defense in Modern International Law." ***Recueil des Cours*** (1972-II), pp. 411-498.

Shneyer, Paul A., and Barta, Virginia. "The Legality of the U.S. Economic Blockade Under International Law." ***Case Western Reserve Journal of International Law*** 13 (Summer 1981):

451-482.

Simon, Herbert A. "Notes on the Observation and Measurement of Political Power." *Journal of Politics* 15 (November 1953): 500-516.

Smith, Tony. "The Underdevelopment of Development Literature: The Case of Dependency Theory." *World Politics* 31 (January 1979): 247-288.

Snyder, Glenn H. "The Security Dilemma in Alliance Politics." *World Politics* 36 (July 1984): 461-495.

Stepan, Alfred. "The United States and Latin America: Vital Interests and the Instruments of Power." *Foreign Affairs* 58 (1980): 659-692.

Strange, Susan. "International Economics and International Relations: A Case of Mutual Neglect." *International Affairs* 46 (April 1970): 304-315.

Swanson, Dean. "Specificity." In *Describing Foreign Policy Behavior*, edited by Patrick Callahan, Linda P. Brady, and Margaret G. Hermann. Beverly Hills, Calif.: Sage, 1982.

Tatu, Michel. "U.S.-Soviet Relations: A Turning Point?" *Foreign Affairs* 61 (1983): 591-610.

Taubenfeld, Rita Falk, and Taubenfeld, Howard J. "The 'Economic Weapon': The League and the United Nations." *Proceedings of the American Society of International Law* 58 (1964): 183-205.

Toynbee, Arnold J. "The Lessons of History." In *Peaceful Change*, edited by C. A. W. Manning, pp. 27-38. New York: Macmillan, 1937.

Viner, Jacob. "Economic Thought: Mercantilist Thought." In *International Encyclopedia of the Social Sciences*, vol. 4. New York: Free Press, 1968.

———. "The Intellectual History of Laissez Faire." *Journal of Law and Economics* 3 (October 1960): 45-69.

———. "Power Versus Plenty as Objectives of Foreign Policy in the Seventeenth and Eighteenth Centuries." *World Politics* 1 (October 1948): 1-29.

Walinsky, Louis J. "Coherent Defense Strategy: On the Case for Economic Denial." *Foreign Affairs* 61 (Winter 1982-1983): 272-291.

Wallensteen, Peter. "Characteristics of Economic Sanctions." *Journal of Peace Research*, no. 3 (1968): 248-267.

Wardle, H. Newell. "Gifts." In *Encyclopedia of the Social Sciences*, vol. 3. New York: Macmillan, 1937.

Whitton, John B. "Institutions of World Order." In The Second Chance: *America and the Peace*, edited by John B. Whitton. Princeton: Princeton University Press, 1944.

Williams, Benjamin H. "The Coming of Economic Sanctions into American Practice." *American Journal of International Law* 37 (July 1943): 386-396.

米国政府刊行物

Commission on Foreign Economic Policy. *Report to the President and the Congress*. Washington, D.C.: Government Printing Office, 1954.

———. *Staff Papers*. Washington, D.C.: Government Printing Office, 1954.

Committee to Strengthen the Security of the Free World. *The Scope and Distribution of United States Military and Economic Assistance Programs*. Washington, D.C.: Government Printing Office, 1963.

Composite Report of the President's Committee to Study the United States Military Assistance Program. 2 vols., August 17, 1959.

Gray, Gordon. *Report to the President on Foreign Economic Policies*. Washington, D.C.: Government Printing Office, 1950.

International Development Advisory Board. *A New Emphasis on Economic Development Abroad: A Report to the President of the United States on Ways, Means and Reasons for U.S. Assistance to International Development*, March 1957.

———. *Partners in Progress*. A Report to the President, March 1951.（『アメリカ合衆国国際開

発諮問委員会報告答申書』国立国会図書館調査立法考査局、1951年）

U.S. Agency for International Development, Statistics and Reports Division. ***U.S. Overseas Loans and Grants and Assistance from International Organizations***. Special report prepared for the House Foreign Affairs Committee, 1965-1982.

U.S. Congress, Joint Committee on the Economic Report. ***Hearings: Foreign Economic Policy***. 84th Cong., 1st sess., 1955.

U.S. Congress, Joint Economic Committee. ***Cuba Faces the Economic Realities of the 1980s***, Committee Print. 97th Cong., 2d sess., 1982.

U.S. Congress, Office of Technology Assessment. ***Technology and East-West Trade***. November 1979.

———. ***Technology and East-West Trade: An Update***. May 1983.

U.S. House of Representatives, Committee on Foreign Affairs. ***An Assessment of the Afghanistan Sanctions: Implications for Trade and Diplomacy in the 1980's***. Report prepared by the Congressional Research Service, Committee Print. 97th Cong., 1st sess., 1981.

———. ***Hearings: East-West Relations in the Aftermath of Soviet Invasion of Afghanistan***. 96th Cong., 2d sess., 1980.

———. ***Hearings: Rhodesia and United States Foreign Policy***. 91st Cong., 1st sess., 1969.

———. ***Hearings: Sanctions as an Instrumentality of the United Nations-Rhodesia as a Case Study***. 92d Cong., 2d sess., 1972.

———. ***Hearings: United States and Chile During the Allende Years, 1970-1973***. 93d Cong., 2d sess., 1975.

———. ***Hearings: United States—Western European Relations in 1980***. 96th Cong., 2d sess., 1980.

U.S. House of Representatives, Committee on International Relations. Hearings: ***Extension of the Export Administration Act of 1969***. Part I. 94th Cong., 2d sess., 1976.

U.S. Senate, Committee on Agriculture. ***Hearings: Economic Impact of Agricultural Embargoes***. 97th Cong., 2d sess., 1982.

U.S. Senate, Committee on Banking, Housing, and Urban Affairs. ***Hearings: U.S. Embargo of Food and Technology to the Soviet Union***. 96th Cong., 2d sess., 1980.

U.S. Senate, Committee on Finance. ***U.S. International Trade Strategy: Hearings Before the Subcommittee on International Trade***. 96th Cong., 2d sess., 1980.

U.S. Senate, Committee on Foreign Relations. ***Hearings: East-West Trade***. 88th Cong., 2d sess., 1964.

———. ***Hearings: Economic Relations with the Soviet Union***. 97th Cong., 2d sess., 1982.

———. ***Hearings: U.N. Sanctions Against Rhodesia—Chrome***. 92d Cong., 1st sess., 1971.

———. ***Hearing: U.S. Foreign Policy Objectives***. 96th Cong., 2d sess., 1980.

———. ***The Premises of East-West Commercial Relations: A Workshop Sponsored by the Committee on Foreign Relations and Congressional Research Service***, Committee Print. 97th Cong., 2d sess., 1982.

———. ***United States Foreign Policy***. "Economic, Social, and Political Change in Underdeveloped Countries and Its Implications for United States Policy." Study prepared by the Center for International Studies, Massachusetts Institute of Technology, Committee Print. 86th Cong., 2d Sess., 1960.

———. ***United States Foreign Policy***. "Worldwide and Domestic Economic Problems and their Impact on the Foreign Policy of the United States." Study prepared by the Corporation for Economic and Industrial Research, Committee Print. 86th Cong., 1st sess., 1959.

U.S. Senate. ***Foreign Aid Program: Compilation of Studies and Surveys***. Prepared under the direction of the Special Senate Committee to Study the Foreign Aid Program. 85th Cong., 1st sess., 1957, Senate Doc. 52.

U.S. Senate, Special Committee to Study the Foreign Aid Program. ***Foreign Aid***. Report no. 300, 85th Cong., 1st sess., 1957.

学位論文

Blessing, James A. "The Suspension of Foreign Aid by the United States, 1948-1972." Ph.D. dissertation, State University of New York at Albany, 1975.

Cumes, J. W. C. "Foreign Economic Policy: A Study of the Use of Economic Means to Promote Foreign-Policy Objectives Since 1919, with Special Reference to Australia." Ph.D. dissertation, University of London, 1951.

Osgood, Theodore Kent. "East-West Trade Controls and Economic Warfare." Ph.D. dissertation, Yale University, 1957.

Simpson, Janice Catherine. "The Position in International Law of Economic Measures of Coercion Carried on Within a State's Territory." Ph.D. dissertation, University of Chicago, 1935.

Wan, Henry York, Jr. "A Contribution to the Theory of Trade Warfare." Ph.D. dissertation, Massa chu setts Institute of Technology, 1961.

索　引

数字・アルファベット

ア行

カ行

サ行

タ行

ナ行

ハ行

マ行

ヤ行

ラ行

ワ行

監訳者あとがき

本書が初版以来約30年後に翻訳されるには理由がある。

第一に、米国のオバマ政権によるイランに対する金融制裁がJCPOA（イラン核問題に関する包括的共同作業計画）の合意につながり、トランプ政権の下でも軍事制裁に代わり、標的制裁が採用された。つまり、国際社会はあらためて経済的措置の有用性を認識することになった。第二に、2023年のロシアのウクライナ侵攻に際し、広範な経済制裁がロシアに課され、その有効性に注目が集まった。経済制裁はロシアの侵略に対し、侵略に対する非難を表明し、国連憲章違反の行為を許さないとする西側諸国の意思を表明する上で、大きな役割を果たした。

実は本書を読み返すと、経済制裁の有効性と有用性をどのように評価すべきか、ボールドウィンが既に評価の指針を示していたことに改めて気付かされる。エコノミック・ステイトクラフトは、表層的に掲げられた政策目標を直接的に実現するものではなく、その政策目標として多様な目的や役割が含まれており、重層的な目的群から包括的な観点で評価すべきというボールドウィンの主張は、今日の経済制裁をめぐる議論に対し重要な示唆を与える。この主張は、ボールドウィンが過去のエコノミック・ステイトクラフトに関する学術研究を俯瞰し、実際の政策の実例の分析から得られた結論であるという点に、我々は注目すべきである。つまり、エコノミック・ステイトクラフトの政策としての評価については、これまでも多くの研究の蓄積があり、ボールドウィンの初版本の出版以降も続き、今日の評価につながっているという点である。

つまりこれは、国際問題が発生する際に各国はエコノミック・ステイトクラフトを発動し、それは「選択される政策」となっているが、一般的にその有効性や有用性に疑問を持つ論者は多く、評価は一定していないということを意味する。もちろん、エコノミック・ステイトクラフトが選択されるには、それぞれの事例で理由があり、軍事的手段等との比較の中で、優位性があることはいうまでもない。しかし、ボールドウィンが本書で指摘するように、この政策手段が複数の評価基準を持つにもかかわらず、相手の政策に直接的に影響したか（標的国に対して「パワー」を行使できたかどうか）という点が繰り返し問われることに、この措置について考察する際の難しさがあるのだろう。

ただボールドウィンは、エコノミック・ステイトクラフトの一般的な評価について、これまでの論者が一方的に、「成功しない」、「有効性が低い（相手の政策変更を実現する手段として）」、「効果がない（相手が経済的圧力を緩和する措置を発見し、選択する）」としている点を、無条件に否定しているわけではないことも注目される。ボールドウィンの主張は、エコノミック・ステイトクラフトの一般化には、緻密な分析、忍耐強い分析を重ねる必要性、厳密な定義や分析、そして短絡的な結論ではなく、慎重な評価を今後さらに実施する必要がある、としており、これら評価が間違っていると断定しているわけではない（分析が不十分だとは指摘している）。

本書の初版本の出版から約 30 年経過し、自分自身を含め、エコノミック・ステイトクラフトの研究において、ボールドウィンの指摘を受け止め、その研究成果の上に分析を重ねてきたかどうかが問われている。そして、これを政策手段として採用してきた政治側も、ボールドウィンが主張したように、他の政策選択肢との有用性と有効性の差を評価し、政策として選択したかどうかが問われているのである。

ただし、政治側からすると、エコノミック・ステイトクラフトの政策研究上の評価とは無関係に、その瞬間の政治的合理性に基づいて必要な措置を選択する傾向がある。この政策では、措置を課す側と、制裁される側、そして援助などの「正」のエコノミック・ステイトクラフトで恩恵を受ける側など、主体間に複雑な関係性が生じる。そして、経済的な問題は民間部門への影響が独占的に大きく、政策的措置の結果が政策決定者にもたらす影響は間接的なものになる。

したがって、極端な場合、「何もしないよりまし」なので、自身の政治的基盤に深刻な影響がない限り、エコノミック・ステイトクラフトを選択するケースもあるだろう。ボールドウィンも指摘しているが、政治側は無頓着であることが許容される場合がある（北朝鮮の核開発問題で、アメリカはバンコ・デルタ・アジアに存在する政治指導者の個人口座を標的にして第二次制裁を課し、国連も国家の支配層に「贅沢品」制裁を課した。個人的には、ボールドウィンがこれらをどのように評価するか興味がある）。そして、これらの要素を全て含んだ政策評価は、極めて困難であることも自明のことになる。

本書が指摘する重要な点の一つは、政策で「パワー」を行使し、相手に影響を及ぼす場合、「パワー」が自分に対して行使されていることを、標的国が気づくことの重要性である。一般的には軍事的手段は、「パワー」の行使が可視化されやすい。しかし、エコノミック・ステイトクラフトは、関係性を利用した「パワー」の行使であるため可視化されにくい特徴がある。可視化されないことを前提とするならば、標的国に対して実存的に「深刻な」打撃を与えない限り影響力は発生しない。エコノミック・ステイトクラフトが、標的国などによって中立化される場合もあり、実際にどれだけの影響力が発生するかを想定することは困難となる。

おそらく、ボールドウィンが本書で示したエコノミック・ステイトクラフトの有用性と有効性の評価基準は、この政策措置自体に内在する、「パワー」の行使と影響力の発生との因果関係が明確でないことが生み出す、政策決定者及び論者たちの迷いを払拭するために必要なガイダンスなのだろう。このガイダンスは、ボールドウィン自身が認めるように、エコノミック・ステイトクラフトを分析するための一般論を完成するものではなく、今後それを検討する際の指標にすぎない。また、このガイダンスは政策決定者にとって、政策を構築する際に有用なものではあるが、複雑で錯綜した政治状況のもとで、個別の事例において参照すべき指針にはならない。

つまり、本書を改めて読み返すと、既にボールドウィンは約 30 年前に、今日我々が直面し、また将来の政策決定者及び論者たちが直面するであろう、エコノミック・ステイトクラフトを評価する困難さを提示しており、それを我々は未だに解決できていないという現実なのである。

特にこの事実は、カプスタインが後跋で紹介しているエコノミック・ステイトクラフトの継続と変化についての解説を見ると明らかになる。エコノミック・ステイトクラフトに関するカプスタインの関心は、貿易や通貨を利用した経済的威圧の、国際政治経済に及ぼす影響である。ボールドウィンは、エコノミック・ステイトクラフトについて、ほぼ大部分を「負」の手段について解説している。対外援助の章を除き、エコノミック・ステイトクラフトは、懲罰的な活用や、相手の政策を誘導する手法として記述されている。これは、「パワー」を行使することで、影響力を発生させることの重要性が、ボールドウィンの関心の中心にあったためであろう。しかし、カプスタインは中国による経済的威圧の影響にも関心を向け、「パワー」の行使が双方向に発生しうることを示している。

カプスタインの指摘は重要な示唆を含む。つまり、我々は、本書の初版が発行された時代から、国際政治経済に関する前提を大きく変更し、影響力行使に限界がある中で、エコノミック・ステイトクラフトの有用性と有効性を検討しなければならなくなっているということである。そのような時代に、ボールドウィンのエコノミック・ステイトクラフトに関する分析及びその主張は、未だ妥当性を持っているのだろうか。本書を読む読者は、ボールドウィンの主張に、時代の変化に伴う違和感を覚えても不思議ではない。しかしカプスタインの章を併せて読むと、我々はボールドウィンの問いかけに対し、未だ模索中であるということに気がつくことになるだろう。

その意味で、読者には、本書が再び出版されたこと、またそれが翻訳されたことの意義を感じてほしいと願う。

佐藤　丙午

【編集協力】株式会社フレア
【製作協力】株式会社トランネット
神奈川夏子、新田享子、小巻靖子、甲斐理恵子

【著者】
デヴィッド・A・ボールドウィン(David A. Baldwin)
プリンストン大学公共国際関係大学院上級政治学者、コロンビア大学世界秩序研究所アイラ・D・ウォラック名誉教授。
著書に『Power and International Relations(権力と国際関係)』(プリンストン大学出版局)等がある。本書は、アメリカ政治学会のグラディス・M・カメラー賞受賞作。

【監訳】
佐藤丙午(さとうへいご)
拓殖大学海外事情研究所所長・国際学部教授。
防衛庁防衛研究所主任研究官を経て、2006年から拓殖大学教授、2023年から同大学海外事情研究所所長。一橋大学法学研究科修了(博士)、ジョージワシントン大学政治学部(M.A.)。専門は、国際関係論、安全保障論、軍備管理軍縮、アメリカ政治外交。

【訳】
国際経済連携推進センター
(CFIEC:Center for International Economic Collaboration)
経済・技術の交流、デジタルデータ流通の拡大等を通じたわが国と海外諸国・地域との経済連携を推進することによりわが国経済社会のグローバルな発展に資することを目的とし、各種調査・事業活動を展開している。 https://www.cfiec.jp/

エコノミック・ステイトクラフト
国家戦略と経済的手段

令和5年11月30日 第1刷発行

著　　者 デヴィッド・A・ボールドウィン
監　　訳 佐藤丙午
訳　　者 一般財団法人 国際経済連携推進センター
発 行 者 赤堀正卓

発行・発売 株式会社産経新聞出版
〒100-8077 東京都千代田区大手町1-7-2 産経新聞社8階
電話 03-3242-9930 FAX 03-3243-0573
印刷・製本 株式会社シナノ
電話 03-5911-3355

ISBN978-4-86306-173-6 C3033